JAMES REDFIELD
CAROL ADRIENNE
Co-Autorin der »Erkenntnisse von Celestine«

Das Buch
von
Celestine

»Die Prophezeiungen von Celestine«
und das Handbuch zu den
Neun Erkenntnissen

WILHELM HEYNE VERLAG
MÜNCHEN

HEYNE ESOTERISCHES WISSEN
Herausgegeben von Michael Görden
13/9819

Taschenbuchausgabe 2/2000
Copyright © dieser Ausgabe 2000
by Wilhelm Heyne Verlag GmbH & Co. KG, München

Copyright © der Einzelbände:

James Redfield, *Die Prophezeiungen von Celestine*
Copyright © 1993 by James Redfield
Originaltitel: *The Celestine Prophecy. An Adventure*
Copyright © der deutschsprachigen Ausgabe 1994
by Wilhelm Heyne Verlag GmbH & Co. KG, München
Aus dem Amerikanischen übersetzt von Olaf Kraemer

James Redfield/Carol Adrienne *Die Erkenntnisse von Celestine*
Copyright © by James Redfield
Originaltitel: *The Celestine Prophecy. An Experiental Guide*
Copyright © der deutschsprachigen Ausgabe 1995
by Wilhelm Heyne Verlag GmbH & Co. KG, München
Aus dem Amerikanischen übersetzt von Olaf Kraemer

http://www.heyne.de
Printed in Germany 2000
Umschlaggestaltung: Atelier Bachmann & Seidel, Reischach
Umschlagillustration: Tony Stone Bilderwelten, München
Satz: Pinkuin Satz und Datentechnik, Berlin
Druck und Bindung: Presse-Druck, Augsburg

ISBN 3-453-16252-8

James Redfield
Die Prophezeiungen von Celestine

7

James Redfield/Carol Adrienne
Die Erkenntnisse von Celestine

291

Die Prophezeiungen
von Celestine

Inhalt

Anmerkung des Autors

Seit nunmehr einem halben Jahrhundert tritt allmählich ein neues Bewußtsein in unsere Welt, ein Bewußtsein, das sich nur mit den Worten transzendental und spirituell bezeichnen läßt. Wenn Sie sich entschlossen haben, dieses Buch zu lesen, so haben Sie möglicherweise schon eine Idee davon, was in der Welt vorgeht.

In diesem Moment der Geschichte scheinen wir uns so stark wie noch nie auf unseren Lebensprozeß zu konzentrieren, auf die vermeintlich seltsamen Zufälle, die gerade zur rechten Zeit in unser Leben treten, oder die Menschen, die unserem Leben unvermittelt eine neue Richtung geben. Und mehr als je zuvor messen wir diesen mysteriösen Begebenheiten intuitiv eine höhere Bedeutung zu. Wir wissen jetzt, daß es im Leben um eine Entfaltung unserer Spiritualität geht – eine persönliche und zauberhafte Entfaltung, die bisher keine Philosophie oder Religion imstande war, zufriedenstellend zu erklären.

Und noch etwas anderes wissen wir: Wir wissen, daß unsere Welt einen Quantensprung machen wird, sobald wir gelernt haben, diese Entwicklung zu fördern und aufrechtzuerhalten. Einen Quantensprung, auf den unsere gesamte bisherige Historie zusteuerte.

Die jetzt folgende Geschichte soll zu diesem neuen Verständnis beitragen. Werden Sie davon berührt, oder sollte Ihre bereits existierende Lebenssicht dadurch verstärkt werden, dann geben Sie weiter, was Sie im Laufe dieser Geschichte erfahren haben – auf diese Weise wird sich unser neues spirituelles Bewußtsein erweitern, nicht länger durch Moden oder vergängliche Trends, sondern mittels eine Art positiver persönlicher und psychologischer Ansteckung durch die Berührung mit anderen Menschen.

Alles, was wir dazu tun müssen, um diese Realität zu unserer eigenen werden zu lassen, ist, unsere Zweifel und Ablenkungen lange genug an den Nagel zu hängen ..., dann gehört sie auf wunderbare Weise uns.

Eine kritische Masse

Ich parkte meinen Wagen vor dem Restaurant und lehnte mich im Sitz zurück, um mich einen Moment zu sammeln. Drinnen würde Charlene darauf warten, mit mir zu reden, und ich fragte mich, weshalb gerade jetzt? Seit sechs Jahren hatte ich kein Sterbenswort von ihr gehört. Weshalb tauchte sie ausgerechnet auf, nachdem ich beschlossen hatte, mich für einige Zeit in die Einsamkeit der Wälder zurückzuziehen?

Ich stieg aus dem Wagen und ging in Richtung Restaurant. Hinter meinem Rücken versank die Sonne und tauchte den Parkplatz in ein tiefes, bernsteinfarbenes Gold. Vor kaum einer Stunde noch war die ganze Gegend von einem kurzen, aber heftigen Gewittersturm gebeutelt worden. Jetzt hatte der Sommerabend sich abgekühlt und erfrischt, und das allmählich schwindende Tageslicht verlieh der Szenerie eine fast surreale Stimmung. Über mir schob sich der Halbmond durch die Wolken.

Während ich auf das Restaurant zuging, schossen mir alte Bilder von Charlene durch den Kopf. Würde sie noch so schön und ernsthaft sein wie früher?

Wie sehr würden die Jahre sie verändert haben? Und was sollte ich von dem Manuskript halten, das sie erwähnt hatte – jene seltsame und scheinbar uralte Handschrift, die man vor kurzem in Südamerika gefunden hatte und von deren Inhalt sie mir jetzt so dringend berichten wollte?

»Ich werde zwei Stunden Aufenthalt am Flughafen haben«, hatte sie am Telefon gesagt. »Können wir uns zum Abendessen treffen? Die Botschaft der Handschrift wird dich begeistern – du magst doch diese Art von Geheimnissen.« Welche Art von Geheimnissen? Ich hatte keine Ahnung, wovon sie redete.

Das Restaurant war überfüllt. Einige Paare standen herum und warteten auf ihre Tische. Als ich endlich die Empfangsdame aufgetrieben hatte, erklärte sie mir, daß Charlene mich bereits an einem der Tische erwartete, und führte mich dann zu einer kleinen Galerie über dem eigentlichen Speisesaal.

Ich ging die Stufen hoch, und mir fiel auf, daß einer der Tische dort von einer Gruppe Menschen regelrecht belagert wurde. Unter ihnen auch zwei Polizisten, die sich unvermittelt umdrehten und an mir vorbei die Stufen hinabeilten. Während sich die Umstehenden zerstreuten, gelang es mir endlich, einen Blick auf die Person zu werfen, die derart im Mittelpunkt des Interesses stand – es war Charlene.

»Was ist los, Charlene? Stimmt was nicht?«

Mit gespielter Erschöpfung warf sie den Kopf in den Nacken, erhob sich und schenkte mir ihr berühmtes Lächeln. Ich bemerkte, daß sie ihre Haare irgendwie anders trug, ansonsten war ihr Gesicht jedoch noch genauso, wie ich es in Erinnerung hatte, die gleichen feinen und sensiblen Züge, ein breiter Mund und riesige blaue Augen.

»Du wirst es nicht für möglich halten«, sagte sie und zog mich freundlich an sich. »Aber vor ein paar Minuten hat mir, als ich auf der Toilette war, jemand meinen Aktenkoffer gestohlen.«

»Wichtige Sachen?«

»Nichts Besonderes, bloß ein paar Bücher und Zeitungen, die ich im Flugzeug lesen wollte. Eine verrückte Sache. Die anderen Gäste sagten, daß jemand schnurstracks auf meinen Tisch zugegangen sei, den Koffer griff und wieder verschwand. Sie gaben der Polizei eine Beschreibung der Person, und die Cops durchsuchen jetzt die Gegend.«

»Soll ich ihnen dabei helfen?«

»Ach was, vergiß es. Ich habe kaum noch Zeit und will mit dir reden.«

Ich nickte, und Charlene schlug vor, wir sollten uns endlich setzen. Ein Kellner näherte sich, also überflogen wir die Speisekarte und bestellten. Danach plauderten wir ein paar Minuten. Obwohl ich mich bemühte, die Folgen meiner selbstauferlegten Einsamkeit herunterzuspielen, hatte Charlene meine Geistesabwesenheit sofort bemerkt. Sie beugte sich vor und lächelte.

»Also, was ist nun wirklich mit dir los?« fragte sie.

Ich blickte ihr in die Augen und merkte, daß sie echtes Interesse an der Frage zu haben schien. »Du mußt immer gleich die ganze Geschichte hören, stimmt's?«

»Immer«, bestätigte sie.

»Nun, um ehrlich zu sein, nehme ich mir einfach etwas Zeit

für mich. Ich lebe unten am See und denke daran, meinem Leben eine völlig andere Richtung zu geben.«

»Ich erinnere mich an den See. Ich dachte, deine Schwester und du, ihr hättet das Haus dort verkauft.«

»Bisher noch nicht. Aber da das Land so nah an der Stadtgrenze liegt, werden andauernd die Steuern erhöht.«

Sie nickte. »Und was dann?«

»Ich weiß noch nicht. Irgend etwas ganz anderes.«

Sie sah mich neugierig an. »Klingt, als seist du ebenso rastlos wie alle anderen heutzutage.«

»Möglich«, sagte ich. »Wie kommst du darauf?«

»Es steht in dem Manuskript.«

Schweigend erwiderte ich ihren Blick.

»Erzähl mir von dieser Handschrift«, sagte ich.

Sie lehnte sich zurück, als müßte sie ihre Gedanken sammeln, dann blickte sie mir wieder in die Augen. »Ich glaube, ich habe dir bereits am Telefon erzählt, daß ich vor einigen Jahren meinen Job bei der Zeitung aufgegeben habe und bei einem Forschungsunternehmen anfing, das im Auftrag der UN mit der Erhebung kultureller und demographischer Veränderungen beauftragt ist. Mein letzter Auftrag dort führte mich nach Peru.

Während einiger Recherchen an der Universität von Lima stieß ich immer wieder auf Gerüchte über den Fund einer alten Handschrift – allerdings schien niemand in der Lage, mir Genaueres zu sagen, nicht einmal das Archäologische oder das Ethnologische Institut. Als ich mich mit der Regierung in Verbindung setzte, leugnete man dort jede Kenntnis von der Schrift. Schließlich erzählte mir jemand, daß die Regierung die Existenz des Dokumentes aus irgendeinem Grund zu unterschlagen versuchte. Doch Genaueres wußte er auch nicht.

Du weißt ja, wie neugierig ich bin«, fuhr sie fort. »Sobald mein eigentlicher Auftrag erfüllt war, entschied ich mich, noch ein paar Tage zu bleiben und der Sache auf den Grund zu gehen. Zuerst geriet ich von einer Sackgasse in die nächste. Aber eines Tages aß ich in einem Café außerhalb von Lima zu Mittag und bemerkte, daß ich von einem alten Priester beobachtet wurde. Nach ein paar Minuten trat er schließlich an meinen Tisch und gestand, daß er am Morgen des gleichen Tages von meiner Suche nach dem Manuskript gehört hatte. Er weigerte sich zwar, mir seinen Namen zu geben, willigte aber ein, mir alle meine Fragen zu beantworten.«

Einen Augenblick zögerte sie und schaute mich dabei unverwandt an. »Er behauptete, daß die Handschrift aus dem Jahr 600 vor Christus stamme und eine massive Transformation der menschlichen Gesellschaft voraussagt.«

»Für wann?«

»Für die letzten Jahrzehnte des zwanzigsten Jahrhunderts.«

»Für jetzt?«

»Ja, jetzt.«

»Um was für eine Transformation soll es sich denn handeln?« fragte ich.

Sie wirkte ein wenig verlegen, bevor sie mit Nachdruck weitersprach. »Der Priester ließ mich wissen, daß es sich um eine Wiedergeburt des Bewußtseins handelt, die sehr langsam vonstatten geht. Sie ist spiritueller und nicht religiöser Natur. Wir sind angeblich dabei, etwas bahnbrechend Neues über die menschliche Lebensform auf diesem Planeten zu entdecken, etwas, das uns den Sinn unserer Existenz erklären und unsere Kultur dramatisch verändern wird.«

Wieder hielt sie inne und fügte dann hinzu: »Der Priester sagte mir, daß die Handschrift aus unterschiedlichen Abschnitten bestehe, von denen jeder eine besondere Erkenntnis über unser Leben enthält. Die Schrift sagt voraus, daß die Menschen unserer Zeit damit beginnen werden, diese Erkenntnisse eine nach der anderen zu verstehen, und sich dadurch auf eine vollkommen spirituelle Daseinsform zubewegen.«

Ich schüttelte den Kopf und hob zynisch eine Augenbraue. »Und das glaubst du?«

»Nun«, sagte sie. »Ich bin zumindest der Ansicht ...«

»Schau dich doch um«, unterbrach ich sie und zeigte auf die Gäste des Restaurants im Raum unter uns. »Das hier ist die Realität. Kannst du irgendeine Veränderung erkennen?«

Gerade als ich das gesagt hatte, dröhnte eine zornige Bemerkung von einem der Tische an der Wand gegenüber durch den Raum. Ich verstand nicht, worum es ging, doch war die Bemerkung laut genug gewesen, um das gesamte Lokal verstummen zu lassen. Zunächst dachte ich, es sei ein weiterer Diebstahl passiert, dann merkte ich, daß es sich lediglich um eine gewöhnliche Auseinandersetzung handelte. Eine etwa dreißigjährige Frau war erregt aufgesprungen und starrte angewidert auf den ihr gegenübersitzenden Mann.

»Nein«, schrie sie, »das Problem ist, daß diese Beziehung nicht so läuft, wie ich sie mir vorstelle! Verstehst du? Sie läuft verdammt noch einmal nicht!« Sie rang um ein wenig Fassung, warf ihre Serviette auf den Tisch und verließ das Lokal.

Charlene und ich starrten uns einen Augenblick lang an, einigermaßen schockiert über den Ausbruch, der sich genau in dem Augenblick ereignet hatte, als wir über die Leute im Lokal unter uns gesprochen hatten. Schließlich deutete Charlene mit einer Kopfbewegung in Richtung des Tisches, an dem der Mann jetzt allein saß, und sagte: »Genau diese Realität ist dabei, sich zu verändern.«

»Wie?« fragte ich, immer noch leicht genervt.

»Die Transformation beginnt mit der sogenannten Ersten Erkenntnis, und wenn man dem Priester glauben kann, steigt diese Erkenntnis zunächst aus dem Unterbewußten auf und äußert sich in Form einer tiefen inneren Unruhe.«

»Unruhe?«

»Genau das.«

»Und dann?«

»Genau das ist es! Zuerst sind wir verunsichert. Dem Manuskript zufolge beginnt damit unsere Einsicht in eine andere, neue Form des Erlebens ... Gewisse Lebenssituationen scheinen urplötzlich eine andere Qualität zu haben, sie sind intensiver und anregender. Doch wissen wir weder, was das Wesen dieser Erfahrung ist, noch wie wir diese inspirierenden Momente halten können. Und wenn sie vorüber sind, fühlen wir uns unbefriedigt und rastlos, gefangen in einem Leben, das nun wieder gewöhnlich und uninteressant zu sein scheint.«

»Du meinst, daß innere Unruhe hinter dem Ausbruch der Frau gestanden hat?«

»Ja. Sie unterscheidet sich darin kein bißchen von uns. Wir alle suchen nach einem kleinen bißchen mehr Erfüllung und wollen nichts mehr mit Dingen zu tun haben, die uns runterziehen. Diese Unruhe steht hinter dieser ›Ich-zuerst‹-Einstellung der letzten Jahrzehnte und betrifft jeden, von den Jungs auf der Wall Street bis hin zu denen in den Straßengangs.«

Sie sah mir direkt in die Augen. »Und was Beziehungen angeht, haben wir so hohe Anforderungen entwickelt, daß wir sie nahezu unmöglich machen.«

Automatisch erinnerte ich mich bei diesen Worten an meine beiden letzten Beziehungen. Beide hatten mit der gleichen Intensität begonnen und waren vor Ablauf eines Jahres gründlichst gescheitert. Als ich meine Aufmerksamkeit wieder Charlene zuwandte, wartete sie noch auf meine Antwort.

»Und was machen wir in unseren Beziehungen falsch?« fragte ich.

»Auch darüber habe ich mit dem Priester lange Zeit gesprochen«, erwiderte sie. »Er meint, daß ein Krieg der Egos unvermeidlich ist, wenn beide Partner innerhalb einer Beziehung zu fordernd sind und vom anderen verlangen, in seiner Welt aufzugehen oder für seine Aktivitäten dauernd verfügbar zu sein.«

Was sie sagte, kam mir nur allzu bekannt vor. Meine beiden letzten Beziehungen waren im wahrsten Sinne des Wortes zu reinen Machtkämpfen verkommen. In beiden hatte sich ein starker Interessenkonflikt gezeigt, war alles zu schnell gegangen. Wir hatten uns zuwenig Zeit genommen, um über unsere unterschiedlichen Ansichten zu sprechen, Ansichten darüber, was wir mit unserer Zeit anfangen sollten, welchen Weg wir einschlagen und welchen Interessen wir gemeinsam nachgehen sollten. Am Ende war der Streit darüber, wer den Ton angab und den Tagesablauf bestimmte, zu einem unüberwindlichen Hindernis geworden.

»Aufgrund dieser Machtkämpfe«, fuhr Charlene fort, »wird es immer schwieriger, mit einer Person für längere Zeit zusammenzubleiben.«

»Klingt nicht sonderlich spirituell.«

»Das habe ich dem Priester auch gesagt«, erwiderte sie. »Doch er gab zu bedenken, daß die meisten gesellschaftlichen Mißstände auf diese innere Unruhe zurückzuführen seien; daß diese Probleme nur vorübergehender Natur sind und schließlich überwunden werden. Dann werden wir endlich verstehen, wonach wir eigentlich suchen und was diese scheinbar so erfüllende Erfahrung in Wirklichkeit ausmacht. Und in dem Augenblick werden wir die Erste Erkenntnis gewonnen haben.«

Das Essen kam, und wir unterbrachen unser Gespräch, während der Kellner Wein nachschenkte und wir gegenseitig von unseren Tellern naschten. Als sie über den Tisch langte, um sich einen Bissen Lachs von meinem Teller zu angeln, rümpfte sie die Nase und kicherte. Mir fiel wieder auf, wie sehr ich ihre Gesellschaft genoß.

»Okay«, sagte ich schließlich. »Nach welcher Erfahrung suchen wir? Wie lautet die Erste Erkenntnis?«

Sie zögerte, als sei sie sich nicht sicher, wo genau sie anfangen sollte. »Das läßt sich nicht so einfach erklären«, sagte sie. »Der Priester hat es folgendermaßen ausgedrückt. Er sagte: Die Erste Erkenntnis wird wirksam, sobald wir uns der Zufälle in unserem Leben bewußt werden.«

Sie beugte sich vor. »Hast du jemals eine Eingebung oder Ahnung bei irgendeinem Vorhaben gehabt, vielleicht wenn es um eine Veränderung in deinem Leben ging? Dich gefragt, wie genau es funktionieren könnte? Und nachdem du die Sache wieder halb vergessen hattest, führte dich eine Begegnung, irgendein Buch oder ein bestimmter Ort genau zu deinem Ziel.

Im Augenblick häufen sich diese Zufälle, und jedesmal, wenn sie sich ereignen, scheint es uns, als reichten sie weit über unseren Begriff von reinem Zufall oder Glück hinaus. Ein Gefühl der Vorherbestimmung tritt ein, so als würde unser Leben durch eine unerklärliche Kraft gesteuert. Dieses Erleben hat etwas Geheimnisvolles und Aufregendes, und deshalb fühlen wir uns lebendiger.

Der Priester erklärte, daß wir alle bereits kurze Momente dieser Empfindung hatten und bemüht sind, diesen Zustand festzuhalten. Jeden Tag sind mehr Menschen davon überzeugt, daß diese mysteriösen Gefühlsregungen echt sind, daß sie etwas zu bedeuten haben, daß noch etwas anderes hinter unserem Alltag liegt. Sich dessen voll bewußt zu sein, darin besteht die Erste Erkenntnis.«

Sie blickte mich erwartungsvoll an, doch ich sagte nichts.

»Verstehst du nicht?« fragte sie. »Die Erste Erkenntnis ist eine neue Sicht auf das Geheimnis des menschlichen Lebens. Wir alle unterliegen diesen merkwürdigen Fügungen, und obwohl wir sie noch nicht verstehen, wissen wir doch, daß sie real sind. Wie damals in unserer Kindheit fühlen wir, daß noch eine andere Seite des Lebens existiert, eine, die es noch zu entdecken gilt – etwas, was sich hinter den Kulissen abspielt.«

Charlene lehnte sich noch weiter vor und gestikulierte wild, während sie sprach.

»Du glaubst wirklich daran, nicht wahr?« fragte ich.

»Ich erinnere mich an Zeiten«, sagte sie streng, »in denen du derjenige gewesen wärst, der über derartige Erfahrungen gesprochen hätte.«

Diese Bemerkung traf mich. Sie hatte recht. Es hatte in meinem Leben tatsächlich eine Zeit gegeben, in der ich derartige Fügungen erlebt und sogar versucht hatte, sie psychologisch zu verstehen. Doch irgendwann hatte sich meine Betrachtungsweise verändert. Aus irgendeinem Grund hatte ich damit begonnen, derartige Betrachtungen für unreif und unrealistisch zu halten, und schließlich ganz aufgehört, sie zur Kenntnis zu nehmen.

Ich blickte Charlene in die Augen und verteidigte mich. »Vermutlich beschäftigte ich mich zu jener Zeit gerade mit östlicher Philosophie oder christlicher Mystik. Wie dem auch sei, das, was du die Erste Erkenntnis nennst, ist bereits tausendfach beschrieben worden. Was soll jetzt plötzlich neu daran sein? Auf welche Weise kann die Wahrnehmung irgendwelcher geheimnisvoller Begebenheiten zur Transformation der menschlichen Kultur führen?«

Charlene blickte einen Moment lang vor sich auf den Tisch und dann wieder mir in die Augen.

»Versteh mich nicht falsch«, sagte sie. »Dieses Bewußtsein ist natürlich schon vorher erfahren und beschrieben worden. Der Priester wies mich extra darauf hin, daß es sich bei der Ersten Erkenntnis nicht um etwas sonderlich Neues handelt. Er sagte, daß sich einzelne Menschen immer dieser unerklärlichen Fügungen bewußt gewesen seien und daß sie hinter vielen großen philosophischen und religiösen Ansätzen stehen. Der Unterschied besteht in der Häufigkeit ihres Auftretens. Dem Priester zufolge ist jetzt die Zeit für die Transformation gekommen, weil sich immer mehr Individuen dieser Fügungen bewußt sind«.

»Und was genau soll das bedeuten?« fragte ich.

»Er sagte, daß sich die Anzahl dieser Menschen mit dem Einsetzen der sechsten Dekade des zwanzigsten Jahrhunderts sprunghaft vermehren würde. Er meinte weiterhin, daß die Zahl bis zum Beginn des nächsten Jahrhunderts drastisch zunehmen wird, bis die kritische Masse erreicht ist.

Das Manuskript sagt voraus, daß unsere Kultur die schicksalhaften Fügungen ernst nehmen wird, sobald die kritische Masse erreicht ist. Dann werden Menschen massenhaft vor der Frage stehen, welchem geheimnisvollen Prozeß menschliches Leben auf unserem Planeten unterliegt. Und genau diese Frage, zur gleichen Zeit von genügend Menschen gestellt, wird dafür sorgen, daß weitere Erkenntnisse in unser Bewußtsein drängen. Wenn eine ausreichende Menge von Leuten ernsthaft beginnt zu hinterfragen, was Leben eigentlich bedeutet, so werden wir es auch herausfinden. Dann werden weitere Erkenntnisse enthüllt werden ..., eine nach der anderen.«

Sie nahm einen Bissen von ihrem Teller.

»Und haben wir diese Erkenntnisse erst einmal verstanden«, so hakte ich nach, »dann wird sich die gesamte menschliche Kultur verwandeln?«

»Das hat der Priester jedenfalls gesagt«, versicherte sie mir.

Für einen Augenblick starrte ich sie an und ließ die Idee einer kritischen Masse auf mich wirken. »Weißt du was? Für ein Manuskript aus dem Jahre 600 vor Christus klingt das ziemlich fortgeschritten.«

»Ich weiß«, gab sie zurück. »Diesen Einwand hatte ich auch. Doch der Priester versicherte mir, daß die Gelehrten, die als erste mit der Übersetzung der Handschrift beauftragt waren, absolut keinen Zweifel an ihrer Authentizität hegen. Vor allem deshalb, weil das Manuskript in der gleichen Sprache geschrieben wurde wie auch ein Großteil des Alten Testaments, in Aramäisch.«

»Aramäisch in Südamerika? Wie soll das 600 vor Christus möglich gewesen sein?«

»Das wußte der Priester auch nicht.«

»Steht seine Kirche hinter den Aussagen des Manuskriptes?« fragte ich.

»Nein«, sagte sie. »Die meisten Geistlichen versuchen die Existenz der Handschrift mit allen Mitteln geheimzuhalten. Deshalb wollte er mir seinen Namen nicht nennen. Offenbar stellte schon die Tatsache, daß er darüber sprach, eine große Gefahr für ihn dar.«

»Hat er erwähnt, weshalb die meisten der Kirchenleute dagegen sind?«

»Weil es die Allmacht ihrer Religion in Frage stellt.«

»Wie das?«

»Ich weiß es nicht genau. Er hat nicht viel darüber gesagt, aber offensichtlich gehen einige der Erkenntnisse so weit, daß manche der Kirchenältesten die traditionellen Inhalte ihrer Kirche in Frage gestellt sehen. Man ist offenbar der Ansicht, alles sei gut so, wie es ist.«

»Verstehe.«

»Der Priester war nicht der Meinung, daß die Handschrift die Grundsätze der Kirche untergrabe. Sie erklärt einfach die Bedeutung der spirituellen Wahrheit. Er war fest davon überzeugt, daß die Kirchenführer es ebenso sehen würden, sollte es ihnen gelingen, das Leben wieder als Mysterium zu begreifen und dadurch zu den anderen Erkenntnissen vorzudringen.«

»Hat er gesagt, wie viele dieser Erkenntnisse es gibt?«

»Nein, aber er hat die Zweite Erkenntnis erwähnt. Er sagte, daß es sich um eine wahrhaftigere Interpretation unserer jüngsten Geschichte handele, eine, die die Transformation angeblich noch weiter erhellt.«

»Hat er das ausgeführt?«

»Nein, dazu hatte er keine Zeit. Er mußte fort, um sich um seine Angelegenheiten zu kümmern. Wir verabredeten uns für den Nachmittag in seinem Haus, doch als ich dort eintraf, war er nicht dort. Ich habe drei Stunden vergebens auf ihn gewartet. Schließlich mußte ich gehen, um meinen Flug noch zu erwischen.«

»Willst du damit sagen, daß du danach nie wieder mit ihm gesprochen hast?«

»Genau das. Ich habe ihn nie wieder zu Gesicht bekommen.«

»Und von Regierungsseite hat dir auch niemand die Existenz dieses Manuskriptes bestätigt?«

»Niemand.«

»Wann war das?«

»Ungefähr vor sechs Wochen.«

Wir aßen eine Weile schweigend. Schließlich sah Charlene von ihrem Teller auf und fragte: »Was hältst du von der Sache?«

»Ich weiß nicht«, sagte ich. Ein Teil in mir bezweifelte zutiefst, daß Menschen überhaupt in der Lage waren, sich grundlegend zu verändern. Ein anderer Teil von mir war fasziniert von der Idee, daß ein derartiges Manuskript existierte.

»Hat er dir eine Kopie oder sonst einen Beweis für die Existenz der Schrift gezeigt?« fragte ich.

»Nein, alles, was ich habe, sind meine Aufzeichnungen.«

Wir schwiegen wieder.

»Um ehrlich zu sein«, sagte sie, »habe ich gedacht, daß dich diese Sache ein bißchen mehr begeistern würde.«

Ich sah sie an. »Ich schätze, ich brauche einen Beweis dafür, daß das alles wahr ist.«

Sie grinste.

»Weshalb grinst du?« fragte ich.

»Genau das habe ich auch gesagt.«

»Zu wem, dem Priester?«

»Ja.«

»Was hat er geantwortet?«

»Daß die Erfahrung der Beweis ist. Er meint, daß die Aussagen des Manuskriptes nur durch persönliche Erfahrungen gültig werden. Wenn wir wirklich darauf achten, wie wir uns fühlen und wie sich unser Leben zu diesem Zeitpunkt entwickelt, dann werden wir erkennen, daß die Handschrift einen Sinn ergibt, sie uns sogar bekannt vorkommt.« Sie zögerte einen Augenblick. »Geht es dir nicht so?«

Ich überlegte einen Augenblick. Ergab es wirklich einen Sinn? War jeder so rastlos wie ich, und wenn ja, resultierte diese Rastlosigkeit aus der simplen Einsicht – einer simplen Einsicht, die dreißig Jahre gebraucht hatte, um sich mitzuteilen –, daß mehr hinter dem Leben steckt, als wir wahrhaben wollten, mehr, als wir in der Lage waren zu erfahren?

»Ich bin mir nicht ganz sicher«, sagte ich schließlich, »vermutlich brauche ich ein wenig Zeit, um darüber nachzudenken.«

Ich trat hinaus in den Garten neben dem Restaurant und stellte mich hinter eine Bank aus Zedernholz, die vor einem Springbrunnen stand. Rechts von mir sah ich die blinkenden Lichter des Flughafens und hörte die brüllenden Turbinen eines Jets, der sich zum Start bereit machte.

»Was für wunderschöne Blumen«, sagte Charlene von hinten. Ich drehte mich um und sah, wie sie den kleinen Pfad entlang auf mich zukam und dabei die Beete mit Petunien und Begonien bewunderte. Sie stellte sich neben mich, und ich legte ihr meinen Arm um die Schultern. Vor Jahren hatten wir beide in Charlottesville, Virginia, gewohnt und viele Abende mit Gesprächen verbracht. Meistens war es dabei um akademische Theorien oder psychologisches Wachstum gegangen. Uns hatten diese Gespräche gleichermaßen fasziniert – und wir uns gegenseitig auch. Trotzdem fiel mir mit einem Mal auf, wie platonisch unsere Beziehung immer verlaufen war.

»Ich kann dir gar nicht sagen, wie schön es ist, dich wiederzusehen«, eröffnete sie das Gespräch.

»Geht mir auch so«, gab ich zurück. »Eine Menge Erinnerungen kommen bei mir hoch, wenn ich dich so sehe.«

»Ich frage mich, weshalb wir uns aus den Augen verloren haben«, sagte sie.

Ihre Frage brachte mich wieder auf den Boden der Tatsachen. Ich erinnerte mich, wie ich Charlene das letzte Mal gesehen hatte. Sie hatte mir am Auto auf Wiedersehen gesagt. Damals war ich voller neuer Ideen und Vorsätze gewesen und gerade dabei, meine Heimat zu verlassen, um mit mißhandelten Kindern zu arbeiten. Ich bildete mir ein zu wissen, wie diese Kinder ihre intensiven Reaktionen und ihr obsessives Verhalten, das sie an ihrer Weiterentwicklung hinderte, überwinden konnten. Doch mit der Zeit hatte mein Ansatz versagt, und ich war gezwungen worden, mir meine völlige Unwissenheit einzugestehen. Auf welche Weise Menschen sich von ihrer Vergangenheit befreien konnten, war mir weiterhin ein Rätsel geblieben.

Blickte ich jetzt auf die letzten sechs Jahre zurück, so merkte ich, daß die Erfahrung sich gelohnt hatte. Trotzdem war mein innerer Drang, mich weiterzubewegen, stärker geworden. Doch wohin sollte ich gehen? Und was tun? Seit Charlene mir geholfen hatte, meine Theorien über Traumata der Kindheit auszuarbeiten, hatte ich nur ein paar Mal an sie gedacht, und jetzt war sie wieder hier, und unsere Unterhaltung schien mir genauso aufregend wie damals in Charlottesville.

»Ich glaube, ich bin vollkommen in meiner Arbeit untergetaucht«, sagte ich.

»Ich auch«, erwiderte sie. »Bei der Zeitung jagte eine Story die nächste. Zwischendurch hatte ich kaum Zeit aufzuschauen. Ich habe alles andere um mich herum vergessen.«

Ich drückte ihr sanft die Schulter. »Weißt du, Charlene, ich hatte völlig vergessen, wie gut wir uns unterhalten können; unsere Gespräche sind so spontan und mühelos.« Ich wollte noch mehr sagen, als Charlene mir plötzlich über die Schulter sah und in Richtung des Restaurants starrte. Ihr Gesicht war bleich, und mit einem Mal wirkte sie nervös.

»Was ist los?« fragte ich und drehte mich ebenfalls um. Ein paar Leute schlenderten beiläufig über den Parkplatz, doch sonst war nichts Außergewöhnliches zu sehen. Charlene schien immer noch alarmiert und verwirrt.

»Was war?« fragte ich wieder.

»Dort drüben, bei der ersten Reihe des Parkplatzes – hast du dort den Mann im grauen Hemd gesehen?«

Wieder ließ ich meinen Blick über den Parkplatz schweifen. Eine weitere Gruppe von Leuten verließ das Restaurant. »Welchen Mann?«

»Ich glaube, jetzt ist er weg«, sagte sie und streckte sich, um einen besseren Überblick zu bekommen.

Sie sah mir wieder in die Augen. »Man hat den Dieb, der meinen Aktenkoffer gestohlen hat, als Mann mit schütterem Haar und grauem Hemd beschrieben. Wenn mich nicht alles täuscht, habe ich ihn gerade drüben bei den Autos gesehen ... Er hat uns beobachtet.«

Mein Magen zog sich vor Angst zusammen. Ich versicherte ihr, daß ich gleich wieder bei ihr sein würde, und inspizierte den Parkplatz, wobei ich sie nicht aus den Augen ließ. Doch ich entdeckte niemanden, auf den die Beschreibung gepaßt hätte.

Als ich wieder neben ihr stand, trat Charlene einen Schritt näher und sagte mit ruhiger Stimme: »Meinst du, dieser Kerl glaubt, daß ich eine Kopie des Manuskriptes habe? Hat er vielleicht deshalb meinen Aktenkoffer gestohlen?«

»Ich weiß nicht«, sagte ich. »Aber wir werden jetzt wieder die Polizei einschalten und sie darüber informieren, was du gesehen hast. Ich werde außerdem dafür sorgen, daß die Passagierliste deines Fluges überprüft wird.«

Wir begaben uns wieder ins Innere des Restaurants und riefen die Polizei. Als sie eintraf, lieferten wir eine kurze Beschreibung des Mannes. Zwanzig Minuten verbrachten sie damit, jeden Wagen auf dem Parkplatz zu überprüfen, dann erklärten sie uns, daß sie nicht noch mehr Zeit mit dem Fall verbringen könnten. Allerdings waren sie bereit, die Passagiere von Charlenes Flug zu überprüfen.

Nachdem die Polizei gegangen war, standen Charlene und ich allein am Springbrunnen.

»Wovon haben wir noch mal geredet, bevor der Kerl auftauchte?« fragte sie.

»Wir haben über uns gesprochen«, antwortete ich. »Charlene, warum in aller Welt hast du mich in dieser Angelegenheit aufgesucht?«

Sie sah mich perplex an. »Als der Priester in Peru mir von dem Manuskript erzählte, mußte ich immer wieder an dich denken.«

»Was du nicht sagst.«

»Damals habe ich mir nicht viel dabei gedacht«, fuhr sie fort. »Doch später, in Virginia, mußte ich jedesmal an dich denken, wenn mir das Manuskript einfiel. Ich hatte schon ein paar Mal den Hörer in der Hand, um dich anzurufen, doch es kam immer etwas dazwischen. Dann kam der Auftrag in Miami, und an Bord der Maschine stellte ich fest, daß ich hier Aufenthalt habe. Nach der Landung suchte ich im Telefonbuch nach deiner Nummer. Obwohl dein Anrufbeantworter sagte, daß man dich nur in Notfällen am See stören sollte, entschied ich, daß du in meinem Fall eine Ausnahme machen würdest.«

Einen Augenblick sah ich sie schweigend an und wußte nicht, was ich von ihr halten sollte. »Ich bin froh, daß du angerufen hast«, sagte ich schließlich.

Charlene warf einen schnellen Blick auf ihre Uhr. »Es wird Zeit. Ich muß zurück zum Flughafen.«

»Ich bringe dich hin«, sagte ich.

Wir fuhren zum Hauptgebäude und näherten uns den Schaltern. Aufmerksam hielt ich Ausschau nach etwas Außergewöhnlichem. Als wir den Schalter erreicht hatten, gingen die Passagiere bereits an Bord, und ein Polizist war damit beschäftigt, die Fluggäste zu observieren. Er versicherte uns, daß sich niemand an Bord der Maschine befinde, auf den die Beschreibung zutreffe.

Wir dankten ihm, und nachdem er gegangen war, drehte

Charlene sich um und lächelte mich an. »Ich glaube, ich geh'
jetzt besser«, sagte sie, legte ihren Arm um meinen Hals und
zog mich an sich. »Hier sind meine Telefonnummern. Diesmal
sollten wir uns nicht aus den Augen verlieren.«

»Ich möchte, daß du auf dich aufpaßt«, sagte ich. »Wenn irgend etwas Ungewöhnliches passiert, ruf sofort die Polizei!«

»Mach dir um mich keine Sorgen«, antwortete sie. »Mir passiert schon nichts.«

Einen Moment lang blickten wir einander tief in die Augen.

»Was wirst du nun in bezug auf das Manuskript unternehmen?« fragte ich.

»Ich weiß nicht. Auf neue Informationen warten, vermutlich.«

»Was, wenn sie unterdrückt werden?«

Sie schenkte mir ein bezauberndes Lächeln. »Wußte ich's
doch«, sagte sie. »Du kannst jetzt schon an nichts anderes mehr
denken. Ich habe dir ja gesagt, daß du begeistert sein würdest.
Was wirst *du* wegen des Manuskriptes unternehmen?«

Ich zuckte mit den Achseln. »Aller Wahrscheinlichkeit nach
werde ich versuchen, mehr darüber herauszufinden.«

»Gut. Wenn du es schaffst, laß es mich wissen.«

Wir verabschiedeten uns zum zweiten Mal, dann ging sie. Ich
sah, wie sie sich noch einmal umdrehte, mir zuwinkte und dann
in dem langen Korridor verschwand, der das Flughafengebäude mit der Maschine verband. Ich schlenderte zu meinem Geländewagen zurück und machte mich ohne Umwege auf den
Rückweg zum See.

Daheim angekommen, setzte ich mich in einen der Schau-
kelstühle auf der mit Fliegendraht vergitterten Veranda. Die
Grillen und Baumfrösche machten einen Heidenkrach, und in
weiter Ferne hörte ich den unverwechselbaren Ruf des Schrei-
enden Ziegenmelkers. Der Mond weiter westlich hing nun tiefer über dem See, sein Licht lief als durchbrochene Linie über
die Oberfläche des Wassers direkt auf mich zu.

Es war ein interessanter Abend gewesen, doch was ihre Theorie der kulturellen Transformation anging, blieb ich weiterhin
skeptisch. Wie viele in meiner Generation war auch ich dem sozialen Idealismus der Sechziger und Siebziger verfallen, selbst
die spirituelle Suche der Achtziger hatte ich nicht ausgelassen.
Was in Wirklichkeit vor sich ging, war allerdings weitaus schwe-

rer zu beurteilen. Was sollte das für eine neue Information sein, die imstande wäre, die Welt des Menschen auf grundlegende Weise zu verändern? Das klang mir alles zu idealistisch und zu weit hergeholt. Schließlich und endlich lebten wir seit ewigen Zeiten auf diesem Planeten. Weshalb sollten wir ausgerechnet jetzt eine Erkenntnis über den Sinn unserer Existenz erhalten? Ich starrte noch ein paar Minuten auf das Wasser, dann löschte ich das Licht und ging ins Schlafzimmer, um zu lesen.

Am nächsten Morgen erwachte ich unvermittelt aus einem Traum, der mich bis weit in den Tag hinein verfolgte. Ein oder zwei Minuten lag ich auf dem Rücken im Bett, starrte an die Decke und konnte mich dabei an jedes Detail erinnern. Auf der Suche nach etwas hatte ich mir den Weg durch einen Wald gebahnt, einen Wald von immenser Größe und außergewöhnlicher Schönheit.

Im Lauf meiner Suche war ich immer wieder in Situationen geraten, in denen ich mir vollkommen verloren und verwirrt vorgekommen war und in denen ich beim besten Willen nicht mehr gewußt hatte, wie es weitergehen sollte. Auf geradezu unglaubliche Art war in diesen Momenten wie aus dem Nichts jedes Mal eine Person aufgetaucht, um mir dabei zu helfen, den nächsten Schritt zu planen. Der Gegenstand meiner Suche war mir nicht klargeworden, doch nach dem Traum fühlte ich mich unwahrscheinlich gut gelaunt und voller Selbstvertrauen.

Ich setzte mich im Bett auf und bemerkte einen Sonnenstrahl, der durch das Fenster in den Raum drang. Staubkörnchen tanzten glitzernd darin. Ich stand auf und zog die Vorhänge zurück. Der Tag war wunderschön: blauer Himmel und strahlender Sonnenschein, eine schwache Brise bewegte die Baumwipfel. Um diese Tageszeit würde der See bewegt und glitzernd vor mir liegen und der Wind kühl über meine nasse Haut streichen, wenn ich aus dem Wasser kam.

Ich ging vor die Tür, und kopfüber sprang ich in den See. Ich kam an die Oberfläche und schwamm auf dem Rücken hinaus in die Mitte des Gewässers, um die vertraute Silhouette der Berge im Auge zu behalten. Der See lag in einem tiefen Tal, von drei Bergketten umgeben: ein perfektes Stück Natur, das mein Großvater in seiner Jugend entdeckt hatte.

Hundert Jahre war es mittlerweile her, seit er zum ersten Mal über diese Gipfel gewandert war, ein jugendlicher Entdecker, ein Naturkind, in einer wilden, intakten Welt voller Pumas, Wildschweine und Creek-Indianer, die in primitiven Behausungen auf der nördlichen Bergkette lebten. Er hatte sich geschworen, eines Tages an diesem Ort seine Zelte aufzuschlagen, zwischen riesigen Bäumen und sieben Frischwasserquellen, und schließlich hatte er sich seinen Traum erfüllt und einen See angelegt; er baute eine Hütte und unternahm zahllose Spaziergänge mit seinem jungen Enkel. Ich hatte die Faszination meines Großvaters, was das Tal betraf, nie ganz verstanden, doch hatte ich mich immer bemüht, den ursprünglichen Zustand des Landes zu erhalten, selbst als die Zivilisation immer näher rückte und den Ort schließlich eingezingelt hatte.

Von der Mitte des Sees konnte ich einen besonderen Felsen sehen, der zwischen den Gipfeln der nördlichen Kette hervorragte. Am Vortag war ich, der Tradition meines Großvaters folgend, dort hinaufgeklettert und hatte versucht, ein wenig inneren Frieden zu finden in der Aussicht, dem Geruch und der Art und Weise, wie der Wind durch die Baumkronen wirbelte. Und während ich dort oben gesessen und den See und das spärliche Laubwerk im Tal unter mir betrachtet hatte, fühlte ich mich langsam besser, als ob die Atmosphäre und die Aussicht dort oben eine Blockade in meinem Kopf gelöst hätten. Wenige Stunden später hatte ich mit Charlene gesprochen und von der Existenz der alten Schrift erfahren.

Ich schwamm zurück und zog mich auf den alten Holzsteg vor der Hütte. Es war alles etwas viel auf einmal. Eben war ich noch ein Eremit in den Bergen gewesen, völlig unzufrieden mit meinem Leben, bis aus heiterem Himmel Charlene aufgetaucht war und mir den Grund für mein Unwohlsein erklärte – dabei zu allem Überfluß aus irgendeiner alten Handschrift zitierte, die vorgab, die Geheimnisse der menschlichen Existenz offenzulegen.

Trotzdem wußte ich, daß Charlenes Ankunft genau jene Art von Fügung war, auf die das Manuskript anspielte, eine, bei der es sich nicht um bloßen Zufall gehandelt haben konnte. Sollte dieses uralte Dokument am Ende recht haben? Waren wir trotz unseres Zynismus und unserer Selbstverleugnung dabei, eine kritische Masse von Leuten zu bilden, die ein Bewußtsein für diese schicksalhaften Fügungen entwickelte? Hatte der Mensch endlich eine Position erreicht, die es ihm ermöglichte, diese Phänomene zu verstehen und damit endlich den Sinn des Lebens zu erfassen?

Wie, so fragte ich mich, könnte ein derartiges Erfassen aussehen? Würden die in der Schrift verbleibenden Erkenntnisse uns Aufschluß darüber geben – so wie der Priester gesagt hatte?

Ich stand vor einer Entscheidung. Durch das Manuskript hatte mein Leben eine neue Perspektive bekommen, und es stellte eine Herausforderung für mich dar. Die Frage war jetzt, was ich tun sollte.

Ich konnte entweder hierbleiben oder eine Möglichkeit finden, der Sache auf die Spur zu kommen. Der Gedanke an die Gefahren einer derartigen Unternehmung schoß mir durch den Kopf. Wer hatte Charlenes Aktenkoffer gestohlen? War jemand daran interessiert, die Nachricht von der Existenz des Manuskriptes zu unterschlagen? Wie sollte ich das herausfinden?

Ich wägte die möglichen Risiken sorgfältig ab, und schließlich gewann mein Optimismus die Oberhand. Ich entschied, mir vorerst keine Sorgen zu machen und mich langsam vorzutasten. So begab ich mich ins Innere des Hauses und wählte die Nummer der Reiseagentur mit der größten Anzeige auf den Gelben Seiten. Der Mann von der Agentur sagte, er könne in der Tat eine Reise nach Peru organisieren. Um genau zu sein, habe sich in letzter Minute ein Reiserücktritt ereignet – ein Flug inklusive Hotelreservierung in einem Hotel in Lima. Ich würde das gesamte Paket zu einem Sonderpreis übernehmen können, so sagte er ..., vorausgesetzt, ich wäre in drei Stunden abreisebereit.

Drei Stunden?

Das verlängerte Jetzt

Nach einem wahren Packanfall und einem Höllenritt über die Autobahn traf ich gerade noch rechtzeitig genug am Flughafen ein, um mein Ticket in Empfang zu nehmen und mich an Bord des Flugzeuges nach Peru zu begeben. Als ich mich zum Heck des Fliegers vorgearbeitet hatte und mich endlich in meinen Fenstersitz fallen ließ, übermannte mich tiefe Erschöpfung.

Eigentlich wollte ich ein Nickerchen machen, doch nachdem ich mich ausgestreckt und die Augen geschlossen hatte, merkte ich, daß es mir unmöglich war, mich zu entspannen. Ich war mit einem Mal nervös und hatte nun mehr als gemischte Gefühle, was diese Reise anging. Hatte ich den Verstand verloren, so ohne Vorbereitungen aufzubrechen? Wohin sollte ich in Peru? Mit wem dort Kontakt aufnehmen?

Die Zuversicht, die mich am See erfüllt hatte, verwandelte sich jetzt in Windeseile in tiefe Skepsis. Die Erste Erkenntnis und der Gedanke an eine kulturelle Transformation schienen nun geradezu abstrus und unrealistisch. Und je länger ich darüber nachdachte, desto unwahrscheinlicher erschien mir die Idee von der Existenz einer Zweiten Erkenntnis. Wie um alles in der Welt sollte eine neue Sichtweise der Geschichte unsere Einstellung gegenüber schicksalhaften Fügungen verändern – ein ohnehin heikles Thema – und jene zudem noch im Bewußtsein einer breiten Öffentlichkeit manifestieren?

Ich streckte meine Beine noch ein wenig weiter unter den Vordersitz und atmete tief durch. Möglicherweise war dies ein nutzloses Unterfangen, ein schneller Trip nach Peru und retour. Geldverschwendung vielleicht, doch ansonsten würde mir aus dieser Entscheidung wohl kein weiterer Schaden entstehen.

Der Flieger setzte sich mit einem Ruck in Bewegung und rollte hinaus auf die Startbahn. Ich schloß die Augen und gab mich einem leichten Schwindel hin, der einsetzte, als der Riesenjet die kritische Geschwindigkeit erreicht hatte, abhob und in eine dichte Wolkendecke eintauchte. Als wir die Flughöhe erreicht hatten, gelang es mir endlich, ein wenig zu entspannen, und wenig später war ich eingeschlafen. Nach dreißig oder vierzig

Minuten wurde ich durch Turbulenzen geweckt und beschloß, die Waschräume aufzusuchen.

Während ich mich durch die Sitzreihen kämpfte, bemerkte ich einen großgewachsenen Mann mit einer runden Brille, der in der Nähe des Ausgangs mit einer Stewardeß sprach. Er musterte mich scheinbar flüchtig und wandte sich dann wieder seiner Unterhaltung zu. Er hatte dunkelbraunes Haar und war nicht älter als fünfundvierzig. Einen Moment lang glaubte ich, ihn zu kennen, doch nachdem ich seine Gesichtszüge genauer in Augenschein genommen hatte, entschied ich, daß ich mich geirrt haben mußte. Im Vorbeigehen schnappte ich einen Fetzen der Unterhaltung auf.

»Trotzdem noch einmal vielen Dank«, sagte der Mann. »Ich dachte nur, daß Sie vielleicht etwas von diesem Manuskript gehört hätten, so oft wie Sie nach Peru fliegen.« Er drehte sich um und ging in den vorderen Teil des Flugzeugs.

Ich war wie vor den Kopf geschlagen. War etwa von dem gleichen Manuskript die Rede? Ich schloß die Tür des Waschraumes hinter mir und überlegte, was zu tun sei. Ich neigte dazu, dem Vorfall keinerlei Bedeutung beizumessen, vermutlich war irgendein anderes Manuskript gemeint.

So kehrte ich zu meinem Sitzplatz zurück und schloß wieder die Augen, froh darüber, den Vorfall abgeschrieben zu haben und den Mann nicht weiter belästigen zu müssen. Doch dann überkam mich wieder die Erregung, die ich am See gespürt hatte. Was, wenn dieser Mann tatsächlich Informationen über das Manuskript hatte? Ich würde es nie herausfinden, wenn ich ihn nicht fragte.

Meine Entscheidung geriet noch ein paarmal ins Wanken, dann stand ich auf und begab mich in den vorderen Teil der Maschine, wo er etwa auf mittlerer Höhe saß. Direkt hinter ihm befand sich ein leerer Sitz. Ich ging wieder zu meinem Sitz zurück und ließ die Stewardeß wissen, daß ich meinen Sitzplatz wechseln würde, dann nahm ich meine Sachen und bezog den neuen Platz. Nach einigen Minuten tippte ich ihm von hinten auf die Schulter.

»Entschuldigen Sie«, sagte ich. »Ich habe eben zufällig gehört, wie Sie ein Manuskript erwähnten. Handelt es sich dabei zufällig um eines, das gerade in Peru gefunden wurde?«

Er sah mich zunächst überrascht, dann mißtrauisch an. »Ja, in der Tat«, gab er zögernd zu.

Ich stellte mich vor und erklärte ihm, daß eine Bekannte von mir kürzlich aus Peru zurückgekehrt sei und mich von der Existenz der Schrift informiert hatte. Er entspannte sich sichtlich und stellte sich dann als Wayne Dobson vor, Professor an der Geschichtlichen Fakultät der Universität von New York. Im Laufe unserer Unterhaltung bemerkte ich den irritierten Blick meines Nachbarn, der seinen Sitz in Liegeposition gebracht hatte und zu schlafen versuchte. »Haben Sie das Manuskript je zu Gesicht bekommen?« fragte ich den Professor.

»Teile davon«, sagte er. »Und Sie?«

»Nichts. Meine Bekannte hat mich allerdings mit der sogenannten Ersten Erkenntnis vertraut gemacht.« Mein Nachbar wechselte unbehaglich die Stellung.

Dobson warf einen Blick in seine Richtung. »Entschuldigen Sie die Störung. Wäre es zuviel verlangt, wenn Sie den Sitzplatz mit mir tauschen?«

»Nein«, sagte der Mann. »Im Gegenteil.«

Wir traten alle in den Gang hinaus, dann quetschte ich mich ans Fenster, und Dobson nahm den Platz neben mir ein.

»Erzählen Sie mir, was Sie über diese Erste Erkenntnis gehört haben«, sagte Dobson.

Ich besann mich einen Moment und versuchte zu rekapitulieren, was ich davon behalten hatte. »Meiner Ansicht nach handelt es sich bei der Ersten Erkenntnis um das Bewußtsein darüber, daß jene seltsamen lebensverändernden Schicksalsfügungen Teil eines umgreifenderen Prozesses sind.«

Das kam mir jetzt selbst absurd vor.

Dobson fing mein Unbehagen auf. »Was halten Sie von dieser Erkenntnis?« fragte er.

»Ich weiß es beim besten Willen nicht genau«, sagte ich.

»Paßt nicht so recht in unser durchschnittliches Alltagsdenken, nicht wahr? Wäre es nicht viel angenehmer, die ganze Idee über den Haufen zu werfen und sich wieder den praktischen Aspekten des Lebens zuzuwenden?«

Ich mußte lachen und nickte zustimmend.

»Nun, einen Hang dazu hat wohl jeder. Obwohl uns allen gelegentlich ganz klar ist, daß mehr hinter unserem Leben steckt, halten wir derartige Ideen gewöhnlich für rein spekulativ und legen sie, zusammen mit dem Bewußtsein darüber, zu den Akten. Deshalb wird die Zweite Erkenntnis vonnöten sein. Sobald wir den geschichtlichen Hintergrund unseres Bewußtseins verstehen, wird es auch für uns gültig werden.«

Ich nickte. »Sind Sie als Historiker der Meinung, daß die Voraussage des Manuskriptes von einer umfassenden Transformation zutrifft?«

»Ja.«

»Als Wissenschaftler, als Mann der Tatsachen?«

»Gewiß! Doch dazu müssen Sie Geschichte in der richtigen Weise betrachten.« Er atmete tief ein. »Glauben Sie mir, ich sage dies als jemand, der Jahre damit verbracht hat, Geschichte auf eine falsche Art zu studieren und zu lehren. Ich konzentrierte mich ausschließlich auf die technischen Errungenschaften unserer Zivilisation und die großen Männer, die diese Fortschritte herbeiführten.«

»Was soll daran falsch sein?«

»Soweit nichts. Aber wirklich wichtig ist der globale Überblick über jeden Zeitabschnitt, der Überblick darüber, was Menschen fühlten und dachten. Ich selbst habe lange gebraucht, um das zu verstehen. Es ist die Aufgabe der Geschichtswissenschaft, einen größeren Rahmen für das Verständnis unseres individuellen Lebens zu liefern. Geschichte besteht nicht nur aus technischem Fortschritt; sie ist ebenso die Entwicklungsgeschichte des Geistes. Wenn wir die Realität der Menschen vor uns verstehen lernen, dann werden wir auch verstehen, weshalb wir die Welt sehen, wie wir sie sehen, und worin unser Beitrag zu weiterem Fortschritt bestehen kann. Wir wissen genau, zu welchem Zeitpunkt der Evolution der Mensch ins Spiel gekommen ist, diese Tatsache sollte es doch ermöglichen, eine Idee davon zu bekommen, in welche Richtung wir uns bewegen.«

Er schwieg einen Augenblick und fügte dann hinzu: »Die Zweite Erkenntnis wird uns exakt die benötigte historische Perspektive liefern – zumindest vom Standpunkt unserer westlichen Zivilisation aus. Sie stellt die Vorhersagen des Manuskriptes in einen größeren Rahmen, der ihr Eintreffen nicht nur plausibel, sondern sogar unvermeidlich erscheinen läßt.«

Ich fragte Dobson, wie viele Erkenntnisse er mit eigenen Augen gesehen hatte, und er sagte, daß ihm nur die ersten beiden bekannt seien. Er war auf sie gestoßen, nachdem die Gerüchte über die Existenz der Schrift ihn vor drei Wochen zu einer Reise nach Peru veranlaßt hatten.

»Nach meiner Ankunft in Peru«, so fuhr er fort, »traf ich auf ein paar Leute, die die Existenz des Manuskriptes bestätigen konnten, allerdings geradezu eine Todesangst davor hatten, mit mir darüber zu sprechen. Sie sagten, die Regierung sei verrückt und würde jeden körperlich bedrohen, der Kopien der Schrift besitze oder Informationen darüber weitergebe.«

Sein Gesichtsausdruck wurde ernst. »Das hat mich ziemlich nervös werden lassen. Später erzählte mir dann ein Kellner in meinem Hotel von einem bekannten Priester, der das Manuskript anscheinend des öfteren erwähnte. Der Kellner berichtete, daß der Priester das Bestreben der Regierung bekämpfe, die Existenz der Handschrift zu verheimlichen. Ich konnte der Versuchung nicht widerstehen, das Haus aufzusuchen, in dem der Mann angeblich die meiste Zeit verbrachte.«

Ich muß ihn erstaunt angesehen haben, denn Dobson erkundigte sich, ob mit mir alles in Ordnung sei.

»Meine Bekannte hat ihre Informationen ebenfalls von einem Priester bekommen«, erwiderte ich. »Ihr gegenüber wollte er seinen Namen nicht nennen, doch es gelang ihr, mit ihm über die Erste Erkenntnis zu sprechen. Sie hat sich ein zweites Mal mit ihm verabredet, doch er tauchte nicht wieder auf.«

»Es könnte ein und derselbe Mann sein«, sagte Dobson. »Auch ich konnte ihn nicht mehr finden. Das Haus war verriegelt und schien verlassen.«

»Sie haben den Mann niemals zu Gesicht bekommen?«

»Nein, aber ich beschloß, mich umzuschauen. Es handelte sich um ein altes Lagerhaus, und aus irgendeinem Grund entschied ich, es mir von innen anzusehen. Hinter einem Haufen Gerümpel versteckt und durch ein loses Brett in der Wand verdeckt, fand ich die Übersetzungen der Ersten und der Zweiten Erkenntnis.«

Er sah mich wissend an.

»Sie lagen dort einfach herum?«

»Ja.«

»Haben Sie das Manuskript zufällig bei sich?«

Er schüttelte den Kopf. »Nein. Ich beschloß, es gründlich zu studieren und es dann einigen meiner Kollegen zu überlassen.«

»Würden Sie sich in der Lage sehen, mir eine Zusammenfassung der Zweiten Erkenntnis zu geben?« fragte ich.

Es entstand eine ausgedehnte Pause, dann lächelte Dobson und nickte. »Ich schätze, deshalb sind wir hier.

Die Zweite Erkenntnis«, so fuhr er fort, »setzt unseren augenblicklichen Bewußtseinszustand in eine größere historische Perspektive. Am Ende dieser Dekade werden wir nicht nur das zwanzigste Jahrhundert beendet haben, sondern auch eine tausendjährige Geschichte. Wir sind dabei, das zweite Jahrtausend abzuschließen. Bevor der Westen seinen Standpunkt begreifen kann und versteht, was als nächstes passieren wird, müssen wir verstehen lernen, was in den vergangenen tausend Jahren wirklich geschehen ist.«

»Was genau steht diesbezüglich im Manuskript?«

»Dort steht, daß wir gegen Ende des zweiten Jahrtausends – also jetzt – in der Lage sein werden, unsere gesamte Geschichte als Ganzes zu begreifen. Es steht dort auch, daß wir in der zweiten Hälfte unseres Jahrtausends, also im sogenannten modernen Zeitalter, eine bestimmte Befangenheit erkennen werden. Unser Bewußtsein über die heutzutage so häufig auftretenden Schicksalsfügungen ist ein Zeichen für die Befreiung von dieser Befangenheit.«

»Worin besteht diese Befangenheit?« fragte ich.

Er grinste beinahe schelmisch. »Sind Sie bereit, das Jahrtausend noch einmal zu durchleben?«

»Sicher, schießen Sie los.«

»Es wird nicht ausreichen, wenn ich Ihnen davon lediglich erzähle. Erinnern Sie sich daran, was ich vorhin sagte, daß man lernen muß zu verstehen, wie sich die alltägliche Weltsicht entwickelt hat, wie sie durch die Realität der Menschen, die vor uns lebten, kreiert wurde? Es hat tausend Jahre gebraucht, unseren modernen Standpunkt zu entwickeln, und um zu verstehen, wo genau wir heute stehen, müßten Sie sich eigentlich ins Jahr 1000 zurückversetzen und dann von dort durch das gesamte Jahrtausend schreiten. Ganz so, als ob Sie diesen Zeitabschnitt tatsächlich im Laufe eines Lebens durchlebt hätten.«

»Und wie soll das funktionieren?«

»Ich werde Sie führen.«

Einen Augenblick zögerte ich und starrte aus dem Fenster auf die Landschaftsformationen unter mir. Der Faktor Zeit hatte bereits begonnen, eine andere Rolle zu spielen.

»Ich werde mir Mühe geben«, sagte ich schließlich.

»Okay, stellen Sie sich vor, im Jahr 1000 zu leben. In einer Zeit, die wir das Mittelalter nennen. Das erste, was Sie sich vergegenwärtigen müssen, ist der enorme Einfluß der christlichen Kirche und ihrer mächtigen Vertreter auf die Wahrnehmung der Realität dieser Zeit. Begünstigt durch ihre Position, hatten diese Männer einen gewaltigen Einfluß darauf, was die Bevölkerung dachte. Und die Welt, die diese Kleriker als Realität vorgaben, war vor allen anderen Dingen eine spirituelle. Sie kreierten eine Wirklichkeit, die ihre Auffassung von Gottes Vorhersehung für die Menschheit ins Zentrum des damaligen Lebens rückte.

Versuchen Sie, sich dies genau vorzustellen«, fuhr er fort. »Sie werden in den Stand Ihres Vaters geboren – entweder Bauer oder Aristokrat –, und Sie leben in der Gewißheit, daß Sie für immer auf Ihren angeborenen Stand beschränkt sein werden. Vollkommen unabhängig von Ihrer Standeszugehörigkeit oder davon, welcher Tätigkeit Sie nachgehen, werden Sie bald bemerken, daß Ihre soziale Stellung im Vergleich zu der von den Klerikern definierten spirituellen Realität nur sekundär ist.

Sie entdecken, daß es im Leben scheinbar darum geht, eine Art spirituellen Test zu absolvieren. Die Kleriker behaupten, daß Gott die Menschheit aus einem einzigen Grund zum Mittelpunkt des gesamten Universums gemacht habe: um entweder Erlösung zu erreichen oder aber verdammt zu werden. Und in diesem Prozeß müssen Sie die korrekte Wahl zwischen zwei sich diametral gegenüberstehenden Kräften treffen: der göttlichen Kraft und den heimtückischen Versuchungen des Teufels.

Aber denken Sie daran, daß nicht Sie allein vor dieser Entscheidung stehen«, fuhr er fort. »Genaugenommen sind Sie als einfaches Individuum gar nicht in der Lage, Ihren Status in dieser Angelegenheit selbst zu bestimmen. Dies ist das Vorrecht der Kleriker, ihre Aufgabe ist es, die Schriften zu deuten und über jeden Ihrer Schritte zu richten, darüber zu urteilen, ob er im Einklang mit Gott geschieht oder ob Sie sich von Satan haben täuschen lassen. Nur wenn Sie den Anweisungen der Kleriker folgen, können Sie auf ein sorgenfreies Leben nach dem Tod hoffen. Doch wehe, es gelingt Ihnen nicht, dem schmalen Pfad ihrer Vorschriften zu folgen, dann, nun ..., dann folgen eben Exkommunizierung und ewige Verdammnis.«

Dobson blickte mich begeistert an. »Das Manuskript spricht davon, wie wichtig es sei zu verstehen, daß jeder Aspekt der mittelalterlichen Welt durch die Begrifflichkeiten des Überirdischen bestimmt wurde. Jede Erscheinung des Lebens – vom zufälligen Gewittersturm oder Erdbeben bis hin zur guten Ernte oder dem Tod einer Geliebten – wurde durch den Willen Gottes oder die Böswilligkeit des Teufels definiert. Es existierte kein Konzept über die wahre Natur von Phänomenen wie Wetter oder geologischen Kräften, von Gartenbaukunst oder Krankheit. Das kam alles erst viel später. Im Augenblick jedoch schenken Sie nur den Klerikern Glauben; Ihre Welt wird einzig durch das Vorhandensein einer spirituellen Realität bestimmt.«

Er hielt inne und sah mich an. »Sind Sie dort angekommen?«

»Ja, ich habe diese Realität sogar direkt vor Augen.«

»Gut, dann stellen Sie sich vor, wie sie langsam zerbröckelt.«

»Wie meinen Sie das?«

»Die Weltsicht des Mittelalters, die auch die Ihre ist, beginnt sich im 14. und 15. Jahrhundert aufzulösen. Zunächst fallen Ihnen bestimmte Unrechtmäßigkeiten im Verhalten der Kleriker selbst auf; sie verletzen heimlich das Keuschheitsgelübde, um nur ein Beispiel zu nennen, akzeptieren Bestechungsgelder, wenn Angehörige der Regierung die Gebote der Bibel verletzen.

Durch derartiges Fehlverhalten werden Sie natürlich alarmiert, denn in Ihren Augen sind die Vertreter der Kirche die einzige Verbindung zwischen Ihnen und Gott. Vergessen Sie nicht, diese Leute sind die einzigen Deuter der Schriften, die Schiedsrichter Ihrer Erlösung.

Und mit einem Mal stehen Sie inmitten einer Rebellion. Eine von Martin Luther geführte Gruppe verlangt die vollkommene Trennung von der päpstlichen Kirche. Sie behauptet, die Kleriker seien korrupt, und verlangt nach dem Ende der Herrschaft der Kirche über das Gedankengut der Menschen. Neue Kirchen werden auf der Grundlage einer Idee gegründet, die besagt, daß jeder Bürger persönlichen Zugang zu den Schriften haben soll und sie, ohne Mittelsmänner, für sich interpretieren darf.

Während Sie diesem Treiben fassungslos zuschauen, glückt die Rebellion. Die Kleriker verlieren an Einfluß. Seit Jahrhunderten definierten diese Leute die Realität, und nun verlieren sie vor jedermanns Augen ihre Glaubwürdigkeit. Konsequenterweise wird dadurch das gesamte Weltbild in Frage gestellt. Der eindeutige Konsens, was die Natur der Dinge und des Universums, ja den Grund des Daseins der menschlichen Rasse auf diesem Planeten angeht, bricht mit der Diskreditierung der Kleriker zusammen und sorgt dafür, daß Sie und der Rest der westlichen Welt sich mit einem Mal in einer hochprekären Situation befinden.

Denn selbstverständlich haben Sie sich daran gewöhnt, eine Autorität für die Realität zu akzeptieren, und ohne diese Zuwendung von außen fühlen Sie sich jetzt verloren und verwirrt. Wenn Kleriker mit ihrer Beschreibung der Realität und ihrer Begründung für das Vorhandensein der menschlichen Existenz unrecht hatten, so fragen Sie sich, wer hat dann recht?«

Einen Moment hielt er inne. »Erkennen Sie die Wirkung dieses Zusammenbruches auf die Menschen unserer heutigen Zeit?«

»Es mußte etwas tief Beunruhigendes gehabt haben«, sagte ich.

»Genaugenommen hat es sich um einen enormen Aufruhr gehandelt. Allerorten stellte man die alte Weltsicht in Frage. Ab 1600 hatten Astronomen den unwiderlegbaren Beweis dafür erbracht, daß weder Sonne noch Sterne sich um die Erde drehten, wie die Kirche vorgegeben hatte. Mit größter Gewißheit handelte es sich bei der Erde jetzt nur noch um einen kleinen Planeten, der eine bedeutungslose Sonne in einer Galaxie umkreiste, welche wiederum Milliarden solcher Sterne beherbergte.«

Er lehnte sich zu mir herüber. »Diese Tatsache ist von großer Bedeutung. Die Menschheit hatte ihren Platz in der Mitte des göttlichen Universums verloren. Können Sie sich die Auswirkungen vorstellen? Wenn Sie jetzt das Wetter beobachteten, dem Wuchs der Pflanzen zusahen oder jemand unerwartet verstarb, blieb Ihnen nur noch angsterfüllte Verstörung. Früher hätten Sie Gott oder den Teufel verantwortlich gemacht. Doch mit dem Zusammenbruch des mittelalterlichen Weltbildes zerbrach auch diese Gewißheit. Alles, was Sie meinten zu wissen, brauchte jetzt eine neue Definition, insbesondere die Natur Gottes und unsere Beziehung zu Gott.

Mit diesem Bewußtsein«, fuhr er fort, »setzte die Moderne ein. Es existierte ein zunehmend demokratischerer Geist und ein tiefes Mißtrauen der Masse gegenüber päpstlicher oder königlicher Autorität. Auf bloßen Spekulationen oder gar kirchlicher Auslegung beruhende Definitionen über die Beschaffenheit des Universums wurden nicht länger automatisch akzeptiert. Trotz ihres Sicherheitsverlustes wollten die Menschen es nicht riskieren, von einer neuen Gruppe so kontrolliert zu werden, wie es zuvor die Kirche getan hatte. Wären Sie persönlich anwesend gewesen, hätten Sie sich vermutlich um die Schaffung eines neuen wissenschaftlichen Mandates bemüht.«

»Eines was?«

Er lachte. »Sie hätten in dieses unendliche, unbekannte Universum hinausgestarrt und hätten genau wie die Denker jener Zeit gedacht, daß wir eine Methode zur Konsensbildung benötigen, eine Methode, diese neue Welt systematisch zu erforschen. Und diesen neuen Weg der Entdeckung würden Sie als das wissenschaftliche Prinzip bezeichnet haben, was nichts weiter heißt, als daß man Theorien darüber aufstellt, wie das Universum funktionieren könnte, irgendwann zu einem Schluß gelangt und diesen Schluß dann anderen vorstellt, um herauszufinden, ob die der gleichen Ansicht sind.

Dann«, so fuhr er fort, »hätten Sie vermutlich Forscher ausgerüstet, die dieses neue Universum erkunden sollten, jeder mittels seiner eigenen wissenschaftlichen Methode, und Sie hätten jedem seine historische Aufgabe mitgeteilt: Erforsche diesen Planeten, und finde heraus, wie er funktioniert und was es zu bedeuten hat, daß wir hier leben.

Die Gewißheit über ein gottgesteuertes Universum haben Sie jetzt verloren und damit auch die Gewißheit über die Beschaffenheit von Gott selbst. Aber Sie waren ja der Ansicht, über eine allgemeingültige Methode zu verfügen, die es Ihnen erlaubt, die Natur der Sie umgebenden Dinge, inklusive die Gottes und die des Grundes für die Existenz der Menschheit, auf diesem Planeten zu erklären. Also schickten Sie die Forscher in die Welt, um die wahre Natur der Lage zu erkunden und Ihnen davon zu berichten.«

Er hielt inne und sah mich an.

»Das Manuskript sagt, daß an diesem Punkt der Geschichte die Befangenheit einsetzte, aus der wir jetzt erwachen. Wir schickten unsere Forscher aus, um einen vollständigen Report über den Grund unseres Daseins geliefert zu bekommen, doch aufgrund der Komplexität des Universums schafften sie es nicht, rechtzeitig wieder heimzukehren.«

»Worin bestand diese Befangenheit?«

»Versetzen Sie sich wieder in jene Zeit«, sagte er. »Als die Wissenschaft nicht in der Lage war, ein neues Bild von Gott und dem Daseinsgrund der Menschheit zu liefern, wurde die westliche Welt durch den Mangel an Sicherheit und tieferer Bedeutung schwer in Mitleidenschaft gezogen. Bis man unsere Fragen beantworten würde, brauchten wir einen anderen Zeitvertreib. Schließlich und endlich kamen wir zu einem scheinbar logischen Schluß. Wir sahen uns an und sagten: ›Nun, da unsere Forscher bisher nicht mit einem Bericht über unsere wahre spirituelle Verfassung zurückgekommen sind, sollten wir es uns in der neuen Welt einstweilen bequem machen.‹ Wir lernten genug, um die neue Welt zu unseren eigenen Gunsten manipulieren zu können, weshalb also nicht an einer Erhöhung des Lebensstandards, einer Hebung des Sicherheitsgefühls innerhalb dieser Welt arbeiten?«

Er betrachtete mich und grinste. »Und genau das haben wir getan. Vor vier Jahrhunderten. Wir schüttelten unsere Verlorenheitsgefühle ab, indem wir die Sache selbst in die Hand nahmen, indem wir uns darauf konzentrierten, uns die Erde untertan zu machen und ihre Ressourcen zur Verbesserung unserer Situation zu benutzen. Erst jetzt, kurz vor dem Ende des zweiten Jahrtausends, sind wir in der Lage zu erkennen, was passiert ist. Unser wahres Ziel wurde immer mehr von einer Ersatzbeschäftigung verdrängt. Wir verloren uns völlig darin, eine Welt der Sicherheit um uns herum aufzubauen, eine wirtschaftliche Sicherheit, die unsere verlorene spirituelle Sicherheit ersetzen sollte. Die Frage danach, weshalb wir am Leben waren oder was für eine Bedeutung unsere Spiritualität hat, wurde langsam an den Rand gedrängt und schließlich vollkommen unterdrückt.«

Er warf mir einen aufgeregten Blick zu und sagte dann: »Zu

arbeiten, nur um sich eine bequemere Art des Überlebens leisten zu können, ist mittlerweile zu einer ausreichenden Daseinsberechtigung geworden. Mit schönster Folgerichtigkeit haben wir nach und nach die ursprüngliche Frage vergessen. Wir haben vergessen, daß wir immer noch nicht wissen, aus welchem Grund wir eigentlich überleben.«

Durch das Fenster sah ich tief unter mir eine große Stadt liegen. Unserer Flugroute nach zu urteilen, mußte es sich um Orlando, Florida, handeln. Wie gebannt starrte ich auf den geometrischen Verlauf der Straßen und Avenuen, die sorgfältig geplante und angeordnete Struktur des von Menschenhand Erschaffenen. Ich warf einen Blick auf Dobson. Seine Augen waren geschlossen, und er schien zu schlafen. Eine Stunde noch hatte er mir von der Zweiten Erkenntnis berichtet, dann war das Mittagessen serviert worden, und ich hatte ihm meinerseits von Charlene berichtet und ihm meine Gründe für die Reise nach Peru genannt. Danach hatte ich nur noch auf die Wolkenformationen schauen wollen und ließ das Gespräch auf mich einwirken.

»Nun, was halten Sie von alledem?« fragte er unvermittelt und sah mich schläfrig an. »Haben Sie den Inhalt der Zweiten Erkenntnis begriffen?«

»Ich bin mir nicht ganz sicher.«

Er deutete mit einer Kopfbewegung auf die anderen Passagiere des Flugzeuges. »Haben Sie jetzt einen klareren Blick auf die Welt der Menschen gewonnen? Ist Ihnen bewußt, daß beinahe jeder mit einer Ersatzbeschäftigung vorliebnimmt? Wie viele Leute kennen Sie, die völlig von ihrer Arbeit aufgefressen werden, die Kandidaten für Herzinfarkte sind oder unter Streßkrankheiten leiden und trotzdem die Bremse nicht finden können? Sie finden die Bremse nicht, weil sie ihre Routine als Ablenkung benutzen und das Leben auf seine praktischen Aspekte reduzieren. Das wiederum tun sie, um der Frage aus dem Weg zu gehen, weshalb sie überhaupt am Leben sind.

Die Zweite Erkenntnis erweitert unser Bewußtsein von linear fortschreitender Zeit«, fügte er hinzu. »Sie lehrt uns, Kultur nicht nur von unserem zeitlichen Standpunkt aus zu betrachten, sondern als Teil des ganzen Jahrtausends zu begreifen. Sie verdeutlicht uns die wahre Natur unserer Ersatzbefriedigungen und erhebt uns damit über dieselben. Sie, mein Herr, haben gerade diese ›Verlängerung‹ der Geschichte erlebt und leben nun in einem *verlängerten Jetzt.* Sehen Sie sich die Welt der Menschen noch einmal an. Es sollte Ihnen keinerlei Schwierigkeiten bereiten, die dort herrschenden Zwänge und die intensive Ersatzbefriedigung durch wirtschaftlichen Fortschritt zu erkennen.«

»Und was soll daran falsch sein?« protestierte ich. »Genau das ist es doch, was die westliche Zivilisation auszeichnet.«

Er lachte laut auf. »Natürlich, Sie haben vollkommen recht. Niemand behauptet, daß daran etwas falsch ist. Um genau zu sein, in dem Manuskript steht, daß diese Ersatzbefriedigungen einen notwendigen Schritt in der Kette der menschlichen Evolution darstellen. Jetzt ist es an der Zeit aufzuwachen und sich wieder unserer Ur-Frage zu stellen: Welche Kraft steht hinter dem Leben auf diesem Planeten? Weshalb sind wir wirklich hier?«

Ich sah ihn lange an. »Gehen Sie davon aus, daß das restliche Manuskript uns eine Antwort auf diese Frage geben wird?« fragte ich dann.

Dobson legte den Kopf auf die Seite. »Ich denke, es wird sich lohnen, einen Blick hineinzuwerfen. Ich hoffe nur, daß niemand Gelegenheit haben wird, den Rest der Schrift zu zerstören, bevor wir es herausfinden.«

»Wie in aller Welt meint die peruanische Regierung, ein derartig wichtiges Manuskript unbemerkt zerstören zu können?« fragte ich.

»Es würde nicht unbemerkt geschehen«, gab er zurück. »Die offizielle Darstellung geht so weit zu behaupten, daß ein derartiges Manuskript überhaupt nicht existiert.«

»Man sollte annehmen, daß sich die Wissenschaft unterdessen auf einen mittelgroßen Aufstand vorbereitet.«

Er blickte mich mit entschlossenem Gesichtsausdruck an. »Genau das haben wir auch vor. Deshalb kehre ich nach Peru zurück. Ich vertrete zehn prominente Wissenschaftler, die verlangen, daß das Originalmanuskript der Öffentlichkeit zugänglich gemacht wird. Ich habe einen Brief an die entsprechenden Köpfe in den zuständigen Departments der peruanischen Regierung geschrieben und sie von meiner Ankunft und davon, daß ich mit ihrer Unterstützung meiner Arbeit rechne, verständigt.«

»Verstehe. Ich frage mich nur, wie sie reagieren werden.«

»Vermutlich werden sie alles leugnen. Auf alle Fälle ist ein Anfang auf offizieller Ebene gemacht.«

Tief in Gedanken wandte er sich ab, und ich starrte wieder aus dem Fenster. Während ich auf die Erde hinabblickte, dämmerte mir, daß unser Flugzeug das Resultat von vier Jahrhunderten technischen Fortschritts war. Wir hatten eine Menge darüber gelernt, wie wir die Bodenschätze unserer Erde zu unseren Gunsten einsetzen konnten. Wie viele Menschen, wie viele Generationen waren nötig gewesen, um das Zubehör und das technische Verständnis zu schaffen, aufgrund dessen dieses Flugzeug hier existierte? Und wie viele Menschen hatten ihr gesamtes Leben mit der Konzentration auf einen winzigen Aspekt, einen Kleinstschritt in dieser Forschung verbracht, ohne je ihren Kopf von dieser Ersatzbeschäftigung zu erheben?

Mit einem Mal schien der von Dobson und mir debattierte Zeitabschnitt in meinem Bewußtsein aufzugehen. Mit aller Deutlichkeit tauchte das Jahrtausend vor mir auf, ganz als sei es Teil meiner eigenen Biographie geworden. Vor tausend Jahren hatten wir in einer Welt gelebt, in der Gott und die menschliche Spiritualität klar umrissen waren. Diese Welt war uns verlorengegangen, oder besser gesagt, wir hatten entschieden, daß mehr hinter der Geschichte steckte. Dementsprechend hatten wir Expeditionen ausgesandt, die die Wahrheit entdecken und uns davon berichten sollten; und als das Warten auf ihre Kunde zu lange gedauert hatte, suchten wir nach Ersatzbeschäftigungen und richteten uns in der Welt ein. Wir beschlossen, es uns bequem zu machen. Und das war uns gelungen. Wir entdeckten die Schmelzbarkeit der Erze und daß sie in Form aller möglichen Gegenstände gegossen werden konnten. Wir fanden Energiequellen, zunächst Wasserdampf, dann Gas, Elektrizität und schließlich Kernkraft. Wir systematisierten die Landwirtschaft und erschufen die Massenproduktion, und mittlerweile herrschten wir über riesige, vor Gütern überquellende Warenhäuser und enorme Vertriebsnetze.

Angetrieben wurde all dies durch den Ruf des Fortschrittes, dem Wunsch des einzelnen nach Sicherheit, während er auf das

Eintreffen der Wahrheit wartete. Wir hatten beschlossen, für uns und unsere Kinder ein bequemeres und angenehmeres Leben zu schaffen; und in knapp vierhundert Jahren Ersatzbeschäftigung war es uns gelungen, eine Welt zu schaffen, in der alle nur erdenklichen Annehmlichkeiten und Erleichterungen des alltäglichen Lebens produziert werden konnten. Das Problem bestand nur darin, daß unser hochkonzentriertes und obsessives Bestreben, uns die Natur zum Untertan zu machen und unser Leben bequemer einzurichten, die natürlichen Systeme des Planeten vergiftet und an den Rand des Zusammenbruchs gebracht hatte. Wir würden nicht so weitermachen können.

Dobson hatte recht. Die Zweite Erkenntnis schien das Einsetzen eines neuen Bewußtseins unvermeidbar werden zu lassen. Wir befanden uns im Begriff, den Höhepunkt unserer kulturellen Bestimmung zu erreichen. Wir hatten vollendet, was kollektiv beschlossen worden war, und während dies geschah, hatten wir den Glauben an unsere Ersatzbefriedigungen verloren und waren in einer anderen Realität aufgewacht. Fast hatte ich es vor Augen, wie sich die Dynamik der Moderne zum Ende des Jahrtausends verlangsamte. Ein vierhundert Jahre alter Zwang war im Begriff, überwunden zu werden. Wir hatten die Grenzen der materiellen Sicherheit erreicht und schienen nun fest entschlossen herauszufinden, weshalb wir danach gestrebt hatten.

Die Gesichter der Passagiere in meiner nächsten Nähe waren ein zu deutlicher Beweis für die Existenz dieser Ersatzbefriedigung, doch gelang es mir ebenfalls, kurze Momente eines tieferen Bewußtseins auszumachen. Wie vielen von ihnen, so fragte ich mich, war die Häufung der seltsamen Fügungen bereits aufgefallen?

Das Flugzeug neigte sich nach vorn und setzte zur Landung an, während die Stewardeß unser baldiges Eintreffen in Lima ankündigte.

Ich gab Dobson den Namen meines Hotels und erkundigte mich nach seiner Adresse. Er schrieb sie mir auf und informierte mich darüber, daß wir nur wenige Meilen voneinander entfernt wohnten.

»Was sind Ihre Pläne?« fragte ich.

»Darüber habe ich mir auch schon Gedanken gemacht«, gab er zurück. »Vermutlich werde ich zunächst einmal die amerikanische Botschaft aufsuchen und dort pro forma mitteilen, weshalb ich hier bin.«

»Gute Idee.«

»Danach möchte ich mit so vielen peruanischen Wissenschaftlern wie möglich sprechen. Die Fakultät in Lima hat mich bereits davon informiert, daß sie keinerlei Kenntnis von der Existenz des Manuskriptes hat, aber es gibt andere Wissenschaftler, die an unterschiedlichen Ausgrabungsorten arbeiten und bereit sind zu reden. Wie steht's mit Ihnen? Was sind Ihre Pläne?«

»Ich habe keine«, erwiderte ich. »Würde es Ihnen etwas ausmachen, wenn ich mich Ihnen anschließe?«

»Nicht im mindesten. Genau das wollte ich Ihnen anbieten.«

Nachdem das Flugzeug gelandet war und wir unser Gepäck geholt hatten, verabredeten wir uns für später in Dobsons Hotel. Ich trat vor das Flughafengebäude, und in der allmählich schwindenden Dämmerung rief ich ein Taxi. Die Luft war trocken, und es wehte ein starker Wind.

Während der Wagen sich in den Verkehr einfädelte, bemerkte ich, daß ein anderes Taxi direkt hinter uns ausscherte und dann ein Stück hinter uns zurückfiel. Trotz mehrerer Änderungen unserer Fahrtrichtung blieb es hinter uns, und es gelang mir, im Fond des Wagens einen einzelnen Fahrgast auszumachen. Mein Magen reagierte mit einem nervösen Schub. Ich bat den Fahrer, der glücklicherweise Englisch sprach, nicht direkt zum Hotel zu fahren, sondern eine Weile ziellos durch die Stadt zu kurven, damit ich einen ersten Eindruck bekäme. Ohne Kommentar folgte er meiner Aufforderung. Der andere Wagen blieb hinter uns. Ich begann mich zu fragen, was hier eigentlich vorging.

Als wir mein Hotel erreichten, bat ich den Fahrer, im Wagen sitzen zu bleiben, dann öffnete ich die Tür auf meiner Seite und tat, als ob ich den Fahrer bezahlte. Der Wagen, der uns gefolgt war, fuhr in einiger Entfernung ebenfalls an den Straßenrand, der Mann darin stieg aus und ging langsam in Richtung Hoteleingang.

Ich sprang zurück in meinen Wagen und schloß die Tür, dann befahl ich dem Fahrer weiterzufahren. Als wir davonrasten, trat der Mann hinter uns auf die Straße und behielt uns im Auge, bis wir außer Sichtweite waren. Ich beobachtete das Gesicht meines Fahrers im Rückspiegel. Sein Gesichtsausdruck war angespannt, und er ließ mich kaum aus den Augen. »Tut mir leid«, sagte ich. »Ich habe mich entschlossen, das Hotel zu wechseln.« Ich kämpfte mit einem Lächeln und nannte ihm dann den Namen von Dobsons Hotel – obwohl ich am liebsten zurück zum Flughafen gefahren und in den nächsten Flieger in die Staaten gestiegen wäre.

Einen halben Block vor unserem Ziel ließ ich den Fahrer anhalten. »Warten Sie hier«, sagte ich zu ihm. »Ich bin gleich zurück.«

Die Straße war voller Menschen, meistens Einheimische. Aber hier und dort tauchten auch einige Amerikaner und Europäer im Stadtbild auf. Irgend etwas am Anblick der Touristen wiegte mich in Sicherheit. Als ich ungefähr fünfzig Meter vor dem Hotel angekommen war, blieb ich stehen. Irgend etwas stimmte nicht. Während ich noch dort stand und mich umschaute, zerrissen plötzlich Gewehrschüsse die Luft, und gleich darauf erklangen Schreie. Die Menschenmenge vor mir warf sich zu Boden und gab den Blick auf den Bürgersteig frei. Mit vor panischer Angst wilden Augen kam Dobson auf mich zugerannt. Er wurde von einigen Gestalten verfolgt. Eine von ihnen schoß mit dem Gewehr in die Luft und befahl Dobson stehenzubleiben.

Während Dobson auf mich zukam, versuchte er klar zu sehen und erkannte mich schließlich. »Lauf!« schrie er. »Um Gottes willen, lauf!« Ich drehte mich um und rannte voller Angst in eine kleine Gasse. Ein ungefähr zwei Meter hoher Bretterzaun versperrte mir den Weg. Als ich ihn erreicht hatte, sprang ich so hoch ich konnte, erwischte den oberen Teil der Latten und warf mein rechtes Bein über den Zaun. Während ich mein linkes Bein nachzog und mich gerade auf die andere Seite fallen lassen wollte, warf ich noch einen Blick zurück in die kleine Gasse. Dobson rannte um sein Leben. Weitere Schüsse fielen. Er stolperte und fiel.

Ich rannte blindlings weiter, über Haufen von Gerümpel und

Stöße von Pappe springend. Einen Augenblick lang meinte ich, Fußtritte hinter mir zu hören, ich traute mich jedoch nicht stehenzubleiben und mich umzuschauen. Die Gasse vor mir führte in eine andere Straße, die ebenfalls voller Menschen war – scheinbar unberührt von den jüngsten Vorfällen. Als ich auf die Straße trat, wagte ich, mit klopfendem Herzen zurückzuschauen. Niemand. Zügig begab ich mich auf den Bürgersteig zu meiner Rechten und versuchte mit der Menge zu verschmelzen. Weshalb war Dobson gerannt? fragte ich mich. Hatte man ihn ermordet?

»Einen Augenblick«, sagte jemand mit beinahe flüsternder Stimme hinter mir. Ich begann wieder zu laufen, doch wurde ich diesmal am Arm ergriffen und festgehalten. »Bitte, warten Sie einen Augenblick«, sagte die Stimme wieder. »Ich habe beobachtet, was passiert ist. Ich versuche Ihnen zu helfen.«

»Wer sind Sie?«

»Mein Name ist Wilson James«, sagte er. »Ich werde es Ihnen später erklären. Jetzt sollten wir erst einmal hier von der Straße verschwinden.«

Etwas in seiner Stimme und seinem Verhalten beruhigte mich ein wenig, und ich beschloß, ihm zu folgen. Wir gingen die Straße hinauf und betraten dann ein Geschäft für Lederwaren. Er nickte dem Mann hinter dem Verkaufstresen zu und führte mich dann in ein muffiges Hinterzimmer. Er schloß die Tür und zog die Vorhänge zu.

Mein Begleiter war ungefähr sechzig, wirkte aber weitaus jünger, nicht zuletzt durch das Funkeln in seinen wachen Augen. Seine Haut war von dunklem Braun, sein Haar schwarz. Er wirkte, als sei er peruanischer Abstammung, doch sein Englisch klang beinahe amerikanisch. Er trug ein hellblaues Hemd und Jeans.

»Hier werden Sie für eine Weile sicher sein«, sagte er. »Weshalb hat man Sie verfolgt?«

Ich antwortete nicht.

»Sie haben von dem Manuskript gehört, nicht wahr?« fragte er.

»Woher wissen Sie das?«

»Ich nehme an, Ihr Begleiter ist aus dem gleichen Grund hierher gekommen?«

»Stimmt. Seine Name ist Dobson. Woher wissen Sie, daß wir zusammengehören?«

»Mein Zimmer liegt genau über der Gasse. Als Sie verfolgt wurden, habe ich gerade aus dem Fenster geschaut.«

»Ist Dobson erschossen worden?« fragte ich und merkte, daß ich Angst vor der Antwort hatte.

»Ich weiß nicht«, sagte er. »Ich konnte es nicht sehen. Aber als ich sicher war, daß es Ihnen gelungen war zu entkommen, bin ich die Hintertreppe runtergerannt, um Ihnen den Weg abzuschneiden. Ich dachte, vielleicht könnte ich Ihnen helfen.«

»Warum?«

Einen kurzen Augenblick sah er mich an, als wüßte er nicht genau, was er auf diese Frage antworten solle. Dann veränderte sich sein Gesichtsausdruck, er bekam etwas Warmherziges. »Sie werden es vielleicht nicht verstehen, aber als Sie unter meinem Fenster vorbeirannten, mußte ich an einen alten Freund von mir denken. Er ist mittlerweile tot. Er starb, weil er der Ansicht war, die Menschheit solle von der Existenz dieses Manuskriptes erfahren. Als ich den Vorfall in der Gasse beobachtete, hielt ich es für meine Pflicht, Ihnen zu helfen.«

Er hatte recht. Ich verstand wirklich nicht, wovon er sprach. Aber ich konnte mich des Eindrucks nicht erwehren, daß es die absolute Wahrheit war. Ich wollte eben eine weitere Frage stellen, als er von neuem anhob.

»Darüber können wir uns später unterhalten«, sagte er. »Wir sollten uns zunächst um einen etwas sichereren Platz kümmern.«

»Warten Sie, Wilson«, sagte ich. »Alles, was ich will, ist, zurück in die Vereinigten Staaten zu fliegen. Wie stelle ich das am besten an?«

»Nenn mich Wil«, sagte er. »Den Flughafen würde ich eher meiden, zumindest im Moment. Wenn man noch hinter dir her ist, wird man dort ganz sicher nach dir Ausschau halten. Ein paar Freunde von mir leben draußen vor der Stadt. Die werden dir Unterschlupf gewähren. Um aus dem Land zu kommen, gibt es mehrere andere Möglichkeiten. Wenn es soweit ist, werde ich sie dir zeigen.«

Er öffnete die Tür des Hinterzimmers und sah sich im Geschäftsraum um, dann verließ er das Zimmer, trat auf die Straße hinaus und blickte sich um. Als er zurückkam, bedeutete er mir, ihm zu folgen. Wir gingen die Straße hinab zu einem blauen Jeep, auf den Wil gezeigt hatte. Als wir einstiegen, bemerkte ich, daß sich auf dem Rücksitz sorgfältig gepackt Lebensmittel, Zelte und Rucksäcke befanden, als habe er eine längere Reise geplant.

Schweigend fuhren wir dahin. Ich lehnte mich im Beifahrersitz zurück und versuchte einen klaren Gedanken zu fassen. Mein Magen schnürte sich vor Angst zusammen. Etwas Derartiges hatte ich nicht erwartet. Was, wenn man mich gefangengenommen und in ein peruanisches Gefängnis geworfen oder gleich umgebracht hätte? Ich mußte dringend zu einer realistischeren Einschätzung meiner Situation gelangen. Ich besaß keine Kleidungsstücke, außer denen, die ich auf dem Leib trug, aber ich war im Besitz von Bargeld und einer Kreditkarte, und aus irgendeinem Grund vertraute ich Wil.

»Weshalb waren diese Leute hinter dir und – wie heißt er, Dobson? – her?« fragte Wil plötzlich.

»Keine Ahnung«, gab ich zurück. »Ich habe Dobson erst im Flugzeug kennengelernt. Er ist Geschichtswissenschaftler und kam nach Peru, um die offizielle Untersuchung eines Manuskripts vorzunehmen. Er ist der Vertreter einer ganzen Gruppe von Wissenschaftlern.«

Wil war überrascht. »Wußte die Regierung von seinem Kommen?«

»Ja, er hat bei einigen Regierungsbeauftragten um Unterstützung gebeten. Ich kann nicht fassen, daß man versucht hat, ihn zu verhaften; er hatte nicht einmal seine Kopie des Manuskriptes bei sich.«

»Er besitzt eine Kopie?«

»Nur von den ersten beiden Erkenntnissen.«

»Mir war nicht bewußt, daß in den USA Kopien existieren. Woher stammen sie?«

»Auf einer seiner früheren Reisen hat man ihm von einem bestimmten Priester erzählt, der wiederum Kenntnis von dem Manuskript gehabt haben soll. Den Mann selbst konnte Dobson nicht auftreiben, doch in seinem Haus stieß er auf die versteckten Kopien.«

Wils Gesichtsausdruck wurde traurig. »José«.

»Wer?« fragte ich.

»Der Freund, von dem ich dir erzählte, derjenige, der gestorben ist. Er wollte dafür sorgen, daß soviel Menschen wie möglich von der Existenz der Schrift erfuhren.«

»Was ist mit ihm passiert?«

»Er wurde ermordet. Von wem, wissen wir nicht. Man hat seine Leiche meilenweit von seinem Haus entfernt im Wald gefunden. Doch ich bin mir fast sicher, daß es sich bei den Tätern um seine Feinde gehandelt haben muß.«

»Die Regierung?«

»Bestimmte Leute in Kirche und Regierung.«

»So weit würde die Kirche gehen?«

»Möglicherweise schon. Die Kirche ist gegen das Manuskript, gibt es aber nicht offen zu. Einige der Priester verstehen den Inhalt der Schrift und vertreten heimlich ihre Inhalte, doch sie müssen mit äußerster Vorsicht vorgehen. José erzählte jedem davon, der es hören wollte. Monate vor seinem Tod habe ich ihn bereits davor gewarnt, jedem Beliebigen eine Kopie auszuhändigen. Er sagte, er tue nur, was er tun müsse.«

»Wann wurde das Originalmanuskript eigentlich entdeckt?« fragte ich.

»Vor drei Jahren hat man es zum ersten Mal übersetzt. Wann genau es entdeckt wurde, weiß man nicht. Das Original wurde seit Jahren unter den Indianern weitergegeben, bis José es in die Hände bekam. Er allein sorgte dafür, daß es übersetzt wurde. Nachdem die Kirche einmal herausgefunden hatte, um was es in der Schrift ging, tat sie alles, um ihre Verbreitung zu verhindern. Jetzt existieren nur noch Kopien. Wir nehmen an, daß das Original zerstört wurde.«

Wil war in Richtung Osten aus der Stadt gefahren, und wir befanden uns jetzt auf einer schmalen, zweispurigen Straße, die durch eine stark bewässerte Gegend führte. Wir passierten einige kleine Hüttensiedlungen und eine große Wiese, die von einem aufwendigen Zaun begrenzt wurde.

»Hat Dobson dir von den beiden Erkenntnissen berichtet?« fragte Wil.

»Er hat mir von der Zweiten erzählt«, gab ich zurück. »Eine gute Freundin sprach über die Erste. Sie hat zu einem anderen Zeitpunkt auch mit einem Priester gesprochen, wahrscheinlich war es ebenfalls José.«

»Hast du die beiden Erkenntnisse verstanden?« fragte Wil.

»Ich denke, ja.«

»Dann ist dir klar, daß zufällige Begegnungen oftmals eine tiefere Bedeutung haben?«

»Es scheint so«, sagte ich. »Die gesamte Reise ist bisher eine Aneinanderreihung von scheinbaren Zufällen gewesen.«

»So ergeben sich die Dinge, wenn man erst einmal erwacht und in Kontakt mit der Energie gekommen ist.«

»In Kontakt mit der Energie?«

Wil lächelte. »Das wird ganz vorn, im ersten Teil des Manuskriptes, erklärt.«

»Ich würde gern mehr darüber hören«, sagte ich.

»Später«, antwortete er und deutete durch ein Kopfnicken an, daß er vorhatte, in einen Kiesweg einzubiegen. Etwa vierzig Meter vor uns stand ein einfaches Haus aus Holz. Wir parkten unter einem großen Baum rechts neben dem Haus und stiegen aus.

»Mein Freund arbeitet für den Besitzer einer großen Plantage, dem sehr viel Land hier in der Gegend gehört«, sagte er. »Er stellt unter anderem auch dieses Haus zur Verfügung. Der Mann ist sehr einflußreich und ein geheimer Befürworter des Manuskriptes. Hier bist du einigermaßen sicher.«

Ein Licht auf der Veranda ging an, und ein untersetzter, gedrungener Mann, der wie ein Einheimischer wirkte, eilte mit breitem Lächeln heraus und begrüßte uns enthusiastisch in Spanisch. Als er den Jeep erreicht hatte, klopfte er Wil durch das offene Wagenfenster auf den Rücken und warf mir einen freundlichen Blick zu. Wil bat ihn, Englisch zu sprechen, dann stellte er uns vor.

»Mein Freund hier braucht ein wenig Hilfe«, sagte Wil zu dem Mann. »Er hat vor, in die Staaten zurückzukehren, aber wir müssen vorsichtig sein. Ich denke, ich werde ihn in deiner Obhut lassen.«

Der Mann sah Wil genau an. »Du bist dabei, Jagd auf die Neunte zu machen, stimmt's?« fragte er.

»Ja«, sagte Wil und stieg aus dem Jeep.

Ich öffnete die Tür auf meiner Seite und ging um den Wagen herum. Wil und sein Freund schlenderten zum Haus hinüber und unterhielten sich außer Hörweite.

Als ich auf gleicher Höhe mit den beiden war, hörte ich, wie der Mann sagte: »Ich werde mit den Vorbereitungen beginnen.« Daraufhin ging er. Wil wandte sich an mich.

»Was meint er mit der Neunten?« fragte ich.

»Ein bestimmter Teil des Manuskriptes ist niemals gefunden worden. Im Originaltext gibt es acht Erkenntnisse, doch es ist die Rede von einer weiteren, der Neunten. Viele haben bereits versucht, sie zu finden.«

»Weißt du, wo sie ist?«

»Nein, nicht genau.«

»Wie willst du sie dann finden?«

Wil lächelte. »Genauso wie José die vorherigen acht gefunden hat. So wie du auf die ersten beiden und dann auf mich gestoßen bist. Wenn jemand in der Lage ist, den Kontakt herzustellen und genügend Energie aufzubringen, ereignen sich jene scheinbar zufälligen Begebenheiten in einem fort.«

»Ich möchte wissen, wie man an diesen Punkt gelangt«, sagte ich. »Um welche Erkenntnis handelt es sich dabei?«

Wil blickte mich prüfend an, als wolle er abschätzen, wieviel mir zuzutrauen sei. »Die Fähigkeit, diesen Kontakt herzustellen, wird nicht nur in einer Erkenntnis beschrieben; es handelt sich um die Summe aus allen. Erinnerst du dich, wie in der Zweiten Erkenntnis beschrieben wird, daß Forscher in die Welt entsandt wurden, um mit wissenschaftlichen Mitteln den Sinn menschlichen Lebens auf diesem Planeten zu ergründen, jedoch nicht rechtzeitig wieder zurückkehrten?«

»Ja.«

»Nun, die verbleibende Erkenntnis präsentiert endlich die Antwort. Allerdings nicht allein vom Standpunkt der herkömmlichen Wissenschaft aus. Die Antwort, von der ich spreche, setzt sich aus vielen verschiedenen Bereichen der Forschung zusammen. Die Ergebnisse der Physik, Psychologie, der Mystik und der Religion werden auf der Basis der Wahrnehmung jener vermeintlichen Fügungen zu einer neuen Synthese geführt.

Wir erfahren, was diese Fügungen zu bedeuten haben und wie sie funktionieren, und während wir das tun, eignen wir uns eine völlig neuartige Sichtweise in bezug auf unsere Existenz an, Erkenntnis für Erkenntnis.«

»Wenn das so ist, dann möchte ich den Inhalt jeder Erkenntnis erfahren«, sagte ich. »Kannst du mir sie nicht sagen, bevor du gehst?«

»So funktioniert es nicht. Jede einzelne will auf eine eigene Art entdeckt werden.«

»Wie bitte?«

»Es wird sich ergeben. Es würde dir nichts nützen, wenn ich dir sage, wie. Du hättest zwar die Information, aber dadurch noch nicht die Erkenntnis. Du mußt sie im Laufe deines eigenen Lebens selbst entdecken.«

Wir sahen einander schweigend an. Wil lächelte. Mit ihm zu sprechen vermittelte mir das Gefühl einer unglaublichen Lebendigkeit.

»Weshalb machst du dich ausgerechnet jetzt auf die Suche nach der Neunten Erkenntnis?« fragte ich.

»Es ist die richtige Zeit. Ich habe hier lange als Führer gearbeitet, ich kenne das Terrain und habe die anderen acht Erkenntnisse verstanden. Als ich an meinem Fenster stand und an José dachte, hatte ich bereits beschlossen, ein weiteres Mal nach Norden zu reisen. Die Neunte Erkenntnis ist irgendwo dort. Das weiß ich. Und jünger werde ich auch nicht. Außerdem habe ich eine Vision gehabt, in der ich die Erkenntnis nicht nur gefunden, sondern sogar erreicht habe, was sie forderte. Ich weiß jetzt, daß sie die wichtigste von allen ist. Sie stellt alle anderen in einen Zusammenhang und wird uns Auskunft über den wahren Sinn unserer Existenz geben.«

Er hielt unvermittelt inne und sah mich besorgt an. »Ich hätte mich eine halbe Stunde eher auf den Weg machen sollen, aber ich hatte das nagende Gefühl, etwas vergessen zu haben.« Wieder hielt er inne. »Genau in diesem Augenblick bist du auf der Bildfläche erschienen.«

Wir sahen uns eine ganze Weile an.

»Meinst du, ich sollte mit dir gehen?« fragte ich.

»Was meinst du selbst dazu?«

»Ich weiß nicht«, sagte ich unsicher. Ich war verwirrt. Vor meinem inneren Auge begann die Geschichte meiner Reise nach Peru abzulaufen: die Begegnung mit Charlene, mit Dobson und jetzt mit Wil. Aus einer Art gelinder Neugier war ich nach Peru gereist, und jetzt war ich untergetaucht, ein unfreiwilliger Flüchtling, der nicht einmal wußte, wer seine

Verfolger waren. Und das Seltsamste an dieser Situation bestand darin, daß ich weder Angst noch Schrecken empfand, sondern freudig erregt war. Ich hätte all meinen Verstand und meine Instinkte zusammennehmen sollen, einen Weg nach Hause zu finden, doch in Wirklichkeit wollte ich mit Wil gehen – einen Weg, der mich ohne den geringsten Zweifel tiefer in die Gefahr führen würde.

Während ich die verschiedenen Möglichkeiten in Betracht zog, merkte ich, daß ich in Wirklichkeit gar keine Wahl hatte. Das Auftauchen der Zweiten Erkenntnis hatte mir jeden Rückweg zu den alten Ersatzbeschäftigungen für immer versperrt. Wenn ich meinem Bewußtsein entsprechend handeln wollte, dann würde ich mich nach vorn bewegen müssen.

»Ich habe vor, die Nacht hier zu verbringen«, sagte Wil. »Du hast also mit deiner Entscheidung Zeit bis morgen früh.«

»Ich habe mich bereits entschieden«, sagte ich ihm. »Ich komme mit.«

Eine Frage der Energie

Im Morgengrauen standen wir auf und fuhren den ganzen Morgen ohne viele Worte gen Osten. Wil hatte nur erwähnt, daß wir direkt durch die Kette der Anden fahren würden, in eine Region, die er die Hohe Selva nannte und die aus waldbedeckten Hügeln und Plateaus bestand. Ansonsten hatte er fast nichts zu sagen.

Ich hatte ihm ein paar Fragen zu seinen Beweggründen und nach dem Ziel unserer Reise gestellt, doch er hatte mich höflich und bestimmt abgewiesen und angedeutet, daß er sich aufs Fahren konzentrieren wolle. Schließlich hatte auch ich aufgehört zu sprechen und mich ganz dem Anblick der Landschaft gewidmet. Der Ausblick von den Berghöhen war überwältigend.

Gegen Mittag, als wir die letzte der hohen Hügelketten erreicht hatten, hielten wir an einem Aussichtspunkt, um im Wagen ein paar belegte Brote zu essen und den Ausblick auf ein weites, karges Tal vor uns zu genießen. Auf der gegenüberliegenden Seite des Tales befanden sich die Ausläufer der Berge, die in einem saftigen Grün leuchteten. Während wir aßen, erwähnte Wil, daß wir die Nacht in der Viciente Lodge verbringen würden, einem Anwesen aus dem neunzehnten Jahrhundert, das einst der katholischen Kirche von Spanien gehört hatte. Jetzt gehörte es einem seiner Freunde und war zu einem Tagungszentrum umfunktioniert worden, in dem geschäftliche und wissenschaftliche Veranstaltungen abgehalten wurden.

Mit dieser spärlichen Information versehen, setzten wir unseren Weg schweigend fort. Eine Stunde später erreichten wir Viciente, durchfuhren ein großes Tor aus Stein und Eisen und landeten schließlich auf einem schmalen Schotterweg, der uns nach Nordosten führte. Ich stellte erneut ein paar bohrende Fragen über Viciente und weshalb wir hier haltmachten, doch wie schon zuvor wischte Wil meine Erkundigungen einfach zur Seite, mit dem einzigen Unterschied, daß er mir diesmal ausdrücklich empfahl, mich auf den schönen Ausblick zu konzentrieren.

Die Schönheit von Viciente berührte mich sofort. Wir waren umgeben von farbenprächtigen Weidegründen und Obstgärten, das Gras schien von sattem, tiefem Grün und außergewöhnlicher Gesundheit zu sein. Sogar am Fuß der riesigen Eichen, die sich etwa alle dreißig Meter aus dem Weideland erhoben, war es von seltsamer Dichte. Irgend etwas an diesen riesigen Bäumen zog mich immens an, doch ich vermochte vorerst nicht zu sagen, was es war.

Nach ungefähr einer Meile stieg die Straße leicht nach Osten an. Auf der Anhöhe stand ein riesiges, im spanischen Stil der zwanziger Jahre erbautes Gebäude aus unbehandeltem Holz und grauem Stein. Das Haus schien aus mindestens fünfzig Zimmern zu bestehen, und eine breite, eingefriedete Veranda nahm die gesamte Südseite des Gebäudes ein. Im Garten um das Haus standen noch riesigere Eichen, außerdem bestand er aus zahllosen mit exotischen Blumen bepflanzten Beeten und dazwischen angelegten Pfaden, die von strahlend schönen Blumen und Farnen gesäumt wurden. Unter den Bäumen und auf der Veranda befanden sich Gruppen von Leuten, die scheinbar unbefangen miteinander plauschten.

Nachdem wir ausgestiegen waren, blieb Wil einen Augenblick stehen und ließ die Aussicht auf sich wirken. Ein wenig weiter entfernt, auf der östlichen Seite der Herberge, fiel das Gelände sanft ab und ging dann in Weideland und Wälder über. Am Horizont schimmerte eine weitere Hügelkette in violettem Purpur.

»Ich denke, es ist besser, wenn ich mich um die Zimmer kümmere«, sagte Wil. »Weshalb siehst du dich in der Zwischenzeit nicht ein wenig um? Es wird dir gefallen.«

»Keine Frage!« sagte ich.

Im Weggehen drehte er sich um und sah mich an. »Laß dir auf keinen Fall die Forschungsgärten entgehen. Wir sehen uns zum Abendessen.«

Aus irgendeinem Grund hatte Wil sich offenbar entschlossen, mich allein zurückzulassen, doch war mir egal, was sein Grund dafür sein mochte. Ich fühlte mich fabelhaft und war nicht im mindesten um meine Sicherheit besorgt. Wil hatte mir schon erzählt, daß die Regierung sich von der beträchtlichen Menge harter Touristendollars, die Viciente ins Land brachte, beeindrucken ließ und den Ort verschonte, obwohl der Inhalt des Manuskriptes gerade hier häufig diskutiert wurde.

Einige riesige Bäume und ein sich nach Süden windender

schmaler Pfad zogen mich derartig an, daß ich den Weg dorthin einschlug. Zwischen den Bäumen angekommen, sah ich, daß der schmale Pfad durch eine kleine eiserne Pforte und über einige Steinstufen hinab zu einer Wiese voller wild wachsender Blumen führte. Dahinter lag eine Art Obstgarten, ein schmaler Bach und noch mehr Wald. An der Pforte hielt ich einen Augenblick inne und atmete einige Male tief durch. Ich bewunderte die vollkommene Schönheit, die sich im Tal vor meinen Augen ausbreitete.

»Wirklich wunderschön, nicht wahr?« fragte eine Stimme hinter meinem Rücken.

Ich drehte mich schnell herum. Eine Frau, Ende Dreißig, mit einem Rucksack auf dem Rücken, stand hinter mir.

»Wunderschön«, sagte ich. »Ich glaube, ich habe noch nie etwas so Schönes gesehen.«

Für eine Weile blickten wir beide auf das weite Land und die üppigen tropischen Pflanzen in den terrassenförmig angelegten Beeten, die uns auf beiden Seiten umgaben. »Wissen Sie zufällig, wo sich die Forschungsgärten hier befinden?« fragte ich dann.

»Ich bin auf dem Weg dorthin«, sagte sie. »Kommen Sie mit.«

Nachdem wir uns einander vorgestellt hatten, gingen wir die Stufen auf dem ausgetretenen Pfad nach Süden hinab. Sie hieß Sarah Lorner, hatte sandfarbenes Haar und blaue Augen und hätte am besten mit dem Wort mädchenhaft beschrieben werden können – hätte sie nicht so ein ernsthaftes Verhalten an den Tag gelegt. Einige Minuten gingen wir schweigend nebeneinander her.

»Sind Sie zum ersten Mal hier?« fragte sie.

»Ja«, antwortete ich. »Besonders viel weiß ich nicht über diesen Ort.«

»Abgesehen von einigen Unterbrechungen lebe ich jetzt seit fast einem Jahr hier und kann Ihnen das eine oder andere erzählen. Vor ungefähr zwanzig Jahren wurde dieser Ort ein beliebter Treffpunkt für Wissenschaftler aus aller Herren Länder. Die unterschiedlichsten wissenschaftlichen Gruppierungen hielten hier ihre Tagungen ab, vorwiegend Biologen und Physiker. Bis dann vor einigen Jahren ...«

Sie zögerte einen Augenblick und sah mich an. »Haben Sie

von dem Manuskript gehört, das hier in Peru entdeckt worden ist?«

»Ja, habe ich«, sagte ich. »Zumindest mit den ersten beiden Erkenntnissen bin ich vertraut.« Ich wollte ihr erzählen, wie sehr mich das Dokument faszinierte, doch ich hielt mich zurück, unsicher, ob ich ihr trauen konnte.

»Das habe ich mir gedacht«, sagte sie. »Ich hatte gleich den Eindruck, daß Sie hier sind, um Verbindung mit der Energie aufzunehmen.«

Wir überquerten eine hölzerne Brücke, die über den Bach führte.

»Was ist das für eine Energie?« fragte ich.

Sie blieb stehen und lehnte sich gegen das Brückengeländer. »Haben Sie schon etwas von der Dritten Erkenntnis gehört?«

»Bisher nicht.«

»Sie beschreibt die Entwicklung eines neuen Verständnisses unserer materiellen Welt gegenüber und geht davon aus, daß der Mensch anfangen wird, eine bisher unsichtbare Form der Energie wahrzunehmen. Die Herberge hier ist zum Sammelplatz der Wissenschaftler geworden, die dieses Phänomen untersuchen und sich darüber austauschen.«

»Die Wissenschaftler glauben an die Existenz dieser Energie?« fragte ich.

Sie schritt weiter über die Brücke. »Nur ein paar von ihnen«, sagte sie. »Und wir müssen uns deswegen einiges gefallen lassen.«

»Dann sind Sie ebenfalls Wissenschaftlerin?«

»Ich unterrichte Physik an einer kleinen Universität in Maine.«

»Weshalb bezweifeln die anderen Wissenschaftler Ihre Thesen?«

Einen Augenblick lang schwieg sie und dachte nach. »Um das zu verstehen, müssen Sie die Geschichte der Wissenschaft verstehen«, sagte sie und sah mich forschend an, um herauszufinden, ob ich an einer Vertiefung der Thematik interessiert sei. Ich gab ihr durch ein Kopfnicken zu verstehen, daß sie fortfahren solle.

»Vergegenwärtigen Sie sich für einen Moment den Inhalt der Zweiten Erkenntnis. Nach dem Scheitern des mittelalterlichen

Weltbildes wurden wir in der westlichen Welt uns plötzlich bewußt, daß wir Teil eines völlig unbekannten Universums waren. Um die Natur dieses Universums zu verstehen, mußten wir irgendwie damit beginnen, Fakten von bloßem Aberglauben zu trennen. Wir Wissenschaftler legten uns in dieser Angelegenheit eine Haltung zu, die als wissenschaftlicher Skeptizismus bekannt wurde und stichfeste Beweise fordert für jede neue Behauptung darüber, wie die Welt funktioniert. Bevor wir bereit waren, an die Existenz von etwas zu glauben, mußten wir in der Lage sein, es zu betrachten und mit unseren Händen zu berühren. Jede Theorie, die physikalisch nicht beweisbar war, galt automatisch als widerlegt.

Dieses Vorgehen hat uns bei der Erkundung der offensichtlicheren Naturphänomene weiß Gott große Dienste geleistet«, fuhr sie fort, »vor allem bei Objekten wie Steinen, Körpern und Bäumen, Gegenständen, die jeder wahrzunehmen imstande ist, egal wie skeptisch er auch sein mag. Bei dem Versuch zu erklären, weshalb unser Universum funktioniert, wie es funktioniert, benannten wir in aller Eile jeden Bestandteil der physikalischen Welt. Endlich gelangten wir zu dem Schluß, daß jeder in der Natur vorkommende Gegenstand einem Naturgesetz unterworfen ist und daß jedes Ereignis eine direkte und plausible physikalische Ursache hat.« Sie lächelte mich vielversprechend an. »Wie Sie sehen, unterscheiden Wissenschaftler sich in vielerlei Hinsicht nicht von anderen Zeitgenossen. Gemeinsam mit dem Rest der Menschheit hatten wir beschlossen, diese Welt zu meistern. Es ging darum, ein Verständnis vom Universum zu schaffen, das uns die Welt als einen sicheren und vor allem unserer Kontrolle unterliegenden Aufenthaltsort darstellte. Der Skeptizismus sorgte dafür, daß wir uns ausschließlich mit konkreten Problemen befaßten, was uns unsere eigene Existenz ein bißchen weniger gefährlich erscheinen ließ.«

Von der Brücke aus waren wir dem verschlungenen Pfad über eine kleine Lichtung gefolgt und befanden uns jetzt in einem dicht bewaldeten Gebiet.

»Dank dieser Grundhaltung«, fuhr sie fort, »gelang es der Wissenschaft, systematisch jeden ungewissen oder esoterischen Aspekt aus unserem Leben zu verbannen. Wir folgten dem Modell Isaac Newtons und schlossen daraus, daß unser Universum, gleich einer riesigen Maschine, einem vorherbestimmbaren Gesetz folgt, und dies war lange Zeit das einzige, was man dem Universum wirklich nachweisen konnte. Bei Ereignissen, die parallel zu anderen Ereignissen stattfanden, sah man keinen kausalen Zusammenhang, sie wurden als reine Zufälle abgetan.

Schließlich erschienen zwei bahnbrechende Untersuchungen, die uns wieder die Augen über das Geheimnis des Universums öffneten. In den vergangenen Jahren ist viel über die Revolution in der Physik geschrieben worden, doch die wesentlichen Änderungen resultieren aus der Entdeckung der Quantenphysik und den Forschungen Albert Einsteins.

Einsteins Lebenswerk bestand darin, zu beweisen, daß jenes Energiegebilde, das wir als feste Materie wahrnehmen, größtenteils aus leerem Raum plus einem Muster durchlaufender Energieströme besteht, uns Menschen eingeschlossen. Wenn wir darangehen, diese Energiemuster in immer kleineren Einheiten zu betrachten, so gelangen wir zu überaus seltsamen Feststellungen. Versuche haben nämlich ergeben, daß nach der Aufspaltung dieser kleinen Elementarteilchen, wie wir die kleinste Form dieser Energie nennen, die bloße Tatsache der Beobachtung ihres Verhaltens das Versuchsresultat und somit das Verhalten selbst beeinflußt – als seien die Elementarteilchen durch die Erwartungshaltung des Beobachters manipulierbar. Und das selbst, wenn die Teilchen dazu an Orten auftauchen müssen, an denen sie den uns bekannten Gesetzen des Universums zufolge eigentlich nicht auftauchen dürften: nämlich zwei zur gleichen Zeit an der gleichen Stelle, oder in der linearen Zeit vor und zurück reisend.«

Sie blieb erneut stehen und sah mich an. »Mit anderen Worten, es sieht aus, als bestehe der Urstoff des Universums, sein Kern, aus einer Form reiner Energie, die durch menschliche Intention und Erwartung formbar ist, und zwar auf eine Weise, die unser altes Modell vom mechanischen Universum widerlegt – ganz als würden unsere Erwartungen dafür sorgen, daß unsere Energie sich in der Welt verteilt und andere energetische Systeme beeinflußt. Ich brauche nicht zu betonen, daß die Dritte Erkenntnis uns genau dies glauben machen will.«

Sie schüttelte den Kopf. »Unglücklicherweise nehmen die

meisten Wissenschaftler diese Theorie nicht ernst. Sie verharren lieber im Skeptizismus und warten ab, ob wir unsere Behauptungen beweisen können.«

»Hey, Sarah, hier sind wir«, erklang eine entfernte Stimme. Zu unserer Rechten, etwa fünfzig Meter entfernt, sahen wir, wie jemand uns durch die Bäume zuwinkte.

Sarah sah mich an. »Ich muß mit diesen Leuten für eine Weile reden. Ich habe eine Übersetzung der Dritten Erkenntnis bei mir. Wenn Sie wollen, suchen Sie sich einen schönen Fleck und lesen darin, solange ich fort bin.«

»Nichts lieber als das«, sagte ich.

Sie zog die Kopien aus ihrem Rucksack, überreichte sie mir und ging davon.

Ich sah mich nach einem geeigneten Platz zum Sitzen um. Wo ich stand, war der Waldboden feucht und voller Unterholz, doch ein kleines Stück weiter östlich erhob sich ein weiterer Hügel. Auf der Suche nach einem trockenen Plätzchen machte ich mich auf den Weg dorthin.

Auf dem Hügel angekommen, übermannte mich schiere Ehrfurcht. Wieder ein Ort von nahezu unbeschreiblicher Schönheit. Die knorrigen Eichenstämme standen in etwa zwanzig Meter Abstand voneinander, und das weitausladende Astwerk der Bäume hatte sich vollkommen ineinander verwoben, so daß sich eine Art Baldachin über meinem Kopf wölbte. Auf dem Waldboden wucherten tropische Gewächse mit breiten Blättern, die bis zu einem Meter fünfzig Höhe erreichten. Die Blätter waren ungefähr zwanzig Zentimeter breit. Diese Pflanzen vermischten sich mit altem Farn und weißblühendem Buschwerk. Ich suchte mir eine trockene Stelle, setzte mich und genoß den leicht modrigen Geruch der abgestorbenen Blätter und den Duft der Blüten.

So holte ich die Kopien hervor und begann mit der Lektüre der Übersetzung. In einer kurzen Einleitung wurde erklärt, daß die Dritte Erkenntnis ein verändertes Verständnis des physikalischen Universums bringen würde. Die Worte entsprachen ganz eindeutig Sarahs eben gegebener Zusammenfassung und sagten voraus, daß die Menschheit gegen Ende des zweiten Jahrtausends eine neue Form der Energie entdecken würde, welche die Grundlage alles Bestehenden darstellte und gleichzeitig von allem – und das schloß uns Menschen ein – ausging.

Ich ließ die Idee eine Weile wirken und stolperte dann über eine Stelle im Text, die mich ausgesprochen faszinierte. Das Manuskript behauptete dort, daß die Veränderung der menschlichen Wahrnehmung mit einer erhöhten Sensibilität gegenüber schönen Dingen beginnen würde. Während ich darüber nachdachte, lenkte mich das Geräusch sich nähernder Schritte ab. Ich erblickte Sarah im gleichen Moment, als sie zum Hügel aufsah und mich entdeckte.

»Ein großartiger Platz«, sagte sie, als sie mich erreicht hatte. »Haben Sie schon die Stelle über die Wahrnehmung der Schönheit gelesen?«

»Ja«, sagte ich. »Aber ich bin mir nicht sicher, was genau damit gemeint ist.«

»Weiter hinten in der Schrift wird es im Detail ausgeführt, aber ich werde mir Mühe geben, es kurz zusammenzufassen. Die Wahrnehmungsfähigkeit von Schönheit funktioniert als eine Art Barometer, das uns verrät, wie weit wir noch davon entfernt sind, die Energie wahrzunehmen. Das leuchtet ein, denn wer einmal die Energie erfahren hat, merkt, daß es sich dabei im Prinzip um das gleiche Kontinuum handelt wie die Schönheit.«

»Das klingt, als seien Sie in der Lage, sie zu sehen«, sagte ich.

Ohne auch nur den kleinsten Anflug von Unsicherheit sah sie mir in die Augen. »Ja, das tue ich. Doch zuerst entwickelte sich bei mir eine tiefere Empfindung für das Schöne.«

»Ist Schönheit nicht immer etwas Relatives?«

Sie schüttelte den Kopf. »Was wir für schön halten, mag unterschiedlich sein, aber das, was Schönheit auszeichnet, die Besonderheiten, die wir schönen Objekten zuordnen, sind identisch. Erscheint uns etwas als schön, so zeichnet es sich gewöhnlich durch verstärkte Präsenz, eine besondere Schärfe in der Form und sehr lebendige Farben aus, finden Sie nicht? Das Schöne hebt sich ab. Es strahlt. Im Vergleich zu weniger anziehenden Objekten erscheint es uns geradezu schillernd.«

Ich nickte.

»Schauen Sie sich den Ort hier an«, fuhr sie fort. »Ich weiß, daß Sie förmlich hingerissen sind, weil es allen Menschen so geht, die hierherkommen. Dieser Ort hat eine eigenartige Ausstrahlung. Farben und Formen erscheinen uns intensiver. Die darauf folgende Wahrnehmungsstufe läßt Sie ein Energiefeld über jedem Gegenstand erkennen.«

Ich mußte ziemlich ratlos geschaut haben, denn sie lachte, bevor sie wieder ernst wurde. »Vielleicht sollten wir jetzt in die Gärten weitergehen. Sie liegen eine halbe Meile weiter südlich. Ich denke, Sie werden begeistert sein.« Ich dankte ihr für die Mühe, einem vollkommen Fremden das Manuskript zu erklären und mich durch Viciente zu führen. Sie zuckte bloß mit den Achseln.

»Sie scheinen aufgeschlossen gegenüber unseren Aktivitäten«, sagte sie. »Wir alle hier wissen, daß für uns sehr viel davon abhängt, in welchem Maß und wie wir uns an die Öffentlichkeit wenden. Um weiterforschen zu können, muß unsere Botschaft in die Vereinigten Staaten und den Rest der Welt dringen. Von seiten der örtlichen Behörden sieht man uns offensichtlich nicht besonders gern.«

Hinter uns erklang plötzlich eine Stimme. »Entschuldigen Sie bitte!« Wir drehten uns um und sahen drei Männer, die sich eilig auf dem Pfad in unsere Richtung bewegten. Alle schienen weit über vierzig zu sein und trugen modische Kleidung.

»Kann uns einer von Ihnen sagen, wo sich hier die botanischen Anlagen befinden?« erkundigte sich der Größte des Trios.

»Könnten Sie mir sagen, warum Sie das wissen wollen?« gab Sarah die Frage zurück.

»Meine Kollegen und ich haben vom Besitzer dieses Anwesens die Erlaubnis erhalten, die Gärten zu inspizieren und mit jemandem über die sogenannten Forschungen zu sprechen. Wir sind von der Staatlichen Universität von Peru.«

»Klingt, als wären Sie anderer Meinung, was unsere Ergebnisse angeht«, sagte Sarah mit einem Lächeln, offenbar bemüht, die Situation ein wenig aufzulockern.

»Davon können Sie getrost ausgehen«, erwiderte der Sprecher. »Wir halten es, gelinde gesagt, für grotesk zu behaupten, daß hier irgendeine mysteriöse Energie sichtbar geworden sei, die niemals zuvor zu sehen gewesen ist.«

»Haben Sie schon einmal versucht, sie zu sehen?« fragte Sarah.

Der Mann beschloß, die Frage zu ignorieren, und wiederholte seine eigene. »Kann uns einer von Ihnen den Weg zu den Gärten erklären?«

»Selbstverständlich«, sagte Sarah. »Nach ungefähr hundert Metern macht dieser Pfad einen Bogen nach Westen. Folgen Sie ihm, und nach zirka einer Meile stehen Sie direkt vor dem Garten.«

»Ich danke Ihnen«, sagte der hochgewachsene Mann, während das Trio davoneilte.

»Sie haben sie in die falsche Richtung geschickt.«

»Nicht wirklich«, gab sie zurück. »Dort in der Gegend gibt es noch andere Gärten. Und die Leute dort sind auf die Fragen solcher Skeptiker besser vorbereitet als ich. Manchmal tauchen seltsame Leute hier auf, aber nicht nur Wissenschaftler, sondern auch Schaulustige, Leute, die nicht einmal eine dumpfe Ahnung davon haben, was hier vorgeht ..., was wieder einmal das Hauptproblem des wissenschaftlichen Verständnisses erklärt.«

»Was meinen Sie damit?«

»Wie ich schon gesagt habe, paßte der alte, skeptische Blickwinkel hervorragend, solange es um die Erkundung der offensichtlicheren Phänomene des Universums ging, Bäume, Sonnenschein und Gewitter. Doch existiert ebenfalls eine Gruppe von weniger offensichtlichen Phänomenen, die nicht ohne weiteres erforschbar sind, ja nicht einmal vorhanden zu sein scheinen – es sei denn, der Betrachter wäre bereit, seine Vorbehalte wenigstens für einen Augenblick zurückzustellen und zumindest zu versuchen, sich diesen Phänomenen hinzugeben, bevor er sich wieder seinen peinlich genauen Betrachtungen widmet.«

Wir traten aus dem Schatten der Bäume, und vor meinen Augen lagen Dutzende von kultivierten Anbauflächen, jede einzelne nur mit einer einzigen Pflanzenart bebaut. Es handelte sich vor allem um Nutzpflanzen, von der Bananenstaude bis hin zum Spinatpflänzchen. An der Ostseite der Anbauflächen befand sich ein breiter Kiesweg, der parallel zu einer nach Norden verlaufenden öffentlichen Straße verlief. Drei Gewächshäuser aus Wellblech standen entlang des Pfades. Jeweils vier oder fünf Leute arbeiteten in der Nähe jedes der Gebäude.

»Da sind ein paar meiner Freunde«, sagte Sarah und zeigte

auf das uns am nächsten stehende Treibhaus. »Kommen Sie, ich möchte sie Ihnen vorstellen.«

Sarah stellte mich drei Männern und einer Frau vor, die alle an den Forschungsarbeiten beteiligt waren. Die Männer unterhielten sich kurz mit mir und entschuldigten sich dann damit, daß sie zu ihrer Arbeit zurückkehren müßten. Die Frau, eine Biologin namens Marjorie, schien dagegen Zeit für uns zu haben.

Ich fing ihren Blick auf. »Über was genau forschen Sie hier?« fragte ich.

Sie schien überrascht, lächelte jedoch und antwortete mir schließlich. »Wo soll ich anfangen?« sagte sie. »Sind Sie mit dem Inhalt des Manuskriptes vertraut?«

»Mit den beiden ersten Abschnitten«, sagte ich. »Ich habe gerade mit der Dritten Erkenntnis angefangen.«

»Nun, all unsere Untersuchungen drehen sich um den Inhalt des Manuskriptes. Kommen Sie, ich werde es Ihnen zeigen.« Mit einer Handbewegung bedeutete sie mir, ihr zu folgen, und wir gingen um das Treibhaus herum, bis wir vor einem kleinen Feld mit Bohnen standen. Mir fiel auf, daß die Pflanzen von außergewöhnlicher Gesundheit waren und weder unter Insektenbefall noch toten Blättern zu leiden schienen. Die Stauden wuchsen in lockerer und hochwertiger Muttererde, und jede einzelne von ihnen verfügte über ein großzügig abgestecktes Revier, so daß die einzelnen Gewächse zwar nah beieinander standen, Stiele und Blätter der verschiedenen Pflanzen sich jedoch nicht berührten.

Sie deutete auf die uns am nächsten stehende Pflanze. »Wir haben versucht, diese Pflanzen als autonome Energiesysteme zu betrachten und jedes ihrer Bedürfnisse zu berücksichtigen – Erde, Düngestoffe, Feuchtigkeit, Licht. Dabei haben wir herausgefunden, daß das komplette Ökosystem, von dem jede Pflanze umgeben ist, in Wirklichkeit Teil eines lebenden Organismus darstellt. Der Gesundheitszustand jedes einzelnen Faktors beeinflußt das gesamte System.«

Sie zögerte und fuhr dann fort: »Der wesentliche Punkt besteht darin, daß wir begannen, erstaunliche Resultate zu erzielen, sobald wir anfingen, die energetischen Vorgänge, die jede der Pflanzen umgibt, bei ihrer Pflege zu berücksichtigen.

Unsere Studienobjekte wurden zwar nicht größer, doch nach ernährungswissenschaftlichen Kriterien weitaus potenter.«

»Wie haben Sie das gemessen?«

»Die Pflanzen enthielten mehr Eiweiß sowie höhere Anteile an Kohlenhydraten,Vitaminen und Mineralien.«

Sie sah mich erwartungsvoll an. »Aber wissen Sie, was das Erstaunlichste ist? Wir haben herausgefunden, daß jene Pflanzen, denen die meiste Beachtung geschenkt wurde, auch zu den leistungsfähigsten zählten.«

»Was verstehen Sie unter Beachtung?«

»Den Boden jeden Tag ein bißchen aufzulockern, sich jeden Tag ein wenig um die Pflanzen zu kümmern, Sie wissen schon. Schließlich haben wir anhand einer Kontrollgruppe folgendes Experiment vorgenommen: Einige der Pflanzen erhielten besondere Aufmerksamkeit, andere wiederum nicht – unsere Annahme bestätigte sich. Daraufhin erweiterten wir unser Konzept und stellten jemanden dafür ab, den Pflanzen nicht nur Aufmerksamkeit zukommen zu lassen, sondern sie auch auf mentalem Wege damit zu beauftragen, stärker zu werden. Der Mitarbeiter verbrachte Zeit bei den Pflanzen und widmete seine gesamte Aufmerksamkeit und Sorgfalt ausschließlich ihrem Wohlergehen.«

»Wurden die Pflanzen dadurch stärker?«

»In ganz signifikantem Maße. Außerdem wuchsen sie schneller.«

»Das ist ja unglaublich!«

»Ja, ist es …« Ihre Stimme verlor sich, während sie zu einem etwa sechzigjährigen Mann sah, der auf uns zukam.

»Der Herr ist ein Mikro-Ernährungsforscher«, sagte sie so, daß er es nicht hören konnte. »Er kam vor einem Jahr zum ersten Mal hierher und hat sich sofort von seiner Universität in Washington beurlauben lassen. Sein Name ist Professor Hains. Er hat einige hervorragende Studien geleitet.«

Als er uns erreicht hatte, stellte sie uns vor. Er war ein kräftig gebauter Mann mit schwarzem Haar, das an den Schläfen bereits graue Strähnen zeigte. Auf das Drängen Marjories hin faßte er die Ergebnisse seiner Forschungen für mich zusammen. Er erklärte, daß er vorwiegend an den menschlichen Körperfunktionen, vor allem denen der inneren Organe, interessiert sei, welche er mittels hochsensibler Blutuntersuchungen analysierte und dabei insbesondere den Zusammenhang mit der Qualität der zugeführten Nahrung berücksichtigte.

Er erzählte mir, daß er besonders an den Ergebnissen einer Studie interessiert sei, welche beweise, daß die in Viciente gezüchteten Pflanzen nicht nur die Leistungsfähigkeit des menschlichen Körpers drastisch erhöhten, sondern daß diese Zunahme bei weitem über den Grenzwerten dessen lag, was dem Verständnis menschlicher Physiologie nach von Nahrungsstoffen überhaupt an Resultaten erwartet werden durfte. Irgend etwas im Aufbau dieser Pflanzen verursachte eine Wirkung, für die es bisher keine Erklärung gebe.

Ich sah Marjorie an. »Dann ist die menschliche Zuwendung am Ende verantwortlich für eine starke Energiezufuhr bei demjenigen, der die Pflanze verzehrt? Handelt es sich hier um eine Art Rückzahlung von seiten der Natur? Ist dies die Energie, von der im Manuskript die Rede ist?«

Marjorie sah den Professor an. Er lächelte halbherzig. »Das weiß ich leider noch nicht«, sagte er.

Ich fragte ihn nach zukünftigen Studien, und er erklärte, daß er vorhabe, einen ähnlichen Garten im Bundesstaat Washington anzulegen und dort Langzeitstudien vorzunehmen, um festzustellen, ob die Versuchspersonen langfristig wirklich über mehr Energie oder eine bessere Gesundheit verfügten. Während er sprach, bemerkte ich, daß ich in immer kürzer werdenden Abständen auf Marjorie blicken mußte. Mit einem Mal wirkte sie beinahe unvorstellbar schön. Unter Jeans und T-Shirt konnte man einen schlank gewachsenen, schönen Körper erahnen. Ihre Augen und Haare waren von tiefem Braun, und das Haar fiel ihr in spitz zulaufenden kleinen Locken ins Gesicht.

Ich spürte eine immense körperliche Anziehungskraft. Genau in dem Moment, als diese Anziehung mir bewußt wurde, wandte sie sich mir zu, sah mir direkt in die Augen und trat einen Schritt zurück.

»Ich habe noch eine Verabredung«, sagte sie. »Vielleicht sehen wir uns später.« Sie sagte Hains auf Wiedersehen, lächelte mich verlegen an und ging am Treibhaus vorbei den Weg hinunter.

Nachdem ich mich einige Zeit mit dem Professor unterhalten hatte, wünschte ich ihm alles Gute und schlenderte zu Sarah zurück. Sie war immer noch mit einem der Forscher in ein scheinbar intensives Gespräch verwickelt, folgte mir aber mit ihren Blicken.

Als ich näher trat, lächelte der Mann, der neben ihr stand, ordnete seine Papiere auf der kleinen tragbaren Schreibunterlage und begab sich in das Innere des Treibhauses.

»Irgendwelche neuen Erkenntnisse?« fragte Sarah.

»Ja«, sagte ich geistesabwesend, »es scheint, als gehen die Leute hier einigen sehr interessanten Fragen nach.«

Ich starrte auf den Boden vor mir, als sie fragte: »Wo ist Marjorie?«

Als ich aufsah, bemerkte ich ihren amüsierten Gesichtsausdruck.

»Sie hatte noch eine Verabredung.«

»Haben Sie sie vor den Kopf gestoßen?« fragte sie und lächelte.

Ich lachte. »Ich schätze schon. Allerdings habe ich kein Wort zu ihr gesagt.«

»Das brauchen Sie auch nicht«, sagte sie. »Marjorie hat eine Veränderung in Ihrem Energiefeld bemerkt. Das war nicht weiter schwierig. Ich konnte es sogar von hier aus sehen.«

»Eine Veränderung in meinem was?«

»Dem Energiefeld, das Ihren Körper umgibt. Die meisten von uns haben gelernt, es zu sehen, zumindest unter bestimmten Lichtverhältnissen. Sobald jemand sexuelle Gedanken entwickkelt, wirbelt das Energiefeld der Person in Richtung des Objekts seiner Begierde.«

Ihre Behauptung kam mir vollkommen wahnsinnig vor, doch noch bevor ich etwas sagen konnte, wurden wir von mehreren Leuten unterbrochen, die aus dem Treibhaus ins Freie traten.

»Zeit für die Energieprojektionen«, sagte Sarah. »Die sollten Sie sich nicht entgehen lassen.«

Wir folgten vier jungen Männern, bei denen es sich offenbar um Studenten handelte, zu einem kleinen Maisfeld. Als wir näher traten, bemerkte ich, daß das Feld in zwei etwa drei Quadratmeter große Bereiche unterteilt war. Der Mais in dem einen Bereich stand ungefähr sechzig Zentimeter hoch, der in dem anderen nicht einmal vierzig. Die vier Männer begaben sich zu dem Feld mit den größeren Pflanzen und setzten sich jeder an eine Ecke, ihre Gesichter den Pflanzen zugewandt. Wie auf Absprache richteten sie ihre Blicke auf die Pflanzen. Die späte Nachmittagssonne schien mir in den Rücken und tauchte das Feld in weiches, bernsteinfarbenes Licht, wobei die Wälder dahinter im Dunkeln blieben. Das Maisfeld und die Studenten hoben sich als Silhouetten gegen diesen fast schwarzen Hintergrund ab.

Sarah stand neben mir. »Perfekt«, sagte sie. »Schauen Sie! Können Sie es erkennen?«

»Was?«

»Sie projizieren ihre Energie auf die Pflanzen.«

Angestrengt starrte ich auf die Szenerie, konnte aber nichts erkennen.

»Ich sehe nichts«, sagte ich.

»Dann hocken Sie sich hin«, sagte Sarah, »und konzentrieren Sie sich auf den Abstand zwischen den Leuten und den Pflanzen.«

Einen Augenblick lang meinte ich, ein kurzes Aufleuchten gesehen zu haben, doch hielt ich es für das Resultat eines zu hastig veränderten Blickwinkels oder für eine optische Täuschung. Ich versuchte es noch ein paar Mal und gab schließlich auf.

»Ich schaffe es nicht«, sagte ich und erhob mich wieder.

Sarah klopfte mir wohlwollend auf die Schulter. »Machen Sie sich nichts daraus. Das erste Mal ist das schwierigste. Für gewöhnlich muß man eine Weile mit der Veränderung der Sehschärfe experimentieren.«

Einer der Meditationsteilnehmer sah zu uns herüber und legte seinen Zeigefinger auf die Lippen, deshalb gingen wir zurück in Richtung Treibhaus.

»Werden Sie lange in Viciente bleiben?« fragte Sarah.

»Vermutlich nicht«, sagte ich. »Der Mann, mit dem ich unterwegs bin, ist auf der Suche nach dem letzten Teil des Manuskriptes.«

Überrascht sah sie mich an. »Ich war der Ansicht, es seien alle Teile gefunden worden. Obwohl ich wahrscheinlich die letzte bin, die das beurteilen kann. Ich bin so beschäftigt mit dem Abschnitt, der im Zusammenhang mit meiner Arbeit steht, daß ich den Rest kaum zur Kenntnis genommen habe.«

Automatisch begann ich in den Taschen meiner Hose nach ihrer Übersetzung zu suchen. Mit einem Mal war ich mir nicht mehr sicher, wo ich sie gelassen hatte. Zusammengerollt fand sie sich schließlich in meiner Gesäßtasche.

»Sie sollten wissen«, sagte Sarah, »daß zwei Tageszeiten sich als besonders förderlich für die Wahrnehmung der Energiefelder erwiesen haben: die Dämmerung und der Sonnenaufgang. Wenn Sie wollen, treffen wir uns morgen früh zum Sonnenaufgang wieder, und Sie versuchen es noch einmal.«

Sie streckte ihre Hand nach den Manuskriptseiten aus. »Auf diese Weise«, fuhr sie fort, »kann ich Ihnen auch eine Kopie dieser Übersetzung anfertigen, die Sie behalten können.«

»Warum nicht«, sagte ich. »Ich muß mich allerdings mit meinem Freund absprechen, um sicherzugehen, daß wir genügend Zeit haben.« Ich lächelte sie an. »Was verleitet Sie zu der Annahme, ich könnte das Zeug sehen?«

»Nennen wir es eine Ahnung.«

Wir einigten uns darauf, uns am nächsten Morgen um sechs Uhr auf der Spitze des Hügels zu treffen, und ich trat den Rückweg in Richtung Herberge allein an. Die Sonne war jetzt vollständig verschwunden, doch hing ein leichtes Leuchten noch in den grauen Wolken am Horizont und tauchte sie in alle nur denkbaren Abstufungen der Farbe Orange. Die Luft war kühl, doch es wehte kein Wind.

In der Herberge hatte sich eine lange Schlange vor der Essenausgabe des riesigen Speisesaales gebildet. Hungrig wie ich war, ging ich nach vorne, um zu sehen, was es gab. Wil und Professor Hains standen dort, in eine lockere Unterhaltung verwickelt.

»Nun«, fragte Wil, »wie war der Nachmittag?«

»Großartig«, sagte ich.

»Darf ich dir William Hains vorstellen?«

»Wir haben uns bereits kennengelernt«, sagte ich.

Der Professor nickte.

Ich erzählte von meiner frühmorgendlichen Verabredung am darauffolgenden Tag. Wil sah kein Problem, er selbst wollte noch mit ein paar Leuten reden und nicht vor neun Uhr aufbrechen.

Die Schlange bewegte sich nach vorn, und die Leute hinter mir ließen mir den Vortritt. Ich reihte mich hinter dem Professor ein.

»Nun, was halten Sie von unserem Treiben hier?« fragte Hains.

»Ich weiß noch nicht«, sagte ich. »Ich lasse es fürs erste nur auf mich wirken. Das ganze Konzept der Energiefelder ist für mich vollkommen neu.«

»Die Tatsache der Existenz der Felder ist für jeden von uns neu«, sagte er. »Interessant ist dabei vor allem, daß die Wissenschaft so lange nach dieser Energie gesucht hat: etwas, das aller Materie zugrunde liegt. Die Physik hat, insbesondere nach Einstein, versucht, eine übergreifende Feldtheorie zu entwickeln. Ich habe keine Ahnung, ob es sich bei unserer Entdeckung um genau diese handelt oder nicht, aber auf alle Fälle hat das Auftauchen des Manuskriptes für einige sehr interessante Recherchen gesorgt.«

»Was würde die Wissenschaft verlangen, damit Ihre Idee akzeptiert wird?« fragte ich.

»Eine Möglichkeit, die Existenz der Energie meßbar nachzuweisen«, sagte er. »Die Anwesenheit der Energie an sich stellt nichts wirklich Neues dar. Karatemeister sprechen schon seit langer Zeit von dem Vorhandensein einer Chi-Energie, die für scheinbar unglaubliche Aktionen wie das Zerbrechen von Ziegelsteinen mit der bloßen Hand verantwortlich ist, oder nehmen Sie die Tatsache, daß ein einzelner es schaffen kann, unbeweglich an seinem Platz zu verharren, während vier Männer mit aller Kraft versuchen, ihn fortzuzerren. Wir alle haben erlebt, daß Athleten geradezu spektakuläre Bewegungen vollbringen, Drehungen, Wendungen, oder in der Luft verweilen, als hätten sie die Schwerkraft besiegt. Dies alles sind Resultate unseres Zugriffes auf die versteckte Energie.

Natürlich müssen noch viel mehr Leute die Energie mit eigenen Augen sehen, bevor ihr Vorhandensein wirklich akzeptiert werden wird.«

»Sind Sie je in diesen Genuß gekommen?« fragte ich.

»Ich habe etwas gesehen«, sagte er. »Es hängt sehr davon ab, was für Nahrung ich zu mir nehme.«

»Wie das?«

»Nun, die meisten, die in der Lage sind, die Energiefelder zu sehen, ernähren sich vorwiegend vegetarisch. Und meistens essen sie ausschließlich ihre selbstangebauten Hochleistungspflanzen.«

Er zeigte auf die Essenausgabe. »Überzeugen Sie sich selbst. Gott sei Dank servieren sie auch Fisch und Geflügel für alle fleischsüchtigen Kerle wie mich. Wenn ich mich jedoch zwinge, meine Ernährung zu ändern, ja, dann bin ich in der Lage, etwas zu sehen.«

Ich fragte ihn, weshalb er seine Ernährung nicht längerfristig umstelle.

»Ich weiß nicht«, sagte er. »Alte Angewohnheiten sterben nicht so leicht.«

Die Schlange bewegte sich weiter, und ich bestellte ausschließlich Gemüse. Wir setzten uns zu anderen Gästen an einen der großen Tische und unterhielten uns eine Stunde über dieses und jenes. Dann gingen Wil und ich hinaus zum Jeep, um unser Gepäck zu holen.

»Hast du die Energiefelder schon gesehen?« fragte ich.

Er lächelte und nickte. »Mein Zimmer ist im ersten Stock«, sagte er. »Deines ist im dritten. Nummer 306. Der Schlüssel liegt an der Rezeption.«

Mein Zimmer hatte kein Telefon, doch der Herbergsangestellte in der Eingangshalle versicherte mir, daß er Punkt fünf Uhr an meine Tür klopfen und mich wecken würde. Ich legte mich aufs Bett und dachte ein paar Minuten lang nach. Der heutige Nachmittag erschien mir jetzt als ungewöhnlich lang und ereignisreich, und mit einem Mal verstand ich, weshalb Wil sich in Schweigen gehüllt hatte. Er wollte, daß ich die Dritte Erkenntnis am eigenen Leibe erfuhr.

Am nächsten Morgen klopfte es an meine Tür. Ein Blick auf meine Armbanduhr verriet mir, daß es bereits fünf Uhr war. Als der Angestellte erneut klopfte, bedankte ich mich mit deutlich vernehmbarer Stimme, stand auf und sah aus dem kleinen Fenster. Einzig ein fahles Leuchten am östlichen Horizont zeugte davon, daß es Morgen war.

Ich begab mich ins Bad am Ende des Ganges und duschte, zog mich schnell an und ging hinunter. Der Speisesaal war bereits geöffnet, und ich war überrascht, wie viele der Gäste auf den Beinen waren. Ich nahm nur ein wenig Obst zu mir und eilte nach draußen.

Lange Nebelschwaden zogen dicht über dem Boden dahin und breiteten sich über den Wiesen aus. Singvögel schienen sich gegenseitig zu rufen. Als ich die Herberge verließ, zeigte sich der oberste Rand der Sonne am Horizont. Ihre Farbe war von außergewöhnlicher Schönheit. Der Himmel lag tiefblau über dem pfirsichfarbenen Horizont.

Ich erschien fünfzehn Minuten zu früh auf dem vereinbarten Hügel, also ließ ich mich nieder und lehnte mich mit dem Rükken an einen der riesigen Baumstämme, fasziniert vom Geflecht der knorrigen Zweige über meinem Kopf. Innerhalb weniger Minuten hörte ich Schritte auf dem Pfad, und in der Erwartung, Sarah zu sehen, blickte ich auf. Statt dessen kam dort ein etwa fünfundvierzigjähriger Mann, den ich noch nie gesehen hatte. Er verließ den Pfad, und ohne mich wahrzunehmen, schritt er auf mich zu. Als er kaum mehr drei Meter entfernt war, erschrak er, und ich zuckte ebenfalls zusammen.

»Oh, hallo«, sagte er in starkem Brooklyn-Akzent. Er trug Jeans und Wanderstiefel und wirkte ausgesprochen fit und athletisch. Sein Haar war gelockt und bereits schütter.

Ich nickte ihm zu.

»Tut mir leid, Sie so erschreckt zu haben«, sagte er.

»Keine Ursache.«

Er stellte sich als Phil Stone vor, und ich erzählte ihm, wer ich war und daß ich auf eine Bekannte wartete.

»Sie sind sicher zu Forschungszwecken hier«, sagte ich.

»Nein, eigentlich weniger«, gab er zurück. »Ich arbeite im Auftrag der Universität von Südkalifornien. In der angrenzenden Provinz stellen wir Forschungen über das Verschwinden des Regenwaldes an, doch sobald sich auch nur die kleinste Chance bietet, steige ich in den Wagen und erhole mich hier. Ich liebe diesen außergewöhnlichen Wald hier. Er ist so ganz anders.«

Er sah sich um. »Ist Ihnen bekannt, daß einige der Bäume um uns herum beinahe fünfhundert Jahre alt sind? Es handelt sich um einen wirklich ursprünglichen Wald, eine äußerst seltene Angelegenheit. Jedes Element befindet sich in perfekter

Harmonie mit seiner Umgebung: Die größeren Bäume filtern das Sonnenlicht und erlauben damit einer Unzahl tropischer Pflanzen unter ihnen zu gedeihen. Das Pflanzenleben im Regenwald ist ebenfalls sehr alt, doch ist er vollkommen anders strukturiert, im wesentlichen ist er ein Dschungel. Hier sieht es eher aus wie in einem der alten Wälder in den gemäßigten Klimazonen der Vereinigten Staaten.«

»Dort habe ich nie etwas Derartiges gesehen«, sagte ich.

»Ja, ich weiß«, erwiderte er. »Es sind kaum noch welche vorhanden. Die meisten wurden von der Regierung zur Abholzung freigegeben, als ob ein Wald nur aus einem Haufen Bretter bestünde. Eine verfluchte Schande, einen Ort wie diesen zu vernichten. Sehen Sie nur die Energie!«

»Sie sind imstande, hier die Energie zu sehen?«

Er sah mich etwas genauer an, als sei er sich nicht sicher, wie weit er mit seinen Ausführungen gehen sollte.

»Ja, das kann ich«, meinte er schließlich.

»Nun, ich konnte es bisher noch nicht«, sagte ich. »Ich habe es gestern zum ersten Mal versucht, als man mit den Pflanzen im Garten meditierte.«

»Oh, am Anfang konnte ich auch keine so großen Felder sehen. Ich mußte bei meinen Fingern anfangen.«

»Wie meinen Sie das?«

»Kommen Sie, gehen wir dort hinüber«, sagte er und zeigte auf einen Teil des Waldes, in dem die Bäume nicht ganz so verwachsen waren und der blaue Himmel zwischen den Kronen hindurchschimmerte. »Ich zeige es Ihnen.«

Dort angekommen, sagte er: »Lehnen Sie sich zurück, und führen Sie die Spitzen Ihrer Zeigefinger zusammen. Behalten Sie den blauen Himmel im Hintergrund. Jetzt entfernen Sie die Fingerspitzen voneinander, ungefähr einen Zentimeter, und schauen direkt auf den Abstand zwischen den Fingern. Was sehen Sie dort?«

»Ein Staubkorn auf meiner Netzhaut.«

»Vergessen Sie das«, sagte er. »Bewegen Sie die Finger aufeinander zu und wieder weg, und fixieren Sie dabei den Brennpunkt Ihrer Augen.«

Während er sprach, bewegte ich meine Finger, unsicher darüber, was er mit dem Brennpunkt meiner Augen meinte.

Schließlich starrte ich ungefähr auf den Abstand zwischen den beiden Fingern. Beide Spitzen waren jetzt leicht verschwommen, und plötzlich sah ich etwas wie dünne Rauchschwaden, die die beiden Fingerspitzen zu verbinden schienen.

»Gütiger Himmel«, sagte ich und beschrieb ihm, was ich sah.

»Das ist es! Das ist es!« sagte er. »Jetzt experimentieren Sie ein wenig damit.«

Ich brachte alle vier Fingerspitzen zusammen, dann meine Handflächen und schließlich meine Unterarme. In jedem Fall war ich in der Lage, deutliche Energiestränge zu erkennen, die zwischen meinen Körperteilen verliefen. Ich ließ die Arme sinken und sah Phil an.

»Oh, wollen Sie meine sehen?« fragte er. Er stand auf, trat ein paar Schritte zurück und brachte seinen Kopf und Oberkörper so in Stellung, daß sich seine Statur klar vom Himmel hinter ihm absetzte. Einige Minuten versuchte ich etwas zu erkennen, dann wurde meine Konzentration durch ein Geräusch unterbrochen. Ich drehte mich um und erkannte Sarah.

Phil trat einen Schritt vor und grinste über das ganze Gesicht. »Haben Sie etwa auf diese Person gewartet?«

Auch Sarah lächelte, während sie näher kam. »Hey, dich kenne ich doch«, sagte sie und zeigte auf Phil.

Sie umarmten sich herzlich, dann sah Sarah mich an. »Tut mir leid, daß ich zu spät gekommen bin. Aus irgendeinem Grund hat mein innerer Wecker nicht funktioniert. Doch jetzt weiß ich, warum. Ich wollte euch beiden Gelegenheit geben, euch kennenzulernen. Was habt ihr getrieben?«

»Er hat gerade gelernt, die Felder zwischen seinen Fingern zu sehen«, sagte Phil.

Sarah sah mich an. »Letztes Jahr haben Phil und ich an der gleichen Stelle gestanden und denselben Versuch unternommen.« Sie warf Phil einen Blick zu. »Stellen wir uns Rücken an Rücken. Vielleicht kann er dann die Energie sehen, die zwischen uns fließt.«

Rücken an Rücken stellten sie sich vor mir auf. Ich schlug ihnen vor, ein wenig näher zu kommen, und sie kamen an mich heran, bis der Abstand zwischen uns nur noch etwas über einen Meter betrug. Sie zeichneten sich scharf gegen den Himmel ab, der hinter ihnen immer noch seine dunkelblaue Färbung hatte. Zu meiner Überraschung war der Raum zwischen ihren Körpern um einiges heller, gelblich, mit einem Stich ins Rosafarbene.

»Er kann es sehen«, sagte Phil, der meinen Gesichtsausdruck deutete.

Sarah drehte sich um, ergriff Phil am Arm, und langsam bewegten die beiden sich von mir fort, bis ihre Körper ungefähr drei Meter entfernt waren. Beide Oberkörper waren von einem weiß-rosa Energiefeld umgeben.

»Okay«, sagte Sarah mit ernster Stimme. Sie war zu mir getreten und hockte sich neben mich. »Jetzt nehmen Sie den Ort hier in seiner ganzen Schönheit auf.«

Mit einem Mal war ich geradezu ergriffen von den Formen der Gegenstände um mich herum. Scheinbar war es mir möglich geworden, jeden einzelnen Eichenbaum in einem individuellen Licht zu betrachten, und das nicht nur bei Teilen der Bäume, sondern ihrer gesamten Erscheinung. Ich bewunderte die einzigartigen Formen und Zusammenstellungen, die sich aus der Anordnung der Äste ergaben. Mein Blick wanderte von einem Baum zum nächsten, dabei drehte ich mich wie ein kleines Kind. Dies erhöhte auf seltsame Weise noch die starke Präsenz der Eichen, als ob ich sie zum ersten Mal in meinem Leben sähe oder sie zumindest zum ersten Mal würdigte.

Plötzlich zogen die tropischen Pflanzen unter den riesigen Bäumen meine Aufmerksamkeit auf sich; wieder starrte ich fasziniert auf die einzigartige Form jeder einzelnen Pflanze. Ich bemerkte außerdem, daß sich jede Pflanze mit anderen zu verbinden und kleine Gemeinschaften zu bilden schien. So waren die riesigen Bananenstauden oft von kleinen Philodendren umgeben, unter denen sich wiederum am liebsten noch kleinere, farnähnliche Pflanzen aufzuhalten schienen. Während ich diese Mini-Biotope genau in Augenschein nahm, wurde ich erneut von der Vielfältigkeit und Einzigartigkeit der hier versammelten Pflanzenwelt ergriffen.

Nur einen halben Meter entfernt, erregte ein außergewöhnliches Blattwerk meine Aufmerksamkeit. Es handelte sich um einen besonders bunt geflammten Philodendron, eine Hauspflanze, die ich selbst des öfteren besessen hatte. Von intensivem dunklem Grün, maßen seine Blätter wohl über einen Meter im

Durchmesser. Die Pflanze schien außergewöhnlich gesund und vor Energie beinahe vibrierend.

»Ja, sehen Sie sich den mal genau an«, sagte Sarah. Während ich dies tat, spielte ich mit der Einstellung der Sehschärfe meiner Augen. Ich versuchte mich auf den Raum einige Zentimeter direkt neben der Pflanze zu konzentrieren, und allmählich begann ich kleine Lichtfelder wahrzunehmen, bis ich mit einer einzigen Fixierung meines Blickwinkels in der Lage war zu erkennen, daß die gesamte Pflanze von einer Aura weißen Lichts umhüllt war.

»Jetzt sehe ich etwas«, bemerkte ich.

»Dann schauen Sie sich um«, sagte Sarah.

Erschrocken trat ich einen Schritt zurück. Das weißliche Licht existierte um jede der mich umgebenden Pflanzen, deutlich erkennbar und doch von solcher Transparenz, daß die Farben und Formen der Pflanzen immer sichtbar blieben. Zunächst hatte ich die Pflanzen nur visuell erfaßt, doch dann war mir ihre Einzigartigkeit und Ausstrahlung aufgefallen, bis irgend etwas die unberührte Schönheit ihrer Erscheinung so verstärkt hatte, daß ich imstande gewesen war, ihre Energiefelder wie eine Erweiterung ihrer Schönheit wahrzunehmen.

»Versuchen Sie einmal, dies hier zu sehen«, sagte Sarah und setzte sich zwischen mich und den Philodendron. Eine Wolke des weißen Lichts, welche ihren Körper umgab, sprang förmlich vorwärts und umhüllte den Philodendron. Der Durchmesser des Energiefeldes der Pflanze verbreiterte sich mit einem Schlag um über einen Meter.

»Verflucht noch mal«, rief ich erstaunt aus, was die beiden Freunde zum Lachen brachte. Wenig später lachte ich mit ihnen, wobei mir bewußt war, daß ich hier wie selbstverständlich Phänomene bewunderte, deren bloße Existenz ich noch vor wenigen Minuten angezweifelt hatte; und es machte mir nicht das mindeste aus. Ich bemerkte außerdem, daß meine neuerworbene Fähigkeit, die Energiefelder wahrzunehmen, nicht zur Ausbildung eines surrealen Szenarios geführt hatte, sondern eher zu einer realistischeren Betrachtungsweise der Pflanzen. Und doch schien alles um mich herum verändert, wie in einem Film, in dem man die Aufnahmen eines Waldes koloriert hatte, um seine mystischen und zauberhaften Qualitäten besonders hervorzuheben. Die Pflanzen, das Laub und selbst der Himmel schienen jetzt leicht zu schimmern und legten die Vermutung nahe, daß hier Leben, ja vielleicht sogar ein Bewußtsein existierte, von dessen Existenz wir bisher keine Ahnung hatten. Jedenfalls würde es mir nie wieder möglich sein, einen Wald nur als Ansammlung einiger Bäume zu betrachten.

Ich warf einen Blick auf Phil. »Setz dich, und konzentriere deine Energie auf den Philodendron«, sagte ich. »Ich würde gern einmal sehen, ob es bei dir einen Unterschied macht.«

Phil schien perplex. »Ich kann das nicht«, sagte er. »Ich weiß auch nicht, warum.«

Ich sah Sarah an.

»Manche Leute können es und manche nicht«, sagte sie. »Wir wissen selbst nicht, womit das zusammenhängt. Marjorie testet ihre Studenten auf diese Fähigkeit, bevor sie sie aufnimmt. Einige der Psychologen meinen, es hänge mit den Charaktereigenschaften der betreffenden Person zusammen, doch weiß niemand etwas Genaues darüber.«

»Ich möchte es versuchen«, sagte ich.

»Okay, nur zu«, gab Sarah zurück.

Ich wandte mein Gesicht der Pflanze zu und ließ mich vor ihr nieder. Sarah und Phil standen jetzt beide im rechten Winkel zu mir.

»Womit fange ich an?«

»Richten Sie Ihre Aufmerksamkeit vollends auf die Pflanze, etwa so, als wollten Sie sie mittels Ihrer Energie aufblasen«, sagte Sarah.

Ich sah die Pflanze an und stellte mir vor, wie in meinem Inneren ein Energiestrom anschwoll. Nach ein paar Minuten blickte ich wieder auf die beiden.

»Pech gehabt«, sagte Sarah trocken, »offensichtlich handelt es sich bei Ihnen nicht um einen der Auserwählten.«

Weiter unten auf dem Pfad erklangen plötzlich ärgerliche Stimmen und unterbrachen unsere Unterhaltung. Durch die Bäume sahen wir eine Gruppe von Männern vorbeigehen, die sich in harschem Tonfall unterhielten.

»Wer sind diese Leute?« fragte Phil und sah dabei Sarah an.

»Ich weiß es nicht«, sagte sie. »Weitere Leute, die sich über unsere Arbeit aufregen, nehme ich an.«

Ich warf einen Blick in den uns umgebenden Wald. Es schien sich wieder um einen gewöhnlichen Wald zu handeln.

»Hey, die Energiefelder sind verschwunden!«

»Es gibt Sachen, die bringen einen direkt runter, stimmt's?« bemerkte Sarah.

Phil lächelte und klopfte mir auf die Schulter. »Von jetzt an wirst du sie jederzeit sehen können. Solange du dir die Fähigkeit bewahrst, ihre Schönheit zu erkennen. Mit dem Rest ist es wie mit dem Radfahren.«

Mir fiel ein, daß ich eine Verabredung hatte. Die Sonne stand jetzt viel höher, und eine sanfte Morgenbrise bewegte die Bäume. Meine Armbanduhr zeigte 7.50 Uhr.

»Ich werde mich lieber auf den Weg machen«, sagte ich.

Sarah und Phil begleiteten mich. Während wir gingen, sah ich zurück auf den bewaldeten Hügel. »Wirklich ein selten schöner Ort«, sagte ich. »Zu schade, daß es in den Staaten nicht mehr davon gibt.«

»Wenn du einmal damit begonnen hast, die Energiefelder in anderen Gegenden wahrzunehmen«, sagte Phil, »dann wirst du feststellen, wie dynamisch der Wald hier wirklich ist. Schau dir diese Eichen an. In Peru sind sie sehr selten, doch hier in Viciente wachsen sie. Nutzwälder, besonders jene, in denen die Kultivierung von Hartholz zugunsten von schnell wachsenden Pinien aufgegeben wurde, verfügen nur über sehr spärliche Energiefelder. Und eine Stadt hat zum Beispiel ein gänzlich anderes Energiebild, sieht man von den Menschen einmal ab.«

Ich versuchte, mich auf die Pflanzen am Wegesrand zu konzentrieren, doch unterbrach der Vorgang des Gehens ständig meine Konzentration.

»Sind Sie sicher, daß ich die Felder wiedersehen werde?« fragte ich.

»Absolut«, erwiderte Sarah. »Ich habe noch nie gehört, daß es jemandem nicht gelungen ist, diese Erfahrung zu wiederholen. Ein Augenheilkundler, der sich als Gast bei uns aufhielt, geriet vollkommen aus dem Häuschen, nachdem er gelernt hatte, die Felder zu sehen. Wie sich herausstellte, war sein Spezialgebiet die Erforschung von Sehabnormitäten, unter ihnen auch verschiedene Formen der Farbenblindheit. Er kam zu dem Schluß, daß manche Leute sogenannte »faule« Rezeptoren in den Augen haben. Und er war in der Lage, diesen Leuten die Wahrnehmung nie zuvor gesehener oder erfahrener Farben zu ermöglichen. Seiner Schlußfolgerung nach geht es bei der Beobachtung der Energiefelder ebenfalls darum, stilliegende Rezeptoren zu erwecken, etwas, wozu theoretisch jeder in der Lage ist.«

»Ich wünschte, ich könnte in der Nähe eines Ortes wie diesem hier leben«, sagte ich.

»Wie wir alle«, gab Phil zurück und warf einen Blick an mir vorbei auf Sarah. »Ist Dr. Hains noch hier?«

»Ja«, sagte Sarah. »Anscheinend ist er nicht mehr imstande abzureisen.«

Phil sah mich an. »Er hat einige sehr interessante Recherchen in Hinblick auf die Leistungsfähigkeit dieser Energie angestellt.«

»Ich weiß«, sagte ich. »Ich habe gestern mit ihm gesprochen.«

»Das letzte Mal«, fuhr Phil fort, »erzählte er mir von einer Studie, in der er die körperlichen Auswirkungen untersuchen wollte, die sich aus dem Aufenthalt in der Nähe starker Energiefelder – wie diesem Wald hier – ergeben. Er hat vor, die gleichen Methoden zugrunde zu legen wie die zur Messung der Organleistung und ihrer Effizienz, um die Auswirkungen der Energie zu beweisen.«

»Ich bin mit dem Effekt bereits bestens vertraut«, sagte Sarah. »Ich brauche dieses Stück Land hier nur zu betreten und fühle mich bereits wohler. Alles Positive scheint verstärkt. Ich fühle mich stärker, ich kann klarer und schneller denken, und die Erkenntnisse, die ich hier gewinne, und den Nutzen, den ich daraus für meine Arbeit als Physikerin ziehe, kann ich nur mit dem Wort erstaunlich bezeichnen.«

»Woran arbeiten Sie gerade?« fragte ich.

»Erinnern Sie sich an die Experimente in der Teilchenphysik, in denen Bruchstücke von Atomen genau dort auftauchten, wo die Wissenschaftler sie haben wollten?«

»Ja.«

»Nun, ich habe versucht, diese Theorie mittels einiger eigener Versuche ein wenig auszudehnen. Nicht etwa, um die Probleme der Leute zu lösen, die an den subatomaren Partikeln arbeiten, sondern um meiner Frage von vorher nachzugehen: Bis zu welchem Grad reagiert das gesamte Universum – da es ja aus einer einheitlichen Energie besteht – auf unsere Erwartungen? Bis zu welchem Grad provozieren unsere Erwartungen die Dinge, die uns dann auch tatsächlich zustoßen?«

»Meinen Sie diese sogenannten seltsamen Fügungen?«

»Genau. Denken Sie nur an die hervorstechenden Ereignisse Ihres Lebens. Newton hatte die Theorie, daß alles auf Zufall beruhte, daß der einzelne zwar in der Lage ist, so etwas wie eine vernünftige Entscheidung zu treffen und gut vorbereitet zu sein, daß jeder Vorfall jedoch im wesentlichen einer individuellen Kette von Kausalzusammenhängen unterliegt, unabhängig von der Haltung des einzelnen.

Den jüngsten Entdeckungen der modernen Physik zufolge können wir uns somit zu Recht fragen, ob das Universum nicht dynamischer ist, als wir meinen. Möglicherweise funktioniert es auf der Basis vorbestimmter Mechanismen, reagiert aber ebenfalls auf die Projektion mentaler Energie von menschlicher Seite. Weshalb nicht? Wenn wir Pflanzen dazu bringen können, schneller zu wachsen, sind wir vielleicht auch in der Lage, das schnellere Eintreffen von Ereignissen herbeizuführen – oder ihr Eintreffen zu verzögern.«

»Ist davon im Manuskript die Rede?«

Sarah lächelte mich an. »Natürlich, daraus beziehen wir ja unsere Ideen.« Während des Gehens begann sie in ihrem Rucksack herumzusuchen und zog schließlich einen Ordner hervor.

»Hier, Ihre Kopie«, sagte sie.

Ich warf einen kurzen Blick auf den Ordner und steckte ihn in meine Tasche. Wir überquerten die Brücke, und ich blieb dort einen Moment lang stehen, um die Farben und Formen der Pflanzen um mich herum zu betrachten. Ich spielte kurz mit der Sehschärfe meiner Augen und erkannte schlagartig die Energiefelder um mich herum. Sarah und Phil waren von weiten gelblichgrünen Feldern umgeben, wobei Sarahs Feld dazu tendierte, ins Rosa zu wechseln.

Plötzlich blieben die beiden wie auf Kommando stehen und blickten forschend auf den Pfad vor uns. Dort eilte ein Mann den Pfad herauf und bewegte sich direkt auf uns zu. Ein unbestimmtes Angstgefühl breitete sich in meinem Magen aus, doch war ich entschlossen, die Energiefelder im Auge zu behalten. Als er näher kam, erkannte ich ihn; es handelte sich um einen der drei Wissenschaftler von der Universität von Peru, die uns am Vortag nach dem Weg gefragt hatten. Um seinen Körper entdeckte ich einen rötlichen Schein.

Bei uns angekommen, wandte er sich unvermittelt an Sarah und sagte im Tonfall tiefster Herablassung: »Sie sind doch Wissenschaftlerin, oder nicht?«

»Stimmt«, gab Sarah zurück.

»Wie können Sie dann einen derartigen Humbug tolerieren? Ich habe mir die Gärten angeschaut und kann nicht fassen, wie schlampig hier gearbeitet wird. Ihre Leute haben nicht einen einzigen Beweis geführt. Es gibt zigtausend Gründe, weshalb bestimmte Pflanzen größer als andere werden.«

»Es ist leider nicht möglich, für alles auf der Welt Beweise zu führen, Sir. Wir bemühen uns hier eher um eine etwas allgemeinverständlichere Form der Darstellung.«

Ich merkte, wie der Ärger in Sarahs Stimme wuchs.

»Zu behaupten, daß hier eine erstmals sichtbare Energie existiere, die auf der chemischen Zusammensetzung lebendiger Organismen beruht – das ist einfach nur absurd. Sie haben keinerlei Beweise.«

»Beweise sind genau das, wonach wir suchen.«

»Wie können Sie es wagen, die Existenz von etwas zu verkünden, ohne einen Beweis dafür zu haben!«

Mittlerweile klangen beide Stimmen ärgerlich, doch hörte ich kaum hin. Meine ungeteilte Aufmerksamkeit galt jetzt den dynamischen Veränderungen der beiden Energiefelder. Phil und ich waren zu Beginn der Debatte ein paar Schritte zurückgetreten, und Sarah und der hochgewachsene Mann standen sich nun von Angesicht zu Angesicht gegenüber, zwischen sich ungefähr einen Meter Distanz. Die Energiefelder der beiden schienen dichter und unruhiger geworden zu sein, als würden sie einer inneren Vibration folgen. Mit dem Fortschreiten der Unterhaltung begannen die Felder sich zu vermischen. Hatte einer der beiden ein triftiges Argument, reagierte sein Feld darauf mit einem vakuumähnlichen Sog, der das Feld des anderen zu vereinnahmen schien. Antwortete die andere Person, floß die Energie zurück zu ihrem Eigentümer. In der Dynamik der Energiefelder schien ein Streit dadurch entschieden zu werden, daß man Teile des gegnerischen Energiefeldes an sich band und absorbierte.

»Davon ganz abgesehen«, sagte Sarah zu dem Mann, »haben wir die Erscheinungen, deren Existenz wir hier erforschen, bereits beobachtet.«

Der Mann warf Sarah einen verächtlichen Blick zu. »Wenn Sie das behaupten, sind Sie nicht nur verrückt, sondern auch inkompetent«, sagte er und ging davon.

»Und Sie sind ein Dinosaurier«, rief Sarah ihm hinterher, was Phil und mich zum Lachen brachte. Sarah blieb angespannt.

»Diese Typen können mich wirklich zum Wahnsinn treiben«, sagte sie, während wir unseren Weg den Pfad hinab fortsetzten.

»Vergiß es«, sagte Phil. »Ab und an tauchen sie nun mal einfach auf.«

»Aber weshalb so viele?« fragte Sarah. »Und warum gerade jetzt?«

Vor der Herberge angekommen, sah ich Wil vor dem Jeep stehen. Die Türen des Wagens waren offen, und auf der Motorhaube hatte er seine Sachen ausgebreitet. Er sah mich sofort und winkte mich bereits von weitem heran.

»Sieht ganz so aus, als müßte ich jede Minute abreisen«, sagte ich.

Meine Bemerkung unterbrach ein etwa zehnminütiges Schweigen, das bei meinem Versuch eingesetzt hatte zu erklären, was während des Streites mit Sarahs Energie geschehen war. Ganz offensichtlich hatte ich nicht die richtigen Worte gefunden, denn meine Erläuterungen hatten nur verständnislose Blicke erzeugt und dafür gesorgt, daß jeder von uns für eine Weile seinen eigenen Gedanken nachhing.

»Es war nett, Sie kennengelernt zu haben«, sagte Sarah und bot mir zum Abschied ihre Hand.

Phil blickte auf den Jeep. »Ist das Wil James?« fragte er. »Bist du mit ihm unterwegs?«

»Ja«, sagte ich. »Wieso?«

»Nur so. Ich habe ihn schon ein paarmal gesehen. Er kennt den Besitzer der Herberge und war einer der ersten, die die Forschungen hier förderten.«

»Komm mit, ich stelle ihn dir vor.«

»Nein, ich muß gehen«, sagte er. »Aber ich werde dich noch häufiger sehen. Du wirst es kaum schaffen, dich hier fernzuhalten.«

»Nein, ganz sicher nicht«, gab ich zurück.

Sarah mußte ebenfalls gehen und unterbrach uns mit dem Hinweis, daß ich über die Herberge mit ihr in Kontakt treten könne. Ich hielt die beiden noch eine Weile auf, indem ich mich für ihre Lektionen bedankte.

Sarahs Gesichtsausdruck wurde mit einem Male ernst. »Das Wahrnehmen der Energie, die Fähigkeit, unsere materielle Welt mit neuen Augen zu betrachten, verbreitet sich wie eine Infektion. Wir wissen nicht, weshalb, doch sobald jemand in Kontakt mit Leuten gerät, die in der Lage sind, die Energie zu sehen, beginnen sie gewöhnlich ebenfalls damit. Behalten Sie Ihr Wissen also nicht für sich.«

Ich nickte und eilte zum Jeep, wo Wil mich mit einem Lächeln begrüßte.

»Fertig zur Abreise?« fragte ich.

»Fast«, sagte er. »Wie war dein Morgen?«

»Interessant«, erwiderte ich. »Ich habe eine Menge zu erzählen.«

»Heb's dir für später auf«, sagte er. »Wir sollten sehen, daß wir hier wegkommen. Es sieht nicht allzu gut aus.«

Ich trat näher an ihn heran. »Was ist passiert?« fragte ich.

»Ich erklär's dir später. Hol deine Sachen.«

Ich betrat die Herberge und packte die wenigen Dinge, die ich in meinem Zimmer zurückgelassen hatte. Wil hatte mir gesagt, daß die Übernachtung auf Kosten des Hauses gehen würde, also übergab ich lediglich den Schlüssel an der Rezeption und ging hinaus zum Jeep.

Wil steckte mit dem Kopf unter der Motorhaube und prüfte irgend etwas an der Maschine. Als ich am Auto angekommen war, schlug er die Haube zu.

»Okay«, sagte er. »Fahren wir los.«

Wir verließen den Parkplatz und fuhren die Einfahrt hinab zur Hauptstraße. Mit uns verließen mehrere andere Wagen das Gelände.

»Was ist los?« fragte ich Wil.

»Eine Gruppe Regierungsbeamter sowie ein paar Wissenschaftler haben sich über die Leute beschwert, die mit diesem Zentrum zusammenarbeiten. Zwar behaupten sie nicht, daß hier illegale Dinge ablaufen, aber daß einige unerwünschte und nicht anerkannte Wissenschaftler hier arbeiten. Die Beamten hierzulande sind imstande, eine Menge Ärger zu machen, was mit einiger Sicherheit den geschäftlichen Ruin der Herberge zur Folge haben wird.«

Ich blickte ihn verständnislos an, und er fuhr fort: »Dazu mußt du wissen, daß für gewöhnlich mehrere Gruppen gleichzeitig in der Herberge Unterkunft finden. Die wenigsten haben etwas mit den Forschungen am Manuskript zu tun. Die meisten arbeiten auf ihrem eigenen wissenschaftlichen Gebiet und kommen nur wegen der schönen Landschaft. Sollten die Offiziellen ein gar zu unangenehmes Klima verbreiten, werden sie ausbleiben, und die Herberge macht kein Geschäft mehr.«

»Ich dachte, den offiziellen Stellen sei das Geld der Touristen in Viciente hoch willkommen.«

»Dachte ich auch. Irgend etwas an der Existenz des Manuskriptes scheint sie nervös zu machen. Hat jemand unten in den Gärten mitbekommen, was vorgefallen ist?«

»Nein, eigentlich nicht«, sagte ich. »Sie haben sich nur gefragt, weshalb mit einem Mal so viele ärgerliche Leute aufkreuzen.«

Auf diese Bemerkung hin verfiel Wil in Schweigen. Wir fuhren durch das Tor des Anwesens und wandten uns nach Südosten. Nach etwa einer Meile nahmen wir eine Straße, die nach Osten, direkt auf die in der Ferne vor uns liegenden Berge zuführte.

»Wir kommen noch einmal an den Gärten vorbei«, sagte Wil nach einer Weile.

Vor uns lagen die Versuchsfelder und das erste der drei Treibhäuser. Als wir daran entlangfuhren, öffnete sich die Tür des Treibhauses, und mein Blick traf den der Person, die gerade heraustrat. Es war Marjorie. Sie lächelte und erwiderte meinen Blick, bis wir außer Sichtweite waren.

»Wer war das?« fragte Wil.

»Eine Frau, die ich gestern kennengelernt habe«, antwortete ich.

Er nickte und wechselte dann das Thema. »Hast du Zeit gehabt, einen Blick auf die Dritte Erkenntnis zu werfen?«

»Jemand hat mir eine Kopie gegeben.«

Wil antwortete nicht und schien seinen eigenen Gedanken nachzuhängen, so zog ich die Übersetzung hervor und las an der Stelle weiter, an der ich aufgehört hatte. Die Dritte Erkenntnis beschäftigte sich mit der wahren Beschaffenheit der Schönheit und beschrieb die Fähigkeit ihrer Wahrnehmung als den Weg, durch den die Menschheit schließlich lernen würde, Energiefelder wahrzunehmen. War dies einmal geschehen, würde sich unser Verständnis von einem rein materiellen Universum schnellstens transformieren.

Zum Beispiel würden wir anfangen, mehr und mehr die Nahrung zu uns zu nehmen, die aktive Energie enthielt, und uns würde auffallen, daß gewisse Örtlichkeiten mehr Energie abstrahlten als andere, daß die stärkste Energie von alten Naturschauplätzen, im besonderen alten Wäldern, ausging. Ich war gerade dabei, die letzten Seiten zu lesen, als Wil mich unvermittelt unterbrach.

»Erzähl mal, was du in den Gärten erlebt hast«, sagte er.

So gut ich es vermochte, beschrieb ich ihm die Ereignisse der letzten zwei Tage und die Menschen, die ich in der Zeit kennengelernt hatte. Als ich ihm von meiner Begegnung mit Marjorie berichtete, sah er mich an und lächelte.

»Wieviel hast du ihnen über die anderen Erkenntnisse und ihre Bedeutung für die Arbeit in den Gärten erzählt?« fragte er.

»Ich habe sie mit keinem Wort erwähnt«, gab ich zurück. »Zuerst habe ich ihnen nicht getraut, und später merkte ich, daß sie mehr von der ganzen Sache wußten als ich.«

»Wenn du ehrlich gewesen wärst, hättest du ihnen eine Menge wichtiger Informationen geben können.«

»Was für Informationen?«

Er sah mich liebevoll an. »Das kannst nur du wissen.«

Ich war sprachlos und starrte deshalb auf die Landschaft. Sie wurde jetzt zunehmend hügeliger und der Boden immer steiniger. Große Granitfelsen erhoben sich über die Straße.

»Was machst du aus der Tatsache, daß du Marjorie zum Abschied noch einmal in den Gärten gesehen hast?« fragte Wil.

Ich wollte es gerade dem reinen Zufall zuschreiben, überlegte es mir aber in letzter Sekunde anders. »Ich weiß es nicht. Was meinst du?«

»Ich denke, daß es keine Zufälle gibt. Für mich bedeutet es, daß ihr beide noch etwas miteinander zu klären habt und etwas zwischen euch unausgesprochen geblieben ist.«

Der Gedanke hatte etwas Reizvolles, verstörte mich aber gleichzeitig. Mein gesamtes Leben lang hatte man mir Unnahbarkeit zum Vorwurf gemacht, daß ich zwar Fragen stellte, aber keine Meinung kundtat und keine Stellung bezog. Weshalb, fragte ich mich, tauchte dieses Thema jetzt wieder auf?

Ich bemerkte, wie meine Stimmung sich veränderte. War ich in Viciente abenteuerlustig und selbstbewußt gewesen, so überkam mich nun ein Gefühl starker Depression und tiefer Unruhe.

»Jetzt hast du mich deprimiert«, sagte ich.

Er lachte laut auf. »Das liegt nicht an mir, sondern daran, daß du Viciente verlassen hast. Die Energie dort macht dich high wie einen Drachen. Weshalb, glaubst du, hängen diese Wissenschaftler seit Jahren ausgerechnet dort herum? Sie haben allerdings keine Ahnung, weshalb es ihnen dort so sehr gefällt.« Er sah mir direkt in die Augen. »Aber wir haben das, stimmt's?«

Er blickte kurz auf die Straße vor uns und dann wieder auf mich, sein Gesicht war voller Anteilnahme. »Wenn du einen derartig kraftvollen Ort verläßt, mußt du deine eigene Energie hochreißen.«

Ich blickte verwirrt drein, und er lächelte mich ermunternd an. Danach fielen wir beide in Schweigen, bis er nach ungefähr einer Meile wieder anhob: »Erzähl mir noch mehr aus den Gärten.«

Ich fuhr mit meiner Geschichte fort. Als ich ihm beschrieb, wie ich die Energiefelder mit eigenen Augen gesehen hatte, wirkte er zutiefst erstaunt, sagte aber kein Wort.

»Kannst du die Felder auch sehen?« fragte ich.

Er warf mir einen knappen Blick zu. »Ja«, sagte er. »Sprich weiter.«

Ohne weitere Unterbrechung erzählte ich die Geschichte, bis ich zu Sarahs Streit mit dem peruanischen Wissenschaftler kam und wie sich die Dynamik der Energiefelder der beiden im Verlauf der Auseinandersetzung verändert hatte.

»Was haben Sarah und Phil dazu gesagt?« fragte er.

»Nichts«, sagte ich. »Sie schienen nicht zu verstehen, wovon ich sprach.«

»Das kann ich mir nicht vorstellen«, sagte Wil. »Sie sind nur so beschäftigt mit der Dritten Erkenntnis, daß sie noch nicht vorausschauen. Der Kampf der Menschen um Energie ist Teil des Inhaltes der Vierten Erkenntnis.«

»Kampf um die Energie?«

Er lächelte nur und deutete mit einer Kopfbewegung auf die Übersetzung, die ich immer noch in den Händen hielt.

Ich las weiter, wo ich stehengeblieben war. Der Text wies auf die Vierte Erkenntnis hin und behauptete, daß der Mensch eines Tages in der Lage sein würde zu erkennen, daß das Universum einzig aus Energie bestand, einer Energie, die uns am Leben erhielt und imstande war, auf unsere Bedürfnisse zu reagieren. Der Mensch würde allerdings ebenfalls erkennen müssen, daß er von der Hauptquelle dieser Energie abgeschnitten war, sich selbst abgeschnitten hatte, und als Resultat davon schwächlich, unsicher und handlungsunfähig geworden war.

Im Angesicht dieses Defizites hatte der Mensch versucht, seine persönliche Energie auf die einzige Weise zu erhöhen, die ihm bekannt war, indem er sie auf psychologische Weise von anderen stahl – ein uneingestandener permanenter Kampf, der die Ursache für alle menschlichen Konflikte auf der Welt darstellte.

Der Kampf um Macht

Ein Schlagloch in der mit Schotter bedeckten Straße ließ den Jeep halb versinken und riß mich aus dem Schlaf. Ein Blick auf die Armbanduhr verriet mir, daß es drei Uhr nachmittags war. Während ich mich streckte und versuchte, meine Sinne vollständig zu sammeln, spürte ich einen scharfen Schmerz in meinem Kreuz.

Bis hierher war die Fahrt ziemlich strapaziös gewesen. Nachdem wir Viciente verlassen hatten, waren wir den ganzen Tag in verschiedene Richtungen gefahren, als ob Wil nach etwas suchte, das er beim besten Willen nicht finden konnte. Die Nacht hatten wir in einer kleinen Herberge auf harten, unförmigen Matratzen verbracht, und ich hatte kaum ein Auge zugetan. Jetzt, nach einem zweiten Tag ununterbrochener Fahrt, war ich drauf und dran, mich lautstark zu beschweren.

Ich warf einen Blick auf Wil. Er konzentrierte sich auf die Straße und schien derartig mit dem Lenken des Fahrzeuges beschäftigt, daß ich entschied, ihn nicht zu stören. Er schien immer noch in jener ernsthaften Gemütsstimmung wie einige Stunden zuvor, als er den Jeep kurzerhand an den Straßenrand gelenkt und beschlossen hatte, er müsse mit mir reden.

»Erinnerst du dich, wie ich dir sagte, daß die Erkenntnisse eine nach der anderen entdeckt werden müßten?«

»Ja.«

»Glaubst du daran, daß sie sich alle irgendwann zu erkennen geben?«

»Nun, bisher haben sie es jedenfalls getan«, sagte ich in scherzhaftem Ton.

Wil blickte mich mit ernster Miene an. »Die Dritte Erkenntnis zu finden war einfach. Dazu brauchten wir nur Viciente zu besuchen. Die anderen zu finden könnte allerdings um vieles schwieriger werden.«

Er hielt einen Augenblick inne. »Meiner Ansicht nach sollten wir nach Süden in einen kleinen Ort namens Cula in der Nähe von Quilabamba fahren. Dort oben ist ein Urwald, den du unbedingt sehen solltest. Es ist allerdings wirklich wichtig, daß du aufmerksam bist. Fügungen ereignen sich ohne Unterlaß, aber du mußt sie auch wahrnehmen. Verstehst du das?«

Ich versicherte ihm, daß ich ihn verstanden hatte und mich in Zukunft daran halten wollte. Danach war das Gespräch verebbt, und ich war in einen tiefen Schlaf gefallen – einen Schlaf, den ich jetzt bereute, weil er meinen ganzen Rücken verzogen hatte. Wieder streckte ich mich. Wil sah mich an.

»Wo sind wir?« fragte ich.

»Wieder hoch in den Anden«, sagte er.

Aus der hügeligen Landschaft waren Paßstraßen und ferne Täler geworden. Die Vegetation war spärlicher, die Bäume waren kleinwüchsiger und windzerzaust. Tief einatmend merkte ich, daß die Luft jetzt dünner und kühler war.

»Zieh dir lieber die Jacke über«, sagte Wil und zog eine braune gefütterte Baumwolljacke aus einer Tasche. »Heute nachmittag wird es hier oben kühl werden.«

Die Straße vor uns beschrieb eine Kurve, und dahinter lag eine kleine Kreuzung. Auf der einen Seite, neben einem kleinen Geschäft aus weißem Holz und einer Tankstelle, parkte ein Wagen mit offener Motorhaube. Werkzeug lag auf einem Stück Tuch, das jemand über den Kotflügel gelegt hatte. Im Vorbeifahren sahen wir, wie ein blonder Mann mit rundem Gesicht hervortrat, der uns einen kurzen Blick zuwarf. Er trug eine Brille mit dunklem Gestell.

Ich sah mir den Mann genau an, und meine Erinnerung versetzte mich fünf Jahre zurück.

»Ich weiß, daß er es nicht ist«, sagte ich zu Wil, »aber der Typ da sah aus wie ein alter Freund und Arbeitskollege, den ich seit Jahren nicht mehr gesehen habe.«

Ich bemerkte, wie Wil mich musterte.

»Ich habe dir doch gesagt, daß du die Augen offenhalten sollst«, sagte er. »Fahren wir zurück und schauen nach, ob der Mann Hilfe braucht. Wie ein Einheimischer sah er jedenfalls nicht aus.«

Wir fanden einen Platz, an dem der Seitenstreifen breit genug war, um den Wagen zu wenden. Als wir vor dem Geschäft hielten, war der Mann mit seinem Motor beschäftigt. Wil fuhr den Wagen neben die Tanksäule und lehnte sich aus dem Fenster.

»Schwierigkeiten?« fragte er.

Der Mann schob seine Brille zurück auf die Nase, eine Angewohnheit, die er mit meinem alten Freund teilte.

»Ja«, sagte er. »Die Wasserpumpe hat den Geist aufgegeben.« Der Mann war etwas über vierzig und von beinahe zierlicher Statur. Sein Englisch war unbeholfen und hatte einen französischen Einschlag.

Ohne zu zögern, stieg Wil aus dem Wagen und stellte uns einander vor. Mit einem vertrauten Lächeln streckte der Mann mir seine Hand entgegen. Sein Name war Chris Reneau.

»Das klingt französisch«, sagte ich.

»Stimmt«, sagte er. »Aber ich unterrichte Psychologie in Brasilien. Ich bin in Peru, um nach Informationen über ein archäologisches Schriftstück zu suchen, das vor kurzem gefunden wurde, ein Manuskript.«

Ich zögerte einen Augenblick, unsicher, wieweit ich ihm trauen durfte.

»Wir beide sind aus dem gleichen Grund hier«, sagte ich schließlich.

Interessiert sah er mich an. »Was wissen Sie darüber?« fragte er. »Haben Sie bereits Kopien eingesehen?«

Noch bevor ich antworten konnte, trat Wil aus dem kleinen Gebäude. Hinter ihm schlug die Fliegentür mit lautem Krach zu. »Wir haben großes Glück«, sagte er zu mir. »Der Besitzer läßt uns unser Zelt hier aufschlagen, und es gibt ein warmes Essen. Wir sollten die Nacht über hier bleiben.« Er wandte sich um und blickte Reneau erwartungsvoll an. »Falls es Ihnen nichts ausmacht, diesen Platz mit uns zu teilen.«

»Nein, nein«, sagte er. »Ich bin froh über die Gesellschaft. Vor morgen kann die Pumpe nicht geliefert werden.«

Während er und Wil sich in einem Gespräch über Wasserpumpen und die Zuverlässigkeit von Reneaus Geländewagen ergingen, lehnte ich mich mit dem Rücken an den Jeep, ließ mir die Sonne ins Gesicht strahlen und badete in den Erinnerungen an meinen alten Freund, den Reneau mir wieder ins Gedächtnis gerufen hatte. Mein Freund war, wie anscheinend Reneau auch, ein offener und neugieriger Mensch gewesen, der unter die Kategorie Leseratten fiel. Fast hätte ich mich an einige seiner Lieblingstheorien erinnert, doch hatte die Zeit einen Schleier vor meine Erinnerung gezogen.

»Schaffen wir unsere Sachen zum Zeltplatz«, schlug Wil vor und klopfte mir auf den Rücken.

»Okay«, sagte ich geistesabwesend.

Er öffnete die Heckklappe, zog ein Zelt und Schlafsäcke heraus und legte alles in meine Arme. Er selbst nahm eine Tasche mit Kleidung. Reneau schloß seinen Wagen ab, und gemeinsam gingen wir an dem Geschäft vorbei ein paar Stufen hinab. Hinter dem Gebäude fiel das Gelände steil in die Tiefe, und wir tasteten uns einen schmalen Gehweg entlang nach unten. Nach etwa zwanzig oder dreißig Metern hörten wir Wasser rauschen, und noch ein Stückchen weiter sahen wir einen Bach, der von den Felsen hinabstürzte. Die Luft war kühler hier, und der starke Geruch frischer Minze drang in meine Nase.

Direkt vor uns wurde der Boden eben, und das Wasser lief in ein rundes Becken mit ungefähr acht Metern Durchmesser. Irgend jemand hatte das Unterholz gerodet und einen Feuerplatz aus Steinen angelegt. An einen der umstehenden Bäume hatte man Brennholz geschichtet.

»Ausgezeichnet«, sagte Wil und begann damit, sein großes Viermannzelt aufzubauen. Reneau breitete sein kleineres direkt neben Wil aus.

»Sind Sie und Wil Wissenschaftler?« fragte Reneau mich schließlich. Wil hatte das Zelt schon aufgebaut und war losgegangen, um sich nach dem Abendessen zu erkundigen.

»Wilson ist ein Führer«, sagte ich. »Ich lasse mich im Augenblick eigentlich eher treiben.«

Reneau warf mir einen verwunderten Blick zu.

Ich lächelte ihn an. »Hatten Sie schon Gelegenheit, Teile des Manuskriptes einzusehen?«

»Ich habe die Erste und die Zweite Erkenntnis gelesen«, sagte er und trat näher. »Und wenn Sie mich fragen, dann wird alles eintreten, was das Manuskript voraussagt. Die Perspektive der Menschheit verändert sich. Am deutlichsten ist dies am Beispiel der Psychologie zu sehen.«

»Was meinen Sie damit?«

Er holte tief Luft. »Mein Aufgabengebiet ist die Erforschung zwischenmenschlicher Gewalt. Wir haben immer gewußt, daß hinter dieser Gewalt das Bestreben steht, den anderen Menschen zu kontrollieren und zu beherrschen. Doch erst vor kurzem haben wir damit begonnen, dieses Phänomen von innen, vom Standpunkt des individuellen Bewußtseins her zu erforschen. Wir haben uns gefragt, was bei einem Menschen geschieht, wenn er den Wunsch verspürt, einen anderen zu kontrollieren, und stellten folgendes fest: Wenn zwei Individuen in einem Gespräch aufeinandertreffen, also eine ganz alltägliche Situation, dann gibt es zwei mögliche Resultate. Abhängig davon, was sich während der Interaktion ereignet, fühlt sich einer der beiden Gesprächsteilnehmer nach der Unterhaltung stärker und einer schwächer.«

Ich sah ihn verblüfft an, und er schien etwas verlegen, sich gleich so ausführlich zu dem Thema ausgelassen zu haben. Ich bat ihn jedoch fortzufahren.

»Deshalb neigen Menschen dazu, eine manipulative Grundhaltung einzunehmen. Egal wie die Situation gelagert ist oder worum es geht. Immer sind wir darauf vorbereitet, alle notwendigen Register zu ziehen, um als Sieger aus einer Situation hervorzugehen und unter allen Umständen die Oberhand zu behalten, um nicht die Kontrolle zu verlieren. Gelingt es, unseren Standpunkt durchzusetzen, fühlen wir uns bestärkt, gelingt es nicht, meinen wir, an Kraft zu verlieren.

Mit anderen Worten, wir versuchen nicht nur, uns gegenseitig zu kontrollieren und auszutricksen, um ein bestimmtes Ziel zu erreichen, sondern auch, weil wir in der Kontrolle über andere einen Energieschub erhalten. Das ist der Grund für die Existenz vieler scheinbar irrationaler Probleme in der Welt – auf individuellem wie nationalem Niveau.

In meinem Berufsfeld drängt dieses Verhalten mehr und mehr ins öffentliche Bewußtsein. Uns wird bewußt, wie sehr wir uns gegenseitig manipulieren, und aus dieser Erkenntnis erfolgt eine – längst überfällige – neue Bewertung unserer Motivationen. Wir suchen nach anderen Möglichkeiten der Interaktion. Meiner Ansicht nach ist diese Umbewertung Teil der neuen Weltsicht, von der auch im Manuskript die Rede ist.«

Unser Gespräch wurde von Wils Rückkehr unterbrochen. »Es gibt gleich Essen«, sagte er.

Hungrig machten wir uns auf den Weg und begaben uns in das untere Geschoß des Gebäudes, in dem die Familie lebte. Durch das Wohnzimmer begaben wir uns zur Eßecke. Auf dem Tisch standen Fleischeintopf, Gemüse und Salat.

»Setzen Sie sich doch, setzen Sie sich doch«, wiederholte der

Eigentümer auf englisch, zog Stühle hervor und schwirrte dienstbeflissen durch den Raum. Im Hintergrund standen eine ältere Frau, bei der es sich offenbar um seine Ehefrau handelte, und ein etwa fünfzehnjähriges Mädchen.

Als wir uns setzten, wischte Wil mit dem Ellbogen aus Versehen seine Gabel vom Tisch. Laut klappernd fiel sie auf den Boden. Der Mann warf seiner Frau einen ärgerlichen Blick zu, und diese blaffte das Mädchen an, weil es nicht sofort nach einer neuen lief. Das Mädchen eilte ins Nebenzimmer und kam mit einer Gabel in der Hand wieder heraus, die sie vorsichtig Wil überreichte. Ihr Rücken war gebeugt, und ihre Hand zitterte ein wenig. Mein Blick fiel quer über den Tisch und blieb an Reneau hängen.

»Guten Appetit«, sagte der Mann und reichte mir eine Schale mit Essen. Während des Essens sprachen Reneau und Wil in beiläufigem Ton über akademische Belange, die Herausforderungen des Lehramtes und Schwierigkeiten bei der wissenschaftlichen Publikation. Der Besitzer des Geschäftes hatte den Raum verlassen, seine Frau jedoch verharrte diensteifrig im Türrahmen.

Als sie und ihre Tochter zum Nachtisch Kuchen servierten, stieß das Mädchen mein Glas um, so daß der ganze Tisch vor mir unter Wasser stand. Zornig eilte die ältere Frau herbei, schrie das Mädchen auf spanisch an und schubste sie zur Seite.

»Es tut mir wirklich leid«, sagte sie, während sie das Wasser aufwischte. »Dieses Kind ist so furchtbar ungeschickt.«

In diesem Moment explodierte das Mädchen förmlich. Sie warf den restlichen Kuchen nach der Frau, verfehlte jedoch, und so landeten Kuchenreste zusammen mit Porzellanscherben mitten auf unserem Tisch. In diesem Moment betrat der Besitzer wieder den Raum.

Der alte Mann begann zu schreien, und das Mädchen rannte aus dem Zimmer.

»Es tut mir leid«, sagte er und eilte zu unserem Tisch.

»Kein Problem«, erwiderte ich. »Seien Sie ein wenig nachsichtiger mit dem Mädchen.«

Wil hatte sich mit der Rechnung in der Hand bereits erhoben, und eilig verließen wir den Raum. Reneau hatte die ganze

Zeit über nichts gesagt, doch als wir jetzt die Stufen zu unserem Lager hinabgingen, meldete er sich zu Wort.

»Haben Sie das Mädchen gesehen?« fragte er und sah mich dabei an. »Ein klassisches Beispiel psychischer Gewaltanwendung. Wir sehen genau, wozu die menschlichen Kontrollversuche im Extremfall führen. Der Alte und die Frau kontrollieren jeden Aspekt im Leben dieses Mädchens. Haben Sie bemerkt, wie nervös und eingeschüchtert die Kleine war?«

»Ja«, sagte ich. »Doch sie schien die Nase gründlich voll zu haben.«

»Genau! Ihre Eltern haben nicht für einen Augenblick von ihr abgelassen. Und von ihrer Warte aus gibt es keine andere Möglichkeit, als darauf mit Gewalt zu antworten. Nur so kann sie ein Minimum an Kontrolle über sich selbst bewahren. Wenn sie erwachsen ist, wird sie aufgrund ihrer traumatischen Erfahrungen leider denken, daß sie andere Menschen auf die gleiche Weise kontrollieren und dominieren muß – besonders wenn sie sich in der Gesellschaft von Schwächeren und vor allem Kindern befindet.

Mit großer Wahrscheinlichkeit sind ihre Eltern ebenso traumatisiert worden. Sie dominieren ihre Tochter, weil sie ihrerseits von ihren Eltern dominiert wurden. Auf diese Weise wird psychische Gewalt von einer Generation zur nächsten weitergegeben.«

Mit einem Mal hielt Reneau inne. »Ich habe meinen Schlafsack im Wagen vergessen«, sagte er. »Ich bin gleich wieder da.«

Ich nickte und ging weiter zum Lagerplatz.

»Du und Reneau, ihr habt euch eine Menge zu sagen«, bemerkte Wil.

»In der Tat«, sagte ich.

Er lächelte. »Um genau zu sein, hat Reneau bisher meistens geredet. Du hörst zu und antwortest auf direkt an dich gerichtete Fragen, aber besonders viel anzubieten hast du nicht.«

»Mich interessiert, was er zu sagen hat«, verteidigte ich mich.

Wil ignorierte die Veränderung in meiner Stimme. »Hast du gesehen, wie sich die Energie innerhalb der Familie bewegte? Der Mann und die Frau absorbierten die Energie ihres Kindes, bis es fast tot war.«

»Ich habe gar nicht auf den Fluß der Energie geachtet«, sagte ich.

»Glaubst du nicht, daß Reneau ihn ebenfalls gern sehen würde? Wie interpretierst du die Tatsache eurer Begegnung?«

»Ich weiß nicht.«

»Denkst du nicht, daß etwas dahinterstecken könnte? Wir
fahren die Straße entlang, und du siehst jemanden, der einem
alten Freund von dir ähnelt. Als ihr euch kennenlernt, stellt sich
heraus, daß er ebenfalls auf der Suche nach dem Manuskript
ist. Klingt in meinen Ohren nicht gerade nach Zufall, oder?«

»Nein.«

»Möglicherweise habt ihr euch kennengelernt, damit du einige Informationen gewinnen konntest, die deinen Aufenthalt
hier im Lande verlängern. Und vielleicht hast du ebenfalls ein
paar Informationen für ihn.«

»Ja, vielleicht hast du recht. Was soll ich ihm deiner Ansicht
nach sagen?«

Wieder blickte Wil mich mit der für ihn so charakteristischen
Wärme an. »Die Wahrheit«, sagte er.

Noch bevor ich etwas darauf erwidern konnte, kam Reneau
den Pfad hinabgesprungen.

»Ich habe eine Taschenlampe mitgebracht, vielleicht können
wir sie später brauchen«, sagte er.

Zum ersten Mal wurde ich mir der Dämmerung bewußt und
blickte nach Westen. Die Sonne war bereits untergegangen,
doch der Himmel war noch in ein leuchtendhelles rötliches
Gelb getaucht, vereinzelte Wolken waren von tiefem Rot. Für
einen Moment meinte ich, ein weißliches Feld um die Pflanzen
im Vordergrund zu erkennen, doch der Eindruck verflüchtigte
sich schnell.

»Ein wunderschöner Sonnenuntergang«, sagte ich und bemerkte erst jetzt, daß Wil in seinem Zelt verschwunden war und
Reneau seinen Schlafsack aus der Hülle zog.

»Ja, wunderschön«, sagte Reneau abwesend, ohne aufzuschauen.

Ich trat zu ihm.

Er sah kurz auf. »Ich habe vergessen, Sie zu fragen, welche
der Erkenntnisse Sie kennen.«

»Vom Inhalt der beiden ersten weiß ich nur aus Erzählun-
gen«, erwiderte ich. »Aber wir kommen gerade aus Viciente bei
Satipo, wo wir zwei Tage in der Herberge verbracht haben. Eine

der Forscherinnen dort vermachte mir eine Kopie der Dritten Erkenntnis. Ich halte sie für absolut erstaunlich.«

Seine Augen leuchteten. »Haben Sie diese Kopie bei sich?«

»Ja. Möchten Sie einen Blick hineinwerfen?«

Er griff sofort zu und verschwand in seinem Zelt, um zu lesen. Ich fand ein paar Streichhölzer und alte Zeitungen und entfachte ein Feuer. Als es hell und lodernd brannte, kam Wil aus seinem Zelt gekrabbelt.

»Wo steckt Reneau?« fragte er.

»Er liest die Übersetzung, die Sarah mir gegeben hat«, sagte ich.

Wil setzte sich zu mir auf einen abgehobelten Baumstamm, den jemand in die Nähe des Feuerplatzes gerollt hatte. Die Dunkelheit hatte schließlich das letzte Licht verdrängt, und abgesehen von den Umrissen des Zeltes zu unserer Linken, den schwachen Lichtern der Tankstelle und einem gedämpften Glühen aus Reneaus Zelt war nichts mehr zu sehen. Im Unterholz wurde es plötzlich lebendig, und es drangen Geräusche zu mir vor, die ich noch nie gehört hatte.

Nach ungefähr dreißig Minuten kam Reneau mit der Taschenlampe in der Hand aus seinem Zelt. Er gesellte sich zu uns und setzte sich links neben mich. Wil gähnte vor Müdigkeit.

»Diese Erkenntnis hier ist wirklich außerordentlich«, sagte er. »Hat schon jemand diese Energiefelder zu Gesicht bekommen?«

Zusammenfassend berichtete ich ihm von meinen Erlebnissen, bis hin zu dem Punkt, an dem es mir gelungen war, die Felder mit eigenen Augen wahrzunehmen.

Eine Minute lang saß er schweigend da. »Man stellt dort allen Ernstes Experimente an, in denen menschliche Energie auf Pflanzen projiziert wird? Und das Wachstum der Pflanzen wird davon positiv beeinflußt?«

»Ebenso der Nährstoffgehalt der Pflanzen«, sagte ich.

»Doch der wichtigste Punkt ist ein ganz anderer«, sagte er, fast wie zu sich selbst. »Das gesamte Universum besteht aus dieser Energie, und möglicherweise sind wir in der Lage, nicht nur Pflanzen, sondern auch andere Dinge zu erreichen, wenn wir lernen, mit unserer eigenen Energie umzugehen und sie richtig einzusetzen.« Eine Minute lang schwieg er wieder. »Ich frage mich, inwieweit wir in der Lage sein werden, andere Menschen mit unserer Energie zu berühren.«

Wil sah mich an und lächelte.

»Ich war Zeuge eines Streits zwischen zwei Leuten, und ihre jeweiligen Energien verhielten sich mehr als merkwürdig«, sagte ich.

Reneau schob seine Brille wieder auf die Nase. »Können Sie das genauer beschreiben?«

An dieser Stelle erhob Wil sich. »Ich glaube, für mich wird es Zeit, schlafen zu gehen«, sagte er. »Es war ein langer Tag.«

Wir wünschten ihm gute Nacht, und Wil verschwand in seinem Zelt. Danach beschrieb ich, so gut ich konnte, was Sarah und der andere Wissenschaftler zueinander gesagt hatten, und berichtete ausführlich über das Verhalten der Energiefelder.

»Warten Sie mal einen Augenblick«, sagte Reneau aufgeregt. »Sie wollen gesehen haben, wie diese Energiefelder einander anzogen und versuchten, sich gegenseitig zu vereinnahmen?«

»Genau«, sagte ich.

Einige Sekunden lang dachte er nach. »Das muß gründlich analysiert werden: Zwei Menschen, die sich darüber streiten, wer den korrekten Eindruck einer Situation wiedergibt, wer recht hat – jeder versucht den anderen auf seinem Feld zu schlagen, ja sie gehen sogar so weit, sich die Kompetenz abzusprechen und sich zu beschimpfen …«

Plötzlich sah er auf. »Ja, das ergibt einen Sinn!«

»Was meinen Sie damit?« fragte ich.

»Wenn wir in der Lage sind, die Bewegungen der Energie systematisch zu beobachten, können wir vielleicht analysieren, was Menschen davon haben, wenn sie in Konkurrenz zueinander treten, miteinander streiten und einander weh tun. Sobald wir Kontrolle über einen anderen Menschen ausüben, eignen wir uns dessen Energie an. Wir tanken uns auf Kosten des anderen auf und werden dadurch motiviert. Ich muß unbedingt lernen, diese Energiefelder zu sehen. Wo steht diese Viciente-Herberge? Wie finde ich dorthin?«

Ich gab ihm eine allgemeine Wegbeschreibung, verwies ihn wegen genauerer Angaben jedoch an Wil.

»Ja, ich werde ihn morgen fragen«, sagte er entschlossen.

»Jetzt sollte ich schlafen gehen. Morgen früh will ich so bald wie möglich los.«

Er sagte gute Nacht, verschwand in seinem Zelt und überließ mich dem Knistern des Feuers und den Geräuschen der Nacht.

Als ich erwachte, war Wil schon auf den Beinen. Der Geruch von warmer Buchweizengrütze hing in der Luft, und ich schlüpfte aus meinem Schlafsack und blickte durch die Klappe nach draußen. Wil hielt eine Pfanne über das Feuer. Reneau war nirgendwo zu sehen, sein Zelt war abgebaut.

»Wo steckt Reneau?« fragte ich, kletterte ebenfalls aus dem Zelt und ging hinüber zum Feuer.

»Er hat bereits gepackt«, sagte Wil. »Er ist oben an der Straße und arbeitet an seinem Wagen, damit er fahren kann, sobald seine Ersatzteile eintreffen.«

Wil überreichte mir eine Schale warmer Grütze, und wir ließen uns auf dem Stamm nieder, um zu essen.

»Habt ihr beiden noch lange geredet?« fragte Wil

»Nur kurz«, sagte ich. »Ich habe ihm alles gesagt, was ich wußte.«

Just in dem Moment hörten wir Schritte auf dem Pfad, und Reneau kam herabgeeilt.

»Ich bin soweit«, sagte er. »Ich wollte mich verabschieden.«

Nach einer kurzen Unterhaltung ging Reneau die Stufen wieder hinauf und fuhr davon. Wil und ich badeten und rasierten uns abwechselnd im Badezimmer des Tankstellenbesitzers, dann packten wir unsere Sachen, füllten Benzin in den Wagen und fuhren nach Norden davon.

»Wie weit ist Cula von hier entfernt?« fragte ich.

»Mit ein bißchen Glück sollten wir vor Einbruch der Nacht dort sein. Was hast du von Reneau gelernt?« fügte er hinzu.

»Ich weiß es nicht«, sagte ich.

»Wie war Reneaus Einschätzung des Vorgefallenen?«

»Er meinte, daß wir Menschen unbewußt dazu neigen, einander zu kontrollieren und zu dominieren, um die Energie des anderen an uns zu binden. Die Energie des anderen bestärkt uns und verschafft uns Hochgefühle.«

Wil blickte vor sich auf die Straße. Er sah aus, als wäre ihm mit einem Mal etwas eingefallen.

»Weshalb fragst du?« wollte ich wissen. »Spricht die Vierte Erkenntnis von diesem Kampf um Energie?«

Er sah mich an. »Nicht ganz. Du hast zwar den Energiefluß zwischen Menschen beobachtet, aber ich denke nicht, daß du weißt, wie es ist, wenn es dir selbst passiert.«

»Dann sag du mir doch, wie es sich anfühlt!« sagte ich, seines Spieles jetzt langsam müde werdend. »Mir wirfst du vor, nicht gesprächig zu sein, aber dir muß man auch die kleinste Information aus der Nase ziehen. Seit Tagen versuche ich, mehr über deine Erfahrungen mit dem Manuskript herauszufinden, und jedes Mal wimmelst du mich ab.«

Er lachte und warf mir dann ein knappes Lächeln zu. »Wir haben eine Abmachung, erinnerst du dich? Ich habe gute Gründe, dir nicht alles zu verraten. Eine von den Erkenntnissen befaßt sich mit der Frage, wie Ereignisse aus der eigenen Vergangenheit zu interpretieren sind. Ein Prozeß, in dessen Verlauf du herausfindest, wer du bist und was deine Aufgabe auf diesem Planeten ist. Ich möchte abwarten, bis wir auf diese Erkenntnis stoßen, bevor ich anfange, meinen persönlichen Hintergrund mit dir zu diskutieren, okay?«

Ich bemerkte seinen abenteuerlustigen Tonfall und mußte lächeln. »Ja, ich glaube schon.«

Den verbleibenden Rest des Morgens fuhren wir schweigend dahin. Es war ein sonniger, klarer Tag mit blauem Himmel. Mit zunehmender Höhe zogen gelegentlich Wolken über unseren Weg und hinterließen auf der Windschutzscheibe einen feuchten Film. Gegen Mittag hielten wir an einem Aussichtspunkt, der einen spektakulären Blick auf die Berge und die Täler im Osten freigab.

»Bist du hungrig?« fragte Wil.

Ich nickte, und er zog zwei sorgfältig verpackte Sandwiches aus einem Beutel auf dem Rücksitz. Nachdem er mir eines davon gegeben hatte, fragte er: »Was sagst du zu dieser Aussicht?«

»Sie ist wunderschön.«

Er lächelte leicht und sah mich an, als würde er mein Energiefeld beobachten.

»Was treibst du da?« fragte ich.

»Ich schaue«, sagte er. »Berghöhen sind besondere Orte, die demjenigen, der sie erklimmt, besondere Energien verleihen können. Mir scheint, als hättest du eine besondere Leidenschaft für Berggipfel.«

Ich erzählte Wil vom Tal meines Großvaters und dem Bergkamm, von dem aus man den See überblicken konnte, und wie mich die Szenerie an dem Tag, als Charlene eintraf, erfrischt und ermuntert hatte.

»Möglicherweise war dein Aufwachsen in jener Gegend eine Vorbereitung auf eine Aufgabe im Hier und Jetzt«, sagte er.

Ich wollte ihn gerade weiter nach der Energie der Berge befragen, als er hinzufügte: »Befindet sich auf dem Berg ein Urwald, so wird die Energie sogar noch verstärkt.«

»Befindet sich der Urwald, den wir suchen, auf einem Berg?« fragte ich.

»Sieh selbst«, sagte er. »Du kannst ihn von hier aus sehen.«

Er zeigte mit der Hand gen Osten. In einiger Entfernung sah ich, wie zwei Bergrücken mehrere Meilen lang parallel nebeneinander herliefen, bevor sie zusammenstießen und in einer V-förmigen Konstellation endeten. In dem Tal zwischen den beiden Bergrücken lag etwas, das aussah wie eine kleine Stadt, und an dem Punkt, wo die beiden Kämme direkt zusammenstießen, erhob sich ein steiler Berg zu einem felsigen Plateau. Der Gipfel des Berges schien etwas höher zu liegen als der Kamm, auf dem wir uns befanden, und die Gegend wirkte grüner und von üppigerer Vegetation als unser jetziger Aufenthaltsort.

»Ein Ort wie Viciente, jedoch kraftvoller und noch beeindruckender«, sagte Wil.

»Inwiefern beeindruckend?«

»Dort ist eine der anderen Erkenntnisse zu finden.«

»Wie das?« fragte ich.

Er startete den Jeep und lenkte ihn wieder auf die Straße. »Ich wette, daß du das selbst herausfinden wirst«, sagte er.

Weder er noch ich redeten während der nächsten Stunde viel, und schließlich versank ich in tiefen Schlaf. Später rüttelte Wil an meinem Arm.

»Wach auf«, sagte er. »Gleich sind wir in Cula.«

Ich setzte mich aufrecht. In einem Tal vor uns lag eine kleine Stadt, die auf beiden Seiten von Bergketten eingeschlossen war. Die Bäume auf den Bergen schienen mindestens ebenso groß wie die in Viciente und waren von einem geradezu spektakulären Grün.

»Bevor wir in die Stadt fahren, möchte ich dir etwas erzählen«, sagte er. »Trotz der Energie des Waldes ist diese Stadt weitaus weniger zivilisiert als andere Gegenden in Peru. Sie ist bekannt dafür, daß hier Informationen über das Manuskript existieren, doch das letzte Mal, als ich hierherkam, lungerten hier nur gierige Geldmacher herum, die keine Beziehung zu der Energie hatten und auch die Erkenntnisse nicht verstanden. Sie sind einzig hinter dem Geld oder der wissenschaftlichen Anerkennung her, die sie aus der Entdeckung der Neunten Erkenntnis gewinnen würden.«

Ich betrachtete den kleinen Ort, der im wesentlichen aus vier oder fünf Straßen und etwa ebenso vielen Querstraßen bestand. Die beiden Hauptstraßen wurden von größeren Holzgebäuden gesäumt, bei den anderen Straßen handelte es sich eher um kleine Gassen mit niedrigen Hütten. An den Kreuzungen verteilt standen ungefähr ein Dutzend Fahrzeuge, alle mit Vierradantrieb.

»Was wollen die ganzen Leute hier?« fragte ich Wil.

Er lächelte übermütig. »Dies ist einer der letzten Orte, an dem wir uns mit Benzin und Verpflegung eindecken können, bevor wir in den Bergen verschwinden werden.«

Er startete den Jeep und fuhr langsam auf die Stadt zu, wo er vor einem der größeren Gebäude hielt. Ich verstand die Aufschrift des spanischen Schildes vor dem Haus nicht, nahm aber an, daß es sich entweder um einen Laden für Lebensmittel oder Eisenwaren handeln mußte.

»Warte einen Augenblick hier«, sagte er. »Ich besorge nur ein paar Sachen.«

Ich nickte, und Wil verschwand im Inneren des Ladens. Ich sah, wie ein Geländewagen auf der gegenüberliegenden Straßenseite hielt und mehrere Leute ausstiegen. Darunter war eine Frau in Arbeiterjacke. Zu meinem größten Erstaunen handelte es sich um Marjorie. In Begleitung eines jungen Mannes um die Zwanzig überquerte sie die Straße und ging direkt vor mir entlang.

Ich öffnete meine Tür und stieg aus. »Marjorie«, rief ich.

Sie blieb stehen und sah sich um, dann entdeckte sie mich

und lächelte. »Hallo«, sagte sie. Sie war gerade im Begriff, einen Schritt auf mich zu zu machen, als der junge Mann sie am Arm zurückhielt.

»Robert hat uns davor gewarnt, mit Leuten zu reden«, sagte er in sehr ruhigem Ton, als wolle er vermeiden, daß ich seine Worte verstand.

»Ist schon gut«, sagte sie. »Ich kenne ihn. Geh du schon vor.«

Er nahm mich kritisch unter die Lupe, dann zog er sich zurück und verschwand ebenfalls im Geschäft. Stotternd und unbeholfen versuchte ich zu erklären, was zwischen uns in den Gärten passiert war. Sie lachte und erzählte, daß Sarah ihr bereits alles erklärt hatte. Sie wollte noch etwas sagen, doch da trat Wil mit einem Arm voller Ausrüstungsgegenstände aus dem Laden auf die Straße.

Ich stellte die beiden einander vor, und wir redeten ein paar Minuten, während Wil die Sachen im Heck des Jeeps verstaute.

»Ich habe eine Idee«, sagte er. »Warum gehen wir nicht über die Straße und essen dort gemeinsam einen Happen?«

Ich blickte in die angegebene Richtung und sah etwas, was einem kleinen Café ähnelte. »Klingt gut«, sagte ich.

»Ich weiß nicht«, zögerte Marjorie. »Ich muß gleich weiter, meine Leute werden nicht warten wollen.«

»Wohin fahrt ihr?«

»Ein paar Meilen zurück nach Westen. Ich will eine Gruppe besuchen, die sich mit der Erforschung des Manuskriptes befaßt.«

»Wir könnten dich nach dem Abendessen dort absetzen«, meinte Wil.

»Ja, ich schätze, das müßte sich einrichten lassen.«

Wil sah mich an. »Ich habe noch eine Kleinigkeit vergessen. Geht ihr beiden schon vor und bestellt, ich komme in ein paar Minuten nach.«

Marjorie und ich warteten, bis einige Wagen uns passiert hatten, bevor wir die Straße überquerten. Wil ging die Straße nach Süden hinunter. Plötzlich kam der junge Mann, mit dem Marjorie angekommen war, wieder aus dem Geschäft und stellte uns erneut zur Rede.

»Was machst du da?« fragte er und hielt sie am Arm.

»Er ist ein Freund von mir«, gab sie zurück. »Wir werden etwas essen, und er setzt mich später bei euch ab.«

»Du weißt, daß du hier oben niemandem vertrauen kannst. Robert würde das überhaupt nicht gefallen.«

»Ist schon in Ordnung«, sagte sie.

»Ich möchte, daß du augenblicklich mit mir kommst!«

Ich ergriff seinen Arm und entfernte ihn von Marjories Ärmel. »Du hast gehört, was sie gesagt hat«, sagte ich. Er trat einen Schritt zurück und sah mich an. Mit einem Mal wirkte er äußerst zaghaft. Er drehte sich um und ging wieder zurück in das Geschäft.

»Gehen wir«, sagte ich.

Wir überquerten die Straße und betraten das kleine Restaurant. Der Speisesaal bestand nur aus acht Tischen, und in der Luft hing ein undurchdringliches Gemisch aus heißem Fett und Rauch. Zu unserer Linken entdeckte ich einen freien Tisch, und als wir den Raum durchquerten, sahen einige der anderen Gäste für einen Moment zu uns auf, um sich kurz darauf wieder ihren eigenen Angelegenheiten zuzuwenden.

Die Bedienung sprach nur Spanisch, doch Marjorie beherrschte die Sprache fließend und bestellte für uns beide. Danach sah sie mich herzlich an.

Ich grinste. »Wer war der Typ von vorhin?«

»Kenny«, sagte sie. »Ich weiß auch nicht, was mit ihm los ist. Jedenfalls danke für deine Hilfe.«

Sie sah mir direkt in die Augen, und ihre Bemerkung sorgte dafür, daß ich mich mit einem Mal glänzend fühlte. »Wie bist du auf diese Gruppe gestoßen?« fragte ich.

»Robert Jensen ist ein Archäologe. Er gründete diese Gruppe, um den Inhalt des Manuskriptes zu erforschen und die Neunte Erkenntnis zu finden. Vor ein paar Wochen tauchte er zum ersten Mal in Viciente auf und dann wieder vor einigen Tagen … Ich …«

»Was?« fragte ich.

»In Viciente hatte ich eine Beziehung, die ich gern beendet hätte, und zur gleichen Zeit traf ich auf Robert, ein charmanter Kerl mit einer überaus interessanten Arbeit. Er überzeugte mich davon, daß meine Forschungen in den Gärten durch die Neunte Erkenntnis profitieren würden und daß er drauf und dran war, die Erkenntnis zu enthüllen. Er meinte, die Suche nach der Neunten würde das aufregendste Abenteuer seines bisherigen Lebens werden, und als er mir für einige Monate einen Platz in seinem Team anbot, entschied ich mich, das Angebot anzunehmen ...« Sie zögerte wieder und blickte auf den Tisch vor sich. Das Thema schien ihr unangenehm, deshalb beschloß ich, sie nach etwas anderem zu fragen.

»Wie viele der Erkenntnisse hast du bereits gelesen?«

»Nur die eine in Viciente. Robert ist noch im Besitz einiger anderer, allerdings ist er der Meinung, daß die Leute sich von ihren traditionellen Vorstellungen lösen müssen, bevor sie in der Lage sind, die Erkenntnisse auch zu verstehen. Er findet, die Leute sollten die Hauptaussagen lieber aus seinem Munde empfangen.«

Ich mußte etwas düster dreingeschaut haben, denn sie fügte hinzu: »Das gefällt dir wohl nicht.«

»Klingt verdächtig.«

Sie sah mich mit intensivem Blick an. »Ich habe mich auch darüber gewundert. Vielleicht kannst du mit ihm reden, wenn ihr mich absetzt, und mir dann sagen, was du für einen Eindruck von ihm hast.«

Die Bedienung kam an unseren Tisch und servierte unser Essen, kurz darauf trat Wil durch die Tür. Eilig bewegte er sich auf unseren Tisch zu.

»Ich muß ungefähr eine Meile nördlich von hier ein paar Leute treffen«, sagte er. »Ich werde in zirka zwei Stunden wieder zurück sein. Nimm den Jeep, und bring Marjorie zurück. Ich werde mit jemand anderem fahren.« Er warf mir ein Lächeln zu. »Wir können uns hier wieder treffen.«

Einen Augenblick überlegte ich, ob ich ihm von Robert Jensen erzählen sollte, doch ich entschied mich dagegen.

»Okay«, sagte ich nur.

Er sah Marjorie an. »War nett, dich kennengelernt zu haben. Ich wünschte, ich hätte ein bißchen mehr Zeit, um hier mit euch zu plaudern.«

Sie sah ihn beinahe schüchtern an. »Vielleicht ein anderes Mal.«

Er nickte, gab mir die Schlüssel und ging.

Marjorie aß eine Weile schweigend, dann sagte sie: »Er

scheint ein Mann mit einer Mission zu sein. Wie hast du ihn kennengelernt?«

Ich erzählte ihr in allen Einzelheiten von meiner Ankunft in Peru, und sie erwies sich als ausgesprochen aufmerksame Zuhörerin. So aufmerksam, daß ich plötzlich merkte, wie ich meine ganze Geschichte mit all ihren dramatischen Wendungen und Episoden mühelos, doch einsichtsvoll und voller Authentizität ineinanderflocht. Sie lauschte gebannt und verschlang jedes Wort.

»Große Güte«, sagte sie einmal zwischendurch, »bist du in Gefahr?«

»Nein, so weit von der Hauptstadt entfernt wohl nicht.«

Sie sah mich weiterhin erwartungsvoll an, und so umriß ich, während wir aßen, kurz die Ereignisse in Viciente bis zu dem Punkt, an dem Sarah und ich in den Gärten angekommen waren.

»Da habe ich dich zum ersten Mal getroffen«, sagte ich, »und du bist weggerannt.«

»Oh, ganz so war es nicht«, sagte sie. »Ich hatte keine Ahnung, wer du bist, und als ich deine Gefühle sah, hielt ich es für besser zu gehen.«

»Nun, ich entschuldige mich hiermit«, sagte ich belustigt, »dafür, daß meine Energie aus dem Ruder gelaufen ist.«

Sie sah auf ihre Armbanduhr. »Ich glaube, ich muß zurück. Die werden sich schon fragen, wo ich bleibe.«

Ich ließ genügend Geld für die Rechnung auf dem Tisch zurück, und wir gingen hinaus zu Wils Jeep. Die Nacht war so kühl, daß wir unseren Atem sehen konnten. Nachdem wir eingestiegen waren, sagte sie: »Fahr auf dieser Straße zurück nach Norden. Ich sage dir dann, wo du abbiegen sollst.«

Ich nickte, wendete den Wagen auf der Straße und fuhr in die angegebene Richtung.

»Was weißt du über die Farm, zu der wir unterwegs sind?« fragte ich.

»Meines Wissens hat Robert sie gemietet. Seine Gruppe benutzt sie anscheinend seit geraumer Zeit zum Studium des Manuskriptes. Seitdem ich hier bin, sind alle mit den Vorbereitungen und Wartungsarbeiten für die Reise beschäftigt. Einige der Männer dort sind mehr als nur rauhe Burschen.«

»Wieso hat er dich eingeladen?« fragte ich.

»Er sagte, daß er jemanden brauche, der ihm bei der Interpretation der Erkenntnisse helfen könne, wenn er sie erst einmal gefunden habe. Seit wir hier sind, hat er allerdings nur über Ausrüstungsgegenstände und Reisevorbereitungen gesprochen.«

»Wo genau will er hin?«

»Ich weiß nicht«, erwiderte sie. »Wenn ich ihn danach frage, antwortet er nie.«

Nachdem ich ungefähr eine Meile gefahren war, zeigte sie auf einen schmalen, steinigen Feldweg, der zu unserer Linken von der Straße abging. Er zog sich einen Hügel hinauf und lief dann in ein flaches Tal aus. Dort lag ein Farmhaus aus rohen Holzplanken. Dahinter standen einige Scheunen und Toilettenhäuschen. Aus einem Gehege glotzten uns drei Lamas entgegen.

Als der Wagen zum Stehen kam, näherten sich einige Leute und starrten uns ausdruckslos und ohne ein Zeichen der Begrüßung an. Mir fiel ein gasgetriebener Elektrogenerator auf, der an der Seite des Haupthauses brummte. Dann flog die Tür auf, und ein großer dunkelhaariger Mann mit ausgeprägten, schmalen Gesichtszügen kam auf uns zu.

»Das ist Robert«, sagte Marjorie.

»Gut«, sagte ich, immer noch stark und zuversichtlich.

Als Jensen bei uns angekommen war, stiegen wir gerade aus. Er sah Marjorie an.

»Ich habe mir Sorgen um dich gemacht«, sagte er. »Man hat mir gesagt, daß du einen Freund getroffen hättest.«

Ich stellte mich vor, und er begrüßte mich mit einem festen Händedruck.

»Ich bin Robert Jensen«, sagte er. »Ich bin froh, daß euch nichts passiert ist. Kommt rein.«

Im Inneren des Hauses waren mehrere Leute mit dem Herrichten von Ausrüstungsgegenständen beschäftigt. Jemand trug ein Zelt und Campingzeug in den hinteren Teil, und durch das Eßzimmer hindurch sah ich, wie zwei peruanische Frauen damit beschäftigt waren, Essen einzupacken. Jensen setzte sich auf einen der Sessel im Wohnzimmer und bot auch uns einen Platz an.

»Weshalb sagten Sie, Sie seien froh, daß uns nichts passiert ist?« fragte ich.

Er beugte sich vor und fragte in ernstem Tonfall: »Wie lange halten Sie sich schon hier in der Gegend auf?«

»Erst seit heute nachmittag.«

»Dann können Sie nicht wissen, wie gefährlich es hier ist. Menschen verschwinden. Haben Sie von dem Manuskript und der verschollenen Neunten Erkenntnis gehört?«

»Ja. Um genau zu sein ...«

»Dann müssen Sie auch darüber informiert sein, was hier vorgeht«, unterbrach er mich. »Die Suche nach der letzten Erkenntnis ist zu einer häßlichen Angelegenheit geworden. Mittlerweile sind einige gefährliche Leute mit im Spiel.«

»Wer?« fragte ich.

»Leute, denen der archäologische Wert dieser Entdeckung völlig gleichgültig ist. Leute, die die Erkenntnis ausschließlich für ihre eigenen Zwecke ausschlachten wollen.«

Ein riesiger Mann mit Bart und Bauch unterbrach die Unterhaltung und zeigte Jensen eine Liste. Für kurze Zeit unterhielten sie sich in Spanisch.

Dann wandte Jensen sich wieder mir zu. »Sind Sie etwa auch hier, um die verschollene Erkenntnis zu finden?« fragte er. »Haben Sie auch nur die geringste Idee, worauf Sie sich da einlassen?«

Ich fühlte mich unbeholfen und hatte plötzlich Schwierigkeiten, mich verständlich zu machen. »Nun ... Im wesentlichen möchte ich mehr über das gesamte Manuskript erfahren. Ich habe noch nicht allzuviel davon gesehen.«

Er setzte sich aufrecht und sagte dann: »Sind Sie sich im klaren darüber, daß es sich bei dem Manuskript um staatliches Eigentum handelt und daß jede unlizenzierte Kopie ein Verstoß gegen das Gesetz ist?«

»Ja, aber einige Wissenschaftler sind dagegen. Sie meinen, die Regierung verhindere neue ...«

»Denken Sie nicht, daß das Land Peru das Recht hat, über seine eigenen archäologischen Schätze zu verfügen? Ist die Regierung über Ihren Aufenthalt hier im Lande informiert?«

Ich wußte nicht, was ich sagen sollte – die Unruhe in meiner Magengegend schwoll wieder an.

»Verstehen Sie mich nicht falsch«, sagte er lächelnd. »Ich bin auf Ihrer Seite. Sollten Sie irgendeine Form der akademischen Zuwendung aus dem Ausland haben, lassen Sie es mich bitte wissen. Ich habe allerdings den Eindruck, daß Sie hier mehr oder wenig ziellos herumstreichen.«

»Ja, so ungefähr könnte man es nennen«, sagte ich.

Ich bemerkte, daß sich Marjories Aufmerksamkeit von mir zu Jensen verlagert hatte. »Was sollte er deiner Meinung nach tun?« fragte sie.

Jensen stand auf und lächelte. »Möglicherweise ergibt sich bei uns eine Gelegenheit für jemanden wie Sie. Wir brauchen noch Leute. Die Gegend, in die wir fahren wollen, ist, so glaube ich zumindest, relativ sicher. Und sollte etwas dazwischenkommen, so gibt es unterwegs genügend Möglichkeiten für Sie, nach Hause zu fliegen.«

Er sah mich scharf an. »Sie müßten sich aber bereit erklären, in jeder Phase des Unternehmens meinen Anordnungen zu folgen.«

Ich warf einen Blick auf Marjorie. Unverwandt blickte sie auf Jensen. Ich war verwirrt. Vielleicht, so dachte ich, sollte ich Jensens Angebot annehmen. Wenn er gute Verbindungen zur Regierung hatte, könnte er sich als meine einzige Möglichkeit erweisen, auf legitimem Weg wieder in die Staaten zu gelangen. Vielleicht hatte ich mich selbst zum Narren gehalten. Möglicherweise hatte Jensen recht, und ich hatte meinen Kopf bereits viel zu weit aus dem Fenster gestreckt.

»Ich finde, du solltest dir Roberts Vorschlag ernsthaft überlegen«, sagte Marjorie. »Dort draußen kann es für einen einzelnen sehr hart werden.«

Obwohl ich wußte, daß sie recht hatte, vertraute ich weiter auf Wil. Ich wollte dieser Tatsache Ausdruck geben, fand aber nicht die richtigen Worte. Ich war nicht mehr in der Lage, klar zu denken.

Plötzlich betrat der riesige Mann wieder den Raum und sah aus dem Fenster. Jensen sprang auf und sah ebenfalls hinaus, dann wandte er sich Marjorie zu und sagte in beiläufigem Ton: »Da draußen ist jemand. Bitte, sag Kenny, daß er kommen soll.«

Sie nickte und ging. Ich sah durch das Fenster, wie die Lichter eines Geländewagens näher kamen. Der Wagen parkte direkt vor dem Zaun, ungefähr fünfzehn Meter von uns entfernt.

Jensen öffnete die Haustür, und während er das tat, hörte ich, wie draußen mein Name erwähnt wurde.

»Wer ist das?« fragte ich.

Jensen warf mir einen scharfen Blick zu. »Seien Sie ganz ruhig«, sagte er. Er und der Riese gingen hinaus und zogen die Tür hinter sich zu. Durch das Fenster erkannte ich die Silhouette eines einzelnen Menschen im Scheinwerferlicht. Mein erster Impuls bestand darin, im Haus zu bleiben. Jensens Einschätzung meiner Situation hatte mich mit unguten Vorahnungen zurückgelassen. Doch irgend etwas an der Person, die dort draußen am Geländewagen stand, kam mir bekannt vor. Ich öffnete die Tür und ging hinaus. Sobald Jensen mich sah, drehte er sich in Windeseile um und kam mir entgegen.

»Was machen Sie denn? Gehen Sie sofort zurück.«

Über den Lärm des Generators hinweg hörte ich wieder, wie jemand meinen Namen nannte.

»Gehen Sie sofort zurück!« sagte Jensen. »Es könnte sich um eine Falle handeln.« Er stand direkt vor mir und blockierte die Sicht auf das Fahrzeug. »Gehen Sie sofort wieder rein!«

Mittlerweile war ich vollkommen verwirrt, hatte fast panische Angst und schien vollkommen unfähig, eine eigene Entscheidung zu treffen. Dann trat die Figur hinter den Scheinwerfern näher, und über Jensens Schulter hinweg konnte ich ihre Umrisse erkennen. Jemand sagte: »… komm her, ich muß mit dir reden!« Als die Figur noch näher trat, klärte sich mein Kopf, und ich merkte, daß Wil vor mir stand. Ich eilte an Jensen vorbei und auf ihn zu.

»Was ist denn los mit dir?« fragte Wil hastig. »Wir müssen sehen, daß wir hier wegkommen.«

»Was wird aus Marjorie?« fragte ich.

»Wir können im Augenblick nichts machen«, sagte Wil. »Laß uns gehen.«

Wir waren fast bei dem Wagen angekommen, als Jensen hinter uns herrief. »Bleiben Sie lieber hier. Sie werden es nicht schaffen.«

Ich warf einen Blick zurück.

Wil blieb stehen, sah mich an und überließ es mir, zu bleiben oder mit ihm zu gehen.

»Gehen wir«, sagte ich.

Wir passierten den Wagen, in dem Wil gekommen war, und ich bemerkte, daß zwei weitere Männer auf dem Vordersitz saßen. Bei Wils Jeep angekommen, bat er mich um die Schlüssel, und wir fuhren los. Der Wagen mit seinen Freunden folgte uns.

Wil musterte mich. »Jensen sagte, daß du dich entschlossen hättest, bei ihm in der Gruppe zu bleiben. Was war los?«

»Woher kennst du seinen Namen?« stammelte ich.

»Ich habe eben alles über den Kerl gehört«, antwortete Wil. »Er arbeitet für die peruanische Regierung. Er ist ein waschechter Archäologe und im Austausch für die Exklusivauswertung des Manuskriptes fest entschlossen, die ganze Angelegenheit strengstens geheimzuhalten – nur daß er jetzt offensichtlich beschlossen hat, sich selbst auf die Suche nach der letzten Erkenntnis zu machen. Anscheinend hat er vor, seinen Teil des Abkommens zu verletzen. Man munkelt, daß er bald aufbrechen wird, um die Neunte zu suchen.

Als ich hörte, daß Marjorie sich in seiner Gesellschaft befindet, hielt ich es für besser, selber nachzusehen. Was hat er zu dir gesagt?«

»Er sagte, daß ich in Gefahr sei und mich ihm anschließen solle, weil er mir dabei behilflich sein könne, das Land zu verlassen, wenn ich wollte.«

Wil schüttelte den Kopf. »Er hatte dich ganz schön an der Kandare.«

»Was willst du damit sagen?«

»Du hättest dein Energiefeld sehen sollen. Er hatte es fast vollständig absorbiert.«

»Ich verstehe immer noch nicht.«

»Denk an Sarahs Streit mit dem Wissenschaftler in Viciente ... Wenn einer von den beiden als Gewinner hervorgegangen wäre, indem er den anderen überzeugt hätte, dann wäre auch sichtbar geworden, wie die Energie des Verlierers in der des Gewinners aufgeht. Der Verlierer fühlt sich dann ausgelutscht, schwächlich, irgendwie verwirrt – so wie das Mädchen in der peruanischen Familie«, lächelte er. »Und jetzt auch du.«

»Du hast gesehen, wie das mit mir passierte?«

»Ja«, erwiderte er. »Und es fiel dir extrem schwer, seine Kontrolle über dich zu durchbrechen und dich abzuwenden. Einen Augenblick dachte ich, du würdest es nicht schaffen.«

»Jesus«, sagte ich. »Der Kerl muß wirklich bösartig sein.«

»Nicht wirklich«, sagte er. »Er ist sich seines Handelns vermutlich nur halb bewußt. Er meint, das Recht zu haben, die Situation zu kontrollieren, und ohne Zweifel hat er in der Vergangenheit ein paar erfolgreiche Kontrollstrategien für sich entwickelt. Zunächst gibt er sich als dein Freund aus, dann findet er einen Fehler in deinem Verhalten – in deinem Fall bestand er darin, daß du dich leichtsinnigerweise in Gefahr begeben hast. Jedenfalls untergräbt er auf subtile Weise das Vertrauen in deinen eigenen Pfad, bis du anfängst, dich mit ihm zu identifizieren. Sobald das geschieht, bist du ihm auf den Leim gegangen.«

Wil sah mir direkt in die Augen. »Das ist nur eine von vielen Methoden, die Leute benutzen, um andere um ihre Energie zu betrügen. In der Sechsten Erkenntnis wirst du mehr über die anderen Methoden erfahren.«

Ich hörte nicht zu; ich dachte an Marjorie. Mir gefiel der Gedanke nicht, sie dort zurückzulassen.

»Sollten wir nicht versuchen, Marjorie zu holen?« fragte ich.

»Ich denke nicht, daß sie sich in unmittelbarer Gefahr befindet. Wir können morgen vor der Abfahrt zurückkommen und versuchen, mit ihr zu reden.«

Einige Minuten fuhren wir schweigend dahin, dann fragte Wil: »Verstehst du, was ich damit meinte, daß Jensen nicht weiß, was er tut? Er unterscheidet sich darin kein bißchen von den meisten anderen Menschen. Er handelt in einer Weise, die ausschließlich darauf ausgerichtet ist, ihn zu bestärken.«

»Nein, ich glaube, ich habe es nicht verstanden.«

Wil sah aus, als denke er nach. »All dies liegt immer noch im Unbewußten der Menschen. Wir fühlen uns schwächlich und merken, daß es uns bessergeht, wenn wir andere kontrollieren. Was wir nicht wahrnehmen, ist die Schwächung der anderen Person, die unsere eigene Stärkung zur Folge hat. Wir stehlen den anderen ihre Energie. Die meisten Menschen sind ständig auf Jagd nach der Energie anderer Leute.« Er blinzelte mir zu. »Obwohl es gelegentlich vorkommt, daß wir jemanden treffen, der uns, zumindest für eine Weile, seine Energie freiwillig zur Verfügung stellt.«

»Worauf willst du hinaus?«

»Denk an dich und Marjorie, in dem kleinen Restaurant in der Stadt, gerade als ich hereinkam.«

»Okay.«

»Ich weiß nicht, worüber ihr gesprochen habt, aber ganz offensichtlich strömte ihre Energie geradezu in deine Richtung. Das konnte ich ganz deutlich sehen. Wie hast du dich zu dem Zeitpunkt gefühlt?«

»Gut«, sagte ich. »Um genau zu sein, schienen mir meine Erfahrungen und die daraus resultierenden Konzepte in dem Moment kristallklar. Und ich hatte keinerlei Schwierigkeiten, dem auch Ausdruck zu verleihen. Doch was soll das bedeuten?«

Er lächelte. »Gelegentlich erhalten wir von jemandem den Auftrag, seine Situation mitzubestimmen, damit erhalten wir auch seine Energie, so wie Marjorie dir die ihre überlassen hat. Dann fühlen wir uns gestärkt, doch wie du siehst, hält die Wirkung dieses Geschenkes gewöhnlich nicht allzu lange an. Die meisten Menschen – und da schließe ich Marjorie mit ein – sind nicht stark genug, um dauernd Energie abzugeben. Deshalb verwandeln sich die meisten Beziehungen nach einer Weile in Machtkämpfe. Menschen neigen dazu, ihre Energien zu verflechten und dann darüber zu streiten, wer die Energie kontrolliert. Der Verlierer zahlt jedes Mal den Preis.«

Er hielt abrupt inne und sah mich an. »Hast du die Vierte Erkenntnis verstanden? Überleg mal, was dir in den letzten Tagen alles passiert ist. Du hast gesehen, wie die Energie sich zwischen zwei Leuten bewegt, und dich gefragt, was das bedeutet. Dann sind wir auf Reneau gestoßen, der dir erzählte, daß die Psychologen bereits nach einem Grund dafür suchen, weshalb wir permanent bemüht sind, einander zu kontrollieren.

Das alles wurde dir noch einmal am Beispiel der peruanischen Familie vorgeführt. Du hast deutlich sehen können, wie das Dominieren eines anderen den Dominierenden mächtig und wissend erscheinen läßt, aber gleichzeitig dem Dominierten sämtliche Energien raubt. Es spielt keine Rolle, ob wir uns einreden, daß wir es zum Wohl des anderen tun oder für unsere Kinder. Der Schaden bleibt der gleiche.

Als nächstes bist du Jensen über den Weg gelaufen und hast selbst einen guten Geschmack davon bekommen, wie es ist, psychisch dominiert zu werden und deinen Willen abzugeben. Du hast weder die Energie noch die Geistesgegenwart gehabt, eine intellektuelle Debatte gegen ihn zu führen. Deine gesamte geistige Kraft war an Jensen übergegangen. Unglücklicherweise findet diese Form psychischer Gewaltanwendung dauernd statt und wird oft auch von eigentlich wohlmeinenden Leuten angewandt.«

Ich nickte nur. Wil hatte meine eigene Erfahrung genauestens auf den Punkt gebracht.

»Versuch einmal die Vierte Erkenntnis zu verinnerlichen«, fuhr Wil fort. »Achte darauf, wie sie zu dem paßt, was du bereits weißt. Die Dritte Erkenntnis hat dir gezeigt, daß die physikalische Welt in Wirklichkeit ein System unerschöpflicher Energie ist. Und jetzt beweist dir die Vierte, daß die Menschheit seit langem um die einzige Form der Energie kämpft, für die sie offen ist: jene, die zwischen uns Menschen fließt. Dieser Kampf ist die Ursache jedes menschlichen Konflikts auf allen Ebenen, vom geringfügigen Familienstreit zum Gewerkschaftskonflikt bis hin zum Krieg der Nationen. Zugrunde liegt immer ein tiefes Gefühl der Unsicherheit und der Schwäche, das durch den Diebstahl fremder Energie aufgehoben werden soll.«

»Augenblick mal«, protestierte ich. »Einige der Kriege mußten geführt werden. Sie waren gerecht.«

»Natürlich«, gab Wil zurück. »Aber der einzige Grund, weshalb Konflikte nicht sofort auf eine andere Art beigelegt werden können, besteht darin, daß eine der Parteien, gewöhnlich aus energetischen Gründen, auf einer irrationalen Position beharrt.«

Wil schien sich an etwas zu erinnern. Er langte in seinen Rucksack und holte ein paar zusammengeheftete Papierblätter hervor.

»Fast hätte ich es vergessen!« sagte er. »Ich habe eine Kopie der Vierten Erkenntnis gefunden.«

Ohne ein weiteres Wort übergab er mir die Kopie und sah geradeaus aus dem Fenster auf die vor uns liegende Straße.

Ich nahm die kleine Taschenlampe, die Wil auf dem Armaturenbrett aufzubewahren pflegte, und verbrachte die nächsten zwanzig Minuten damit, das dünne Dokument durchzulesen. Die Kernaussage der Vierten Erkenntnis bestand darin, daß die Welt zwischenmenschlicher Beziehungen ein gewaltiger Wettkampf um Energie und damit Macht war.

Hatten die Menschen die Ursache für diesen Kampf einmal erkannt, würden sie augenblicklich damit beginnen, diesen Konflikt zu überwinden. Wir würden aufhören, weiter um menschliche Energie zu kämpfen ..., weil wir endlich in der Lage sein würden, unsere Energie aus einer anderen Quelle zu beziehen.

Ich blickte Wil an. »Worin besteht diese andere Quelle?« fragte ich.

Er lächelte, sagte aber kein Wort.

Die Botschaft der Mystiker

Am nächsten Morgen wurde ich von Wils Geräuschen geweckt. Wir hatten die Nacht im Haus seiner Freunde verbracht, und Wil saß auf dem Rand eines Stellbettes und zog sich eilig an. Draußen war es noch dunkel.

»Packen wir«, flüsterte er.

Wir sammelten unsere Kleider ein und gingen ein paarmal zum Jeep, um all die von Wil angeschafften Ausrüstungsgegenstände zu verstauen. Das Stadtzentrum lag nur wenige hundert Meter entfernt, doch die Dunkelheit verschluckte die spärliche Beleuchtung fast völlig. Die Dämmerung kündigte sich bisher nur durch einen hellen Streifen am östlichen Himmel an, und abgesehen von ein paar Vögeln, die den herannahenden Morgen besangen, war kein Geräusch zu hören.

Nachdem wir die letzten Reisevorbereitungen getroffen hatten, blieb ich im Jeep sitzen, während Wil kurz mit seinem Freund sprach, der verschlafen auf der Veranda stand. Plötzlich hörten wir Lärm von der Kreuzung. Wir sahen, wie die Lichter von drei Geländewagen im Stadtzentrum auftauchten und die Wagen dort hielten.

»Das könnte Jensen sein«, sagte Wil. »Gehen wir rüber und schauen nach, was sie vorhaben, aber vorsichtig.«

Wir liefen durch einige kleine Straßen und schließlich durch eine Gasse, die etwa hundert Meter vom Standort der Wagen entfernt auf die Hauptstraße traf. Zwei der Wagen wurden mit Benzin gefüllt, der andere parkte vor dem Geschäft. Daneben standen vier oder fünf Leute. Ich sah, wie Marjorie das Geschäft verließ und etwas in einem der Wagen ablegte, dann schlenderte sie in unsere Richtung und sah sich die Auslagen der dortigen Geschäfte an.

»Geh zu ihr, und frage sie, ob sie lieber mit uns kommen will«, flüsterte Wil. »Ich werde hier auf dich warten.«

Ich schlich mich um die Ecke, und als ich auf sie zuging, packte mich der Schrecken. Direkt hinter ihr, vor einem der Geschäfte, standen Jensens Männer mit automatischen Gewehren, die mir zuvor nicht aufgefallen waren. Einige Augenblicke später erschrak ich noch mehr. In der gegenüberliegenden Straße kauerten ebenfalls bewaffnete Soldaten und näherten sich langsam Jensen und seiner Gruppe.

In dem Moment, in dem Marjorie mich erblickte, sahen Jensens Männer die Soldaten und begannen sich zu verteilen. Eine Salve Maschinengewehrfeuer zerriß die Stille. Mit vor Angst weit aufgerissenen Augen sah Marjorie mich an. Ich sprintete vor, riß sie an mich und verschwand mit ihr in der nächsten Gasse. Zwischen ärgerlichen in Spanisch gerufenen Sprachfetzen erklangen weitere Schüsse. Wir stolperten über einen Haufen leerer Kartons, und während wir fielen, berührten sich beinahe unsere Gesichter.

»Weg hier!« sagte ich und sprang auf die Beine. Sie taumelte und zog mich mit hinab, durch eine Kopfbewegung auf das andere Ende der kleinen Gasse deutend. Dort versteckten sich zwei Bewaffnete mit dem Rücken zu uns und beobachteten die nächste Straße. Mitten in unseren Bewegungen erstarrten wir, bis die Männer sich endlich in Bewegung setzten und in der bewaldeten Gegend hinter der Stadt verschwanden.

Ich wußte, daß wir zum Haus von Wils Freund zurückkehren mußten, um an den Jeep zu gelangen, und war mir sicher, daß Wil ebenfalls dort auftauchen würde. Vorsichtig krochen wir in die nächste Straße. Zu unserer Rechten erklangen zornige Schreie und Gewehrfeuer, aber es war niemand zu sehen. Links von uns ebenfalls nicht – auch kein Zeichen von Wil. Ich war mir jetzt sicher, daß er vor uns losgelaufen war.

»Versuchen wir es durch den Wald«, sagte ich zu Marjorie, die mittlerweile hellwach und zu allem entschlossen wirkte. »Dann halten wir uns links, in der Nähe des Waldrandes. Dort steht auch der Jeep.«

»Okay«, sagte sie.

Eilig überquerten wir die Straße und näherten uns dem Haus bis auf etwa dreißig Meter. Der Jeep stand immer noch dort, doch es bewegte sich nichts. Gerade als wir die letzte Straße, die uns von dem Haus trennte, überqueren wollten, bog ein Militärfahrzeug um die Ecke zu unserer Linken und näherte sich langsam der Siedlung. Zur gleichen Zeit rannte Wil über den Hof, startete den Jeep und raste in die entgegengesetzte Richtung davon. Das Militärfahrzeug folgte ihm.

»Verflucht!« rief ich aus.

»Was machen wir jetzt?« fragte Marjorie. Die Panik war zurückgekehrt.

In den Straßen hinter uns wurde weitergeschossen, doch dieses Mal klangen die Schüsse näher. Vor uns verdichtete sich der Wald und zog sich den Bergkamm hinauf. Aus sämtlichen Himmelsrichtungen schienen Militärfahrzeuge auf die Kreuzungen zu strömen, und zahlreiche Soldaten waren offenbar damit beschäftigt, Haus für Haus zu durchsuchen. Unter uns, am Fuß des Kammes, hörte ich gedämpftes Gemurmel.

Wir rannten weiter den Berg hinauf. Es blieb uns keine andere Wahl.

Den ganzen Morgen folgten wir dem Verlauf des Bergrückens und rasteten nur, wenn ein Fahrzeug links auf dem parallel zu uns verlaufenden Gebirgsrücken auftauchte. Der größte Teil des Verkehrs bestand aus den stahlgrauen Militärjeeps, die wir schon zuvor gesehen hatten, doch gelegentlich tauchte auch ein Zivilfahrzeug auf. Ironischerweise bot die Straße gleichzeitig unseren einzigen Anhaltspunkt und Ort der Zuflucht vor der uns umgebenden Wildnis.

Vor uns liefen die beiden Bergrücken zusammen und fielen zunehmend steiler ab. Zerklüftete Felsvorsprünge hingen weit über das Tal hinaus. Plötzlich sahen wir, wie von Norden ein Jeep näher kam und mit hoher Geschwindigkeit in einer sich ins Tal hinabwindenden Seitenstraße verschwand. »Der sah aus wie Wils«, sagte ich und versuchte auszumachen, wo der Wagen abgeblieben war.

»Klettern wir hinab«, sagte Marjorie.

»Einen Augenblick noch. Was, wenn es sich um eine Falle handelt? Wenn sie ihn gefangengenommen haben und jetzt den Jeep benutzen, um uns anzulocken?«

Ihr Gesichtsausdruck veränderte sich. Mit einem Mal sah sie hoffnungslos drein.

»Du bleibst hier«, sagte ich. »Ich werde hinuntergehen, und du behältst mich im Auge. Wenn alles in Ordnung ist, gebe ich dir ein Zeichen, und du folgst mir.«

Widerstrebend willigte sie ein, und ich machte mich auf den steilen Weg den Berg hinab zu der Stelle, an der der Jeep geparkt hatte. Durch das Laub konnte ich vage erkennen, daß jemand dabei war, den Wagen zu verlassen. Um wen es sich handelte, konnte ich nicht sehen. Ich benutzte Büsche und kleinere Bäume als Stützen, manövrierte mich an den überstehenden Felsvorsprüngen entlang und rutschte manchmal in der fetten Erde ein Stück den Berg hinab.

Schließlich stand der Wagen ungefähr hundert Meter vor mir, auf dem gegenüberliegenden Hang. Den Fahrer, der sich gegen das Heck des Wagens lehnte, konnte ich immer noch nicht erkennen. Ich bewegte mich etwas nach rechts, um besser sehen zu können. Tatsächlich war es Wil. Ich lief weiter nach rechts und merkte, wie ich abrutschte. In letzter Sekunde gelang es mir, mich an einem Baumstamm festzuhalten und mich wieder hochzuziehen. Mein Magen drehte sich vor Angst beinahe um: Vor mir fiel der Berg mindestens zehn Meter tief ab. Mit knapper Not war ich dem Tod entgangen.

Mich an den Baum klammernd, versuchte ich Wils Aufmerksamkeit auf mich zu ziehen. Er beobachtete den Bergrücken über meinem Kopf, dann senkte sich sein Blick etwas, und er sah mir direkt in die Augen. Er zuckte zusammen und bewegte sich durch das Gebüsch in meine Richtung. Ich deutete auf den steilen Abhang vor mir.

Er begutachtete den Boden des Tales und rief dann zu mir hinauf: »Es gibt an dieser Stelle keinen Weg. Du mußt noch weiter nach unten klettern und es dort versuchen.«

Ich nickte und wollte gerade Marjorie ein Zeichen geben, als ich hörte, wie sich in der Ferne ein Fahrzeug näherte. Wil sprang in seinen Jeep und jagte zurück auf die Hauptstraße. Ich eilte den Berg hinauf. Durch das Laub sah ich, wie Marjorie auf mich zukam.

Mit einem Mal erklangen hinter ihr laute Rufe in Spanisch, und ich hörte das Geräusch rennender Leute. Marjorie versteckte sich hinter einem Felsvorsprung. Ich änderte meine Richtung und lief, so leise ich konnte, nach links. Im Rennen versuchte ich Marjorie durch die Bäume im Auge zu behalten. Und gerade als sie wieder in meinem Blickfeld auftauchte, schrie sie laut auf, weil zwei Soldaten ihre Arme ergriffen hatten und sie zwangen stehenzubleiben.

Geduckt lief ich weiter den Hang hinauf – ihren panischen Gesichtsausdruck ständig vor Augen. Auf der Spitze des Bergkammes angekommen, wandte ich mich wieder nach Norden.

Mein Herz raste vor Angst und einem Schrecken, der mir zutiefst in die Glieder gefahren war.

Nachdem ich mehr als eine Meile gerannt war, hielt ich an und lauschte. Hinter mir waren jetzt weder Bewegungen noch Worte zu vernehmen. Flach auf dem Rücken liegend, versuchte ich mich zu entspannen und einen klaren Gedanken zu fassen, doch der gräßliche Anblick von Marjories Gefangennahme überwältigte mich immer wieder. Weshalb in aller Welt hatte ich sie auf dem Bergrücken zurückgelassen? Was sollte ich jetzt tun?

Ich setzte mich auf und atmete tief durch, dann starrte ich auf die Straße, die auf dem gegenüberliegenden Bergkamm entlanglief. Während meiner Flucht hatte ich dort keinen einzigen Wagen bemerkt. Wieder lauschte ich intensiv: nichts außer den üblichen Geräuschen des Waldes. Allmählich begann ich mich ein wenig zu beruhigen. Schließlich war Marjorie lediglich gefangengenommen worden. Abgesehen von ihrer Flucht vor dem Gewehrfeuer hatte sie sich nichts zuschulden kommen lassen. Vermutlich würde sie in Verwahrung bleiben, bis man ihre Identität als ordentliche Wissenschaftlerin geklärt hatte.

Wieder machte ich mich auf den Weg nach Norden. Mein Rücken hatte zu schmerzen begonnen. Ich fühlte mich dreckig und müde, und ein nagendes Hungergefühl machte sich in meinem Magen breit. Zwei Stunden lief ich so, ohne nachzudenken und ohne jemandem zu begegnen.

Dann vernahm ich vom Hang zu meiner Rechten die Geräusche eines rennenden Menschen. Ich verharrte auf der Stelle und lauschte, doch jetzt war es still. Die Bäume waren an diesem Ort größer, schützten den Boden vor der Sonne und sorgten dafür, daß nur spärliches Unterholz wuchs. Ich konnte fünfzig oder sechzig Meter weit schauen. Nichts bewegte sich. Ich passierte einen größeren Felsen zu meiner Rechten und ließ ihn zusammen mit einer Gruppe von Bäumen zurück, immer darauf bedacht, sowenig Lärm wie möglich zu machen. Vor mir lagen drei weitere Felsbrocken, und ich schlich an zwei von ihnen vorbei. Noch immer rührte sich nichts. Ich ging um den dritten Felsen herum. Hinter mir knackten Zweige. Langsam drehte ich mich um.

Direkt neben dem Felsen stand der bärtige Mann, den ich auf

Jensens Farm getroffen hatte. Er schien panische Angst zu haben, seine Augen hatten einen wilden Ausdruck, und seine Arme zitterten, während er mit einem automatischen Gewehr auf meinen Magen zielte. Scheinbar hatte er Schwierigkeiten, sich an mich zu erinnern.

»Warten Sie«, stammelte ich. »Ich kenne Jensen.«

Er nahm mich genauer in Augenschein und senkte den Lauf seiner Waffe. Dann hörten wir beide, wie sich hinter uns jemand bewegte. Der Bärtige rannte an mir vorbei nach Norden, in der einen Hand immer noch sein Gewehr haltend. Instinktiv folgte ich ihm. Beide liefen wir, so schnell wir konnten, Ästen und Felsstücken aus dem Weg springend und gelegentlich nach hinten schauend.

Nach ein paar hundert Metern stolperte er, und ich überholte ihn. Zwischen zwei Felsen mußte ich haltmachen und eine kurze Rast einlegen. Ich versicherte mich, daß mir niemand gefolgt war. In ungefähr fünfzig Meter Entfernung sah ich, wie ein einzelner Soldat sein Gewehr auf den großen Mann richtete, während dieser versuchte, auf die Beine zu kommen. Noch bevor ich einen Warnruf ausstoßen konnte, feuerte der Soldat. Die Brust des Mannes explodierte, als mehrere Kugeln durch den Rücken in seinen Körper eintraten. Für einen Moment erfüllte das Echo der Gewehrschüsse die Luft.

Einen Augenblick lang stand er bewegungslos mit glasigen Augen, dann neigte sich sein Körper nach vorn und fiel um. Blindlings rannte ich nach Norden, immer darauf achtend, daß sich zwischen mir und dem Soldaten Bäume befanden. Der Bergrücken wurde zusehends zerklüfteter und steiniger und stieg immer steiler an.

Vor Erschöpfung und nackter Angst am ganzen Körper zitternd, kämpfte ich mich zwischen den Felsen den Berg hinauf. Einmal stürzte ich und wagte einen Blick zurück: Der Soldat hatte sich der Leiche genähert. Gerade noch rechtzeitig verschwand ich hinter einem Felsen; mir schien, als habe der Soldat genau in meine Richtung geschaut. Ich hielt mich dicht am Boden und kroch an einigen anderen Felsen vorbei. Dann fiel der Kamm etwas ab, so daß der Blick des Soldaten blockiert war. Ich sprang wieder auf die Beine und bewegte mich, so schnell ich konnte, zwischen den Felsen und Bäumen hindurch. Mein

Verstand war wie eingefroren. Das einzige, woran ich noch zu denken vermochte, war haltlose Flucht. Obwohl ich mich nicht traute, einen Blick zurückzuwerfen, war ich mir sicher, den Soldaten hinter mir zu hören.

Vor mir stieg der Kamm scheinbar unaufhörlich an, und mit allmählich versiegender Kraft kämpfte ich gegen die Steigung. Weiter oben war der Boden eben und dicht bewachsen mit Bäumen und üppigem Unterholz. Dahinter erhob sich eine solide Felswand, die ich vorsichtig unter Zuhilfenahme jeder sich bietenden Hand- und Fußstütze erklomm. Auf dem Gipfel angekommen, taumelte ich ein wenig, und bei dem Anblick, der mich dort erwartete, fiel mir das Herz in die Hose. Ein etwa dreißig Meter tiefer Abgrund blockierte meinen Weg; weiter ging es beim besten Willen nicht.

Ich war am Ende, verdammt zu sterben. Das Geräusch fallender Steine hinter mir verriet mir das rasche Näherkommen des Soldaten. Erschöpft sank ich auf die Knie, mich mit einem letzten Seufzer in mein Schicksal fügend, gab ich den Kampf auf. Bald, so war ich mir sicher, würden mich die Kugeln treffen. Und interessanterweise schien die Aussicht auf den Tod nach all dem Terror eine beinahe willkommene Erlösung. Während ich dort oben saß und wartete, blitzten Bilder von friedlichen Sonntagen und der naiven Vorstellung von Gott aus der Zeit meiner Kindheit auf. Wie würde der Tod aussehen? Ich versuchte mich für die bevorstehende Erfahrung zu öffnen.

Nach einer langen Wartezeit, während der mir jedes Zeitgefühl verlorenging, bemerkte ich schließlich, daß nichts passiert war. Ich sah mich um und erkannte, daß ich mich auf dem höchsten Gipfel des Berges befand. Andere Bergkämme und Klippen lagen unter mir, und ich hatte einen phantastischen Ausblick in alle Himmelsrichtungen.

Plötzlich stach mir eine Bewegung ins Auge. Dort, ganz weit unten, schlenderte der Soldat gelassen in die entgegengesetzte Richtung den Südhang hinab, das Gewehr von Jensens Gefolgsmann über die Schulter geschwungen.

Sein Anblick wärmte mein Herz und erfüllte mich mit Wogen stillen Gelächters. Es war geschafft! Ich wandte mich um, setzte mich in den Schneidersitz und genoß meine Euphorie. Am liebsten wäre ich für immer dort oben geblieben. Die Sonne schien, der Himmel war blau, und beides verlieh dem Tag etwas Brillantes.

Während ich dort saß, überwältigte mich die Nähe der Berge, oder besser gesagt, das Gefühl ihrer unmittelbaren Nähe. Das gleiche traf auf ein paar weiße Wolken zu, die weit über meinem Kopf dahinzogen. Ich hatte das Gefühl, sie mühelos mit der ausgestreckten Hand berühren zu können.

Als ich meinen Arm gen Himmel streckte, bemerkte ich, daß mein Körpergefühl sich verändert hatte. Mit geradezu unvorstellbarer Leichtigkeit war es mir möglich gewesen, meinen Arm in die Höhe zu strecken, und mein Rücken, der Nacken und mein Kopf hielten sich ebenso mühelos in einer perfekten Geraden. Als ich mich ohne Zuhilfenahme der Arme erhob und mich streckte, durchströmte mich ein Gefühl vollkommener Leichtigkeit.

Ein Blick auf die entfernten Berge ließ mich den gerade untergehenden Mond erkennen. Er war zu einem Viertel voll und hing über dem Horizont wie eine umgestülpte Schüssel. Ich verstand sofort, weshalb er diese Form hatte. Die Sonne, Millionen von Meilen über meinem Kopf, schien lediglich auf die Spitze des untergehenden Mondes. Ich sah den exakten Verlauf der Sonnenlinie auf der Oberfläche des Mondes, und diese Tatsache ließ mein Bewußtsein noch weiter hinauswandern.

Ich stellte mir vor, wie der Mond am Horizont bereits untergegangen war, und hatte die genaue Form vor Augen, in der die Menschen weiter westlich ihn sehen würden. Dann stellte ich mir vor, wie er aussehen würde, wenn er sich direkt unter mir, auf der anderen Seite des Planeten, befände. Er würde den Menschen dort als Vollmond erscheinen, da die Sonne über mir an der Erde vorbeischien und den Mond direkt bestrahlte.

Diese Vorstellung ließ mir einen Schauer über die Haut laufen; und mein Rücken schien sich noch weiter zu strecken, als ich merkte, oder, besser gesagt, erfuhr, daß der gleiche Raum, der gewöhnlich über meinem Kopf existierte, auch unter meinen Füßen auf der anderen Seite des Globus bestand. Zum ersten Mal in meinem Leben begriff ich die Rundform der Erde nicht als intellektuelles Konzept, sondern erfuhr sie sinnlich als deutlich spürbare Empfindung.

Auf einer bestimmten Ebene erregte mich dieses Bewußtsein,

auf einer anderen erschien es mir vollkommen normal und natürlich. Dann wollte ich mich nur noch der Empfindung der Bindungslosigkeit, des Schwebens in einem nach allen Seiten offenen Raum hingeben. Anstatt mich mit meinen Beinen von der Erde abstoßen zu müssen, um die Schwerkraft zu überwinden, hatte ich jetzt den Eindruck, von einem inneren Schwung angehoben zu werden, als sei ich ein Ballon, gerade mit so viel Helium gefüllt, um über dem Boden zu schweben und ihn mit meinen Füßen zu berühren. Mir war, als befände ich mich in perfekter körperlicher Verfassung, wie nach einem Jahr intensiven Trainings – nur weitaus koordinierter und körperlich leichter.

Ich nahm auf einem der Felsen Platz, und wieder schien alles um mich herum von einer merkwürdigen Nähe: die Felsnase, auf der ich saß, die gewaltigen Bäume am Hang unter mir und die anderen Berge am Horizont. Während ich zusah, wie die Zweige sich sanft in der Brise bewegten, war ich seltsamerweise in der Lage, auch körperlich etwas dabei zu empfinden – als handele es sich bei den Zweigen um Haare auf meinem eigenen Körper.

Alles um mich herum schien ein Teil meiner selbst zu sein. Während ich auf dem Gipfel saß und auf die Landschaft zu meinen Seiten blickte, meinte ich immer schon gewußt zu haben, daß mein Körper lediglich den Kopf eines weitaus größeren Körpers bildete, einer, der aus alldem bestand, was ich imstande war zu sehen. Ich erfuhr das gesamte Universum, wie es durch meine Augen auf sich selbst sah.

Dieses Empfinden löste etwas in meiner Erinnerung aus. Meine Gedanken rasten in die Zeit meiner Ankunft in Peru zurück, vorbei an meiner Kindheit und meiner Geburt. Ich realisierte, daß mein jetziges Leben nicht mit meiner Empfängnis oder meiner Geburt auf diesem Planeten begonnen hatte. Es hatte viel früher begonnen, mit der Entstehung meines wirklichen Körpers, des Universums selbst.

Die Evolutionswissenschaften hatten mich immer gelangweilt, doch als meine Gedanken jetzt in der Zeit zurückrasten, kam alles, was ich zu dem Thema je gelesen hatte, wieder an die Oberfläche, unter anderem einige Unterhaltungen, die ich mit meinem Freund, der Reneau so ähnlich sah, geführt hatte.

Jetzt erinnerte ich mich, was sein Interessengebiet gewesen war: Evolution.

Mein gesamtes Wissen schien mit meinen Erinnerungen zu verschmelzen. Mit einem Mal war es mir möglich, mich zu erinnern, was passiert war, und ich war in der Lage, die Schöpfung in einem neuen Licht zu sehen.

Ich sah zu, wie die erste Materie ins All explodierte, und mir wurde klar, daß nichts an der Materie von Dauer sein konnte, ganz wie die Dritte Erkenntnis es beschrieben hatte. Materie war demnach nur eine Form der Energie, die auf einer bestimmten Frequenz vibrierte und dies zu Beginn der Schöpfung in ihrer primitivsten Form getan hatte: als Hydrogen. Aus mehr bestand unser Universum nicht, nur Hydrogen, einfacher Wasserstoff.

Ich war jetzt in der Lage zu verfolgen, wie die Wasserstoffatome sich gegenseitig anzogen, als sei es das Grundprinzip, der unbändige Drang dieser Energie, sich in einer komplexeren Form zu manifestieren. Und als einige Gruppen dieser Atome eine ausreichende Dichte erreicht hatten, begannen sie sich zu erhitzen und zu verbrennen, sie wurden zu Sternen, und innerhalb dieses Verbrennungsprozesses fusionierten die Atome und erreichten gemeinsam die nächsthöhere Stufe der Schwingung, ein Element, das uns als Helium bekannt ist.

Während ich zusah, wie die ersten Sterne älter wurden und schließlich selbst dafür sorgten, daß sie im All explodierten und den verbliebenen Wasserstoff und das neu entstandene Helium ins Universum spuckten, begann der ganze Vorgang von neuem. Helium und Wasserstoff zogen sich gegenseitig an, bis die dabei entstehende Hitze groß genug war, um neue Sterne entstehen zu lassen und aus dem verschmolzenen Helium das Element Lithium geschaffen wurde, ein Element, dessen Atome wiederum auf einer höheren Stufe vibrierten.

Und so fort ... Jede nachfolgende Generation von Sternen schuf Materie, die zuvor nicht existiert hatte, bis sich ein breites Spektrum von Materie – die grundlegenden chemischen Elemente – gebildet und überall verteilt hatte. Materie war aus Wasserstoff entstanden, der simpelsten Form vibrierender Energie, und schließlich zu Kohlenstoff geworden, welcher wiederum auf einer extrem hohen Frequenz vibrierte. Damit war die Bühne frei für den nächsten Schritt der Evolution.

Während sich unsere Sonne bildete, spalteten sich Ansammlungen von Materie in die Umlaufbahn ab, und eine dieser Ansammlungen, die Erde, enthielt jedes der neu geschaffenen Elemente, inklusive Kohlenstoff. Und während die Erde sich abkühlte, wanderten Gase, die in der geschmolzenen Masse eingeschlossen worden waren, an die Oberfläche und erzeugten Wasserdampf, bis die große Regenzeit anbrach und sich Ozeane auf der kargen, krustigen Oberfläche bildeten. Als der größte Teil der Erdoberfläche schließlich von Wasser bedeckt war, war der Dunst verschwunden, und eine hell brennende Sonne badete die neue Welt in Licht und Wärme.

In den flachen Becken und Bassins, beeinflußt durch die gigantischen Unwetter, die den Planeten periodisch heimsuchten, erreichte die Materie noch höher Schwingungen als Kohlenstoff und manifestierte sich auf noch komplexere Weise: Die Aminosäuren waren entstanden. Doch zum ersten Mal waren die Schwingungen nicht in sich stabil. Die neue Materie war konstant darauf angewiesen, andere Materie zu absorbieren, um die eigene Schwingung aufrechterhalten zu können. Sie brauchte Nahrung. Leben, ein neuer Vorstoß der Evolution, war entstanden.

Anfänglich beschränkt auf eine Existenz im Wasser, spaltete das Leben sich in zwei unterschiedliche Formen. Die eine, die wir als Pflanzen kennen, ernährte sich von anorganischer Materie und verwandelte diese Elemente in Nahrung, indem sie Kohlendioxid aus der frühen Atmosphäre zog. Als Nebenprodukt gaben diese Pflanzen zum ersten Mal Sauerstoff in die Welt ab. Das pflanzliche Leben verbreitete sich schnell in den Ozeanen und schließlich auch auf dem Land.

Die andere Form – wir nennen sie Tiere – absorbierte ausschließlich organisches Leben, um ihre Schwingung aufrechtzuerhalten. Ich konnte sehen, wie Tiere die Ozeane im Zeitalter der Fische bevölkerten und wie sie sich, als die Pflanzen genügend Sauerstoff in die Atmosphäre abgegeben hatten, auf den Weg ans Land machten.

Ich sah, wie die Amphibien – halb Fisch, halb neue Lebewesen – zum ersten Mal das Wasser verließen und Lungen benutzten, um die neue Luft zu atmen. Dann machte die Materie einen weiteren Sprung zu den Reptilien, die die Erde zur Zeit der Dinosaurier bevölkerten. Danach tauchten die warmblütigen Säuger auf und bedeckten ihrerseits die Erdoberfläche, und mir wurde deutlich, daß jede neue Spezies das Leben repräsentierte – Materie, wie sie sich zur nächsthöheren Schwingungsform vervollkommnete. Dann endete die Entwicklung. Auf ihrem Höhepunkt stand die Menschheit.

Die Menschheit. Hier endete die Vision. In einem einzigen Aufblitzen hatte ich die gesamte Evolutionsgeschichte gesehen, die Geschichte der Entstehung von Materie und wie sie sich, als sei sie Teil eines höheren Planes, zu einer fortgeschritteneren Form weiterentwickelt hatte, um schließlich genau jene Bedingungen zu schaffen, die menschliches Leben möglich gemacht hatte …, das Leben jedes einzelnen von uns.

Während ich dort auf dem Berg saß, verstand ich, daß die Evolution sich noch weiter in unserem Leben fortsetzte. Auf irgendeine Weise war die Weiterentwicklung des Menschen mit dem bewußten Erleben bestimmter Fügungen verbunden. Irgend etwas an diesen Fügungen sorgte dafür, daß wir in unserem Leben voranschritten und eine höhere Form der Schwingung erzeugten, welche wiederum die Evolution vorantrieb. Obwohl ich mir Mühe gab, war es mir nicht möglich, diesen Zusammenhang vollends zu verstehen.

Eine lange Zeit saß ich auf dem steil abfallenden Berg, erfüllt von einer tiefen inneren Ruhe und dem seltenen Gefühl der Vollkommenheit. Dann wurde mir mit einem Schlag bewußt, daß die Sonne im Westen bereits dabei war unterzugehen. Außerdem bemerkte ich im Nordwesten, in ungefähr einer Meile Entfernung, etwas, das aussah wie eine Ansiedlung. Ich meinte die Formen von Hausdächern zu erkennen. Die Straße auf dem westlichen Bergrücken schien sich direkt dorthin zu schlängeln.

Ich erhob mich und begann mit dem Abstieg. Laut lachte ich auf. Immer noch fühlte ich mich mit der Landschaft verbunden und hatte den Eindruck, auf meinem eigenen Körper spazierenzugehen, mehr noch, ich kam mir vor, als ob ich Teile meines eigenen Körpers erkunden würde. Dieses Gefühl versetzte mich in zusätzliche Hochstimmung.

Ich bahnte mir den Weg über die Felsvorsprünge und durch die Bäume. Die Nachmittagssonne warf bereits lange Schatten auf den Waldboden. Auf halbem Weg nach unten kam ich durch ein Gebiet mit besonders dichtem Baumwuchs, und als ich dort eintrat, veränderte sich etwas in meinem Körper; ich fühlte mich jetzt beinahe vollkommen schwerelos, und es fiel mir noch leichter, die Bewegungen meines Körpers zu koordinieren. Ich blieb stehen und sah mir die Bäume und das Unterholz genau an. Um jede Pflanze flackerten kleine weiße Lichter, und sie schienen allesamt von einem rosafarbenen Schimmer umgeben.

Ich setzte meinen Weg fort, bis ich an einen blaßblau schimmernden Strom gelangte, der meine innere Ruhe noch verstärkte und mich sogar ein wenig benommen machte. Schließlich durchquerte ich die Talsohle und kletterte auf den nächsten Kamm, bis ich an der Straße angekommen war. Auf dem Schotterbelag ging ich in aller Ruhe neben der Straße entlang nach Norden.

Vor mir verschwand hinter einer Biegung ein Mann in Priesterkutte. Sein Anblick versetzte mich in freudige Erregung. Vollkommen furchtlos verfiel ich in einen Dauerlauf, mit dem Ziel, ihn anzusprechen. Ich wußte, daß mir das Richtige einfallen würde, wenn ich ihn einmal erreicht hatte. Ich befand mich vollkommen im Hier und Jetzt. Zu meiner Überraschung war der Mann verschwunden, als ich die Biegung erreicht hatte. Zu meiner Rechten bog eine weitere Straße ins Tal ab, doch auch dort war niemand zu sehen. Ich rannte ein Stück auf der Hauptstraße entlang – wieder sah ich niemanden. Ich überlegte, ob ich zurückgehen und doch die Straße ins Tal nehmen sollte. Allerdings wußte ich, daß die Stadt vor mir lag, und so setzte ich meinen Weg fort. Trotzdem mußte ich noch einige Male an die andere Straße denken.

Etwa hundert Meter vor mir, direkt hinter einer weiteren Kurve, hörte ich das laute Dröhnen von Motoren, und durch die Bäume sah ich, wie eine Reihe von Militärfahrzeugen mit hoher Geschwindigkeit näher kamen. Einen Augenblick dachte ich daran, einfach stehenzubleiben und ihnen entgegenzusehen, doch dann fiel mir der Terror der Schießerei auf dem Bergkamm wieder ein.

Ich hatte gerade noch Zeit, mich neben der Straße in den Dreck zu werfen und dort ruhig liegenzubleiben. Zehn Jeeps rasten an mir vorbei. Die Stelle, an der ich lag, war vollkommen ungeschützt, so daß ich nur beten konnte, niemand möge in meine Richtung schauen. Im Abstand von fünf Metern fuhren die Wagen an mir vorbei. Ich roch ihre Abgase und konnte die Gesichter der einzelnen Soldaten erkennen.

Zum Glück bemerkte mich niemand, und als sie alle vorbei waren, kroch ich hinter einen großen Baum. Meine Hände zitterten, und mein Empfinden von Frieden und mit meiner Umgebung eins zu sein, war nun vollkommen zerstört. Statt dessen machte sich die altbekannte Angst wieder in meinem Magen breit. Nach einer Weile traute ich mich schließlich wieder auf die Straße. Der Klang weiterer Fahrzeuge ließ mich jedoch bald wieder den Hang hinunterhasten, und kurz darauf fuhren zwei Jeeps mit hoher Geschwindigkeit vorbei. Mir war grauenhaft übel.

Von da an hielt ich mich von der Straße fern und bewegte mich vorsichtig in die Richtung, aus der ich gekommen war. Ich gelangte an die Straße, die ich vorher gesehen hatte, und horchte auf mögliche Geräusche oder herannahende Fahrzeuge, dann entschloß ich mich, den Weg durch den angrenzenden Wald zu nehmen und ihn dann durch das Tal fortzusetzen. Mein Körper fühlte sich wieder schwer an. Was, so fragte ich mich, hatte ich nur getan? Weshalb war ich auf der Straße herumgelaufen? Ich mußte den Verstand verloren haben; durch den Schock der Schießerei mußte meine Urteilsfähigkeit gelitten haben und ich in einen euphorischen Zustand der Unzurechnungsfähigkeit geraten sein. Wach auf, Mann, sagte ich zu mir selbst. Du mußt aufpassen. Hier gibt es Leute, die dich für den kleinsten Fehler erschießen werden.

Mitten in der Bewegung erstarrte ich. Ungefähr dreißig Meter vor mir saß der Priester unter einem großen Baum, der von zahlreichen Felsen umgeben war. Noch während ich ihn anstarrte, öffnete er seine Augen und blickte mich an. Ich zuckte zusammen, doch er lächelte nur und winkte mich heran.

Vorsichtig bewegte ich mich auf ihn zu. Er war ein dünner, hochgewachsener Mann in den Fünfzigern und blieb regungslos sitzen. Sein Haar war kurz geschnitten und von der gleichen dunkelbraunen Farbe wie seine Augen.

»Du siehst aus, als könntest du Hilfe gebrauchen«, sagte er in akzentfreiem Englisch.

»Wer sind Sie?« fragte ich.

»Pater Sanchez ist mein Name. Und du?«

Ich erklärte ihm, wer ich war und woher ich kam, dann ließ ich mich schwindelig zuerst auf eines meiner Knie und dann auf mein Hinterteil fallen.

»Du warst in Cula dabei, stimmt's?« fragte er.

»Was wissen Sie davon?« fragte ich vorsichtig, unsicher, ob ich ihm trauen konnte.

»Ich weiß, daß jemand in der Regierung sehr verärgert ist«, sagte er. »Man möchte nicht, daß das Manuskript veröffentlicht wird.«

»Warum nicht?«

Er stand auf und sah mich an. »Weshalb kommst du nicht mit? Unsere Mission liegt nur eine halbe Meile entfernt. Bei uns bist du sicher.«

Ich kämpfte mich auf die Füße und erkannte, daß ich kaum eine andere Wahl hatte. Ich nickte zustimmend. Bedächtig und vorsichtig führte er mich die Straße hinab. Er schien beim Sprechen jedes Wort auf die Goldwaage zu legen.

»Sind die Soldaten dir noch auf den Fersen?« fragte er irgendwann.

»Ich weiß es nicht«, gab ich zurück.

Einige Minuten schwieg er und fragte dann: »Bist du auf der Suche nach dem Manuskript?«

»Nicht mehr«, sagte ich. »Jetzt will ich nur noch meinen Kopf retten und nach Hause.«

Er nickte verständnisvoll, und ich merkte, wie ich ihm allmählich vertraute. Etwas in seiner Rücksichtnahme und der Wärme, die von ihm ausging, schien mein Inneres zu berühren. Er erinnerte mich an Wil. Bald erreichten wir seine Mission, die im wesentlichen aus einer Ansammlung kleiner Häuser bestand, die sich um einen Platz gruppierten, und einer kleinen Kirche. Die ganze Anlage und ihr Standort waren von seltener Schönheit. Als wir näher kamen, sagte er zu einigen der ebenfalls in Kutten gekleideten Männer etwas in Spanisch, und sie eilten davon. Ich versuchte zu erkennen, wohin sie gingen, merkte jedoch, wie mich mit einem Mal starke Müdigkeit übermannte. Der Priester führte mich in eines der Häuser.

Es bestand aus einem kleinen Wohnraum und zwei Schlafzimmern. Im Kamin brannte ein Feuer. Kurz nachdem wir eingetreten waren, erschien ein weiterer Priester mit einem Tablett, auf dem sich Suppe und Brot befanden. Erschöpft aß ich, während Sanchez mir auf seinem Stuhl Gesellschaft leistete. Dann gab ich seinem Drängen nach, streckte mich auf einem der Betten aus und fiel in einen tiefen Schlaf.

Als ich auf den Innenhof hinaustrat, fiel mir als erstes auf, in welch makellosem Zustand man die Anlage hielt. Ihre Kieswege waren von sorgfältig arrangierten Büschen und Hecken gesäumt, und jedes der Gewächse schien sich ungehindert entfalten zu können, nicht ein einziges war gestutzt worden.

Ich streckte mich und fühlte das gestärkte Hemd, das ich angezogen hatte, auf meiner Haut. Es war aus grober Baumwolle gewebt und schabte an meinem Hals. Doch immerhin war es sauber und frisch gebügelt. Kurz zuvor war ich erwacht, als zwei Priester heißes Wasser in die Wanne laufen ließen und mir frische Kleidung brachten. Nach dem Bad hatte ich mich angezogen und war in den anderen Raum gegangen, wo ich warmes Gebäck und getrocknete Früchte auf einem Tisch vorgefunden hatte. Im Beisein der Priester hatte ich beides mit wahrem Wolfshunger verschlungen. Nach meinem Mahl waren die Priester gegangen, und ich war hinaus auf den Innenhof getreten.

Ich setzte mich auf eine der Bänke, die dem Hof zugewandt waren. Die Sonne stieg gerade über die Baumkronen und wärmte mein Gesicht.

»Wie hast du geschlafen?« fragte eine Stimme hinter mir. Ich wandte mich um und sah Pater Sanchez, wie er aufrecht hinter mir stand und auf mich herablächelte.

»Ausgezeichnet«, erwiderte ich.

»Stört es dich, wenn ich mich eine Weile zu dir setze?«

»Im Gegenteil.«

Mehrere Minuten lang sagte keiner von uns beiden ein Wort, bis ich deswegen ein leichtes Unbehagen verspürte. Ein paarmal hatte ich in seine Richtung geschaut und etwas sagen wollen, doch er hatte sein Gesicht der Sonne zugewandt, den Kopf leicht geneigt und mit den Augen blinzelnd.

Schließlich ergriff er das Wort. »Einen schönen Platz hast du hier gefunden.« Offenbar bezog er sich auf die Bank zu eben jener Tageszeit.

»Hören Sie, ich brauche Ihren Rat«, sagte ich. »Wie komme ich am sichersten zurück in die Vereinigten Staaten?«

Er sah mich mit ernster Miene an. »Das weiß ich nicht. Es hängt davon ab, für wie gefährlich die Regierung dich hält. Erzähl mir, was in Cula passiert ist.«

Ich erzählte ihm alles, angefangen von meinem ersten Kontakt mit dem Manuskript. Die Euphorie, die ich auf dem Berggipfel empfunden hatte, erschien mir jetzt abstrus und prätentiös, deshalb erwähnte ich sie nur kurz. Doch sofort begann Sanchez sich eingehender danach zu erkundigen.

»Was hast du gemacht, nachdem der Soldat dich übersehen hat und verschwunden war?« fragte er.

»Ein paar Stunden lang habe ich dort oben gesessen. Und vermutlich habe ich mich noch nie in meinem Leben so erleichtert gefühlt.«

»Was hast du außerdem noch gefühlt?« fragte er.

Ich wand mich innerlich ein wenig und entschied dann, es mit einer Beschreibung zu versuchen. »Es ist nicht einfach zu erklären«, sagte ich. »Ich fühlte mich auf sehr euphorische Weise mit allen Dingen verbunden, ein Gefühl vollkommener Sicherheit und starken Vertrauens. Meine Müdigkeit war plötzlich wie weggeblasen.«

Er lächelte. »Du hattest ein mystisches Erlebnis. Viele Leute, die den Wald in der Nähe des Gipfels besucht haben, berichten davon.«

Ich nickte zögernd.

Er drehte sich so, daß er mich direkt ansah. »Das sind Erfahrungen, wie sie von den Mystikern jeder Religion beschrieben werden. Hast du jemals etwas über derartige Erfahrungen gelesen?«

»Vor einigen Jahren«, sagte ich.

»Aber bis gestern handelte es sich nur um ein intellektuelles Konzept?«

»Das könnte man so sagen.«

Ein junger Pater trat auf uns zu, nickte und flüsterte Sanchez etwas ins Ohr. Sanchez nickte, und der junge Pater drehte sich um und ging wieder. Der ältere Priester beobachtete jeden

Schritt des jungen Mannes. Er durchquerte den Innenhof und begab sich in eine parkähnliche Anlage, etwa dreißig Meter entfernt. Zum ersten Mal bemerkte ich, daß auch diese Anlage von extremer Reinlichkeit und voller unterschiedlichster Pflanzen war. Der junge Pater schritt mehrere Orte in der Anlage ab und zögerte bei jedem, als ob er nach etwas suche. An einem bestimmten Punkt angelangt, setzte er sich. Von da an schien er sich auf eine Übung zu konzentrieren.

Sanchez lächelte, als gefalle ihm der Anblick, dann wandte er seine Aufmerksamkeit wieder mir zu.

»Ich denke, daß es für dich im Augenblick eher gefährlich ist, zu versuchen, in dein Land zurückzukehren«, sagte er. »Doch ich werde versuchen herauszufinden, wie die Lage ist und ob jemand etwas von deinen Freunden gehört hat.« Er stand auf und sah mir direkt ins Gesicht. »Ich habe jetzt einige Pflichten zu erledigen. Sei versichert, daß ich dir in jeder erdenklichen Weise behilflich sein werde. Ich hoffe, daß du für den Augenblick gut untergebracht bist. Entspanne dich, und versuche wieder zu Kräften zu kommen.«

Ich nickte.

Er griff in seine Tasche, zog einige Papiere hervor und überreichte sie mir. »Dies ist die Fünfte Erkenntnis. Sie beschäftigt sich mit Erlebnissen wie dem deinigen. Ich könnte mir vorstellen, daß sie dich interessiert.«

Zögernd nahm ich, noch während er sprach, die Papiere in Empfang. »Wie weit reicht dein Verständnis der letzten Erkenntnis, die du gelesen hast?« fragte er.

Ich zögerte. Im Augenblick hatte ich kein großes Interesse an Manuskripten oder Erkenntnissen. Doch schließlich sagte ich: »Die Menschheit steckt in einem Wettbewerb um menschliche Energie. Wenn es uns gelingt, andere von unserem Standpunkt zu überzeugen, identifizieren sie sich mit uns, was ihre Energie auf uns überträgt. Als Folge davon fühlen wir uns bestärkt.«

Er lächelte. »Das Problem besteht also darin, daß jeder versucht, die Energie des anderen zu kontrollieren und zu manipulieren, weil er selbst meint, zuwenig davon zu besitzen?«

»Ganz genau.«

»Es existiert allerdings eine Lösung des Konfliktes – eine neue Form der Energie?«

»Das behauptet jedenfalls die letzte Erkenntnis.«

Er nickte und ging mit bedächtigen Schritten hinüber in die Kirche.

Eine Weile lehnte ich mich mit den Ellbogen auf den Knien nach vorn und gab mir Mühe, nicht auf die Übersetzung zu schauen. Irgend etwas in mir sträubte sich immer noch. Die Ereignisse der letzten beiden Tage hatten meinen Enthusiasmus beträchtlich gedämpft, und ich wollte meine Energie lieber darauf verwenden, darüber nachzudenken, wie ich auf dem schnellsten Weg wieder in die Vereinigten Staaten zurückkehren konnte. Dann sah ich, wie der junge Pater in der Anlage sich erhob und langsam zu einem anderen Fleck schritt, der ungefähr sechs Meter vom vorigen entfernt war. Er wandte sich wieder in meine Richtung und ließ sich dort nieder.

Irgend etwas an ihm faszinierte mich, und ich fragte mich, was genau er dort wohl tun mochte. Schließlich dämmerte mir, daß es möglicherweise mit etwas zu tun hatte, was im Manuskript Erwähnung fand. Ich blickte auf die erste Seite vor mir und begann zu lesen.

Das Manuskript beschrieb ein neues Verständnis von etwas, das bisher als mystisches Bewußtsein bekannt gewesen war. Während der letzten Jahrzehnte des zwanzigsten Jahrhunderts, so wurde behauptet, würde dieses Bewußtsein als etwas tatsächlich Erwerbbares begriffen werden, etwas, was in den esoterischen Praktiken der meisten Religionen übrigens schon durchaus vorhanden war. Für die Masse würde dieses Bewußtsein ein intellektuelles Konzept bleiben, über dessen Existenz man endlos reden und debattieren konnte. Doch für eine wachsende Anzahl von Menschen würde das Einsetzen des Bewußtseins zu einer nachvollziehbaren Erfahrung werden, da jene Individuen im Laufe ihres Lebens Gelegenheit hatten, einen kurzen Blick auf diesen Zustand zu werfen. Das Manuskript behauptete, daß die Erfahrung dieses Zustandes der Schlüssel zur Beendigung des menschlichen Konfliktes auf der ganzen Welt darstellte, da die Energie plötzlich aus einer anderen Quelle fließen würde – einer Quelle, die wir mit der Zeit anzuzapfen lernen würden.

Ich unterbrach meine Lektüre und blickte wieder auf den jungen Pater. Seine Augen waren jetzt weit geöffnet, und er schien mich direkt anzusehen. Ich nickte ihm zu, obwohl ich nicht einmal seine Gesichtszüge klar erkennen konnte. Zu meiner Überraschung nickte er zurück und lächelte schwach. Dann erhob er sich und schritt auf das Haus zu meiner Linken zu. Während ich beobachtete, wie er durch den Innenhof auf die Siedlung zuging, vermied er es sorgfältig, mir in die Augen zu schauen.

Hinter mir hörte ich Schritte und sah, wie Sanchez die Kirche verließ. Er lächelte, während er auf mich zukam.

»Das hat nicht sehr lange gedauert«, sagte er. »Soll ich dich noch ein wenig in der Mission herumführen?«

»Gern«, sagte ich. »Erzählen Sie mir doch, was es mit diesen Plätzen auf sich hat.« Ich zeigte mit dem Finger auf den Fleck, wo der junge Pater sich kurz zuvor niedergelassen hatte.

»Komm mit«, sagte er.

Während wir über den Innenhof schlenderten, erzählte Sanchez, daß die Mission über vierhundert Jahre alt sei und von einem außergewöhnlichen spanischen Missionar gegründet worden war, der die Ansicht vertreten hatte, die Indianer seien besser durch die Kraft des Herzens als die des Schwertes zu überzeugen. Sein Ansatz hatte funktioniert, und dank seines Erfolges und der Abgeschiedenheit der Mission hatte man den Priester unbehelligt seinen Kurs verfolgen lassen.

»Wir halten uns an seine Tradition, die Wahrheit im Inneren zu suchen«, sagte Sanchez.

Die Sitzanlage war ebenfalls makellos gepflegt. Ungefähr einen halben Hektar dichten Waldes hatte man vom Unterholz befreit und durch Büsche und blühende Pflanzen ersetzt, die sich an den mit weichen Flußsteinen gepflasterten Gehwegen entlangzogen. Wie schon im Innenhof hatte man die Pflanzen auch hier in ihrem artgerechten Abstand belassen, so daß ihre charakteristischen Formen deutlich hervortraten.

»Wo möchtest du sitzen?« fragte Sanchez.

Ich sah mich nach den Möglichkeiten um. Vor uns befanden sich mehrere angelegte Plätze, von denen jeder in sich geschlossen wirkte. Bei allen handelte es sich um von wunderschönen Pflanzen, Felsen und verschiedenartigen größeren Bäumen eingeschlossene Freiräume. Einer davon, der zu unserer Linken lag und an dem sich der junge Pater zuletzt aufgehalten hatte, war von besonders vielen Felsen umgeben.

»Wie wäre es hier?«

Er nickte, und wir ließen uns nieder. Mehrere Minuten atmete Sanchez tief ein und aus, dann sah er mich an.

»Erzähl mir noch mehr von deinem Erlebnis auf dem Berggipfel«, sagte er.

Ich merkte, wie ich mich innerlich dagegen sträubte. »Ich weiß nicht, was ich noch darüber sagen soll. Es war nicht von Dauer.«

Der Priester sah mich mit strengem Blick an. »Nur weil etwas endet, wenn du Angst bekommst, ist es doch nicht unwichtig, oder? Vielleicht gelingt es dir, an die Erfahrung anzuschließen.«

»Vielleicht«, sagte ich. »Aber es ist nicht ganz einfach, kosmische Gefühle zu empfinden, wenn ein paar Leute währenddessen versuchen, einen umzubringen.«

Er lachte und sah mich mitfühlend an.

»Sind Sie hier in der Mission mit dem Studium des Manuskriptes befaßt?« fragte ich.

»Ja«, sagte er. »Wir bringen anderen bei, wie sie in den Genuß der Erfahrung gelangen können, die du auf dem Berg hattest. Du hättest doch sicher nichts dagegen, wieder ein wenig von dieser Energie zu spüren, oder?«

Die Stimme eines Priesters aus dem Innenhof unterbrach uns. Er rief nach Sanchez. Der entschuldigte sich, begab sich in den Innenhof und sprach mit dem Priester, der ihn gerufen hatte. Ich lehnte mich zurück und betrachtete die Pflanzen und die Felsen, dabei spielte ich mit meiner Augeneinstellung. Um den Busch, der mir am nächsten stand, erkannte ich mit Mühe einen Lichtkreis, doch bei den Felsen verlief das gleiche Bemühen ergebnislos. Ich konnte keine Veränderung erkennen.

Dann bemerkte ich, daß Sanchez wieder auf dem Weg zu mir war.

»Ich muß dich eine Weile verlassen«, sagte er. »Ich muß zu einem Treffen in die Stadt und kann vielleicht ein paar Informationen über den Verbleib deiner Freunde beschaffen oder zumindest herausfinden, wie gefährlich eine Reise für dich wäre.«

»Gut«, sagte ich. »Werden Sie bis zum Abend zurück sein?«

»Ich schätze nicht«, erwiderte er. »Es wird wohl eher morgen früh werden.«

Ich muß verunsichert gewirkt haben, denn er trat näher und legte seine Hand auf meine Schulter. »Sorge dich nicht. Hier bist du sicher. Fühl dich ganz wie zu Hause, schau dich um. Du kannst mit jedem der Priester reden, doch sei dir bewußt, daß einige empfänglicher sind als andere – je nachdem, wie weit sie in ihrer eigenen Entwicklung fortgeschritten sind.«

Ich nickte.

Er lächelte und ging hinter die Kirche, wo er in einen alten Wagen stieg, den ich bis dahin noch nicht bemerkt hatte. Nach mehreren Versuchen gelang es ihm, den Wagen zu starten, und er fuhr hinter der Kirche entlang auf die Straße, die zurück auf den Bergkamm führte.

Ich blieb mehrere Stunden an meinem Platz sitzen, zufrieden damit, meine Gedanken ordnen zu dürfen, und fragte mich, wie es Marjorie gehen mochte und ob Wil entkommen war. Mehrere Male drang das Bild des ermordeten Mannes in mein Bewußtsein, doch ich verdrängte die Erinnerung und versuchte meine Nerven zu behalten.

Gegen Mittag bemerkte ich, wie mehrere Priester begannen, in der Mitte des Innenhofes Schüsseln mit Lebensmitteln auf einen Tisch zu stellen. Als sie fertig waren, traten ungefähr ein Dutzend weiterer Priester dazu, von denen jeder seinen eigenen Teller füllte und ungezwungen auf einer der umstehenden Bänke Platz nahm. Die meisten lächelten einander zu, doch hörte ich niemanden sprechen. Einer von ihnen zeigte zuerst auf mich und dann auf das Essen auf dem Tisch.

Ich nickte, begab mich in den Innenhof und füllte mir einen Teller mit Bohnen und Mais. Jeder der anwesenden Priester schien sich meiner Gegenwart zwar bewußt, doch wechselte keiner ein Wort mit mir. Ich machte mehrere Bemerkungen über das Essen, doch wurden diese nur durch freundliches Lächeln und ebensolche Gesten erwidert. Als ich es mit direktem Augenkontakt versuchte, senkten die Priester ihre Blicke. So setzte ich mich allein auf eine der Bänke und begann zu essen. Das Gemüse und die Bohnen waren ungesalzen, jedoch mit Kräutern gewürzt. Als die Mittagszeit vorüber war, stapelten die Priester ihre Teller auf dem Tisch, und ein anderer Pater trat aus der Kirche und begann hastig damit, sich einen Teller mit Essen herzurichten. Als er fertig war, sah er sich nach einem

Sitzplatz um, und unsere Blicke trafen sich. Er lächelte, und ich erkannte ihn als den Priester, der mir früher am Tag von seinem Platz aus zugenickt hatte. Ich erwiderte sein Lächeln, er kam zu mir und sprach mich in gebrochenem Englisch an.

»Kann ich mit auf Ihrer Bank sitzen?« fragte er.

»Nur zu«, antwortete ich.

Er setzte sich und begann sorgfältig mit der Aufnahme seines Essens, wobei er jeden Bissen unzählige Male kaute und mich dabei gelegentlich anlächelte. Er war von untersetztem und drahtigem Wuchs, seine Haare waren kohlschwarz und seine Augen von einem hellen Braun.

»Schmeckt Ihnen das Essen?« fragte er

Ich hielt meinen Teller auf dem Schoß. Einige Happen Mais waren noch übrig.

»O ja«, sagte ich und nahm einen Bissen. Wieder bemerkte ich, wie langsam und andächtig er kaute, und ich versuchte es ihm gleichzutun, dann fiel mir auf, daß alle Priester so gegessen hatten wie er.

»Wird das Gemüse hier in der Mission angebaut?« fragte ich. Er zögerte, bevor er antwortete, und schluckte langsam.

»Ja, das Essen ist sehr wichtig.«

»Meditieren Sie mit den Pflanzen?«

Er sah mich überrascht an. »Haben Sie das Manuskript gelesen?«

»Ja, die ersten vier Erkenntnisse.«

»Haben Sie jemals selbst Nahrung angebaut?«

»O nein. Ich höre gerade zum ersten Mal von all diesen Dingen.«

»Sind Sie in der Lage, Energiefelder zu sehen?«

»Ja, manchmal schon.«

Eine Weile saßen wir schweigend, während er langsam kleinere Bissen zu sich nahm.

»Essen ist der erste Schritt zur Energiegewinnung«, sagte er. Ich nickte.

»Doch um in der Lage zu sein, die Energie im Essen aufzunehmen, muß das Essen richtig geschätzt, äh …«

Anscheinend suchte er nach dem treffenden Wort in der englischen Sprache. »… ausgekostet werden«, sagte er schließlich. »Der Geschmack ist das Wichtige, Sie müssen schmecken können. Deshalb beten wir vor dem Essen. Nicht nur aus Dank, sondern um den Vorgang des Essens selbst zu einer heiligen Angelegenheit zu machen, damit die Energie des Essens von unserem Körper aufgenommen werden kann.«

Er nahm mich genau in Augenschein, als wolle er feststellen, ob ich ihm folgen konnte.

Ich nickte, ohne etwas zu sagen. Er sah nachdenklich drein.

Was er mir zu sagen versuchte, so vermutete ich, war, daß die bewußte Nahrungsaufnahme als wahrer Sinn hinter dem Ritual religiöser Dankbarkeit stand und daß dadurch eine effektivere Aufnahme der in der Nahrung enthaltenen Energie erfolgte.

»Doch die Essensaufnahme ist nur der erste Schritt«, sagte er. »Nachdem die persönliche Energie einmal erhöht worden ist, wird man sensibler für die Energie in allen anderen Dingen ..., und dann lernt man diese Energie ohne Nahrung aufzunehmen.«

Ich nickte bestätigend.

»Jeder Gegenstand um uns herum«, fuhr er fort, »hat Energie in sich. Doch handelt es sich jedes Mal um eine andere Energie. Deshalb erhöhen bestimmte Orte den Energiehaushalt mehr als andere. Es hängt davon ab, auf welche Weise der eigene Zustand mit der bestehenden Energie zu verbinden ist.«

»War es das, was Sie vorhin gemacht haben?« fragte ich. »Sie haben Ihren Energiehaushalt erhöht?«

Er sah zufrieden drein. »Ja.«

»Wie genau machen Sie das?«

»Das wichtigste dabei ist Offenheit, der Wille, sich zu verbinden und einen wahren Sinn für das Schöne zu entwickeln, ganz wie bei der Sichtung der Energiefelder. Der nächste Schritt führt dahin, daß man tatsächlich das Gefühl hat, sich selber aufzuladen.«

»Ich weiß nicht, ob ich Ihnen folgen kann.«

Ob meiner Beschränktheit legte er die Stirn in Falten. »Wollen Sie noch einmal an den Meditationsort zurückgehen? Dort könnte ich Ihnen zeigen, was ich meine.«

»Sicher«, sagte ich. »Warum nicht?«

Ich folgte ihm durch den Innenhof zu den Sitzplätzen. Als wir dort ankamen, blieb er kurz stehen und sah sich um, als suche er die Gegend nach etwas ganz Bestimmtem ab.

»Da drüben«, sagte er schließlich und zeigte auf einen Fleck, nahe dem dichtbewachsenen Waldstück.

Wir folgten dem Pfad, der sich durch die Bäume und Büsche zog. Er wählte eine Stelle vor einem der riesigen Bäume, der aus einem Felsen hervorwuchs, so daß der riesige Stamm wirkte, als habe er sich auf dem Stein niedergelassen. Die Wurzeln des Baumes schlängelten und wanden sich durch die Felsen, bevor sie endlich den Waldboden erreichten. Blühendes Buschwerk stand in einem Halbkreis vor dem Baum, und ich bemerkte einen schwachen Duft, der von den gelben Blüten ausging. Der dichte Wald bildete eine grüne Wand im Hintergrund.

Der Priester wies mich an, auf einer winzigen Lichtung zwischen den Büschen Platz zu nehmen; mein Gesicht war auf den knorrigen Baum gerichtet. Er setzte sich neben mich.

»Gefällt Ihnen der Baum?«

»Ja.«

»Dann, äh ..., fühlen Sie es ...«

Wieder schien er nicht das geeignete Wort zu finden. Einen Augenblick lang dachte er nach und fragte dann:»Pater Sanchez erzählte, daß Sie auf dem Bergkamm ein Erlebnis hatten; können Sie sich an das Gefühl dabei erinnern?«

»Ich fühlte mich leicht und geborgen und meiner Umgebung verbunden.«

»In welcher Weise verbunden?«

»Das ist schwer zu beschreiben«, sagte ich. »Als sei die ganze Landschaft um mich herum zu einem Teil meiner selbst geworden.«

»Aber wie würden Sie das Gefühl beschreiben?«

Ich dachte einen Augenblick nach. Wie sollte ich das Gefühl beschreiben? Dann dämmerte es mir.

»Liebe«, sagte ich. »Man könnte sagen, daß ich Liebe für alles empfunden habe, was mich umgab.«

»Ja«, sagte er. »Genau das ist es. Versuchen Sie, dieses Gefühl für den Baum hier zu entwickeln.«

»Einen Moment«, protestierte ich. »Liebe passiert einfach, ich kann mich nicht dazu zwingen, etwas zu lieben.«

»Das brauchen Sie nicht«, sagte er. »Lassen Sie die Liebe einfach zu. Dazu müssen Sie Ihre Gedanken allerdings so bündeln, daß Sie sich an das Gefühl der Liebe erinnern und versuchen, es erneut zu empfinden.«

Ich betrachtete den Baum und versuchte, mich an meine Gefühle auf dem Bergkamm zu erinnern. Allmählich begann ich die Form und die Ausstrahlung des Baumes zu bewundern. Dieses Gefühl wuchs, bis ich tatsächlich so etwas wie Liebe empfand. Es entsprach exakt dem, was ich als Kind für meine Mutter empfunden hatte und als Jugendlicher für ein bestimmtes Mädchen – eine Form unschuldiger Liebe. Obwohl ich auf den Baum geschaut hatte, blieb diese Liebe als eine Art emotionaler Hintergrund. Meine Liebe schien immer umfassender zu werden.

Der Priester entfernte sich behutsam und beobachtete mich angestrengt.

»Gut«, sagte er. »Sie akzeptieren den Zugang der Energie.«

Ich bemerkte, daß sein Blick ein wenig unscharf war.

»Woran merken Sie das?« fragte ich.

»Ich kann sehen, daß Ihr Energiefeld zunimmt.«

Ich schloß die Augen und versuchte Zugang zu den intensiven Gefühlen zu bekommen, die ich auf dem Bergkamm empfunden hatte, doch gelang es mir nicht, die Erfahrung zu wiederholen. Die Gefühle waren zwar in gewisser Weise vergleichbar, doch traten sie in einer viel schwächeren Form auf. Der Fehlschlag frustrierte mich.

»Was ist passiert?« fragte er. »Ihre Energie läßt nach.«

»Ich weiß nicht«, sagte ich. »Ich bin nicht in der Lage, die Empfindungen in der gleichen Intensität zu erfahren.«

Er betrachtete mich zunächst amüsiert, dann mit zunehmender Ungeduld.

»Was Sie auf dem Bergkamm erlebt haben, war ein Geschenk, ein Durchbruch, ein Blick auf einen neuen Weg. Sie müssen nun lernen, diesen Zustand in kleinen Schritten selbständig herbeizuführen.«

Er entfernte sich noch ein wenig und sah mich wieder an. »Strengen Sie sich ein wenig an.«

Ich schloß die Augen und versuchte Zugang zu einem tieferen Gefühl zu bekommen. Schließlich wurde ich von der Emotion überrollt. Es gelang mir, sie zu halten und ihre Intensität in kleinen Schritten zu steigern. Ich konzentrierte mich dabei völlig auf den Baum.

»Das ist sehr gut«, sagte er plötzlich. »Sie bekommen Energie und geben sie an den Baum weiter.«

Ich sah ihn verständnislos an. »Ich gebe sie an den Baum weiter?«

»In dem Augenblick, in dem Sie die Einzigartigkeit und die Schönheit der Dinge erkennen«, erklärte er, »wird Ihnen Energie zugeführt. Sobald Sie auf die Ebene gelangen, auf der Sie Liebe empfinden, sind Sie auch in der Lage, diese Liebe aus eigenem Antrieb zurückzusenden.«

Lange Zeit verbrachte ich in der Gesellschaft des Baumes. Je mehr ich mich auf den Baum konzentrierte, je mehr ich seine Form und Farbe bewunderte, desto mehr Liebe erfüllte mich. Es war ein ausgesprochen ungewöhnliches Erlebnis. Ich stellte mir vor, wie meine Liebe überquoll und sich auf den Baum übertrug, doch war ich außerstande, den Vorgang zu beobachten. Ohne den Baum aus den Augen zu lassen, bemerkte ich, wie der Priester aufstand und sich auf den Weg machte.

»Wie genau sieht es aus, wenn ich dem Baum Energie gebe?« fragte ich.

Detailliert beschrieb er seine Wahrnehmung, und ich erkannte dasselbe Phänomen, dessen Zeuge ich geworden war, als Sarah Energie auf den Philodendron in Viciente projiziert hatte. Obwohl Sarah damals Energie übertragen hatte, war sie sich offenbar nicht im klaren darüber gewesen, daß der Zustand der Liebe für eine erfolgreiche Projektion vonnöten war. Sie mußte sich in einem Zustand selbstverständlicher Liebe befunden haben.

Der Priester entfernte sich in Richtung Innenhof und damit aus meiner Sichtweite. Ich blieb bis zum Einbruch der Dunkelheit an meiner Stelle sitzen.

Die beiden Priester nickten höflich, als ich das Haus betrat. Ein loderndes Feuer hielt die kühle Abendluft fern, und der vordere Raum wurde durch mehrere Öllampen erhellt. Der Geruch einer Gemüse- oder Kartoffelsuppe hing in der Luft. Auf dem Tisch befanden sich eine Schüssel aus Steingut, mehrere Löffel und ein Teller mit vier Scheiben Brot.

Einer der Priester machte kehrt und verließ das Haus, ohne mich angesehen zu haben, und der andere hielt seinen Blick gesenkt und deutete mit dem Kopf auf einen großen gußeisernen Topf, der auf einem Herd am Kamin stand. Unter seinem Deckel schaute der Griff einer Kelle hervor. Kaum hatte ich den Topf gesehen, fragte der zweite Priester: »Benötigen Sie sonst noch etwas?«

»Ich denke nicht«, sagte ich. »Vielen Dank.«

Er nickte und verließ ebenfalls das Haus, mich mir selbst überlassend. Ich hob den Deckel vom Topf – Kartoffelsuppe. Sie roch nahrhaft und köstlich. Ich schöpfte mehrere Kellen voll in die Schüssel und setzte mich an den Tisch, dann zog ich jenen Teil des Manuskriptes, den Sanchez mir gegeben hatte, hervor und legte ihn mit dem Vorsatz, ihn zu lesen, neben mich. Die Suppe schmeckte allerdings so gut, daß ich mich voll und ganz dem Essen widmete. Nachdem ich gegessen hatte, stellte ich das Geschirr in ein großes Becken und starrte wie hypnotisiert auf das Feuer, bis es heruntergebrannt war und die Flammen nur noch spärlich flackerten. Dann löschte ich das Licht und ging zu Bett.

Am nächsten Morgen erwachte ich bei Tagesanbruch und fühlte mich vollkommen erfrischt. Vor dem Fenster rollte der Morgennebel durch den Innenhof. Ich legte Holz nach und fächerte Luft in den Kamin, bis die Scheite über den Kohlen Feuer gefangen hatten. Gerade wollte ich in der Küche nach etwas Eßbarem schauen, als ich Sanchez' Geländewagen kommen hörte.

Ich trat hinaus und sah, wie er mit einem Rucksack in der einen und mehreren Paketen in der andern Hand hinter der Kirche hervorkam.

»Ich bringe einige Neuigkeiten«, sagte er und forderte mich mit einer Handbewegung auf, ihm ins Innere des Hauses zu folgen.

Einige andere Priester tauchten mit heißen Maisküchlein, Grütze und getrockneten Früchten auf. Sanchez begrüßte die Männer, dann setzte er sich mit mir an den Tisch, während die Priester davoneilten.

»Ich habe an einem Treffen einiger Priester aus dem Südlichen Konzil teilgenommen«, begann er. »Wir haben uns getroffen, um das Manuskript zu besprechen. Auf der Tagesordnung stand die Aggressionspolitik der Regierung. Es war das erste Mal, daß sich eine Gruppe von Priestern zur Unterstützung dieses Dokumentes in der Öffentlichkeit getroffen hat. Die Runde war gerade eröffnet, als ein Gesandter der Regierung an die Tür klopfte und um Zugang bat.«

Er schwieg, während er sich Essen auftat, und begann damit, einige Bissen gründlich zu zerkauen. »Der Abgesandte«, so fuhr er dann fort, »versicherte uns, daß die einzige Absicht der Regierung darin bestehe, das Manuskript vor dem Zugriff und der Ausbeutung Außenstehender zu schützen. Er informierte uns, daß alle Kopien im Besitz peruanischer Staatsbürger einer Lizenzierung bedürfen. Er gab vor, unsere Besorgnis zu verstehen, bat uns aber darum, dem Gesetz Folge zu leisten und unsere Kopien abzugeben. Er versprach, daß uns von Regierungsseite umgehend Kopien zur Verfügung gestellt werden würden.«

»Haben Sie den Anweisungen Folge geleistet?« fragte ich.

»Selbstverständlich nicht.«

Für eine Weile waren wir beide mit dem Essen beschäftigt. Auch ich versuchte nun gründlichst zu kauen, um den Geschmack der Speisen auszukosten.

»Wir haben ihn wegen des Zusammenstoßes in Cula befragt«, fuhr er fort, »und er sagte, daß es sich dabei um eine isolierte, aber notwendige Aktion gegen einen Mann namens Jensen gehandelt hätte. In seiner Gesellschaft befanden sich angeblich mehrere bewaffnete Agenten aus dem Ausland. Jensen habe vorgehabt, das Manuskript zu finden und außer Landes zu schaffen, deshalb sei der Regierung keine andere Wahl geblieben, als ihn festzunehmen. Von deinen Freunden hat er kein Wort gesagt.«

»Haben Sie dem Gesandten geglaubt?«

»Nein. Nachdem er gegangen war, setzten wir unser Treffen fort. Wir kamen überein, eine Politik des stillen Widerstandes zu betreiben, und werden weiterhin Kopien anfertigen, die mit der gebotenen Vorsicht verteilt werden sollen.«

»Werden die Oberhäupter Ihrer Kirche das gestatten?« fragte ich.

»Das wissen wir nicht«, sagte Sanchez. »Die Kirchenältesten haben das Manuskript bisher zwar abgelehnt, sich aber nicht darum gekümmert, wer von uns darin involviert ist. Unsere Hauptbedenken gelten einem Kardinal, der weiter nördlich von hier lebt; sein Name ist Kardinal Sebastian. Er hat sich bisher am deutlichsten gegen den Inhalt des Manuskriptes ausgesprochen und ist sehr einflußreich. Wenn es ihm gelingen sollte, die Führung des Landes davon zu überzeugen, stärkere Maßnahmen gegen die Verbreitung des Manuskriptes zu ergreifen, werden wir vor einer sehr interessanten Entscheidung stehen.«

»Weshalb ist er so vehement gegen das Manuskript?«

»Er hat Angst.«

»Wovor?«

»Ich habe lange nicht mit ihm gesprochen, und das Manuskript haben wir bei unseren Unterhaltungen immer ausgespart, aber ich weiß, daß er die Ansicht vertritt, die Aufgabe des Menschen bestehe darin, ohne spirituelles Wissen seine Aufgabe im Kosmos zu verrichten – als Motivation muß ihm der reine Glauben genügen. Er fürchtet außerdem, das Manuskript könne den Status quo und die Befugnisse der weltlichen und geistlichen Autorität untergraben.«

»Wie soll ein Manuskript das schaffen?«

Er lächelte und neigte leicht den Kopf. »Die Wahrheit ist's, die Euch befreien wird.«

Ich sah ihn an und versuchte zu verstehen, was er meinte, während ich die letzten Bissen Frucht und Brot von meinem Teller aß. Er nahm noch einige kleine Happen zu sich und rutschte dann mit seinem Stuhl zurück.

»Du kommst mir um einiges stärker vor«, sagte er. »Hast du mit jemandem aus der Mission gesprochen?«

»Ja«, sagte ich. »Ich habe von einem der Priester gelernt, wie man in Verbindung mit der Energie tritt. Ich … weiß seinen Namen nicht, aber er saß zwischen den Bäumen, als wir uns gestern morgen im Innenhof unterhalten haben. Als ich später mit ihm sprach, brachte er mir bei, wie man Energie absorbiert und wieder zurückprojiziert.«

»Er heißt John«, sagte Sanchez und bedeutete mir mit einer Kopfbewegung, in meiner Erzählung fortzufahren.

»Es war eine absolut erstaunliche Erfahrung«, sagte ich. »Durch reine Erinnerung an bereits empfundene Liebe war es mir möglich, mich zu öffnen. Den ganzen Tag habe ich in diesem Zustand zugebracht. Zwar erreichte ich nicht den Zustand, den ich auf dem Berg hatte, doch war ich nahe dran.«

Mit einem Mal wirkte Sanchez sehr ernst. »Die Rolle der Liebe hat lange Zeit für grundlegende Mißverständnisse gesorgt. Wir sollten sie nicht praktizieren, um gut zu sein oder die Welt aus einem abstrakten moralischen Verantwortungsgefühl heraus zu einem besseren Platz zu machen beziehungsweise unser hedonistisches Treiben aufzugeben. Die Verbindung mit der Energie erzeugt Erregung, Euphorie und schließlich Liebe. Ausreichend Energie zu generieren, um den Zustand der Liebe aufrechtzuerhalten, würde der Welt bestimmt nicht schaden, doch in erster Linie hilft es dem einzelnen. Dieses ist die hedonistischste Tat, die wir vollbringen können.«

Ich stimmte ihm zu und bemerkte, daß er mit seinem Stuhl einen weiteren halben Meter von mir abgerückt war und mich durchdringend ansah.

»Nun, wie sieht mein Energiefeld aus?« fragte ich.

»Es ist viel größer geworden«, sagte er. »Du mußt dich sehr wohl fühlen.«

»Tue ich.«

»Gut. Darum geht es hier bei unserer Arbeit.«

»Erzählen Sie mehr davon«, sagte ich.

»Wir bilden Priester aus, um sie hinauf in die Berge zu schikken und dort mit den Indianern arbeiten zu lassen. Das ist ein einsames Leben, und die Priester müssen über außergewöhnliche Kräfte verfügen. Jeder der Männer hier ist vor seiner Aufnahme einer sorgfältigen Prüfung unterzogen worden, und sie alle haben eines gemein: Jeder von ihnen hat ein Erlebnis gehabt, das er mystisch nennt.

Ich studiere derartige Erlebnisse seit vielen Jahren und bin der Ansicht, daß jemand, der bereits eine mystische Erfahrung hatte, es einfacher haben wird, zu diesem Zustand zurückzufinden und die eigene Energie zu erhöhen. Andere können es ebenfalls schaffen, doch es dauert länger. Eine starke Erinnerung an die Erfahrung erleichtert, wie du sicher gemerkt hast, den erneuten Zugang zu dem Zustand. Danach baut die Intensität sich langsam wieder ab.«

»Wie sieht das Energiefeld einer Person aus, die sich in diesem Zustand befindet?«

»Es dehnt sich aus und verändert kaum merklich seine Farbe.«

»Welche Farbe?«

»Gewöhnlich wechselt sie von stumpfem Weiß ins Grüne oder Bläuliche. Das Wichtigste ist jedoch, daß das Feld sich ausdehnt. Während deiner mystischen Erfahrung auf dem Bergkamm verbreitete sich deine Energie im ganzen Universum. Durch deine Verbindung konntest du Energie aus der Gesamtheit des Universums beziehen, als Folge davon stieg dein Energievolumen so stark an, daß es deine ganze Umgebung erfüllte. Erinnerst du dich, wie sich das anfühlte?«

»Ja«, sagte ich. »Ich hatte das Gefühl, das gesamte Universum sei mein Körper und ich lediglich der Kopf oder, um genauer zu sein, seine Augen.«

»Ja«, sagte er, »in diesem Moment gab es keinen Unterschied zwischen deinem Energiefeld und dem des Universums. Das Universum war dein Körper.«

»Währenddessen hatte ich einige seltsame Erinnerungen«, sagte ich. »Mir schien, als erinnere ich mich daran, wie mein größerer Körper, mein Universum, sich entwickelt hatte. Ich war Zeuge, wie die ersten Sterne sich aus simplen Wasserstoffatomen bildeten, und sah dann, wie komplexere Materie sich um die nachfolgenden Generationen dieser Sonnen heranbildete. Nur sah ich keine Materie. Ich erkannte Materie als simple Schwingungen der Energie, die sich fortwährend zu komplexeren, höheren Formen veränderte. Dann begann das Leben ... und entwickelte sich bis zu einem Punkt, an dem der Mensch auftauchte ...«

Ich hörte unvermittelt auf zu sprechen, und er merkte, daß meine Stimmung sich verändert hatte.

»Stimmt etwas nicht?«

»An dem Punkt hörte meine Erinnerung an den Evolutionsvorgang auf«, erklärte ich. »Ich hatte zwar den Eindruck, daß die Geschichte weiterging, konnte sie aber nicht fassen.«

»Die Geschichte geht tatsächlich weiter«, sagte er. »Die Menschheit ist der Träger der universellen Evolution und bringt sie auf ein immer höheres energetisches Niveau.«

»Wie?« fragte ich.

Er lächelte, antwortete aber nicht. »Darüber wollen wir später sprechen. Ich muß mich jetzt wirklich um einige Dinge kümmern. Ich werde dich in ungefähr einer Stunde wiedersehen.«

Ich nickte. Er nahm einen Apfel vom Tisch und verließ das Haus. Ich schlenderte hinter ihm her und erinnerte mich dann an die Kopie der Fünften Erkenntnis im Schlafzimmer und ging zurück, um sie zu holen. Früher am Tag hatte ich an den Wald gedacht, in dem Sanchez gesessen hatte, als ich ihm zum ersten Mal begegnet war. Selbst durch meine Müdigkeit und meine Panik hindurch hatte ich den Ort als außergewöhnlich schön empfunden, und so ging ich auf der Straße nach Westen, bis ich genau an der Stelle angekommen war, und ließ mich dort nieder.

Mit dem Rücken gegen den Baum gelehnt, ließ ich meine Gedanken kommen und gehen und verbrachte einige Minuten damit, mich umzuschauen. Es war ein heller und windiger Morgen, und ich sah zu, wie der Wind die Zweige über meinem Kopf bewegte. Die Luft erfrischte mich, und ich atmete mehrere Male tief durch. Während einer Windflaute holte ich das Manuskript hervor und wollte weiterlesen, doch noch bevor ich die Stelle gefunden hatte, an der ich stehengeblieben war, hörte ich das Motorengeräusch eines Geländewagens.

Ich legte mich flach neben den Baum und versuchte zu orten, aus welcher Richtung der Wagen sich näherte. Das Geräusch schien aus Richtung der Mission zu kommen. Während es näher kam, sah ich, daß es sich um Sanchez' alten Wagen handelte. Er selbst saß hinter dem Steuer.

»Ich habe mir schon gedacht, daß du hier bist«, sagte er, als er neben mir zum Stehen kam. »Steig ein. Wir müssen fahren.«

»Was ist los?« fragte ich und stieg auf den Beifahrersitz.

Er fuhr Richtung Hauptstraße. »Zufällig hat einer meiner Priester unten im Dorf eine Unterhaltung aufgeschnappt. Einige Regierungsbeauftragte sind dort und haben sich nach mir und der Mission erkundigt.«

»Was können die wollen?«

Er blickte mich zuversichtlich an. »Ich weiß es nicht. Sagen wir, ich bin mir nicht mehr ganz so sicher, daß man uns in Frieden lassen wird. Zur Vorsicht sollten wir in die Berge fahren. Einer meiner Priester lebt in der Nähe von Machu Picchu. Sein Name ist Pater Carl. In seinem Haus sind wir sicher, bis wir wissen, woher der Wind weht.« Er lächelte. »Abgesehen davon möchte ich sowieso, daß du Machu Picchu kennenlernst.«

Mit einem Mal schoß mir der Verdacht durch den Kopf, daß er eingewilligt haben könnte, mich auszuliefern. Ich beschloß, Vorsicht walten zu lassen und wachsam zu bleiben, bis ich herausgefunden hatte, was wirklich los war.

»Hast du die Übersetzung gelesen?« fragte er.

»Den überwiegenden Teil«, sagte ich.

»Du hattest Fragen wegen der menschlichen Evolution. Hast du den betreffenden Teil gelesen?«

»Nein.«

Er blickte von der Straße auf und sah mir fest in die Augen. Ich tat, als bemerke ich es nicht.

»Stimmt etwas nicht?« fragte er.

»Schon gut«, sagte ich. »Wie lange dauert die Fahrt nach Machu Picchu?«

»Ungefähr vier Stunden.«

Ich hätte am liebsten geschwiegen und Sanchez die Unterhaltung überlassen, in der Hoffnung, er würde sich verraten, war jedoch nicht in der Lage, meine Neugier in bezug auf die Evolutionsgeschichte zu unterdrücken.

»Wie treiben die Menschen die Evolution voran?« fragte ich.

Er warf mir einen schnellen Blick zu. »Was denkst du denn?«

»Ich weiß nicht«, sagte ich. »Oben auf der Bergspitze dachte ich, es hätte mit den Fügungen zu tun, von denen in der Ersten Erkenntnis die Rede ist.«

»Richtig«, sagte er. »Das paßt zu den anderen Erkenntnissen, stimmt's?«

Ich war verwirrt. Fast hätte ich verstanden, was er meinte, doch eine Kleinigkeit schien mir auch jetzt wieder entgangen zu sein. Ich schwieg.

»Denk daran, in welcher Reihenfolge die Erkenntnisse in Erscheinung treten«, sagte er. »Die Erste taucht auf, sobald wir beginnen, die Fügungen um uns herum ernst zu nehmen. Sie sorgen dafür, daß wir die Existenz von etwas Spirituellem wahrnehmen, etwas, das all unserem Streben zugrunde liegt.

Die Zweite Erkenntnis führt unser Bewußtsein als etwas Reales ein. Wir sind in der Lage zu erkennen, daß unsere Beschäftigung mit materiellen Überlebensfragen, damit, wie wir unsere Position im Universum sichern, den Hauptteil unseres Lebens bestimmt und daß unsere Offenheit eine Art Erwachen darstellt, etwas, das uns erlauben wird, die Dinge zu sehen, wie sie wirklich sind.

Die Dritte Erkenntnis liefert einen neuen Blick auf das Leben an sich. Sie definiert das physikalische Universum als pure Energie, eine Energie, die irgendwie darauf reagiert, wie wir denken.

Und die Vierte entlarvt unsere allzu menschliche Tendenz, Energie von anderen zu stehlen, indem wir versuchen, sie zu kontrollieren und ihre Gedanken zu manipulieren, ein Verbrechen, dessen wir uns schuldig machen, weil wir uns so oft energielos und abgeschnitten fühlen. Dieser Mangel an Energie läßt sich selbstverständlich beheben, sobald wir mit einer höheren Energie in Kontakt treten. Das Universum ist in der Lage, uns mit allen notwendigen Dingen zu versorgen, sobald wir uns nur dafür öffnen. Das ist die Enthüllung der Fünften Erkenntnis.

In deinem Fall«, fuhr er fort, »hat eine mystische Erfahrung dir für einen Augenblick erlaubt, das Potential dieser Energie für den Menschen zu erkennen, ungefähr so, als würdest du vor allen anderen in die Zukunft schauen. Es gelingt uns nicht, diesen Zustand für längere Zeit zu manifestieren. Sobald wir mit jemandem sprechen, der innerhalb der Grenzen des normalen Bewußtseins operiert, oder versuchen, in einer Welt zu leben, in der immer noch Konflikte bestehen, fliegen wir aus dem fortgeschrittenen Stadium und fallen zurück auf die Stufe unseres alten Selbst.

Und dann«, fuhr er fort, »geht es darum, das einmal Gesehene Schritt für Schritt in Richtung eines ultimativen Bewußtseins zu entwickeln. Um das zu schaffen, müssen wir lernen, uns bewußt mit Energie aufzuladen, denn nur diese Energie erzeugt die Fügungen, und diese helfen uns dabei, unser neues Bewußtsein auf eine dauerhafte Basis zu stellen.

Denk einmal darüber nach: Wenn sich in unserem Leben ein besonderer Glücksfall ereignet, etwas, das unser Leben vorwärtstreibt, dann verwirklichen wir uns gewissermaßen und bekommen dabei ein Gefühl dafür, in welche Richtung uns das Schicksal führt. An diesem Punkt hat sich die Energie, die für das Auftauchen der Fügung verantwortlich ist, in uns gefestigt. Sicher, wir werden den Kontakt wieder verlieren, weil wir es unterwegs mit der Angst zu tun bekommen, doch dieser neu erreichte Energielevel wird von nun an unsere neue Grenze darstellen, zu der wir immer wieder einen einfacheren Zugang finden. Wir sind zu einem neuen Menschen geworden und existieren auf einer höheren energetischen Ebene, einer Ebene höherer Schwingungen.

Ist dir der Vorgang klargeworden? Wir tanken uns auf, wachsen, tanken und wachsen erneut. So treiben wir Menschen die Evolution des Universums zu immer höheren Schwingungen.«

Einen Augenblick hielt er inne, dann schien ihm noch etwas einzufallen. »Diese Evolution setzte sich bisher unerkannt durch die Geschichte des Menschen fort. Sie erklärt, weshalb sich Zivilisationen weiterentwickeln und weshalb Menschen größer geworden sind und länger leben. Jetzt beginnen wir damit, diesen Prozeß bewußt durchzuführen. Dies ist auch die Botschaft des Manuskriptes. Darum geht es in unserem Bestreben um ein weltweites höheres spirituelles Bewußtsein.«

Vollkommen fasziniert von seinen Ausführungen, hing ich an Sanchez' Lippen. »Alles, was wir zu tun haben, ist, uns mit Energie aufzuladen, wie ich es von John gelernt habe, und dann werden sich diese Fügungen in immer regelmäßigeren Abständen ereignen?«

»Im Prinzip ja, aber ganz so einfach ist es nicht. Bevor wir in der Lage sein werden, uns auf Dauer mit der Energie zu verbinden, gibt es eine letzte Hürde, die wir nehmen müssen. Davon handelt die Sechste Erkenntnis.«

»Wie lautet die?«

Er schaute mir fest in die Augen. »Jeder muß seine eigene Art und Weise, andere zu kontrollieren, erkennen. Vergiß dabei nicht, daß die Menschen laut der Vierten Erkenntnis meistens einen Mangel an Energie fühlen und nach einem Weg suchen, den Energiefluß zwischen sich und ihrem Gegenüber zu kontrollieren. Die Fünfte zeigt uns, daß eine alternative Energiequelle existiert und es uns unmöglich ist, mit ihr in Verbindung zu bleiben, bis wir unsere persönliche Form der Kontrollausübung über andere erkannt und hinter uns gelassen haben – denn wenn wir in diese alte Gewohnheit zurückfallen, verlieren wir den Kontakt mit der Energie.

Diese alten Gewohnheiten aufzugeben ist nicht einfach, denn gerade zu Beginn sind sie uns selten bewußt. Die Lösung liegt darin, uns zu vergegenwärtigen, welche Kontrollmechanismen wir in der Kindheit ausübten, um Aufmerksamkeit zu gewinnen, um die Energie in unsere Richtung zu lenken, denn genau an dem Punkt hängen wir fest. Dieses Muster wiederholen wir wieder und wieder. Ich nenne es unser unterbewußtes Kontroll-Drama.

Drama deshalb, weil es sich um eine einzige, nur allzu bekannte Szene handelt, für die wir, wie für einen Film, in unserer Jugend das Drehbuch geschrieben haben. Diese Szene wiederholen wir in unserem Alltag wieder und wieder, meistens ohne uns dessen bewußt zu sein. Wir merken nur, daß uns die immer gleichen Dinge zustoßen. Das Problem besteht darin, daß durch die andauernde Wiederholung einer Szene kein Platz mehr für die ganz anderen Abenteuer in unserem, übrigens ausgesprochen realen Film besteht. In dem Moment, wo wir beginnen, unser Drama zu wiederholen, um an Energie zu kommen, halten wir den Film unseres Lebens an.«

Sanchez bremste den Wagen ab und steuerte ihn vorsichtig durch einige tiefe Furchen in der Straße. Ich merkte, daß ich frustriert war. Mir war nicht klargeworden, wie das Kontroll-Drama funktionierte. Fast hätte ich meinen Gefühlen gegenüber Sanchez Ausdruck verliehen, doch hielt mich irgend etwas davon ab. Ich merkte, daß ich ihm gegenüber immer noch fremd war und keinerlei Lust verspürte, mich ihm zu offenbaren.

»Hast du das verstanden?« fragte er.

»Ich weiß nicht«, sagte ich knapp. »Ich weiß nicht, ob ich so ein Kontroll-Drama habe.«

Er sah mich mit tiefer Anteilnahme an und lachte laut heraus. »Ach, wirklich nicht?« fragte er. »Weshalb spielst du dann dauernd den Unnahbaren?«

Die Klärung der Vergangenheit

Vor uns verengte sich die Straße und beschrieb eine scharfe Kurve um den nackten Fels. Der Wagen holperte über einige riesige Steine und bewegte sich dann langsam um die Biegung. Unter uns erhoben sich in massivem Grau die Anden und schoben ihre Gipfel durch schneeweiße Wolkenbänke.

Ich warf einen Blick auf Sanchez. Angespannt hatte er sich über das Lenkrad gelehnt. Fast den ganzen Tag waren wir steil gegen den Berg angefahren und hatten uns durch schmale Passagen zwischen herabgefallenen Felsstücken hindurchmanövriert. Eigentlich hatte ich vorgehabt, das Gespräch über Kontroll-Dramen ein wenig zu vertiefen, doch schien die Zeit dafür denkbar unpassend. Sanchez schien jedes Quentchen seiner Energie zu benötigen, um den Wagen zu lenken, und davon abgesehen wußte ich auch nicht genau, was ich fragen wollte. Ich hatte den Rest der Fünften Erkenntnis gelesen und war dort auf die gleichen Punkte gestoßen, die Sanchez zuvor angesprochen hatte. Der Gedanke, meine Kontrollmechanismen loszuwerden, war zwar verlockend, besonders wenn es mir helfen würde, meine eigene Entwicklung zu beschleunigen, doch hatte ich bisher immer noch nicht verstanden, wie ein Kontroll-Drama funktionierte.

»Woran denkst du?« fragte Sanchez.

»Ich habe gerade die Fünfte Erkenntnis zu Ende gelesen und dabei an die Dramen denken müssen. Sie sind also der Ansicht, mein Drama habe etwas mit meiner Unnahbarkeit zu tun?«

Er antwortete nicht. Statt dessen starrte er vor sich auf die Straße. Dreißig Meter vor uns versperrte ein großer Geländewagen den Weg. Ein Mann und eine Frau standen auf einem Felsen, ungefähr fünfzehn Meter von ihrem Wagen entfernt. Sie sahen uns kommen und erwiderten unsere Blicke.

Sanchez brachte den Wagen zum Stehen und musterte die beiden kurz, dann lächelte er. »Die Frau kenne ich«, sagte er. »Ihr Name ist Julia. Sie ist in Ordnung. Steigen wir aus und sprechen mit den Leuten.«

Der Mann und die Frau hatten beide dunkle Haut und Haare und schienen peruanischer Abstammung zu sein. Die Frau war älter, um die Fünfzig, der Mann sah aus wie dreißig. Während wir unseren Wagen verließen, kam die Frau auf uns zu.

»Pater Sanchez!« sagte sie im Gehen.

»Wie geht es dir, Julia?« antwortete Sanchez. Die beiden umarmten sich, dann stellte Sanchez mir Julia vor, und sie machte uns mit ihrem Reisegefährten, Rolando, bekannt.

Ohne ein weiteres Wort wandten Julia und Sanchez sich ab und gingen zu der Stelle, wo eben noch Julia mit Rolando gestanden hatte. Rolando sah mich mit intensivem Blick an, und einem inneren Antrieb folgend, wandte ich mich ab und folgte den beiden anderen. Rolando kam hinter mir her und sah mich immer noch an, als wolle er etwas von mir. Obgleich sein Haar und seine Züge ihn jugendlich erscheinen ließen, hatte er ein mir unangenehmes rötliches Gesicht. Aus irgendeinem Grund wurde ich in seiner Gegenwart unruhig.

Auf unserem Weg zum Abgrund machte er mehrmals Anstalten, das Wort an mich zu richten, doch ich vermied jedes Mal den Blickkontakt und beschleunigte meine Schritte. Er schwieg. Als wir den Abgrund erreicht hatten, setzte ich mich so auf einen schmalen Felsvorsprung, daß er sich nicht neben mich setzen konnte. Etwa zehn Meter über mir befanden sich Julia und Sanchez und saßen gemeinsam auf einem großen Felsen.

Rolando setzte sich so nah wie nur möglich zu mir. Obwohl sein permanentes Starren mich langsam störte, erregte er gleichzeitig meine Neugier.

Er bemerkte, daß ich ihn ansah, und fragte: »Sind Sie wegen des Manuskriptes hier?«

Ich ließ mir Zeit mit der Antwort. »Ich habe davon gehört.«

Er wirkte perplex. »Haben Sie es schon gesehen?«

»Teile davon«, sagte ich. »Haben Sie etwas damit zu tun?«

»Ich habe großes Interesse daran«, sagte er, »allerdings habe ich noch keine Kopie gesehen.« Schweigen folgte.

»Kommen Sie aus den Vereinigten Staaten?« fragte er dann.

Die Frage störte mich, und ich beschloß, sie nicht zu beantworten.

»Steht das Manuskript in irgendeinem Bezug zu den Ruinen von Machu Picchu?« fragte ich statt dessen.

»Nicht daß ich wüßte«, erwiderte er. »Außer vielleicht, daß es ungefähr zur Bauzeit von Machu Picchu geschrieben wurde.«

Daraufhin schwieg ich wieder und versuchte den unglaublichen Ausblick auf die Anden zu genießen. Wenn ich nur lange genug schweigen würde, so dachte ich, würde er früher oder später enthüllen, was er und Julia hier trieben und was sie wirklich mit dem Manuskript zu tun hatten. Zwanzig Minuten saßen wir so dort, ohne ein Wort zu sagen. Schließlich stand Rolando auf und entfernte sich. Er ging hinauf zu den beiden anderen, die sich immer noch unterhielten.

Ich wußte nicht, wohin ich gehen sollte. Ich nahm an, daß Julia und Sanchez sich ungestört aussprechen wollten, und so blieb ich für die Dauer von weiteren dreißig Minuten an meinem Platz sitzen, starrte auf die Berggipfel und versuchte, die Unterhaltung, die über mir stattfand, zu ignorieren. Keiner der drei beachtete mich auch nur im mindesten, und so beschloß ich, mich ihnen anzuschließen. Doch noch bevor ich aufstehen konnte, erhoben sie sich und gingen zu Julias Wagen. Durch die Felsen schnitt ich ihnen den Weg ab.

»Die beiden müssen los«, bemerkte Sanchez, als ich näher trat.

»Tut mir leid, daß wir keine Gelegenheit hatten, miteinander zu sprechen«, sagte Julia. »Ich hoffe, wir werden uns wiedersehen.« Sie betrachtete mich mit der gleichen menschlichen Wärme, die Sanchez mir gegenüber so oft an den Tag gelegt hatte. Als ich nickte, legte sie ihren Kopf ein wenig schief und fügte hinzu: »Um genau zu sein, habe ich ganz stark das Gefühl, daß wir uns schon sehr bald wiedersehen werden.«

Während wir den felsigen Pfad hinabstiegen, hatte ich das Bedürfnis, ihr zu antworten, doch fiel mir nichts ein. An ihrem Wagen angekommen, nickte sie nur leicht mit dem Kopf und sagte dann schnell auf Wiedersehen. Beide stiegen ein und fuhren nach Norden davon, in die gleiche Richtung, aus der Sanchez und ich gekommen waren. Die ganze Begegnung hatte mich ziemlich verwirrt.

Als wir wieder im Auto saßen, fragte Sanchez: »Hat Rolando dir die Neuigkeiten von Wil erzählt?«

»Nein!« sagte ich. »Hat er ihn etwa getroffen?«

Sanchez wirkte verdutzt. »Natürlich, sie sind ihm in einem kleinen Dorf, etwa vierzig Meilen östlich von hier, begegnet.«

»Hat Wil irgend etwas von mir gesagt?«

»Julia erwähnte nur, daß er von eurer Trennung gesprochen

hat. Wil hat sich jedoch hauptsächlich mit Rolando unterhalten. Hast du ihm denn nicht gesagt, wer du bist?«

»Nein. Ich wußte nicht, ob ich ihm trauen kann.«

Vollkommen fassungslos starrte Sanchez mich an. »Ich habe dir doch gesagt, daß du mit ihnen reden kannst. Julia kenne ich seit Jahren. Sie hat ein Geschäft in Lima, und seit der Entdekkung des Manuskriptes ist sie auf der Suche nach der Neunten Erkenntnis. Unter keinen Umständen würde sie mit jemandem reisen, der nicht absolut vertrauenswürdig ist. Es bestand keinerlei Gefahr. Du hast es verpaßt, an wichtige Informationen zu kommen.«

Er sah mich mit ernstem Gesicht an. »Dies ist ein perfektes Beispiel dafür, wie Kontroll-Dramen sich in den Weg einer Person stellen«, sagte er. »Du hast dich unnahbar verhalten und damit den Eintritt einer wichtigen Fügung verhindert.«

Ich ging in die Defensive. »Schon gut«, sagte er, »jeder spielt das eine oder andere Drama. Wenigstens hast du jetzt begriffen, wie deines funktioniert.«

»Ich habe es nicht verstanden!« sagte ich. »Was genau mache ich denn?«

»Deine Art, Leute und Situationen zu kontrollieren«, erklärte er, »um Energie in deine Richtung zu lenken, besteht darin, ein Drama in deinem Kopf zu entwickeln, ein Drama, in dessen Verlauf du dich zurückziehst und versuchst, geheimnisvoll und verschlossen zu wirken. Du redest dir selbst ein, du seist vorsichtig, hoffst aber in Wirklichkeit, daß sich eine andere Person in dein Drama ziehen läßt, indem sie versucht herauszufinden, was eigentlich mit dir los ist. Geht tatsächlich jemand auf dich ein, bleibst du vage und zwingst ihn, nachzugraben und regelrecht um deine wirklichen Gefühle zu kämpfen.

Wenn sich jemand so intensiv mit dir beschäftigt, erhältst du seine volle Aufmerksamkeit und Energie. Je länger du jemanden für dich und dein angebliches Geheimnis interessieren kannst, desto mehr Energie erhältst du. Unglücklicherweise entwickelt sich dein Leben sehr langsam, wenn du unnahbar spielst, da du das gleiche Szenario wieder und wieder abspulst. Hättest du es geschafft, dich Rolando gegenüber zu öffnen, hätte der Film deines Lebens vielleicht eine bedeutungsvolle Wendung erfahren.«

Ich spürte, wie die Sache mich langsam deprimierte. Das gleiche hatte Wil mir mit anderen Worten zu verstehen gegeben, als ich mich weigerte, Informationen an Reneau weiterzugeben. Es stimmte. Ich neigte tatsächlich dazu, meine wahren Gedanken zu vertuschen. Während wir der Straße höher in die Berge folgten, starrte ich aus dem Fenster, während Sanchez seine volle Aufmerksamkeit auf die tödlichen Abgründe richtete. Als die Straße ein wenig gerader verlief, sah er mich an und sagte: »Der erste Schritt für jeden von uns besteht darin, sich das eigene Kontroll-Drama zu Bewußtsein zu bringen. Nichts kann sich entwickeln oder fortschreiten, bevor wir uns nicht selbst anschauen und erkennen, was genau wir tun, um die Energie zu manipulieren. Du hast soeben mit dieser Erkenntnis begonnen.«

»Worin besteht der nächste Schritt?«

»In die eigene Vergangenheit zurückzugehen, zurück zu den Anfängen des Familienlebens, wo sich derartige Gewohnheiten ausgebildet haben. Die Anfänge zu sehen heißt auch, unsere Kontrollmechanismen verstehen zu lernen. Erinnere dich, daß die meisten unserer Familienmitglieder selbst Kontroll-Dramen entwickelt haben, um die Energie von uns Kindern abzuziehen. Deshalb haben wir überhaupt damit begonnen, Kontroll-Dramen zu entwickeln. Es war unsere einzige Chance, Energie zurückzugewinnen, und alle unsere Dramen stehen grundsätzlich in bezug zu den Familienmitgliedern. Gelingt es uns jedoch, die energetische Dynamik unserer jeweiligen Familie zu erkennen, können wir hinter diese Kontrollstrategien schauen und einen Blick auf die wirklichen Abläufe werfen.«

»Worin bestehen die wirklichen Abläufe?«

»Wir müssen lernen, unsere Erfahrungen in der Familie von einem evolutionsbezogenen, einem spirituellen Standpunkt aus zu betrachten, und dadurch erkennen, wer wir wirklich sind. Gelingt das, fällt auch das Kontroll-Drama von uns ab, und unser Leben setzt sich in Bewegung.«

»Also, womit soll ich anfangen?«

»Zunächst damit zu verstehen, wie du dein eigenes Drama geschrieben hast. Erzähle mir von deinem Vater.«

»Ein guter und fähiger Mann mit viel Humor, obwohl er allerdings ...« Ich zögerte, da ich nicht undankbar gegenüber meinem Vater wirken wollte.

»Allerdings was?« fragte Sanchez.

»Er war immer überaus kritisch. Nie habe ich ihm etwas recht machen können.«

»Auf welche Weise hat er dich kritisiert?« fragte Sanchez.

Vor meinem inneren Auge entstand das Bild meines Vaters als junger und starker Mann. »Er stellte Fragen und hatte dann an meinen Antworten immer etwas auszusetzen.«

»Was passierte dabei mit deiner Energie?«

»Ich fühlte mich energielos und versuchte, ihm nichts mehr zu erzählen.«

»Du meinst, du wurdest so unverbindlich und nichtssagend, daß du zwar seine Aufmerksamkeit auf dich ziehen, aber nicht mehr von ihm kritisiert werden konntest. Er hat dich verhört, und du hast deine Unnahbarkeit entwickelt, um ihm aus dem Weg zu gehen.«

»Ja, ich denke schon. Aber wieso verhört?«

»Der ›Vernehmungsbeamte‹ ist eine typische Ausprägung des Dramas. Menschen bedienen sich des Verhörs, um Energie auf sich zu ziehen, indem sie spezifische Fragen stellen und so in die Welt des anderen eindringen, um dort Fehler zu finden. Gelingt es ihnen, beginnen sie damit, jene Fehler zu kritisieren. Wenn diese Taktik Erfolg hat, so wird der Kritisierte in das Drama des Vernehmungsbeamten integriert. In Gegenwart des Vernehmungsbeamten werden sie plötzlich befangen und beginnen darauf zu achten, was dieser tut und denkt, um seine Aufmerksamkeit nicht zu erregen. Diese psychische Abwehr liefert dem anderen die gewünschte Energie.

Denk daran zurück, wie es war, wenn solche Figuren in deinem Leben auftauchten. Hast du dazu tendiert, dein Verhalten zu verändern, um nicht kritisiert zu werden? Der Vernehmungsbeamte zieht dich von deinem eigenen Pfad und betrügt dich um Energie, nur weil du dich danach beurteilst, was er denken könnte.«

Ich konnte mich genauestens an dieses Gefühl erinnern, und augenblicklich fiel mir Jensen ein.

»Dann war mein Vater also ein Vernehmungsbeamter?« fragte ich.

»Es klingt ganz so.«

Für einen Augenblick verlor ich mich in Gedanken an das

Drama meiner Mutter. Wenn mein Vater ein Vernehmungsbeamter war, was war dann meine Mutter?

Sanchez fragte mich, woran ich dachte.

»Ich habe mich gerade gefragt, was das Kontroll-Drama meiner Mutter gewesen ist«, sagte ich. »Wieviel verschiedene Dramen gibt es denn?«

»Ich werde dir die im Manuskript aufgeführten Klassifikationen aufzählen«, sagte Sanchez. »Jeder Mensch bemüht sich um Energie, entweder aggressiv, das heißt, er zwingt Leute mit direkter Gewalt, ihre Energie an ihn abzugeben, oder passiv, indem jemand mit dem Mitleid oder der Neugierde anderer Menschen spielt, um auf diese Weise Aufmerksamkeit zu erregen. Bedroht dich zum Beispiel jemand körperlich oder verbal, so bist du aus Angst davor, daß dir etwas Schreckliches widerfahren könnte, gezwungen, ihm deine Beachtung zu schenken und damit auch deine Energie. Der dich Bedrohende zieht dich in das aggressivste aller Dramen, ein Typus, der in der Sechsten Erkenntnis als Einschüchterer bezeichnet wird.

Zählt dir jemand all die gräßlichen Dinge auf, die ihm, möglicherweise auch noch deinetwegen, zugestoßen sind, und erklärt, daß sich diese Schreckenserlebnisse fortsetzen werden, wenn du dich weigerst, ihm zu helfen, so versucht jemand auf der passivsten aller Ebenen Kontrolle zu erlangen. Das Manuskript nennt dies das Drama des armen Ich. Denk einen Augenblick darüber nach, bevor du antwortest. Warst du jemals mit Menschen zusammen, die dir ein Gefühl der Schuld vermittelt haben, obwohl es eigentlich keinerlei Grund dafür gab?«

»Ja.«

»Das lag daran, daß du dich ins Drama des armen Ich hast ziehen lassen. Alles, was diese Leute sagen und tun, soll dir signalisieren, daß du nicht genug für die betreffende Person bist. Deshalb reicht dir ihre bloße Gegenwart, um dich schuldig zu fühlen.«

Ich nickte.

»Auf diese Weise läßt sich jedes Drama untersuchen«, fuhr er fort, »abhängig davon, wo es auf der Skala von aggressiv bis passiv angesiedelt ist. Hat der Betreffende versteckte Aggressionen und untergräbt, um an deine Energie zu gelangen, deine Welt, indem er Fehler darin findet, wie dein Vater, so handelt es sich bei der Person um einen Vernehmungsbeamten. Weniger passiv als das Drama des armen Ich ist deine eigene Unnahbarkeit. In ihrer Abstufung lauten die Typen: Einschüchterer, Vernehmungsbeamter, Unnahbarer und armes Ich. Leuchtet dir das ein?«

»Ich denke, schon. Meinen Sie, daß jeder unter einen dieser Typen einzuordnen ist?«

»Ich bin davon überzeugt. Manche benutzen allerdings mehrere Dramen, wenn die Situation es rechtfertigt, doch die meisten unterliegen einem einzigen dominanten Kontroll-Drama, das ständig wiederholt wird, da es sich vorher in der Familie bewährt hat.«

Allmählich dämmerte es mir. Ich sah Sanchez an. »Jetzt fällt's mir ein. Meine Mutter war ebenfalls ein Vernehmungsbeamter.«

»Dann hast du eine zweifache Dosis abbekommen«, sagte Sanchez. »Kein Wunder, daß du so unnahbar geworden bist. Aber zumindest haben sie dich nicht eingeschüchtert, und du hast nie um deine Sicherheit bangen müssen.«

»Was wäre dann passiert?«

»Du wärst im Drama des armen Ich hängengeblieben. Ist dir jetzt klar, wie die Sache funktioniert? Wenn dich als Kind jemand mit der Androhung körperlicher Gewalt um deine Energie bringen will, dann reicht Unnahbarkeit als Gegenwehr nicht mehr aus. Durch gespielte Schüchternheit bekommst du deine Energie nicht zurück – man kümmert sich dann einen Dreck darum, was in dir vorgeht. Der Druck von außen ist zu groß. Also bist du gezwungen, dich passiver zu verhalten und ins Drama des armen Ich zu flüchten, du appellierst an die Gnade der betreffenden Person und flößt ihr Schuld für ihre Untaten ein.

Wenn das nicht funktioniert, mußt du als Kind einfach durchhalten, bis du groß genug bist, um zu explodieren und gegen die Gewalt zu kämpfen. Aggression steht dann gegen Aggression.« Er hielt einen Moment inne. »Wie das Kind in der peruanischen Familie, von dem du mir erzählt hast.

Ein Mensch versucht alles, um in seiner Familie an Energie zu gelangen. Jedes Mittel ist ihm recht. Und ist er einmal erfolgreich, wird diese Strategie zum dominierenden Mittel, um den

Energiezufluß aller anderen zu kontrollieren, und somit zu einem ständig wiederholten Drama.«

»Den Einschüchterer verstehe ich«, sagte ich, »aber wie entwickelt sich der Vernehmungsbeamte?«

»Was würdest du tun, wenn du als kleines Kind entweder ignoriert würdest oder deine Eltern nicht daheim wären, weil sie zum Beispiel ihrer Karriere nachgehen?«

»Ich weiß nicht.«

»Unnahbar spielen würde dir keine Aufmerksamkeit einbringen; es würde niemandem auffallen. Denkst du nicht, du müßtest anfangen, so lange zu bohren und zu schnüffeln, bis du einen Fehler bei diesen unnahbaren Leuten findest, um sie damit zu zwingen, dir etwas von ihrer Aufmerksamkeit und damit ihrer Energie zu geben? Genau das ist es, was ein Vernehmungsbeamter tut.«

Ich begann, den Inhalt der Erkenntnis zu verstehen. »Unnahbare Leute schaffen Vernehmungsbeamte!«

»Genau das.«

»Und umgekehrt! Der Einschüchterer provoziert das Drama des armen Ich oder, falls das nicht zum Erfolg führt, einen weiteren Einschüchterer!«

»Exakt. Auf diese Weise setzen Kontroll-Dramen sich fort. Behalte aber im Auge, daß wir durchaus dazu neigen, diese Dramen in anderen zu erkennen, während wir uns selbst in diesen Belangen für unfehlbar halten. Jeder von uns muß diese Illusion aufgeben, bevor wir uns weiterbewegen können. Die meisten von uns hängen, zumindest einen Teil ihrer Zeit, in einem Drama fest, und unsere Aufgabe besteht darin, einen Schritt davon zurückzutreten und uns selbst lange genug zuzuschauen, um herauszubekommen, worin genau das Drama besteht.«

Ich schwieg einen Augenblick. Dann sah ich Sanchez wieder an und fragte: »Was geschieht, wenn wir unser Drama erkannt haben?«

Er verlangsamte die Fahrt, um mir in die Augen zu sehen. »Dann erst steht es uns wirklich frei, eine Rolle in einem anderen Stück zu spielen und nicht immer nur den gleichen Akt, den uns unser Unterbewußtsein vorschreibt. Wie ich schon sagte, können wir uns dann um die höhere Bedeutung unseres Lebens kümmern und möglicherweise einen spirituellen Grund dafür finden, warum wir in eine bestimmte Familie geboren wurden. Wir können uns endlich darüber klarwerden, wer wir wirklich sind.«

»Jetzt sind wir gleich da«, sagte Sanchez. Die Straße stieg zwischen zwei Berggipfeln hindurch unvermindert an. Als wir an einer riesigen Felsenformation zu unserer Rechten vorbeifuhren, erblickte ich direkt vor uns ein kleines Haus. Dahinter befand sich eine weitere geradezu majestätische Felsspitze.

»Sein Wagen ist nicht hier«, sagte Sanchez.

Wir parkten und näherten uns dem Haus. Sanchez öffnete die Tür und ging hinein, während ich draußen wartete. Ich atmete mehrere Male tief durch. Die Luft war kühl und ausgesprochen dünn. Der stark bewölkte Himmel über mir war von einem dunklen Grau. Es sah aus, als würde es jeden Moment anfangen zu regnen.

Sanchez kam wieder an die Tür. »Niemand da. Er muß bei den Ruinen sein.«

»Wie gelangen wir dorthin?«

Sanchez wirkte mit einem Mal erschöpft. »Sie befinden sich dort oben, ungefähr eine halbe Meile von hier«, sagte er und überreichte mir die Schlüssel für den Wagen. »Folge einfach der Straße. Hinter dem nächsten Bergrücken siehst du die Ruinen vor dir liegen. Nimm den Wagen. Ich werde hierbleiben und meditieren.«

Ich fuhr in ein kleines Tal und dann, in Erwartung der spektakulären Aussicht, auf den nächsten Bergkamm zu. Ich wurde nicht enttäuscht. Ich warf einen Blick auf die volle Pracht der Ruinen von Machu Picchu: eine Tempelanlage aus massivem, sorgsam bearbeitetem und tonnenschwerem Gestein, das man hier auf dem Berg zu einer riesigen Anlage gefügt hatte. Selbst in diesem durch Wolken getrübten Licht war die Schönheit des Ortes überwältigend.

Ich stoppte den Wagen und verbrachte zehn oder fünfzehn Minuten damit, die Energie des Ortes aufzusaugen. Zwischen den Ruinen bewegten sich mehrere Gruppen von Menschen. Ich erkannte einen Mann mit Priesterkragen, der aus der Ruine eines Gebäudes kam und in Richtung eines nahebei geparkten

Wagens ging. Wegen der großen Entfernung und weil der Mann eine Lederjacke anstatt der Priesterkutte trug, war ich mir nicht sicher, ob es sich um Pater Carl handelte.

Ich startete den Wagen und beschloß, näher hinzufahren. Sobald der Mann das Geräusch meines Wagens hörte, sah er auf und lächelte, offenbar erkannte er den Wagen. Als er mich sah, kam er mit interessiertem Blick auf mich zu. Er war untersetzt, hatte braunes Haar, tiefblaue Augen und rundliche Gesichtszüge und schien ungefähr dreißig Jahre alt zu sein. »Ich bin mit Pater Sanchez gekommen«, sagte ich und stieg aus dem Wagen. »Er ist oben in Ihrem Haus.«

Er streckte mir die Hand entgegen. »Ich bin Pater Carl.«

Ich sah an ihm vorbei auf die Ruinen. Die Steinarbeiten waren bei näherer Betrachtung noch eindrucksvoller.

»Sind Sie zum ersten Mal hier oben?« fragte er.

»Ja«, antwortete ich. »Seit Jahren habe ich von diesem Ort gehört, doch er übertrifft all meine Erwartungen.«

»Er ist eines der kraftvollsten Energiezentren in der Welt«, sagte er.

Ich nahm ihn genauer in Augenschein. Ganz eindeutig sprach er von der gleichen Energie wie das Manuskript. Ich nickte bestätigend und sagte dann: »Im Augenblick bin ich damit beschäftigt, ganz bewußt Energie zu sammeln und mein Kontroll-Drama in den Griff zu bekommen.« Ich fühlte mich dabei ein wenig prätentiös, doch schien mir in seiner Anwesenheit Ehrlichkeit angebracht.

»Allzu unnahbar scheinen Sie nicht zu sein«, sagte er.

Ich war verblüfft. »Woher wissen Sie, daß genau das mein Drama ist?« fragte ich.

»Ich habe einen Riecher dafür entwickelt. Deshalb bin ich hier.«

»Sie helfen Menschen dabei, ihre Kontrollmechanismen zu erkennen?«

»Ja, und ihr wahres Ich.« Seine Augen glänzten vor Offenheit. Er sprach sehr direkt, ohne auch nur die geringste Andeutung von Verlegenheit darüber, daß er sich einem Fremden offenbarte.

Ich schwieg.

»Verstehen Sie die ersten fünf Erkenntnisse?«

164

»Ich habe sie fast alle gelesen«, sagte ich, »und mit einigen Leuten darüber gesprochen.«

Kaum hatte ich das gesagt, bemerkte ich, daß diese Aussage nicht sehr konkret war. »Ich glaube, ich verstehe den Inhalt der ersten fünf«, fügte ich hinzu. »Nummer sechs bereitet mir noch einige Schwierigkeiten.«

Er nickte. »Die meisten Leute, mit denen ich spreche, haben von der Existenz des Manuskriptes noch nicht einmal gehört. Sie kommen hier hoch und sind von der Energie wie verzaubert. Sie allein sorgt dafür, daß sie damit beginnen, ihr bisheriges Leben zu überdenken.«

»Wie stoßen Sie auf diese Leute?«

Er sah mich vielsagend an. »Es scheint eher, als stießen sie auf mich.«

»Sie sagten, daß Sie ihnen dabei behilflich seien, ihr wahres Ich zu finden – wie das?«

Er holte tief Luft. »Es gibt nur einen einzigen Weg. Jeder von uns muß in seine Kindheit und zu den Ereignissen in seiner Familie zurückkehren und sich darüber klarwerden, was dort geschehen ist. Sind wir uns einmal unseres Kontroll-Dramas bewußt, können wir uns um die höhere Wahrheit unserer Familien kümmern, die sozusagen als Silberstreifen hinter unseren energetischen Konflikten liegt. Haben wir diese Wahrheit einmal gefunden, kann sie unser ganzes Leben mit Energie erfüllen, denn die Wahrheit verrät uns, wer wir sind, auf welchem Weg wir gehen und was wir tun.«

»Das hat Sanchez mir auch erzählt«, sagte ich. »Ich möchte mehr darüber wissen, wie man zu dieser Wahrheit gelangt.«

Er zog den Reißverschluß seiner Jacke hoch, um sich gegen die plötzlich hereinbrechende Kälte des späten Nachmittags zu schützen. »Ich hoffe, wir werden später Zeit haben, darüber zu reden«, sagte er. »Jetzt würde ich gern Pater Sanchez begrüßen.«

Ich ließ meinen Blick über die Ruinen schweifen. »Sehen Sie sich um, solange Sie Lust haben. Wir treffen uns später oben bei mir am Haus«, fügte er hinzu.

Die nächsten neunzig Minuten verbrachte ich zwischen den uralten Ruinen. An bestimmten Stellen verweilte ich länger; sie schienen mehr Energie abzugeben als andere. Fasziniert fragte ich mich, welche Kultur diese Tempel errichtet haben mochte.

Wie hatten sie die Steine hier heraufbekommen und in derartiger Feinarbeit aufeinandergetürmt? Es schien mir nicht menschenmöglich.

Als mein Interesse an den Ruinen nachzulassen begann, wandte ich mich wieder meiner eigenen Situation zu. Obwohl sich daran eigentlich nichts geändert hatte, empfand ich jetzt deutlich weniger Angst als zuvor. Sanchez' Selbstsicherheit hatte auf mich abgefärbt. Es war dumm von mir gewesen, an seiner Integrität zu zweifeln. Pater Carl mochte ich ebenfalls bereits.

Als es dunkel wurde, ging ich zum Wagen und fuhr zurück zum Haus. Als ich näher kam, sah ich, daß im Inneren des Hauses zwei Männer nahe beieinander standen. Als ich eintrat, hörte ich Gelächter. Die beiden waren in der Küche mit der Zubereitung des Abendessens beschäftigt. Pater Carl hieß mich willkommen und geleitete mich zu einem Sessel. Faul ließ ich mich vor dem großen Feuer im Kamin nieder und sah mich um.

Ich befand mich in einem großen, mit breiten Bohlen vertäfelten Zimmer, dessen Wände leicht fleckig schienen. Ich sah zwei weitere Zimmer, offenbar Schlafzimmer, die durch einen schmalen Flur miteinander verbunden waren. Das Haus wurde durch schwache Glühbirnen erhellt, und in der Ferne meinte ich das Summen eines Generators wahrzunehmen.

Als die Essensvorbereitungen beendet waren, wurde ich an einen Tisch aus rauhem Holz gebeten. Sanchez sprach ein kurzes Gebet, und während wir aßen, fuhren die beiden Männer in ihrer Unterhaltung fort.

Danach saßen wir gemeinsam vor dem Feuer.

»Pater Carl hat mit Wil gesprochen«, sagte Sanchez.

»Wann?« fragte ich voller Freude.

»Wil ist vor einigen Tagen hier durchgekommen«, sagte Pater Carl. »Ich habe ihn vor einem Jahr das erste Mal getroffen, und er brachte mir einige wertvolle Informationen. Er wußte, wer hinter der Aktion der Regierung gegen das Manuskript steckt.«

»Wer ist es?« fragte ich.

»Kardinal Sebastian«, warf Sanchez ein.

»Was hat er vor?«

»Offenbar benutzt er seinen Einfluß bei der Regierung, um

den Druck des Militärs zu verstärken. Er hat es immer vorgezogen, seine Interessen in aller Verschwiegenheit durch die Regierung vertreten zu lassen, anstatt eine Auseinandersetzung mit seiner Kirche zu riskieren. Jetzt verstärkt er seine Bemühungen. Unglücklicherweise sieht es fast so aus, als könne er diesmal Erfolg haben.«

»Was meinen Sie damit?«

»Abgesehen von einigen Priestern des Nördlichen Konzils und einigen wenigen anderen, wie Julia und Wil, besitzt kaum noch jemand eine Kopie des Manuskriptes.«

»Was ist mit den Wissenschaftlern in Viciente?« fragte ich.

Beide Männer schwiegen einen Augenblick, dann sagte Pater Carl: »Wil hat mir erzählt, daß die Regierung die Herberge geschlossen hat. Alle Wissenschaftler wurden inhaftiert und ihre Forschungsergebnisse konfisziert.«

»Und die wissenschaftliche Gemeinde läßt sich das gefallen?« fragte ich.

»Was hat sie schon für eine Wahl?« erwiderte Sanchez. »Zu allem Überfluß wurde ihre Arbeit von einem Großteil der Wissenschaftler ohnehin nicht akzeptiert. Anscheinend versucht die Regierung jetzt nachzuweisen, daß es sich bei den Leuten um Gesetzesbrecher handelt.«

»Ich kann nicht glauben, daß die Regierung damit durchkommt.«

»Offenbar ist es schon geschehen«, sagte Pater Carl. »Ich habe ein paar Telefonanrufe gemacht, und jeder, mit dem ich sprach, berichtete das gleiche. Es gelingt der Regierung, in aller Ruhe immer härter durchzugreifen.«

»Was werden Ihrer Meinung nach die nächsten Schritte sein?« fragte ich sie beide.

Pater Carl zuckte mit der Schulter, und Pater Sanchez sagte: »Ich weiß es nicht. Vielleicht wird es davon abhängen, was Wil findet.«

»Wieso?« fragte ich.

»Es scheint, als sei er kurz davor, den fehlenden Teil des Manuskriptes zu finden. Sollte ihm das gelingen, dann können wir vielleicht das Interesse der Weltöffentlichkeit so weit auf uns lenken, daß irgend jemand interveniert.«

»Wohin wollte Wil?« fragte ich Pater Carl.

»Er wußte es noch nicht genau, doch sagte er, daß seine Intuition ihn weiter nach Norden, in die Nähe von Guatemala, ziehe.«

»Seine Intuition?«

»Ja, das werden Sie verstehen, sobald Sie sich über Ihre eigene Identität im klaren sind und zur Siebten Erkenntnis gelangen.«

Mir fiel wieder auf, wie gelassen die beiden waren. »Wie können Sie im Angesicht dieser Entwicklungen so seelenruhig bleiben?« fragte ich. »Was, wenn die Armee hier auftaucht und uns alle verhaftet?«

Geduldig sahen sie mich an, dann ergriff Pater Sanchez das Wort. »Du darfst Ruhe nicht mit Gleichgültigkeit verwechseln. Unsere friedliche Haltung ist ein Zeichen für unsere Verbindung mit der Energie. Wir bleiben mit ihr verbunden, weil dies, egal unter welchen Umständen, unsere beste Alternative ist. Das verstehst du doch, oder?«

»Ja«, sagte ich, »natürlich. Ich schätze, ich habe selbst Schwierigkeiten, in Verbindung mit der Energie zu bleiben.«

Die beiden Männer lächelten.

»Das wird einfacher werden, sobald Ihnen klar ist, wer Sie sind«, sagte Pater Carl.

Pater Sanchez erhob sich und verließ uns, um sich um den Abwasch zu kümmern.

Ich sah Pater Carl an. »Schießen Sie los«, sagte ich. »Wo fange ich an, wenn ich wissen will, wer ich bin?«

»Pater Sanchez sagte mir, daß Sie das Kontroll-Drama Ihrer Eltern bereits verstanden haben.«

»Stimmt. Bei beiden handelte es sich um Vernehmungsbeamte, was zur Ausbildung meiner Unnahbarkeit führte.«

»So weit, so gut. Jetzt müssen Sie versuchen, hinter die Kulissen des Wettstreites um Energie, der in Ihrer Familie stattfand, zu gelangen, und nach dem wirklichen Grund für Ihre Anwesenheit in Ihrer Familie suchen.«

Ich blickte ihn verständnislos an.

»Um auf die eigene spirituelle Identität zu stoßen, ist es notwendig, das eigene Leben wie ein lange Geschichte zu betrachten und eine höhere Bedeutung darin zu finden. Fangen Sie an, indem Sie sich fragen, weshalb Sie ausgerechnet in

Ihre Familie geboren wurden. Was könnte der Grund dafür gewesen sein?«

»Ich weiß es nicht«, sagte ich.

»Ihr Vater war ein Vernehmungsbeamter. Was sonst noch?«

»Sie meinen, wofür er stand?«

»Ja.«

Ich dachte einen Augenblick lang nach. »Mein Vater war überzeugt davon, daß man das Leben in vollen Zügen genießen und, bei aller Integrität, das Beste daraus machen müsse.«

»Ist ihm das gelungen?«

»In gewisser Weise schon, doch jedesmal, wenn er gerade dabei war, das Leben besonders zu genießen, schien er auf eine Pechsträhne zu stoßen.«

Die Augen Pater Carls verengten sich, während er nachdachte. »Er meinte, der Sinn des Lebens bestehe darin, Spaß und Freude zu haben, doch schaffte er es nie ganz, diesem Vorsatz gerecht zu werden?«

»Ja.«

»Haben Sie schon einmal darüber nachgedacht, warum das so war?«

»Eigentlich nicht. Ich dachte immer, er habe Pech.«

»Vielleicht hatte er nur keine Möglichkeit gefunden, sich durchzusetzen?«

»Vielleicht nicht.«

»Wie steht's mit Ihrer Mutter?«

»Sie lebt nicht mehr.«

»Können Sie sagen, was ihr Lebensinhalt war?«

»Ihr Leben bestand im wesentlichen aus der Mitgliedschaft in der Kirche. Sie stand für die Grundsätze der christlichen Kirche.«

»Wie genau sah das aus?«

»Sie glaubte daran, der Gemeinde zu dienen und den Geboten Gottes zu folgen.«

»Ist sie den Geboten gefolgt?«

»Aufs Wort, jedenfalls soweit die Kirche es zuließ.«

»Hat sie Ihren Vater ebenfalls davon überzeugen können?«

Ich lachte. »Nicht wirklich. Meine Mutter wollte, daß er jede Woche zum Gottesdienst ging und sich im Programm der Gemeinde engagierte. Doch wie ich schon sagte, er war ein freier Geist.«

»Worin bestand also Ihre Position innerhalb dieser Konstellation?«

Ich sah ihn an. »Darüber habe ich noch nie nachgedacht.«

»Wollten sich nicht beide mit Ihnen verbünden? Lag der Grund für die Verhöre nicht darin, daß jeder überprüfen wollte, ob Sie auf der Seite des einen oder des anderen standen? Wollten nicht beide, daß Sie ihren jeweiligen Standpunkt für den besten hielten?«

»Ja, da haben Sie recht.«

»Wie reagierten Sie darauf?«

»Ich versuchte, mich um einen festen Standpunkt zu drükken, so glaube ich zumindest.«

»Beide prüften, ob Sie ihren Ansprüchen genügten, und da Sie sich außerstande sahen, es beiden recht zu machen, kam es zur Entwicklung Ihrer Unnahbarkeit.«

»Das klingt ganz plausibel«, sagte ich.

»Was wurde aus Ihrer Mutter?« fragte er.

»Sie bekam die Parkinsonsche Krankheit und starb nach langem Leiden.«

»Ist sie ihrem Glauben treu geblieben?«

»Absolut«, sagte ich. »Die ganze Zeit.«

»Und was für eine Bedeutung hatte das für Sie?«

»Wie?«

»Sie suchen nach der Bedeutung, die ihr Leben für Sie einnahm, den Grund dafür, weshalb Sie als ihr Sohn geboren wurden, was Sie von ihr lernen konnten. Jeder Mensch, ob er sich dessen bewußt ist oder nicht, beweist mit seinem eigenen Leben, was er selbst für ein würdiges Lebensmodell hält. Sie müssen versuchen herauszufinden, was Sie von ihr gelernt haben, und gleichzeitig überlegen, was an ihrem Leben verbesserungsbedürftig war. Was Sie persönlich am Leben Ihrer Mutter verändert hätten, ist Teil dessen, woran Sie selbst arbeiten.«

»Weshalb nur ein Teil?«

»Weil die Verbesserung des Lebens Ihres Vaters der andere Teil ist.«

Ich war immer noch verwirrt.

Er legte seine Hand auf meine Schulter. »Es ist nicht so, daß wir bloß physisch Kreationen unserer Eltern sind; wir sind zugleich auch geistige Schöpfungen. Sie wurden als Sohn dieser beiden Menschen geboren, und deren Lebensgeschichten haben einen unbestreitbaren Einfluß darauf, was aus Ihnen wird. Um Ihr wahres Selbst zu entdecken, müssen Sie sich darüber klarwerden, daß dieses ursprünglich in einer Position zwischen den Wahrheiten Ihrer Eltern begonnen hat. Der Grund für Ihre Geburt innerhalb dieses Familienzusammenhanges besteht in der Entwicklung einer höheren Sicht darauf, was Ihre Eltern repräsentierten. Ihr Weg besteht in der Entdeckung einer Wahrheit, die in der Synthese des Glaubens dieser beiden Menschen liegt.«

Ich nickte.

»Wie würden Sie also in Worte fassen, was Ihre Eltern Ihnen beigebracht haben?«

»Ich bin mir nicht sicher«, sagte ich.

»Was denken Sie darüber?«

»Mein Vater war der Ansicht, der Sinn seines Lebens bestehe in der Maximierung seiner Lebensfreude, seiner Freude daran, wer er war, und das hat er bis zum Ende nicht aufgegeben. Meine Mutter glaubte eher daran, sich opfern und ihre Zeit dem Dienst am Nächsten widmen zu müssen, dabei hat sie sich oft bis zur Selbstaufgabe zurückgenommen. Das war es ihrer Ansicht nach, was die Heilige Schrift von ihr verlangte.«

»Welchen Standpunkt wählten Sie für sich, den Ihrer Mutter oder den Ihres Vaters?«

»Weder noch. Ich meine, ganz so einfach ist das Leben nicht.«

Er lachte. »Sie werden schon wieder unkonkret.«

»Ich glaube, ich weiß es einfach nicht.«

»Und wenn Sie die Wahl zwischen beiden Möglichkeiten hätten?«

Ich zögerte und versuchte einen klaren und ehrlichen Gedanken zu fassen, dann dämmerte es mir.

»Sie hatten beide recht«, sagte ich. »Und unrecht.«

Seine Augen strahlten. »Wie das?«

»Ich bin mir nicht ganz sicher, aber ich denke, ein erfülltes Leben müßte die beiden Standpunkte in sich vereinen.«

»Ihre Lebensfrage besteht im Wie«, sagte Pater Carl. »Wie lebt man ein Leben, das beides vereint? Von Ihrer Mutter haben Sie das Bewußtsein darüber, daß Leben Spiritualität ist. Von Ihrem Vater wissen Sie, daß es um Selbstverwirklichung, Spaß und Abenteuer geht.«

»Die Aufgabe meines Lebens besteht also darin«, unterbrach ich ihn, »diese beiden Ansätze irgendwie zu verbinden?«

»Ja, für Sie scheint Spiritualität die vordringliche Frage zu sein. Ihr gesamtes Leben wird sich darum drehen, eine Form zu finden, die es Ihnen erlaubt, sich zu verwirklichen. Dieses eine Problem konnten Ihre Eltern nicht lösen, das haben sie Ihnen als Vermächtnis, als evolutionäre Frage, als wesentliche Aufgabe Ihres Lebens hinterlassen.«

Der Gedanke stürzte mich in tiefstes Grübeln. Pater Carl sagte noch etwas, doch war ich nicht in der Lage, mich darauf zu konzentrieren. Das schwächer werdende Feuer hatte eine beruhigende Wirkung auf mich, und jetzt erst merkte ich, wie müde ich war.

Pater Carl setzte sich aufrecht und sagte: »Ich denke, Sie haben für heute kaum noch Energie. Doch eines will ich Ihnen noch mit auf den Weg ins Bett geben. Sie können jetzt einschlafen und niemals wieder daran denken, was wir eben besprochen haben. Sie können direkt in Ihr altes Drama zurückkehren, oder Sie können morgen aufwachen und etwas mit diesem neuen Ansatz beginnen. Sollten Sie sich dafür entscheiden, so sind Sie bereit, den nächsten Schritt in diesem Prozeß zu gehen und alles, was Ihnen seit Ihrer Geburt zugestoßen ist, einer genauen Betrachtung zu unterziehen. Betrachten Sie Ihr Leben als eine lange Geschichte, die sich von der Geburt bis zum Tod erstreckt, und Ihnen wird auffallen, daß Sie die ganze Zeit an ein und derselben Fragestellung gearbeitet haben. Sie werden verstehen, weshalb Sie hierher nach Peru kamen und was Ihr nächster Schritt sein wird.«

Ich nickte und sah ihn mir genauer an. Seine Augen strahlten warm und liebevoll, und sein Gesicht trug den gleichen Ausdruck, den ich so oft bei Wil und Sanchez gesehen hatte.

»Gute Nacht«, sagte Pater Carl, ging in sein Schlafzimmer und schloß die Tür. Ich rollte meinen Schlafsack auf dem Boden aus und fiel augenblicklich in tiefen Schlaf.

Als ich erwachte, dachte ich sofort an Wil. Ich mußte Pater Carl fragen, was er noch über Wils Pläne wußte. Während ich in meinem Schlafsack auf dem Boden lag und nachdachte, trat Pater Carl leise in den Raum und begann damit, Feuerholz aufzulegen.

Ich zog den Reißverschluß auf. Durch das Geräusch wurde er auf mich aufmerksam und sah mich an.

»Guten Morgen«, sagte er. »Wie haben Sie geschlafen?«

»Ganz gut«, erwiderte ich, während ich aufstand.

Er legte frische Späne auf die Kohlen und dann größere Holzscheite.

»Hat Wil erwähnt, was er vorhat?« fragte ich.

Pater Carl sah mir direkt ins Gesicht. »Er wollte zum Haus eines Freundes gehen und dort auf das Eintreffen einiger Informationen über die Neunte Erkenntnis warten.«

»Hat er sonst noch etwas gesagt?« fragte ich.

»Wil sagte, daß Kardinal Sebastian selbst die letzte Erkenntnis finden will und auch kurz davorsteht. Wil denkt, daß derjenige, der im Besitz der letzten Erkenntnis ist, entscheidet, ob das Manuskript jemals eine weitere Verbreitung und ein größeres Verständnis erfahren wird.«

»Wieso?«

»Ich bin mir selbst nicht ganz im klaren darüber. Wil war einer der ersten, die mit dem Sammeln und der Lektüre der Erkenntnisse begonnen haben. Möglicherweise versteht er sie besser als jeder andere. Ich glaube, er ist der Ansicht, daß alle anderen Erkenntnisse durch die letzte klarer und verständlicher werden.«

»Glauben Sie, daß er recht hat?« fragte ich.

»Ich weiß es nicht«, gab er zurück. »Ich verstehe davon nicht soviel wie er. Ich weiß nur, worin meine Aufgabe besteht.«

»Und das wäre?«

Einen Augenblick schwieg er. »Wie ich schon gesagt habe, besteht meine persönliche Aufgabe darin, Menschen bei der Enthüllung ihrer wahren Identität behilflich zu sein. Das ist mir nach der Lektüre des Manuskriptes klargeworden. Die Sechste Erkenntnis ist sozusagen meine Erkenntnis. Ich helfe anderen, diese Erkenntnis zu verstehen. Und es gelingt mir, weil ich selbst durch diesen Prozeß gegangen bin.«

»Was war Ihr Kontroll-Drama?« fragte ich.

Er sah mich amüsiert an. »Ich war ein Vernehmungsbeamter. Mein Vater war ein armes Ich und meine Mutter unnahbar. Sie haben mich beinahe vollständig ignoriert. Die einzige Möglichkeit, ihre Aufmerksamkeit zu erregen, lag darin, sie im Alltag zu belauern und ihnen dann die eigenen Fehler vor Augen zu führen.«

»Und wann haben Sie Ihr Drama überwunden?«

»Vor ungefähr achtzehn Monaten, als ich Pater Sanchez getroffen habe und wir mit dem Studium des Manuskriptes begannen. Nachdem ich mir meine Eltern genau angesehen hatte, merkte ich, worauf mich meine Erfahrung mit ihnen vorbereitet hatte. Dazu müssen Sie verstehen, daß mein Vater für Leistung stand. Er war ein zielorientierter Mann, verplante seine Zeit auf die Minute und bewertete sich selbst danach, wieviel er schaffte. Meine Mutter war dagegen sehr intuitiv, mit einem starken Hang ins Mystische. Sie glaubte, jeder von uns erhalte spirituelle Führung, und daran, daß es im Leben darum ginge, dieser Führung zu folgen.«

»Was hat Ihr Vater davon gehalten?«

»Er hat gedacht, sie sei verrückt.«

Ich lächelte, sagte aber kein Wort.

»Erkennen Sie, wo mein Platz in der ganzen Angelegenheit war?« fragte Pater Carl.

Ich schüttelte den Kopf. Ganz klar war es mir nicht.

»Mein Vater vermittelte mir, es gehe im Leben darum, sich etwas Wichtiges vorzunehmen und das dann auch durchzusetzen. Zur gleichen Zeit ließ meine Mutter mich wissen, daß es im Leben um die innere Richtung gehe, eine Art intuitiven Wegweiser. Ich merkte, daß mein Leben eine Synthese aus diesen beiden Standpunkten bildete, und versuchte herauszubekommen, wie wir innerlich auf jene Mission vorbereitet werden, die nur wir zu erfüllen imstande sind. Wohl wissend, daß es für mich sehr wichtig war, diese Mission zu erfüllen, wenn ich jemals ein glückliches oder erfülltes Leben führen wollte.«

Ich nickte.

»Und daran können Sie wahrscheinlich erkennen, weshalb mich die Sechste Erkenntnis so begeisterte. Sobald ich sie gelesen hatte, wußte ich, daß meine Aufgabe darin bestehen würde, den Menschen Klarheit zu verschaffen, damit sie einen Begriff von ihrer Bestimmung bekommen würden.«

»Wissen Sie, wie Wil auf seinen Pfad gestoßen ist?«

»Ja, ein paar Sachen hat er mir erzählt. Wils Problem lag ebenfalls in der Unnahbarkeit. Genau wie bei Ihnen waren bei-

174

de Eltern Vernehmungsbeamte und jeder ein eiserner Verfechter einer Philosophie, die Wil übernehmen sollte. Wils Vater war ein deutscher Romanautor, der der festen Überzeugung war, der ultimative Sinn der menschlichen Rasse bestehe in ihrer Vervollkommnung. Sein Vater vertrat nur rein humanitäre Prinzipien, die jedoch von den Nazis als Grundlage zur Legitimierung der grausamen Vernichtung anderer Rassen benutzt wurden.

Der Mißbrauch seiner Ideale zerstörte den alten Mann und ließ ihn mit seiner Frau und Wil nach Südafrika auswandern. Seine Frau war eine Peruanerin, die in Amerika aufgewachsen und dort auch zur Schule gegangen war. Sie war ebenfalls Schriftstellerin, jedoch basierten ihre philosophischen Ansichten im wesentlichen auf östlichen Lehren. Sie vertrat den Standpunkt, daß das Ziel des Lebens die innere Erleuchtung sei, ein höheres Bewußtsein, das sich durch einen inneren Frieden und die Loslösung von weltlichen Dingen zu erkennen gab. Ihrer Auffassung nach ging es im Leben nicht um Perfektion, sondern darum, das Bedürfnis nach der Perfektionierung irgendwelcher Dinge, um etwas zu erreichen, aufzugeben … Verstehen Sie Wils Ausgangssituation?«

Ich schüttelte den Kopf.

»Er befand sich in einer ausgesprochen schwierigen Position. Die Philosophie seines Vater war fest im westlichen Glauben an Fortschritt und Perfektion verankert, während seine Mutter daran glaubte, im Leben gehe es einzig und allein darum, inneren Frieden zu erreichen.

Diese beiden Menschen bereiteten Wil auf seine Aufgabe vor, die darin besteht, die Hauptideen westlicher und östlicher Kultur zu vereinen, obwohl Wil anfänglich natürlich keinerlei Ahnung davon hatte. So wurde aus ihm zunächst ein dem Fortschritt verschriebener Ingenieur und dann ein einfacher Führer, der seinen Frieden darin suchte, Menschen an die schönen und bewegenden Orte dieses Landes zu bringen.

Erst die Suche nach dem Manuskript ließ das Bewußtsein über seine Problematik erwachen, denn es befaßt sich direkt mit der Hauptproblematik seines Lebens. Die Erkenntnisse legen dar, daß es in der Tat möglich ist, die Schulen des Westens und des Ostens zu einer höheren Wahrheit zu verschmelzen. Sie zeigen uns, daß der Westen mit seiner Behauptung, im Leben gehe es um Fortschritt, recht hat, weil es tatsächlich darum geht, zu einer höheren Stufe fortzuschreiten. Trotzdem liegt auch der Osten richtig, wenn er die Betonung auf die Einschränkung der Kontrolle durch das Ego legt. Durch Logik allein werden wir nicht weiterkommen. Wir werden ein vollständigeres Bewußtsein erwerben müssen, eine innere Verbindung zu Gott. Nur dann wird unsere Evolution hin zu etwas Besserem auch durch einen höheren Teil unseres Selbst gesteuert werden.

Als Wil die Erkenntnisse entdeckte, kam sein gesamtes Leben in Fluß. Er traf auf José, den Priester, der das Manuskript als erster gefunden hat und es auch übersetzen ließ. Kurz darauf traf er den Besitzer von Viciente und half, die Forschungsarbeiten dort in Gang zu bringen. Und ungefähr um die gleiche Zeit traf er Julia, die eigentlich Geschäftsfrau war, aber ebenfalls Touren in die Urwälder organisierte.

Von allen Leuten dort empfand er Julia gegenüber die größte Zuneigung. Weil ähnliche Fragestellungen ihr Leben bestimmten, verstanden sie sich auf Anhieb. Julia hatte einen Vater, der viel von spirituellen Ideen sprach, allerdings auf kapriziöse und nicht wirklich ernstzunehmende Weise. Ihre Mutter dagegen war eine rhetorisch geschulte Hochschullehrerin, für die nur der klare Verstand zählte. Also verlangte Julia nach Wissen über Spiritualität, bestand aber darauf, daß es verständlich und präzise formuliert wurde.

Wil suchte die Erklärung für die menschliche Spiritualität in der Synthese zwischen Ost und West, und Julia wollte, daß diese Erklärung vor allem klar und verständlich war. Dinge, über die das Manuskript Auskunft gab.«

»Das Frühstück ist fertig«, rief Sanchez aus der Küche.

Überrascht drehte ich mich um. Ich hatte nicht bemerkt, daß Sanchez bereits aufgestanden war. Ohne das Gespräch weiter fortzusetzen, erhob sich Pater Carl und leistete Sanchez bei seinem Mahl aus Früchten und Hirsebrei Gesellschaft. Danach bat mich Pater Carl, ihn zu den Ruinen zu begleiten. Erfreut willigte ich ein. Pater Sanchez jedoch lehnte höflich ab und erklärte, daß er statt dessen ins Tal fahren müsse, um dort einige Telefonate zu erledigen.

Der Himmel war von kristallener Klarheit, und die Sonne

schien über den Berggipfeln. Wir legten ein ziemliches Tempo vor.

»Glauben Sie, daß es möglich wäre, mit Wil in Verbindung zu treten?« fragte ich.

»Nein«, erwiderte er. »Er hat mir nicht gesagt, um wen es sich bei seinen Freunden handelt. Die einzige Möglichkeit wäre, nach Iquitos zu fahren, eine Grenzstadt im Norden, und das könnte im Augenblick sehr gefährlich werden.«

»Wieso gerade Iquitos?«

»Er deutete an, daß ihn die Suche dorthin führen würde. Dort in der Nähe sind viele Ruinen, und nicht weit davon entfernt hat Kardinal Sebastian seine Mission.«

»Glauben Sie, es wird Wil gelingen, die letzte Erkenntnis zu finden?«

»Ich weiß es nicht.«

Einige Minuten gingen wir schweigend dahin, dann fragte Pater Carl: »Haben Sie sich entschieden, welchen Weg Sie persönlich einschlagen werden? Pater Sanchez erwähnte, daß Sie ursprünglich unbedingt zurück in die Staaten wollten, in letzter Zeit jedoch mehr Interesse an der Erforschung der Erkenntnisse gezeigt hätten. Wie denken Sie jetzt darüber?«

»Ich bin mir nicht sicher«, sagte ich. »Doch aus irgendeinem Grund möchte ich die Suche fortsetzen.«

»Wenn ich richtig gehört habe, ist direkt neben Ihnen ein Mann erschossen worden.«

»Das stimmt.«

»Und Sie wollen trotzdem bleiben?«

»Nein«, sagte ich. »Ich will nach Hause, mich in Sicherheit bringen, aber trotzdem bin ich hier.«

»Weshalb?« fragte er.

Ich prüfte seinen Gesichtsausdruck. »Ich weiß es nicht. Wissen Sie's?«

»Erinnern Sie sich, wo wir gestern abend stehengeblieben waren?«

Ich erinnerte mich genau. »Wir waren auf die Aufgabe gestoßen, die meine Eltern mir vermacht haben: eine Form der Spiritualität zu finden, die es mir gestattet, mich selbst zu verwirklichen. Wenn ich mir genau anschaue, wie mein Leben sich bisher entwickelt hat, würde diese Aufgabe mein

Leben in die rechte Perspektive rücken und meine Gegenwart klären.«

Er lächelte geheimnisvoll. »Ja, dem Manuskript zufolge wird sie das.«

»Wie soll das geschehen?«

»Jeder von uns muß sich die Schlüsselsituationen seines Lebens vor Augen halten und sie im Licht unserer evolutionären Aufgabenstellung neu interpretieren lernen.«

Verwirrt schüttelte ich den Kopf.

»Versuchen Sie, sich die Abfolge von Interessengebieten, wichtigen Freunden und Fügungen, die Ihr bisheriges Leben bestimmt haben, in Erinnerung zu rufen. Finden Sie nicht, daß dort ein roter Faden erkennbar wird?«

Ich dachte an mein Leben seit der Kindheit, konnte aber kein durchgehendes Muster oder einen roten Faden entdecken.

»Was haben Sie als Kind gemacht?« fragte er.

»Weiß ich nicht. Ich war ein normales Kind, schätze ich. Ich habe viel gelesen.«

»Was haben Sie gelesen?«

»Unheimliche Geschichten, Science-fiction, Geistergeschichten, derartiges Zeug.«

»Was kam danach?«

Ich dachte an die Wirkung, die mein Großvater auf mich gehabt hatte, und erzählte Pater Carl von dem See und den Bergen.

Vielsagend nickte er mit dem Kopf. »Was geschah, als Sie erwachsen wurden?«

»Ich ging fort, um zu studieren. Zu dieser Zeit starb mein Großvater.«

»Was haben Sie studiert?«

»Soziologie.«

»Warum?«

»Ich begegnete einem Professor, den ich sehr mochte. Sein Wissen über die menschliche Natur interessierte mich, also entschied ich mich, bei ihm zu studieren.«

»Was geschah dann?«

»Ich graduierte und stieg in das Berufsleben ein.«

»Hat Ihnen die Arbeit Spaß gemacht?«

»Ja, für eine lange Zeit schon.«

»Dann haben sich die Dinge verändert?«

»Ich hatte das Gefühl, unvollständige Arbeit zu leisten. Ich arbeitete mit emotional gestörten Jugendlichen und bildete mir ein zu wissen, wie ich ihre Vergangenheit erhellen und ihnen helfen könnte, ihr schematisches, selbstzerfleischendes Verhalten zu überwinden, bis ich schließlich merkte, daß etwas an meiner Herangehensweise nicht stimmen konnte.«

»Und was dann?«

»Ich kündigte.«

»Und?«

»Dann rief eine alte Freundin an und erzählte mir von dem Manuskript.«

»Und daraufhin haben Sie sich entschieden, nach Peru zu kommen?«

»Ja.«

»Wie bewerten Sie Ihre Erfahrung hier?«

»Ich denke, ich habe den Verstand verloren«, sagte ich. »Ich denke, ich setze hier mein Leben aufs Spiel.«

»Hat sich Ihre Lebenserfahrung qualitativ verändert?«

»Ich verstehe nicht, was Sie damit meinen.«

»Als Pater Sanchez mir erzählte, was Ihnen seit Ihrer Ankunft in Peru alles passiert ist, war ich erstaunt über die Kette von Umständen, die Sie mit den verschiedenen Erkenntnissen des Manuskriptes in Verbindung brachten – immer dann, wenn Sie Rat brauchten.«

»Was hat das Ihrer Meinung nach zu bedeuten?« fragte ich.

Er blieb stehen und sah mich an. »Es bedeutet, daß Sie bereit sind. Genau wie der Rest von uns hier. Sie sind an einen Punkt gelangt, von dem an Sie das Manuskript brauchen, um Ihre eigene Entwicklung fortsetzen zu können.

Denken Sie daran, wie sich die Ereignisse Ihres Lebens in dieses Muster fügen. Von Anfang an haben Sie sich für geheimnisvolle Themen interessiert, und dieses Interesse führte schließlich zum Studium der menschlichen Natur. Weshalb sonst sind Sie auf jenen Professor gestoßen? Er verkörperte gewissermaßen Ihre Interessen und brachte Sie dazu, einen Blick auf das große Mysterium an sich zu werfen: die Situation des Menschen auf diesem Planeten, die Frage nach der Bedeutung des Lebens. Auf einer anderen Ebene wußten Sie bereits, daß der Sinn des Lebens mit der Überwindung überkommener Verhaltensmuster zu tun hat, ohne die unser Leben niemals voranschreiten würde. Deshalb haben Sie mit den Jugendlichen gearbeitet.

Wie Sie jetzt wahrscheinlich verstehen, bedurfte es all dieser Einsichten, da Ihrer Arbeit mit den Jugendlichen etwas fehlte. Damit sich emotional gestörte Kinder entwickeln können, müssen sie, wie wir alle, genügend Energie erhalten, um ihrerseits ihre Kontroll-Dramen zu erkennen; sie müssen das durchspielen, um selbst einen spirituellen Prozeß durchlaufen zu können, jenen Prozeß, den Sie unbedingt verstehen wollten.

Betrachten Sie einmal den höheren Sinn dieser Begebenheiten. Alles, was Sie in der Vergangenheit zum Fortschritt anleitete, all diese kleinen Stufen des Wachstums, waren lediglich eine Vorbereitung auf Peru, auf die Entdeckung der Erkenntnisse. Ihr ganzes Leben haben Sie mit der Suche nach einer erfüllenden Spiritualität verbracht, und jene Energie, die Ihr Großvater versuchte Ihnen zu zeigen, machte Ihnen schließlich soviel Mut, daß Sie hier nach Peru kamen. Sie sind hier, weil sich hier der Schlüssel zu Ihrer Weiterentwicklung befindet. Ihr ganzes Leben war nur ein langer vorbereitender Weg, der Sie direkt auf diesen Augenblick hingeführt hat.«

Er lächelte. »Sollte es Ihnen gelingen, diese Sichtweise zu verinnerlichen, haben Sie damit erreicht, was im Manuskript ein klares Bewußtsein über den eigenen spirituellen Pfad genannt wird. Nach den Worten der Schrift müssen wir alle unsere Vergangenheit klären, egal, wieviel Zeit wir dazu benötigen. Die meisten haben ein Kontroll-Drama zu überwinden; gelingt es ihnen, sind sie in der Lage, die höhere Bedeutung ihrer Geburt, weshalb sie als Kinder ihrer Eltern geboren wurden, zu verstehen und ebenso, welche Wendungen und Wirrungen ihres Lebens sie auf ihre Aufgabe vorbereitet haben. Wir alle haben einen spirituellen Zweck zu erfüllen, eine Mission, die wir verfolgen, ohne uns dessen je völlig bewußt zu sein. Wenn es uns gelingt, ein volles Bewußtsein darüber zu entwickeln, hebt unser Leben buchstäblich ab.

Sie haben Ihre Aufgabe gefunden. Jetzt liegt es an Ihnen, voranzuschreiten und den Fügungen zu vertrauen, die Ihnen von nun an einen immer klarer werdenden Begriff davon verschaffen werden, wie Sie Ihre Mission auszuführen haben und was Sie hier zu tun haben. Seit Ihrer Ankunft in Peru fahren Sie auf der Energie von Wil und Pater Sanchez mit. Jetzt ist es an der Zeit zu lernen, wie man selbst vorankommt ..., mit vollem Bewußtsein.«

Er wollte noch etwas sagen, doch wurden wir beide durch das Geräusch von Pater Sanchez' Geländewagen unterbrochen, der sich uns mit hoher Geschwindigkeit näherte. Sanchez hielt neben uns und kurbelte das Fenster herunter.

»Stimmt etwas nicht?« fragte Pater Carl.

»Ich muß sofort packen und zur Mission zurück«, sagte Sanchez. »Regierungstruppen sind eingetroffen ... und mit ihnen Kardinal Sebastian.«

Wir sprangen beide in den Wagen, und Sanchez fuhr zurück zu Pater Carls Haus, während er uns erzählte, daß die Truppen in der Mission gewesen waren, um die Kopien des Manuskriptes zu beschlagnahmen und die Mission möglicherweise zu schließen.

Am Haus angekommen, begann Pater Sanchez sofort damit, seine Sachen zu packen. Ich stand unentschlossen dort und wußte nicht, was ich tun sollte. Während ich Sanchez beim Packen zusah, kam Pater Carl auf ihn zu und sagte: »Ich denke, es ist besser, wenn ich mit dir gehe.«

Sanchez drehte sich um. »Bist du sicher?«

»Ja, ich glaube, das ist das beste für mich.«

»Zu welchem Zweck?«

»Ich weiß es noch nicht.«

Einen Augenblick lang starrte Sanchez ihn an, dann fuhr er mit dem Packen fort. »Wenn du es für das Beste hältst.«

Ich stand an den Türrahmen gelehnt. »Was soll ich tun?« fragte ich.

Beide sahen mich an.

»Das liegt ganz bei Ihnen«, sagte Pater Carl.

Ich starrte in den Raum.

»Die Entscheidung liegt bei dir«, sagte auch Sanchez.

Ich konnte nicht fassen, wie gleichgültig es ihnen war, was aus mir würde. Ihnen zu folgen hieß eine Gefangennahme durch die peruanischen Truppen zu riskieren. Doch was sollte ich hier oben allein anfangen?

»Sehen Sie«, sagte ich, »ich weiß wirklich nicht, was ich tun soll. Sie müssen mir helfen. Kann ich nicht irgendwo anders unterkommen?«

Die beiden Männer sahen sich an.

»Nicht daß ich wüßte«, sagte Pater Carl.

Ich sah sie an, und Angst breitete sich in meinem Magen aus.

Pater Carl lächelte mich an und sagte dann: »Bleiben Sie bei Ihrem inneren Zentrum. Vergessen Sie nicht, wer Sie sind.«

Sanchez ging zu einer Tasche und zog einen schmalen Ordner heraus. »Dies ist eine Kopie der Sechsten Erkenntnis«, sagte er. »Vielleicht wird sie dir bei deiner Entscheidung helfen.«

Beide Männer wandten sich wieder ihren Reisevorbereitungen zu, und ich ging vor die Tür, wo ich mich auf einen großen Felsbrocken setzte und das Manuskript aufschlug. Es gab ziemlich genau wieder, was Pater Sanchez und Pater Carl gesagt hatten. Um unsere individuellen, in der Kindheit erworbenen Kontrollmechanismen zu verstehen, mußten wir Licht in unsere Vergangenheit bringen. Waren wir einmal in der Lage, unsere alten Angewohnheiten zu überwinden und zu verarbeiten, würden wir auf unser höheres Selbst und unsere evolutionäre Identität stoßen.

In weniger als dreißig Minuten hatte ich den ganzen Text gelesen, und als ich fertig war, kam Pater Carl ums Haus, sah mich und ging auf mich zu.

»Fertig?« fragte er. Seine Art war so warmherzig und freundlich wie immer.

»Ja.«

»Macht es Ihnen etwas aus, wenn ich mich einen Augenblick zu Ihnen setze?«

»Nein, ganz im Gegenteil.«

Er setzte sich zu meiner Rechten. Nach einer kurzen Zeit des Schweigens fragte er: »Verstehen Sie jetzt, daß Ihr Hiersein mit der Entdeckung Ihres Lebensweges zu tun hat?«

»Ich schätze, schon – aber was nun?«

»Jetzt müssen Sie es aus vollem Herzen glauben.«

»Wie soll das gehen, wenn in meinem Herzen die Angst sitzt?«

»Sie müssen sich klarmachen, was hier auf dem Spiel steht. Die Wahrheit, nach der Sie suchen, ist so wichtig und bedeutend wie die Evolution des Universums selbst, denn sie erlaubt es der Evolution voranzukommen.

Sehen Sie es denn nicht selbst? Pater Sanchez hat mir von Ihrer Evolutionsvision auf der Berghöhe berichtet. Sie sahen, wie sich Materie vom einfachen Wasserstoffatom zur Menschheit entwickelte. Sie haben sich gefragt, welche Rolle die Menschheit bei dieser Entwicklung spielte. Jetzt haben Sie die Antwort: Menschen werden in einen historischen Zusammenhang geboren und stoßen dort auf etwas, wofür sie einstehen. Gemeinsam mit einem anderen Menschen, der ebenfalls für etwas steht, bilden sie eine Union, eine Einheit.

Kinder, die in diese Union geboren werden, verbinden diese beiden Standpunkte, indem sie nach einer übergeordneten Synthese aus beiden Positionen suchen, eine Suche, die im wesentlichen von Fügungen gesteuert wird. Sicher haben Sie der Fünften Erkenntnis entnommen, daß wir jedesmal, wenn wir uns mit Energie auftanken und eine Fügung unser Leben vorantreibt, der einmal erreichte Energiestatus in uns etabliert wird, so daß wir von da an auf einer höheren Ebene energetischer Schwingung existieren und auf diese Weise die Evolution weitertragen.

Das Besondere an unserer Generation besteht darin, daß wir zum ersten Mal bereit sind, diesen Prozeß bewußt zu beschleunigen. Egal auf wieviel Furcht Sie dabei stoßen werden, letztlich haben Sie keine Wahl. Wer einmal verstanden hat, worum es bei der menschlichen Lebensform geht, kann dieses Wissen unmöglich wieder auslöschen. Wenn Sie versuchen, etwas anderes mit Ihrem Leben anzufangen, werden Sie immer das Gefühl haben, daß Ihnen etwas fehlt.«

»Aber was soll ich jetzt, in diesem Augenblick, machen?«

»Ich weiß nicht. Nur Sie können das beurteilen. Ich würde trotzdem vorschlagen, daß Sie erst einmal ein wenig Energie sammeln.«

Pater Sanchez tauchte hinter der Ecke des Hauses auf und gesellte sich zu uns, sorgfältig darauf bedacht, jeden Augenkontakt und jedes Geräusch zu vermeiden, um uns nicht zu unterbrechen. Ich versuchte, meine Energie zu zentrieren und mich auf die das Haus umgebenden Felsspitzen zu konzentrieren. Ich atmete tief durch, und mir wurde bewußt, daß ich, seitdem ich das Haus verlassen hatte, vollends von meinen Sorgen absorbiert worden war – als habe ich eine Tunnelvision. Ich hatte meine Wahrnehmung völlig von der Schönheit der majestätischen Berge abgeschnitten.

Während ich meine Umgebung betrachtete, versuchte ich mich bewußt auf ihre Schönheit zu konzentrieren. Wieder erlebte ich das mir mittlerweile so vertraute Gefühl der Verbundenheit. Mit einem Mal schien alles stärker hervorzutreten und ein wenig zu leuchten. Ich fühlte mich leichter, mein Körper schien entspannt und erfrischt.

Ich warf einen Blick auf Pater Sanchez und dann auf Pater Carl. Sie sahen mich gespannt an, und ich wußte, daß sie mein Energiefeld beobachteten.

»Wie sehe ich aus?« fragte ich.

»Als ob du dich besser fühlst«, sagte Sanchez. »Bleib hier und tanke soviel Energie wie irgend möglich. Wir haben noch zwanzig Minuten mit dem Packen zu tun.«

Er lächelte ironisch. »Danach«, fuhr er fort, »kannst du loslegen.«

Der Energiefluß tritt ein

Die beiden Priester gingen zurück ins Innere des Hauses, während ich mich noch einige Zeit mit der Schönheit der Berge beschäftigte und mit dem Versuch, mehr Energie zu gewinnen. Doch bald verlor ich meine Konzentration, und meine Gedanken wanderten zu Wil und zu Spekulationen darüber, wie es ihm ergangen war und wo er sein mochte. Stand er kurz davor, die Neunte Erkenntnis zu finden?

Ich stellte mir vor, wie er, von den Militärs verfolgt, mit der Neunten Erkenntnis in der Hand durch den Dschungel lief. Ich dachte daran, wie Kardinal Sebastian die Jagd auf ihn plante. Doch mein Tagtraum ließ zur gleichen Zeit keinen Zweifel daran, daß der Kardinal trotz seiner Autorität im Unrecht war und er die Wirkung des Manuskriptes auf Menschen falsch einschätzte. Ich war der Ansicht, daß die geeignete Person in der Lage sein würde, ihn von einer neuen Sicht der Dinge zu überzeugen, würde es nur gelingen, jenen Teil der Schrift ausfindig zu machen, durch den er sich derartig bedroht fühlte.

Während ich diesem Gedanken nachhing, tauchte Marjorie vor meinem geistigen Auge auf. Wo mochte sie jetzt sein? Ich stellte mir vor, wie es sein würde, sie wiederzusehen. Unter welchen Umständen dieses Ereignis wohl eintreten würde? Wenn überhaupt ...

Das Geräusch der zuschlagenden Haustür brachte mich zurück in die Gegenwart. Wieder fühlte ich mich schwach und nervös. Sanchez schritt um das Haus herum und kam auf mich zu. Seine Schritte waren flink und bestimmt.

Er ließ sich neben mir nieder. »Hast du entschieden, was du tun wirst?«

Ich schüttelte den Kopf.

»Sehr kraftvoll wirkst du nicht gerade«, sagte er.

»Ich fühle mich nicht sehr kraftvoll.«

»Vielleicht liegt es daran, daß du deine Energie nicht systematisch aufbaust.«

»Was meinen Sie damit?«

»Ich kann dir nur anbieten, dir meine Methode der Energiegewinnung zu erklären. Vielleicht hilft sie dir dabei, deinen eigenen Prozeß der Energiebeschaffung zu finden.«

Mit einer Bewegung meines Kopfes bedeutete ich ihm fortzufahren.

»Zuallererst«, sagte er, »konzentriere ich mich auf meine Umgebung, genau wie du auch. Dann versuche ich, mir in Erinnerung zu rufen, wie die Dinge ausschauen, wenn ich energiegeladen bin: ihre einzigartigen Formen, die Schönheit jeder Pflanze und die Art und Weise, wie ihre Farben ein wenig leuchtender und heller zu werden scheinen. Kannst du mir soweit folgen?«

»Ja, genau das versuche ich auch.«

»Daraufhin bemühe ich mich«, so fuhr er fort, »das Gefühl der Verbundenheit neu zu erlangen, das Gefühl, daß alles, mag es auch noch so weit entfernt sein, letztlich in meiner Reichweite liegt und ich mich damit verbinden kann. Dieses Bewußtsein atme ich in mich hinein.«

»Hineinatmen?«

»Hat Pater John dir das nicht erklärt?«

»Nein.«

Einen Augenblick lang schien Sanchez verwirrt. »Vielleicht hatte er vor, dir später davon zu berichten. Er gibt sich oftmals etwas sonderbar. Dann geht er einfach davon und überläßt den Schüler seinen eigenen Gedanken über das Gesagte. Gewöhnlich taucht er dann zur rechten Zeit wieder auf, um seinen Anweisungen noch etwas hinzuzufügen. Ich nehme an, daß er das vorhatte, wir aber zu schnell aufgebrochen sind.«

»Ich würde gern hören, was damit gemeint ist«, sagte ich.

»Erinnerst du dich an das Gefühl der Leichtigkeit auf der Bergspitze?« fragte er.

»Ja«, sagte ich.

»Um diese Leichtigkeit wiederzugewinnen, versuche ich die Energie, mit der ich mich gerade verbunden habe, einzuatmen.«

Bis hierhin war ich Sanchez gefolgt. Allein die Tatsache, daß ich ihm bei seiner Darstellung zuhören durfte, erhöhte meine Verbundenheit mit der Umgebung. Alles um mich herum hatte an Eindringlichkeit und Schönheit gewonnen. Selbst die Felsen schienen einen weißlichen Glanz abzustrahlen, und Sanchez' Energiefeld war groß und bläulich.

Er atmete jetzt tief und konzentriert ein und hielt jeden Atemzug fünf Sekunden an, bevor er wieder ausatmete.

»In dem Augenblick, in dem wir uns vorstellen, daß jeder Atemzug uns Energie zuführt und wie einen Ballon anfüllt, tanken wir uns tatsächlich mit Energie auf, fühlen uns unbeschwerter und leichter.«

Wenige Atemzüge später fühlte ich mich tatsächlich seiner Schilderung entsprechend.

»Habe ich die Energie eingeatmet«, fuhr Sanchez fort, »so überprüfe ich, wie es mit meinen Gefühlen aussieht. Wie schon gesagt, besteht darin mein eigentlicher Maßstab für den Grad meiner Verbundenheit.«

»Sprechen Sie hier wieder von Liebe?«

»So ist es. Wie schon in der Mission besprochen, handelt es sich dabei nicht um ein intellektuelles Konzept von Liebe oder gar einen moralischen Imperativ, sondern vielmehr um ein unterschwelliges Gefühl, das sich äußert, sobald jemand mit der durch das Universum erhältlichen Energie in Verbindung steht, wobei es sich selbstverständlich um die Energie Gottes handelt.«

Mit leicht unscharfem Blick starrte Pater Sanchez mich an. »Da«, sagte er, »du bist angekommen. Genau diesen Energielevel brauchst du. Ich habe dir diesmal zwar noch ein wenig geholfen, doch im großen und ganzen solltest du jetzt durchaus in der Lage sein, dich selbst zu versorgen.«

»Inwiefern haben Sie mir geholfen?«

Pater Sanchez schüttelte den Kopf. »Mach dir deswegen jetzt keine Gedanken. In der Achten Erkenntnis wirst du mehr darüber erfahren.«

Pater Carl trat hinter dem Haus hervor und sah uns beide an, als gefalle ihm, was er sehe. Im Näherkommen nahm er mich genauer in Augenschein. »Haben Sie sich entschieden?«

Die Frage irritierte mich, und ich hatte gegen den daraus resultierenden Energieverlust zu kämpfen.

»Nicht wieder in das Unnahbarkeitsdrama verfallen«, sagte Pater Carl. »In diesem Fall müssen Sie einen festen Standpunkt beziehen. Was werden Ihrer Ansicht nach die nächsten Schritte sein?«

»Ich habe nicht die leiseste Idee«, sagte ich. »Darin liegt ja das Problem.«

»Sind Sie sicher? Sobald man mit der Energie verbunden ist, haben Gedanken oftmals andere Erscheinungsformen.«

Ich sah ihn verwirrt an.

»Die Worte, die Sie gewöhnlich in Ihren Kopf zwingen, um Ereignisse mit Hilfe der Logik zu kontrollieren, versiegen, sobald Sie Ihr Kontroll-Drama aufgegeben haben. Während Sie sich mit Energie auftanken, manifestieren sich Gedanken einer anderen, höheren Qualität in Ihrem Bewußtsein. Hierbei handelt es sich um Ihre Intuitionen. Sie mögen fremdartig erscheinen und halten sich meistens im Hinterkopf auf, doch ab und an erscheinen sie in Form eines Tagtraumes oder einer Mini-Vision. Sie kommen auf direktem Wege, um Sie anzuleiten.«

Ich verstand immer noch nicht.

»Erzählen Sie uns, was genau Sie gedacht haben, als wir Sie vorhin allein ließen«, sagte Pater Carl.

»Ich weiß nicht, ob ich mich an alles erinnere«, sagte ich.

»Versuchen Sie's doch!«

Ich versuchte, mich zu konzentrieren. »Ich habe an Wil gedacht, schätze ich, mich gefragt, ob er wohl kurz davorsteht, die Neunte Erkenntnis zu finden, und an Kardinal Sebastians Kreuzzug gegen das Manuskript.«

»Was noch?«

»Ich fragte mich, was wohl mit Marjorie passiert sein mag. Aber ich verstehe nicht ganz, wie mir das alles helfen kann, eine Entscheidung zu finden.«

»Ich erkläre es dir«, sagte Pater Sanchez. »In dem Augenblick, in dem du ausreichend Energie gesammelt hast, bist du bereit, in einen bewußten Entwicklungsprozeß zu treten, die Energie fließen zu lassen und damit zuzulassen, daß Fügungen in dein Leben treten, die dich vorwärtstreiben. Der Eintritt in diesen Prozeß erfolgt auf eine ganz besondere Weise. Nachdem du genügend Energie aufgebaut hast, rufst du dir deine grundlegende Lebensproblematik ins Gedächtnis – sozusagen das Erbe deiner Eltern –, denn diese Problematik liefert den übergreifenden Zusammenhang für deine Entwicklung. Danach konzentrierst du dich auf deinen ureigenen Weg, indem du erkennst, was augenblicklich an kleineren Aufgaben in deinem Leben anliegt. Diese Aufgaben führen immer zu deiner großen Aufgabe und definieren gleichzeitig den Punkt, an dem du dich augenblicklich auf deiner lebenslangen Suche befindest.

Ist dir erst einmal klar, welche Aufgaben im Moment anliegen, erhältst du eine intuitive Ahnung davon, was zu tun ist und wohin du gehen sollst, was dein nächster Schritt sein wird. Immer. Nur dann nicht, wenn du an die falschen Aufgaben denkst.

Du mußt verstehen, daß es im Leben nicht um Antworten geht. Es geht darum, die aktuellen Fragen zu erkennen. Hast du die richtige Frage erkannt, folgt immer auch die Anwort.

Sobald du ahnst, was als nächstes passieren wird, heißt es ausgesprochen aufmerksam und wach zu werden. Früher oder später werden scheinbare Zufälle auftauchen, die dafür sorgen, daß du dich tatsächlich in die Richtung bewegst, die deine Intuition dir vorgegeben hat. Kannst du mir folgen?«

»Ich denke, ja.«

»Meinst du, die Gedanken an Wil, den Kardinal und Marjorie seien nicht wichtig? Überlege dir, weshalb sie gerade jetzt und unter diesen Lebensumständen auftauchen. Du weißt, daß du deinem Familienhintergrund nach dafür prädestiniert bist, eine spirituelle Lebensform zu finden, die gleichzeitig ein innerlich erfüllendes Abenteuer für dich darstellt, oder nicht?«

»Ja.«

»In deiner Jugend hast du begonnen, dich für mysteriöse Vorgänge zu interessieren, du hast Soziologie studiert und mit Menschen gearbeitet, obwohl du dir über den Sinn deiner ganzen Handlungen noch nicht im klaren warst. Als du erwacht bist, hast du von der Existenz des Manuskriptes gehört, bist nach Peru gekommen und hast dir eine Erkenntnis nach der anderen angeeignet, und jede von ihnen hat dich etwas über die Spiritualität gelehrt, die du suchst. Jetzt, wo du klar siehst, hast du die Chance, deine Entwicklung mit vollem Bewußtsein voranzutreiben, indem du darangehst, deine vordringlichen Fragen zu erkennen, und darauf achtgibst, wie sich die Antworten bemerkbar machen.«

Ich sah ihn nur an.

»Worin bestehen deine vordringlichen Fragen?« fragte er.

»Ich schätze, ich will den Inhalt der restlichen Erkenntnisse erfahren«, sagte ich. »Ganz besonders will ich wissen, ob es Wil gelungen ist, die Neunte Erkenntnis zu finden. Ich will wissen, was mit Marjorie geschehen ist. Und ich will mehr über den Kardinal erfahren.«

»Und was hat dir deine Intuition in diesen Fragen geraten?«

»Ich weiß es nicht. Ich dachte an ein Wiedersehen mit Marjorie und daran, wie Wil von Truppen verfolgt wurde. Was soll das bedeuten?«

»Wo genau ist Wil verfolgt worden?«

»Im Dschungel.«

»Vielleicht ist das ein Hinweis darauf, was du tun sollst. Iquitos liegt im Dschungel. Wie steht es mit Marjorie?«

»Ich sah vor mir, wie ich sie wiedertraf.«

»Und Kardinal Sebastian?«

»Ich habe mir gesagt, daß er dem Manuskript nur deshalb ablehnend gegenübersteht, weil er es mißversteht, und daß man seine Meinung ändern könnte, sobald man herausbekommt, was genau am Inhalt des Manuskriptes ihm Angst bereitet.«

Die beiden Männer sahen mich völlig erstaunt an.

»Was bedeutet das?« fragte ich.

Pater Carl antwortete mit einer weiteren Frage. »Was denken Sie, könnte es bedeuten?«

Zum ersten Mal seit meinem Aufenthalt auf dem Bergkamm fühlte ich mich wieder energiegeladen und voller Selbstvertrauen. Ich sah die beiden an und sagte: »Ich schätze, das heißt, ich soll mich Richtung Dschungel auf den Weg machen und herausfinden, was der Kirche an dem Manuskript nicht gefällt.«

Pater Carl lächelte. »Exakt! Sie können meinen Wagen nehmen.« Ich nickte, und gemeinsam begaben wir uns zur Vorderseite des Hauses, wo die Wagen geparkt standen. Meine Sachen, inklusive eines Vorrates von Essen und Wasser, hatten sie bereits in Pater Carls Wagen verstaut. Der Wagen von Sanchez war ebenfalls bepackt.

»Ich wollte dir noch eines sagen«, begann Sanchez. »Vergiß nicht, unterwegs so oft wie möglich zu halten und dich mit der Energie zu verbinden. Versuche erfüllt und voller Liebe zu bleiben. Hast du diesen Zustand einmal erreicht, kann nichts und niemand dir mehr Energie abziehen, als du imstande bist zu ersetzen. Um genau zu sein, schafft die Energie, die du abgibst, eine Art Strömung, die dafür sorgt, daß du ebensoviel Energie wieder aufnimmst. Du brauchst keine Angst zu haben, leerzulaufen. Doch mußt du dir dieses Vorganges die ganze Zeit bewußt bleiben, sonst funktioniert er nicht. Das gilt in verstärktem Maße, wenn du es mit anderen Menschen zu tun hast.«

Er hielt einen Moment inne. Wie auf Absprache trat Pater Carl näher. »Bis auf zwei haben Sie jetzt alle der Erkenntnisse gelesen. Ihnen fehlen noch die Siebte und die Achte. Die Siebte handelt von der bewußten Entwicklung Ihrer Identität und beschreibt eine Technik, mit deren Hilfe Sie sich für jede Fügung und Antwort, die das Universum für Sie bereit hält, öffnen können.«

Er überreichte mir einen dünnen Ordner. »Dies ist die Siebte. Sie ist sehr kurz und allgemein gehalten, doch sie beschäftigt sich damit, daß bestimmte Gegenstände sich auf uns zubewegen, ebenso wie bestimmte Gedanken uns als Wegweiser dienen können. Die Achte werden Sie selber finden, sobald die Zeit dafür gekommen ist. Sie erklärt, wie wir denen, die uns Antworten bringen, helfen können. Darüber hinaus beschreibt sie eine vollkommen neue Ethik im Umgang mit Menschen, die jedermanns ungehinderte persönliche Entwicklung gewährleistet.«

»Weshalb kann ich die Achte Erkenntnis nicht jetzt schon haben?« fragte ich.

Pater Carl lächelte und legte mir die Hand auf die Schulter. »Weil wir der Ansicht sind, daß dies nicht der richtige Zeitpunkt dafür ist. Auch wir müssen unseren Intuitionen folgen. Sobald Sie die richtige Frage stellen, werden Sie die Achte Erkenntnis erhalten.«

Ich sagte ihm, daß ich verstehe; dann umarmten mich die beiden Priester zum Abschied und wünschten mir alles Gute. Pater Carl betonte, daß wir uns bald wiedersehen würden und ich die Antworten, derentwegen ich gekommen war, auch finden würde.

Wir waren gerade dabei, in unsere Wagen zu steigen, als Sanchez sich mir unvermittelt zuwandte. »Meine Intuition rät mir, dir noch etwas mitzuteilen. Später wirst du es besser verstehen lernen: Laß dich durch deine Wahrnehmung des Schönen und Schillernden leiten. Menschen und Orte, die Antworten für dich bereithalten, werden dir leuchtender und attraktiver erscheinen.«

Ich nickte und kletterte in den Wagen von Pater Carl, dann folgte ich ihnen mehrere Meilen die holperige Straße hinunter, bis wir an eine Weggabelung kamen. Sanchez winkte aus dem Rückfenster, als er und Pater Carl den Weg nach Osten einschlugen. Einen Augenblick lang sah ich ihnen nach, dann schlug ich den Weg nach Norden, in Richtung des Amazonasbeckens, ein.

Ungeduld flammte in mir auf. Nachdem ich drei Stunden lang gut vorangekommen war, saß ich nun an einer Kreuzung fest, unfähig, mich zwischen zwei Routen zu entscheiden.

Die eine lag zu meiner Linken. Der Karte nach zu urteilen, führte sie ungefähr hundert Meilen an den Bergen entlang und beschrieb dann einen scharfen Knick nach Osten, Richtung Iquitos. Die Strecke zu meiner Rechten dagegen führte direkt nach Osten und verlief durch den Dschungel, um dann ebenfalls an meinem Bestimmungsort zu enden.

Ich konzentrierte mich auf die Szenerie. Der Weg durch den Dschungel führte durch eine Gruppe riesiger Bäume. Einige monumentale Felsvorsprünge ragten zwischen ihnen aus der Erde. Die meisten schienen von großen tropischen Büschen umgeben. Die Strecke durch die Berge dagegen kam mir relativ unbewachsen vor. In dieser Richtung stand nur ein einziger Baum, der Rest der Landschaft war felsig und hatte wenig Flora zu bieten.

Wieder sah ich nach rechts, bemüht, einen Zustand der Liebe herbeizuführen. Die Bäume und Büsche leuchteten in tiefem Grün. Ich wandte meinen Blick nach links und versuchte denselben Vorgang wirken zu lassen. Augenblicklich bemerkte ich ein blühendes Fleckchen am Wegesrand. Die Halme waren fahl und fleckig, doch zusammen mit den weißen Blüten ergab sich ein einmaliges Muster. Ich fragte mich, weshalb ich die Blüten nicht schon vorher wahrgenommen hatte. Sie schienen jetzt beinahe zu glühen. Ich erweiterte meinen Blickwinkel, um die gesamte Szenerie in dieser Richtung erfassen zu können. Die kleinen Felsen und die braunen Schotterflecken schienen jetzt außerordentlich farbenprächtig und klar. Ein Hauch von Bernsteinfarbe, von Violett und sogar dunklem Rot lag über der gesamten Landschaft.

Ich blickte wieder auf die Bäume und Büsche zu meiner Rechten. Obwohl sie ohne Zweifel schön waren, verblichen sie im Vergleich zu der Landschaft links von mir. Doch wie konnte das sein? Ursprünglich war mir die Straße zu meiner Rechten viel attraktiver erschienen. Ein weiterer Blick nach links, und meine Intuition verstärkte sich. Wieder verblüffte mich die Vielfalt der Formen und Farben.

Das gab den Ausschlag. Ich startete den Wagen und fuhr, voll und ganz von der Richtigkeit meiner Entscheidung überzeugt, nach links. Die Straße erwies sich als unwegsam, voller Steine und Wurzelwerk, und während ich voranholperte, fühlte ich, wie mein Körper immer leichter zu werden schien. Mein Gewicht lagerte auf den Hinterbacken, mein Rücken und mein Nacken bildeten eine gerade Linie. Meine Arme hielten das Lenkrad, ohne sich darauf zu stützen.

Zwei Stunden fuhr ich so ohne Zwischenfälle, knabberte an dem Essen, das Pater Carl mir in einen Korb gestellt hatte, und begegnete keiner Menschenseele. Die Straße schlängelte sich einen kleinen Hügel nach dem anderen hinauf und der anderen Seite wieder hinab. Oben, auf einem der Ausläufer des Gebirges angekommen, bemerkte ich zwei Wagen älteren Baujahres, die zu meiner Rechten geparkt hatten. Zwischen einigen Bäumen hatte man sie, weit entfernt von der eigentlichen Straße, abgestellt. Da ich keine Menschen sah, nahm ich an, daß es sich um Schrottautos handeln mußte. Vor mir beschrieb die Straße einen scharfen Bogen nach links und schlängelte sich dann in ein weites Tal. Von meinem Beobachtungsposten aus war ich in der Lage, mehrere Meilen weit zu sehen.

Ich bremste scharf. Auf halbem Weg durch das Tal standen drei oder vier Militärfahrzeuge, die sich auf beiden Seiten der Straße verteilt hatten. Zwischen den Lastwagen hielt sich eine kleine Gruppe Soldaten auf. Ein Schauer lief mir über den Rücken. Es handelte sich um eine Straßensperre. Ich ließ den Wagen ein Stück rückwärts rollen und parkte hinter zwei großen Felsen, dann stieg ich aus und ging zurück zu meinem Aussichtspunkt, um die Vorgänge im Tal zu beobachten. Eines der Fahrzeuge fuhr in die entgegengesetzte Richtung davon.

Plötzlich hörte ich ein Geräusch hinter mir. Ich schnellte herum. Es war Phil, der Ökologe, den ich in Viciente getroffen hatte.

Wir waren beide gleich erschrocken. »Was machst du hier?« fragte er, während er auf mich zueilte.

»Ich versuche nach Iquitos durchzukommen«, sagte ich.

An seinem Gesicht konnte ich sehen, wie unruhig er war. »Wir auch, doch die Regierung spielt wegen dieses Manuskriptes verrückt. Wir versuchen gerade zu entscheiden, ob wir es riskieren sollen, die Straßensperre zu passieren. Wir sind zu viert.« Er machte eine Kopfbewegung nach links. Durch die Bäume hindurch konnte ich einige Männer erkennen.

»Weshalb willst du nach Iquitos?« fragte er.

»Ich versuche Wil zu finden. Wir sind in Cula getrennt worden. Aber ich habe gehört, daß er möglicherweise auf dem Weg nach Iquitos ist, um dort den Rest des Manuskriptes zu finden.«

In seiner Stimme schwang jetzt die nackte Angst mit. »Das sollte er unter keinen Umständen versuchen! Das Militär hat den Besitz der Kopien ausdrücklich verboten. Hast du nicht gehört, was in Viciente geschehen ist?«

»Nicht alles. Was weißt du darüber?«

»Ich war auch nicht dort, aber meines Wissens hat die Regierung jeden verhaften lassen, der im Besitz einer Kopie war. Alle Gäste wurden festgehalten und verhört. Dale und die anderen Wissenschaftler hat man verschleppt. Kein Mensch weiß, was aus ihnen geworden ist.«

»Hast du eine Erklärung dafür, weshalb die Regierung sich derartig an dem Manuskript stört?« fragte ich.

»Nein, doch als ich hörte, wie unsicher die Situation ist, beschloß ich, nach Iquitos zu fahren, meine Unterlagen zu holen und das Land zu verlassen.«

Ich erzählte ihm in Einzelheiten, was mir und Wil zugestoßen war, nachdem wir Viciente verlassen hatten, und ging besonders auf die Schießerei in den Bergen ein.

»Teufel noch mal«, sagte er. »Und du treibst dich immer noch hier herum?«

Seine Äußerung brachte mein Selbstvertrauen ins Wanken. »Wenn wir nichts unternehmen, wird die Regierung das Manuskript vernichten. Die Welt wird kein Wort davon erfahren, und ich halte die Erkenntnisse für absolut wichtig.«

»Wichtig genug, um dafür zu sterben?« fragte er.

Motorengeräusche unterbrachen unsere Unterhaltung. Die Lastwagen bewegten sich durch das Tal direkt auf uns zu.

»Oh, Scheiße!« sagte er. »Da kommen sie.«

Noch bevor wir etwas unternehmen konnten, hörten wir Motorengeräusche auch aus der anderen Richtung.

»Wir sind umstellt!« rief Phil. Er stand kurz vor einem Panikanfall.

Ich rannte zum Wagen und stopfte das Essen in meinen Rucksack. Ich griff nach den Ordnern mit den Übersetzungen und verstaute sie ebenfalls darin, dann überlegte ich mir, daß sie unter dem Fahrersitz besser aufgehoben wären.

Die Motorengeräusche wurden lauter, und ich rannte über die Straße, in die gleiche Richtung, in die auch Phil verschwunden war. Ich sah, wie er und die anderen sich hinter einer Felsgruppe unten am Abhang versteckt hatten. Ich versteckte mich mit ihnen, innig hoffend, daß die Militärfahrzeuge einfach weiterfahren würden. Mein Wagen war von der Straße aus nicht zu sehen. Vielleicht, so dachte ich, würden sie die anderen Wagen ebenfalls für Schrottautos halten.

Die Fahrzeuge aus dem Süden trafen zuerst ein, und zu unserem Grausen hielten sie direkt neben den Wagen.

»Keine Bewegung! Polizei!« rief eine Stimme. Wir erstarrten, als sich uns mehrere Soldaten von hinten näherten. Sie waren allesamt schwer bewaffnet und mehr als vorsichtig. Nachdem sie uns gründlich durchsucht hatten, nahmen sie uns alle Gegenstände bis auf die Kleidung ab und zwangen uns, zurück auf die Straße zu gehen. Dort waren Dutzende von Soldaten bereits mit der Durchsuchung unserer Wagen beschäftigt. Phil und seine Gefährten wurden verhaftet und in einen der Militärlastwagen geführt, der sich eilig entfernte. Als er an mir vorbeifuhr, konnte ich einen kurzen Blick auf Phil werfen. Er war kreidebleich und sah aus wie ein Geist.

Ich wurde zu Fuß in die entgegengesetzte Richtung geführt. Man befahl mir, mich auf dem Kamm des Hügels niederzulassen. Neben mir standen mehrere Soldaten, jeder mit einer automatischen Waffe über der Schulter. Schließlich trat einer der Offiziere auf mich zu und warf mir die Ordner aus meinem Wagen vor die Füße. Auf das Deckblatt der zuoberst liegenden Erkenntnis warf er die Schlüssel zu Pater Carls Geländewagen.

»Handelt es sich hierbei um deine Kopien?« fragte er.

Ich blickte ihn an, ohne zu antworten.

»Diese Schlüssel sind in deinem Besitz gefunden worden«, sagte er. »Die Kopien waren in dem dazugehörigen Wagen. Ich frage noch einmal, gehören diese Ordner dir?«

»Ich werde nichts sagen, bevor ich nicht mit einem Anwalt gesprochen habe«, stammelte ich. Die Bemerkung veranlaßte den Offizier zu einem sarkastischen Lächeln. Er sagte etwas Unverständliches zu den anderen Offizieren und entfernte sich dann. Die Soldaten dirigierten mich zu einem der Jeeps, und ich mußte auf dem Vordersitz neben dem Fahrer Platz nehmen. Zwei weitere Soldaten saßen mit schußbereiten Waffen auf dem Rücksitz. Hinter uns bestiegen weitere Soldaten einen zweiten Lastwagen. Nach kurzer Wartezeit setzten sich beide Vehikel durch das Tal nach Norden in Bewegung.

Beunruhigende Gedanken machten sich in meinem Kopf breit. Wohin brachte man mich? Weshalb hatte ich es so weit kommen lassen? Soviel war die Anleitung durch die Priester also wert gewesen; keinen halben Tag hatte die Energie vorgehalten. Früher am Tag, an der Kreuzung, war ich mir so sicher gewesen, daß ich die richtige Straße gewählt hatte. Diese Strecke war die attraktivere der beiden; dessen war ich mir immer noch sicher. Wo also hatte ich einen Fehler gemacht?

Ich atmete tief durch und versuchte mich zu entspannen, dabei fragte ich mich, was wohl als nächstes passieren würde. Ich hatte vor, mich unwissend zu stellen und mich als verwirrten, harmlosen Touristen auszugeben, der sich mit den falschen Leuten eingelassen hatte und jetzt nur noch nach Hause wollte.

Ich legte die Hände in meinen Schoß und bemerkte, daß sie leicht zitterten. Einer der Soldaten bot mir von hinten Wasser aus einer Feldflasche an, und ich nahm an, obwohl ich mich außerstande sah zu trinken. Der Soldat war jung, und als ich ihm die Flasche zurückgab, lächelte er mich ohne ein Zeichen der Bösartigkeit an. Das Bild von Phils panischem Gesichtsausdruck schoß mir durch den Kopf. Was hatte man mit ihm vor?

Dann dachte ich, daß die Begegnung mit Phil vielleicht eine der Fügungen gewesen war. Was hatte sie zu bedeuten? Was wäre der Inhalt des Gespräches gewesen, hätte man uns nicht unterbrochen? Bisher hatte ich die Wichtigkeit des Manuskriptes betont, während er von den auf mich lauernden Gefahren sprach und mich drängte, das Land zu verlassen, bevor ich gefangengenommen würde. Unglücklicherweise hatte seine Warnung mich zu spät erreicht.

So fuhren wir mehrere Stunden dahin, ohne ein Wort zu wechseln. Die Gegend wurde zunehmend flacher, und die Luft erwärmte sich. Irgendwann hatte der junge Soldat mir eine geöffnete Dose mit Feldnahrung gereicht, Rind mit Kartoffeln; doch brachte ich keinen Bissen herunter. Nachdem die Sonne untergegangen war, legte sich in kürzester Zeit Dunkelheit über das Land.

Meine Gedanken waren förmlich versiegt. Ich starrte in die Lichtkegel auf der Straße und schaukelte durch die Nacht, bis ich in einen unruhigen Schlaf fiel und träumte, daß ich mich auf der Flucht befand. Verzweifelt suchte ich zwischen Hunderten von riesigen Feuern Schutz vor einem unbekannten Feind, in der Gewißheit, daß ich irgendwo einen geheimen Schlüssel finden würde, der mir den Weg zu Erkenntnis und Sicherheit öffnete. Schließlich entdeckte ich den Schlüssel inmitten eines der riesigen Feuer. Ich hechtete hinein, um ihn zu bergen!

Mit einem unsanften Ruck wurde ich aus dem Schlaf gerissen. Ich schwitzte stark. Die Soldaten sahen mich mit nervösen Blicken an. Ich schüttelte den Traum ab und lehnte mich gegen die Wagentür. Eine lange Zeit blickte ich aus dem Seitenfenster auf die dunklen Umrisse der Landschaft und kämpfte gegen die Panik an. Allein und unter Bewachung fuhr ich in die Dunkelheit, kein Mensch kümmerte sich um meine Alpträume.

Gegen Mitternacht fuhren wir vor einem riesigen, spärlich erleuchteten zweistöckigen Gebäude aus rohem Stein vor. Wir gingen am Haupteingang vorbei und betraten das Gebäude auf einem schmalen Weg durch den Seiteneingang. Treppenstufen führten uns in eine enge Eingangshalle. Die Wände im Inneren waren ebenfalls aus Stein, und die Decke bestand aus riesigen Holzbohlen und unbehandelten rohen Planken. Von der Decke hingen nackte Glühbirnen und beleuchteten unseren Weg. Wir durchquerten eine weitere Tür und kamen schließlich an einem Zellentrakt heraus. Einer der Soldaten, der vorher verschwunden war, kehrte jetzt zurück, öffnete eine der Zellentüren und bedeutete mir mit einer Bewegung hineinzugehen.

In der Zelle befanden sich drei Pritschen, ein Holztisch und eine Vase mit Blumen, und die Zelle machte einen ungewöhnlich sauberen Eindruck. Als ich eintrat, blickte mich ein junger Peruaner, nicht älter als siebzehn oder achtzehn, eingeschüchtert an. Er stand hinter der Tür. Der Soldat verschloß die Tür hinter mir und entfernte sich. Ich setzte mich auf eine der Pritschen, während der junge Mann eine Öllampe aufdrehte. Im Schein der Lampe erkannte ich, daß er indianischer Abstammung war.

»Sprichst du Englisch?« fragte ich.

»Ein wenig«, sagte er.

»Wo kommst du her?«

»Aus der Nähe von Pullcupa.«

»Ist das hier ein Gefängnis?«

»Nein, hier werden alle zum Verhör wegen des Manuskriptes hergebracht.«

»Wie lange bist du schon hier?« fragte ich.

Er sah mich mit schüchternen braunen Augen von unten herauf an. »Zwei Monate.«

»Was haben sie mit dir gemacht?«

»Sie haben versucht, mir den Glauben an das Manuskript auszutreiben und mich dazu zu bringen, die zu verraten, die Kopien davon besitzen.«

»Wie das?«

»Durch Reden.«

»Nur durch Reden, keine Drohungen?«

»Nur Reden«, wiederholte er.

»Haben sie gesagt, wann sie dich gehen lassen werden?«

»Nein.«

Ich schwieg, und er blickte mich fragend an. »Bist du auch mit Kopien des Manuskriptes erwischt worden?« fragte er.

»Ja. Und du?«

»Auch. Ich lebe hier in der Nähe in einem Waisenhaus. Unser Schulleiter hat die Botschaft des Manuskriptes gelehrt. Er hat mir erlaubt, die Kinder zu unterrichten. Er konnte fliehen, aber ich wurde gefangen.«

»Wie viele der Erkenntnisse hast du gelesen?« fragte ich.

»Alle, die gefunden wurden«, sagte er. »Und du?«

»Alle, außer der Siebten und der Achten Erkenntnis. Die

Siebte hatte ich schon in den Händen, doch die Soldaten tauchten auf, bevor ich Zeit hatte, sie zu lesen.«

Der junge Mann gähnte. »Laß uns jetzt schlafen.«

»Ja«, sagte ich abwesend. »Sicher.«

Ich lag auf meiner Pritsche und schloß die Augen, während meine Gedanken sich überschlugen. Was sollte ich als nächstes tun? Wieso hatte ich mich fangen lassen? Würde es mir möglich sein, zu fliehen? Ich heckte einige Szenarien und Strategien aus, bevor es mir endlich gelang, einzuschlafen.

Wieder wurde ich von lebhaften Träumen heimgesucht. Wieder suchte ich nach dem Schlüssel, doch diesmal hatte ich mich in einem tiefen Wald verirrt. Lange Zeit streifte ich ziellos herum und wünschte mir irgendeinen Anhaltspunkt, irgendeine Führung. Nach einer Weile brach ein gigantischer Gewittersturm herein und überschwemmte die gesamte Landschaft. In der Wasserflut wurde ich zuerst durch eine tiefe Schlucht und dann in einen Fluß gespült, in dem ich zu ertrinken drohte. Mit aller Macht kämpfte ich tagelang gegen den Strom an, bis es mir schließlich gelang, mich aus dem reißenden Gewässer zu retten, indem ich mich an das felsige Ufer klammerte. Ich krabbelte die Felsen empor und an den nackten Klippen entlang, höher und höher in immer gefährlicher wirkendes Gelände. Obgleich ich zur Bewältigung der Klippen meine gesamte Konzentration und Willenskraft zusammengenommen hatte, fand ich mich schließlich an einem ausweglosen Stück nackten Felsens wieder, unfähig, mich auch nur noch einen Zentimeter vorwärtszubewegen. Ich warf einen Blick auf das Gelände unter mir. Mit Schrecken bemerkte ich, daß der Fluß aus dem Wald herausfloß zu einem wunderschönen Strand und einer Wiese. Auf der blumenbewachsenen Wiese lag der Schlüssel. Dann rutschte ich aus und fiel schreiend tiefer und tiefer, bis ich auf die Wasseroberfläche aufschlug und unterging.

Entsetzt fuhr ich hoch und schnappte nach Luft. Der junge Indianer, der offenbar bereits erwacht war, kam zu mir.

»Was ist los?« fragte er.

Ich kam zu Sinnen und blickte mich in der Zelle um. Erst jetzt bemerkte ich, daß der Raum ein Fenster hatte und es draußen bereits hell wurde.

»Nur ein Alptraum«, sagte ich.

Er lächelte mich an, als gefalle ihm, was ich sagte. »Alpträume haben die wichtigsten Botschaften«, bemerkte er.

»Botschaften?« fragte ich, stand auf und zog mein Hemd an.

Es war ihm anscheinend peinlich, sich erklären zu müssen. »Die Siebte Erkenntnis handelt von den Träumen«, sagte er.

»Was steht dort?«

»Es wird beschrieben, wie man, äh …«

»Träume interpretiert?«

»Ja.«

»Was genau steht dort?«

»Daß die Geschichte eines Traumes mit der Geschichte eines Lebens vergleichbar ist.«

Ich dachte einen Moment lang nach, unsicher, was dieser Hinweis bedeuten mochte.

»Willst du die Bedeutung deines Traumes wissen?«

Ich nickte und erzählte ihm, was ich geträumt hatte.

Er hörte aufmerksam zu und sagte dann: »Vergleiche Teile dieser Geschichte mit deinem Leben.«

Ich sah ihn an. »Wo soll ich beginnen?«

»Am Anfang. Was geschah dir am Anfang des Traumes?«

»Ich suchte im Wald nach einem Schlüssel.«

»Wie hast du dich dabei gefühlt?«

»Verloren.«

»Vergleiche diese Situation mit deiner wirklichen.«

»Nun, vielleicht hängen sie tatsächlich zusammen«, sagte ich. »Ich suche nach Antworten über das Manuskript, und ich fühle mich verdammt noch mal verloren.«

»Was ist dir sonst noch im wirklichen Leben geschehen?« fragte er.

»Ich bin gefaßt worden«, sagte ich. »Trotz all meiner Vorkehrungen hat man mich eingelocht. Jetzt kann ich nur noch hoffen, daß ich jemanden davon überzeugen kann, mich gehen zu lassen.«

»Du willst dich mit deiner Gefangennahme nicht abfinden?«

»Natürlich nicht.«

»Was ist im Traum als nächstes passiert?«

»Ich habe gegen die Strömung angekämpft.«

»Warum?« fragte er.

Langsam wurde mir klar, worauf er hinauswollte. »Weil ich zu dem Zeitpunkt dachte, ich müsse ertrinken.«

»Und wenn du nicht gegen die Strömung angekämpft hättest?«

»Wäre ich an den Schlüssel gekommen. Was willst du damit sagen? Daß ich an meine Antworten kommen würde, wenn ich mich nicht gegen die Situation hier sträuben würde?«

Er sah wieder verlegen drein. »Ich will gar nichts sagen. Der Traum sagt es.«

Ich dachte einen Augenblick lang nach. Traf seine Interpretation zu?

Der junge Indianer sah zu mir auf. »Wenn du den Traum noch einmal träumen könntest, was würdest du anders machen?«

»Ich würde nicht mehr gegen das Wasser ankämpfen, obwohl es so aussah, als würde ich ertrinken. Diesmal wüßte ich es besser.«

»Was bedroht dich jetzt?«

»Die Soldaten, schätze ich. Gefangengehalten zu werden.«

»Was ist also die Botschaft daraus?«

»Du denkst, die Botschaft des Traumes besteht darin, diese Gefangenschaft als etwas Positives zu begreifen?«

Er antwortete nicht, sondern lächelte nur.

Ich saß auf meiner Pritsche, mit dem Rücken gegen die Wand. Die Traumdeutung hatte mich erregt. Traf sie zu, dann hatte ich an der Kreuzung doch keinen Fehler gemacht, dann sollte alles so kommen, wie es gekommen war.

»Wie heißt du?« fragte ich.

»Pablo«, sagte er.

Ich lächelte und stellte mich vor, dann erzählte ich ihm in groben Zügen, weshalb ich in Peru war und was sich bisher ereignet hatte. Pablo hatte die Ellbogen auf seine Knie gestützt und saß auf seiner Koje. Er hatte kurzes dunkles Haar und war außergewöhnlich dünn.

»Weshalb bist du hier?« fragte er.

»Ich will mehr über das Manuskript erfahren«, erwiderte ich.

»Was ist der genaue Grund?« fragte er erneut.

»Mehr über die Siebte Erkenntnis zu erfahren und herauszufinden, was meinen Freunden, Wil und Marjorie, passiert ist …

Und ich glaube, auch, um herauszubekommen, weshalb die Kirche so vehement gegen das Manuskript ist.«

»Du kannst hier mit vielen Priestern reden«, sagte er.

Ich dachte kurz über seine Aussage nach. »Was sagt die Siebte Erkenntnis noch über Träume?«

Pablo erklärte mir, daß wir träumten, um zu erfahren, was uns im Leben fehlt. Er sagte noch etwas, doch anstatt zuzuhören, dachte ich an Marjorie. Ich hatte ihr Gesicht jetzt in allen Einzelheiten vor meinem geistigen Auge, und ich fragte mich, wo sie wohl stecken mochte, dann sah ich, wie sie lächelnd auf mich zurannte.

Plötzlich merkte ich, daß Pablo nicht länger sprach. Ich sah ihn an. »Entschuldige, ich habe gerade an etwas anderes gedacht«, sagte ich. »Was hast du eben gesagt?«

»Schon gut«, erwiderte er. »Woran hast du gedacht?«

»An eine Freundin von mir. Es war nichts weiter.«

Er sah aus, als wolle er weiterbohren, doch jemand machte sich an der Zellentür zu schaffen. Durch die Gitter sahen wir, wie ein Soldat den Riegel zurückschob.

»Frühstückszeit«, sagte Pablo.

Der Soldat öffnete die Tür und bedeutete uns mit einer Bewegung seines Kopfes, uns in den Flur zu begeben. Pablo ging voran, den Steinkorridor hinab. Wir kamen in ein Treppenhaus und stiegen eine Flucht von Treppen hinauf, um schließlich in einen kleinen Speisesaal zu gelangen. Vier oder fünf Soldaten standen in den Ecken des Raumes, während einige Zivilisten, zwei Männer und eine Frau, in einer Reihe anstanden und auf Essen warteten.

Ich glaubte meinen Augen nicht zu trauen! Die Frau war Marjorie. Sie erkannte mich im gleichen Moment und schlug die Hand vor den Mund, die Augen vor Überraschung weit geöffnet. Ich warf einen Blick auf den Soldaten hinter mir. Er ging gerade zu den anderen Militärs in der Ecke, lächelte nonchalant und sagte etwas auf spanisch zu ihnen. Ich folgte Pablo durch den Raum und stellte mich an das Ende der Schlange.

Marjorie erhielt ihr Essen. Die beiden anderen Männer nahmen ihre Tabletts mit zu den Tischen und unterhielten sich dabei. Mehrere Male sah Marjorie zu mir herüber, und unsere Blicke trafen sich. Es fiel uns schwer, nichts zu sagen. Nach unserem zweiten Blickkontakt merkte Pablo, daß wir uns kannten, und blickte mich fragend an. Marjorie brachte ihr Essen an einen der Tische, und nachdem wir unseres erhalten hatten, setzten wir uns zu ihr. Die Soldaten redeten unterdessen weiter miteinander und schienen sich um uns nicht weiter zu kümmern.

»Gott, bin ich froh, dich zu sehen«, sagte sie. »Wie kommst du hierher?«

»Ich habe mich kurze Zeit bei einigen Priestern versteckt«, erwiderte ich. »Dann bin ich los, um Wil zu finden, und gestern schließlich verhaftet worden. Wie lange bist du schon hier?«

»Seitdem sie mich auf dem Bergkamm erwischt haben«, sagte sie.

Ich bemerkte, daß Pablo uns aufmerksam anblickte, und stellte Marjorie vor.

»Ich habe mir schon gedacht, daß Sie Marjorie sind«, sagte er.

Sie unterhielten sich kurz, dann fragte ich Marjorie, was sich sonst noch ereignet hatte.

»Nicht viel«, sagte sie. »Ich habe nicht die leiseste Ahnung, weshalb ich überhaupt inhaftiert bin. Jeden Tag werde ich einem der Priester oder einem der Offiziere vorgeführt und von ihnen befragt. Sie wollen wissen, zu wem ich Kontakt in Viciente hatte und ob ich weiß, wo sich noch weitere Kopien befinden. Das wiederholt sich jetzt seit Tagen!«

Marjorie lächelte und wirkte dabei sehr verletzlich, wieder spürte ich eine starke Anziehung. Aus ihren Augenwinkeln nahm sie mich gründlich unter die Lupe. Beide lachten wir leise. In der darauffolgenden Stille wandten wir uns dem Essen zu. Dann öffnete sich die Tür, und ein Priester in Kirchengewand betrat den Raum. Er wurde von einem hohen Offizier begleitet.

»Das ist der Oberpriester«, sagte Pablo.

Der Offizier sagte etwas zu den Soldaten, die Haltung eingenommen hatten, dann durchschritt er mit dem Priester den Raum in Richtung Essenausgabe. Der Priester sah mir direkt in die Augen, und für eine lange Sekunde hielt ich seinem Blick stand, dann unterbrach ich den Kontakt und nahm einen neuen Bissen Essen von meinem Teller. Ich wollte keine unnötige Aufmerksamkeit auf mich ziehen. Die beiden Männer gingen weiter und verließen uns durch die Küche.

»War das einer von den Priestern, mit denen du gesprochen hast?« fragte ich Marjorie.

»Nein«, sagte Marjorie. »Den habe ich noch nie gesehen.«

»Ich kenne ihn«, sagte Pablo. »Er ist erst gestern angekommen. Sein Name ist Kardinal Sebastian.«

Ich setzte mich aufrecht. »Das war Kardinal Sebastian?«

»Klingt, als hättest du schon von ihm gehört«, sagte Marjorie.

»Habe ich auch«, erwiderte ich. »Er ist der Drahtzieher der kirchlichen Opposition gegen das Manuskript. Ich dachte allerdings, daß er in der Mission bei Pater Sanchez sei.«

»Wer ist Pater Sanchez?« fragte Marjorie.

Ich wollte es ihr gerade erzählen, als der Soldat, der uns hergeführt hatte, zu unserem Tisch kam und Pablo und mir bedeutete, ihm zu folgen.

»Zeit für die Leibesübungen«, sagte Pablo.

Marjorie und ich sahen einander an. Ich konnte in ihren Augen sehen, wie nervös sie war.

»Mach dir keine Sorgen«, sagte ich, »beim nächsten Essen reden wir weiter. Es wird alles gut werden.«

Im Weggehen fragte ich mich, ob mein Optimismus sehr realistisch war. Die Leute hier konnten jeden von uns jederzeit und ohne viel Aufhebens spurlos verschwinden lassen. Der Soldat brachte uns in einen kurzen Flur, der zu einer Außentreppe führte. Wir stiegen die Stufen hinab und standen schließlich in einem kleinen Hof, der von einer hohen Felsmauer umgeben wurde. Der Soldat blieb am Eingang stehen. Pablo bedeutete mir mit einer Kopfbewegung, ihn bei seinem Spaziergang an der Mauer entlang zu begleiten. Während wir gingen, bückte Pablo sich mehrere Male, um Blumen zu pflücken, die in kleinen Beeten an der Mauer wuchsen.

»Was sagt die Siebte Erkenntnis sonst noch?« fragte ich.

Er bückte sich erneut und pflückte eine Blume. »Sie sagt, daß wir nicht nur von Träumen geleitet werden, sondern auch von Gedanken und Tagträumen.«

»Ja, Pater Carl behauptete das auch. Erklär mir, wie Tagträume funktionieren.«

»Durch sie sind wir in der Lage, Szenen oder Ereignisse zu

sehen, die sich tatsächlich ereignen können. Wenn wir aufmerksam genug sind, können wir uns durch sie auf eine Wendung in unserem Leben vorbereiten.«

Ich sah ihn an. »Weißt du, Pablo, ich hatte eine Eingebung, nach der ich Marjorie wiedersehen würde – und es hat gestimmt.«

Er lächelte.

Ein Schauer lief meinen Rücken hinab. Ich mußte tatsächlich am richtigen Ort sein. Ich hatte eine Ahnung von etwas gehabt, was wenig später tatsächlich genau so eingetroffen war. Eine Fügung hatte sich ereignet, und ich fühlte mich erleichtert.

»Häufig habe ich solche Ahnungen nicht gerade«, sagte ich.

Schüchtern blickte Pablo in die andere Richtung. »Der Siebten Erkenntnis nach haben wir sie wesentlich häufiger, als wir annehmen. Um sie zu erkennen, müssen wir jedoch lernen, die Position eines Beobachters zu beziehen. Und taucht ein Gedanke auf, müssen wir fragen, warum er das tut und warum gerade jetzt? In welcher Beziehung steht er zu der Problematik unseres Lebens? Die Position des Beobachters hilft uns dabei, das Bedürfnis nach völliger Kontrolle aufzugeben. Sie bringt uns in Verbindung mit dem Fluß unserer Entwicklung.«

»Aber was ist mit den negativen Gedanken?« fragte ich. »Der Furcht davor, daß etwas Schreckliches geschehen wird, jemand, der uns nahesteht, verletzt werden könnte, oder wir nicht erreichen, was wir uns vorgenommen haben?«

»Ganz einfach«, sagte Pablo. »Die Siebte Erkenntnis sagt, daß Bilder der Angst bei ihrem Auftauchen angehalten und durch etwas Positives ersetzt werden. Daraufhin wird es bald so gut wie keine negativen Bilder oder Gedanken mehr geben. Du wirst nur mehr Ahnungen von positiven Ereignissen haben. Sollten negative Bilder auftauchen, dann rät das Manuskript, sie unbedingt ernst zu nehmen, sie jedoch nicht weiterzuverfolgen. Wenn du zum Beispiel ein Bild davon hast, wie du in einem Lastwagen verunglückst, und jemand bietet dir an, in seinem Wagen mitzufahren, so lehne das Angebot ab.«

Wir waren jetzt einmal um den Hof gegangen und näherten uns wieder dem Wachmann. Keiner von uns sprach, als wir ihn passierten. Pablo pflückte eine Blume, und ich atmete tief durch. Die Luft war warm und feucht, und das Pflanzenleben auf der anderen Seite der Mauer war üppig und tropisch. Ich hatte bereits mehrere Moskitos bemerkt.

»Kommt!« rief der Soldat plötzlich.

Er stieß uns ins Innere des Gebäudes und hinunter zu unserer Zelle. Pablo betrat sie vor mir, doch der Soldat versperrte mir mit ausgestrecktem Arm den Weg.

»Du nicht«, sagte er und machte eine Kopfbewegung in Richtung Flur. Wir nahmen die gleichen Stufen, die uns in der Nacht zuvor in das Gebäude geführt hatten. Auf dem Parkplatz stieg Kardinal Sebastian auf den Rücksitz eines großen Wagens. Ein Fahrer schloß die Tür hinter ihm. Einen Moment lang sah der Kardinal mich wieder an, dann wandte er sich ab und sagte etwas zu seinem Fahrer. Der Wagen fuhr mit hoher Geschwindigkeit davon.

Der Soldat schubste mich unsanft vor das Gebäude. Wir gingen hinein und betraten ein Büro. Er wies mich an, auf einem Holzstuhl vor einem weißen Eisenschreibtisch Platz zu nehmen. Innerhalb kürzester Zeit tauchte ein etwa dreißigjähriger kleiner Priester mit sandfarbenem Haar auf und setzte sich an den Schreibtisch, ohne meine Anwesenheit zur Kenntnis zu nehmen. Für die Dauer einer vollen Minute blätterte er durch eine Akte und sah mich dann an. Seine runde goldgefaßte Brille verlieh ihm den Anstrich eines Intellektuellen.

»Sie sind im Besitz illegaler Dokumente verhaftet worden«, sagte er mit bestimmter, sachlicher Stimme. »Ich bin hier, um festzustellen, ob eine weitere Verfolgung der Angelegenheit nötig ist. Ich wäre Ihnen dankbar, wenn Sie mit mir zusammenarbeiten würden.«

Ich nickte.

»Woher haben Sie die Übersetzungen?«

»Ich verstehe nicht ganz«, sagte ich. »Was soll an Kopien eines alten Manuskriptes illegal sein?«

»Die Regierung von Peru hat ihre Gründe«, sagte er. »Bitte beantworten Sie meine Frage.«

»Warum mischt sich die Kirche ein?« fragte ich.

»Weil dieses Manuskript im Widerspruch zu den Traditionen unserer Religion steht«, sagte er. »Es verfälscht die Wahrheit unserer geistigen Natur. Wo ...«

»Hören Sie«, unterbrach ich ihn. »Ich möchte nur sicherstellen, daß ich auch alles richtig verstehe. Ich bin ein harmloser Tourist, der sich zufällig für dieses Manuskript interessiert hat. Ich stelle für niemanden eine Bedrohung dar. Ich möchte nur wissen, was an der Schrift so gefährlich sein soll.«

Er blickte verwirrt drein, als sei er sich nicht schlüssig darüber, was für eine Taktik er bei mir anwenden solle. Bewußt versuchte ich, Einzelheiten aus ihm herauszuholen.

»Die Kirche ist der Ansicht, daß dieses Manuskript zu Verwirrung unter den Leuten führt«, sagte er vorsichtig. »Sie könnten den Eindruck gewinnen, daß der Mensch selbst in der Lage ist zu entscheiden, wie er zu leben hat, ohne die Gebote zu beachten.«

»Welche Gebote?«

»Das Gebot, Vater und Mutter zu ehren, zum Beispiel.«

»In welchem Zusammenhang steht das mit dem Manuskript?«

»Das Manuskript macht die Eltern für einige der Probleme verantwortlich und untergräbt damit die Institution der Familie.«

»Ich hatte eher den Eindruck, es sprach von der Beendigung bestehender Ressentiments«, sagte ich. »Und davon, einen neuen, positiven Blick auf unser früheres Leben zu werfen.«

»Nein«, sagte er. »Diese Darstellung ist irreführend. Von Anfang an hätte es keinerlei negative Gefühle oder Ressentiments geben dürfen.«

»Haben Eltern nicht das Recht, Fehler zu machen?«

»Eltern tun ihr Bestes. Ihre Kinder müssen ihnen vergeben.«

»Aber ist nicht genau davon im Manuskript die Rede? Kann man nicht erst dann vergeben, wenn man auch das Positive an seiner Kindheit erkennt?«

Vor Ärger schwoll seine Stimme an. »Wodurch ist dieses Manuskript denn befugt, derartige Aussagen zu treffen? Weshalb sollten wir ihm Glauben schenken?«

Er erhob sich, ging um seinen Schreibtisch herum und starrte verärgert auf mich hinab. »Sie wissen nicht, wovon Sie reden«, sagte er. »Studieren Sie Theologie? Ich bezweifle es. Sie sind der direkte Beweis für die Verwirrung, die dieses Manuskript anrichtet. Verstehen Sie denn nicht, daß auf dieser Welt lediglich deshalb Ordnung herrscht, weil wir Gesetze und eine Obrigkeit haben? Wie können Sie es wagen, die Obrigkeit in dieser Sache anzugreifen?«

Ich antwortete nicht, was ihn noch mehr aufzuregen schien. »Ich werde Ihnen etwas sagen«, hob er wieder an, »Ihr Vergehen wird in diesem Land mit mehreren Jahren Gefängnis geahndet. Waren Sie jemals in einem peruanischen Gefängnis? Reicht Ihre Yankee-Neugierde aus, herausfinden zu wollen, wie es dort zugeht? Das kann ich problemlos arrangieren. Verstehen Sie mich? Problemlos!«

Er legte seine Hand über die Augen, verschnaufte und atmete tief ein; offenbar war er bemüht, sich abzuregen. »Ich möchte herausbekommen, wer alles Kopien hat und woher sie stammen. Ich frage Sie ein letztes Mal: Woher stammt Ihre Übersetzung?«

Sein Wutausbruch hatte eine Welle der Unruhe in mir ausgelöst. Durch die Fragerei hatte ich meine Situation nur verschlechtert. Was, wenn ich eine Zusammenarbeit verweigern würde? Ich konnte doch nicht Pater Sanchez und Pater Carl verraten?

»Ich brauche ein wenig Bedenkzeit, bevor ich Ihnen eine Antwort geben kann«, sagte ich.

Einen Augenblick lang sah er aus, als stehe er kurz vor einem weiteren Wutausbruch. Dann entspannte er sich und wirkte mit einem Mal sehr müde.

»Ich gebe Ihnen bis morgen früh Bedenkzeit«, sagte er und wies den Soldaten an der Tür an, mich abzuführen. Ich ging mit dem Soldaten den Flur hinab, direkt in meine Zelle.

Ohne ein Wort zu sagen, ließ ich mich erschöpft auf meine Pritsche fallen. Pablo starrte aus dem vergitterten Fenster.

»Hast du mit Kardinal Sebastian gesprochen?« fragte er.

»Nein, es war ein anderer Priester. Er wollte wissen, woher meine Kopien stammen.«

»Was hast du gesagt?«

»Nichts. Ich bat mir Bedenkzeit aus, und er hat sie mir bis morgen früh gewährt.«

»Hat er etwas wegen des Manuskriptes gesagt?« fragte Pablo.

Ich sah Pablo in die Augen, doch diesmal senkte er seinen Kopf nicht. »Er hat kurz darüber gesprochen, wie das Manuskript die bestehende Autorität untergräbt«, sagte ich. »Dann fing er an zu lamentieren und mir zu drohen.«

Pablo wirkte überrascht. »Hatte er braune Haare und eine Brille?«

»Ja.«

»Sein Name ist Pater Costous«, sagte Pablo. »Was hast du sonst noch zu ihm gesagt?«

»Daß ich anderer Meinung bin, was die Untergrabung der Autorität durch das Manuskript angeht«, erwiderte ich. »Er drohte mir mit Gefängnis. Denkst du, er meint es ernst?«

»Ich weiß nicht«, sagte Pablo. Er durchquerte die Zelle und setzte sich mir gegenüber auf seine Pritsche. Ich merkte, daß ihm noch etwas anderes durch den Kopf ging, doch war ich so erschöpft und verängstigt, daß ich einfach die Augen schloß und erst wieder erwachte, als Pablo mich rüttelte.

»Mittagessen«, sagte er.

Wir folgten dem Wärter die Treppe hinauf und bekamen jeder einen Teller mit knorpeligem Rindfleisch und Kartoffeln vorgesetzt. Die beiden Männer vom Morgen wurden nach uns hereingeführt. Marjorie war nicht bei ihnen.

»Wo ist Marjorie?« fragte ich sie und versuchte dabei zu flüstern. Die beiden Männer wirkten entsetzt, daß ich es wagte, mit ihnen zu sprechen, und die Soldaten sahen mich jetzt mißbilligend an.

»Ich glaube nicht, daß sie Englisch sprechen«, bemerkte Pablo.

»Ich frage mich, wo sie ist«, sagte ich.

Pablo erwiderte etwas, doch hatte ich wieder nicht zugehört. Mir war plötzlich die Idee gekommen davonzulaufen, und ich stellte mir vor, wie ich durch eine Straße rannte, mich in einem Hauseingang versteckte und schließlich die Freiheit erlangte.

»Woran denkst du gerade?« fragte Pablo.

»Ich habe gerade phantasiert, wie es wäre, zu fliehen«, sagte ich. »Was hast du eben gesagt?«

»Warte«, sagte Pablo. »Tu deine Gedanken nicht so einfach ab. Sie könnten sich als wichtig erweisen. Wie bist du geflohen?«

»Ich rannte eine Straße oder Gasse hinab und dann in einen Türeingang. Die Flucht schien jedenfalls gelungen.«

»Was fällt dir zu dem Bild ein?« fragte Pablo.

»Keine Ahnung«, sagte ich. »Es hatte keine logische Verbindung zu unserer Unterhaltung.«

»Erinnerst du dich, worüber wir gesprochen haben?«

»Ja. Ich habe mich nach Marjorie erkundigt.«

»Und du meinst nicht, daß es eine Verbindung zwischen Marjorie und deinem Fluchtgedanken gibt?«

»So ohne weiteres fällt mir keine ein.«

»Vielleicht eine versteckte Verbindung?«

»Ich sehe keine Verbindung. In welcher Beziehung sollte meine Flucht zu Marjorie stehen? Meinst du, sie ist geflohen?«

Er wirkte nachdenklich. »Du hast an deine Flucht gedacht.«

»Ach ja, stimmt«, sagte ich. »Möglicherweise fliehe ich ohne sie.« Ich sah ihn an. »Vielleicht fliehe ich *mit* ihr.«

»Das würde ich auch so sehen«, sagte er.

»Aber wo steckt sie?«

»Ich weiß es nicht.«

Ohne ein weiteres Wort beendeten wir unsere Mahlzeit. Trotz meines Hungers war mir das Essen zu schwer. Aus irgendeinem Grund fühlte ich mich müde und schwerfällig. Der Hunger schwand schnell.

Ich bemerkte, daß Pablo ebenfalls nicht aß.

»Ich denke, wir sollten in die Zelle zurückkehren«, sagte Pablo.

Ich nickte, und er gab dem Soldaten zu verstehen, daß er uns zurückbringen sollte. In der Zelle angekommen, streckte ich mich auf meiner Pritsche aus, und Pablo sah mich an.

»Deine Energie scheint fast verschwunden zu sein«, sagte er.

»Stimmt«, erwiderte ich. »Ich weiß auch nicht, was los ist.«

»Hast du versucht, Energie zu laden?« fragte er.

»Nein, ich schätze nicht«, erwiderte ich. »Und das Essen hilft auch nicht gerade.«

»Du brauchst nicht viel zu essen, wenn du ansonsten genügend Energie aufnimmst.« Er machte eine ausladende Bewegung mit seinem Arm, die unsere ganze Zelle umfaßte.

»In dieser Situation ist es für mich nicht gerade einfach, die Liebe fließen zu lassen.«

Er sah mich zweifelnd an. »Wenn du das nicht machst, schadest du dir selbst.«

»Was meinst du damit?«

»Dein Körper hat eine bestimmte Energiefrequenz, die sich aus der molekularen Schwingung deiner Atome ergibt. Wenn du zuläßt, daß deine Energie sinkt, leidet dein Körper. Das erklärt die Beziehung zwischen Streß und Krankheit. Liebe ist der einzige Weg zur Aufrechterhaltung deines Energielevels. Sie hält uns gesund. Sie ist das Wichtigste überhaupt.«

»Gib mir ein paar Minuten«, sagte ich.

Ich probierte Pater Sanchez' Methode und fühlte mich augenblicklich besser. Die Gegenstände in der Zelle schienen nun von schärferer Präsenz. Ich schloß die Augen und konzentrierte mich ganz auf das Gefühl. »Gut so«, sagte Pablo.

Ich öffnete die Augen und sah, wie er mich anlächelte. Sein Gesicht und sein Körper waren jungenhaft und unreif, doch seine Augen schienen mir jetzt voller Weisheit.

»Ich kann sehen, wie die Energie zu dir zurückkommt«, sagte er.

Um Pablos Körper entdeckte ich ein grünliches Feld. Die frischen Blumen, die er in die Vase gesteckt hatte, schienen intensiv zu leuchten.

»Um die Siebte Erkenntnis ganz zu verstehen und wirklich ein Teil der Evolution zu werden«, sagte er, »müssen alle Erkenntnisse des Manuskriptes in einer Lebensform vereint werden.«

Ich antwortete nicht.

»Kannst du zusammenfassen, wie die Erkenntnisse die Welt für dich verändert haben?«

Ich dachte einen Augenblick lang nach. »Ich würde sagen, ich bin aufgewacht und habe gelernt, die Welt als einen Ort voller Geheimnisse zu begreifen, einen Ort, der uns mit allem Notwendigen versorgt, sobald es uns gelingt, Klarheit in unser Leben zu bringen und auf unseren Weg zu kommen.«

»Und was passiert dann?« fragte er.

»Dann sind wir bereit, Teil der Evolution zu werden.«

»Auf welche Weise werden wir zu einem Teil in diesem Prozeß?«

Wieder mußte ich einen Moment nachdenken. »Indem wir unsere akuten Lebensfragen im Kopf behalten und dann auf Anweisungen warten, die uns in Form von Träumen oder Intuitionen erscheinen. Oder in der Form, daß unsere Umgebung uns erleuchtet.«

»Ja!« sagte Pablo. »Das ist der richtige Weg. Und jedes Mal führen diese Fügungen zu etwas Neuem. Wir wachsen, werden reifere Persönlichkeiten und existieren auf einer Ebene gesteigerter Schwingung.«

Er hatte sich vorgebeugt, und ich bemerkte einen unglaublichen Energiezuwachs in seiner Präsenz. Er strahlte förmlich und schien nicht länger schüchtern, nicht einmal mehr jung. Er wirkte überaus kraftvoll.

»Pablo, was ist mit dir passiert?« fragte ich. »Im Vergleich zu gestern bist du viel selbstbewußter und scheinst mehr zu wissen.«

Er lachte. »Als du ankamst, habe ich meiner Energie erlaubt, sich zu zerstreuen. Zuerst dachte ich, du könntest mir dabei helfen, meinen Fluß wieder in Gang zu bekommen, aber dann merkte ich, daß du noch nicht soweit warst. Mit dieser Fähigkeit beschäftigt sich die Achte Erkenntnis.«

Ich war verwirrt. »Was habe ich falsch gemacht?«

»Du mußt lernen, daß alle Antworten, die uns auf scheinbar mysteriöse Weise erreichen, in Wirklichkeit von anderen Menschen stammen. Denk daran, was du alles gelernt hast, seitdem du in Peru bist. Hast du nicht alle Antworten durch die Begegnung mit anderen Menschen erhalten?«

Ich dachte darüber nach. Er hatte recht. Ich hatte genau zur rechten Zeit die rechten Leute getroffen: Charlene, Dobson, Wil, Dale, Marjorie, Phil, Reneau, Pater Sanchez und Pater Carl und jetzt Pablo.

»Auch das Manuskript wurde von einem Menschen geschrieben«, fügte Pablo hinzu. »Aber nicht alle Menschen, denen du begegnest, verfügen über die Energie oder die Klarheit, dir ihre Botschaft zu enthüllen. Du mußt ihnen helfen, indem du ihnen Energie abgibst.« Er schwieg. »Du hast mir beigebracht, daß man Energie auf Pflanzen projizieren kann, indem man sich auf ihre Schönheit konzentriert, erinnerst du dich?«

»Ja.«

»Nun, das gleiche funktioniert auch bei Menschen. Nehmen sie deine Energie auf, erleichtert ihnen das, die Wahrheit zu erkennen. Diese Wahrheit können sie dann an dich weitergeben.

Pater Costous ist ein gutes Beispiel«, fuhr er fort. »Er war im Besitz einer wertvollen Botschaft für dich, und du hast ihm nicht geholfen, sie zu enthüllen. Du hast Antworten von ihm verlangt, was zu einer Art Wettbewerb zwischen euch führte und sein Kindheitsdrama, das des Vernehmungsbeamten, auf den Plan rief. Dadurch wurde dann auch das Gespräch bestimmt.«

»Was hätte ich deiner Meinung nach sagen sollen?«

Pablo antwortete nicht. Wieder hörten wir Geräusche an der Zellentür.

Pater Costous kam herein.

Er nickte Pablo zu, und ein leichtes Lächeln glitt über sein Gesicht. Pablo lächelte herzlich, als sei ihm der Priester tatsächlich sympathisch. Bei meinem Anblick wurde sein Gesichtsausdruck streng. Angst breitete sich in meinem Magen aus.

»Kardinal Sebastian möchte Sie sehen«, sagte er. »Sie werden heute nachmittag nach Iquitos gebracht. Ich würde Ihnen raten, alle Fragen zu beantworten.«

»Weshalb will er mich sehen?« fragte ich.

»Weil der Wagen, in dem Sie gefaßt wurden, einem unserer Priester gehörte. Wir haben Grund zu der Annahme, daß Sie Ihre Kopien von dem Besitzer des Wagens erhalten haben. Die Nichtachtung der Gesetze durch einen unserer Priester ist eine schwerwiegende Angelegenheit.« Er sah mich bestimmt an.

Ich warf einen Blick auf Pablo, der mich mit einer Kopfbewegung ermunterte fortzufahren.

»Sie glauben, daß das Manuskript Ihre Religion untergräbt?« fragte ich Costous freundlich.

Er blickte mich herablassend an. »Nicht nur unsere Religion; jede Religion. Glauben Sie, es existiert kein Plan für diese Welt? Gott hat die Macht. Er bestimmt unser Schicksal. Unsere Aufgabe besteht darin, den Gesetzen Gottes zu gehorchen. Die Evolution ist ein Mythos. Gott schafft die Zukunft, so wie er es für richtig hält. Zu behaupten, daß Menschen ihre eigene Evolution betreiben, hieße Gott zu leugnen. Das führt zu Selbstsucht und Separation. Die Menschen denken, die Welt drehe sich um ihre Evolution und nicht nach Gottes Plan. Sie werden einander noch schlechter behandeln, als sie es ohnehin schon tun.«

Mir fielen keine weiteren Fragen ein. Der Priester blickte mich eine Weile an und sagte dann beinahe freundlich: »Ich hoffe, Sie werden mit Kardinal Sebastian kooperieren.«

Er wandte sich um und sah Pablo an, offenbar war er stolz darauf, wie er meine Fragen beantwortet hatte. Pablo lächelte nur und nickte erneut. Der Priester verließ die Zelle, und der Soldat schloß die Tür hinter ihm ab. Pablo beugte sich auf seiner Pritsche vor und strahlte mich voller Selbstvertrauen an, seine gesamte Erscheinung war immer noch wie verwandelt.

»Was ist deiner Meinung nach gerade passiert?« fragte er.

»Ich habe es mit Humor versucht. Außerdem habe ich soeben herausgefunden, daß mein Schlamassel größer ist, als ich angenommen habe.«

Er lachte. »Was noch?«

»Ich weiß nicht, worauf du hinauswillst.«

»Was waren deine Fragen, als du hier ankamst?«

»Ich wollte wissen, wo Marjorie und Wil stecken.«

»Nun, zumindest weißt du jetzt, wo sich einer der beiden aufhält. Was war deine andere Frage?«

»Ich war der Meinung, daß die Kirche nicht aus Bösartigkeit, sondern aus Unkenntnis gegen das Manuskript Stellung bezieht. Ich wollte herausfinden, was die Kirche denkt. Aus irgendeinem Grund war ich der Ansicht, man könne sie mit Argumenten vom Gegenteil überzeugen.« Kaum hatte ich das gesagt, merkte ich, worauf Pablo hinauswollte. Ich hatte Costous hier an diesem Ort treffen müssen, um herauszubekommen, was ihn an dem Manuskript störte.

»Und welche Botschaften hast du erhalten?« fragte er.

»Botschaften?«

»Ja, die Botschaft.«

Ich sah ihn an. »Die Vorstellung, daß Menschen die Evolution voranbringen könnten, stört sie, oder?«

»Ja«, sagte er.

»Das macht Sinn«, fügte ich hinzu. »Die Vorstellung einer physikalischen Evolution ist schlimm genug. Sie aber auf den Alltag auszuweiten, auf jede individuelle Entscheidung, die wir treffen, und damit auf die gesamte Geschichte, das ist schlichtweg nicht akzeptabel. Die Kirche glaubt, daß die Bevölkerung im Angesicht dieser Möglichkeit Amok läuft und die Beziehungen zwischen den Menschen völlig herunterkommen werden. Kein Wunder, daß sie die Verbreitung des Manuskriptes verhindern will.«

»Wärst du imstande, sie vom Gegenteil zu überzeugen?« fragte Pablo.

»Nein … Ich meine, ich weiß selbst nicht genug darüber.«

»Wie müßte man argumentieren, um sie zu überzeugen?«

»Man müßte herausfinden, wie die Menschen sich tatsächlich verhalten würden, wenn jeder die Möglichkeit hätte, sich den Erkenntnissen entsprechend zu entwickeln.«

Pablo schien angenehm überrascht.

»Was ist?« fragte ich und lächelte ebenfalls.

»Die Frage danach, wie Menschen sich untereinander verhalten, wird in der Achten Erkenntnis behandelt. Deine Frage, weshalb die Priester gegen das Manuskript sind, wurde beantwortet. Diese Antwort hat zu einer neuen Frage geführt.«

»Ja«, sagte ich in tiefen Gedanken. »Ich muß die Achte finden. Ich muß hier raus.«

»Nichts übereilen«, warnte Pablo mich. »Du mußt sicher sein, daß du die Siebte vollends verstanden hast, bevor du dich auf die Suche nach der Achten machst.«

»Meinst du, ich habe sie vollends verstanden?« fragte ich. »Bin ich mit dem Evolutionsstrom verbunden?«

»Das wirst du sein«, sagte er, »wenn du deine Fragen immer im Hinterkopf behältst. Selbst Menschen, die noch kein Bewußtsein darüber haben, können eine Botschaft tragen, die irgendwie zur Beantwortung deiner Fragen beiträgt. Das gilt insbesondere für sogenannte Unglücksfälle, wie wir sie nennen. Die Siebte Erkenntnis führt aus, daß die Herausforderung darin besteht, das Gute in jeder Begebenheit aufzufinden – egal wie negativ sie zunächst auch erscheinen mag. Zunächst dachtest du, daß deine Gefangennahme alles ruiniert habe. Doch jetzt siehst du, daß du hier am richtigen Ort bist. Hier lagen die Antworten auf deine Fragen.«

Plötzlich hörten wir wieder Geräusche vom Gang. Pablo sah mich direkt an. Mit einem Mal war er ernst.

»Hör zu«, sagte er. »Vergiß nicht, was ich dir gesagt habe. Die Achte Erkenntnis kommt als nächstes auf dich zu. Sie spricht über eine zwischenmenschliche Ethik, die richtige Art, Menschen zu behandeln, um Botschaften schneller verbreiten zu können. Aber übereile nichts. Bleib bei dir. Was fragst du dich im Moment?«

»Ich möchte herausfinden, wo Wil ist«, sagte ich. »Und ich möchte die Achte Erkenntnis finden. Und Marjorie.«

»Was für ein Gefühl hast du in bezug auf Marjorie?«

Ich dachte einen Augenblick lang nach. »Daß ich fliehen würde ..., daß wir fliehen würden.«

Wir hörten, wie sich jemand direkt vor der Tür zu schaffen machte.

»Hast du von mir auch eine Botschaft erhalten?« fragte ich Pablo hastig.

»Natürlich«, sagte er. »Bis du kamst, hatte ich keine Idee, weshalb ich hier war. Ich wußte, daß es irgend etwas mit meinem Wissen über die Siebte Erkenntnis zu tun hatte, aber ich zweifelte an meiner eigenen Fähigkeit, etwas darüber zu sagen. Ich dachte, ich wisse nicht genug. Dank dir«, fuhr er fort, »weiß ich jetzt, daß dem nicht so ist. Das war eine der Botschaften, die ich von dir erhalten habe.«

»Gab es noch eine andere?«

»Ja, deine Idee, die Priester könnten sich von der Richtigkeit des Manuskriptes überzeugen lassen, war für mich ebenso wichtig. Ich denke jetzt, daß ich mich hier aufhalte, um Vater Costous zu bekchrcn.«

Kaum hatte er zu Ende gesprochen, wurde die Tür von einem Soldaten geöffnet, der mir bedeutete, aufzustehen.

Ich sah Pablo an.

»Ich möchte dir noch eines der Konzepte aus der nächsten Erkenntnis mit auf den Weg geben«, sagte er.

Der Soldat starrte ihn zornig an, ergriff meinen Arm, zog mich aus der Zelle und schloß die Tür. Während er mich abführte, sah Pablo durch die Eisenstäbe.

»Die Achte Erkenntnis warnt dich«, rief er mir hinterher. »Sie warnt dich davor, dein Wachstum aufzugeben … Das passiert, wenn du nach einer anderen Person süchtig wirst.«

Die interpersonelle Ethik

Ich folgte dem Soldaten die Stufen hinauf und hinaus in das helle Tageslicht. Noch immer ging mir Pablos Warnung durch den Kopf: die Sucht nach einer anderen Person? Was sollte das bedeuten? Um was für eine Sucht sollte es sich dabei handeln?

Der Soldat führte mich den kleinen Pfad zum Parkplatz hinab, wo schon zwei weitere Soldaten neben einem Militärjeep warteten. Sie beobachteten uns genau, während wir auf sie zugingen, und als ich nahe genug war, um in das Innere des Wagens schauen zu können, bemerkte ich, daß auf dem Rücksitz bereits ein Passagier saß. Marjorie! Sie war bleich und wirkte nervös. Noch bevor es mir gelang, ihre Aufmerksamkeit zu erregen, ergriff der Soldat hinter mir meinen Arm und dirigierte mich auf den Platz neben ihr. Die beiden anderen Soldaten kletterten auf die vorderen Sitze. Der Fahrer warf einen kurzen Blick über seine Schulter nach hinten, dann startete er den Wagen und fuhr nach Norden davon.

»Sprechen Sie Englisch?« fragte ich die Soldaten.

Der Soldat auf dem Beifahrersitz, ein großer, dicker Kerl, sah mich mit ausdruckslosem Blick an und erwiderte etwas Unverständliches in Spanisch, dann wandte er sich abrupt wieder von uns ab.

Ich wandte mich an Marjorie. »Alles in Ordnung?« fragte ich flüsternd.

»Ich ..., ah ...« Ihre Stimme versagte, und Tränen liefen ihre Wangen hinab.

»Wird schon werden«, sagte ich und legte meinen Arm um sie. Sie blickte zu mir auf, rang sich ein Lächeln ab und legte ihren Kopf auf meine Schulter. Ich merkte, wie mir ein Schauer der Leidenschaft über den Rücken lief.

Für ungefähr eine Stunde holperten wir über den Feldweg. Die Landschaft wurde zusehends grüner und dschungelartiger. Hinter einer Kurve gab die dichte Vegetation plötzlich die Sicht auf eine kleine Stadt frei. An beiden Seiten der Straße standen nun einfache Holzhäuser.

Etwa hundert Meter vor uns versperrte ein großer Lastwagen den Weg. Mehrere Soldaten gaben uns durch Zeichen zu verstehen, daß wir anhalten sollten. Hinter der Straßensperre standen weitere Fahrzeuge mit gelben Blinklichtern. Ich wurde hellwach. Als wir anhielten, kam einer der Soldaten an unseren Wagen und sagte etwas zu dem Fahrer. Das einzige mir bekannte Wort war »Gasolin«. Unsere Bewacher verließen den Wagen und unterhielten sich mit den anderen Soldaten. Gelegentlich warfen sie uns prüfende Blicke zu, ihre Gewehre hielten sie schußbereit.

Mir fiel eine kleine, nach links abbiegende Straße ins Auge. Während ich mir die Geschäfte und Hauseingänge genauer ansah, änderte sich mit einem Mal etwas in meiner Wahrnehmung. Die Formen und Farben der Gebäude stachen plötzlich hervor und schienen von größerer Tiefenschärfe zu sein als vorher.

Flüsternd nannte ich Marjorie beim Namen und merkte, wie sie aufschaute, doch noch bevor sie etwas erwidern konnte, erschütterte eine heftige Explosion den Jeep. Ein Pilz aus Licht und Feuer schoß vor uns in die Höhe, und die Soldaten wurden zu Boden geworfen. Innerhalb einer Sekunde war unsere Sicht durch Rauch und herumfliegende Asche blockiert.

»Komm!« schrie ich Marjorie zu und zog sie mit mir aus dem Jeep. In dem entstandenen Chaos rannten wir die Straße hinab, genau in jene Richtung, in die ich eben noch geschaut hatte. In der Ferne hinter uns hörten wir Schmerzensschreie und Rufe. Gedeckt durch den Rauch, rannten wir ungefähr fünfzig Meter, bis ich zu unserer Linken eine Tür bemerkte.

»Hier rein!« rief ich. Die Tür war unverschlossen, und wir rannten beide ins Innere des Hauses. Ich ließ mich von innen gegen die Tür fallen und drückte sie fest ins Schloß. Als ich mich umsah, bemerkte ich, wie eine Frau mittleren Alters uns anstarrte. Wir waren offensichtlich in einer Privatwohnung gelandet.

Ich versuchte es mit einem Lächeln und war erleichtert, daß sie keine Anzeichen von Angst oder Ärger zeigte, obwohl soeben zwei Fremde in ihr Haus eingedrungen waren. Statt dessen stellte sie ein amüsiertes, fast resigniertes Halblächeln zur Schau, so als habe sie uns erwartet und müsse sich jetzt dem Protokoll entsprechend ihren Gästen gegenüber höflich verhalten. Auf einem Stuhl in ihrer Nähe saß ein etwa vierjähriges Kind.

»Beeilen Sie sich!« sagte sie in Englisch. »Man wird nach Ihnen suchen!« Sie führte uns in den hinteren Teil des spärlich möblierten Wohnzimmers und dann durch einen Flur, ein paar Holztreppen hinab in einen länglichen Kellerraum. Das Kind wich dabei nicht von ihrer Seite. Flink bewegten wir uns durch den Keller, gingen wieder ein paar Treppen hinauf und standen schließlich vor einer Tür, die in eine kleine Gasse führte.

Die Frau schloß einen dort geparkten Kleinwagen auf und ließ uns eilig einsteigen. Sie gab uns Anweisungen, uns auf dem Rücksitz hinzulegen, und warf eine Decke über Marjorie und mich, dann fuhr sie nach Norden davon. Die ganze Zeit über hatte ich nichts gesagt und war nur den Anweisungen der Frau gefolgt. Ein Energiestrom durchschoß mich, als ich endlich realisierte, was passiert war. Meine Ahnung von einer geglückten Flucht hatte sich bewahrheitet.

Marjorie lag mit fest geschlossenen Augen neben mir.

»Alles okay?« flüsterte ich.

Sie blickte mich mit tränenerfüllten Augen an und nickte.

Nach ungefähr fünfzehn Minuten richtete die Frau das Wort an uns. »Ich glaube, Sie können jetzt hochkommen.«

Ich warf die Decke ab und sah mich um. Wir schienen uns auf derselben Straße zu befinden, auf der wir vor der Explosion gefahren waren, nur weiter nördlich. »Wer sind Sie?« fragte ich.

Sie wandte sich um und sah mich mit ihrem sonderbaren Lächeln an. Sie war eine wohlgeformte Frau um die Vierzig, mit schulterlangem dunklem Haar.

»Mein Name ist Karla Deez«, sagte sie. »Und dies ist meine Tochter Mareta.«

Das Kind lächelte und sah uns mit großen, forschenden Augen über die Lehne des Beifahrersitzes hinweg an. Sie hatte tiefschwarzes langes Haar.

Ich erzählte, wer wir waren, und fragte sie, weshalb sie uns so bereitwillig geholfen hatte.

Karlas Lächeln wurde breiter. »Sie fliehen wegen des Manuskriptes vor den Soldaten, nicht wahr?«

»Ja. Woher wissen Sie das?«

»Ich habe das Manuskript ebenfalls gelesen.«

»Wohin bringen Sie uns?« fragte ich.

»Das weiß ich selbst noch nicht«, sagte sie. »Helft mir ein bißchen auf die Sprünge.«

Ich warf einen Blick auf Marjorie. Sie beobachtete mich, während ich sprach. »Im Augenblick wissen wir nicht, wohin«, sagte ich. »Vor meiner Gefangennahme versuchte ich nach Iquitos zu kommen.«

»Was wollten Sie dort?« fragte sie.

»Ich bin auf der Suche nach einem Freund. Er sucht die Neunte Erkenntnis.«

»Ein gefährliches Unterfangen.«

»Ich weiß.«

»Wir können sie dorthin bringen, nicht wahr, Mareta?«

Das kleine Mädchen kicherte und sagte mit einer für ihr Alter erstaunlichen Ausdruckskraft: »Ja, natürlich können wir das.«

»Was war das für eine Explosion?« fragte ich.

»Meiner Ansicht nach handelte es sich um einen Tanklaster«, antwortete sie. »Heute morgen hat es einen Unfall gegeben, und dabei ist Benzin ausgelaufen.«

Ich war immer noch erstaunt darüber, wie schnell Karla sich entschlossen hatte, uns zu helfen, deshalb fragte ich noch einmal nach. »Woher wußten Sie, daß wir vor den Soldaten auf der Flucht waren?«

Sie holte tief Luft. »Gestern sind zahllose Militärfahrzeuge auf dem Weg nach Norden durch die Stadt gekommen. Das passiert nicht alle Tage und erinnerte mich daran, wie meine Freunde vor zwei Monaten abgeholt wurden. Wir haben gemeinsam das Manuskript studiert und waren die einzigen im Ort, die alle acht Erkenntnisse gelesen hatten.

Dann kamen die Soldaten und nahmen meine Freunde mit. Seitdem habe ich nichts mehr von ihnen gehört.

Als ich gestern sah, wie die Lastwagen durch den Ort fuhren, wußte ich, daß die Soldaten die Jagd nach dem Manuskript fortsetzten und daß andere meine Hilfe brauchen würden, genau wie meine Freunde. Ich hatte eine Vision, daß ich Leuten half, und natürlich hielt ich diese Eingebung für bedeutungsvoll. Ich war also nicht sonderlich erstaunt, als Sie in mein Haus kamen.«

Sie schwieg eine Weile. »Ist Ihnen das auch schon einmal passiert?« fragte sie dann.

»Ja«, sagte ich.

Karla verlangsamte die Fahrt. Vor uns lag eine Kreuzung.

»Ich denke, wir sollten hier nach rechts fahren«, sagte sie. »Es dauert zwar ein wenig länger, ist aber sicherer.«

Als Karla nach rechts abbog, rutschte Mareta nach links und mußte sich an ihrem Sitz festhalten, um nicht herunterzupurzeln. Sie lachte. Fasziniert starrte Marjorie auf das kleine Mädchen.

»Wie alt ist Mareta?« fragte Marjorie.

Einen Augenblick lang wirkte Karla leicht verstört, dann sagte sie freundlich: »Reden Sie bitte nicht in der dritten Person von ihr, als wäre sie nicht anwesend. Wäre sie erwachsen, würden Sie die Frage auch direkt stellen.«

»Oh, tut mir leid«, sagte Marjorie.

»Ich bin fünf«, sagte Mareta stolz.

»Sind Sie mit der Achten Erkenntnis vertraut?« fragte Karla.

»Nein«, sagte Marjorie, »bisher habe ich nur die Dritte lesen können.«

»Ich bin gerade bei der Achten«, sagte ich. »Besitzen Sie zufällig eine Kopie davon?«

»Nein«, sagte Karla. »Sämtliche Kopien wurden von den Soldaten mitgenommen.«

»Ist in der Achten die Rede davon, wie man mit Kindern umgehen soll?«

»Ja, es geht darum, wie die Menschheit schließlich lernen wird, neue Umgangsformen zu entwickeln, wie man Energie auf andere Personen projiziert und es vermeidet, süchtig nach anderen zu werden.«

Wieder diese Warnung. Ich wollte Karla gerade danach fragen, als Marjorie zu sprechen begann.

»Erzählen Sie uns von der Achten Erkenntnis«, sagte sie.

»Die Achte Erkenntnis«, erklärte Karla, »handelt von der Anwendung der Energie im Umgang mit anderen Menschen und beginnt beim Umgang mit Kindern.«

»Als was sollen wir Kinder sehen?« fragte ich.

»Als das, was sie wirklich sind: Endpunkte der Evolution. Um sich entwickeln zu können, bedürfen sie unserer konstanten und bedingungslosen Aufmerksamkeit. Das Schlimmste, was man mit Kindern anstellen kann, ist, ihnen die Energie abzuziehen, indem man sie korrigiert. Dadurch werden Kontroll-Dramen geschaffen, wie Sie sicher bereits wissen. Diese erlernten Manipulationen von seiten des Kindes können vermieden werden, indem wir Erwachsenen ihnen die benötigte Energie zur Verfügung stellen, egal in welcher Situation. Deshalb sollten Kinder grundsätzlich in Unterhaltungen mit einbezogen werden, besonders wenn sie selbst Gegenstand der Unterhaltung sind. Und man sollte nie für mehr Kinder Verantwortung übernehmen, als man imstande ist, Aufmerksamkeit zu gewähren.«

»Das alles soll in dem Manuskript stehen?« fragte ich.

»Ja«, sagte sie, »und besonders betont wird die Anzahl der Kinder pro Familie.«

Ich war verwirrt. »Weshalb sollte die Anzahl der Kinder von so großer Wichtigkeit sein?«

Sie warf mir einen schnellen Blick zu und konzentrierte sich dann wieder auf die Straße. »Weil jeder Erwachsene sich lediglich auf ein Kind zur selben Zeit konzentrieren kann. Sind die Kinder in der Überzahl, werden die Erwachsenen schlichtweg von den Kindern überfordert und sind nicht länger in der Lage, die Kinder mit ausreichend Energie zu versorgen. Die Kinder fangen dann an, sich um die zur Verfügung stehende Zeit der Erwachsenen zu streiten.«

»Rivalität unter Geschwistern«, sagte ich.

»Ja, aber laut Manuskript ist das Problem von größerer Bedeutung, als die Leute gemeinhin annehmen. Erwachsene neigen oft dazu, große Familien und das gemeinsame Aufwachsen ihrer Kinder zu idealisieren. Doch Kinder sollten sich die Welt von Erwachsenen und nicht von anderen Kindern erklären lassen. In allzu vielen Kulturen haben sich Kinder bereits in Banden organisiert. Das Manuskript behauptet, daß die Menschheit langsam begreifen wird, daß sie keine Kinder mehr in die Welt setzen kann, um die sich nicht mindestens ein Erwachsener verantwortungsvoll kümmert.«

»Augenblick mal«, sagte ich. »Es gibt genügend Familien, in denen beide Eltern arbeiten müssen, um zu überleben. Diese Leute hätten dann kein Recht auf Kinder mehr.«

»Nicht unbedingt«, erwiderte sie. »Das Manuskript spricht davon, daß Menschen mit der Zeit lernen werden, den Begriff Familie zu erweitern. So, daß auch andere Personen in der Lage sein werden, eine verantwortungsvolle Betreuung zu übernehmen. Die Energie muß nicht ausschließlich von den Eltern kommen. Um genau zu sein, ist es ganz gut, wenn sie das nicht immer tut. Wer auch immer für die Kinder verantwortlich ist, muß jedenfalls seine ungeteilte Aufmerksamkeit zur Verfügung stellen.«

»Sieht ganz so aus, als hätten Sie bei ihrer Erziehung irgend etwas richtig gemacht. Mareta wirkt außergewöhnlich reif und erwachsen.«

Karla legte die Stirn in Falten und sagte: »Erzählen Sie ihr das und nicht mir.«

»Oh, richtig.« Ich sah das Kind an. »Du benimmst dich sehr erwachsen, Mareta.«

Einen Augenblick blickte das Mädchen schüchtern zur Seite. »Danke«, sagte sie dann. Karla drückte sie herzlich an sich.

Sie sah mich voller Stolz an. »Ich versuche seit zwei Jahren, Mareta dem Manuskript entsprechend zu begegnen, nicht wahr, Mareta?«

Das Kind lächelte und nickte.

»Ich habe versucht, ihr die nötige Energie zukommen zu lassen und ihr in jeder Situation die Wahrheit zu sagen. In einer Sprache, die sie versteht. Wenn sie Kinderfragen stellt, nehme ich diese sehr ernst und gebe mir Mühe, der Versuchung zu widerstehen, erfundene Erklärungen abzugeben, die nur der Belustigung der Erwachsenen dienen.«

Ich lächelte. »Meinen Sie die Geschichte vom Storch, der die Kinder bringt?«

»Auch, doch sind diese kulturspezifischen Erklärungen nicht das eigentliche Problem. Da diese Erklärungen sich nie verändern, kommen die Kinder schnell dahinter. Schlimmer sind Zerrbilder, die Erwachsene aus dem Stegreif improvisieren, um ein wenig Spaß auf Kosten der Kinder zu haben und weil sie meinen, die Wahrheit sei für Kinder zu kompliziert. Das stimmt nicht; es gibt immer eine Möglichkeit, die Wahrheit auf einem für Kinder verständlichen Niveau auszudrücken, man muß lediglich ein wenig Einfallsreichtum beweisen.«

»Was hat das Manuskript diesbezüglich zu sagen?«

»Wir sollen immer einen Weg finden, einem Kind die Wahrheit zu vermitteln.«

Etwas in mir wehrte sich gegen den Gedanken. Ich selbst hatte meinen Spaß an Spielen mit Kindern.

»Aber Kinder verstehen es doch gewöhnlich, wenn Erwachsene Spaß machen«, sagte ich. »Mir scheint, als berauben wir die Kinder ihrer Freude und Unbeschwertheit und machen sie so vorschnell zu kleinen Erwachsenen.«

Sie musterte mich mit strengem Blick. »Mareta ist ausgesprochen unbeschwert und voller Lebensfreude. Wir spielen alle Kinderspiele, die ihre Phantasie zuläßt. Der Unterschied besteht darin, daß sie weiß, wann wir phantasieren und wann nicht.«

Ich nickte. Natürlich hatte sie recht.

»Mareta wirkt reif und erwachsen«, fuhr sie fort, »weil ich immer da war, wenn sie mich brauchte. War ich nicht da, dann hat sich meine Schwester, die neben uns wohnte, um sie gekümmert. So war immer ein Erwachsener dort, der ihre Fragen beantworten konnte. Und weil ihr echte Aufmerksamkeit zuteil wurde, hatte sie nie das Gefühl, angeben zu müssen oder Dramen zu inszenieren. Sie hatte immer ausreichend Energie, deshalb geht sie davon aus, daß dies auch in Zukunft so sein wird – und das wird ihr den späteren Wechsel von der Energie der Erwachsenen zu der des Universums sehr viel leichter machen.«

Mittlerweile fuhren wir durch tiefen Dschungel, und obwohl ich nichts sehen konnte, wußte ich, daß die Sonne bereits tief gesunken war.

»Werden wir heute noch bis Iquitos kommen?« fragte ich.

»Nein«, sagte Karla. »Aber wir können unterwegs bei Bekannten übernachten.«

»Hier in der Nähe?« fragte ich.

»Ja, ein Freund wohnt hier. Er arbeitet für den Wildschutz.«

»Für die Regierung?«

»Teile des Amazonas stehen unter Naturschutz. Er ist der örtliche Aufsichtsbeamte. Sein Name ist Juan Hinton. Machen Sie sich keine Sorgen, er glaubt an das Manuskript und ist nie deswegen behelligt worden.«

Als wir ankamen, war es bereits völlig dunkel. Der Dschungel quoll über von den lautstarken Geräuschen seiner Bewohner, und die Luft war feucht und stickig. Ein hell erleuchtetes Holzhaus stand auf einer Lichtung am Waldesrand, dicht vor der undurchdringlichen Pflanzenwelt des Regenwaldes. In der

Nähe befanden sich noch zwei weitere Gebäude, und davor standen mehrere Jeeps. Ein weiteres Fahrzeug hatte man aufgebockt, darunter arbeiteten zwei Männer bei künstlicher Beleuchtung.

Ein schlanker Peruaner in teurer Kleidung öffnete die Tür, nachdem Karla geklopft hatte, und lächelte sie an, bis er entdeckte, daß Marjorie, Mareta und ich auf den Stufen vor dem Haus warteten. Von da an wirkte er besorgt, und je länger er mit Karla auf spanisch sprach, desto ungnädiger schien er zu werden. Schließlich erwiderte sie etwas in bittendem Tonfall, doch sein Verhalten und seine Stimme machten deutlich, daß er nicht bereit war, uns aufzunehmen.

Durch einen Spalt in der Tür bemerkte ich eine einzelne weibliche Figur im Foyer des Hauses. Ich bewegte mich ein wenig, um ihr Gesicht erkennen zu können. Es war Julia. Während ich sie beobachtete, wandte sie ihren Kopf in meine Richtung und erkannte mich, dann kam sie mit überraschtem Gesichtsausdruck auf mich zu. Sie berührte den Mann im Türrahmen an der Schulter und flüsterte ihm etwas ins Ohr. Der Mann nickte, und schließlich öffnete er mit resigniertem Gesicht die Haustür. Wir stellten uns vor, während Hinton voraus ins Arbeitszimmer ging. Julia sah mich an und sagte: »So treffen wir uns also wieder.« Sie trug Khakihosen mit Seitentaschen und ein rotes T-Shirt.

»Ja, wer hätte das gedacht«, erwiderte ich.

Ein peruanischer Bediensteter hielt Hinton auf, und nachdem er etwa eine Minute mit ihm gesprochen hatte, begaben die beiden sich in einen anderen Teil des Hauses. Julia ließ sich in einen Sessel neben einem kleinen Beistelltisch fallen und bedeutete uns mit einer Handbewegung, ihr gegenüber auf der Couch Platz zu nehmen. Marjorie wirkte, als ob sie kurz vor einer Panikattacke stehe. Karla schien Marjories Unglück nicht entgangen zu sein. Sie ging zu ihr und nahm sie bei der Hand. »Kommen Sie, trinken wir einen heißen Tee«, schlug sie vor.

Im Weggehen warf Marjorie mir einen Blick über die Schulter zu. Ich lächelte und sah ihr nach, bis sie in der Küche verschwunden war, dann wandte ich mich Julia zu.

»Nun, was soll es deiner Meinung nach bedeuten?« fragte sie.

»Soll was bedeuten?« fragte ich, immer noch ein wenig unkonzentriert.

»Daß wir uns wieder über den Weg gelaufen sind.«

»Oh ... Ich bin mir nicht sicher.«

»Wie bist du an Karla geraten, und wohin seid ihr unterwegs?«

»Sie hat uns das Leben gerettet. Marjorie und ich sind von den Truppen gefangengenommen worden. Nachdem wir geflüchtet waren, hat sie uns weitergeholfen.«

Julia wirkte jetzt angespannt. »Was genau ist passiert?«

Ich lehnte mich zurück und erzählte ihr die ganze Geschichte, angefangen bei der Abfahrt von Machu Picchu bis hin zu meiner Gefangennahme und unserer Flucht.

»Und Karla hat sich bereit erklärt, euch nach Iquitos zu bringen?« fragte Julia.

»Ja.«

»Was willst du dort?«

»Wil und Pater Carl sollen jetzt angeblich dort sein. Wil hat anscheinend einen Hinweis auf die Neunte Erkenntnis erhalten. Aus irgendeinem Grund hält Kardinal Sebastian sich ebenfalls dort auf.«

Julia nickte. »Ja, der Kardinal hat eine Mission dort in der Nähe. Durch die Bekehrung der dort ansässigen Indianer ist er bekannt geworden.«

»Was machst du hier?« fragte ich.

Julia erklärte, daß sie ebenfalls auf der Suche nach der Neunten Erkenntnis sei, bisher aber keine Anhaltspunkte hatte, wo sie sich befinden könnte. Nachdem sie mehrere Male unvermittelt an ihren alten Freund Hinton hatte denken müssen, war sie schließlich zu seinem Haus gefahren.

Ich hörte ihr kaum zu. Marjorie und Karla waren aus der Küche auf den Flur getreten und standen dort mit ihren Teetassen in der Hand. Mein Blick traf den von Marjorie, doch sie schwieg.

»Hat sie schon viel vom Manuskript gelesen?« fragte Julia und deutete mit einer Kopfbewegung auf Marjorie.

»Nur die Dritte Erkenntnis«, sagte ich.

»Es sollte nicht allzu große Probleme bereiten, sie aus dem Land zu schaffen, falls sie das will.«

Ich wandte mich ihr wieder zu. »Wie?«

»Rolando macht sich morgen auf den Weg nach Brasilien.

Wir haben dort Freunde bei der amerikanischen Botschaft, die dafür sorgen könnten, daß sie sicher in die Staaten zurückkehrt. Auf diese Weise haben wir schon anderen Landsleuten helfen können.«

Ich sah sie eine Weile an und nickte dann zustimmend. Meine Gefühle gegenüber diesem Vorschlag waren eher ambivalenter Natur. Auf der einen Seite wußte ich, daß es das beste für Marjorie sein würde, wenn sie das Land so schnell wie möglich verließ. Auf der anderen Seite wollte ich, daß sie bei mir blieb. In ihrer Gegenwart fühlte ich mich so viel besser und energiegeladener.

»Ich denke, ich sollte mit ihr darüber sprechen«, sagte ich schließlich.

»Sicher«, erwiderte Julia. »Wir können uns auch später weiter unterhalten.«

Ich erhob mich und wollte zu Marjorie auf den Flur gehen. Karla war auf dem Weg in die Küche, doch Marjorie war nicht zu sehen. Als ich auf den Flur trat, stand sie um die Ecke, mit dem Rücken an die Wand gelehnt.

Ich zog sie in meine Arme. Mein Körper schien zu pulsieren.

»Spürst du die Energie?« flüsterte ich ihr ins Ohr.

»Unglaublich«, sagte sie. »Was hat das zu bedeuten?«

»Ich weiß es auch nicht. Wir haben irgendeine Verbindung.«

Ich blickte mich um, und als ich sicher war, daß man uns nicht beobachten konnte, küßten wir uns leidenschaftlich.

Als ich zurücktrat, um ihr ins Gesicht zu schauen, schien sie sich verändert zu haben. Sie wirkte stärker, und ich mußte an den Tag unserer Begegnung in Viciente denken und an unsere Unterhaltung in dem kleinen Restaurant in Cula. Mir war unbegreiflich, über wieviel mehr Energie ich in ihrer Gegenwart verfügte, besonders dann, wenn sie mich berührte.

Sie hielt mich fest an sich gezogen. »Seit unserem Treffen in Viciente«, sagte sie, »habe ich mich danach gesehnt, bei dir zu sein. Damals wußte ich nicht, was ich davon halten sollte, aber die Energie zwischen uns ist wunderbar. Mir ist so etwas noch nie passiert.«

Aus dem Augenwinkel bemerkte ich, wie Karla auf uns zutrat und lächelte. Sie verkündete, daß das Abendessen zubereitet sei, und so begaben wir uns ins Eßzimmer, wo ein großes

Buffet aus frischen Früchten, Gemüse und verschiedenen Brotsorten auf uns wartete. Alle Anwesenden bedienten sich und setzten sich anschließend um einen großen Tisch. Nachdem Mareta ein Dankeslied gesungen hatte, aßen wir und unterhielten uns. Hinton hatte seine Nervosität überwunden und sorgte jetzt für eine heitere und leichte Stimmung, die uns dabei half, die anstrengende Flucht ein wenig zu vergessen. Marjorie hatte sich ebenfalls entspannt und unterhielt sich ungezwungen und fröhlich. Allein die Tatsache, neben ihr sitzen zu dürfen, sorgte für warme Gefühle in meiner Herzgegend.

Nach dem Abendessen führte Hinton uns wieder in sein Arbeitszimmer, wo eine Puddingspeise mit süßem Likör serviert wurde. Marjorie und ich saßen nebeneinander auf der Couch und verfielen in eine lange Unterhaltung über unsere Vergangenheit und die herausragenden Ereignisse unseres jeweiligen Lebens. Das Vertrauen zwischen uns wuchs, und die einzige Schwierigkeit schien darin zu bestehen, daß sie an der Westküste und ich im Süden lebte. Später tat Marjorie dieses Problem mit einer Handbewegung ab und lachte.

»Ich kann es kaum abwarten, bis wir wieder in den Staaten sind«, sagte sie. »Wir werden soviel Spaß beim Hinundherreisen haben.«

Ich lehnte mich ein wenig zurück und sah sie ernsthaft an. »Julia meinte, daß sie für morgen deine Rückkehr organisieren könnte.«

»Für uns beide, meinst du?«

»Nein, ich …, ich kann nicht mit.«

»Weshalb nicht?« fragte sie. »Ich kann nicht ohne dich abreisen. Aber länger in Peru zu bleiben schaffe ich auch nicht. Ich werde hier noch wahnsinnig.«

»Du mußt allein vorausfahren. Ich werde bald nachkommen.«

»Nein!« sagte sie entschieden. »Das halte ich nicht aus!«

Karla, die gerade wieder in den Raum trat, nachdem sie Mareta zu Bett gebracht hatte, warf uns einen schnellen Blick zu und schaute dann wieder weg. Hinton und Julia unterhielten sich immer noch. Marjories Ausbruch schien ihnen entgangen zu sein.

»Bitte«, sagte Marjorie. »Laß uns nach Hause fahren.«

Ich blickte in die andere Richtung.

»Na gut!« sagte sie. »Dann bleib!« Sie stand auf und ging mit festem Schritt in Richtung der Schlafzimmer.

Ein Schmerz fuhr mir in die Eingeweide, als ich Marjorie so gehen sah. Meine angesammelte Energie verschwand auf einen Schlag, und mit einem Mal fühlte ich mich schwächlich und verwirrt. Ich versuchte es zu ignorieren. Schließlich, so versuchte ich mich zu beruhigen, kannte ich sie noch nicht so lange. Auf der anderen Seite mochte sie recht haben. Vielleicht sollte ich wirklich sehen, daß ich nach Hause kam. Was konnte ich hier schon ausrichten? Daheim wäre ich vielleicht in der Lage, Unterstützung für das Manuskript zu mobilisieren und gleichzeitig am Leben zu bleiben. Ich stand auf und wollte ihr auf den Flur folgen, doch aus irgendeinem Grund setzte ich mich wieder. Ich konnte mich nicht entschließen, etwas zu unternehmen.

»Stört es Sie, wenn ich mich einen Augenblick zu Ihnen setze?« fragte Karla mit einem Mal. Ich hatte nicht bemerkt, daß sie die ganze Zeit neben dem Sofa gestanden hatte.

»Im Gegenteil«, sagte ich.

Sie setzte sich und sah mich mitfühlend an. »Ich habe zwangsläufig mitbekommen, was geschehen ist«, sagte sie. »Und ich dachte, daß Sie vielleicht daran interessiert sind, was die Achte Erkenntnis über die Sucht nach Menschen zu sagen hat, bevor Sie eine Entscheidung treffen.«

»Bitte. Mich interessiert brennend, was damit gemeint ist.«

»Sobald es jemandem gelungen ist, sich ein wenig Klarheit über den eigenen Weg zu verschaffen und die eigene Entwicklung voranzutreiben, geschieht es häufig, daß die Sucht nach einem anderen Menschen diesen Prozeß wieder stoppt.«

»Die Rede ist von Marjorie und mir, richtig?«

»Ich würde Ihnen den Vorgang gern erklären«, sagte sie. »Dann können Sie sich Ihr eigenes Urteil bilden.«

»Okay.«

»Zuallererst möchte ich sagen, daß ich persönlich besonders große Schwierigkeiten mit diesem Teil der Erkenntnis hatte. Ich denke, ich hätte ihn niemals verstanden, wäre ich nicht auf Professor Reneau gestoßen.«

»Reneau?!« rief ich aus. »Ich kenne ihn. Wir haben uns getroffen, als ich bei der Vierten Erkenntnis war.«

»Wir sind uns begegnet, als wir beide die Achte Erkenntnis erreicht hatten. Damals hat er einige Tage bei mir gewohnt.«
Ich nickte verwundert.

»Er sagte, daß die Idee der Sucht nach Menschen, wie sie im Manuskript beschrieben wird, erklärt, weshalb es innerhalb romantischer Beziehungen letztendlich zu Machtkämpfen kommen muß. Wir haben uns immer gefragt, weshalb Glück und Euphorie in einer Liebesbeziehung irgendwann enden und es dann zu Konflikten und Auseinandersetzungen kommt. Jetzt wissen wir es. Es hängt mit dem Energieaustausch zwischen den Beteiligten zusammen.

Am Anfang einer Liebe versorgen sich beide Partner unbewußt gegenseitig mit Energie, geraten als Folge davon in Hochstimmung und fühlen sich beflügelt. Dieses unwahrscheinlich intensive Hochgefühl nennen wir ›Verliebtsein‹. Wenn die Partner jedoch erwarten, der andere müsse ihnen dieses Gefühl vermitteln, so schneiden sie sich damit von der Energiezufuhr des Universums ab und werden im Lauf der Beziehung immer abhängiger von der Energie des Partners – unglücklicherweise ist sie dort zu diesem Zeitpunkt meistens nicht mehr im Überfluß vorhanden. Und so wird an der eigenen Energie gespart. Die Beteiligten verfallen wieder in ihre alten Dramen und versuchen einander zu kontrollieren, um die Energie des anderen in die eigene Richtung zu lenken. An diesem Punkt verkommt die Beziehung zu dem ja bestens bekannten stinkgewöhnlichen Machtkampf.«

Sie zögerte einen Augenblick, so als wolle sie prüfen, ob ich ihr folgen konnte. »Reneau war es, der mir erklärte, daß unsere Empfänglichkeit für derartiges Sucht- oder Abhängigkeitsverhalten einen psychologischen Grund hat, falls Ihnen das beim Verständnis helfen sollte.«

Ich nickte erneut und bat sie darum, fortzufahren.

»Reneau meint, daß das Problem sehr früh, in der Familie, beginnt. Wegen der Energiekämpfe dort ist niemand von uns in der Lage gewesen, einen sehr wichtigen psychologischen Prozeß zum Abschluß zu bringen. Es war uns nicht möglich, unser anderes Geschlecht zu integrieren.«

»Unser was?«

»In meinem Fall«, fuhr sie fort, »war ich unfähig, meine

männliche Seite zu integrieren. Und Sie waren nicht in der Lage, Ihre weibliche Seite anzunehmen. Der Grund für unsere Abhängigkeit von Angehörigen des anderen Geschlechtes besteht in unserem Unvermögen, die sexuelle Energie des anderen Geschlechts in uns selbst zu entwickeln. Schließlich und endlich wird es gelingen, uns dieser Erfahrung zu öffnen, doch wenn wir erst am Anfang des Prozesses der Bewußtseinsveränderung stehen, müssen wir sehr vorsichtig damit umgehen. Die Integration braucht vor allem Zeit. Wenn wir uns vorzeitig mit einer menschlichen Quelle weiblicher oder männlicher Energie verbinden, blockieren wir die universelle Zufuhr.«

Ich erklärte, daß ich sie nicht verstehe.

»Überlegen Sie, wie so eine Integration innerhalb einer Familie im Idealfall verlaufen könnte. Vielleicht verstehen Sie dann, was ich meine. In jeder Familie muß das Kind zunächst einmal Energie von den Eltern bekommen. Sich mit der Energie des gleichen Geschlechtes zu identifizieren und diese in sich aufzunehmen ist gewöhnlich nicht mit großen Schwierigkeiten verbunden. Energie von dem anderen Elternteil zu erhalten kann sich dagegen weitaus schwieriger gestalten.

Nehmen wir als Beispiel ein weibliches Kind. Alle kleinen Mädchen wissen, daß ihr erster Integrationsversuch männlicher Energie in der starken Empfindung für den Vater besteht. Das Mädchen möchte, daß er möglichst nah und möglichst oft bei ihr ist. Das Manuskript erklärt diesen Wunsch vor allem mit einem Verlangen nach männlicher Energie, denn diese komplettiert ihre weibliche Seite. Aus der männlichen Energie bezieht sie Hochgefühle und ein erstes Empfinden der Vollständigkeit. Fälschlicherweise nimmt sie an, daß der einzige Weg zu dieser Energie über ihre Sexualität verläuft, und sie versucht den Vater zu besitzen und dafür zu sorgen, daß er dauernd körperlich anwesend ist.

Interessanterweise begreift sie intuitiv, daß die männliche Energie in Wirklichkeit ihre eigene sein sollte, über die sie nach Belieben verfügen kann, denn sie möchte den Vater dirigieren, als sei er Teil ihrer selbst. Sie hält ihn für ein zauberhaftes Wesen, das in der Lage ist, ihr jeden Wunsch zu erfüllen. In einer nicht idealen Familiensituation wird dieses Verhalten für einen Machtkampf zwischen dem kleinen Mädchen und ihrem Vater sorgen. Die Ausbildung von Dramen beginnt, sowie sie lernt, sich in Szene zu setzen, um ihn zu manipulieren und sich die gewünschte Energie zu verschaffen.

In einer idealen Familiensituation würde der Vater sich nicht auf diesen Machtkampf einlassen. Er würde fortfahren, sich ernsthaft mit dem Kind auseinanderzusetzen, und genügend Energie aufbringen, um sie bedingungslos zu versorgen, obwohl er natürlich nicht alles tun kann, was sie verlangt. Der wichtige Punkt bei diesem Idealbeispiel besteht darin, daß der Vater offen bleibt und zur Kommunikation bereit ist. Sie hält ihn für ideal und zauberhaft, doch wenn er ihr ehrlich erklärt, wer er wirklich ist und aus welchem Grund er wie handelt, wird das kleine Mädchen in der Lage sein, sein Wesen und seine Fähigkeiten aufzunehmen und ihr unrealistisches Bild vom Vater aufzugeben. Am Ende wird sie ihn als einen besonderen Menschen erfahren, einen Menschen mit Schwächen und Stärken. Hat sie dies einmal verinnerlicht, gelingt dem Kind meistens ein einfacher Übergang: Es empfängt die sexuelle Energie des anderen Geschlechtes nicht länger durch den Vater, sondern begreift sie als Teil einer umfassenderen, überall vorhandenen universellen Energie.

Das Problem besteht nur darin, daß die meisten Eltern mit ihren Kindern um Energie wetteifern. Wegen dieses Wettstreites hat es bisher keiner von uns wirklich geschafft, die Energie des anderen Geschlechts zu integrieren. Wir stecken alle in einem Stadium, in dem wir immer noch außerhalb nach dieser Energie suchen, in einer Person, die wir für ideal und zauberhaft halten und die wir sexuell besitzen können. Verstehen Sie die Problematik?«

»Ja«, sagte ich. »Ich denke, schon.«

»Da wir uns von unserer Anlage her kontinuierlich weiterentwickeln wollen, stehen wir so vor einer kritischen Situation. Wie ich vorhin schon sagte, behauptet die Achte Erkenntnis, daß wir zu Beginn unserer Bewußtseinsbildung automatisch mit der Energie des anderen Geschlechtes versorgt werden. Sie hat ihren natürlichen Ursprung in der Schöpfungsgewalt. Doch müssen wir achtgeben, denn wenn uns jemand den direkten Zugang zu dieser Energie anbietet, schneiden wir uns von der wahren Quelle ab …, und aus ist es mit der Weiterentwicklung. Wir fallen zurück.« Sie kicherte.

»Weshalb lachen Sie jetzt?« fragte ich.

»Reneau sagte einmal, daß wir wie Halbkreise herumlaufen, bevor wir es nicht gelernt haben, dieser Situation aus dem Weg zu gehen. Wir sehen aus wie der Buchstabe C. Wir sind ausgesprochen angezogen von Personen des anderen Geschlechtes, die ebenfalls Halbkreise darstellen und sich mit uns vereinen wollen, um so endlich einen Kreis zu bilden – und uns eine enorme Zufuhr an Euphorie und Energie zu verschaffen, die sich durchaus so anfühlt, als ständen wir in direkter Verbindung mit den Kräften des Universums. In Wirklichkeit haben wir uns lediglich mit jemandem zusammengetan, der wie wir versucht, seine andere Hälfte in der Außenwelt zu finden.

Reneau sagte, daß es sich hierbei um das klassische Beispiel einer Co-Abhängigkeit handelt und daß die vorprogrammierten Konflikte nicht lange auf sich warten lassen werden.«

Sie zögerte, als erwarte sie eine Stellungnahme von mir. Doch ich nickte nur.

»Das Problem mit dem nun entstandenen O, der vermeintlich kompletten Person, besteht darin, daß es zwei unterschiedliche Menschen brauchte, um sie zu erschaffen; einer lieferte die weibliche Energie, der andere die männliche. Diese eine Person verfügt konsequenterweise über zwei Köpfe beziehungsweise Egos. Beide wollen die eine Person, die sie ja erschaffen haben, dirigieren. Genau wie in der Kindheit wollen beide das Kommando über den anderen haben, als handele es sich bei ihm um ihre eigene Person. Die Illusion, ein Ganzes zu sein, bricht bei den folgenden Machtkämpfen gewöhnlich völlig zusammen. Am Ende wird jeder den anderen als höchst gewöhnlichen Menschen betrachten und sogar versuchen, ihn zu schwächen, damit das angeblich vollständige Selbst in die gewünschte Richtung gelenkt werden kann. Natürlich funktioniert das nicht, wenigstens heutzutage nicht mehr. In der Vergangenheit mag einer der Partner willens gewesen sein, sich unterzuordnen – gewöhnlich die Frau, manchmal auch der Mann. Doch jetzt sind die meisten aufgewacht, und kaum jemand möchte den Unterworfenen spielen.«

Mir fiel wieder ein, was die Erste Erkenntnis über Machtkämpfe innerhalb intimer Beziehungen sagte, und ich dachte an den Wutausbruch der Frau, die mit Charlene und mir im

Restaurant gesessen hatte. »Das war's dann wohl mit der Romantik«, sagte ich.

»Oh, romantisch können wir auch weiterhin sein«, gab Karla zurück. »Doch zunächst müssen wir lernen, den Kreis allein zu vollenden. Wir müssen unsere Verbindung zur universellen Energie stabilisieren. Dazu braucht es Zeit, doch wenn die Verbindung einmal steht, wird dieses Problem nie wieder auftauchen, und wir sind reif für eine ›höhere‹ Beziehung, wie das Manuskript sie nennt. Verlieben wir uns danach in eine andere, ebenfalls vollständige Person, so schaffen wir eine Super-Person ... Allerdings werden wir dadurch nicht mehr vom Pfad unserer individuellen Entwicklung abkommen.«

»Etwas, das Marjorie und mir gerade passiert. Nicht wahr? Das denken Sie doch?«

»Allerdings.«

»Wie können wir derartigen Begegnungen aus dem Weg gehen?« fragte ich.

»Indem wir der Liebe auf den ersten Blick nicht immer gleich nachgeben, sondern lernen, mit dem anderen Geschlecht auch platonische Beziehungen zu führen. Allerdings dürfen Sie diese Beziehungen nur mit Leuten eingehen, die keine Geheimnisse vor Ihnen haben, sondern Ihnen mitteilen, wie und warum sie etwas machen – so wie es das Elternteil des anderen Geschlechts in einer idealen Familiensituation getan hätte. Indem wir verstehen, wer diese Freunde im Inneren wirklich sind, brechen wir die Projektion, die wir auf das andere Geschlecht gerichtet haben, und es wird wieder möglich, uns mit dem Universum zu verbinden.

Sie dürfen außerdem nicht vergessen, daß dies in keinem Falle ein einfaches Unterfangen sein wird, besonders dann nicht, wenn jemand dazu aus einer bereits bestehenden Beziehung zweier Abhängiger ausbrechen muß. Dann kommt es zu einem so leidvollen wie unbedingt notwendigen Auseinanderziehen von zwei Energiefeldern. Abhängigkeit unter Menschen ist keine Seltenheit. Wir alle sind abhängig, und wir alle wachsen jetzt aus dieser Abhängigkeit heraus.

Die Idee besteht darin, Hochgefühle und Euphorie, wie sie nur zu Beginn einer Abhängigkeitsbeziehung auftreten, auch allein empfinden zu können. Sie müssen Ihren Partner gewissermaßen in Ihrem Inneren entwickeln. Danach werden Sie Fortschritte machen und können sich endlich auf die Suche nach jener einmaligen romantischen Beziehung machen, die Ihnen auf den Leib geschneidert ist.«

Sie schwieg einen Augenblick. »Und wer weiß, wenn Sie und Marjorie sich weiterentwickeln, vielleicht finden Sie heraus, daß Sie wirklich füreinander bestimmt sind. Im Augenblick hat Ihre Beziehung allerdings nicht die geringste Chance zu überleben.«

Unsere Unterhaltung wurde durch Hinton unterbrochen, der zu uns trat, um gute Nacht zu sagen und uns mitzuteilen, daß unsere Zimmer hergerichtet seien. Wir dankten ihm für seine Gastfreundschaft, und während er ging, sagte Karla: »Ich werde ebenfalls zu Bett gehen. Wir können ein anderes Mal weiterreden.«

Ich nickte und sah ihr nach, als sie ging. Ich spürte, wie sich eine Hand auf meine Schulter legte. Es war Julia.

»Ich gehe jetzt auf mein Zimmer«, sagte sie. »Weißt du schon, wo deines ist? Ich kann es dir zeigen.«

»Bitte«, sagte ich. »Wo ist Marjories Zimmer?« fragte ich dann.

Sie lächelte, als wir den Flur entlang gingen und vor einer Tür haltmachten. »Nicht in deiner Nähe«, sagte sie. »Mr. Hinton ist in diesen Belangen ausgesprochen konservativ.«

Ich lächelte ebenfalls und sagte ihr gute Nacht, dann betrat ich mein Zimmer und hielt mir den Bauch, bis ich eingeschlafen war.

Geweckt wurde ich durch den Geruch frischen Kaffees, dessen Aroma das ganze Haus durchzog. Nachdem ich mich angekleidet hatte, ging ich ins Arbeitszimmer, wo mir ein älterer Hausangestellter ein Glas frisch gepreßten Pampelmusensaft anbot, das ich dankend annahm.

»Guten Morgen«, sagte Julia hinter meinem Rücken.

Ich wandte mich um. »Guten Morgen.«

Sie blickte mich interessiert an. »Ist dir mittlerweile klargeworden, weshalb wir uns wieder über den Weg gelaufen sind?«

»Nein«, sagte ich. »Ich hatte noch keine Zeit, darüber nachzudenken. Ich bin gerade damit beschäftigt, mein Suchtverhalten zu verstehen.«

»Ja«, sagte sie. »Das habe ich gesehen.«

»Was meinst du damit?«

»An deinem Energiefeld konnte ich sehen, was gestern vorgefallen ist.«

»Wie hat es ausgesehen?« fragte ich.

»Dein Energiefeld hat sich mit dem von Marjorie verbunden. Als du hier gesessen hast und sie sich im anderen Zimmer aufhielt, erstreckte es sich bis zu ihr und hat sich mit ihrem verbunden.«

Ich schüttelte den Kopf.

Sie lächelte und legte ihre Hand auf meine Schulter. »Du hast deine Verbindung mit der Quelle der Energie verloren und bist süchtig nach Marjories Energie geworden. Jede Form der Sucht ist ähnlich – weil der Süchtige versucht, durch eine Person oder eine Droge mit dem Universum in Verbindung zu treten. Das Beste in solch einem Fall ist es, den eigenen Energielevel anzuheben, sich zu zentrieren und sich vor Augen zu führen, was man eigentlich vorhat.«

Ich nickte und ging hinaus. Sie wartete im Arbeitszimmer. Für ungefähr zehn Minuten praktizierte ich Pater Sanchez' Methode der Energiegewinnung, und langsam kehrte die Schönheit der Dinge zurück. Ich fühlte mich erleichtert und ging wieder ins Haus. »Du siehst besser aus«, sagte Julia.

»Ich fühle mich auch besser«, erwiderte ich.

»Noch irgendwelche Fragen?«

Ich dachte einen Augenblick lang nach. Ich hatte Marjorie wiedergefunden, dieses Problem war gelöst. Doch wollte ich immer noch wissen, wo Wil steckte. Und ich wollte unbedingt herausbekommen, wie Menschen, die den Anweisungen des Manuskriptes folgten, sich verhielten. Wenn die Wirkung des Manuskriptes positiv war, weshalb sollten sich Kardinal Sebastian und die anderen Priester dann Sorgen machen?

Ich sah Julia an. »Ich muß den Rest der Achten Erkenntnis verstehen und möchte herausbekommen, wo Wil steckt. Vielleicht hat er schon die Neunte gefunden.«

»Ich werde morgen nach Iquitos fahren«, sagte sie. »Möchtest du mitkommen?«

Ich zögerte.

»Ich nehme an, daß Wil sich dort aufhält«, fügte sie hinzu.

»Wie kommst du darauf?«

»Weil ich heute nacht an ihn denken mußte.«

Ich sagte nichts.

»An dich habe ich auch gedacht«, fuhr Julia fort. »Wir fuhren gemeinsam nach Iquitos. Irgendwie scheinst du in die ganze Angelegenheit verwickelt zu sein.«

»Inwiefern?« fragte ich.

Sie grinste. »Insofern du die letzte Erkenntnis finden willst, bevor der Kardinal es tut.«

Während sie sprach, dachte ich daran, wie wir zusammen in Iquitos ankommen würden, dann aber aus irgendwelchen Gründen entschieden, uns zu trennen, um in unterschiedliche Richtungen weiterzugehen. Ich hatte das Gefühl, eine Aufgabe dort zu haben, wußte aber nicht genau, worin sie bestand

Ich konzentrierte mich wieder auf Julia. Sie lächelte.

»Wo warst du gerade?« fragte sie.

»Entschuldige«, sagte ich. »Ich habe gerade an etwas denken müssen.«

»War es wichtig?«

»Keine Ahnung. Ich dachte, daß wir uns, sobald wir in Iquitos ankommen ..., nun, daß wir uns trennen werden.«

Rolando betrat den Raum.

»Ich habe die Ausrüstungsgegenstände, die du haben wolltest, beschafft«, sagte er zu Julia. Er bemerkte mich und nickte höflich.

»Gut, vielen Dank«, erwiderte Julia. »Sind viele Soldaten unterwegs?«

»Nein, ich habe keinen einzigen gesehen«, sagte er.

Marjorie trat ins Zimmer und lenkte mich ab, doch hörte ich trotzdem, wie Julia Rolando erklärte, daß sie der Ansicht sei, Marjorie würde mit ihm nach Brasilien fahren, von wo aus er sich um ihre Weiterfahrt in die Vereinigten Staaten kümmern sollte.

Ich gesellte mich zu Marjorie. »Hast du gut geschlafen?« fragte ich.

Sie sah mich an, als müsse sie sich erst entscheiden, ob sie weiterhin verärgert sein sollte oder nicht. »Nicht besonders«, sagte sie dann.

Mit einer Kopfbewegung deutete ich auf Rolando. »Er ist ein

Freund von Julia und reist heute nach Brasilien ab. Von dort wird er dir helfen, in die USA zurückzukehren.«

Sie wirkte ängstlich.

»Schau mal«, sagte ich, »dir wird gewiß nichts passieren. Er hat schon anderen Amerikanern geholfen. Er kennt Leute bei der Botschaft in Brasilien, und du wirst in kürzester Zeit zu Hause sein.«

Sie nickte. »Ich mache mir Sorgen um dich.«

»Vergiß es. Sobald ich wieder in den Staaten bin, werde ich dich anrufen.«

Hinton rief aus dem Hintergrund, daß das Frühstück fertig sei. Gemeinsam begaben wir uns ins Speisezimmer. Danach hatten Julia und Rolando es eilig. Sie erklärte, daß es für Rolando von großer Wichtigkeit sei, vor Einbruch der Dunkelheit die Grenze zu überqueren, und daß die Reise den ganzen Tag in Anspruch nehmen würde.

Marjorie packte ein paar Kleider ein, die Hinton ihr gegeben hatte, und später, als Julia und Rolando sich auf der Türschwelle unterhielten, zog ich Marjorie zur Seite.

»Mach dir bitte keine Sorgen«, sagte ich. »Halte die Augen offen, dann begegnen dir vielleicht noch ein paar Erkenntnisse.«

Sie lächelte, sagte aber nichts. Ich sah zu, wie Julia und Rolando ihr beim Verstauen des Gepäcks in den kleinen Wagen behilflich waren. Als der Wagen vom Grundstück fuhr, trafen sich unsere Blicke kurz.

»Meinst du, sie werden gut durchkommen?« fragte ich Julia.

Sie warf mir einen kurzen Blick zu und winkte mit der Hand ab. »Selbstverständlich. Wir machen uns jetzt auch besser auf die Socken. Hier sind ein paar Anziehsachen für dich.« Sie überreichte mir einen Rucksack mit Kleidern, und gemeinsam mit einigen Kisten voller Lebensmittel verstauten wir ihn in einem Wagen. Dann verabschiedeten wir uns von Hinton, Karla und Mareta und fuhren nach Nordwesten, Richtung Iquitos, davon.

Im Verlauf der Fahrt wurde die Landschaft noch dschungelartiger, und wir sahen immer weniger Menschen. Wieder kam mir die Achte Erkenntnis in den Sinn. Ganz eindeutig handelte es sich dabei um ein neues Verständnis des zwischenmenschlichen Umganges, doch hatte ich immer noch nicht genau verstanden, was eigentlich gemeint war. Karla hatte mich über die

Behandlung von kleinen Kindern aufgeklärt und darüber, wie man die Abhängigkeit von anderen Menschen vermeiden konnte. Doch hatten Pablo wie auch Karla Andeutungen über die Projektion von Energie auf andere Menschen gemacht. Was genau hatte es damit auf sich?

Ich bemerkte, wie Julia mich ansah. »Die Achte Erkenntnis habe ich immer noch nicht vollends verstanden«, sagte ich.

»Wie schnell wir uns entwickeln und wie schnell unsere Lebensfragen beantwortet werden, hängt davon ab, wie wir Menschen begegnen«, sagte sie. »Nimm dich als Beispiel. Auf welche Weise sind deine Fragen beantwortet worden?«

»Meistens durch Menschen, denen ich begegnet bin, so nehme ich jedenfalls an.«

»Warst du immer in der Lage, ihre Botschaften aufzunehmen?«

»Eigentlich nicht, die meiste Zeit habe ich den Unnahbaren gespielt.«

»Haben sich die Leute davon abschrecken lassen?«

»Nein, sie waren ausgesprochen offenherzig und hilfsbereit. Sie …« Ich zögerte, unfähig meine Gedanken in die richtigen Worte zu fassen.

»Sie haben dir geholfen, dich zu öffnen, richtig?« fragte sie. »Haben sie dich irgendwie energetisch aufgeladen?«

Ihre Bemerkung löste in meinem Inneren einen ganzen Erdrutsch von Erinnerungen aus. Ich erinnerte mich an Wils beruhigende Art, als ich in Lima fast in Panik verfallen wäre, und an Sanchez' väterliche Gastfreundschaft sowie an Pater Carls, Pablos und Karlas anteilnehmende Ratschläge. Und jetzt Julia. Alle hatten sie den gleichen Ausdruck in den Augen gehabt.

»Ja«, sagte ich. »Ihr alle habt viel für mich getan.«

»Du hast recht«, sagte sie. »Das haben wir, und zwar ganz bewußt. Wir folgen der Achten Erkenntnis. Indem wir dir dabei behilflich waren, dir Klarheit zu verschaffen, konnten wir nach der Wahrheit, der Botschaft suchen, die für uns in dir verborgen liegt. Verstehst du, was ich meine? Dir Energie zu übermitteln war das Beste, was wir für uns selbst tun konnten.«

»Was genau sagt das Manuskript dazu?«

»Wann immer ein anderer Mensch unseren Weg kreuzt, trägt er eine Botschaft für uns. Zufällige Begegnungen gibt es nicht.

Wie wir auf Begegnungen reagieren, entscheidet darüber, ob wir in der Lage sind, die Botschaft aufzunehmen oder nicht. Wenn wir in einer Unterhaltung mit jemandem keine Botschaft in bezug auf unsere aktuellen Fragen erhalten, so heißt das nicht, daß keine Botschaft für uns existiert, sondern nur, daß wir sie aus irgendeinem Grunde nicht verstanden haben.«

Sie dachte einen Augenblick nach und fuhr dann fort: »Bist du jemals einem alten Freund oder Bekannten begegnet, hast eine Minute mit ihm gesprochen, dich verabschiedet und bist ihm am gleichen Tag oder in der gleichen Woche noch einmal begegnet?«

»Allerdings«, erwiderte ich.

»Und was sagst du dann normalerweise? ›So ein Zufall, dich wiederzutreffen!‹ Du lachst und gehst deiner Wege.«

»So ungefähr.«

»Laut Manuskript sollten wir in solchen Situationen unsere Tätigkeit unter allen Umständen unterbrechen, um herauszufinden, welche Botschaft die betreffende Person für uns hat. Das Manuskript sagt voraus, daß unsere Interaktionen sich verlangsamen und gründlicher und bedeutungsvoller werden, sobald wir gelernt haben, diese Realität zu verstehen.«

»Das stelle ich mir nicht einfach vor, besonders weil die meisten Leute gar keine Idee haben, wovon wir reden.«

»Schon, aber das Manuskript gibt uns genaue Anweisungen.«

»Und wie sehen die aus?«

»Erinnerst du dich, wie der Mensch in der Dritten Erkenntnis als einmaliges Energiewesen gilt, weil er die Fähigkeit hat, seine Energie bewußt auf andere zu projizieren?«

»Ja.«

»Weißt du noch, wie das funktionierte?«

Ich erinnerte mich an die Anweisungen von John. »Ja, indem man sich so lange auf die Schönheit eines Gegenstandes konzentriert, bis genügend Energie akkumuliert ist, um ein Gefühl der Liebe zu erzeugen. Ab diesem Zeitpunkt sind wir in der Lage, auch Energie abzugeben.«

»Genau. Und das gleiche gilt für den Umgang mit Menschen. Wenn wir uns auf einen Menschen konzentrieren und versuchen, seine Eigenarten und Besonderheiten zu erfassen, bis er klar hervortritt und an Präsenz gewinnt, können wir ihm ebenfalls Energie übermitteln und ihn aufmuntern.

Der erste Schritt besteht natürlich darin, die eigene Energie auf einem hohen Niveau zu halten, um überhaupt in der Lage zu sein, die durchfließende Energie an eine andere Person weitergeben zu können. Je mehr wir die innere Schönheit und Einzigartigkeit der anderen schätzen lernen, desto mehr Energie fließt zu uns zurück. Deshalb ist unsere Liebe zu anderen das Beste, was wir für uns selbst tun können.«

»Das habe ich schon einmal gehört«, sagte ich. »Pater Sanchez hat es oft gesagt.«

Ich nahm Julia genauer in Augenschein. Es schien mir, als sei ich zum ersten Mal imstande, ihre wahre Persönlichkeit wahrzunehmen. Sie erwiderte meinen Blick und konzentrierte sich dann wieder auf die Straße. »Der Effekt, den die Energieprojektionen auf den einzelnen haben, ist immens«, sagte sie. »Du bist gerade dabei, mich mit Energie aufzutanken, das spüre ich. Meine Gedanken sind klarer und einfacher zu formulieren.

Dadurch ist es mir möglich, meine Wahrheit zu erkennen, und es fällt mir leichter, sie an dich weiterzugeben. Gelingt es mir, wirst du eine Art Offenbarung erfahren. Sie führt dazu, daß du mein höheres Selbst erkennst und dich auf einer tieferen Ebene darauf einlassen und konzentrieren kannst. Was mir wiederum mehr Energie zuführt und mir umfassendere Einsichten in meine eigene Situation erlaubt, und so beginnt der ganze Kreislauf von vorn. Wenn zwei oder mehrere Leute dieses Wechselspiel gemeinsam vornehmen, können sie sich zu unwahrscheinlichen Höhen aufschwingen. Du mußt allerdings verstehen, daß solche Verbindungen nicht das geringste mit Abhängigkeitsbeziehungen zu tun haben. Abhängigkeitsbeziehungen beginnen zwar ebenso, verkommen jedoch in kurzer Zeit zu Kontrollkämpfen, weil die Abhängigkeit zwischen den Menschen und die wahre Energiequelle tritt und die Energie deshalb bald versiegt. Die wahre Form der Energieprojektion ist frei von Anhänglichkeit oder Erwartung. Die Beteiligten warten lediglich auf die Enthüllung der für sie bestimmten Botschaften.«

Während sie sprach, dachte ich an Pablo, der behauptet hatte, ich hätte die von Pater Costous für mich bestimmte Botschaft deshalb nicht erhalten, weil ich sein Kindheitsdrama aktiviert hätte.

»Was machen wir, wenn die Person, mit der wir sprechen, bereits innerhalb eines Kontroll-Dramas operiert und versucht, uns mit hineinzuziehen?« fragte ich.

Julia antwortete schnell. »Dem Manuskript nach zerfällt das Drama, wenn wir nicht das passende Gegenstück dazu liefern.«

Julia schaute auf die Straße vor uns. Ich merkte, daß sie in Gedanken war. »Irgendwo hier in der Nähe können wir tanken.«

Ich blickte auf die Benzinanzeige und sah, daß der Tank noch halb voll war.

»Wir haben noch reichlich Benzin«, sagte ich.

»Ja, ich weiß«, gab sie zurück. »Aber ich würde gern meiner Eingebung folgen und trotzdem volltanken.«

»Oh, okay.«

»Da vorn ist die Straße«, sagte sie und zeigte nach rechts.

Wir bogen ab und fuhren etwa eine halbe Meile durch den Dschungel, bevor wir vor einem Gebäude ankamen, das aussah wie ein Versorgungsposten für Flußfischer und Jäger. Die Anlage befand sich direkt am Wasser, und an einem Dock lagen mehrere Fischerboote vor Anker. Wir hielten neben einer rostigen Benzinpumpe, und Julia begab sich ins Innere des Hauses, um den Besitzer ausfindig zu machen.

Ich stieg aus und streckte mich, dann ging ich um das Gebäude herum, hinunter an das Flußufer. Die Luft war extrem feucht. Obwohl ein dickes Geflecht von Zweigen keine Sonne durchließ, wußte ich, daß sie sich direkt über mir befand. Bald würden die Temperaturen nahezu unmenschlich werden.

Mit einem Mal erklang hinter mir eine Männerstimme in ärgerlichem Spanisch. Ich drehte mich um und sah einen untersetzten Peruaner. Er musterte mich mit drohendem Blick und wiederholte seine Bemerkung.

»Ich weiß nicht, was du da redest«, sagte ich.

Er wechselte ins Englische. »Wer bist du? Was hast du hier zu suchen?«

Ich versuchte ihn zu ignorieren. »Wir wollen nur tanken. In ein paar Minuten sind wir wieder weg.« Ich drehte mich um und blickte über das Wasser, in der Hoffnung, er würde wieder verschwinden.

Er stellte sich direkt neben mich. »Du sagst mir besser, wer du bist, Yankee.«

Ich sah ihn an. Er schien es ernst zu meinen.

»Ich bin Amerikaner«, sagte ich. »Ich weiß nicht genau, wo wir hinfahren, ich begleite eine Freundin.«

»Sieh mal an, ein verirrter Amerikaner«, sagte er feindselig.

»So kann man's auch ausdrücken«, sagte ich.

»Was suchst du hier, verirrter Amerikaner?«

»Ich suche überhaupt nichts«, sagte ich und machte Anstalten, zurück zum Wagen zu gehen. »Und ich kann mich nicht erinnern, dir etwas getan zu haben. Laß mich gefälligst in Ruhe.«

Ich bemerkte, daß Julia am Auto stand. Als ich sie ansah, bemerkte der Peruaner sie ebenfalls.

»Wir sollten losfahren«, sagte Julia. »Sie verkaufen kein Benzin mehr.«

»Wer bist du?« fragte der Peruaner in seinem feindseligen Tonfall.

»Weshalb sind Sie so verärgert?« fragte Julia zurück.

Die Haltung des Mannes änderte sich. »Es ist meine Aufgabe, hier nach dem Rechten zu sehen.«

»Ganz gewiß verrichten Sie gute Arbeit. Allerdings ist es nicht gerade leicht, mit Ihnen zu reden, wenn Sie den Leuten Angst einjagen.«

Der Mann starrte sie an, als versuche er herauszubekommen, wes Geistes Kind sie sei ...

»Wir sind auf dem Weg nach Iquitos«, sagte Julia. »Wir arbeiten für Pater Sanchez und Pater Carl. Kennen Sie die beiden zufällig?«

Er schüttelte den Kopf. Die Erwähnung der beiden Geistlichen hatte ihn besänftigt. Schließlich grüßte er und ging seiner Wege.

»Los jetzt«, sagte Julia.

Wir stiegen in den Wagen und fuhren davon. Erst jetzt fiel mir auf, wie angespannt und nervös ich gewesen war. Ich versuchte diese Gefühle abzuschütteln.

»Ist im Inneren des Hauses etwas vorgefallen?« fragte ich.

Julia sah mich an. »Was meinst du?«

»Hat sich da drinnen etwas ereignet, was diesen Aufenthalt gerechtfertigt hätte?«

Sie lachte. »Nein, nur draußen.«

Ich sah sie wieder an.

»Bist du dahintergekommen?« fragte sie.

»Nein«, erwiderte ich.

»Woran hast du gedacht, bevor wir gehalten haben?«

»Ich wollte meine Beine ausstrecken.«

»Davor noch. Was war deine letzte Frage in unserer Unterhaltung?«

Ich dachte nach. Wir hatten uns über Kindheitsdramen unterhalten. Dann erinnerte ich mich. »Du hast mich verwirrt«, sagte ich. »Du hast behauptet, daß jemand nur dann ein Kontroll-Drama mit uns spielen kann, wenn wir mitspielen. Das habe ich nicht verstanden.«

»Verstehst du es jetzt?«

»Eigentlich nicht. Worauf willst du hinaus?«

»Die Szene hat eben in aller Deutlichkeit demonstriert, was passiert, wenn jemand auf ein Drama einsteigt und mitspielt.«

»Wie das?«

Sie warf mir einen knappen Blick zu. »Was für ein Drama hat der Mann mit dir abgezogen?«

»Ganz offensichtlich spielte er den Einschüchterer.«

»Genau, und du?«

»Ich habe versucht, ihn mir vom Hals zu halten.«

»Ich weiß, aber was war deine Rolle?«

»Zu Anfang habe ich den Unnahbaren gespielt, doch er wollte nicht lockerlassen.«

»Und dann?«

Unsere Unterhaltung begann mich jetzt zu irritieren, doch ich versuchte, bei mir zu bleiben und mich zu konzentrieren. Ich sah Julia an und sagte: »Ich schätze, ich muß das arme Ich gespielt haben.«

Sie lächelte. »Ganz genau.«

»Du schienst nicht im mindesten Probleme mit ihm zu haben«, sagte ich.

»Weil ich nicht auf sein Drama eingestiegen bin. Erinnere dich, daß jedes Kontroll-Drama eine Kindheitsreaktion auf ein anderes Drama ist. Deshalb braucht jeder Spieler einen Gegenspieler. Damit der Einschüchterer seine Energie erhält, braucht er entweder ein armes Ich oder einen weiteren Einschüchterer.«

»Wie hast du das gemacht?« fragte ich, immer noch verwirrt.

»Von Haus aus hätte ich dazu geneigt, selbst den Einschüchterer herauszukehren und ihn an die Wand zu spielen, was aller Wahrscheinlichkeit nach zu einer gewalttätigen Auseinandersetzung geführt hätte. Statt dessen habe ich mich an das Manuskript gehalten und sein Drama beim Namen genannt. Letztlich sind alle Dramen nur verdeckte Bemühungen, an Energie zu gelangen, und er versuchte, dich durch Einschüchterung um deine Energie zu bringen. Ich habe sein Spiel beim Namen genannt.«

»Du hast ihn gefragt, weshalb er so ärgerlich ist.«

»Genau. Das Manuskript beweist, daß solche Versuche, Energie abzuziehen, nicht mehr funktionieren, sobald man sie zur Sprache oder ins Bewußtsein der jeweiligen Person bringt, weil sie nur verdeckt existieren können. Die Wahrheit wird sich in einem Gespräch schließlich immer durchsetzen. Danach muß dein Gegenüber aufrichtiger und ehrlicher sein.«

»Das ergibt Sinn«, sagte ich. »Ich schätze, daß ich selbst bereits Dramen beim Namen genannt habe, ohne mir dessen bewußt zu sein.«

»Wir alle haben das getan. Wir begreifen jetzt langsam, was auf dem Spiel steht. Die Lösung liegt darin, auf die wahre Person hinter dem Drama zu schauen und soviel Energie wie möglich an diese Person abzugeben. Wenn sie merkt, daß Energie in ihre Richtung fließt, braucht sie nicht mehr mit allen Mitteln dafür zu kämpfen.«

»Was konnte man an dem Typ gut finden?« fragte ich.

»Ich habe ihn als kleinen, unsicheren Jungen gesehen, der verzweifelt nach Energie verlangte. Abgesehen davon hat er dir immerhin eine Botschaft übermittelt, oder etwa nicht?«

Ich sah sie an. Sie schien kurz vor einem Lachanfall zu stehen.

»Du meinst, wir haben dort haltgemacht, damit ich verstehen lerne, wie Leute ihre Dramen ausspielen?«

»Das war doch deine Frage, oder nicht?«

Ich lächelte und merkte, wie mein Wohlbefinden langsam zurückkehrte. »Ja, ich schätze, das muß sie gewesen sein.«

Das Sirren eines Moskitos vor meinem Gesicht riß mich aus dem Schlaf. Ich warf einen Blick auf Julia. Sie lächelte, als erinnere sie sich gerade an eine lustige Begebenheit. Nach unserem kurzen Stopp waren wir mehrere Stunden schweigend gefahren und hatten unterwegs von dem Proviant gegessen, den Julia für die Reise eingepackt hatte.

»Bist du wach?« fragte Julia.

»Ja«, gab ich zurück. »Wie weit ist es noch bis Iquitos?«

»Bis zur Stadt sind es ungefähr noch dreißig Meilen, aber in ein paar Minuten werden wir am Stewart Inn eintreffen. Das ist eine kleine Herberge, die gleichzeitig als Jagdhütte dient. Der Besitzer ist Engländer und unterstützt das Manuskript.« Wieder lächelte sie. »Er und ich haben hier einige schöne Tage miteinander verbracht. Wenn nichts dazwischengekommen ist, müßte er da sein. Ich hoffe, er kann uns bei der Suche nach Wil behilflich sein.« Sie hielt am Straßenrand und schaute mich an.

»Wir sollten lieber auf der Karte nachschauen, wo wir sind«, sagte sie. »Bevor wir uns bei Hinton getroffen haben«, fuhr sie fort, »überlegte ich hin und her, wie ich die Neunte Erkenntnis finden könnte. Dann kam mir Hinton immer wieder in den Sinn. Ich fuhr also zu ihm, und plötzlich bist du aufgetaucht und hast mir erzählt, daß du auf der Suche nach Wil nach Iquitos unterwegs bist. Ich hatte das Gefühl, daß wir beide im Begriff sind, die Neunte Erkenntnis zu finden, und du hattest die Vision, daß sich unsere Wege an einem bestimmten Punkt trennen würden. Das ist doch eine ganze Menge.

Du solltest wissen, daß ich zwischenzeitlich häufiger an Willie Stewart und seine Herberge denken mußte. Irgend etwas wird dort passieren.«

Ich nickte.

Sie fuhr den Wagen zurück auf die Straße, und hinter einer Kurve, etwa zweihundert Meter vor uns, wo die Straße eine scharfe Rechtskurve beschrieb, lag ein zweistöckiges, im viktorianischen Stil erbautes Wohnhaus – Stewart Inn.

Wir fuhren auf einen geschotterten Parkplatz und parkten. Auf der Veranda des Hauses unterhielten sich mehrere Männer. Ich öffnete die Tür des Fahrzeugs und wollte eben aussteigen, als Julia mich an der Schulter berührte.

»Vergiß nicht, daß sich niemand zufällig hier aufhält. Achte auf die Botschaften.«

Ich folgte ihr auf die Veranda. Die Männer, größtenteils gutgekleidete Peruaner, nickten nur, als wir an ihnen vorbei ins Innere des Hauses gingen. Im großen Foyer angekommen, zeigte Julia auf den Speisesaal und bat mich, an einem der Tische zu warten, bis sie mit dem Besitzer zurückkehren würde.

Ich ließ meinen Blick durch den Raum schweifen. Etwa ein Dutzend Tische war in zwei Reihen aufgestellt worden; ich wählte einen, der ungefähr in der Mitte des Raumes stand, und setzte mich mit dem Rücken zur Wand. Nach mir betraten drei Peruaner den Raum und setzten sich an den Tisch gegenüber. Ein einzelner Mann gesellte sich zu uns und wählte einen Tisch, der ungefähr fünf Meter von mir entfernt stand. Er setzte sich ebenfalls. Ich hatte den Eindruck, daß es sich um einen Ausländer, möglicherweise einen Europäer, handelte.

Julia kam rein, sah mich und setzte sich mir gegenüber.

»Der Besitzer ist nicht hier«, sagte sie, »und sein Vertreter hat nichts von Wil gehört.«

»Und was jetzt?« fragte ich.

Sie sah mich an und zuckte mit den Achseln. »Ich weiß auch nicht. Nehmen wir an, daß irgend jemand hier eine Botschaft für uns hat.«

»Wer könnte das sein?«

»Ich weiß noch nicht.«

Sie betrachtete die anderen Anwesenden. »Ich weiß nicht, wer diese Leute sind, doch wenn wir lange genug mit ihnen reden, werden wir herausfinden, daß jeder von ihnen uns etwas zu sagen hat.«

Ich verzog das Gesicht. Sie lehnte sich zu mir über den Tisch. »Merk dir endlich, daß jeder, der uns über den Weg läuft, ein potentieller Botschafter ist. Sonst hätten sie einen anderen Weg eingeschlagen, wären bereits abgereist oder später angekommen. Die bloße Tatsache, daß diese Leute hier sind, hat etwas zu bedeuten.«

Ich sah sie an, immer noch unsicher, ob die Dinge wirklich so einfach lagen.

»Das Manuskript erwähnt einige Zeichen, auf die es zu achten gilt.«

Obwohl ich Julia aufmerksam zuhörte, sah ich mich in dem Raum um und blieb an dem Mann zu meiner Rechten hängen. Er drehte sich im gleichen Moment zu mir um, und als wir uns kurz in die Augen sahen, blickte er schnell wieder auf sein Essen. Ich senkte meinen Blick ebenfalls.

»Was für Zeichen?« fragte ich.

»Genau solche«, sagte sie. »Laut Manuskript werden wir lernen, spontanen Augenkontakt als sicheres Zeichen für die Notwendigkeit einer Unterhaltung anzusehen.«

»Wir haben doch ständig Augenkontakte.«

»Schon«, sagte sie. »Aber die meisten Leute achten einfach nicht darauf oder vergessen es sofort wieder.«

Ich nickte. »Was sind die anderen Zeichen?« fragte ich.

»Das Gefühl, jemanden zu kennen«, erwiderte sie. »Jemanden zu treffen, der uns vertraut erscheint.«

Ich dachte daran, wie bekannt mir Dobson und Reneau vorgekommen waren, als ich ihnen zum ersten Mal begegnet war.

»Erteilt das Manuskript Auskunft darüber, weshalb Leute uns so vertraut erscheinen?« fragte ich.

»Weniger. Dort steht nur, daß wir zur gleichen Gedankengruppe gehören und gewöhnlich die gleichen Interessen haben. Wir denken ähnlich, und das sorgt für Ähnlichkeiten in Ausdruck und Verhalten. Intuitiv erkennen wir Mitglieder unserer Gedankengruppe, und sehr häufig haben sie uns etwas zu sagen.«

Erneut blickte ich auf den Mann rechts von mir. Irgendwie schien er mir bekannt. Wieder sah er zur gleichen Zeit zu mir. Ich blickte schnell auf Julia.

»Du mußt mit diesem Mann reden«, sagte Julia.

Ich antwortete nicht. Der Gedanke, einfach aufzustehen und mich an den Tisch des Mannes zu begeben, bereitete mir Unbehagen. Ich wollte vorschlagen, nach Iquitos weiterzufahren, doch Julia meldete sich wieder zu Wort.

»Hier ist genau der richtige Ort«, sagte sie, »und nicht in Iquitos. Dein Problem besteht darin, daß du dich dagegen sträubst, eine Unterhaltung mit dem Mann anzufangen.«

»Woher wußtest du, was ich gedacht habe?«

»Das ist kein großes Mysterium. Ich brauche mir nur deinen Gesichtsausdruck genau anzuschauen. Sobald man sich tiefer auf jemanden eingelassen hat, ist es nicht weiter schwierig, hinter die Fassade der jeweiligen Person zu schauen. Auf dieser Ebene sind wir in der Lage, Gedanken ebenso zu lesen wie Gesichtsausdrücke. Das ist ganz normal.«

»Für mich klingt es wie Telepathie«, sagte ich.

Sie grinste. »Telepathie ist auch völlig normal.«

Wieder warf ich einen Blick auf den Mann. Diesmal schaute er nicht zurück.

»Sammle dich, und dann geh rüber und sprich mit ihm«, sagte Julia, »bevor die Gelegenheit vorüber ist.«

»Was soll ich ihm sagen?«

»Die Wahrheit«, sagte sie. »Kleide sie in eine Form, von der du annimmst, er könnte damit etwas anfangen.«

»Na gut.«

Ich schob meinen Stuhl zurück und begab mich an den Tisch des Mannes. Er wirkte schüchtern und nervös, so wie Pablo in der Nacht, als ich ihm zum ersten Mal begegnet war. Ich versuchte, seine Nervosität auf einer tieferen Ebene zu verstehen, und meinte, auf seinem Gesicht einen anderen, neuen und belebteren Ausdruck zu bemerken.

»Hallo«, sagte ich. »Sie scheinen nicht aus Peru zu stammen. Ich suche nach meinem Freund Wil James und frage mich, ob Sie mir dabei helfen könnten.«

»Setzen Sie sich«, sagte er. »Ich bin Professor Edmond Connor.«

Er streckte mir seine Hand entgegen und sagte: »Tut mir leid, aber Ihren Freund Wil kenne ich leider nicht.«

Ich stellte mich vor und erklärte ihm, einer plötzlichen Eingebung folgend, daß Wil nach der Neunten Erkenntnis suchte.

»Ich bin mit dem Manuskript vertraut«, sagte er. »Ich selbst bin hier, um seine Authentizität zu überprüfen.«

»Sind Sie ganz allein?«

»Eigentlich sollte ich Professor Dobson hier treffen. Doch bisher hat er sich nicht blicken lassen. Mir ist seine Verspätung unerklärlich. Er versicherte mir, daß er zusammen mit mir eintreffen würde.«

»Sie kennen Dobson?!« rief ich aus.

»Ja. Er ist derjenige, der die Untersuchung des Manuskriptes in die Wege geleitet und organisiert hat.«

»Und es geht ihm gut? Er kommt hierher?«

Der Professor blickte mich fragend an. »Das hatten wir jedenfalls geplant. Ist irgend etwas dazwischengekommen?«

Meine Energie sank. Ich merkte, daß Dobsons Treffen mit Connor vor Dobsons Verhaftung arrangiert worden war. »Ich habe ihn im Flugzeug nach Peru getroffen«, erklärte ich. »Er ist in Lima verhaftet worden, und ich habe nicht die leiseste Idee, was aus ihm geworden ist.«

»Verhaftet! Mein Gott!«

»Wann haben Sie zuletzt mit ihm gesprochen?« fragte ich

»Vor einigen Wochen, doch unser Treffen hier war fest abgemacht. Er wollte anrufen, falls irgend etwas dazwischenkommen sollte.«

»Weshalb wollten Sie sich hier und nicht in Lima treffen?« fragte ich.

»Er wollte sich mit einem anderen Wissenschaftler über einige Ruinen hier in der Nähe unterhalten.«

»Hat er gesagt, wo genau er den Wissenschaftler treffen wollte?«

»Ja, er wollte nach, äh, San Luis, glaube ich. Wieso?«

»Ich weiß nicht ... nur so eine Idee.«

Während ich das sagte, passierten zwei Dinge auf einmal. Zunächst kam mir in den Sinn, wie ich Dobson wiedersehen würde. Wir trafen uns auf einer Straße mit hohen Bäumen. Zur gleichen Zeit sah ich aus dem Fenster, und zu meinem Erstaunen sah ich, wie Pater Sanchez die Stufen zur Veranda hinaufging. Er wirkte übermüdet, und seine Kleidung war dreckig. Neben seinem Wagen auf dem Parkplatz wartete ein weiterer Priester.

»Wer ist das?« fragte Professor Connor.

»Das ist Pater Sanchez!« rief ich, kaum in der Lage, meine Erregung zu unterdrücken.

Ich wandte mich um, doch Julia saß nicht mehr an unserem Tisch. Gerade als ich mich erhoben hatte, betrat Sanchez den Raum. Bei meinem Anblick blieb er abrupt stehen – auf seinem Gesicht stand der Ausdruck völliger Überraschung. Dann kam er auf mich zu und legte seine Arme um mich.

»Bist du in Ordnung?« fragte er.

»Ja, alles bestens«, sagte ich. »Was machen Sie hier?«

Trotz seiner offensichtlichen Erschöpfung lachte er leise. »Ich wußte nicht, wo ich sonst hingehen sollte. Fast hätte ich es nicht geschafft. Hunderte von Soldaten sind auf dem Weg hierher.«

»Soldaten?« fragte Connor, während er sich Sanchez und mir näherte.

»Tut mir leid«, gab Sanchez zurück. »Ich weiß nicht, was die Truppen vorhaben. Aber ich weiß, daß es nicht gerade wenige sind.«

Ich stellte die beiden Männer einander vor und erklärte Pater Sanchez Connors Situation. Connor schien der Verzweiflung nahe.

»Ich muß gehen«, sagte er, »aber ich habe keinen Fahrer.«

»Draußen wartet Pater Paul«, sagte Sanchez. »Er wird in wenigen Minuten nach Lima zurückfahren. Wenn Sie wollen, können Sie ihn begleiten.«

»Ganz gewiß werde ich das«, sagte Connor.

»Was, wenn sie auf die Truppen stoßen?« fragte ich.

»Ich nehme nicht an, daß man Pater Paul aufhalten wird«, sagte Sanchez. »Er ist nicht sonderlich bekannt.«

In diesem Augenblick betrat Julia wieder den Raum und sah Sanchez. Die beiden umarmten sich herzlich, und ich stellte ihr Connor vor. Während ich redete, schien Connor noch ängstlicher zu werden, und nach ein paar Minuten bemerkte Sanchez, daß es für Pater Paul an der Zeit sei, den Rückweg anzutreten. Connor ging, um seine Sachen zu holen, war allerdings in Windeseile wieder bei uns. Sanchez und Julia begleiteten ihn nach draußen; ich sagte ihm an Ort und Stelle auf Wiedersehen und blieb an meinem Tisch. Ich wollte nachdenken. Mir war klar, daß die Begegnung mit Connor irgendeine Bedeutung haben mußte, ebenso wie das unverhoffte Auftauchen von Sanchez, doch bekam ich nicht heraus, was genau es war.

Nach kurzer Zeit kehrte Julia zurück und setzte sich neben mich. »Ich habe dir ja gesagt, daß hier etwas passieren wird«, sagte sie. »Wären wir weitergefahren, hätten wir weder Sanchez noch Connor getroffen. Übrigens, was hast du von Connor erfahren?«

»Darüber bin ich mir noch nicht ganz im klaren«, sagte ich. »Wo ist Pater Sanchez?«

»Er hat sich ein Zimmer gemietet, um eine Weile zu ruhen. Er hat seit zwei Tagen nicht geschlafen.«

Ich wußte, daß Sanchez müde war, doch als ich hörte, daß ich jetzt nicht mit ihm sprechen konnte, war ich enttäuscht. Ich wollte wissen, ob er weitere Informationen hatte, was unsere

Lage und die Soldaten anging. Mit einem Mal war mir unwohl, und am liebsten wäre ich wie Connor geflohen.

Julia bemerkte meine Ungeduld. »Immer mit der Ruhe«, sagte sie. »Entspann dich ein wenig, und erzähl mir, was du bisher von der Achten Erkenntnis hältst.«

»Ich weiß nicht, wo ich anfangen soll.«

»Worin besteht deiner Meinung nach die Kernaussage?«

Ich überlegte. »Im wesentlichen geht es darum, wie Menschen miteinander umgehen sollen. Um Kontroll-Dramen und ihre Überwindung und die Projektion der Energie auf andere Menschen.«

»Und?« fragte sie.

Ich sah ihr direkt ins Gesicht und erkannte sofort, worauf sie hinauswollte. »Und wenn wir sorgfältig darauf achten, mit wem wir Kontakt aufnehmen, erhalten wir als Resultat die gewünschten Antworten auf unsere Fragen.«

Julia lächelte mich an.

»Habe ich die Achte verstanden?« fragte ich.

»Beinahe«, sagte sie. »Nur noch eine Sache. Wie ein Mensch den anderen auftanken kann, hast du verstanden. Jetzt wirst du erleben, was passiert, wenn alle Mitglieder einer Gruppe in der Lage sind, auf diese Weise miteinander zu kommunizieren.«

Ich ging hinaus auf die Veranda und setzte mich dort in einen der schmiedeeisernen Stühle. Nach kurzer Zeit gesellte Julia sich zu mir. Ohne viel zu sprechen, hatten wir ein geruhsames Abendessen hinter uns gebracht und uns danach entschlossen, die Abendluft zu genießen. Seit Sanchez sich auf sein Zimmer zurückgezogen hatte, waren drei Stunden vergangen, und wieder war ich ungeduldig. Als Sanchez schließlich zu uns hinauskam und sich setzte, war ich spürbar erleichtert.

»Haben Sie etwas von Wil gehört?« fragte ich.

Während ich sprach, rückte er seinen Stuhl zurecht und achtete sorgfältig darauf, daß er zu jedem von uns den gleichen Abstand hatte.

»Ja«, sagte er schließlich. »Habe ich.«

Er schwieg wieder und schien in Gedanken versunken, deshalb hakte ich nach. »Was genau haben Sie gehört?«

»Ich werde von vorn beginnen«, sagte er. »Als Pater Carl und ich uns auf den Rückweg zur Mission machten, erwarteten uns dort, wie du weißt, Kardinal Sebastian und das Militär. Wir hatten uns bereits auf eine Untersuchung gefaßt gemacht. Doch als wir schließlich eintrafen, waren der Kardinal und die Soldaten gerade Hals über Kopf abgefahren, aufgrund irgendeiner wichtigen Nachricht.

Den ganzen Tag wußten wir nicht, was vorgefallen war, und gestern wurden wir dann von einem gewissen Pater Costous besucht, der dich übrigens zu kennen scheint. Er erklärte, daß Wil James ihn zu uns geschickt hatte. Offenbar hatte Wil sich den Namen unserer Mission gemerkt und wußte, daß Pater Costous' Informationen für uns von Bedeutung waren. Pater Costous hatte sich entschieden, das Manuskript zu unterstützen.«

»Aus welchem Grund ist der Kardinal so überhastet abgefahren?« fragte ich.

»Um sein Vorhaben schnell zu Ende zu bringen. Die Botschaft, die er erhielt, besagte nämlich, daß Pater Costous vorhätte, seinen Plan, die Neunte Erkenntnis zu vernichten, publik zu machen.«

»Hat er sie denn gefunden?«

»Noch nicht, doch er steht kurz davor. Man hat in der Zwischenzeit ein weiteres Dokument entdeckt, das auf den Fundort der Neunten hindeutet.«

»Wo soll der sein?« fragte Julia.

»In der Nähe der Ruinen von Celestine«, erwiderte Sanchez.

»Und wo ist das?« erkundigte ich mich.

Julia sah mich an. »Ungefähr sechzig Meilen entfernt von hier. Es handelt sich um eine Ausgrabungsstätte, die exklusiv von peruanischen Wissenschaftlern freigelegt wurde und um die es bisher viel Geheimniskrämerei gab. Auf mehreren Ebenen wurden dort uralte Tempelanlagen ausgegraben, aus der Maya-Kultur und der Zeit der Inka. Offenbar waren beide Kulturen der Ansicht, daß es sich bei dem Ort um einen ganz besonderen Platz handelt.«

Ich bemerkte, wie Sanchez sich mit ungewöhnlicher Intensität auf die Unterhaltung konzentrierte. Während ich sprach, war er völlig auf mich fixiert, sprach Julia, so verlagerte er seine absolute Aufmerksamkeit auf sie. Dabei schien er ausgesprochen bestimmt und zielstrebig vorzugehen. Ich fragte mich, was genau er machte, und genau in diesem Moment entstand

eine Pause in der Unterhaltung. Beide sahen mich erwartungsvoll an.

»Was ist?« fragte ich.

Sanchez lächelte. »Du bist dran.«

»Reden wir immer abwechselnd?« fragte ich.

»Nein«, sagte Julia. »Jeder spricht dann, wenn die Energie
sich auf ihn konzentriert. Gerade eben war sie bei dir.«

Ich wußte nicht, was ich sagen sollte.

»Die bewußte Interaktion innerhalb einer Gruppe ist Teil der
Achten Erkenntnis. Aber laß dich nicht entmutigen, versuche
statt dessen, den Vorgang zu verstehen«, sagte Pater Sanchez.
»Innerhalb einer Gruppe gibt es immer jemanden, der zu einem
bestimmten Zeitpunkt die stärkste Idee hat. Sind die Gruppenmitglieder geschult, so bemerken sie, wer als nächstes sprechen
wird, und richten ihre Energie auf den Betreffenden, um ihm
dabei behilflich zu sein, seine Meinung mit größtmöglicher
Klarheit zu formulieren.

Mit dem Fortschreiten der Unterhaltung wird jemand anders
mit einer starken Idee auf den Plan treten, dann der nächste und
so fort. Wenn du dich auf das Gespräch konzentrierst, merkst
du, wann die Reihe an dir ist. Dann wird sich meistens auch
eine Idee in deinem Kopf bemerkbar machen.

Es geht im wesentlichen darum, zu bemerken, wann man
selbst an der Reihe ist, und Energie zu projizieren, wenn jemand
anders spricht.«

»Dabei kann allerdings einiges schiefgehen«, unterbrach Julia ihn. »Manche Menschen neigen dazu, sich innerhalb einer
Gruppe aufzublasen. Sie spüren die Macht ihrer Ideen, und
nachdem sie sich mitgeteilt haben, reden sie weiter, weil ihnen
die Energiezufuhr so angenehm ist; dabei sollte die Energie
bereits bei einem der anderen Gruppenmitglieder liegen. So versuchen sie ein Monopol auf die Energie der Gruppe zu halten.

Andere wiederum sind schüchtern. Selbst wenn sie die Energie einer Idee spüren, trauen sie sich nicht, ihr Ausdruck zu verleihen. So wird die Gruppe gespalten und kommt nicht in den
Genuß aller vorhandenen Ideen. Dasselbe ist der Fall, wenn einige der Gruppenmitglieder nicht akzeptiert werden. Die so Zu-
rückgewiesenen sind nicht mit der Energie verbunden, und auf
diese Weise bringt sich die Gruppe um den Nutzen ihrer Ideen.«

Julia hielt einen Moment inne, und wir blickten beide auf Sanchez. »Die Technik, Menschen an diesen Prozeß anzuschließen, ist von großer Bedeutung«, sagte er. »Sobald wir jemanden nicht leiden können, neigen wir dazu, uns auf einen mißliebigen Aspekt seiner Persönlichkeit zu konzentrieren. Geschieht dies, bleibt uns die tiefere Schönheit der Person verborgen, und wir schließen sie von der Energiezufuhr aus – um genau zu sein, nehmen wir ihr Energie und fügen ihr Schaden zu. Diese Menschen fühlen sich mit einem Mal weniger attraktiv und verfügen über weniger Selbstvertrauen. Meistens wissen sie selbst nicht, woran das liegt.«

»Deshalb ist dieser Prozeß von so großer Wichtigkeit«, sagte Julia. »Menschen lassen sich durch ihren nur als gewalttätig zu bezeichnenden Konkurrenzkampf gegenseitig altern.«

»Wenn jedoch die energetischen Schwingungen jedes Gruppenmitgliedes gesteigert werden, verbinden sich die individuellen Energiefelder, und die Gruppe besteht aus einem Körper mit vielen Köpfen. In solch einer Gruppe weiß jedes Mitglied, wann es sprechen soll und was es zu sagen hat, weil jeder einen äußerst klaren Einblick in die Mysterien des Lebens hat. Wir sprechen hier von der Höheren Persönlichkeit, von der in der Achten Erkenntnis in Verbindung mit einer romantischen Beziehung zwischen Mann und Frau die Rede ist. Doch auch andere und größere Gruppen sind in der Lage, dieses höhere Bewußtsein gemeinsam zu erreichen und auch beizubehalten.«

Die Worte des Paters ließen mich plötzlich an Pater Costous und Pablo denken. War es dem jungen Indianer am Ende gelungen, Pater Costous zu überzeugen, ihn sogar so weit zu bringen, sich für die Rettung des Manuskriptes einzusetzen? Hatte die Achte Erkenntnis Pablo eine so große Macht verliehen?

»Wo befindet sich Pater Costous jetzt?« fragte ich.

Die beiden sahen mich gelinde überrascht an. »Er und Pater Carl haben sich entschieden, nach Lima zu gehen, um mit den Kirchenältesten über Kardinal Sebastians Pläne zu sprechen«, sagte Pater Sanchez schnell.

»Ich schätze, dies ist auch der Grund, weshalb er unbedingt in die Mission fahren wollte. Er wußte, daß er dort noch etwas zu erledigen hatte.«

»Ganz genau«, sagte Sanchez. »Die Frage ist jetzt, was wir tun sollen.«

Julia meldete sich zuerst. »Ich habe die ganze Zeit vor Augen, wie ich die Neunte Erkenntnis entdecke und sie lange genug in meinem Besitz habe, um etwas damit anzufangen ..., aber ich weiß immer noch nicht, wie das in der Realität aussehen könnte.«

Sanchez und ich betrachteten sie aufmerksam.

»All dies wird an einem ganz besonderen Ort geschehen ...«, fuhr sie fort. »Augenblick mal! Es sind die Ruinen, die Ruinen von Celestine! Dort zwischen den Tempeln gibt es einen Fleck, den ich fast vergessen hatte.« Sie sah uns erwartungsvoll an. »Dorthin müssen wir gehen! Ich muß zu den Ruinen von Celestine.«

Nachdem sie zu Ende gesprochen hatte, verlagerten Sanchez und Julia ihre Aufmerksamkeit auf mich.

»Ich bin mir nicht sicher«, sagte ich. »Ich interessiere mich dafür, weshalb Sebastian und seine Leute sich derartig vehement gegen das Manuskript einsetzen. Bisher weiß ich, daß sie sich vor dem Gedanken an eine Evolution des Inneren fürchten ..., aber ich weiß nicht, wohin ich mich wenden soll ... Die Soldaten kommen ... Es scheint, als würde Kardinal Sebastian die Neunte Erkenntnis als erster finden ... Irgendwie meine ich, ihn daran hindern zu können, den Rest des Manuskriptes zu zerstören.«

Ich verfiel in Schweigen. Meine Gedanken wanderten wieder zu Dobson und dann zurück zur Neunten Erkenntnis. Mit einem Mal wurde mir klar, daß die Neunte enthüllen würde, in welche Richtung sich der Mensch im Verlauf dieser Evolution entwickelte. Ich hatte ihn gefragt, wie Menschen nach den Erkenntnissen des Manuskriptes miteinander umgehen würden, und diese Frage war durch die Achte Erkenntnis beantwortet worden. Die nächste logische Frage bestand darin, wohin alles führen würde, wie sich die menschliche Gesellschaft verändern würde? Das würde die Neunte Erkenntnis erklären, dessen war ich mir jetzt sicher.

Aus irgendeinem Grund wußte ich auch, daß dieses Wissen dazu dienen konnte, Kardinal Sebastians Befürchtungen bezüglich einer bewußten Evolution zu beschwichtigen ... Wenn es mir nur gelingen würde, ihn zum Zuhören zu bewegen.

»Ich bin weiterhin der Ansicht, daß der Kardinal von den Inhalten des Manuskriptes überzeugt werden kann!« sagte ich im Brustton tiefer Überzeugung.

»Wirst du derjenige sein, der ihn überzeugt?« fragte Sanchez.

»Nein …, nein, nicht ich. Ich werde mich in Gesellschaft von jemandem befinden, der einfacheren Zugang zu ihm hat, jemand, der ihn kennt und ihn in seiner Sprache ansprechen kann.«

Sowie ich das gesagt hatte, blickten Julia und ich auf Pater Sanchez.

Er versuchte zu lächeln, und als er sprach, schwang eine leichte Resignation in seiner Stimme mit. »Kardinal Sebastian und ich sind seit langer Zeit dabei, einer Konfrontation wegen des Manuskriptes aus dem Weg zu gehen. Er ist immer mein Vorgesetzter gewesen. Er war mein Mentor, und ich muß zugeben, daß ich zu ihm aufgesehen habe. Doch ich habe immer gewußt, daß es eines Tages zu dieser Auseinandersetzung kommen würde. Mein gesamtes Leben steuere ich schon darauf hin.«

Angespannt blickte er auf Julia und mich und fuhr dann fort: »Meine Mutter war eine Vertreterin der Reformation. Sie verabscheute den Begriff der Schuld und Zwangsmaßnahmen bei der Evangelisierung. Sie wollte, daß die Leute sich aus Liebe und nicht aus Furcht der Religion zuwandten. Mein Vater auf der anderen Seite war ein Verfechter strenger Diziplin, wurde Priester und glaubte wie der Kardinal hartnäckig an Tradition und Autorität. Deshalb wollte ich mich innerhalb der Kirche um eine Verbesserung bemühen, indem ich eine stärkere Betonung auf die höhere religiöse Erfahrung legte.

Mich mit dem Kardinal auseinanderzusetzen ist der nächste, folgerichtige Schritt für mich. Ich habe mich dagegen gesträubt, doch jetzt weiß ich, daß ich mich zu Kardinal Sebastians Mission in Iquitos auf den Weg machen muß.«

»Ich werde Sie begleiten«, sagte ich.

Das Auftauchen einer Kultur

Die Straße nach Norden wand sich durch dichten Dschungel und führte uns über mehrere große Flüsse – Seitenarme des Amazonas, wie Pater Sanchez mir erklärte. Wir waren früh aufgestanden und hatten Julia in aller Eile auf Wiedersehen gesagt. Dann waren wir in einem geborgten Geländewagen mit erhöhtem Chassis und übergroßen Reifen aufgebrochen. Im Verlauf unserer Reise stieg die Landschaft leicht an, die Bäume wurden mächtiger und standen weiter auseinander.

»Hier sieht es aus wie in der Nähe von Viciente«, sagte ich zu Sanchez.

Er lächelte mich an. »Wir befinden uns gerade in einem Gebiet von ungefähr fünfzig mal zwanzig Meilen Größe, das sich von der restlichen Landschaft hier unterscheidet. Es erstreckt sich bis hin zu den Ruinen von Celestine und gilt unter energetischen Gesichtspunkten als besonders spektakulär. Von allen Seiten wird das Gebiet durch Dschungel begrenzt.«

In einiger Entfernung, am Rande des Dschungels, bemerkte ich einen Flecken gerodetes Land. »Was ist das dort?« fragte ich und zeigte mit dem Finger in die Richtung.

»Das ist die Vorstellung der Regierung von landwirtschaftlicher Entwicklung«, sagte er.

Auf breiter Fläche hatte jemand mit Hilfe einer Planierraupe Bäume entwurzelt und zu Haufen zusammengeschoben, einige davon waren teilweise verbrannt. Eine Viehherde graste ungehindert zwischen den wilden Gräsern und der aufgerissenen zerstörten Erdoberfläche. Verstört durch das Motorengeräusch, sah das Vieh uns nach. Ich bemerkte eine weitere frisch planierte Fläche, und mir wurde klar, daß die Rodung sich auf die riesigen Bäume zubewegte, die wir unterwegs passiert hatten.

»Das sieht ja grauenhaft aus«, sagte ich.

»Ist es auch«, gab Sanchez zurück. »Selbst Kardinal Sebastian ist dagegen.«

Ich dachte an Phil. Vielleicht waren es Flächen wie diese, die er schützen wollte. Was nur mit ihm geschehen sein mochte? Wieder fiel mir Dobson ein. Connor hatte gesagt, daß Dobson zur Herberge hatte kommen wollen. Was war der Zweck von

Dobsons Mitteilung gewesen? Wo befand sich Dobson jetzt? Ausgewiesen? Inhaftiert? Es war meiner Aufmerksamkeit nicht entgangen, daß ich spontan eine Verbindung zwischen Dobson und Phil hergestellt hatte.

»Wie weit ist es von hier zur Mission des Kardinals?« fragte ich.

»Ungefähr eine Stunde Fahrt«, erwiderte Sanchez. »Wie fühlst du dich? Wie steht es mit deinem Energielevel?«

»Gut, glaube ich. Eine enorme Schönheit hier um mich herum.«

»Was denkst du über unser Gespräch gestern abend?« fragte er.

»Ich fand es wirklich bemerkenswert.«

»Ist dir klargeworden, was sich ereignet hat?«

»Meinen Sie, wie die Ideen zu unterschiedlichen Zeitpunkten aus jedem von uns förmlich heraussprudelten?«

»Auch, aber mehr noch meine ich die umfassendere Bedeutung des Ganzen.«

»Ich weiß nicht genau.«

»Nun, ich denke die ganze Zeit darüber nach. Eine Methode der bewußten Unterhaltung, in deren Verlauf jeder versucht, das Beste im anderen hervorzubringen, anstatt ihn zu besiegen, wird über kurz oder lang von der gesamten Menschheit angewandt werden. Denk nur, in welchem Maß das individuelle Energieniveau und das Fortschreiten der Evolution dadurch beeinflußt werden könnte!«

»Gewiß«, sagte ich. »Ich frage mich, wie sehr sich die menschliche Kultur mit der Erhöhung des Energieniveaus verändern wird.«

Er sah mich an, als habe ich mit meiner Frage den Nagel auf den Kopf getroffen. »Genau das will ich auch wissen«, sagte er.

Wir blickten uns einen Moment in die Augen und merkten beide, daß wir darauf warteten, wer die nächste Idee haben würde. »Die Antwort auf diese Frage muß in der Neunten Erkenntnis stehen«, sagte er schließlich.

»Dort wird erklärt werden, was geschieht, wenn die Kultur diesen Sprung nach vorn macht.«

Sanchez verlangsamte die Fahrt. Wir näherten uns einer

Kreuzung, und er schien unentschlossen, welche Richtung wir einschlagen sollten.

»Kommen wir in der Nähe von San Luis vorbei?« fragte ich.

Er sah mir direkt in die Augen. »Wenn wir hier links fahren, schon. Weshalb fragst du?«

»Connor erwähnte, daß Dobson auf seinem Weg zur Herberge vorhatte, durch San Luis zu fahren. Vielleicht könnte es sich dabei um eine Botschaft gehandelt haben.«

Wir sahen uns immer noch an.

»Sie bremsen ja jetzt schon ab«, sagte ich. »Was ist los?«

Er zuckte mit den Achseln. »Ich weiß auch nicht ... Der direkte Weg nach Iquitos wäre geradeaus. Aus irgendeinem Grund zögere ich jedoch, ihn zu nehmen.«

Ein eiskalter Schauer lief mir über den Körper.

Sanchez hob eine Augenbraue und grinste. »Ich schätze, wir fahren lieber durch San Luis, hmm?«

Ich nickte und spürte, wie mir die Energie durch den Leib schoß. Ich merkte, daß der Aufenthalt in der Herberge und der Kontakt mit Connor immer mehr an Bedeutung gewann. Als Sanchez nach links abbog und in Richtung San Luis weiterfuhr, behielt ich erwartungsvoll den Straßenrand im Auge. Dreißig oder vierzig Minuten vergingen, und nichts passierte. Wir fuhren durch San Luis, und weiterhin blieb alles ruhig. Dann dröhnte mit einem Mal eine Hupe, und von hinten schnellte ein silberfarbener Jeep auf unseren Wagen zu. Der Fahrer winkte uns verzweifelt zu. Irgendwie kam er mir bekannt vor.

»Das ist doch Phil!« sagte ich.

Wir fuhren an den Straßenrand. Phil sprang aus seinem Wagen und rannte auf uns zu, durch das Fenster griff er nach meiner Hand und nickte Sanchez zu.

»Ich weiß nicht, was ihr hier vorhabt«, sagte er, »aber die Straße vor euch ist voller Soldaten. Kommt lieber mit zurück und wartet bei uns.«

»Woher wußtest du, daß wir kommen würden?« fragte ich.

»Gar nicht«, gab er zurück. »Ich habe aufgeschaut und euch vorbeifahren sehen. Wir haben etwa eine halbe Meile von hier Quartier gemacht.« Er sah sich einen Augenblick um, dann fügte er hinzu: »Wir sollten zusehen, daß wir von der Straße verschwinden!«

»Fahren Sie vor, wir folgen Ihnen«, sagte Pater Sanchez.

Wir folgten Phil, der seinen Jeep wendete, und fuhren zurück in die Richtung, aus der wir gekommen waren. An einer kleineren Straße bog er nach Osten ab und parkte den Wagen. Hinter einer Gruppe von Bäumen tauchte ein Mann auf, der Phil begrüßte. Ich traute meinen Augen kaum. Es war Dobson!

Ich kletterte aus dem Wagen und ging auf ihn zu. Er war ebenfalls überrascht und umarmte mich herzlich.

»Wirklich schön, dich zu sehen!« sagte er.

»Ebenfalls«, erwiderte ich lachend. »Ich dachte schon, du wärst erschossen worden!«

Dobson klopfte mir auf den Rücken. »Nein, ich habe es wohl mit der Angst zu tun bekommen; man hat mich lediglich in Verwahrung genommen. Später haben mich einige Sympathisanten des Manuskriptes laufenlassen. Seitdem bin ich auf der Flucht.«

Er schwieg einen Augenblick und lächelte mich an. »Ich bin froh, dich lebend zu sehen. Als Phil mir sagte, daß er dich in Viciente getroffen habe und später gemeinsam mit dir verhaftet worden sei, wußte ich nicht, was ich davon halten sollte. Doch ich hätte mir denken können, daß wir uns wiedersehen würden. Wohin seid ihr unterwegs?«

»Wir wollen Kardinal Sebastian einen Besuch abstatten. Wir befürchten, daß er vorhat, die Neunte Erkenntnis zu vernichten.«

Dobson nickte und wollte etwas sagen, doch Pater Sanchez trat hinzu.

Ich stellte die Männer einander vor.

»Ich habe Ihren Namen schon in Lima gehört«, sagte Dobson zu Sanchez, »in Verbindung mit einigen verhafteten Priestern.«

»Pater Carl und Pater Costous?« fragte ich.

»Ich glaube, das waren die Namen, ja.«

Sanchez schüttelte kaum merklich den Kopf. Ich beobachtete ihn einen Moment, dann verbrachten Dobson und ich ein paar Minuten damit, uns zu erzählen, was seit unserer Trennung geschehen war. Er hatte alle der acht Erkenntnisse studiert und schien darauf zu brennen, noch etwas anderes loszuwerden, doch ich unterbrach ihn und erzählte, daß ich Connor getroffen hatte und er nach Lima zurückgekehrt sei.

»Vermutlich wird er ebenfalls in Verwahrung genommen werden«, sagte Dobson. »Es tut mir leid, daß ich es nicht geschafft habe, rechtzeitig an der Herberge zu sein, doch ich wollte unbedingt vorher noch nach San Luis, um mich mit einem anderen Wissenschaftler zu treffen. Wie sich herausstellte, war es unmöglich, ihn zu finden, statt dessen traf ich auf Phil und ...«

»Stimmt etwas nicht?« fragte Sanchez.

»Vielleicht sollten wir uns lieber hinsetzen«, sagte Dobson. »Ihr werdet es nicht für möglich halten, aber Phil hat eine Kopie der Neunten Erkenntnis gefunden!«

Niemand rührte sich.

»Er hat eine Kopie der Übersetzung gefunden?« fragte Pater Sanchez.

»Ja.«

Phil hatte etwas im Inneren seines Wagens zu tun gehabt und kam nun auf uns zu.

»Du hast einen Teil der Neunten gefunden?« fragte ich.

»Gefunden eigentlich nicht«, sagte er. »Jemand hat sie mir gegeben. Nachdem du und ich gefangengenommen wurden, hat man mich in eine andere Stadt gebracht. Wo das war, weiß ich nicht. Nach einer Weile tauchte Kardinal Sebastian auf. Er hörte nicht auf, mich wegen meiner Arbeit in Viciente und meinem Einsatz für die Erhaltung des Baumbestandes zu löchern. Ich hatte keine Idee, weshalb mir einer der Wärter einen Teil der Neunten Erkenntnis brachte. Der Wärter hatte sie von Kardinal Sebastians Leuten gestohlen, die offenbar gerade die Übersetzung beendet hatten. In der Erkenntnis ist die Rede von der Energie der alten Wälder.«

»Was genau steht dort?« fragte ich Phil.

Er dachte einen Augenblick nach, und Dobson bat noch einmal darum, daß wir uns setzen sollten. Er führte uns zu einer Stelle, an der man eine Zeltplane in der Mitte einer Lichtung ausgelegt hatte. Der Ort war von außerordentlicher Schönheit. Ein Dutzend riesiger Bäume bildete einen Kreis, der ungefähr dreißig Meter im Durchmesser maß. Innerhalb des Kreises befanden sich stark duftende tropische Büsche und langstielige Farnkräuter, die vom intensivsten Grün waren, das ich je gesehen hatte. Wir setzten uns einander gegenüber.

Phil sah Dobson an. Dann blickte Dobson auf Sanchez und

mich. »Die Neunte Erkenntnis erklärt, wie sich die menschliche Kultur innerhalb des nächsten Jahrtausends aufgrund der bewußten Evolution verändern wird. Sie beschreibt einen völlig anderen Lebensstil, als wir ihn kennen. Das Manuskript sagt zum Beispiel voraus, daß die Menschheit freiwillig die Geburtenrate verringern wird, so daß wir alle an den schönsten und energetisch stärksten Plätzen der Erde leben können. Bemerkenswerterweise geht die Schrift davon aus, daß in der Zukunft mehr solcher Orte bestehen werden als im Moment, weil wir die Wälder nicht mehr abholzen werden und sie heranwachsen und Energie generieren können.

Der Neunten zufolge wird der Durchschnittsmensch zur Mitte des nächsten Jahrtausends unter fünfhundert Jahre alten Bäumen und inmitten sorgfältig gepflegter Gartenanlagen leben, trotzdem werden sich städtische Siedlungen, ausgestattet mit den unglaublichsten technischen Errungenschaften, in nächster Nähe befinden. Zu diesem Zeitpunkt wird alles, was wir zum Leben brauchen, wie Essen, Kleidung und Fortbewegung, vollends automatisiert sein und kostenlos zu jedermanns Verfügung stehen. Unsere Bedürfnisse werden ohne den Austausch von Geld befriedigt werden, trotzdem existieren weder Ausschweifungen noch Faulheit.

Geleitet von der eigenen Intuition, wird jeder wissen, was genau er wann zu tun hat, und die Aktionen des einzelnen werden die der anderen auf harmonische Weise ergänzen. Exzessiven Konsum wird es nicht mehr geben, weil niemand mehr die Notwendigkeit verspürt, etwas aus Sicherheits- oder Kontrollgründen besitzen zu müssen. Im nächsten Jahrtausend wird das Leben andere Inhalte haben.

Dem Manuskript zufolge«, so fuhr er fort, »wird unser Drang nach einem Lebenszweck durch die Tatsache unserer eigenen Evolution befriedigt. Die Neunte Erkenntnis sagt eine Welt voraus, in der jeder zur Ruhe kommen wird, jedoch aufmerksam und sogar wachsam nach der nächsten bedeutungsvollen Begegnung Ausschau hält. Überlegen Sie einmal, wie menschliche Begegnungen verlaufen würden, die eine derartige Bedeutung haben. Jeder wird zunächst das Energiefeld des anderen nach bedrohlichen Bestrebungen absuchen, und nachdem die Frage der Energie geklärt ist, in der Lage sein, Botschaften zu empfangen, die aus den unterschiedlichen Lebensgeschichten der Beteiligten hervorgehen. Jedes Treffen zwischen den Menschen wird bei den Beteiligten für eine bedeutsame Fortentwicklung sorgen.«

In dem gleichen Maße, wie wir Dobson mit Energie und Aufmerksamkeit versorgten, wurde er beredter und inspirierter in seiner Zukunftsbeschreibung der menschlichen Rasse. Ich persönlich hegte keinen Zweifel daran, daß seine Beschreibungen in ferner Zukunft realistische und erreichbare Ziele darstellten. Allerdings wußte ich auch, daß in der Vergangenheit viele Visionäre, wie zum Beispiel Karl Marx, eine derartige Welt vorausgesehen hatten, jedoch nicht in der Lage gewesen waren, ein derartiges Utopia auch zu verwirklichen. Der Kommunismus hatte in einer Tragödie geendet.

Selbst versehen mit dem Wissen der ersten acht Erkenntnisse, konnte ich mir nicht vorstellen, wie die menschliche Rasse zu dem in der Neunten Erkenntnis beschriebenen Niveau gelangen sollte, besonders nicht, wenn ich die augenblickliche Verfassung der Menschheit in Betracht zog. Als Dobson eine Pause machte, trug ich meine Bedenken vor.

»Unser natürliches Streben nach Wahrheit wird uns dorthin führen«, erklärte Dobson und lächelte mich an. »Erinnern Sie sich daran, was bereits in diesem Jahrtausend möglich geworden ist: die Entwicklung vom Mittelalter, das im wesentlichen durch die kirchliche Definition von Gut und Böse bestimmt wurde, über die Renaissance bis hin zur Ausbreitung der Wissenschaft und ihrem Bestreben nach einer Erklärung der materiellen Welt, die jedes Geheimnis von unserem Planeten verbannte. Jetzt sind wir in der Lage, die wahre Natur dieser einseitigen Betrachtungsweise zu erkennen. Wir haben lediglich die Vorbereitungen für eine neue Phase in unserer Entwicklung getroffen – die Rückkehr der Mysterien in unsere materielle Existenz. Dies ist jedenfalls die Botschaft, mit der die Wissenschaft nach fünf Jahrhunderten zu uns zurückgekehrt ist: Die Menschheit befindet sich auf diesem Planeten, um sich bewußt weiterzuentwickeln. Während wir lernen, die notwendigen Schritte für eine derartige Entwicklung zu unternehmen, und Wahrheit für Wahrheit unseren eigenen Weg erkennen, wird sich die gesamte Kultur unserer Rasse auf unschwer vorauszusehende Weise transformieren.«

Er machte eine kurze Pause. Es war offensichtlich, daß wir darauf brannten, mehr von ihm zu hören.

»Ist die kritische Masse einmal überschritten«, fuhr er fort, »und sind die Erkenntnisse auf globaler Ebene verinnerlicht, wird die menschliche Rasse in eine Phase intensiver Selbstbeobachtung treten. Wir werden endlich begreifen, wie schön und spirituell die natürliche Welt wirklich ist. Wir werden Bäume, Flüsse und Berge als heilige Orte der Kraft begreifen und verehren und nach einem Ende der umweltfeindlichen Aktivitäten verlangen, die diese Schätze der Natur bedrohen. Jene, die dieser Problematik am nächsten stehen, werden alternative Lösungsvorschläge gegen die Verschmutzung der Erde ausarbeiten, weil diese Lösungen einen Teil der individuellen Evolution des einzelnen darstellen und auch als solche begriffen werden.

Dies ist der Anfang der ersten großen Umschichtung unseres Bewußtseins, die zu Berufswechseln in großem Rahmen führen wird. Sobald Menschen in der Lage sind, klare Vorstellungen darüber zu erhalten, wer sie wirklich sind und worin ihre Aufgabe besteht, entdecken sie oft, daß sie den falschen Beruf haben und ihn im Interesse eines ungehinderten Wachstums wechseln müssen.

Die nächste Umschichtung wird auf dem Gebiet der Warenproduktion stattfinden. Die Techniker und Ingenieure werden dafür sorgen, daß Angebot und Nachfrage automatisch geregelt werden. Dies wiederum wird zu einer Erhöhung der individuellen Freizeit und der Beschäftigung mit anderen und neuen Themenkreisen führen.

Die restlichen Menschen werden innerhalb ihres existierenden Berufes ihre Vorstellungen verwirklichen und sich mehr freie Zeit wünschen, bis sie realisieren, daß die Verkündung der Wahrheit und die damit verbundenen Notwendigkeiten sich mit einem traditionellen Berufsbild nicht mehr vereinbaren lassen. Als Folge davon werden sie weniger arbeiten. Zwei oder drei Leute werden sich eine Vollzeitbeschäftigung teilen. Dieser Trend wird es denen, die durch die Automation ihre Arbeit verloren haben, einfacher machen, zumindest eine Teilzeitbeschäftigung zu finden.«

»Aber was ist mit dem Geld?« fragte ich. »Ich kann mir nicht vorstellen, daß jemand freiwillig sein Einkommen zurückschraubt.«

»Oh, das wird nicht notwendig sein«, sagte Dobson. »Das Manuskript spricht von stabilen Einkommen, da man uns für unsere Erkenntnisse Geld geben wird.«

Fast hätte ich laut gelacht. »Wie bitte?«

Er lachte und sah mich direkt an. »Wenn wir mehr über die energetischen Vorgänge des Universums verstanden haben, werden wir auch verstehen, was eigentlich vor sich geht, wenn wir jemandem etwas geben. Bisher besteht unsere Vorstellung von der Natur des Gebens aus dem etwas engstirnigen Konzept der kirchlichen Kollekte eines Zehnten.«

Er blickte Pater Sanchez an. »Wie Sie sicher wissen, besteht die vorherrschende Interpretation des Zehnten gewöhnlich darin, daß der Gläubige ein Zehntel seines Einkommens der Kirche zur Verfügung stellt. Die Idee dahinter jedoch besagt, daß wir ein Vielfaches dessen, was wir geben, zurückbekommen werden. Die Neunte Erkenntnis führt aus, daß das Geben ein System universeller Unterstützung ist, nicht nur für die Kirchen, sondern für jeden. Geben wir, so erhalten wir auch, das liegt in der Natur der universellen Energie. Sobald wir anfangen, kontinuierlich zu geben, werden wir immer mehr erhalten, als wir abgeben können.

Und unsere Geschenke sollten an Menschen gehen, die uns mit spiritueller Wahrheit versorgt haben. Auf diese Weise schaffen wir eine spirituelle Ökonomie und können nach und nach unsere Berufe aufgeben, um schließlich für die ungehinderte Entwicklung unserer ureigenen Wahrheit und deren Weitergabe an andere bezahlt zu werden.«

Ich blickte zu Sanchez. Er hörte angeregt zu und schien fasziniert.

»Ja«, sagte Dobson. »Das sehe ich mit voller Klarheit. Wenn jeder an diesem Austausch beteiligt wäre, könnten wir die materiellen Dinge den Automaten überlassen, weil wir zu beschäftigt sind, um derartige Systeme zu besitzen oder gar zu betätigen. Möglicherweise wären wir Teilhaber an den Anlagen, doch könnten wir uns völlig auf die Ausweitung des Informationszeitalters konzentrieren.

Das Wichtigste für uns ist jedoch, daß wir ein neues Verständnis darüber bekommen, wo es langgeht. Unsere Furcht, zu kurz zu kommen, sowie unsere Kontrollsucht haben es uns bisher weder ermöglicht, die Umwelt zu retten, noch den Planeten zu demokratisieren oder die Armen zu ernähren. Wir hatten einfach kein Konzept von der Möglichkeit einer alternativen Lebensform. Doch jetzt haben wir es!«

Er sah Phil an. »Wir werden zumindest eine billige Energiequelle brauchen.«

»Fusion, Supraleitfähigkeit, künstliche Intelligenz«, zählte Phil auf. »Die Automatisationstechnologie ist nicht mehr weit entfernt, jetzt, da wir wissen, wofür wir sie brauchen.«

»Stimmt«, sagte Dobson. »Das Wichtigste wird sein zu erkennen, daß wir uns nicht auf diesem Planeten befinden, um private Imperien aufzubauen, sondern um uns weiterzuentwickeln. Andere für ihre Erkenntnisse zu bezahlen, wird die Transformation einleiten, und während immer größere Teile der Wirtschaft automatisiert werden, wird schließlich die gesamte Währung verschwinden. Wir werden sie nicht mehr brauchen. Solange wir unserer Intuition folgen, werden wir nur nehmen, was wir auch wirklich brauchen.«

»Und wir werden lernen zu verstehen, daß die natürlichen Ressourcen und die unglaublichen Kraftquellen der Erde geschützt und erhalten werden müssen«, sagte Phil.

Während er gesprochen hatte, war unsere gesamte Aufmerksamkeit bei ihm. Er schien überrascht, welchen belebenden Effekt dies auf ihn hatte.

»Mein Interesse hat immer den Wäldern und ihrer Rolle innerhalb des Ökosystems gegolten«, fuhr Phil fort. »Jetzt weiß ich auch, weshalb dies seit meiner Kindheit so war. In der Neunten Erkenntnis wird behauptet, daß die Menschheit sich spirituell entwickelt und daß wir freiwillig für den Rückgang der Geburtenrate sorgen werden, bis die Erde imstande ist, uns alle zu versorgen. Wir werden innerhalb des natürlichen Energiesystems dieses Planeten leben, und die Landwirtschaft wird automatisiert. Eine Ausnahme bilden jene Pflanzen, die jeder selbst mit Energie versorgen will, bevor er sie konsumiert. Die zum Hausbau benötigten Bäume werden in extra ausgewiesenen Gebieten angebaut. Auf diese Weise können die übrigen Bäume ungehindert wachsen und schließlich zu kraftvollen Wäldern werden. Jeder wird die Möglichkeit haben, in der Nähe eines dieser Energiezentren zu leben.«

»Dies würde unsere Evolution ungemein beschleunigen«, sagte Sanchez. »Je mehr Energie wir mühelos aufnehmen, desto häufiger werden wir auf geheimnisvolle Weise jenen Leuten begegnen, die Antworten auf unsere Fragen haben. Wenn die Geschichte sich fortsetzt, dann ...«

»... werden wir einen zunehmend höheren Level energetischer Schwingung erreichen«, sagte Dobson und beendete den Satz.

»Ja«, sagte Sanchez. »Genau das. Entschuldigt mich einen Augenblick.« Er stand auf, ging einige Meter in den Wald hinein und ließ sich dort allein nieder.

»Was steht sonst noch in der Neunten?« fragte ich Dobson.

»Das wissen wir auch nicht«, sagte er. »An dieser Stelle endete die Übersetzung. Willst du sie lesen?«

Ich bejahte, und er ging zu seinem Wagen und kam mit einer Mappe aus braunem Papier zurück. Darin befanden sich zwanzig maschinengeschriebene Blätter. Ich las den Text und war beeindruckt, wie gründlich Dobson und Phil seine grundlegenden Aussagen zusammengefaßt hatten. Der Text endete abrupt mitten in einer längeren Betrachtung, in welcher behauptet wurde, eine neue Qualität würde im Leben der Menschen auftauchen, doch worin sie bestand, wurde nicht mehr gesagt.

Nach einer Stunde stand Sanchez auf und kam zu mir. Dobson und Phil standen hinter dem Jeep und unterhielten sich, und ich hatte zwischen einigen Pflanzen gesessen und fasziniert ihre unglaublichen Energiefelder betrachtet. »Ich denke, wir sollten nach Iquitos weiterfahren«, sagte er.

»Was ist mit den Soldaten?« fragte ich.

»Wir sollten es riskieren. Ich bin der festen Überzeugung, daß wir es schaffen können, wenn wir jetzt sofort aufbrechen.«

Ich stimmte zu, seiner Intuition zu folgen, und gemeinsam gingen wir zu Dobson und Phil und unterrichteten sie von unserem Vorhaben.

Beide Männer bestärkten uns in diesem Plan. »Wir werden direkt zu den Ruinen von Celestine fahren«, sagte Dobson. »Vielleicht gelingt es uns, die Reste der Neunten Erkenntnis zu retten.«

Wir wünschten ihnen viel Glück und fuhren weiter in Richtung Norden.

»Woran denken Sie?« fragte ich nach einer längeren Periode des Schweigens.

Pater Sanchez verlangsamte die Fahrt und sah mich an. »Ich denke an Kardinal Sebastian, daran, was du gesagt hast: daß er aufhören würde, das Manuskript zu bekämpfen, wenn wir die Chance hätten, es ihm zu erklären.«

Während Sanchez sprach, hatte ich eine Vision von dem Kardinal, der in einem Gerichtssaal stand und auf uns herabblickte. In jenem Augenblick verfügte er über die Macht, das Manuskript zu zerstören, doch gelang es uns, ihn davon abzubringen.

Ich bemerkte, wie Sanchez mich anlächelte.

»Was hast du gedacht?«

»Die Vorstellung einer Konfrontation wurde deutlicher. Er wollte die letzte Erkenntnis vernichten, und wir versuchten es ihm auszureden.«

Sanchez atmete tief durch. »Es sieht ganz so aus, als würde es von uns abhängen, ob die Welt von der Neunten Erkenntnis erfährt oder nicht.«

Bei dem Gedanken bildete sich ein Knoten in meinem Magen. »Was sollen wir zu ihm sagen?«

»Ich weiß es auch noch nicht. Wir müssen versuchen, ihn vom positiven Potential der Schrift zu überzeugen und davon, daß sie die Botschaft der Kirche nicht negiert, sondern verfeinert. Ich bin mir sicher, daß das beim Rest der Neunten Erkenntnis auch der Fall ist.«

Eine Stunde fuhren wir schweigend, ohne einem anderen Fahrzeug zu begegnen. Meine Gedanken rasten durch die Ereignisse, die sich seit meiner Ankunft in Peru überschlagen hatten. Mir wurde klar, daß sich die Aussagen des Manuskriptes schließlich in meinem Bewußtsein festgesetzt hatten und zu einem Teil meiner selbst geworden waren. Ich war mir bewußt, daß mein Leben sich auf geradezu mysteriöse Weise entwickelte, wie es in der Ersten Erkenntnis stand, daß unsere gesamte Kultur die Wiederkehr dieses Mysteriums spürte und daß wir dabei waren, eine neue Weltsicht zu schaffen – genau wie die Zweite Erkenntnis es vorausgesagt hatte. Mir war klar, daß das Universum ein gigantisches System energetischer Vorgänge war und daß menschlicher Konflikt aus einem Mangel an Energie und dem Versuch, sie von anderen abzuziehen, resultierte. So stand es in der Dritten und der Vierten Erkenntnis.

Die Fünfte Erkenntnis beendete den Konflikt durch die Energiezufuhr aus einer höheren Quelle, die Sechste sagte voraus, daß sich unsere individuellen Dramen klären würden und wir unserem wahren Kern begegneten – auch dies war mir für immer ins Gedächtnis gebrannt. Die Siebte hatte die Evolution der wahren Menschen in Gang gesetzt: durch richtiges Fragen, Intuition und die daraus resultierende Antwort. Sich unausgesetzt in diesem nahezu magischen Fluß aufzuhalten, darin lag das Geheimnis für Glück.

Die Achte zeigte uns eine neue Methode menschlicher Interaktion, eine, die das Beste im Menschen hervorbrachte – der Schlüssel zur Fortsetzung des Mysteriums wie zum Erhalt der für uns lebensnotwendigen Antworten.

Alle Erkenntnisse hatten sich mittlerweile in mir zu einem neuen Bewußtsein verdichtet, das sich vor allem in erhöhter Aufmerksamkeit und Wachheit äußerte. Was mir an Wissen noch fehlte, so wußte ich, würde durch die Neunte hinzukommen, die sich damit beschäftigte, wohin unsere Evolution uns führte. Einen Teil der Neunten hatten wir jetzt entdeckt. Was war mit dem Rest?

Pater Sanchez fuhr den Wagen an den Straßenrand.

»Wir sind jetzt vier Meilen von Kardinal Sebastians Mission entfernt«, sagte er. »Ich halte es für besser, wenn wir ein wenig reden.«

»Okay.«

»Ich weiß nicht, was uns dort erwartet, aber ich denke, es ist das beste, wenn wir uns direkt in die Höhle des Löwen begeben.«

»Wie groß ist seine Mission?«

»Groß. Seit zwanzig Jahren hat er an ihrem Aufbau gearbeitet. Er hat sich hier niedergelassen, weil er sich um die indianische Landbevölkerung kümmern wollte, die er in dieser Region für vernachlässigt hielt. Mittlerweile kommen Studenten aus dem ganzen Land hierher. Der Kardinal hat administrative Pflichten in der Kirchenzentrale in Peru, doch die Mission hier ist sein Lieblingsprojekt, dem er sich mit Herz und Seele verschrieben hat.«

Sanchez sah mir direkt in die Augen. »Bitte versuch, deine Konzentration aufrechtzuerhalten. Es könnte sein, daß wir einander helfen müssen.«

Nachdem er das gesagt hatte, fuhr er weiter. Nach einigen Meilen passierten wir zwei Militärjeeps, die auf der rechten Straßenseite geparkt worden waren. Die Soldaten sahen uns mit angespannten Gesichtern hinterher.

»Nun«, sagte Pater Sanchez, »jetzt wissen sie, daß wir hier sind.«

Nach einer weiteren Meile kamen wir an das Tor der Mission. Hohe Eisengitter schützten die asphaltierte Zufahrt. Die Tore standen offen, doch vier Soldaten und ein Jeep blockierten den Weg und bedeuteten uns anzuhalten. Einer von ihnen sprach in ein Kurzwellenfunkgerät.

Sanchez lächelte, als einer der Soldaten näher trat. »Ich bin Pater Sanchez und möchte Kardinal Sebastian sprechen.«

Der Soldat blickte zuerst Sanchez und dann mich mit mißtrauischer Miene an. Er drehte sich um und ging zu dem Soldaten mit dem Funksprechgerät. Ohne uns aus den Augen zu lassen, unterhielten sie sich. Nach einigen Minuten kam der Soldat zurück und erklärte, daß wir ihm folgen sollten.

Der Jeep fuhr voraus und führte uns auf eine mehrere hundert Meter lange, von hohen Bäumen gesäumte Einfahrt, die uns schließlich auf das eigentliche Missionsgelände brachte. Das Kirchengebäude war aus rohen Steinblöcken erbaut und konnte meiner Schätzung nach mindestens eintausend Menschen beherbergen. Auf beiden Seiten der Kirche befanden sich vierstöckige Gebäude, die wie Schulhäuser aussahen.

»Ein eindrucksvoller Ort«, sagte ich.

»Ja, aber wo sind die Menschen?« fragte er.

Ich bemerkte, daß die Wege und Gehsteige wie ausgestorben dalagen.

»Sebastian betreibt hier eine vielgerühmte Schule«, sagte er. »Wo sind seine Studenten geblieben?«

Die Soldaten führten uns zum Eingang der Kirche und baten uns höflich, aber bestimmt, ihnen ins Innere zu folgen. Während wir die Zementstufen erklommen, sahen wir, daß hinter einem angrenzenden Gebäude mehrere Lastwagen geparkt waren. Dreißig oder vierzig Soldaten hielten sich aufbruchbereit in ihrer Nähe auf. Nachdem wir die Kirche betreten hatten, wurden wir durch den Altarraum und von dort in ein kleines Zimmer geführt. Dort durchsuchte man uns gründlich und ließ uns warten. Die Soldaten entfernten sich und verschlossen die Tür.

»Wo liegt das Büro des Kardinals?« fragte ich.

»Weiter hinten in der Kirche«, sagte er.

Plötzlich wurde die Tür geöffnet. In Begleitung mehrerer Soldaten stand Kardinal Sebastian vor uns. Seine Haltung war gerade und aufrecht.

»Was willst du?« fragte der Kardinal Sanchez.

»Ich möchte mit dir reden«, sagte Sanchez.

»Worüber?«

»Den neunten Teil des Manuskriptes.«

»Es gibt nichts zu reden. Er wird niemals auftauchen.«

»Wir wissen, daß du ihn bereits gefunden hast.«

Die Augen des Kardinals weiteten sich. »Ich werde niemals zulassen, daß diese sogenannte Erkenntnis an die Öffentlichkeit gelangt«, sagte er. »Kein Wort darin ist wahr.«

»Woher weißt du, was die Wahrheit ist?« fragte Sanchez. »Auch du kannst irren. Gib sie mir zu lesen.«

Der Gesichtsausdruck des Kardinals verlor etwas von seiner Strenge, während Sanchez sprach. »Es gab eine Zeit, da hast du meine Entscheidungen in derartigen Angelegenheiten für korrekt und angemessen gehalten.«

»Ich weiß«, sagte Sanchez. »Du bist mein Mentor gewesen. Meine Inspiration. Nach deinem Vorbild habe ich meine Mission errichtet.«

»Bis zur Entdeckung des Manuskriptes hast du mich respektiert. Merkst du jetzt, wie zersetzend es ist? Ich habe dich deinen eigenen Weg gehen lassen, selbst nachdem du damit begonnen hattest, die Erkenntnisse zu lehren. Doch ich werde unter keinen Umständen zulassen, daß dieses Dokument zerstört, was unsere Kirche in Jahrhunderten aufgebaut hat.«

Ein Soldat trat von hinten an den Kardinal heran und bat um ein Gespräch. Dieser warf einen Blick auf Sanchez und begab sich dann auf den Flur. Wir konnten ihn zwar noch sehen, verstanden aber kein Wort des Gespräches. Es war offensichtlich, daß der Inhalt der überbrachten Botschaft Kardinal Sebastian zu alarmieren schien. Als er sich zum Gehen wandte, signalisierte er allen, ihm zu folgen, bis auf einen seiner Soldaten, der mit unserer Bewachung beauftragt wurde.

Er kam in unser kleines Zimmer und lehnte sich mit verstörtem Gesichtsausdruck an die Wand. Er war höchstens zwanzig Jahre alt.

»Was ist los?« fragte Sanchez ihn.

Der Soldat schüttelte nur den Kopf.

»Geht es um das Manuskript, die Neunte Erkenntnis?«

Der Soldat schien überrascht. »Was wissen Sie von der Neunten Erkenntnis?« fragte er zaghaft.

»Wir sind hier, um diese vor der Vernichtung zu bewahren«, sagte Sanchez.

»Ich möchte auch nicht, daß sie vernichtet wird«, gab der Soldat zurück.

»Haben Sie die Schrift gelesen?« fragte ich.

»Nein«, sagte er. »Aber ich habe davon gehört. Sie wird unsere Religion wieder zum Leben erwecken.«

Von draußen war plötzlich Gewehrfeuer zu hören. »Was geht dort vor?« fragte Sanchez.

Der Soldat rührte sich nicht.

Freundlich berührte Sanchez ihn am Arm. »Helfen Sie uns.«

Der junge Soldat begab sich zur Tür und sah den Flur hinab. »Jemand ist in die Kirche eingebrochen und hat eine Kopie der Neunten Erkenntnis gestohlen. Es scheint, als befinden die Einbrecher sich noch auf dem Gelände.«

Wieder hörte man Gewehrschüsse.

»Wir müssen versuchen, den Leuten zu helfen«, sagte Sanchez zu dem jungen Mann.

Der sah verängstigt drein.

»Wir müssen unsere Pflicht tun«, begann Sanchez wieder. »Es geht um das Schicksal der ganzen Welt.«

Der Soldat nickte und sagte, daß wir uns in einen Teil der Kirche begeben sollten, in dem weniger Aufregung herrschte und wo er uns vielleicht behilflich sein könnte. Er führte uns den Flur hinab und zwei Treppenfluchten hinauf, auf einen großen Korridor, der sich über die gesamte Breite des Kirchenschiffes erstreckte.

»Kardinal Sebastians Büro liegt direkt unter uns, zwei Stockwerke tiefer«, sagte der junge Mann.

Mit einem Mal hörten wir, wie eine Gruppe von Menschen durch einen der anderen Korridore in unsere Richtung rannte. Sanchez und der Soldat liefen vor mir und schlüpften sofort in einen Raum zu unserer Rechten. Mir war klar, daß ich den Raum nicht mehr rechtzeitig erreichen konnte, deshalb rannte ich in den davorliegenden und schloß die Tür hinter mir.

Ich befand mich in einem Klassenzimmer. Pulte, Podium, Schrank. Ich lief zum Schrank, fand ihn unverschlossen und quetschte mich zwischen ein paar muffige Jacken und einige Schachteln, die dort verstaut lagen. Obwohl ich versuchte, mich so gut es ging zu verstecken, wußte ich, daß nur jemand die Schranktür zu öffnen brauchte, um mich zu entdecken. Ich versuchte mich nicht zu bewegen, nicht einmal zu atmen. Die Tür zum Klassenzimmer öffnete sich mit lautem Quietschen, und ich hörte, wie mehrere Leute den Raum betraten und sich darin zu schaffen machten. Jemand schien sich dem Schrank zu nähern, dann hielt er inne und entfernte sich in die entgegengesetzte Richtung. Lautes Spanisch war zu hören. Dann Stille. Keine Bewegung.

Ich wartete noch zehn Minuten, bevor ich es wagte, die Schranktür vorsichtig zu öffnen und den Kopf aus dem Schrank zu stecken. Ich ging zur Tür. Es gab keinerlei Anzeichen dafür, daß sich jemand auf dem Flur aufhielt. Mit eiligen Schritten begab ich mich zu dem Raum, in dem Sanchez und der Soldat sich versteckt hatten. Zu meinem Erstaunen handelte es sich nicht um ein Zimmer, sondern um einen weiteren Flur. Ich lauschte, konnte aber nichts hören. Ich lehnte mich gegen die Wand, und auf dem Grunde meines Magens breitete sich eine unangenehme Unruhe aus. Leise rief ich Sanchez' Namen. Keine Antwort. Ich war allein. Vor Nervosität wurde mir schwindelig.

Ich holte tief Luft und versuchte, mich durch Selbstgespräche zu beruhigen; ich mußte klaren Verstand bewahren und meine Energie aufbauen. Mehrere Minuten kämpfte ich, bis die Farben und Formen auf dem Schulflur eine stärkere Präsenz hatten, und fühlte mich tatsächlich nach einer Weile besser. Wieder dachte ich an den Kardinal. Falls er sich in seinem Büro aufhalten sollte, würde Sanchez dorthin gehen.

Vor mir führte der Flur zu einer Treppe, und ich ging zwei Stockwerke hinunter, bis in das Erdgeschoß. Durch das Glas der Tür zum Treppenhaus sah ich den Flur hinab. Weit und breit war niemand zu sehen. Ich öffnete die Tür und lief los, ohne mir darüber im klaren zu sein, wohin ich eigentlich wollte.

Dann hörte ich, wie Sanchez' Stimme aus einem Raum vor mir erklang. Die Tür war nur angelehnt, und Kardinal Sebastians Stimme schrie ihn förmlich nieder. Gerade als ich mich der Tür nähern wollte, öffnete ein Soldat sie von innen und zeigte mit seinem Gewehrlauf direkt auf mein Herz – er zwang mich einzutreten und mich gegen die Wand zu stellen. Sanchez nahm mein Eintreffen durch einen kurzen Seitenblick zur Kenntnis und legte sich die Hand auf den Solarplexus. Der Kardinal schüttelte angewidert den Kopf. Der junge Soldat, der uns geholfen hatte, war nirgendwo zu sehen.

Ich wußte, daß Sanchez' Geste etwas zu bedeuten hatte. Alles, was mir einfiel, war, daß er Energie benötigte. Während er sprach, konzentrierte ich mich auf sein Gesicht und versuchte sein höheres Selbst zu sehen – sein Energiefeld dehnte sich aus.

»Du wirst die Wahrheit nicht aufhalten können«, sagte Sanchez. »Die Menschen haben ein Recht darauf, sie zu erfahren.«

Der Kardinal blickte Sanchez herablassend an. »Diese sogenannten Erkenntnisse stehen im Widerspruch zu der Heiligen Schrift. Unter keinen Umständen kann etwas an ihnen wahr sein.«

»Widersprechen sie wirklich der Heiligen Schrift, oder verdeutlichen sie nur, was die wahre Bedeutung der Schrift ist?«

»Wir wissen, was ihre wahre Bedeutung ist«, sagte der Kardinal. »Wir wissen es seit Jahrhunderten. Hast du deine Ausbildung vergessen, die vielen Jahre deines Studiums?«

»Nein, das habe ich nicht«, sagte Sanchez. »Aber ich weiß trotzdem, daß das Manuskript unseren Begriff von Spiritualität erweitert. Sie ...«

»Wessen Spiritualität?« rief der Kardinal mit lauter Stimme. »Wer hat denn dieses Manuskript überhaupt geschrieben? Irgendein heidnischer Maya, der irgendwo gelernt hat, Aramäisch zu sprechen? Was verstanden diese Leute schon davon? Sie glaubten an die Magie von bestimmten Orten und an mysteriöse Energien. Das waren Primitive. Die Ruinen, in denen die Neunte Erkenntnis gefunden wurde, nennt man die Celestine-Tempel, die himmlischen Tempel – was um alles in der Welt konnte diese Kultur vom Himmel verstanden haben?

Und hat ihre Kultur etwa überlebt?« fuhr er fort. »Nein. Kein Mensch weiß, was mit dem Volk der Mayas geschehen ist. Sie sind spurlos verschwunden. Und du verlangst, daß wir an dieses Manuskript glauben? Dieses Dokument behauptet, Menschen hätten Kontrolle über die Welt. Doch das haben sie nicht. Gott hat sie. Unsere einzige Wahl besteht in der Akzeptanz der Botschaft der Heiligen Schrift, in ihr liegt der Schlüssel zu unserer Erlösung.«

»Was heißt es denn in Wirklichkeit, die Heilige Schrift zu akzeptieren und Erlösung zu erlangen?« gab Sanchez zurück. »Wodurch erlangen wir sie? Weist das Manuskript uns nicht den genauen Weg zu einer höheren Spiritualität, einen Weg, wie wir uns verbinden können, gerettet werden – wie diese abstrakten Dinge sich in der Realität anfühlen? Und führen uns die Achte und die Neunte Erkenntnis nicht deutlich vor Augen, was geschähe, wenn jeder Mensch sich dementsprechend verhalten würde?«

Der Kardinal schüttelte den Kopf und machte Anstalten zu gehen, dann drehte er sich um und blickte Sanchez mit stechendem Blick an. »Du hast die Neunte Erkenntnis ja noch nicht einmal mit eigenen Augen gesehen.«

»Doch, habe ich. Zumindest einen Teil davon.«

»Wie das?«

»Man hat mir kurz vor meiner Ankunft davon berichtet. Einen weiteren Teil habe ich vor wenigen Minuten gelesen.«

»Wie?! Wie ist das möglich?«

Sanchez trat auf den alten Priester zu. »Hör zu, überall verlangen Menschen nach der Offenbarung dieser letzten Erkenntnis. Sie rückt alle anderen Erkenntnisse in den entscheidenden Zusammenhang. Sie zeigt uns unsere Bestimmung und unser Schicksal – was es heißt, ein spirituelles Bewußtsein zu haben!«

»Wir wissen, was ein spirituelles Bewußtsein ist, Sanchez.«

»Tun wir das wirklich? Ich denke, nicht. Wir haben Jahrhunderte damit verbracht, darüber zu reden, es uns vorzustellen, unseren Glauben darin zu geloben. Doch haben wir diesen Begriff immer als etwas Abstraktes beschrieben, etwas, das es intellektuell zu erfassen gilt. Und immer haben wir spirituelles Bewußtsein als etwas dargestellt, das von einzelnen entwickelt werden mußte, um das Eintreffen von Unglück zu verhindern, nicht um etwas Gutes oder gar Wunderbares zu bewerkstelligen und zu erreichen. Das Manuskript beschreibt die Inspiration, die aus der wahren Liebe zu anderen und der Evolution unserer Existenz entstehen wird.«

»Evolution! Evolution! Hör dich doch an, Pater! Du, der du immer gegen den Einfluß der Evolution gekämpft hast. Was ist mit dir geschehen?«

Sanchez sammelte sich ein wenig. »Ja, es stimmt. Ich habe mich gegen die Ideen der Evolution gewandt, sobald sie als Ersatz für Gott herangezogen wurden, als Versuch, das Universum gottlos zu machen. Doch jetzt sehe ich, daß die Wahrheit in einer Synthese aus Religion und Wissenschaft liegt. Die Wahrheit ist, daß Gott die Evolution geschaffen hat und noch dabei ist, sie zu schaffen.«

»Es gibt keine Evolution«, protestierte Kardinal Sebastian. »Gott hat diese Welt geschaffen, und damit Schluß.«

Sanchez warf mir einen schnellen Blick zu, doch hatte ich keinerlei zündende Ideen beizusteuern.

»Sebastian«, fuhr er fort, »das Manuskript beschreibt die Abfolge der Generationen als eine Evolution des Geistes, eine Entwicklung hin zu höherer Spiritualität und höherer molekularer Schwingung. Jede Generation erzeugt eine höhere Form der Energie und vereint mehr Wahrheit in sich als die vorausgegangene, und sie gibt diesen Status an die Menschen der nächsten Generation weiter, welche diese Dinge ihrerseits wieder weiterentwickelt.«

»Barer Unsinn«, sagte der Kardinal. »Es existiert nur ein Weg zu einer höheren Spiritualität, und der besteht in der Befolgung der Gebote.«

»Exakt!« rief Sanchez aus. »Doch wo sind die Beispiele hierfür? Ist die Geschichte der Gebote nicht die Geschichte eines Volkes, das lernt, die göttliche Energie und den göttlichen Willen zu empfangen und zu verinnerlichen? Dies haben die frühen Propheten die Menschen im Alten Testament gelehrt. Und war es nicht die Offenheit für diese göttliche Energie, die im

Leben des Sohnes eines Zimmermannes kulminierte, bis zu einem Punkt, wo er zum direkten Abgesandten Gottes auf dieser Erde wurde? Ist dies nicht die Geschichte des Neuen Testamentes«, fuhr er fort, »die Geschichte einer Gruppe von Menschen, die von einer Energie erfüllt und vollkommen verändert wurde? Hat nicht Jesus selbst gesagt, daß wir in der Lage sind zu tun, was er getan hat – und darüber hinauszugehen! Bis zum heutigen Tage haben wir diese Idee nie ernsthaft in Betracht gezogen. Jetzt erst beginnen wir zu verstehen, wovon Jesus gesprochen hat, wohin seine Botschaft uns führte. Das Manuskript erklärt uns, was er meinte und wie wir es erreichen können!«

Der Kardinal wandte seinen Blick ab; sein Gesicht war jetzt rot vor Zorn. In die entstandene Pause platzte ein hoher Offizier und berichtete dem Kardinal von der Sichtung der Eindringlinge.

»Sehen Sie!« Der Offizier zeigte aus dem Fenster. »Da sind sie!«

Drei- oder vierhundert Meter entfernt sahen wir, wie zwei Figuren über ein Stoppelfeld in Richtung Wald davonliefen. Eine Anzahl Soldaten am Feldrand schien auf den Befehl zu warten, das Feuer zu eröffnen.

Der Offizier wandte seinen Blick vom Fenster ab und blickte mit erhobenem Funkgerät auf den Kardinal.

»Wenn sie den Wald einmal erreicht haben, werden sie nur noch schwer zu finden sein. Habe ich Ihre Erlaubnis, das Feuer zu eröffnen?«

Ein einziger Blick aus dem Fenster verriet mir, daß es sich bei den Flüchtenden um meine Bekannten handelte.

»Wil und Julia!« rief ich aus.

Sanchez trat noch näher an Kardinal Sebastian heran. »Im Namen Gottes, du kannst dich nicht des Mordes schuldig machen!«

Der Offizier insistierte weiter. »Kardinal Sebastian, wenn Sie weiter Wert auf die Geheimhaltung des Manuskriptes legen, müssen Sie jetzt den Befehl geben.«

Ich stand wie erstarrt.

»Vater, vertraue mir«, sagte Sanchez. »Keinesfalls wird das Manuskript vernichten, was du aufgebaut hast, wofür du stehst. Du kannst diese Leute nicht ermorden lassen.«

Der Kardinal schüttelte den Kopf. »Dir vertrauen …?« Dann setzte er sich hinter seinen Schreibtisch und sah den Offizier an. »Wir werden niemanden erschießen lassen. Weisen Sie Ihre Truppen an, die Leute gefangenzunehmen.«

Der Offizier nickte und verließ das Zimmer. »Danke«, sagte Sanchez, »du hast die richtige Entscheidung getroffen.«

»Nicht zu töten, ja«, sagte der Kardinal. »Doch meine Meinung werde ich nicht ändern. Dieses Manuskript ist ein Fluch. Es wird die Grundfesten unserer geistlichen Autorität untergraben. Es wird die Menschen ermutigen, sich selbst für die Herren ihrer spirituellen Bestimmung zu halten. Es wird die Disziplin untergraben, die notwendig ist, jeden auf diesem Planeten in die Kirche zu bringen, und genau dort werden die Leute sein wollen, wenn der Jüngste Tag kommt.« Er warf Sanchez einen erbarmungslosen Blick zu. »In diesem Moment treffen Tausende von Soldaten ein. Es spielt also keine Rolle mehr, was du tust oder andere. Die Neunte Erkenntnis wird das Land niemals verlassen. Und nun entfernt euch bitte aus meiner Mission.«

Während wir mit hoher Geschwindigkeit davonfuhren, hörte ich in der Ferne das Geräusch einer großen Anzahl schwerer Lastwagen.

»Weshalb hat er uns laufenlassen?« fragte ich.

»Vermutlich, weil er uns für unschädlich hält«, erwiderte Sanchez. »Es gibt nichts mehr, was wir tun könnten. Ich weiß wirklich nicht, was ich davon halten soll.« Er sah mir in die Augen. »Es ist uns nicht gelungen, ihn zu überzeugen.«

Auch ich war verwirrt. Was hatte das zu bedeuten? Möglicherweise hatte unsere Aufgabe nicht darin bestanden, den Kardinal zu überzeugen. Vielleicht hatten wir ihn lediglich aufhalten sollen. Ich blickte zu Sanchez hin. Er konzentrierte sich auf die Straße und suchte gleichzeitig die Gegend nach Anzeichen von Wil oder Julia ab. Wir waren in die Richtung gefahren, in die sie geflohen waren, doch bisher hatten wir keine Spur von ihnen bemerkt. Während der Fahrt wanderten meine Gedanken zu den Ruinen von Celestine, und ich stellte mir den Ort vor: stufenförmige Ausgrabungen, die Zelte der Wissenschaftler und hohe pyramidenförmige Gebäude im Hintergrund.

»Hier in den Wäldern scheinen sie nicht zu sein«, sagte Sanchez. »Sie müssen einen Wagen gehabt haben. Wir sollten entscheiden, wohin wir fahren und was wir jetzt machen.«

»Meiner Ansicht nach müssen wir zu den Ruinen«, sagte ich.

Er sah mich an. »Warum nicht. Mir fällt auch kein anderer Ort ein.«

Sanchez wendete den Wagen, und wir fuhren nach Westen.

»Was wissen Sie über die Ruinen?« fragte ich.

»Julia sagt, sie sind das Ergebnis zweier unterschiedlicher Kulturen. Die Mayas hatten den Höhepunkt ihrer Zivilisation dort, obwohl die meisten ihrer Tempel weiter nördlich, in Yucatán, stehen. Mysteriöserweise verschwanden die Mayas ungefähr 600 vor Christus ohne einen ersichtlichen Grund. Danach gründeten die Inkas ihre Zivilisation am selben Ort.«

»Was ist Ihrer Meinung nach mit den Mayas geschehen?«

Sanchez sah mich an. »Ich weiß es nicht.«

Mehrere Minuten fuhren wir schweigend dahin.

»Wie kommt es, daß Sie noch mehr von der Neunten Erkenntnis gelesen haben?« fragte ich ihn, als ich mich an sein Gespräch mit dem Kardinal erinnerte.

»Der junge Soldat, der uns geholfen hat, wußte, wo ein Teil des Manuskripts aufbewahrt wurde. Nachdem wir getrennt worden waren, nahm er mich mit in einen anderen Raum und zeigte ihn mir. Im wesentlichen handelt es sich dabei um einige Ergänzungen zu den von Phil und Dobson ausgeführten Konzepten, doch vor allem habe ich Argumente gefunden, die ich gegen den Kardinal ins Feld führen konnte.«

»Was genau sagt die Neunte?«

»Daß das Manuskript den Inhalt vieler Religionen erklären wird und ihnen dabei behilflich sein kann, ihre jeweiligen Versprechungen zu erfüllen. Sämtliche Religionen, so behauptet das Manuskript, versuchen die Verbindung zwischen der Menschheit und einer höheren Instanz herzustellen. Und alle Religionen sprechen von der göttlichen Wahrnehmung im Gläubigen selbst, eine Wahrnehmung, die uns erfüllt und uns zu etwas anderem, Besserem macht, als wir es sind. In dem Augenblick, als man Führer bestimmte und sie damit beauftragte, Gottes Willen den Menschen zu erklären, anstatt ihnen zu zeigen, wie sie den Weg dorthin finden können, wurde die Religion allerdings korrumpiert. Im Manuskript steht, daß irgendwann in der Geschichte ein einzelner die exakte Art und Weise, sich mit der göttlichen Quelle zu verbinden, erfahren wird und so ein dauerndes Beispiel für die Möglichkeit dieser Verbindung gibt.« Sanchez blickte mich an. »Hat nicht Jesus genau dieses getan? Hat er nicht seine eigene Energie und seine Schwingungen derartig erhöht, bis er leicht genug war, um …?« Sanchez sprach seinen Satz nicht zu Ende und schien in tiefen Gedanken versunken.

»Woran denken Sie?« fragte ich.

Sanchez schien die Frage zu überraschen. »Hier genau endete die Kopie, die der Soldat mir zum Lesen gegeben hat. Der Auserwählte würde einen Weg gehen, dem die ganze Menschheit folgen soll, das ist ihre Bestimmung. Doch das Manuskript sagte nicht, wohin der Weg uns führt.«

Eine Viertelstunde etwa fuhren wir schweigend dahin. Ich bemühte mich zu erahnen, was als nächstes geschehen würde, doch mein Kopf blieb leer.

»Dort sind die Ruinen«, sagte Sanchez.

Vor uns, auf der linken Seite, konnte ich durch die Bäume drei pyramidenförmige Bauwerke erkennen. Nachdem wir den Wagen geparkt und näher gekommen waren, sah ich, daß die Pyramiden aus behauenen Steinen errichtet worden waren und in gleichmäßigen Abständen von etwa hundert Metern voneinander entfernt standen. Zwischen ihnen hatte man den Boden mit einer weicheren Sorte Stein gepflastert. An den Grundmauern der Pyramiden war an mehreren Stellen mit Ausgrabungsarbeiten begonnen worden.

»Schau – dort!« rief Sanchez und zeigte auf die Pyramide, die am weitesten von uns entfernt stand.

Eine einsame Figur saß direkt davor. Als wir näher kamen, bemerkte ich ein Ansteigen meiner Energie. Als ich in der Mitte der Steinplatten angekommen war, fühlte ich mich mit einem Mal vollkommen frisch. Ich warf einen Blick auf Sanchez, und er hob eine Augenbraue. Dann konnte ich endlich erkennen, daß es sich bei der Person vor der Pyramide um Julia handelte. Sie saß im Schneidersitz und hielt einige Papiere auf ihrem Schoß.

»Julia!« rief Sanchez.

Julia wandte sich uns zu und stand auf. Ihr Gesicht schien leicht zu schimmern.

»Wo ist Wil?« fragte ich.

Julia zeigte nach rechts. Ungefähr hundert Meter entfernt saß Wil. In dem rasch schwindenden Dämmerlicht schien er förmlich zu leuchten.

»Was macht er dort?« fragte ich.

»Die Neunte«, erwiderte Julia und hielt uns den Stapel mit Papieren entgegen. Sanchez erklärte ihr, was wir bereits von der Erkenntnis erfahren hatten: daß die Menschheit durch bewußtes Vorantreiben der Evolution transformiert werden würde.

»Aber wohin wird diese Evolution uns führen?« fragte Sanchez.

Julia antwortete nicht. Sie hielt uns die Papiere entgegen, als erwarte sie von uns, daß wir ihre Gedanken lesen könnten.

»Was?« fragte ich.

Sanchez berührte meinen Unterarm. Sein Blick erinnerte mich daran, wachsam zu bleiben und abzuwarten, was sich entwickelte.

»Die Neunte enthüllt unsere ultimative Bestimmung«, sagte Julia. »Alles erscheint kristallklar. Der Mensch ist die Zuspitzung des gesamten Evolutionsprozesses, von der Materie in ihrer schwächsten Form bis hin zu den Elementen, den Spezies – jede von ihnen eine höhere Form der Schwingung. Als die ersten Menschen auftauchten, führten wir diese Evolution unbewußt fort, indem wir andere gefangennahmen, uns ihre Energie aneigneten und uns dadurch ein wenig vorwärtsbewegten. Wurden wir selbst gefangengenommen, so verloren wir die Energie wieder. Dieser physische Konflikt setzte sich fort, bis wir die Demokratie erfanden und der Konflikt auf eine mentale Ebene verlagert wurde. Jetzt bringen wir uns den gesamten Prozeß zu Bewußtsein. Jetzt sind wir in der Lage, unseren Energielevel anzuheben und die Fügungen des Schicksals bewußt zu erleben.«

Sie zögerte einen Augenblick und sah uns nacheinander an. »Unsere Bestimmung liegt darin, den Energielevel weiter zu erhöhen. Damit erhöht sich die Frequenz der molekularen Schwingungen unserer körpereigenen Atome.«

Sie zögerte erneut.

»Was hat das zu bedeuten?« fragte ich.

»Es bedeutet, daß wir leichter und reiner in unserer Spiritualität werden.«

Ich sah Sanchez an. Er hatte sich jetzt vollkommen auf Julia konzentriert.

»Die Neunte Erkenntnis«, so fuhr Julia fort, »behauptet, daß sich im Anschluß daran etwas absolut Erstaunliches ereignen wird. Gruppen von Leuten, die einen bestimmten Level erreicht haben, werden für jene, die sich noch auf einem der unteren Level befinden, unsichtbar werden. Es wird so aussehen, als sei die Gruppe von Leuten einfach verschwunden, während sie ihrem eigenen Bewußtsein nach noch da ist – allerdings um vieles erdgelöster als zuvor.«

Während Julia sprach, bemerkte ich, daß sich ihr Gesicht und ihr Körper ein wenig veränderten. Ihr Körper verhielt sich wie ihr Energiefeld. Zwar waren ihre Körperteile klar und deutlich zu erkennen, doch schien ich nicht länger auf Muskeln und Fleisch zu schauen, sondern auf reines Licht, ein Licht, das aus ihrem Inneren zu kommen schien.

Ich blickte auf Sanchez. Er hatte sich ebenfalls verändert. Zu meiner völligen Verwunderung schien alles in meiner Umgebung sich verändert zu haben: die Pyramiden, die Steinplatten unter unseren Füßen, der angrenzende Wald, selbst meine Hände. Ich war in der Lage, eine Form der Schönheit wahrzunehmen, die alles überstieg, was ich je erlebt hatte.

»Haben die Menschen ihre energetischen Schwingungen auf einen Level gebracht, auf dem sie unsichtbar für andere werden«, fuhr Julia fort, »beginnen sie die Barriere zwischen diesem Leben und der anderen Welt zu überqueren, jener Welt, aus der wir kommen und in die wir nach unserem Tode wieder eintreten werden. Die bewußte Überquerung der Grenze zwischen diesen beiden Bereichen wurde von Christus vollzogen. Er war in der Lage, sich der Energie so weit zu öffnen, daß er leicht genug wurde, um über Wasser zu gehen. Er hat den Tod hier, mitten unter uns, transzendiert und war der erste, der die Grenze überschritt und seine körperliche Welt in die spirituelle ausdehnte. Er war ein lebendes Beispiel, und wenn es uns gelingen sollte, uns mit derselben Energie zu verbinden, können wir Schritt für Schritt in die gleiche Richtung gehen. Irgendwann wird jeder in der Lage sein, seiner Aura die Frequenz eines hohen Energielevels zu geben und in seiner jetzigen Gestalt den Himmel zu erreichen.«

Langsam kam Wil auf uns zu. Seine Bewegungen schienen ungewöhnlich anmutig, fast als würde er über den Boden schweben.

»Dem Manuskript nach«, sagte Julia, »werden die meisten diesen Level im Laufe des dritten Jahrtausends erreichen, gemeinsam mit jenen Menschen, mit denen sie sich am engsten verbunden fühlen. Einige Kulturen in der Geschichte der Menschheit haben diesen Schritt bereits vollzogen. Die Mayas haben die Grenze zwischen den beiden Welten geschlossen übertreten.«

Julia hörte abrupt auf zu sprechen. Hinter uns erklangen gedämpfte Stimmen in Spanisch. Dutzende von Soldaten waren an den Ruinen angelangt und bewegten sich auf uns zu. Zu meiner großen Überraschung hatte ich keine Angst. Sie gingen weiter in unsere Richtung und schienen seltsamerweise keinerlei Notiz von uns zu nehmen.

»Sie können uns nicht sehen!« sagte Sanchez. »Unsere Schwingungen sind zu hoch!«

Wieder blickte ich zu den Soldaten. Er hatte recht. In ungefähr sechs Meter Entfernung gingen sie an uns vorbei und ignorierten uns völlig.

Dann erklang lautes Rufen hinter der Pyramide zu unserer Linken. Die Soldaten, die uns am nächsten standen, rannten in die Richtung.

Ich bemühte mich zu sehen, was dort vorging. Eine weitere Gruppe von Soldaten kam aus dem Wald. Sie führten zwei Männer an den Armen heraus. Es waren Dobson und Phil. Ihre Gefangennahme versetzte mir einen Schock, und ich merkte, wie mein Energielevel abstürzte. Ich blickte auf Sanchez und Julia. Beide starrten forschend auf die Soldaten und schienen ebenfalls verstört.

»Wartet!« schien Wil zu rufen. »Laßt eure Energie nicht absinken!« Ich fühlte die Worte mehr, als daß ich sie hörte. Sie klangen seltsam verfremdet.

Wir drehten uns nach Wil um, und er bewegte sich mit eiligen Schritten in unsere Richtung. Er wollte noch etwas sagen, doch waren seine Worte jetzt vollkommen unverständlich. Ich bekam Schwierigkeiten, mich zu konzentrieren. Wils Erscheinung wurde undeutlicher und seine Umrisse verzerrt. Langsam verschwand er direkt vor meinen ungläubigen Augen.

Julia wandte sich Sanchez und mir zu. Auch ihr Energielevel schien gesunken zu sein, doch war sie völlig unverzagt, als hätten die jüngsten Ereignisse etwas für immer geklärt.

»Wir sind nicht in der Lage, die Energie zu halten«, sagte sie. »Angst senkt das Energieniveau radikal.« Sie schaute auf den Fleck, an dem Wil zuletzt gestanden hatte, bevor er nach und nach verschwunden war. »Die Neunte Erkenntnis behauptet, daß einzelne in der Lage sein werden, die Grenze zu übertreten. Ein Umbruch auf breiterer Ebene wird jedoch erst stattfinden können, nachdem wir unsere Furcht besiegt haben und in allen Situationen eine ausreichend hohe energetische Schwingung erzeugen und halten können.«

Julias Aufregung wuchs. »Versteht ihr denn nicht? Wann immer wir Zweifel an unserem eigenen Weg haben, müssen wir uns daran erinnern, wohin wir auf dem Weg sind, wohin wir uns entwickeln – was es eigentlich bedeutet, am Leben zu sein. Den Himmel hier auf Erden zu errichten, deshalb sind wir hier, und jetzt wissen wir sogar, wie wir das machen können …, wie es passieren wird.«

Einen Moment hielt sie inne. »In der Neunten wird die Existenz einer Zehnten Erkenntnis erwähnt. Ich denke, sie wird enthüllen, wie …«

Noch bevor sie zu Ende sprechen konnte, zerschlug eine Garbe Maschinengewehrfeuer den Plattenboden vor unseren Füßen. Wir duckten uns und hoben die Hände. Niemand sagte ein Wort, als die Soldaten kamen und jeden von uns in eine andere Richtung abführten.

Die ersten Wochen nach meiner Gefangennahme verbrachte ich in einem Zustand permanenter Angst. Mein Energielevel sank dramatisch, während mich ein Militäroffizier nach dem anderen streng verhörte und nach dem Manuskript befragte.

Ich spielte den ahnungslosen Touristen. Schließlich war es nicht allzu weit von der Wahrheit entfernt, daß ich nicht wußte, wer von den anderen Priestern eine Kopie des Manuskriptes besaß oder inwieweit die Öffentlichkeit von der Existenz des Manuskriptes Kenntnis hatte. Allmählich schien meine Taktik zu wirken. Die Soldaten wurden meiner müde und übergaben mich schließlich den Zivilbehörden, die es mit einer anderen Methode versuchten. Die Beamten wollten mich davon überzeugen, daß meine Reise nach Peru von Anfang an eine Art Wahnsinnsunterfangen gewesen sei, da das Manuskript in Wirklichkeit gar nicht existiere. Sie behaupteten, die Schrift sei die Erfindung einer kleinen Gruppe rebellischer Priester gewesen, die damit einen Umsturz hatten herbeiführen wollen.

Nach einer Weile bekamen unsere Unterhaltungen einen fast freundlichen Charakter. Die Beamten behandelten mich wie das unschuldige Opfer einer Verschwörung: den leichtgläubigen Yankee, der sich nach der Lektüre zu vieler Abenteuergeschichten unversehens in einem fremden Land verirrt.

Und da meine Energie einen neuen Tiefpunkt erreicht hatte, wäre ich auf diese Gehirnwäsche sogar beinahe hereingefallen – hätte sich nicht noch eine seltsame Begebenheit ereignet. Von einem Tag zum anderen wurde ich von der Militärbasis zu einem Lager der Regierung am Flughafen von Lima gebracht – einem Lager, in dem ich Pater Carl wiedertraf. Diese Begegnung sorgte dafür, daß sich mein altes Vertrauen wieder einstellte.

Ich machte gerade einen Spaziergang im Hof des Lagers, als ich ihn lesend auf einer Bank sitzen sah. Ich schlenderte beiläufig zu ihm und bemühte mich, meine überschwengliche Freude zu verbergen, um nicht die Aufmerksamkeit der Beamten im Inneren des Gebäudes auf mich zu ziehen. Als ich mich neben ihn setzte, sah er auf und grinste.

»Ich habe Sie erwartet«, sagte er.

»Wirklich?«

Er ließ sein Buch sinken, und ich konnte die Freude in seinen Augen sehen.

»Nachdem Pater Costous und ich in Lima angekommen waren«, erklärte er, »wurden wir sofort verhaftet und getrennt. Seitdem befinde ich mich hier in Gewahrsam. Ich verstand nicht, weshalb, denn es schien nichts weiter zu passieren, bis ich mehrfach an Sie denken mußte.« Er warf mir einen wissenden Blick zu. »Und so habe ich mir gedacht, daß Sie früher oder später hier auftauchen würden.«

»Ich bin froh, Sie hier zu sehen«, sagte ich. »Hat Ihnen niemand erzählt, was bei den Ruinen von Celestine geschehen ist?«

»Doch«, erwiderte Pater Carl. »Ich habe kurz mit Pater Sanchez gesprochen. Er wurde einen Tag lang hier festgehalten, bevor man ihn fortbrachte.«

»Geht es ihm gut? Wußte er, was mit den anderen geschehen ist? Und was ist mit ihm? Hat man ihn ins Gefängnis geworfen?«

»Über die anderen hatte er auch keine Informationen. Und was Pater Sanchez angeht, so weiß ich überhaupt nichts. Die Strategie der Regierung besteht darin, jede Kopie des Manuskriptes systematisch zu suchen und zu zerstören und die ganze Angelegenheit danach als einen formidablen Schwindel abzutun. Ich nehme an, daß wir allesamt gehörig diskreditiert werden, aber was sie darüber hinaus mit uns vorhaben, vermag ich nicht zu sagen.«

»Was ist mit Dobsons Kopien geschehen?« fragte ich. »Er hatte die Erste und die Zweite Erkenntnis in den Staaten zurückgelassen.«

»Die haben sie bereits gefunden«, erwiderte Pater Carl. »Pater Sanchez erzählte mir, daß Agenten der Regierung wußten, wo sie versteckt waren, und sie gestohlen haben. Offenbar waren von Anfang an peruanische Agenten im Einsatz. Sie überwachten Dobson und wußten ebenfalls von Ihrer Freundin Charlene.«

»Meinen Sie, es wird der Regierung gelingen, alle Kopien zu vernichten?«

»Es wäre ein Wunder, wenn auch nur eine übrigbleibt.«

Ich merkte, wie meine neugewonnene Energie sich verflüchtigte.

»Sie wissen, was das bedeutet, nicht wahr?« fragte Pater Carl.

Ich sah ihn an, sagte aber nichts.

»Das heißt, daß jeder von uns sich genauestens daran erinnern muß, was die Botschaft des Manuskriptes war. Sie und Pater Sanchez haben es nicht geschafft, Kardinal Sebastian von der Freigabe des Manuskriptes zu überzeugen, aber ihr habt ihn lange genug hingehalten, um die Neunte Erkenntnis zu verstehen. Jetzt müßt ihr den Inhalt verbreiten. Das ist eure Aufgabe.«

Ich fühlte mich durch seine Behauptung unter Druck gesetzt und aktivierte unversehens mein altes Drama als Unnahbarer. Ich lehnte mich auf der Bank zurück und blickte ziellos in der

Gegend herum, bis Pater Carl lachte. Genau in diesem Moment bemerkten wir, daß uns die Botschaftsangehörigen durch ein Bürofenster beobachteten.

»Hören Sie zu«, sagte Pater Carl hastig. »Von nun an gilt es, die Erkenntnisse mit so vielen Menschen wie möglich zu teilen. Jeder, der von der Authentizität der Erkenntnisse überzeugt ist, muß die Botschaft an andere weitergeben. Ohne die Verbindung zu dieser Energie wird die menschliche Rasse weiterhin so tun, als ginge es im Leben darum, Macht über andere zu haben und den Planeten auszubeuten. Das werden wir in keinem Fall überleben. Jeder von uns muß sein möglichstes tun, diese Botschaft zu verbreiten.«

Ich bemerkte, daß zwei Beamte das Gebäude verlassen hatten und sich auf uns zu bewegten.

»Noch eins«, sagte Pater Carl mit gesenkter Stimme.

»Was?« fragte ich.

»Pater Sanchez sagte, daß Julia von einer Zehnten Erkenntnis gesprochen hat. Bisher hat niemand sie gefunden, und niemand weiß, wo sie sich befindet.«

Die Beamten hatten uns fast erreicht.

»Ich denke, daß Sie jetzt freigelassen werden. Es könnte sein, daß Sie der einzige sind, der Gelegenheit haben wird, danach zu suchen.«

Die Männer unterbrachen unsanft unsere Unterhaltung und führten mich in Richtung des Bürogebäudes. Pater Carl lächelte und winkte mir zu. Er sagte noch etwas, doch ich vermochte nicht mehr zuzuhören. Bei der Erwähnung der Zehnten Erkenntnis hatte ich automatisch an Charlene denken müssen. Weshalb dachte ich gerade jetzt an sie? Was hatte sie mit der Zehnten Erkenntnis zu tun? Die beiden Männer bestanden darauf, daß ich meine wenigen Habseligkeiten packte und ihnen zunächst zur Botschaft und dann in ein bereitstehendes Regierungsfahrzeug folgte. Damit wurde ich direkt zum Flughafen gebracht und dort in ein Flugzeug gesetzt. Einer der Männer lächelte mich schwach an und musterte mich durch seine dicken Brillengläser. Als er mir meinen Reisepaß und ein Ticket in die Vereinigten Staaten überreichte, verschwand sein Lächeln ... Mit starkem peruanischem Akzent bat er mich, niemals wieder einen Fuß auf peruanischen Boden zu setzen. Niemals.

Danksagung

So viele Menschen hatten Einfluß auf das Entstehen dieses Buches, daß es mir unmöglich ist, ihnen allen an dieser Stelle zu danken. Besonderer Dank gebührt Alan Shields, Jim Gamble, Mark Lafountain, Marc und Debra McElhaney, Dan Questenberry, BJ Jones, Bobby Hudson, Joy und Bob Kwapien, Michael Ryce und allen voran meiner Frau Salle.

Die Erkenntnisse
von Celestine

Wir möchten dieses Buch unseren Kindern widmen:
Kelly und Megan Redfield
Sigrid Emerson und Gunther Rohrer

und all den Leuten,
die sich von Den Prophezeiungen von Celestine
angesprochen fühlen.

Inhalt

Vorwort

Kurze Zeit nach der Veröffentlichung der *Prophezeiungen von Celestine*, begannen viele der Leser sich nach einem begleitenden Handbuch für meinen Roman zu erkundigen. Ich stand dieser Idee anfangs mit sehr gemischten Gefühlen gegenüber – schließlich handelte es sich bei den *Prophezeiungen von Celestine* ja eher um ein abenteuergleich erzähltes Gleichnis, einen Versuch, erzählerisch zu umreißen, was unser Planet in jüngster Zeit und unter den Augen vieler an spirituellem Bewußtsein hervorgebracht hat. Ich wählte für mein Buch die Romanform, weil sich unsere neue Weltsicht eben nicht nur aus einer Ansammlung intellektuell debattierbarer Fakten zusammensetzt, sondern tiefer greift und vor allem auf individueller Erfahrung beruht.

Möglicherweise läßt sich das Bewußtsein unserer Tage als eine neue Form gesunden Menschenverstandes beschreiben oder mit dem, was Joseph Campbell als »Neue Mythologie« bezeichnete. Mag unser Bewußtsein auch das Resultat jahrzehntelanger intellektueller Betrachtungen sein, so basiert es letztendlich doch auf der Erfahrung des einzelnen und nicht auf bloßer Theorie – solange wir danach leben jedenfalls. Dieses neue und erhöhte Bewußtsein manifestiert sich unter anderem auch in einer neuen Lebensweise und muß von jedem Menschen selbst erlebt werden. Meiner Ansicht nach ließ sich dieser Sachverhalt in Romanform am besten verdeutlichen: Durch die Schaffung biographischer Begebenheiten, mit denen andere Menschen sich identifizieren konnten und durch die sie vielleicht sogar selbst in der Lage sein würden, eine höhere Wahrheit zu erfahren.

Vielleicht werden Sie jetzt verstehen, weshalb ich der Veröffentlichung eines Handbuchs zu meinem Roman so unschlüssig gegenüberstand. Ich war der Ansicht, daß ein derartiges Buch mit mehr oder weniger strikten Definitionen für die darin vorgestellten Ideen und Vorstellungen aufzuwarten hat, Dinge, die ich lieber der Interpretation des jeweiligen Lesers überlassen hätte. Dank der Mitarbeit von Carol Adrienne und anderen Freunden wurde mir jedoch allmählich klar, daß ein Handbuch auch anders aussehen kann, wenn man die Ideen aus dem Roman im Sinne der *Prophezeiungen von Celestine* konsequent weiterentwickelt: Indem wir ausführlichere Informationen liefern, als in der Romanform möglich war, und den Leser dazu anhalten, diese Informationen anhand seiner persönlichen Erfahrungen zu untersuchen und zu erforschen. Genau das haben wir mit dem vorliegenden Selbsthilfe-Buch versucht. Der Leser wird hier auf eine Menge zusätzlicher Informationen stoßen und gleichzeitig mehrere Möglichkeiten finden, mit diesen Informationen zu arbeiten, sowie die in dem Roman geschilderten Erfahrungen selbst zu wiederholen und zu vertiefen.

Dieses Handbuch ist sowohl für Einzelpersonen als auch für die Diskussion in Gruppen geeignet. Ein Gruppenleiter ist für die in diesem Buch vorgestellten Übungen nicht erforderlich. Entsprechend der Achten Erkenntnis können sich die Gruppenmitglieder je nach Intuition und nach allgemeiner Abstimmung bei der Leitung des Kreises abwechseln. Sollten Sie auf jemanden stoßen, der für die Vermittlung dieser Ideen und Konzepte Geld verlangt, empfehle ich Ihnen, daß Sie sich ihm gegenüber genauso kritisch verhalten, als würden Sie irgendeine andere Ware von einem Fremden angeboten bekommen. Es gibt keine Celestine-Schule, die akkreditierte Trainer ausbildet, und es wird sie auch niemals geben. Wir haben niemanden dazu autorisiert, *Workshops* zu diesem Thema abzuhalten. Aber es gibt sicher viele ausgezeichnete Leute, die dazu bestens in der Lage wären.

Ein Großteil der Energie, die in das vorliegende Buch floß, der Schreibstil und vieles an den Techniken für die Gruppenarbeit, stammen von Carol Adrienne, die über ein besonderes Talent verfügt, die Erkenntnisse von Celestine an andere Menschen weiterzugeben. Ohne ihre Visionskraft und Entschlossenheit bei der Planung und Ausführung dieses Handbuches wäre der vorliegende Text niemals zustande gekommen. Wir wünschen uns, daß dieses Arbeitsbuch zu der bereits angelaufenen Diskussion über die tägliche Erfahrbarkeit von Spiritualität beiträgt.

Vergessen Sie nicht, daß die Erkenntnisse uns allen zur gleichen Zeit vor Augen geführt werden, jeder jedoch für sich an ihrer Integration in sein eigenes Leben arbeiten muß. Ein umfassenderes spirituelles Bewußtsein stellt sich auf diesem Planeten nur dann ein, wenn jeder von uns für sich selbst erst einmal entdeckt, daß der Ablauf seines Lebens ein bei weitem mysteriöserer Vorgang ist, als er bisher angenommen hat. Einzelpersonen – wie Sie – sind es letztendlich, die durch die Überwindung ihres Skeptizismus und ihrer Selbstverleugnung irgendwann ihren eigenen Weg finden und ihre Mission entdecken, um so diese Welt zu einem besseren Ort zu machen.

James Redfield
10. August 1994

Die Neun Erkenntnisse

1
Eine kritische Masse

Durch das Überschreiten der kritischen Anzahl von Individuen, die ihren Lebensweg als Entfaltung eines spirituellen Prozesses begreifen, wird das Erwachen eines neuen spirituellen Bewußtseins herbeigeführt – wir brechen auf zu einer Reise, auf der wir von mysteriösen Fügungen gelenkt werden.

2
Das verlängerte Jetzt

Dieser Aufbruch repräsentiert die Schöpfung eines neuen, vollständigeren Weltbildes, als es uns die fünfhundert Jahre alte Schule der Präokkupation mit irdischem Überlebenskampf und materieller Bequemlichkeit zu liefern imstande war. Obwohl es sich bei der Beschäftigung mit den technologischen Aspekten unseres Menschseins um einen wichtigen Schritt in unserer Entwicklung handelte, wird das Erkennen der bedeutsamen Fügungen in unserem Leben unsere Wahrnehmung für den wirklichen Grund unserer Anwesenheit auf diesem Planeten öffnen und uns die wahre Natur des Universums enthüllen.

3
Eine Frage der Energie

Zur Zeit erkennen wir, daß wir kein materiell stabiles Universum bewohnen, sondern in einem großen Feld sich permanent verändernder, dynamischer Energien leben. Alles um uns besteht aus Energiefeldern, die der Mensch intuitiv zu erfahren imstande ist. Wir verfügen darüber hinaus über die Eigenschaft, unsere Energie durch Konzentration in jede gewünschte Richtung zu projizieren (»Wohin die Aufmerksamkeit geht, fließt auch die Energie«), um auf diese Weise unsere Energiesysteme gegenseitig zu beeinflussen sowie die Anzahl von positiven »Zufällen« in unserem Leben zu erhöhen.

4
Der Kampf um Macht

Allzuoft schneiden Menschen sich von der großen Quelle dieser Energie ab und fühlen sich deshalb schwach und unsicher. Um Energie zu gewinnen, zwingen wir andere dazu, uns Aufmerksamkeit und somit Energie zukommen zu lassen. Gelingt es uns, andere auf diese Weise erfolgreich zu dominieren, fühlen wir uns stärker, während die anderen sich schwächer fühlen und sich als Folge davon oftmals gegen uns zur Wehr setzen. Der Wettstreit um menschliche Energie ist die Ursache für alle zwischenmenschlichen Konflikte.

5
Die Botschaft der Mystiker

Unsicherheit und Gewalt enden, sobald wir eine innere Verbindung mit der göttlichen Energie verspüren, eine Verbindung, die von den Mystikern aller Schulen geschildert wurde. Einer der Maßstäbe für die Existenz dieser Verbindung ist ein Gefühl der Unbeschwertheit und der Tatenfreude sowie ein konstantes Gefühl der Liebe. Sind diese Zeichen gegeben, so ist die Verbindung mit der göttlichen Energie echt, sind sie es nicht, handelt es sich dabei lediglich um eine angenommene Verbindung.

Ausweis für mitgebrachte Sachen

Name _Sens_

Gegenstand _1 Buch_

Datum **3. April 2001**

Unterschrift
892600 *****

VD 7550 01512-6 0 J. 1. 95

6
Die Klärung der Vergangenheit

Je länger es uns gelingt, diese Verbindung aufrechtzuerhalten, desto deutlicher wird uns bewußt, wenn sie wieder unterbrochen wird, was gewöhnlich der Fall ist, wenn Streß in unser Leben tritt. Bei dieser Gelegenheit läßt sich deutlich erkennen, auf welche Weise wir Energie bei anderen stehlen. Haben wir einmal ein Bewußtsein über unser manipulatives Verhalten gewonnen, so festigt sich auch unsere Verbindung mit der göttlichen Energie, und wir sind in der Lage, unseren Pfad des inneren Wachstums und die uns auferlegte spirituelle Aufgabe zu erkennen, durch deren Annehmen wir zum Wohlergehen dieser Welt beitragen.

7
Der Energiefluß tritt ein

Das Wissen um unsere persönliche Aufgabenstellung verstärkt den Strom der scheinbar merkwürdigen Fügungen. Zunächst haben wir eine Frage, dann Träume, bald darauf Tagträume und schließlich Eingebungen, die uns zu den Antworten leiten, Antworten, die typischerweise zur selben Zeit durch die Weisheit eines anderen Menschen an uns herangetragen und verstärkt werden.

8
Die interpersonelle Ethik

Wir sind in der Lage, die Häufigkeit der Fügungen zu vermehren, indem wir jedem Menschen, der uns begegnet, freundlich entgegentreten. Es gilt darauf zu achten, daß die oben erwähnte innere Verbindung innerhalb von romantischen Beziehungen nicht verloren geht. Anderen Menschen freundlich zu begegnen, ist besonders in größeren Gruppen wirksam, da dort jedes Mitglied die Energie der anderen spüren kann. Bei Kindern ist eine freundliche Kontaktaufnahme besonders wichtig für ihr Sicherheitsgefühl. Indem wir uns bemühen, in jedem Gesicht das Schöne zu sehen, erheben wir uns selbst in die weiseste Form unseres Gegenübers und erhöhen so die Chance, eine für uns bestimmte Botschaft auch wahrzunehmen.

9
Das Auftauchen einer Kultur

Während jeder von uns der Vollendung seiner spirituellen Aufgabe zustrebt, werden die technologischen Aspekte unseres Überlebens vollends automatisiert werden, damit wir uns gänzlich auf unser synchrones Wachstum konzentrieren können. Dieses Wachstum wird die Menschheit in immer höhere energetische Stadien befördern, bis unsere Körper schließlich eine reine Energieform annehmen und wir die jetzige Dimension unserer Existenz mit jener nach dem Leben verbinden und dadurch den Kreislauf von Tod und Geburt beenden.

KAPITEL 1

Eine kritische Masse: Zufälle, die unser Leben bestimmen

Das Geheimnis entfaltet sich

Der Held der Prophezeiungen von Celestine *hat eine unerwartete Begegnung mit einer alten Freundin, gerade als er mit seiner Existenz unzufrieden ist und sich mit dem Gedanken an einen Richtungswechsel in seinem Leben trägt. Charlene, die mit einem soeben entdeckten antiken Manuskript aus Peru zurückkehrt, ist in der Lage, ein wenig Licht auf den Grund der inneren Unruhe unseres Helden zu werfen.*

Auf diese Weise stößt der im weiteren Verlauf des Buches namenlos bleibende Held auf die Erste Erkenntnis, die ihm die wahre Natur einer Reihe scheinbar zufälliger Fügungen in seinem Leben bewußt werden läßt. Obwohl er der Aussage des Manuskriptes – das die Geheimnisse der menschlichen Existenz zum Inhalt hat – skeptisch gegenübersteht, läßt er sich vom Geheimnis der alten Schrift in den Bann schlagen.

In der darauffolgenden Nacht hat er einen Traum, der ihm die wahre Natur der ihm widerfahrenden Zufälle ebenso enthüllt wie die Tatsache, daß die Fügungen immer in Begleitung einer mit bestimmten Informationen ausgestatteten Person auftauchen. Unser Held entschließt sich daraufhin, einen Flug nach Peru zu buchen.

Die Erste Erkenntnis

Allmählich und ohne großes Brimborium vollzieht sich auf der Erde eine Transformation globalen Ausmaßes. Nach den Beschreibungen des Manuskriptes aus den Celestine-Ruinen besteht das erste Zeichen für dieses Erwachen in einer tiefempfundenen inneren Unruhe. Diese Unruhe wird auch als Unzufriedenheit (selbst nach dem Erreichen gesteckter Ziele), schwer bestimmbares Unbehagen oder das unbestimmte Gefühl, irgend etwas fehle im Leben, beschrieben. Gelegentlich wird unser alltäglicher Lebenslauf durch merkwürdige und überraschende Fügungen unterbrochen. In diesen Momenten scheint es, als würde uns eine höhere Bestimmung enthüllt, und für die Dauer eines Augenblickes fühlen wir uns mit einem Mysterium verbunden, dessen wahre Natur uns jedoch weiterhin verborgen bleibt.

Bei dieser Verbindung von innerer Suche (»Das kann doch nicht alles gewesen sein.«) und gelegentlichen kosmischen Schaudern (»Was für ein merkwürdiger Zufall. Ich frage mich, was das zu bedeuten haben mag?«) handelt es sich in Wirklichkeit um einen kraftvollen und überaus wirksamen inneren Prozeß. Die scheinbar geheimnisvollen Fügungen beschleunigen unsere Entwicklung und verleihen unserem Leben gleichzeitig größere Intensität. Wir meinen, Teil eines größeren Ganzen, eines funktionierenden Planes zu sein.

Während mehr und mehr Menschen (die kritische Masse) sich dieser mysteriösen Veränderung im Universum ausgesetzt sehen, entdecken sie gleichzeitig die wahre Natur der menschlichen Existenz. Sollte es uns gelingen, Verstand und Herz zu öffnen, so werden wir Teil einer neuen evolvierenden Spiritualität werden.

Was ist eine Fügung?

Die Erste Erkenntnis der *Prophezeiungen von Celestine* appelliert an unsere Vorstellungskraft und an eine mythische Realitätsebene, auf der wir schon seit Urzeiten von der Existenz eines goldenen Schlüssels, eines mit magischen Kräften ausgestatteten Unbekannten, eines bedeutsamen Traumes oder eines unerwarteten Hinweises wissen, die imstande sind, uns mühelos zur Schatzkiste unserer Träume oder einer von uns herbeigesehnten, besonderen Gelegenheit in unserer Biographie zu führen. Der Schweizer Psychologe Carl G. Jung nannte dieses Wissen den Archetyp des »magischen Effektes« und erkannte, daß es sich dabei um einen allen Menschen gemeinsamen Wesenszug handelt. Zu erkennen, welch wichtige Rolle Fügungen in der Lebensgeschichte eines Menschen spielen, bedeutet Kontakt aufzunehmen mit den Instinkten des wachsamen, gelassenen Jägers, der gerade für das Auftauchen seiner Beute betet, sowie mit dem aufnahmebereiten, sich in Harmonie mit seiner Umwelt befindenden mächtigen Schamanen oder dem Wissen einer Medizinfrau. Diese Fügungen bilden den Stoff, aus dem Lagerfeuergeschichten ebenso gefertigt wurden wie die schönen Erinnerungen auf Hochzeitsbanketts – Geschichten von außergewöhnlichen Erfolgen und sublimer Ironie. Die meisten unserer Lebenswege sind übersät mit mysteriösen Nebenprodukten von Zufallsbekanntschaften, verpaßten Zügen, Büchern, die auf einer bestimmten bedeutungsvollen Seite aufgeschlagen wurden, Türen, die zufällig einen Spalt offenstanden, zufällig belauschten Gesprächen und Augenpaaren, die durch einen überfüllten Raum hindurch zueinander fanden. Ohne die Prämisse der Zufallsbekanntschaft zweier Menschen – in einem Hausflur oder auf einer Fähre nach Hongkong – würde der Großteil unserer Belletristik und unserer Theaterliteratur schlichtweg nicht existieren. Und vieles, was bei der Bewerbung für eine Arbeitsstelle auf dem Lebenslauf scheinbar wie Kraut und Rüben aussieht, kann leicht damit erklärt werden, daß bei weitem nicht jede Arbeitsstelle Teil eines Karriereplanes war, sondern oftmals das Resultat einer sich unvermittelt bietenden Gelegenheit.

Die berühmte Expertin für Tod und Sterben, Elizabeth Kübler-Ross, beschreibt in *Women of Power* (von Laurel King) einen solchen Wendepunkt, der während ihrer Beschäftigung im Haus von Dr. Sidney Margolin auftrat: »Eines Tages, ich war gerade mit der Erstellung eines Polygraphen befaßt, betrat er den Raum und erklärte, daß ich seine Vorlesungen übernehmen müsse, da er anderweitigen Verpflichtungen nachzukommen habe. Mir war, als habe man mich aufgefordert, Gott zu ersetzen, und ich meinte, tausend Tode zu sterben … Er erklärte, daß meine Vorlesung einen von mir noch zu bestimmenden Themenbereich aus der Psychiatrie behandeln solle. Daraufhin begab ich mich in die Bücherei und forschte nach, ob es dort etwas über Tod und Sterben gab, da ich der Ansicht war, seine Studenten müßten dringend etwas darüber erfahren.«

Möglicherweise wurde ihre Themenwahl unterbewußt durch ihre Anwesenheit in den Nachkriegsjahren Europas mitbestimmt, eine Zeit, aus der sie immer noch die Bilder der in den Todeslagern Umgekommenen mit sich trug. Vielleicht handelte es sich auch um einen Punkt göttlicher Intervention. Was immer ihre Wahl an jenem Tag beeinflußt haben mochte, Kübler-Ross' erste Vorlesung zum Thema Tod und Sterben setzte jedenfalls eine Reihe von Ereignissen in Gang, die ihrem Leben eine andere Richtung gaben und sich schließlich als ihre Lebensaufgabe herausstellten.

> »... ich reise nur auf jenen Pfaden, auf denen ich einem Herz begegne, und auf jedem Pfad, der ein Herz hat, und die einzige Herausforderung, die es mir wert scheint, angenommen zu werden, besteht darin, diesen Pfad in seiner ganzen Länge zu beschreiten ... atemlos und immerzu schauend.«
>
> Carlos Castaneda,
> *Die Lehren des Don Juan*

Die Erste Erkenntnis führt uns an den Anfang, an einen Ort, an dem uns, weit jenseits logisch begründbarer Erwartungen und Erfahrungen, das Mysterium des Lebens direkt ins Antlitz starrt. Sich der Realität der Fügungen und ihrer Bedeutung bewußt zu werden, ist der erste Schritt zu einer bewußteren und schnelleren Evolution.

Wann haben Sie das letzte Mal etwas Außergewöhnliches erlebt? Heute morgen vielleicht, als sie an jemanden dachten und kurz darauf einen Anruf von der betreffenden Person erhielten? Wie oft haben sie gesagt: »Ich habe gerade an dich gedacht?« Haben Sie von der betreffenden Person kurz darauf eine wichtige Nachricht erhalten? Haben Sie sich jemals gefragt, *weshalb diese vermeintlichen Zufälle eigentlich stattfinden? Was darauf folgte?* Wir neigen dazu, die meisten dieser oft sehr sublimen und unscheinbaren Fügungen als unwichtige Begebenheiten abzutun, und orientieren uns oft nur an jenen wahrhaft seltsamen Ereignissen, die uns vor Erstaunen mit dem Kopf schütteln lassen.

Wie im Manuskript bereits vorhergesagt, setzte die Fähigkeit, Fügungen als bedeutungsvolle Ereignisse zu begreifen, etwa zum selben Zeitpunkt ein, an dem die psychologische Wissenschaft damit begann, uns die Existenz des Unterbewußten zu enthüllen. Ungefähr zur gleichen Zeit entdeckte Einstein, daß Zeit und Raum keine absoluten Werte darstellten und sich in relativem Verhältnis zu einem angenommenen Punkt befinden. Ein weiterer bedeutender Pionier auf diesem Gebiet, der Schweizer Psychologe Carl G. Jung, widmete »den bedeutungsvollen Zufällen« einigen Raum, und in den letzten drei Jahrzehnten stieß sein Werk auf großes Interesse. Jung gab dem Phänomen den Namen Synchronizität und war der Ansicht, daß es sich dabei um ein ebenso natürliches Prinzip handele wie das von Ursache und Wirkung – allerdings ist es bei der Synchronizität nicht sogleich möglich, die ihr zugrunde liegenden kausalen Zusammenhänge zu erkennen. Trotzdem scheinen Fügungen die maßgebliche Kraft hinter der Entwicklung des Universums zu sein, und viele von uns haben ihren Effekt bereits am eigenen Leib zu spüren bekommen. Die Wichtigkeit scheinbar zufälliger Begebenheiten zu erkennen und richtig einzuschätzen, legt den Grundstein für die verbleibenden Erkenntnisse unseres Romans, die uns darüber informieren, daß das Universum auf unser Bewußtsein und unsere Erwartungen reagiert sowie die für unser Fortkommen notwendigen Voraussetzungen bereitstellt. Sind wir uns dessen einmal bewußt, beginnen wir automatisch damit, uns mit dem Geheimnis des ordnenden Prinzips hinter dem Universum zu verbinden. Oder, wie Jung es ausdrückte: »Synchronizität deutet auf eine Verbindung oder Einheit scheinbar unzusammenhängender Ereignisse hin und postuliert damit den einheitlichen Aspekt unseres Seins.«[1]

Manchmal fragen Menschen sich, ob es sich bei Fügungen um willkürliche Ereignisse handelt, die dazu dienen, uns aus unserem Schlummer zu reißen, oder ob sie Antworten auf unterbewußt gestellte Fragen darstellen. Bis zum Verständnis der Ersten Erkenntnis scheint eine Fügung oder ein Zufall nichts weiter zu sein als ein amüsanter Zwischenfall oder eine interessante Ablenkung vom »wirklichen Leben«. Haben wir jedoch einmal verstanden, daß die Evolution oft durch Sprünge transkausaler Ereignisse vorangetrieben wird, erlaubt die Erste Erkenntnis uns etwas ernsthafter, nach der in diesen Ereignissen verborgenen Antwort oder ihren Bedeutungen zu suchen. Haben wir einmal gelernt, unsere im Augenblick auftauchenden

Fragen im Vordergrund unseres Bewußtseins zu bewegen und die richtigen Fragen zu stellen, so stellen wir auch fest, daß eine Fügung nichts weiter ist als eine Antwort auf eine archetypische Wachstumsbewegung tief im Inneren unserer Psyche.

Jung, der von diesem Phänomen fasziniert war, beobachtete es wiederholt bei seinen Patienten. Nach Ira Progoff, die viele von Jungs Gedanken zu diesem Thema interpretierte und veröffentlichte, kann diese Synchronizität sich folgendermaßen ausdrücken:

Zwei Frauen, nennen wir sie Claire und Danielle, haben beschlossen, sich zur Gründung eines *workshops* zum Thema Intuition zu treffen. Claire lädt Danielle morgens um zehn zu sich nach Hause ein. Claire – auf ihrem eigenen Pfad von Ursache und Wirkung, steht auf, duscht, kocht Kaffee, legt Bleistift und Papier bereit und wartet darauf, daß Danielle an ihre Tür klopft.

Danielle, ebenfalls auf ihrem Pfad von Ursache und Wirkung, steht auf, zieht sich an, steigt in ihr Auto, folgt der Straßenbeschreibung und klopft schließlich an Claires Haustür. Bis hierhin befinden sich beide auf parallel laufenden Wegen, auf denen für beide eine Vergangenheit, eine Gegenwart und eine Zukunft existiert.

Im Verlauf ihres Planungsgespräches klingelt das Telefon. Bill ist am Apparat und erklärt, daß er soeben ein ausgezeichnetes Buch über paranormale Heilkräfte gelesen habe und Claire davon berichten möchte. »Komisch, daß du gerade jetzt anrufst. Danielle ist hier, und wir haben eben damit begonnen, unseren *workshop* über Intuition vorzubereiten«, ruft Claire, angetan von dem mysteriösen Zwischenspiel. Bill ist ebenfalls ein Bekannter von Danielle und bittet Claire, sie von ihm zu grüßen, dann legt er auf. Mit weit geöffneten Augen bemerkt Danielle: »Wie seltsam. Gerade als du den Hörer aufnahmst, ist mir Bills Gesicht erschienen.« Beide Frauen fühlen sich durch den scheinbaren Zufall energetisiert.

Folgen wir den Theorien von Carl G. Jung, handelte es sich bei den beiden Pfaden von Danielle und Claire um zwei vertikal verlaufende Ereignisbahnen, die durch Bills Anruf entweder zeitlich oder horizontal gekreuzt wurden. Sein Anruf erhielt seine Bedeutung dadurch, daß die beiden Frauen durch einen gemeinsamen inneren Archetypus aktiviert wurden – in diesem Fall vielleicht der des Lehrers, der Informationen sammelt –, da sie ja mit der Planung eines *workshops* befaßt waren.

Folgt man Jungs Denkweise weiter, so macht sich im Augenblick des Eintritts der scheinbar zufälligen Begebenheit eine Veränderung der psychischen Energieverhältnisse im Unbewußten wie auch im Bewußten bemerkbar. Wie auf einer Wippe senkt das Unbewußte für die Dauer eines Augenblickes die Aufmerksamkeit der bewußten psychischen Energie und stößt das unbewußte Material aus den Tiefen seiner Ursprünglichkeit an die Oberfläche. Diese Bewegung der Psyche ist am ehesten vergleichbar mit einem galvanischen Schock, der Claire und Danielle einen Energiestoß zukommen ließ, gerade so als habe sich etwas Aufregendes ereignet. Mit einem Mal fühlten sie sich lebendiger.

Das Wunderbare dieser Synchronizität besteht selbstverständlich darin, daß es sich bei ihr um ein Geschenk des universellen Energiestroms, des Flows, handelt. Um sich innerlich bewegen zu lassen, bedarf es keiner rationalen Erklärung. Sind wir jedoch erst einmal am eigenen Leib Zeuge dieser Verbindung geworden, kann es durchaus vorkommen, daß wir ein wenig weiterexperimentieren wollen, um zu sehen, wohin diese Initialenergie uns führt. Danielle, Claire und Bill könnten sich zum Beispiel treffen, um herauszufinden, weshalb die Energie plötzlich in ihrem Dreieck auftrat. Haben sie eine gemeinsame Aufgabe zu verrichten? Besteht zwischen ihnen eine bisher unentdeckt gebliebene Verbindung?

Alan Vaughan, der Autor von *Incredible Coincidence*, einer amüsanten Sammlung von tatsächlichen Zufällen, sagt dazu: »Alltägliche und vermeintliche Zufälle beweisen die Kunstfertigkeit unseres Unterbewußtseins bei der Kreation unser Lebensbedingungen. Das mindeste, was wir tun können, ist, unser Unterbewußtsein dafür zu bewundern. Am besten ist es jedoch, diese Form kreativen Ausdrucks mit all unserer Kraft zu unterstützen.«[2]

Das Auftauchen von Fügungen
als Antwort auf Gebete

Synchronizitäten scheinen immer dann aufzutauchen, wenn wir ihrer am meisten bedürfen. Es ist gut möglich, daß eine ungehindert fließende Lebensenergie, Unsicherheit, Konfusion, Frustration und Chaos gleichermaßen die Möglichkeit zur Manifestation einer Fügung erhöhen. Wie in der Ersten Erkenntnis bereits gesagt wird, fungiert unsere innere Unruhe dabei als Vorankündigung, und wenn es uns möglich wäre, einen Blick hinter die Kulissen zu werfen, wären wir vermutlich erstaunt, in welchem Maße dort die Möbel gerückt werden. Wie oft traf die alte Binsenweisheit »Wenn die Nacht am tiefsten, ist der Tag am nächsten« auf unser Leben zu? Vielleicht wurde uns zum Beispiel im letzten Moment eine vergessene Schuld beglichen, damit wir einer ausstehenden Mietzahlung gerade noch rechtzeitig nachzukommen imstande waren?

Mit hoher Wahrscheinlichkeit treten Fügungen dann auf, wenn wir ihrer am dringendsten bedürfen und wenn wir eine hohe Erwartungshaltung haben. Ein großer Teil der esoterischen Literatur weist darauf hin, daß eine Mischung aus emotionaler Aufladung und lebhafter Imagination die Fähigkeit zur Anziehung gewünschter Lebensumstände stimuliert – jedenfalls in der einen oder anderen Form. Selbst in den fünfziger Jahren an der Duke-Universität durchgeführte parapsychologische Experimente beließen nicht den geringsten Zweifel daran, daß die wichtigsten Faktoren beim erfolgreichen Bestehen des ESP-Testes (Extra Sensory Perception, außersinnliche Wahrnehmung) aus »Enthusiasmus«, »hoffnungsfroher Erwartungshaltung« und »dem Wunsch, ein besonders akkurates Ergebnis, besonders zu Beginn des Versuchstages, zu produzieren« beim jeweiligen Kandidaten bestanden.

Donna Hale, eine Psychotherapeutin aus Sausalito in Kalifornien, berichtete folgende Geschichte: Vor einigen Jahren hatte sie beschlossen, sich auf Corinthian Island, einem exklusiven Küstenstreifen in Marine County niederzulassen. Eine ihrer Freundinnen lachte über die Idee, weil es sich dabei um eine besonders teure Wohngegend handelte. Donna ließ sich jedoch nicht beirren und stieß eines Tages auf eine ihren Vorstellungen entsprechende Wohnungsanzeige. Sie vereinbarte einen Besichtigungstermin und stellte zu ihrem Entzücken fest, daß das besichtigte Haus genau ihren Wünschen entsprach – wodurch die Miete allerdings nicht eben erschwinglicher wurde. Im hellen Lichtschein eines Fensters, das direkt auf die Bucht hinausging, stand sie schließlich in ihrem Traumhaus und überlegte, ob sie es nun mieten solle oder nicht, als sie draußen im Wasser das Bellen eines Seehundes vernahm. In diesem Augenblick erinnerte sie sich an ein Bruchstück aus einem Traum der Vornacht, in dem fünf schreiende Seehunde vor ihren Augen im Ozean gespielt hatten. Diese merkwürdige Übereinstimmung sorgte schließlich dafür, daß sie den Mietvertrag unterschrieb. Kurz nach ihrem Einzug verbesserte sich ihre geschäftliche Situation ganz beträchtlich, und sie sah sich mit einem Mal in der Lage, die hohen Mietkosten ohne weiteres aufzubringen.

Fügungen treten unabhängig von Kalkül oder menschlicher Willenskraft auf. Dabei ist ihre Erscheinungsform elegant, enigmatisch und oft auch ein wenig belustigend. Sie sind der Mechanismus hinter unserem Wachstum, sozusagen das *Wie* innerhalb des Evolutionsvorganges. Auf mysteriöse Weise sind sie in der Lage, uns auf neue Möglichkeiten hinzuweisen, durch die wir überkommene und uns beschränkende Ideen transzendieren und am eigenen Leib erfahren, daß zu leben mehr bedeutet als bloßes materialistisches Überleben oder intellektuell begründbares Vertrauen in logische Abläufe. Leben bedeutet, einer spirituellen Dynamik unterworfen zu sein.

Wie Sie weiteren Nutzen aus der Ersten Erkenntnis ziehen können:

- Seien Sie sich darüber im klaren, daß Ihr Leben einen Sinn hat und die Dinge darin sich nicht ohne Grund ereignen.
- Beginnen Sie damit, sich nach der Bedeutung der in ihrem Leben auftretenden Ereignisse zu fragen.
- Erkennen Sie innere Unruhe als ein Zeichen für notwendige

Veränderung und ein tieferes Bewußtsein an. Hören Sie auf die Zeichen Ihres Körpers.

– Alles, worauf Sie sich konzentrieren, wird wachsen.

– Achten Sie auf Personen, die in der Lage sein könnten, Ihnen bei der Lösung Ihrer augenblicklichen Probleme behilflich zu sein. Worauf richtet sich Ihre Aufmerksamkeit? Was ist Ihnen heute besonders aufgefallen?

– Vertrauen Sie auf Ihren eigenen Rhythmus. Lassen Sie sich vom Lauf der Ereignisse führen, anstatt gesetzten Zielen hinterherzujagen. Denken Sie daran, daß Sie gerade dabei sind, die Bestimmung Ihres Lebens zu erfüllen.

– Beginnen Sie mit der Anfertigung eines persönlichen Tagebuches, um synchrone Ereignisse darin zu verzeichnen. Die Führung eines Tagebuches bietet eine ausgezeichnete Gelegenheit zur Klärung der eigenen Gedankengänge.

Zusammenfassung der Ersten Erkenntnis

Bei der Ersten Erkenntnis handelt es sich um die Erkenntnis des Erwachens. Dabei betrachten wir unser Leben und erkennen, daß dort mehr vorgeht als wir angenommen haben. Hinter unserem Alltagstrott und den Herausforderungen des alltäglichen Lebens entdecken wir den geheimnisvollen Einfluß des Göttlichen: »Bedeutungsvolle Fügungen«, die uns Botschaften zu senden scheinen und uns in eine bestimmte Richtung lenken. Da wir in unserer Alltagshetze gewöhnlich kaum darauf acht geben, erhaschen wir nur kurze Ansichten auf diese Fügungen. Verlangsamen wir unser Tempo jedoch und nehmen diese Vorfälle genauer unter die Lupe, so öffnen wir uns damit für das Auftauchen der nächsten synchronistischen Begebenheit. Es scheint, als ob diese Vorfälle einem Ebbe/Flut-Prinzip unterliegen und gelegentlich in schneller Reihenfolge in unser Leben treten, während sie zu anderen Zeitpunkten kaum zu bemerken sind. Trotzdem erkennen wir, daß wir auf den innersten Vorgang hinter dem Fortschreiten unseres Lebens gestoßen sind. Alle folgenden Erkenntnisse beschäftigen sich mit der Frage, wie die Anzahl der mysteriösen Synchronizitäten in unserem Leben erhöht werden kann und wie wir erfahren können, worin unsere ultimative Bestimmung besteht.

Einzelstudium und Arbeitsgruppen

Die persönliche Erfahrung der Erkenntnisse kann durch erhöhte Aufmerksamkeit gegenüber dem eigenen Lebenslauf noch verstärkt werden. Sie sind hiermit aufgefordert, die folgenden Übungen allein, mit einem Freund oder in Verbindung mit einer Arbeitsgruppe vorzunehmen. Anleitungen für die Arbeit in der Gruppe sind jedem Kapitel dieses Buches nachgestellt.

Für die Arbeit mit der Ersten Erkenntnis haben wir zwei unterschiedliche Formate ausgearbeitet. Je nach Belieben können Sie einzelne Übungen abändern oder ausfallen lassen. Einige der Teilnehmer werden mehr Zeit auf einen informellen Diskussionsteil verwenden wollen, andere den bestehenden Ablauf der Programme einhalten. Am besten benutzen Sie Ihre Arbeitsgruppe als Plattform für eine Erweiterung ihres Denkvermögens, um sich besser kennenzulernen und Spaß an der inneren Arbeit zu haben. Diese Übungen haben den Zweck, Sie in unsere Thematik einzuführen, und ich möchte Sie an dieser Stelle ausdrücklich ermuntern, mit den folgenden Übungen möglichst kreativ umzugehen.

Zur weiteren Lektüre empfohlen:

Harold Sherman: *How to Make ESP Work for You.* 1986
Allan Combs and Mark Holland: *Synchronicity: Science, Myth, and the Trickster.* 1970
David Spangler: *Emergency: The Rebirth of the Sacred.* 1984
Georg Leonard: *Transformation: A Guide to the Inevitable Changes in Humankind.* 1987
Ronald S. Miller et al.: *As Above So Below: Paths to Spiritual Renewal in Daily Life.* 1992

Einzelstudium zur Ersten Erkenntnis

Diejenigen unter Ihnen, die nicht in einer Gruppe arbeiten wollen, können die folgenden Übungen allein oder mit einem Freund absolvieren, sie sind aber auch als Zusatzübungen zur Gruppenarbeit geeignet.

Da sich die Erste Erkenntnis der *Prophezeiungen von Celestine* mit dem Erkennen von Fügungen beschäftigt, schlagen wir vor, daß Sie versuchen, bei der Wahl eines geeigneten Partners für diese Arbeit besonders offen zu sein. Ein geeigneter Partner ist in diesem Fall jemand, der das Buch bereits gelesen hat oder bereit ist, es zu lesen und mit Ihnen zu arbeiten. Das Arbeiten mit einem Partner kann die Wirkung der Studie um einiges vertiefen ... und macht mehr Spaß!

Übung 1: Tagebuch – Fügungen in der Vergangenheit

Zweck: Indem Sie sich den Zufällen aus ihrer Vergangenheit widmen, stärken Sie Ihre Fähigkeit, das Auftreten zukünftiger Zufälle zu erkennen und sich diese besser zunutze zu machen.

Schritt 1: Beantworten Sie die neun Fragen auf den Seiten 322 f. zu Ihren häuslichen Verhältnissen, ihrer Arbeitssituation und ihrer Beziehung.

Schritt 2: Gehen Sie Ihre Antworten allein oder mit einem Freund durch und achten Sie dabei auf Parallelen in der Art und Weise, wie Dinge auf Sie zukommen. Gab es zum Beispiel einen Zusammenhang zwischen einer neuen Arbeitsstelle und einer neuen Wohnung? Haben Sie Zeichen bemerkt, durch die sich diese Veränderungen angekündigt hätten? Sind Sie dabei Ihrer Eingebung gefolgt? Nehmen Sie für gewöhnlich kleinere Risiken auf sich – sprechen Sie eine fremde Person nach erfolgtem Augenkontakt an?

Übung 2: Tägliche Beobachtung

Hinweise aus der Außenwelt

Fangen Sie an, auf Zeichen in Ihrer Außenwelt zu achten, die Sie in eine bestimmte Richtung zu führen scheinen. Bill erzählte uns eine Geschichte, nach der ihm aufgefallen war, daß er und sein Boß eine ganze Woche lang jeden Tag eine Krawatte von gleicher Farbe gewählt hatten (es handelte sich dabei jeden Tag um eine andere Farbe). Dies schien Bill ein Hinweis darauf, daß er mit seinem Chef irgendwie in Einklang stehen mußte, und obwohl es ihm ein wenig peinlich war, über diese Beobachtung mit jemandem zu sprechen, entschloß er sich doch, seinen Vorgesetzten endlich wegen eines neuen Projektes, das ihm schon lange am Herzen lag, anzusprechen. Sein Vorgesetzter zeigte sich nicht nur zugänglich, sondern ließ Bill sogar wissen, daß er die ganze Woche bereits über ein ähnliches Projekt nachgedacht hatte.

Hinweise aus der Außenwelt sind so etwas wie verlorene Notizen, die völlig unverhofft doch noch auf Ihrem Schreibtisch auftauchen. Es kann sich dabei um einen Zeitungsausschnitt handeln, der auf das

Die Mitglieder einer Arbeitsgruppe in Sausalito, Kalifornien brachten zum Beispiel folgende Gründe vor:
»Ich meinte, die Frau bereits von irgendwoher zu kennen, und sie war ebenfalls der Ansicht, wir hätten uns bereits vorher getroffen. Wir haben uns beide geirrt, aber es stellte sich heraus, daß wir im Augenblick an den gleichen Fragestellungen im Leben arbeiten. Bei aller Überlegung hätte ich keine bessere Gruppe wählen können, als die meine.«
»Mir war, als würde ich förmlich zum anderen Ende des Raumes gezogen.«
»Alle Mitglieder in unserer Gruppe haben gerade mit großen Schwierigkeiten zu kämpfen. Was die Leute in der Gruppe über mich zum Ausdruck brachten, entsprach genau dem, was ich auch versuche nach außen hin zu vermitteln. Jemand sagte: ›Sie sehen aus, als gäben Sie sich besondere Mühe mit anderen Menschen ...‹ Dafür war ich sehr dankbar.«

Erwachen eines neuen Interesses in Ihrem Inneren hindeutet oder eine berufliche Verbesserung nach sich ziehen könnte. Welche Informationen treten Ihnen im Alltag entgegen? Was bedeuten diese Informationen für Sie? Auch wenn Sie nicht andauernd auf für Sie Bedeutsames stoßen, so verstärken Sie durch eine erhöhte Aufmerksamkeit zumindest Ihren Sinn fürs Abenteuerliche.

Hinweise aus dem Inneren

Intuition ist eine Form innerer Wahrnehmung. Während wir Hinweise aus der Außenwelt hören, sehen oder erfühlen und so scheinbar von einem äußeren Signal geleitet werden, müssen wir bei den Hinweisen aus dem Inneren auf interne Signale achten. Lernen wir diese Hinweise zu erkennen, so erhalten wir gewöhnlich eine sehr akkurate Rückkopplung unserer augenblicklichen Realität. Fühlen Sie sich zum Beispiel schwerfällig oder sind von bedrückenden Vorahnungen geplagt, könnte dies bedeuten, daß Sie Ihr Tempo verlangsamen sollten, bevor Sie eine endgültige Entscheidung treffen, oder daß Sie mehr Zeit und zusätzliche Informationen benötigen, um zu einem klaren Schluß zu gelangen. Viel zu oft lassen wir derartige Gefühle einfach unbeachtet und übersehen so wertvolle Hinweise, um schließlich zu unsinnigen Entscheidungen zu kommen. Für alle Fälle gilt: Treffen Sie niemals Entscheidungen, wenn Sie sich verärgert, gehetzt, frustriert und müde fühlen oder sich in einem negativen Geisteszustand befinden. Sollten Sie sich zum Beispiel bei einem Bewerbungsgespräch durch die äußeren Umstände aus der Bahn geworfen fühlen, Angstgefühle bekommen oder apathisch werden, so deutet dies mit großer Wahrscheinlichkeit auch auf eine zukünftige Unzufriedenheit hin.

Achten Sie in den nächsten Tagen einmal darauf, welche inneren Signale in welchen Situationen auftauchen – sei es ein verkrampfter Nacken oder Magen, Spannungen im Kieferbereich, Energieverlust, flaches Atmen, unruhiges Fingertippen, gekreuzte Arme und Beine oder eine Überempfindlichkeit gegen Geräusche. Fragen Sie sich, was wirklich vorgeht und was hinter diesen Signalen steckt.

Arbeitsgruppe zur Ersten Erkenntnis

Session 1

Dauer: 2 Stunden 30 Minuten

Zweck: Die erste Sitzung bietet den Teilnehmern die Möglichkeit, sich gegenseitig kennenzulernen und sich darüber auszutauschen, inwieweit Fügungen Einfluß auf ihr Leben gehabt haben.

Vorbereitung: Einige Karteikarten (zwei bis drei pro Person), die bei Übung 2 benötigt werden.

Einführung

Dauer: 15–20 Minuten

Zweck: Gegenseitiges Kennenlernen und Austausch über die Gründe, die zur Anwesenheit in der Gruppe führten.

Anweisungen:
Schritt 1: Vermutlich werden die Gruppenmitglieder darüber berichten wollen, wie sie auf die *Prophezeiungen von Celestine* gestoßen sind. Sollte die Gruppe mehr als dreißig Köpfe haben, so teilen Sie sie aus Zeitgründen in zwei Gruppen auf. Idealerweise sollte jedes Gruppenmitglied Gelegenheit bekommen, sich jedem der Anwesenden vorzustellen.
Schritt 2: Nachdem jeder den Grund für seine Anwesenheit vorgetragen hat, hat es sich oft als hilfreich erwiesen, eine zusammenfassende Erklärung über den Zweck der Veranstaltung zu postulieren, der jeder der Anwesenden zustimmen kann, wie z. B. »Das Ziel dieser Arbeitsgruppe besteht in der gemeinsamen Erarbeitung der Grundlagen dieses Romans, um auf diese Weise unsere eigene Entwicklung zu beschleunigen.«
Schritt 3: Die Tatsache, daß Sie sich in Ihrer Gruppe befinden, beweist bereits, daß Sie den Wunsch besitzen zu

wachsen. Sie alle sind aus einem bestimmten Grund zusammengekommen. Erlauben Sie sowohl den individuellen wie auch den Interessen der Gruppe, sich möglichst ungehindert zu entfalten. Berücksichtigen Sie unbedingt die Vertraulichkeit der Ihnen mitgeteilten Informationen.

Übung 1: Diskussion der Ersten Erkenntnis

Dauer: 15–20 Minuten

Zweck: Eine kurze Verständigung darüber, wie die Erste Erkenntnis den einzelnen Gruppenmitgliedern bei der Herbeiführung einer neuen Lebensperspektive oder bei der Erweiterung ihrer Wahrnehmungsfähigkeit geholfen hat.

Anweisungen: Am besten ist es, wenn jemand aus der Gruppe die Kurzzusammenfassung der Ersten Erkenntnis auf den ersten Seiten dieses Buches laut vorliest. Als nächstes sollten die Gruppenmitglieder mitteilen, wie sie die Erste Erkenntnis aufgefaßt haben, als sie den Roman zum ersten Mal lasen. Nachdem jeder zu Wort gekommen ist, beginnen Sie mit der nächsten Übung.

Übung 2: Aufwärm-Übung: Erste positive Eindrücke

Ungefähre Dauer: 30 Minuten

Zweck: Der Zweck dieser Übung besteht darin zu erkennen, wie sehr wir andere nach ihrem ersten Eindruck, den sie auf uns machen, bewerten. Diese Übung macht Spaß, hebt den Energielevel der Gruppe und etabliert Vertrauen innerhalb der Gruppe.

Anweisungen:
Schritt 1: Befinden sich in Ihrer Gruppe mehr als sechzehn Teilnehmer, so teilen Sie die Gruppe in Vierereinheiten auf. Ist die Gruppe kleiner, so wählen Sie Dreier-

gruppen. Verteilen Sie an jedes der Gruppenmitglieder zwei bis drei Karteikarten.

Schritt 2: Um das Eis zu brechen und die Mitglieder dazu zu bewegen, ein wenig von ihrer Persönlichkeit zu verraten, sollten sie einander mitteilen, was an ihrer Fahrt zu diesem Treffen synchronistisch oder lustig gewesen ist. *(Limitieren Sie diesen Teil auf wenige Minuten.)*

Schritt 3: Ein Freiwilliger dreht seinen Stuhl herum und setzt sich mit dem Rücken zur Gruppe.

Schritt 4: Die anderen Gruppenmitglieder beginnen nun damit aufzuzählen, welche positiven Qualitäten sie in dieser Person erkennen. Der oder die Freiwillige hört aufmerksam zu und notiert sich diese Qualitäten auf den ausgeteilten Karteikarten, ohne jedoch einen Kommentar abzugeben. Seien Sie in ihren Kommentaren ruhig ein wenig origineller und lustiger – solange Sie dabei positiv sind. Teilen Sie der betreffenden Person zum Beispiel mit, wenn Sie denken, sie eigne sich für bestimmte Dinge besonders gut – selbst wenn Sie sie nicht näher kennen. *(Zeitlimit ca. 5 Minuten pro Person oder so lange, bis die Energie der Gruppe absackt.)*

Schritt 5: Nachdem jeder an der Reihe war, gehen Sie zu Übung 3 weiter.

Übung 3: Aktuelle Lebensthematiken und Fragestellungen

Dauer: 30–40 Minuten

Zweck: Der Zweck dieser Übung besteht erstens darin zu ergründen, welche *höheren* verbindenden Bedürfnisse die Mitglieder in ihre jeweiligen Dreier- und Vierergruppen gebracht haben. Gab es z. B. Signale, die einer verbalen Kontaktaufnahme vorangingen, Augenkontakt oder ein Gefühl der Verbundenheit, die für die jetzige Zugehörigkeit zu der Gruppe verantwortlich sind? Zweitens geht es darum herauszufinden, ob Parallelen zwischen den Lebensläufen der Gruppenmitglieder existieren, und drittens darum, jedem Sprecher die gleiche Aufmerksamkeit zukommen zu lassen.

Anweisungen:

Schritt 1: Jedes Gruppenmitglied spricht kurz darüber, was ihn oder sie im Augenblick am meisten beschäftigt und als Lebensthematik bezeichnet werden könnte: Probleme, Bedürfnisse, Lebensumstände. Widmen Sie dem Sprecher oder der Sprecherin Ihre volle Aufmerksamkeit. *(Zeitlimit ungefähr drei Minuten pro Person.)*

Schritt 2: Nachdem jedes Mitglied der Gruppe gesprochen hat, wird kurz diskutiert, weshalb jeder in seiner Gruppe ist. Eines der Gruppenmitglieder sollte die auftauchenden Fragen und Kernthemen in seiner Gruppe aufzeichnen.

Schritt 3: Haben einige der Gruppenmitglieder Signale empfangen, die sie veranlaßten, sich einer bestimmten Gruppe anzuschließen – spontanen Augenkontakt etwa, oder ein Gefühl der Verbundenheit?

Schritt 4: Sobald jedes Gruppenmitglied diese Übung abgeschlossen hat (oder die Zeit abgelaufen ist), schließen die einzelnen Gruppen sich wieder zur Hauptgruppe zusammen und tauschen sich über die Kernthemen ihrer Gruppen aus: Unter welchen Gesichtspunkten haben sich die Gruppen oder Personen zusammengefunden?

Bei dieser Gelegenheit kann sich jeder ein wenig ausführlicher vor der gesamten Gruppe vorstellen. Jeder nennt seinen Namen, seine Wohngegend und seinen Beruf. (Umfaßt die Gruppe mehr als dreißig Mitglieder, so kann sie, abhängig vom zeitlichen Rahmen, wieder in kleinere Segmente aufgeteilt werden.) Es ist interessant festzustellen, welche Gemeinsamkeiten unter den Gruppenmitgliedern bestehen. In der oben erwähnten Gruppe aus Sausalito gingen zum Beispiel vierzehn der sechzehn Teilnehmer einer selbständigen Tätigkeit nach.

Abschluß:

Dauer: 20–30 Minuten
– Eine bewährte Weise, die Übungen zu beschließen, besteht darin sich erkundigen, wobei der einzelne in der kommenden Woche Hilfe und Unterstützung gebrauchen kann.

Schritt 1: Jedes Gruppenmitglied verbalisiert die Problemstellungen der nächsten Woche. Bedienen Sie sich dabei möglichst einer positiven Sprache. Sagen Sie: »Ich möchte die nächste Woche voller Energie angehen«, anstatt »Ich möchte endlich diese verdammte Erkältung loswerden.« Konzentrieren Sie sich darauf, was Sie wollen, und nicht darauf, was Ihnen mißfällt.

Schritt 2: Nachdem jeder seinen Wunsch verkündet hat, wird er von der Gruppe bestätigt und liebevolle Energie wird an den Sprecher und seine Situation gesandt.

Für die folgende Session: Die Erhöhung unserer Sensibilität für das Auftreten von Fügungen.

– Achten Sie im Verlauf der kommenden Woche auf das Auftreten von Fügungen, Zeichen und Träume und vermerken Sie derartige Vorkommnisse in Ihrem Tagebuch.

– Bringen Sie Ihr Tagebuch beim nächsten Mal mit und tauschen Sie sich über die Vorkommnisse der Woche aus. Teilen Sie mit, ob Ihnen die Bestätigung der Gruppe bei der Lösung Ihrer Probleme behilflich war. Positives Feedback stärkt die Energie der Gruppe.

Arbeitsgruppe zur Ersten Erkenntnis

Session 2

Dauer: 2 Stunden 30 Minuten

Zweck: Die Erkundung der Verkettung von Fügungen in Ihrem Leben.

Einleitung: Beginnen Sie die Sitzung, indem Sie jedem Anwesenden die Möglichkeit geben, die Fügungen der vergangenen Woche zu schildern. Sind aus der Session der letzten Woche bereits Resultate erwachsen?

Übung 1: Die Erhöhung der Sensibilität gegenüber Fügungen

Dauer: 1 Stunde (30 Minuten pro Person)

Zweck: Zweck dieser Übung ist es, die Fügungen der Vergangenheit als bedeutsam anzuerkennen und sich über ihre Wirkung auf unser Leben klarzuwerden. Indem wir uns auf Ereignisse aus unserer Vergangenheit konzentrieren, stimulieren wir unser höheres Bewußtsein, vermehrt Zufälle zu produzieren.

Anweisungen:

Schritt 1: Suchen Sie sich einen Partner, mit dem Sie arbeiten wollen.

Schritt 2: Einer liest die folgenden Fragen vor und der andere antwortet. Achten Sie dabei auf Zufälle, die sich während der letzten Woche ereignet haben. *(Ungefähr dreißig Minuten pro Person.)*

Wohnung

1. Sind bei der Anmietung oder der Suche nach Ihrer Wohnung merkwürdige Zufälle aufgetaucht? (Wichtige Hausnummern, Begegnungen mit Nachbarn, Verzögerungen bei den Vertragsverhandlungen, besonders auffällige Straßennamen oder andere Merkwürdigkeiten.)

Arbeit

2. Wie sind Sie zu Ihrem augenblicklichen Arbeitsplatz gekommen? Erinnern Sie sich daran, auf welche Weise Sie von der freien Stelle erfahren, mit wem Sie gesprochen haben und was für Botschaften Ihnen so mitgeteilt wurden?
3. Worin bestand der erste Eindruck von Ihrem Arbeitsplatz?
4. Sind Ihnen Dinge aufgefallen, die man im nachhinein als Omen hätte auslegen können?
5. Wünschen Sie sich, daß Sie vor der Annahme Ihres Arbeitsverhältnisses etwas berücksichtigt hätten, was jedoch unberücksichtigt blieb?

Beziehung

6. Beschreiben Sie, auf welche Weise Sie in die für Sie wichtigste Beziehung eingetreten sind. Weshalb hielten Sie sich zu jener Zeit an jenem Ort auf?
7. Hat die betreffende Person Sie an jemand anderen erinnert?
8. Was war Ihr erster Eindruck von der Person? Hat er sich bewahrheitet?
9. Sind Ihnen nach dem Treffen irgendwelche Zeichen (Träume oder merkwürdige Begebenheiten) aufgefallen?

Schritt 3: Erkennen Sie hinter der Art und Weise, in der Dinge an Sie herangetragen werden, ein bestimmtes Muster? Gab es Parallelen zwischen der Art ihrer Begegnung mit Ihrer wichtigsten Beziehung, Ihrer Arbeitsstelle oder der Anmietung einer neuen Wohnung? Verwenden Sie besondere Sorgfalt auf die Beantwortung der Fragen 1, 4 und 9. Auf die sogenannten Omen zu achten, die die wichtigen Ereignisse in ihrem Leben begleiten, ist von großer Bedeutung, um die maximale Information aus den Fügungen abzuleiten und Ihre präkognitiven Fähigkeiten zu steigern, auf Grund derer Sie in der Lage sind, zukünftige Fügungen schneller zu erkennen und besser einzuordnen.

Schritt 4: Führen Sie die kleinen Gruppen wieder zu einer großen zusammen und teilen Sie Ihre Erfahrungen und Ergebnisse mit (Zufälle bei der Partnerwahl, Wohnungs- und Arbeitssuche). In welcher Weise haben diese Zufälle andere Menschen beeinflußt?

Abschluß:

Anfragen nach Hilfe. Übermittlung liebevoller Energie (siehe S. 321 f.).

Für die folgende Session:
Die Entwicklung einer eigenen Zeitspur. Seien Sie in der kommenden Woche aufmerksam und achten Sie auf das Auftauchen von Fügungen, Zeichen und Träumen. Tragen Sie diese in Ihr Tagebuch ein.

KAPITEL 2

Das verlängerte Jetzt:
Die Erweiterung des historischen Zusammenhanges

Auf seinem Flug nach Peru trifft unser Held auf Professor Dobson. Wie es die Kraft der Fügung will, ist Dobson mit der Zweiten Erkenntnis bereits vertraut und setzt unserem Helden auseinander, welchen Wandlungen das westliche Denken in den letzten tausend Jahren unterworfen war und wie das Verständnis dieser Transformation zum Ende des Millenniums an Bedeutung zunimmt.

Die Zweite Erkenntnis

Fügungen im Kontext. Durch die Zweite Erkenntnis wird unsere Aufmerksamkeit auf die bedeutsamen Fügungen gelenkt, und diese werden in einen historischen Zusammenhang gestellt. Die Erkenntnis liefert Antworten auf folgende Fragen: Sind unsere Wahrnehmungen der Fügungen von historischer Bedeutung oder lediglich kurzlebige Trends oder Modeerscheinungen unserer Zeit, denen in Zukunft keine besondere Bedeutung mehr beigemessen werden wird? Wird unser Interesse an der spirituellen Vorwärtsentwicklung der Menschheit im gleichen Maße verschwinden, wie sich die menschliche Gesellschaft weiterentwickelt? In der Zweiten Erkenntnis treten wir einen Schritt zurück, um die Kette von Ereignissen, die unser Weltbild und unsere Wahrnehmung geprägt haben, genauer zu betrachten.

Der Untergang des mittelalterlichen Weltbildes. Das auslaufende zwanzigste Jahrhundert und der Anbruch eines neuen Jahrtausends bieten eine perfekte Gelegenheit, vom historischen Standpunkt aus einen Blick zurück auf unsere Herkunft zu werfen. Wie das Manuskript im Roman bereits andeutet, befinden wir uns gerade im Begriff der Ablösung von Präokkupationen, die uns die letzten fünfhundert Jahre beschäftigt hielten und mit dem Ende des Mittelalters einsetzten, als die Reformisten damit begannen, sich gegen den massiven Einfluß des mittelalterlichen Klerus zur Wehr zur setzen.

Der Bruch zwischen Wissenschaft und Spiritualität. Politische Korruption und die dogmatische Position der Kirche gegenüber wissenschaftlichen Beweisen, die im Gegensatz zu den von ihr verbreiteten Lehren standen, führten während der Renaissance zu einer Reformbewegung, die es sich zur Aufgabe gesetzt hatte, die intellektuellen Fesseln einer in ihren wesentlichen Punkten auf Spekulation und Aberglauben beruhenden Kosmologie zu beseitigen. In der folgenden Auseinandersetzung mit der Kirche wurde schließlich ein stillschweigendes Abkommen erreicht. Die Wissenschaft erhielt die Freiheit, sich ohne Einmischung von seiten des Klerus der Erforschung weltlicher Phänomene widmen zu dürfen – solange sie sich dabei von den religiösen Aspekten unseres Universums fernhielt. Darunter fielen u. a. die Beziehung der Menschheit zu Gott, Engel, Wunder sowie alle anderen übernatürlichen Phänomene. So kam es, daß sich die frühe Wissenschaft mit Leidenschaft der Welt der Gegenstände und ihrer physikalischen Gesetze zuwandte. Eine Entdeckung folgte auf die andere, und wir begannen damit, alle in der Welt auftretenden Phänomene in konkrete, berechenbare physikalische Termini zu fassen, während wir darangingen, die uns umgebende Natur zu erkunden und zu vermessen. Zur gleichen Zeit entwickelte man neue Möglichkeiten der Energiegewinnung und erfand neue Technologien, als deren Nebenprodukt die industrielle Revolution auf den Plan trat, die mit ihrer vermehrten Produktion von Konsumgütern für eine immer größer werdende Anzahl von Menschen eine erhöhte Sicherheit zumindest in weltlichen Belangen bedeutete.

Die säkulare Weltsicht. Mit dem Eintritt der Menschheit ins achtzehnte Jahrhundert hatte die Kirche beträchtlich an Einfluß verloren. Eine neue, vorwiegend auf wissenschaftlichem Materialismus beruhende Weltsicht ersetzte zunehmend die von kirchlichen Vorstellungen geprägten Vorstellungen darüber, was Leben bedeutete. Dies war eine Zeit ungebrochenen Optimismus. Mit Hilfe der Wissenschaft meinten wir, alles über unsere existentielle Situation in Erfahrung bringen zu können, einschließlich einer Antwort auf die Frage, ob es einen Gott gibt, und wenn ja, welcher Gestalt unsere Beziehung zu ihm ist. Natürlich würde die Klärung derartig tiefgreifender Fragen einiges an Zeit in Anspruch nehmen, und deshalb beschäftigten wir uns unterdessen mit den Anforderungen, die das Leben an uns stellte, und schafften uns und unseren Kindern eine neue weltliche Sicherheit, die jene durch die Diskreditierung der Kirche im Mittelalter verschwundene spirituelle Sicherheit ersetzen sollte. Ein neuer Aufruf zum Handeln motivierte die Menschen jener Zeit. Hatten wir auch unsere aus der zweifelsfreien Existenz eines Gottes gewonnene Sicherheit verloren, so waren wir doch immerhin in der Lage, dem Leben und den harten Realitäten des Universums durch unser Wissen und unsere Genialität etwas entgegenzusetzen. Durch harte Arbeit, Geschick und mit Unterstützung unserer technischen Errungenschaften lag es nun an uns, das menschliche Schicksal selbst in die Hände zu nehmen. Wir waren simultan in der Lage, die Ressourcen unseres Planeten auszubeuten und unsere weltliche Existenz dadurch immer weiter abzusichern. Die Gewißheit über unseren Platz im Universum, mit der uns die mittelalterliche Kirche noch versorgt hatte, war jedoch verlorengegangen, und wir ersetzten ihn durch die Idee des Fortschritts, Wissenschaftsglauben und eine neuartige Arbeitsethik.

An dieser Stelle wird deutlich, wo die in unserer Zeit dominante Beschäftigung mit der Psychologie ihren Ursprung hat. Durch das 18., 19. und 20. Jahrhundert hindurch hatte sich die oben beschriebene moderne Weltsicht verbreitet und in der kollektiven Psyche etabliert. Je vordringlicher wir damit beschäftigt waren, die physikalischen Phänomene unseres Universums zu erklären und zu benennen, desto stärker wurde der Eindruck, daß unsere Welt erklärbar, vorhersehbar, sicher, ja sogar gewöhnlich und banal sei. Um diese Illusion aufrechtzuerhalten, mußten wir uns allerdings konstant damit befassen, alles, was uns an das Mysterium des Lebens erinnerte, zu diskriminieren und schließlich zu unterdrücken. Die mittelalterliche Übereinkunft, religiöse Phänomene von der wissenschaftlichen Betrachtung auszunehmen, wuchs sich schließlich zu einem regelrechten Tabu aus. Selbst der Kirchgang wurde zu

einem vorwiegend sozialen Ereignis. Zwar waren die Kirchen-
bänke am Sonntag noch gefüllt, doch handelte es sich dabei vorwiegend um die Postulierung eines intellektuellen Glaubens
und um einen Versuch, das Spirituelle für den Rest der Woche
aus dem Leben auszugrenzen. Mitte des 20. Jahrhundert war
das Universum beinahe völlig säkularisiert und auf seine materiellen Bestandteile reduziert. Um diese Illusion einer sicheren
und erklärbaren Welt aufrechtzuerhalten, mußten wir unser
Bewußtsein allerdings zu einer Art technologischer Tunnelvision verengen, die uns jeden Umgang mit dem Wunderbaren
unmöglich machte. Zur Wahrung unseres Sicherheitsgefühles
mußten wir uns mehr und mehr mit der technologischen Unterwerfung der Welt befassen, bis wir von diesem Gedanken
förmlich besessen waren.

Die Öffnung zu einem Geheimnis. Für den darauffolgenden
Beginn eines kollektiven Erwachens gibt es zahlreiche Gründe.
Bereits in den fünfziger Jahren dieses Jahrhunderts begann die
Wissenschaft selbst damit, ihre materialistische Weltsicht zu re-
vidieren. Es stellte sich heraus, daß unser Universum keinesfalls ein rein materialistisches Konstrukt darstellte, sondern ein
verwobenes Muster von Energiesystemen, innerhalb dessen
Zeit sich beschleunigte und verlangsamte, in dem ein und
dasselbe Elementarteilchen zum gleichen Zeitpunkt an unterschiedlichen Orten auftauchen konnte, und in dem der Raum
gekrümmt und endlich und zur gleichen Zeit unendlich und
möglicherweise sogar mehrdimensional war. Parallel zu diesen
Entdeckungen hatte die technologische Manipulation dieses
Raum/Zeit/Energie-Musters zur Herstellung massiver Waffen-
potentiale geführt, die nun alles Leben auf der Erde bedrohten.

Zur gleichen Zeit etwa, als die Wissenschaft damit begann,
unsere Weltsicht zu erschüttern, trat ein aus der Ausbeutung
irdischer Ressourcen resultierender Umweltschaden ans Tageslicht. Durch Umweltverschmutzung wurde unser biologisches
Überlebenssystem gefährdet. Ohne den geringsten Zweifel waren wir im Begriff, jenen Planeten zu zerstören, den wir durch
unseren Fortschritt zu verbessern getrachtet hatten.

Mitte der sechziger Jahren schienen wir endlich ausreichend
erwacht, um auf globaler Ebene festzustellen, daß die westliche
Zivilisation die höheren Dimensionen des menschlichen Da-

seins geflissentlich ignoriert hatte. Unsere materielle Sicherheit war unterdessen bis zu einem Punkt gewachsen, von dem aus wir es uns leisten konnten, relevante soziale Probleme anzusprechen: Gleichberechtigung und Vorurteile zwischen den Rassen und zwischen Mann und Frau, Umweltprobleme und die Friedensfrage. Es war die Zeit des großen Idealismus, aber auch die des Konfliktes zwischen jenen, die die Gesellschaft ändern wollten, und jenen, die den Status quo für ausreichend hielten und ihn bewahren wollten. Gegen Ende der Dekade wurde uns allmählich klar, daß wir kaum eine andere Wahl hatten, als uns zu öffnen und die Aufmerksamkeit auf unser unerforschtes Potential als menschliche Wesen zu legen. Es handelte sich nicht länger um eine Auseinandersetzung zwischen unterschiedlichen Gruppen, die versuchten, einander zu verändern und soziale Veränderungen herbeizuzwingen, vielmehr ging es für jeden einzelnen darum, seinen Blick nach innen zu richten und durch innere Veränderungen und kollektive Anstrengung eine Veränderung der gesellschaftlichen Bedingungen herbeizuführen.

Erkundungen des Inneren. Diese Entwicklungen schienen das nötige Bewußtsein zur für die 70er Jahre so symptomatischen introperspektiven Selbstanalyse geliefert zu haben. Die Siebziger waren eine Dekade, die sich verstärkt der Erweiterung des menschlichen Potentials und seiner Erforschung verschrieben hatte. Humanpsychologie, die Entwicklung von Zwölf-Schritt-Programmen zur Suchtbekämpfung und die ersten Forschungen über den Zusammenhang von Streß, Geisteshaltung und dem Einsetzen von Krankheiten hinterließen einen tiefen Eindruck im Bewußtsein der Öffentlichkeit. Hinzu kam, vor allem in der westlichen Welt, ein verstärktes Interesse an östlichen Lehren und Philosophien. Formen des Yoga, Kampfsportarten und Meditationstechniken gewannen zunehmend an Popularität.

Unsere Exkursionen nach Innen und die verstärkten Therapieanstrengungen schienen vor allem der Behebung unserer Präokkupation mit materiellen Belangen zu gelten. Die Konzentration auf technische und wirtschaftliche Aspekte unseres Lebens hatte uns von einem weiten Spektrum menschlicher Erfahrungsbereiche abgeschnitten. So wurde ein Baum nicht wegen seiner immanenten Schönheit, sondern nach seinem

> »Die Erde präsentiert sich in einem neuen Licht, nicht länger als statische oder zyklische Welt, sondern als Arena, in der sich seit hundert Millionen Jahren eine Spezies nach der anderen entwickelt und weiterentwickelt. Daraus läßt sich schließen, daß auch die menschliche Rasse nicht an ihrem Endpunkt angekommen ist. Im Angesicht unserer transformativen Kapazitäten ist es durchaus nicht unvernünftig anzunehmen, daß uns ein weiterer Evolutionsschritt unmittelbar bevorsteht.«[1]
>
> Michael Murphy,
> *Die Zukunft des Körpers*

Wert als Holzlieferant geschätzt. Unsere eigenen Emotionen wie Leid, Liebe, Mitgefühl und Verlustgefühle waren abgestumpft oder völlig unterdrückt. In dieser Dekade wurde es plötzlich akzeptabel, sich einen Therapeuten zu nehmen, um den oft problematischen Sozialisationsvorgang der Kindheit zu verarbeiten und irgendwie einen Teil von uns wiederzufinden, den wir verloren glaubten oder vielleicht nie erfahren hatten. Mit dieser Wendung schienen wir allerdings vorerst auch am Ende unserer inneren Enthüllungsreise angekommen. Wir mußten erkennen, daß wir für immer auf unser Innenleben würden schauen können und sich trotzdem nichts verändern würde – denn das, wonach wir uns am meisten sehnten, war eine transzendentale Erfahrung, eine innere Verbindung mit dem göttlichen Prinzip.

Diese Erkenntnis führte uns in den achtziger Jahren wieder zurück zur Spiritualität. Innerhalb der traditionellen Kirche zeigte sich dieser Trend in einer Hinwendung zum Kern der christlichen Lehre und einer Abwendung vom Kirchgang als sozialem Ereignis. Außerhalb der traditionellen Religionen manifestierte dieses Bewußtsein sich in Form individueller Annäherungen an die Spiritualität, gewöhnlich in einer Mischung aus ausgewählten religiösen Wahrheiten, die oft mit mystischen Beschreibungen unterschiedlicher Visionäre aus dem Osten durchsetzt war und als New-Age-Bewegung bekannt wurde. Dazu kamen Rebirthing, Feuerlaufen, die Suche nach Visionen, Channeling, außerkörperliche Erfahrungen, Kristallenergie, hellseherische Fähigkeiten, UFO-Sichtungen, Pilgerfahrten, alle möglichen Formen der Meditation, das Ausüben heidnischer

Gebräuche, die Beschäftigung mit Auren und das Legen von Karten, um nur einige zu nennen. Mit all diesen Elementen wurde auf der Suche nach der echten spirituellen Erfahrung experimentiert, einige erwiesen sich als hilfreich, andere als bloßer Humbug, doch führten dieses Experimentieren und diese Auslese uns in die neunziger Jahre und kreierten eine geschichtlich einzigartige Position, von der aus wir nun Gelegenheit haben, unsere Situation zu evaluieren.

Die Schaffung eines neuen Weltbildes. Nachdem wir uns von unserem fünfhundert Jahre alten, säkularen Weltbild befreit haben, beginnen wir nun damit, einen Konsens über die Beschaffenheit einer höheren Spiritualität zu schaffen. Die aus dem psychospirituellen Bereich gewonnenen Erkenntnisse in Verbindung mit den Ergebnissen unserer Wissenschaft führen uns in eine neue, relevantere und wahrhaftigere Realität.

Die Zweite Erkenntnis festigt die menschliche Wahrnehmung scheinbar mysteriöser Fügungen als zentralen Punkt in einer völlig neuen Herangehensweise an unser Leben.

Die Verbindung mit der spirituellen Energie

Wie im Manuskript bereits erwähnt, müssen wir uns vor einem weiteren Fortschreiten unserer Evolution zunächst einmal wieder über den Sinn des Überlebens der menschlichen Rasse klarwerden. Zur Weiterentwicklung unserer Kultur ist es notwendig, daß die kritische Masse derer erreicht wird, die ihrer Intuition gestatten, sich wieder mit ihrer Spiritualität zu verbinden.

Deswegen handelt es sich bei der Zweiten Erkenntnis um eine makroskopische Sicht unseres kollektiven Bewußtseins, das bisher vorwiegend mit Begriffen wie Wettbewerb, Kontrolle und Eroberung belegt war. Die bitteren Früchte dieses überkommenen Werte- und Glaubenssystems fahren wir soeben ein – im Grunde ernten wir die Früchte unserer materiellen Denkweise.

Wir befinden uns im Augenblick an einer wichtigen Wegkreuzung in unserer Entwicklungsgeschichte, und unsere Optionen scheinen so zahlreich wie nie zuvor. Die Kreuzung und wechselseitige Befruchtung unterschiedlicher wissenschaftlicher Bereiche, wie Telekommunikation und Physik in Verbindung mit spirituellem und ökologischem Bewußtsein oder alternativen Heilmethoden und Psychologie, bereiten uns bereits auf das Erscheinungsbild unserer Zukunft vor. Jetzt liegt es an uns, als Individuen und als Kollektiv weitsichtigere und lebensbejahendere Prioritäten zu setzen, als es bisher der Fall war. Was immer Sie an Bewußtsein zum kollektiven Status quo beitragen, darin besteht auch Ihr persönlicher Beitrag zu einer veränderten Zukunft.

Die persönliche Zeitspur –
Vom Makroskopischen zum Mikroskopischen

Der in der Zweiten Erkenntnis vorgestellte makroskopische Geschichtsblick spiegelt sich in mikroskopischer Ansicht in unserem alltäglichen Leben wider. Geschichte ist nichts anderes als die Summe von Lebensgeschichten, die über einen bestimmten Zeitraum hinweg betrachtet werden. Ihr gegenwärtiges Leben repräsentiert auch unser kollektives Leben. Im Rahmen einer Abhandlung von Spiritualität im Traumbereich erklärte C. G. Jung zu diesem Thema: »... Wir dürfen nicht vergessen, daß jeder Mensch in gewissem Sinne die gesamte Menschheit und ihre Geschichte repräsentiert. Was auf der großen Skala menschlicher Geschichte möglich war, ist auch auf der kleinen Skala des Individuums möglich. So konnten die Bedürfnisse der Menschheit schließlich auch die Bedürfnisse des Individuums sein ...«[3]

Die Anwendung der Zweiten Erkenntnis auf seine Lebensgeschichte wird dem Leser beim Verständnis seiner eigenen inneren Unruhe und bei der Suche nach der Bedeutung der ihm widerfahrenden Umstände behilflich sein. Um einen vollständigeren Blick auf die Muster Ihres Lebens zu erhalten, sollten Sie jedoch darangehen, sich die Hauptbestandteile Ihres Lebens noch einmal zu vergegenwärtigen und niederschreiben, was Sie dabei gelernt haben. Diese Übung ist außerdem überaus hilfreich dabei, Ihnen zu vergegenwärtigen, wie sehr sich Ihre Glaubensvorstellungen, Ihre Werte und Ihre Erwartungen im Lauf der Jahre verändert haben. Die Zweite Erkenntnis bestätigt noch einmal, daß viele von uns mittlerweile zu der Ansicht gelangt sind, unsere gemeinsame Aufgabe bestehe in der Führung eines verstärkt nach spirituellen Gesichtspunkten ausgerichteten Lebens. Wenden Sie diese Erkenntnis auf Ihre eigene Geschichte an und schauen Sie, worauf Sie dabei stoßen. Am Ende dieses Abschnittes finden Sie einige Übungen, mit deren Hilfe Sie in der Lage sein sollten, Ihre eigene persönliche Zeitspur zu erstellen.

Augenblickliche Präokkupationen

Jeder Gedanke, jede Entscheidung und jede unserer Handlungen sind verantwortlich für die Schaffung unserer Realität. Im Grunde sind wir uns dessen bereits bewußt, sonst würden wir uns keine konkreten Ziele setzen, wie zum Beispiel: »Bis zu den Feiertagen werde ich fünf Kilo abspecken.« Oder »Ich werde anfangen, für den Urlaub Geld zurückzulegen.« Diese konkreten Ziele veranschaulichen uns, ob wir Erfolg haben oder nicht, beziehungsweise inwieweit wir unseren guten Vorsätzen gerecht werden. Ein prägnanteres Beispiel für derartige Präokkupationen liefern vermutlich Ihre Gedanken beim morgendlichen Erwachen – man schätzt, daß der Mensch im Laufe eines Tages ungefähr neunzigtausend Gedanken produziert, die meisten davon negativer Grundstimmung.

Grundglaubenssätze

Allgegenwärtig und doch oft kaum merklich stellen Grundglaubenssätze die bestimmenden Faktoren im menschlichen Leben dar, weil sie für die Organisation unseres internen Energiefeldes verantwortlich sind und damit für die Schaffung unserer gegenwärtigen Realität. Verborgen unter dem unsichtbaren Fundament unserer Alltagsgedanken, Wäsche waschen zu müssen, Kinder von der Schule abzuholen und größere Summen Geldes zu beschaffen, wirkt eine ganze Palette von Annahmen, die von uns nur selten in Frage gestellt werden. Diese aus dem Zusammenhang unserer jeweiligen Kultur stammenden Annahmen werden einfach geglaubt und lauten etwa wie folgt: »Ich bin ein von anderen getrenntes Individuum, das um seinen Lebensunterhalt kämpfen muß.« Oder »Ich werde älter.« Oder »Was wirklich zählt, ist die Welt der Dinge.« Bevor man an eine Erweiterung oder Veränderung seines Bewußtseins gehen kann, muß diese Ebene des Denkens einmal klar herausgearbeitet werden, denn dort findet unter der Bezeichnung »Neue Paradigmen« auch das Umdenken statt. Bei einem Paradigma handelt es sich um ein Modell oder ein ideales Muster von Gedanken oder Handlungen.

Mit dem »Pfad der linken Hand« beschreibt der bedeutende Mythologe Joseph Campbell eine ähnliche Idee. Innerhalb eines Mythos, dem Träger der lebendigen Paradigmen aller Kulturen, wählt ein Held gewöhnlich den Pfad der linken Hand als Begegnungsort mit neuem Wissen und der Wahrheit. Der Pfad der rechten Hand dagegen entspricht dem augenblicklichen Dilemma, dem Status quo, dem Ort, an dem alle Probleme hausen. Zur Transformierung dieses Dilemmas muß bisher unbekanntes Material hinzugezogen werden. So erwecken die inneren Mythen den Archetyp jener Reise, die uns schließlich zur Transformation führt, und an keinem Punkt dieser Reise finden wir uns ohne Hoffnung auf neue Entdeckung und Genesung.

Wie in der Zweiten Erkenntnis bereits beschrieben, begannen das neue Denken bzw. die neuen Paradigmen ihre Wirkung in den sechziger Jahren zu zeigen und wurden vor allem durch das *Human Potential Movement* getragen. Mittlerweile hat sich diese neue Denkweise, die die Betonung auf die Einheit von Geist und Körper legt, in vielen Lebensbereichen etabliert. Der Humanmediziner Deepak Chopra legt in seinem Bestseller *Ageless Body, Timeless Mind* einige der fundamentalen Unterschiede zwischen der alten und der neuen Denkweise dar.

Alte Denkweise:
»Unabhängig von ihrem Betrachter existiert eine objektive Welt, und der menschliche Körper ist Teil dieser objektiven Welt.«

Neues Paradigma:
»Die physikalische Welt, unsere Körper eingeschlossen, ist eine Antwort auf die Sichtweise des Betrachters. Wir kreieren unsere Körper selbst, ebenso wie wir uns unsere Welt erschaffen, indem wir sie erfahren.«[4]

Ungeachtet einer wahren Flut von metaphysischer Literatur, die uns seit einer kleinen Ewigkeit lehrt, daß wir die Schöpfer unserer eigenen Realität sind, ist dieser Gedanke für jene unter uns, die sich durch ihr Leben, ihre Arbeit, ihre Finanzen oder ihre Gesundheit frustriert fühlen, immer noch ungewöhnlich. Wie unser Held in den *Prophezeiungen von Celestine* herausfindet, wird das Wachstum von Pflanzen durch ihnen zugetragene, positive Energie beeinflußt. Täglich tragen weitere medizinische und wissenschaftliche Untersuchungen zu der Feststellung bei, daß unsere Realität ein direktes Produkt unserer Absichten darstellt. Allein diese Tatsache reicht bereits aus, um uns unsere Kraft zurückzugeben und Hoffnung auf eine bessere Zukunft zu gewähren.

Ein weiterer von Chopra zu den Akten gelegter Grundglaubenssatz lautet:

»Das menschliche Bewußtsein kann als alleiniges Produkt der Biochemie betrachtet werden.«

Informationen neueren Datums weisen auf eine andere Betrachtungsweise hin:

»Wahrnehmung ... ist etwas Erlerntes. Die Welt, in der Sie leben, ist einschließlich Ihrer körperlichen Erfahrungen einzig und allein Produkt Ihrer angelernten Wahrnehmung. Gelingt es Ihnen, Ihren Wahrnehmungsmodus zu ändern, so verändern sich gleichzeitig nicht nur Ihre körperlichen Erfahrungen, sondern auch Ihre Umwelt.«[5]

Wir hoffen, Ihnen mit dem vorliegenden Handbuch bei der Evaluierung einiger Ihrer alten Denkweisen behilflich sein zu können, damit es Ihnen gelingt, eine größere und umfassendere Bedeutung hinter der Summe Ihrer Leistungen, Fehlschläge und den Ihnen entgegentretenden Herausforderungen zu erkennen. Wenn Sie eine positive, neugierige, bewußte und abenteuerliche Haltung gegenüber Ihrer Umwelt einnehmen, könnte Ihre Welt schon bald so aussehen, wie Sie es sich wünschen.

Ein drittes und ebenfalls überkommenes Paradigma lautet laut Chopras Buch:

> *»Unsere Wahrnehmung der Welt ist angeboren und liefert ein akkurates Bild von der tatsächlichen Natur der Dinge.«*

Das neue Paradigma lautet:

> *»Obwohl es den Anschein hat, als existiere jeder Mensch getrennt und unabhängig von anderen, sind wir alle mit Intelligenzmustern verbunden, die den gesamten Kosmos beherrschen. Unser Körper ist Teil eines universellen Körpers und unser Geist ein Fragment des universellen Geistes.«*[6]

Dieser Gedanke liefert die Grundlage für die Erste Erkenntnis, die uns lehrt, daß wir mit einer bewußten Evolution beginnen können, indem wir darangehen, die unserem Wachstum zuträglichen Fügungen als solche zu erkennen und zu nützen. Wir sind nicht allein. Die Antworten auf unsere Fragen erreichen uns durch eine Intelligenz, die bei weitem umfangreicher ist, als wir mit unserem Verstand begreifen können – solange wir an diesen Prozeß glauben und auf seine Wirksamkeit vertrauen.

Achten Sie auf Glaubensgrundsätze

Bisher haben wir Ihnen nur einige der zahlreichen neuen Ideen und Gedanken vorgestellt, die in den letzten Jahren angetreten sind, unsere Weltsicht neu zu definieren. Ob diese Ideen der

Wahrheit entsprechen, können Sie buchstäblich am eigenen Leib erfahren. Achten Sie zum Beispiel einmal darauf, was für Feststellungen Ihre Bekannten über das Leben abgeben. Fällt Ihnen dabei auf, wie sehr Ihre Bekannten sich an die alten Ideen von immanentem Mangel, Konkurrenz und »den ganzen Problemen da draußen« klammern? Bemühen Sie sich einmal, im Gespräch mit Freunden für einige Minuten die Position des unbeteiligten Beobachters einzunehmen. Achten Sie darauf, was Sie und Ihre Freunde über das Leben zu sagen haben.

Denken Sie daran, daß es keinen Sinn hat, andere für ihre Geisteshaltung zurechtzuweisen. Jeder entwickelt sich nach seinem eigenen Rhythmus. Es besteht keinerlei Notwendigkeit für die Einführung einer neuen Sprechweise oder einer Trennung zwischen denen, die »erleuchtet« sind, und jenen, die sich noch auf der Suche befinden oder leiden. Einfaches Beobachten, Reflektieren und Akzeptieren sorgen automatisch für veränderte energetische Verhältnisse, sowohl für Sie als auch für andere.

Zusammenfassung der Zweiten Erkenntnis

Der Zweiten Erkenntnis zufolge handelt es sich bei unserer Wahrnehmung von Fügungen um einen signifikanten historischen Faktor. Mit dem Zusammenbruch des mittelalterlichen Weltbildes verloren wir auch unser, aus den Erklärungen der Kleriker resultierendes, sicheres Bild eines im wesentlichen intakten Weltgefüges. Deshalb beschlossen wir vor fünfhundert Jahren kollektiv, uns auf die Urbarmachung und Unterwerfung der Natur zu konzentrieren. Wir ersetzten unsere verlorene spirituelle Sicherheit durch eine säkulare und kreierten so die Illusion, in einem so vorhersagbaren wie erklärlichen Universum zu leben. Die Erforschung der mystischen Dimensionen unserer Existenz wurde darüber zu einem Tabu.

Allmählich findet jedoch ein Erwachen statt, eine Befreiung vom säkularen Weltbild der Moderne und eine Öffnung zu einem neuen, wahrhaftigeren und umfassenderen Weltbild.

Zur weiteren Lektüre empfohlen:

Norman O. Brown: *Life Against Death.* 1985
Willis Harmon. *Global Mind Change: The Promise of The Last Years of The Twentieth Century.* 1991
Thomas S. Kuhn: *The Structure of Scientific Revolutions.* 1962
Joseph Campbell und Bill Moyers: *The Power of Myth.* 1988
William I. Thompson: *At the Edge of History and Passages about Earth.* 1990

Einzelstudium zur Zweiten Erkenntnis

Übung 1: Meine Präokkupationen der Vergangenheit

Zweck: Bewußtmachung der sich in Ihrem Leben wiederholenden Grundthemen und der ihnen zugrunde liegenden Glaubenssätze.

Anweisungen: Wählen Sie aus der folgenden Liste Ihre drei wichtigsten Präokkupationen und schreiben Sie je einen kurzen Text dazu in Ihr Tagebuch. Auf welche Weise haben diese Präokkupationen Ihr Leben beeinflußt? Auf welche Weise haben sie etwas zu Ihrem Leben addiert oder Ihren Werdegang behindert? Verdeutlichen Sie sich von nun das Auftauchen und das Vorhandensein dieser Präokkupationen und achten Sie besonders darauf, in welcher Weise sie mit Ihren Problemen zu tun haben.

Präokkupationen der Vergangenheit

☐ Unabhängigkeit   ☐ Widerstand gegen Autoritäten
☐ Intellektuelle Fertigkeiten   ☐ Emotionale Dramen
☐ Selbstkritik   ☐ Angst
☐ Sicherheit   ☐ Kontrolle
☐ Wunsch nach Anerkennung   ☐ Körperliche Attraktivität
☐ Konformität   ☐ Schuld

□ Verwicklungen   □ Mangel an Liebe
    innerhalb der Familie   □ Perfektionismus
□ Sucht   □ Wut
□ Verschuldung   □ Rache
□ Geldmangel   □ Weiteres

Übung 2: Weitere Präokkupationen

Anweisungen: Ergänzen Sie die folgenden sieben unvollendeten Sätze. Was können Sie durch die Betrachtung Ihrer Präokkupationen über Ihren Glauben und Ihre Wertvorstellungen lernen? Schreiben Sie Ihre Gedanken zu diesem Thema in Ihrem Tagebuch nieder. Achten Sie auf eventuell auftauchende Träume, nachdem Sie die Eintragungen gemacht haben.

Ich würde gern verändern
   1. _____
   2. _____
   3. _____

Ich wäre gern mehr
   1. _____
   2. _____
   3. _____

Ich denke immer
   1. _____
   2. _____
   3. _____

In sechs Monaten wäre ich gern
   1. _____
   2. _____
   3. _____

Das wichtigste in meinem Leben ist im Augenblick
   1. _____
   2. _____
   3. _____

Die Qualitäten, die ich bei anderen am meisten bewundere, sind

1. _____

2. _____

3. _____

Ich wäre außerordentlich erfreut, wenn ich in meinem Leben ...
hätte

1. _____

2. _____

3. _____

Übung 3: Läuft mein Leben auf Autopilot?

Notieren Sie in Ihrem Tagebuch, in welchen Lebensbereichen
Sie sich festgefahren fühlen oder wo Sie meinen, beinahe teil-
nahmslos den immer wieder gleichen Prozeduren beizuwoh-
nen. Gehen Sie dabei ausführlich auf Ihre wirklichen Gefühle
ein. Je stärker Ihnen Ihre Emotionen bewußt sind, desto leichter wird es Ihnen fallen, neue Antworten, Möglichkeiten und
Einsichten zu gewinnen.

Übung 4: Finden Sie Alternativen und neue Paradigmen für Ihre alten Präokkupationen

Vergleichen Sie die unten aufgeführten Alternativen mit Ihren
alten Präokkupationen:

Alt	Neu
Unabhängigkeit	Wechselseitiger Austausch
Intellektuelle Fertigkeit	Weisheit
Selbstkritik	Anerkennung der eigenen Kraft
Sicherheit	Fähigkeit zur Umstellung
Widerstand gegen Autoritäten	Teilnahme an der Führung
Emotionale Dramen	Selbstverwirklichung
Angst	Liebe
Kontrolle	Vertrauen
Wunsch nach Anerkennung	Selbstvertrauen
Konformität	Kreativität

Alt	Neu
Familiäre Verwicklungen	Ehrliches Engagement
Suchtverhalten	Selbstsicherheit
Verschuldung	Gesundschrumpfung
Geldmangel	Angemessene Entlohnung Ihrer Arbeit
Körperliche Attraktivität	Immanente Werte
Mangel an Liebe	Innere göttliche Liebe

Notieren Sie, welche der oben aufgeführten Begriffe Sie als Präokkupation der Vergangenheit aufgeführt haben, und notieren Sie sich anschließend das entsprechende neue Paradigma. Überlegen Sie, wie Sie die neuen Eigenschaften innerhalb Ihres jetzigen Lebens manifestieren könnten. Sollten Sie sich zum Beispiel stark um Ihre äußere Erscheinung sorgen, so überlegen Sie, wie Sie sich stärker auf die eigenen inneren Werte und die anderer besinnen können. Es macht allerdings nichts, wenn Sie im Augenblick keine Antworten auf diese Fragen parat haben. Sollten sich einige der oben erwähnten Ideen in Ihrem Leben ankündigen, so werden Sie es schon merken. Oft ist es hilfreich, sich eine Bestätigung für die auf Sie zutreffenden neuen Paradigmen zu schreiben. Sollten zum Beispiel Angst und Selbstzweifel zu den Kernthemen Ihres bisherigen Lebens gehört haben, könnte eine solche Bestätigung lauten: »Ich vertraue darauf, daß ich die richtigen Entscheidungen treffen werde.«

Übung 5: Die Erstellung und Analyse Ihrer persönlichen Zeitspur

Zweck: Diese Übung verschafft Ihnen einen Überblick über die wichtigsten Ereignisse in Ihrem bisherigen Leben und hilft Ihnen die Bedeutung hinter diesen Ereignissen zu erkennen.

Anweisungen: Obwohl Sie diese Übung ebensogut allein machen können, ist es hilfreich, mit Hilfe eines zweiten durch die Ereignisse Ihres Lebens zu schreiten, um mit seiner Hilfe möglicherweise Zugang zu weiteren Deutungsmöglichkeiten zu finden, die Ihnen bisher entgangen sind.

Schritt 1: Füllen Sie Ihre persönliche Zeitlinie in Übung 1, Gruppen-Session 4 (Seite 348) aus.

Schritt 2: Formulieren Sie die Ereignisse als Wendepunkte in Ihrem Leben. Schreiben Sie, was Sie gelernt haben, in chronologischer Reihenfolge nieder. Benennen Sie die wichtigsten Menschen, Schlüsselerlebnisse und Handlungen in Ihrem bisherigen Leben.

Schritt 3: Fertigen Sie eine Kurzfassung Ihres Lebens von Ihrer Geburt bis zum heutigen Tage an. Betrachten Sie noch einmal die darin erwähnten Ereignisse und versuchen Sie, ein Muster dahinter zu erkennen. Welche Lektionen haben Sie gelernt?

Freiwillig: Aus reinem Spaß an der Freude können Sie jetzt darangehen und den für Sie nächsten logischen Schritt hinzufügen. Versuchen Sie es dabei einmal mit einer wahrlich innovativen Suggestion, etwas, was Ihnen vollkommen verrückt vorkommt. Notieren Sie den Tag Ihrer Vorhersage. Was müßte geschehen, damit die Vorhersagen eintreffen?

Übung 6: Wie Sie die Antworten auf Ihre Fragen erhalten

Schritt 1: Tragen Sie in Ihr Tagebuch jene Bereiche Ihres Lebens ein, über die Sie im Augenblick am meisten erfahren möchten (Ihre augenblickliche Lebensfrage).

Schritt 2: Nehmen Sie sich einen Augenblick, um die genaue Struktur Ihrer Frage zu untersuchen. Das könnte Licht auf die von Ihnen erwartete Antwort werfen. Eine Fragestellung wie: »Ich möchte wissen, wann Chrissie endlich zu mir zurückkehrt«, könnte u. a. darauf hinwiesen, daß der Fragesteller sich machtlos fühlt, ihm unklar ist, weshalb Chrissie ihn verlassen hat und er möglicherweise nicht willens ist, sich auf eine Kommunikation zu dem Thema einzulassen. Seien Sie in Ihrer Fragestellung so präzise wie möglich, das wird Ihnen dabei helfen, Klarheit über sich selbst und über Ihre Situation zu gewinnen.

Schritt 3: Seien Sie in den folgenden 72 Stunden besonders empfänglich für Botschaften oder Intuitionen jeder Art sowie für Tag- und Nachtträume. Ihre Antworten und eventuelle Fügungen, die in Zusammenhang mit Ihrer augenblicklichen Fragestellung stehen, im Tagebuch zu verzeichnen, kann Ihnen dabei behilflich sein, eine »freudige Erwartungshaltung« zu fördern, die Ihnen Zugang zu Ihrem höheren Selbst ermöglicht.

Eine Bekannte verzeichnete in Ihrem Tagebuch: »Ich muß mir einen neuen Wagen anschaffen. Ich brauche Hilfe bei der Entscheidung, welches Modell ich kaufen soll. Wie soll ich dabei am besten vorgehen?« Am nächsten Tag hatte sie den spontanen Einfall, ihren Bruder anzurufen, ohne daß es einen besonderen Grund dafür gegeben hätte. Im Verlauf des sich entwickelnden Gespräches erwähnte der Bruder, daß sein Nachbar einen fast neuen Gebrauchtwagen zu verkaufen hatte, da seine Schwägerin, der der Wagen gehörte, kürzlich verstorben sei. Wie sich herausstellte, handelte es sich bei dem Wagen um eines der Modelle, die die Frau ohnehin zum Kauf in Erwägung gezogen hatte.

Übung 7: Eine Meditation zur Selbstzentrierung und Zufuhr von Energie

Bevor Sie am Morgen das Haus verlassen, sollten Sie sich einen Augenblick sammeln und dreimal tief durchatmen. Schließen Sie die Augen und erinnern Sie sich an einen außergewöhnlich schönen Ort, der eine besondere Bedeutung in Ihrem Leben einnimmt. Saugen Sie die Schönheit dieses Ortes mit jedem Atemzug in sich auf. Atmen Sie so lange langsam und sanft ein, bis Sie merken, daß sich Ihre Stimmung und Ihr Energielevel heben. Stellen Sie sich jetzt Ihre wesentliche Frage und erfüllen Sie diese mit aller Ihnen jetzt zur Verfügung stehenden Energie. Versuchen Sie, diese Stimmung den ganzen Tag über zu halten.

Übung 8: Wagen Sie ein Abenteuer

Schritt 1: Sie können diese Übung sowohl allein machen oder aber, um Ihren Spaß und die Möglichkeit für das Auftauchen einer Synchronizität zu erhöhen, auch

eine Verabredung mit jemandem treffen, der bereit
ist, etwas Neues und Aufregendes mit Ihnen zu riskieren.

Schritt 2: Rufen Sie sich am Tag Ihres Abenteuers Ihre augenblickliche Lebensfrage ins Gedächtnis und bereiten
Sie sich innerlich auf das Eintreffen einer Antwort
vor. Nehmen Sie für alle Fälle ein Notizbuch mit. Notieren Sie, was Ihnen an spontanen Einfällen kommt.
Versuchen Sie nicht, die Situation zu kontrollieren.
Wagen Sie etwas!

Arbeitsgruppe zur Zweiten Erkenntnis

Session 3

Dauer: 2 Stunden 30 Minuten

Zweck: Bewußtmachung unserer geschichtlichen Wurzeln und
Analyse unserer Präokkupationen.

Übung 1: Diskussion der Zweiten Erkenntnis: Die Geschich-
te unserer Glaubenslehren

Zweck: Die kurze Erörterung der Geisteshaltungen der letzten
fünfhundert Jahre vom Mittelalter bis heute. Welche Bedeutung
haben sie für jeden einzelnen von uns.

Dauer: 15–20 Minuten

Anweisungen: Beginnen Sie die Diskussion mit Fragen wie: »In
welcher Weise wurden Sie und Ihre Familie vom Wunsch nach
materieller Sicherheit beeinflußt?« Oder »Wann haben Sie damit begonnen, die traditionelle religiöse Weltsicht in Frage zu
stellen?« »Wer waren die Helden Ihrer Jugend?« »Welche Wirkung hatten die 60er, 70er und 80er Jahre auf Sie?«

Übung 2: Präokkupationen der Vergangenheit

Zweck: Diese Übung wird Ihnen dabei helfen, sich über wiederkehrende Thematiken und die ihnen zugrunde liegenden Glaubenssätze in Ihrem Leben klarzuwerden.

Dauer: 15–20 Minuten

Anweisungen: Kreuzen Sie auf der untenstehenden Liste die für Sie wichtigsten Themen an:
☐ Unabhängigkeit
☐ Intellektuelle Fertigkeiten
☐ Selbstkritik
☐ Sicherheit
☐ Widerstand
gegen Autoritäten
☐ Emotionale Dramen
☐ Angst
☐ Kontrolle
☐ Wunsch nach Anerkennung
☐ Konformität
☐ Verwicklungen innerhalb
der Familie
☐ Sucht
☐ Verschuldung
☐ Körperliche Attraktivität
☐ Perfektionismus
☐ Wut

☐ Geldmangel
☐ Schuld
☐ Mangel an Liebe
☐ Rache
☐ Weiteres

> Eine unserer Kursteilnehmerinnen erzählte uns, daß sie jeden Tag ein kleines Notizbuch mit sich trug und dort jedes Mal einen Eintrag machte, wenn sie sich über etwas ärgerte oder frustriert fühlte. »Darunter schrieb ich: ›Hilfe! Ich brauche sofort eine Antwort!‹ Danach fühlte ich mich besser. Und in der Gewißheit, daß ich früher oder später Antworten auf meine Fragen erhalten würde, gelang es mir, mich wieder zu entspannen.«

Kreisen Sie jetzt die drei Präokkupationen ein, von denen Sie am meisten beeinflußt wurden. Haben sie etwas zu Ihrem Leben addiert oder Ihren Werdegang behindert? Verdeutlichen Sie sich von nun das Auftauchen und das Vorhandensein dieser Präokkupationen und achten Sie darauf, in welchem Zusammenhang sie mit Ihren Problemen stehen.

Übung 3: Weitere Präokkupationen

Anweisungen: Ergänzen Sie die folgenden sieben unvollendeten Sätze. Was lernen Sie durch die Betrachtung Ihrer Präokkupationen über Ihren Glauben und Ihre Wertvorstellungen? Schreiben Sie Ihre Gedanken zu diesem Thema in Ihrem Tagebuch nieder. Achten Sie auf eventuell auftauchende Träume, nachdem Sie die Eintragungen gemacht haben.

Ich würde gern verändern
1. _____
2. _____
3. _____

Ich wäre gern mehr
1. _____
2. _____
3. _____

Ich denke immer
1. _____
2. _____
3. _____

In sechs Monaten wäre ich gern
1. _____
2. _____
3. _____

Das wichtigste in meinem Leben ist im Augenblick
1. _____
2. _____
3. _____

Die Qualitäten, die ich bei anderen am meisten bewundere, sind
1. _____
2. _____
3. _____

Ich wäre außerordentlich erfreut, wenn ich in meinem Leben ...
hätte
1. _____
2. _____
3. _____

Schritt 2: Teilen Sie sich in Zweier- oder Dreiergruppen auf
und tauschen Sie Ihre Listen untereinander aus. *Achten Sie auf Informationen von anderen, die Ihnen bei
der Erreichung Ihrer Ziele oder der Verwirklichung
Ihrer Wünsche behilflich sein könnten.*

Schritt 3: Wieder im großen Kreis, teilen Sie einander mit, was
sich in den Einzelgruppen ereignet hat. Haben die
Mitglieder wichtige Informationen ausgetauscht?
Was haben die einzelnen über ihre Glaubenssätze
und Wertvorstellungen durch die Einsicht in die Präokkupationen anderer Gruppenmitglieder erfahren?
Tragen Sie Ihre Einsichten daheim in Ihr Tagebuch
ein. Achten Sie auf eventuell nach dieser Session auftretende Träume.

Übung 4: Läuft mein Leben auf Autopilot?

Zweck: Führen Sie einen inneren Dialog, in dessen Verlauf Sie
die Bereiche Ihres Lebens ansprechen, in denen Sie sich festgefahren fühlen oder von denen Sie bisher nicht zugegeben haben, daß sich dort etwas ändern muß.

Anweisungen: Notieren Sie Ihre Gedanken in Ihrem Tagebuch.
Falls die Gruppe entscheidet, daß dies von allgemeinem Interesse ist, können Sie sich auch einem Partner oder einer Gruppe
mitteilen.

Übung 5: Finden Sie Alternativen und neue Paradigmen für Ihre alten Präokkupationen

Notieren Sie sich, welche der oben aufgeführten Begriffe Sie als
Präokkupation der Vergangenheit aufgeführt haben, und notieren Sie sich das entsprechende neue Paradigma. Überlegen Sie,

wie Sie die neuen Eigenschaften in Ihrem jetzigen Leben manifestieren könnten. Wenn Sie sich zum Beispiel stark um Ihre Unabhängigkeit gesorgt haben, so überlegen Sie, wie Sie sich jetzt stärker auf einen wechselseitigen Austausch konzentrieren können. Es macht nichts, wenn Sie im Augenblick die Antwort nicht parat haben. Sollten sich einige der oben erwähnten Ideen in Ihrem Leben ankündigen, werden Sie es schon merken.

Alt	Neu
Unabhängigkeit	Wechselseitiger Austausch
Intellektuelle Fertigkeit	Weisheit
Selbstkritik	Anerkennung der eigenen Kraft
Sicherheit	Fähigkeit zur Umstellung
Widerstand gegen Autoritäten	Teilnahme an der Führung
Emotionale Dramen	Selbstverwirklichung
Angst	Liebe
Kontrolle	Vertrauen
Wunsch nach Anerkennung	Selbstvertrauen
Konformität	Kreativität
Familiäre Verwicklungen	Ehrliches Engagement
Suchtverhalten	Selbstsicherheit
Verschuldung	Gesundschrumpfen
Geldmangel	Angemessene Entlohnung Ihrer Arbeit
Körperliche Attraktivität	Immanente Werte
Mangel an Liebe	Innere göttliche Liebe

Oft ist es hilfreich, sich eine Bestätigung für die auf Sie zutreffenden neuen Paradigmen zu schreiben. »Ich weiß, daß die äußere Erscheinung nur einen Teil von mir und anderen ausmacht. Ich bin in der Lage, sowohl ihre wie auch meine eigenen immanenten Werte zu erkennen.«

Abschluß:

Anfragen nach Hilfe. Unterstützende Bestätigung und Übermittlung liebevoller Energie.

Arbeitsgruppe zur Zweiten Erkenntnis

Session 4

Dauer: 2 Stunden 30 Minuten

Zweck: Erstellung einer persönlichen Zeitspur anhand des eigenen Lebenslaufes.

Anweisungen: Eröffnen Sie die Zusammenkunft, indem Sie die einzelnen Teilnehmer nach neu aufgetretenen Fügungen oder Botschaften befragen. Deutet das Energielevel der Gruppe darauf hin, daß diese Frage erschöpfend behandelt ist, so schreiten Sie zur nächsten Übung fort.

Übung 1: Die Erstellung und Analyse Ihrer persönlichen Zeitspur

Dauer: Insgesamt 1 Stunde 40 Minuten. Davon sind ungefähr 15 Minuten der individuellen Arbeit vorbehalten, 45 Minuten für die Arbeit mit einem Partner und 40 Minuten für die Diskussion in der Gruppe.

Anmerkung: Die persönliche Zeitspur ist ein wichtiges Werkzeug bei der inneren Arbeit, und Sie sollten ihrer Erstellung sowie der Untersuchung der Zeitspur jedes Gruppenmitglieds soviel Zeit widmen wie nötig – gegebenenfalls kann sich diese Arbeit auch über mehrere Treffen erstrecken.

Zweck: Ihre Zeitspur kann Ihnen a) eine Chance geben, Ihr Leben objektiver zu betrachten; b) Ihnen die Existenz eines Musters offenbaren; c) eine Reihe von Zufällen enthüllen; d) den nächsten Schritt in Ihrer Entwicklung andeuten; oder e) auf den Sinn Ihres Lebens hindeuten. Die hier gewonnenen Informationen werden in Kapitel 6 noch einmal verwandt.

Teil 1: Die Erstellung der Zeitspur

Dauer: 15–20 Minuten

Anweisungen:

Schritt 1: Tragen Sie auf die unten vorgegebenen Zeilen die wichtigsten Ereignisse Ihres Lebens von Ihrer Geburt bis zur Gegenwart ein. Diese Informationen bilden das »Rohmaterial«, anhand dessen Sie möglicherweise in der Lage sein werden, ein Muster in Ihrem Leben zu erkennen. (Sollten Sie in der vorgegebenen Zeit nicht fertig werden, setzen Sie Ihre Arbeit daheim fort.)

Geburt _____

_____

_____ Gegenwart

Schritt 2: Simplifizieren Sie die Vorkommnisse in Ihrem Leben, indem Sie sie unter Kurzbezeichnungen zusammenfassen, die den Schwerpunkt einer bestimmten Zeitspanne am zutreffendsten wiedergeben. Wenn Sie in der Zeit zwischen Ihrer Geburt und dem sechzehnten Lebensjahr zum Beispiel häufiger umgezogen sind, schreiben Sie: Alter 0–16 = »Oft umgezogen. Lernte flexibel zu sein.« Alter 17–20 = »Habe mich in der Schule engagiert. Gute Noten in X.« Alter 20–25 = »Gefühl des Verlorenseins. Ein wichtiger Mensch trat in mein Leben ...« Alter 26–38 = »Eine Zeit der Verantwortung.«

Schritt 3: Notieren Sie die Schlüsselereignisse, die negativen oder positiven Lektionen, die Wendepunkte sowie die wichtigsten Menschen in Ihrem Leben.

1. _____

2. _____

3. _____

4. _____

5. _____

6. _____

7. _____

8. _____

9. _____

Teil 2: Die Analyse Ihrer Zeitspur

Dauer: 45 Minuten
Nachdem jeder seine Eintragungen beendet hat, wendet er sich
einem Partner zu.

Schritt 1: Wählen Sie einen Arbeitspartner. Wechseln Sie sich
bei der Arbeit an Ihren Zeitspuren ab. Diskutieren Sie
Ihre Wendepunkte, Errungenschaften und die wichtigsten Menschen in Ihrem Leben. Achten Sie gemeinsam auf eventuelle Muster oder Sinnfragen und
bedienen Sie sich dabei folgender Fragestellungen:

a) Was waren die Wendepunkte in Ihrem Leben?

b) Erkennen Sie ein sich wiederholendes Muster von
Erfahrungen, Errungenschaften oder Lektionen,
die Ihnen das Leben erteilt hat?

c) Was in Ihrem Leben erscheint Ihnen als abgeschlossen? Was sollten Sie noch zu Ende bringen?

d) Wodurch erfuhren Sie eine besondere Energiezufuhr? Was möchten Sie auf keinen Fall wiederholen?

e) Wie haben sich Ihre Wertvorstellungen verändert?

f) Was, wenn überhaupt, waren mögliche positive
Intentionen hinter negativ empfundenen Ereignissen?

g) Worauf hat das Leben Sie vorbereitet?

h) Was scheint Ihnen bis zum heutigen Tag der
Zweck Ihres Lebens gewesen zu sein?

Komplettieren Sie die folgenden Aussagen unter Verwendung
der in der Analyse gewonnenen Informationen:

Ich erkenne jetzt, daß ich in meinem Leben sehr viel Energie
darauf verwandt habe, _____

_____

_____

Ich habe mich mein ganzes Leben lang darauf vorbereitet, __

_____

_____

Die positive Intention hinter scheinbar negativen Ereignissen
in meinem Leben war _____

Mir fällt besonders auf, _____

Der Sinn meines bisherigen Lebens scheint darin zu bestehen,
_____

Deborah, eine sechsunddreißigjährige Mutter von drei Kindern,
die als freiberufliche Lektorin tätig ist, schrieb die folgenden
Schlüsselerlebnisse, negativen und positiven Lektionen, Wendepunkte und die wichtigsten Menschen in Ihrem Leben nieder:

1. *tiefe Traurigkeit, Mangel an Liebe*
2. *Selbstzerstörung durch Drogenmißbrauch*
3. *Reformation*
4. *Wiedergeburt*
5. *Arbeite an einem neuen Leben*

Als nächstes kreuzte sie die wichtigsten Präokkupationen ihres
bisherigen Lebens wie folgt an:

☒ Unabhängigkeit	☐ Kontrolle
☐ Intellektuelle Fertigkeiten	☒ Sucht
☒ Selbstkritik	☐ Verschuldung
☐ Sicherheit	☐ Geldmangel
☐ Widerstand gegen Autoritäten	☐ Körperliche Attraktivität
☐ Emotionale Dramen	☐ Schuld
☐ Angst	☒ Mangel an Liebe
☒ Wunsch nach Anerkennung	☐ Perfektionismus
☒ Konformität	☐ Wut
☐ Verwicklungen innerhalb	☐ Rache
der Familie	☐ Sonstiges

Deborah erkannte mehrere Themen als wichtig, fühlte jedoch, daß Konformität, emotionale Dramen und Unabhängigkeit für sie bei weitem am wichtigsten waren. Zu diesen drei Punkten ergänzte sie folgendes:

Ich erkenne jetzt, daß ich in meinem Leben sehr viel Energie darauf verwandt habe, *unabhängig genug zu werden, nicht zu etwas zu werden, was ich nicht werden wollte, und alte schmerzhafte Erfahrungen zu transformieren.*

Nachdem sie diese Information gewonnen hatte, schrieb sie:

Ich habe mich mein ganzes Leben lang darauf vorbereitet, *auf eigenen Beinen zu stehen.*

Die positive Intention hinter scheinbar negativen Ereignissen in meinem Leben war, *es mir zu ermöglichen, das Familiennest zu verlassen und mich meiner Persönlichkeit entsprechend zu entwickeln und zu wachsen.*

Mir fällt besonders auf, *wieviel Mut ich dabei bewiesen habe.*

Der Sinn meines bisherigen Lebens scheint darin zu bestehen, *ausreichend Klarheit und Stärke zu gewinnen, um mich zu stabilisieren und anderen Frauen helfen zu können.*

Teil 3: Teilen Sie Ihre persönliche Zeitspur den anderen Gruppenmitgliedern mit

Dauer: 40 Minuten

Wieder in der Gruppe, teilt jeder den anderen mit, was ihm oder ihr bei der Erstellung der Zeitspur aufgefallen ist. *Dies erlaubt der gesamten Gruppe, Ihnen bei der Suche nach für Sie bedeutsamen Ereignissen in Ihrem Leben behilflich zu sein und auf diese Weise möglicherweise wertvolle Informationen für sich zu gewinnen.* Jemand sollte einige der Schlüsselereignisse auf einer Tafel oder einem großen Bogen Papier niederschreiben. Ermutigen Sie die Gruppe, dazu Kommentare abzugeben.

Weitere Studien: Daheim sollten die Teilnehmer weitere Gedanken zum Fortschreiten ihrer Zeitspur in ihren Tagebüchern niederschreiben. Durch auftretende Fügungen oder Träume können noch zusätzliche Informationen gewonnen werden. Teilen Sie Ihre so gewonnenen Informationen bei der nächsten Zusammenkunft der ganzen Gruppe mit. Auf diese Weise wird das Energielevel der Gruppe angehoben.

Übung 2: Wie Sie die Antworten auf Ihre Fragen erhalten

Dauer: 15 Minuten

Zweck: Ziel dieser Übung ist es, spezifische Fragen zu stellen, um Ihrem höheren Bewußtsein Gelegenheit zu geben, Ihnen das Auftauchen und die Bedeutungen von Fügungen, Botschaften, Intuitionen, Tagträumen oder Träumen zu vermitteln, mit deren Hilfe Sie sich orientieren können.

Anweisungen:
Schritt 1: Arbeiten Sie mit einem Partner. Wechseln Sie sich beim Stellen der Fragen, die Sie im Augenblick beantwortet haben möchten, gegenseitig ab.
Schritt 2: Nehmen Sie sich einen Moment Zeit, um die Struktur der von Ihnen gestellten Frage näher zu betrachten. Daran könnten Sie erkennen, welche Antwort Sie bekommen möchten. Lautet Ihre Frage zum Beispiel: »Ich möchte wissen, ob mein Kind auf die richtige Schule geht«, könnte dies darauf hinweisen, daß Sie bereits eine Ahnung haben, daß Ihr Kind sich nicht auf der richtigen Schule befindet. Die Fragestellung könnte außerdem darauf hindeuten, daß Sie sich von der Frage eines Schulwechsels zu viel versprechen und Ihr Kind daheim ebenfalls mehr Aufmerksamkeit gebrauchen könnte. Seien Sie in Ihrer Fragestellung so spezifisch wie möglich, dadurch gewinnen Sie Einsichten über sich selbst und die Natur Ihrer Situation.
Schritt 3: Achten Sie in den nächsten 72 Stunden auf Botschaften, Intuitionen sowie Tag- und Nachtträume. Tragen

Sie jede zufällige Begebenheit, die mit Ihren Fragen in Zusammenhang stehen könnte, in Ihr Tagebuch ein. Dies hilft Ihnen bei der Entwicklung einer freudigen Erwartungshaltung und beim Empfangen einer Botschaft von Ihrem höheren Selbst.

Übung 3: Eine Meditation zur Selbstzentrierung und Zufuhr von Energie

Dauer: 15 Minuten

Zweck: Ihre vordringliche Lebensfrage in einen liebevollen Zusammenhang zu stellen und näher zu beleuchten.

Schritt 1: Eröffnen Sie das Treffen mit einer Schweigeminute, in der sich die Gruppenmitglieder mit geschlossenen Augen sammeln oder jemand den ersten Schritt der Entspannungsmeditation initiiert.

Entspannungsmeditation

Atmen Sie zwei- oder dreimal tief ein und erlauben Sie dabei dem Atem, ihren Körper zu öffnen und zu entspannen … Atmen Sie langsam ein und halten Sie den Atem für einige Sekunden an, bevor Sie wieder ausatmen … Nehmen Sie im Geist Ihren Körper wahr und achten Sie darauf, welche Körperteile weich und entspannt und welche steif und angespannt sind … Beginnen Sie mit den Füßen. Wie fühlen sich Ihre Füße an? … Wandern Sie hoch zu Ihren Beinen … dann zu Ihrem Bauch und Ihrem Brustkorb … Nehmen Sie wahr, wie sich Ihre Arme und Hände anfühlen … Konzentrieren Sie sich auf Ihre Schultern und den Hals … Wenn Sie irgendwo Spannung wahrnehmen, atmen Sie ganz sanft in die betreffende Region, um die Muskeln zu entspannen … Nehmen Sie die Gefühle in Ihrem Kopfbereich und im Gesicht wahr und entspannen Sie sanft alle Muskeln … Gehen Sie jetzt die Wirbelsäule abwärts und achten Sie dabei auf Ihre Wahrnehmung … Lassen Sie jedem Teil Ihres Körpers Aufmerksamkeit zukommen … Atmen Sie langsam und tief ein und erlauben Sie dem Atem, jede Spannung aufzulösen … Stellen Sie sich nun ein wundervolles weißes Licht über Ihrem Kopf vor ... Fühlen Sie, wie das Licht Ihren Körper umgibt ... Erlauben Sie diesem Licht, Ihren Körper auszufüllen, bis alle Gewebe und Organe sich mit diesem Licht aufgeladen haben ... Ihr Körper saugt wie ein Schwamm das Licht auf und füllt sich komplett damit an ... Jede Zelle Ihres Körpers badet in Licht ... Sie werden zu einem leuchtenden Wesen aus Licht ...

Nehmen Sie nochmals einen tiefen Atemzug und genießen Sie das Gefühl von Frieden und Liebe, während Ihr Körper sich total entspannt.

Sobald jeder entspannt ist, fahren Sie fort mit Schritt 2.

Schritt 2: Eröffnen Sie die Gruppenarbeit mit den Worten: »Erinnern Sie sich an das letzte Ereignis in Ihrem Leben, das Ihnen ein starkes Wohlgefühl vermittelt hat ... Erinnern Sie sich an das damit verbundene Glücksgefühl und die warmen liebevollen Gefühle. (Warten Sie einige Minuten, bis jeder der Anwesenden Kontakt mit diesem Gefühl aufgenommen hat.) Spüren Sie dieses Wohlbefinden mit jeder Zelle Ihres Körpers ... Umgeben Sie sich mit warmer und leichter Energie ... Spüren Sie, wie ein Gefühl der Liebe durch Ihre Adern strömt, spüren Sie, wie Ihr gesamter Körper von Schönheit und Freude erfüllt wird ... Steigern Sie die Intensität dieses Gefühles ... Steigern Sie es weiter, bis der gesamte Raum von einem Gefühl der Liebe, des Lichtes, der Wärme und der Freude erfüllt ist.« (Lassen Sie dieses Gefühl ein oder zwei Minuten in Stille wirken.)

Schritt 3: Stellen Sie nun die Frage, die Ihnen im Augenblick am vordringlichsten erscheint, in dieses Gefühl hinein ... Wenn Sie z. B. wissen wollen, wie Sie eine neue Beziehung in Ihrem Leben kreieren können, so stellen Sie die Frage in den Mittelpunkt dieses unbeschwerten, lichterfüllten Gefühles der Freude und der Liebe. Wenn Sie sich um Ihre Gesundheit sorgen und wissen wollen, was Sie dafür tun können, so stellen Sie diese Frage in das unbeschwerte, lichterfüllte Gefühl der Freude. Hüllen Sie die Frage in jeder nur erdenklichen Weise in Liebe und Licht ... Intensivieren Sie das Gefühl der Liebe ... (Lassen Sie dieses Gefühl ein oder zwei Minuten in Stille wirken.)

Schritt 4: Beobachten Sie jetzt, wie sich Ihr Wunsch verwirklicht ... Spüren Sie, daß Sie eine neue Beziehung oder eine bessere Gesundheit haben ... Jetzt drücken Sie Ihre Dankbarkeit dafür aus, daß Sie zu einer Erfüllung Ihrer Wünsche geführt wurden ... Steigern Sie dieses Gefühl der Dankbarkeit, soweit Sie können. Spüren Sie, wie sich Ihr Wunsch erfüllt, sei es eine erfüllende Arbeit ... oder eine Beziehung ... oder bessere Gesundheit ... oder vermehrter Wohlstand ... Baden Sie förmlich in dieser von Liebe erfüllten, freudigen Schwingung.

Schritt 5: Jetzt befreien Sie sich ganz sanft von allen Sorgen, die mit Ihrem Wunsch zusammenhängen. Akzeptieren Sie, daß Sie nun die Erfüllung Ihres Wunsches oder etwas noch Besserem anziehen ... eine universelle Intelligenz übernimmt von jetzt an die Ausführung der Detailarbeit ... Trennen Sie sich von allen Gedanken und Sorgen, die Sie mit der Erfüllung Ihres Wunsches verbinden ... Spüren Sie weiterhin die warme, helle und freudige Energie. Bei der Nennung der Zahl drei werden Sie voller Energie wieder in den Kreis der Gruppe zurückkehren. Eins ... zwei ... drei. Öffnen Sie nun Ihre Augen.

Schritt 6: Befragen Sie die Anwesenden nach ihren Eindrücken bei der soeben beendeten Übung.

Übung 4: Wagen Sie ein Abenteuer

Schritt 1: Bevor Sie die Gruppe verlassen, verabreden Sie sich für die nächste Woche mit einem der Anwesenden zu einer aufregenden oder für Sie beide neuartigen Unternehmung.

Schritt 2: Verbringen Sie am Tage Ihres Abenteuers einige Minuten damit, sich gegenseitig Ihre Lebensfragen und eventuelle Antworten darauf mitzuteilen. Nehmen Sie für den Fall, daß Sie bei Ihrem Abenteuer auf Botschaften stoßen sollten, ein Notizbuch mit. Achten Sie darauf, was Ihnen Ihre Intuition rät. Seien Sie spontan und erwartungsfreudig, jedoch ohne feste Vorsätze. Versuchen Sie nicht, Ihr Abenteuer zu kontrollieren.

Schritt 3: Sollten Sie sich innerhalb der kommenden Woche nicht in der Stadt aufhalten, dann unternehmen Sie auf eigene Faust etwas Neues und Aufregendes. Lassen Sie sich von einem der Gruppenmitglieder die Telefonnummer geben und rufen Sie zu einer vereinbarten Zeit an, um von Ihrem Abenteuer und eventuellen Antworten auf Ihre Lebensfrage zu berichten.

Abschluß: Anfragen nach Hilfe. Übermittlung liebevoller Energie.

Wie man sich den Inhalt der Zweiten Erkenntnis zunutze machen kann:

– Seien Sie sich darüber bewußt, daß es Ihre Entscheidung war, in dieser historisch entscheidenden Zeit geboren zu werden und zu leben.

– Bitten Sie Ihr höheres Selbst darum, Ihnen eine klare Botschaft zu senden.

– Achten Sie darauf, wieviel Zeit Sie damit verbringen, Ereignisse und andere Menschen zu kontrollieren.

– Suchen Sie sich Aktivitäten, die Ihnen Freude bereiten. Unternehmen Sie weniger aus reinem Pflichtbewußtsein (das ist etwas anderes als Verantwortung). Wählen Sie unter Ihren Tätigkeiten eine aus, von der Sie sich jetzt im Augenblick und bei klarem Bewußtsein verabschieden. Aktivitäten zu verrichten, die Ihnen Freude bringen, und sich mehr freie Zeit zu verschaffen, hebt das Energielevel und erhöht die Wahrscheinlichkeit des Auftretens bedeutsamer Fügungen in Ihrem Leben.

– Reagieren Sie auf jede Form der Unterstützung mit Dankbarkeit, und bringen Sie diese auch deutlich zum Ausdruck.

Arbeitsgruppe zur Zweiten Erkenntnis

Session 5

Dauer: 2 Stunden 30 Minuten

Zweck: a) Fortsetzung der Diskussion individuell gewonnener Einsichten über die persönliche Zeitspur. b) Austausch über den Verlauf der Abenteuer und Frage danach, welche Problemstellungen und Informationen aufgetaucht sind.

Beginn der Meditation

Beginnen Sie mit einer Entspannungsmeditation, mit oder ohne Musik, und einer Ausrichtung Ihrer Energie (siehe Seite 354 f.).

Übung 1: Gespräch über das Abenteuer

Dauer: 2 Stunden

Zweck: Jedes Gruppenmitglied erhält die Gelegenheit, von seinem Abenteuer zu berichten. Ziel ist es, allen Anwesenden Zugang zu den dabei gewonnenen Einsichten zu bestehenden Fragen zu gewähren.

Besteht Ihre Gruppe aus fünfzehn oder weniger Personen, so sollten Sie die Gruppe nicht weiter aufteilen.

Anweisungen: Ein Freiwilliger beginnt mit seiner Erzählung bei der Partnerwahl der letzten Woche und berichtet, weshalb er und sein Partner sich für welchen Ort und welche Unternehmung entschieden haben. Nachdem der erste Partner seinen Bericht beendet hat, schildert der zweite die Ereignisse aus seiner Sicht.

Um auf die Bedeutung der vorgefallenen Ereignisse zu stoßen, könnte es sich als hilfreich erweisen, folgende Fragen im Kopf zu behalten:

a) Nach welchen Gesichtspunkten haben Sie Ihren Partner gewählt?

b) Mit welcher Begeisterung sind Sie an diese Übung herangegangen?

c) In welcher Weise haben Ihre Erwartungen den Verlauf des Tages bestimmt? Sind Sie dabei Ihren Erwartungen gefolgt?

d) Welche Verbindung entdecken Sie zwischen Ihren üblichen Präokkupationen und den Ereignissen und Gefühlen während Ihres Abenteuers?

e) Was waren die positiven Resultate dieses Tages?

f) Was haben Sie gelernt?

g) Hat irgend jemand in der Gruppe beim Erfahrungsaustausch über das Abenteuer neue Erkenntnisse gewonnen?

Im Verlauf einer unserer Gruppensitzungen berichtete eine Frau namens Ellen wie folgt von ihrem Abenteuer: »Als ich das Wort Abenteuer hörte, dachte ich zunächst an Fallschirmspringen oder eine Ballonfahrt. Als Robert mich dann darum bat, seine Wandergefährtin zu sein, erschien mir dies ausgesprochen einfallslos, ich willigte allerdings trotzdem ein. Ich bemerkte, daß ich mich mit einer negativen Grundhaltung auf das Abenteuer einließ. Als ich vor dem als Treffpunkt vereinbarten Restaurant ankam, fiel mir ein auf dem Parkplatz abgestellter Rolls-Royce auf. ›Das wird doch nicht etwa sein Wagen sein!‹ dachte ich, und natürlich war genau dies der Fall. Von da an entwickelte sich der gesamte Tagesablauf bei weitem interessanter, als ich es anfangs angenommen hatte.«

Ellen hatte der Gruppe mitgeteilt, daß ihre Hauptfrage bis zum Tag des Abenteuers darin bestanden hatte herauszufinden, wie sie am besten eine Beziehung zu ihrem neuen Freund aufbauen könne. Interessanterweise lautete der Name dieses Freundes ebenfalls Robert, und er hatte ähnlich gelagerte Interessen wie ihr Partner auf der Wanderung. Erst einige Tage später realisierte sie, was sie auf ihrer Wanderung alles von Robert gelernt hatte, und bemerkte, daß die negative Grundhaltung, die sie mit in das Abenteuer gebracht hatte, zu einem altbekannten Muster von Negativität gehörte, das sie ebenfalls in der Beziehung zu ihrem neuen Freund an den Tag legte. Sie hat tatsächlich Antworten erhalten – sowie den Bonus einer ersten Übung anhand einer rein platonischen Beziehung.

Ein Gruppenmitglied namens Denise traf sich mit einem Freund, zu dem sie bereits ein äußerst gespanntes Verhältnis hatte. Den ganzen Tag über stritten die beiden miteinander, bis schließlich nur noch Anschuldigungen durch den Wagen flogen. Auf dem Weg zu einer Ausstellungseröffnung wurde Denise schließlich durch alle möglichen Widrigkeiten aufgehalten und schaffte es nicht rechtzeitig dort zu sein, was ihren Freund zu einem weiteren Wutanfall hinriß. Einer der Gründe für ihr Zuspätkommen lag darin, daß sie auf das Passieren einer Begräbnisprozession hatte warten müssen, wie sie beiläufig erwähnte.

Ein Mitglied der Gruppe bat Denise darum, einen Augenblick über den Begräbniszug auf ihrem Weg nachzudenken. Konnte es sich dabei vielleicht um ein wichtiges Symbol handeln? Zumal Denise selbst letzte Woche über die Präsenz des Todes auf ihrer persönlichen Zeitspur erstaunt gewesen war. Der Tod, so hatte sie gesagt, schien ein wichtiger Aspekt der Transformation zu sein – irgend etwas mußte immer sterben oder sich verändern, bevor ein neuer Abschnitt begonnen werden konnte. Mit einem Mal hatte das Bild der Begräbniszeremonie für Denise eine erweiterte Bedeutung, sie realisierte, daß auch in ihrem Leben etwas starb und begraben oder transformiert werden mußte.

Diese Einsicht erlaubte es ihr schließlich, ihr Kontroll-Drama in bezug auf ihren Freund näher in Augenschein zu nehmen (ein Muster, das bereits mit der Beziehung zu ihrer Mutter geprägt worden war), und sie beschloß, die Beziehung zu ihrem Freund zu beenden.

Abschluß:
Anfragen nach Hilfe. Übermittlung liebevoller Energie.

Weitere Studien:
Lesen Sie die *Prophezeiungen von Celestine* noch einmal und überprüfen Sie dabei, ob sich Ihr Verständnis der Erkenntnisse seit der ersten Lektüre des Buches verändert hat.

Für die folgende Session:
Veranlassen Sie einen oder zwei Freiwillige dazu, einige Objekte von besonderer Schönheit mit zum nächsten Treffen zu bringen – einen Strauß Blumen, eine kleine Zimmerpflanze, eine Schale mit Früchten oder Gegenstände aus der Natur. Bringen Sie außerdem Orangen und Servietten für jedes Gruppenmitglied mit.

KAPITEL 3

Eine Frage der Energie

Auf seiner Reise mit Wil durch die majestätische Berglandschaft von Peru erreicht unser Held schließlich die Viciente Lodge, ein außerordentlich schönes, von exotischen Pflanzen und uralten Eichen umgebenes Anwesen. Er trifft auf eine Gruppe von Forschern, die sich mit der Erkundung der Energiefelder von Pflanzen befassen, und stößt so auf die Dritte Erkenntnis. Durch seine Konzentration auf die Schönheit der Natur gelingt es ihm für einen Augenblick, mit eigenen Augen die die Pflanzen umgebenden Energiefelder zu sehen, und er erfährt, daß sich diese Felder durch ein verändertes Bewußtsein ebenfalls verändern lassen. Ihn fasziniert die Theorie, daß bestimmte Ereignisse in unserem Leben sich durch unser Denken verlangsamen oder beschleunigen lassen. Echtes Interesse und Neugier treten schließlich an die Stelle seiner bisher sorgsam gehegten Skepsis.

Die Dritte Erkenntnis

Das Universum besteht aus reiner Energie. Durch die Dritte Erkenntnis wird der Leser davon informiert, daß alles im Universum aus Energie besteht und daß diese Energie für die Schaffung aller Formen und Gegenstände innerhalb unserer sogenannten Realität verantwortlich ist. Ein immenser Ozean energetischer Schwingungen verbindet diese Energie zu unzähligen Erscheinungsformen, ob es sich dabei nun um Felsen, eine Welle, eine Blume, den Mantel in Ihrem Schrank oder um Ihre Person selbst handelt. Alles Existierende besteht aus derselben Grundsubstanz und unterliegt konstanter Wandlung – Geburt, Entfaltung, Transformation und Verlagerung.

Wir sind durch unsere Gedanken für die Schaffung dieses Universums mitverantwortlich. Die Dritte Erkenntnis erklärt dem Leser, daß alle Dinge buchstäblich eins sind und miteinander in Verbindung stehen. Da alle Energie miteinander in Verbindung steht, ist sie durch das menschliche Bewußtsein und dessen Intention formbar. Unglaublicherweise reagiert diese Energie auf unsere Erwartungen, und unsere Gedanken und Gefühle treten als Energie in diese Welt und beeinflussen andere Energiesysteme.

Schönheit hebt die Energie. In der Dritten Erkenntnis werden wir aufgefordert, uns die Realität dieser universellen Energie anzueignen, indem wir sie in der Natur und in zwischenmenschlichen Beziehungen zunächst einmal beobachten. Für den Anfänger genügt es vorerst, einen Sinn fürs Schöne zu entwickeln, denn sind wir uns der einzigartigen Schönheit der Natur oder eines anderen Menschen bewußt, haben wir automatisch damit begonnen, unsere energetischen Schwingungen in das Kontinuum eines höheren Bewußtseins eintreten zu lassen. Nach der Realisierung der Schönheit eines Objektes oder eines Menschen besteht die nächste Wahrnehmungsstufe darin, die Energie dessen, was wir schön finden, tatsächlich mit eigenen Augen zu sehen.

Uns der Existenz der Energie bewußt zu werden, hebt unsere feinstofflichen Schwingungen. Die Bewußtmachung universeller Energie ist Grundvoraussetzung dafür, an ihr teilzuhaben und sich zum Mitschöpfer der Realität zu machen. Sobald wir *wissen*, daß wir Teil eines lebendigen Systems bisher unsichtbarer Energie sind, verschiebt sich ein wichtiger Grundglaubenssatz, und wir beginnen auf einem feinstofflich höheren Energieniveau zu existieren. Sollten Ihr Herz und Ihr Verstand diese Worte mit einem »Aber natürlich!« kommentieren, so haben Sie mit der Integration der Dritten Erkenntnis bereits begonnen. Für einige Leser kann es zu einer Beschleunigung der Ereignisse und der Synchronizitäten kommen, bei anderen stellen sich vielleicht neue Hoffnungen, neue Klarheit und neues Vertrauen ein. Einige von Ihnen werden durch eine schmerzhafte Zeit der Neuorganisation gehen müssen, bevor Sie sich an den Wiederaufbau machen können. Aber selbst wenn sich die Dinge in Ihrem Leben nicht so schnell verändern, wie Sie es vielleicht gerne hätten, so wird sich auf jeden Fall eine Änderung in Ihrem Sinne bemerkbar machen.

Dabei kann es hilfreich sein, sich die unterschiedlichen Geisteszustände in Ihrem Gehirn wie Frequenzbänder an einem Empfangsgerät vorzustellen. Mit zunehmender Integration höherer Frequenzen, wie Bewußtsein, Dankbarkeit, Schönheit, Integrität, Freude und Vertrauen in Ihr Leben, kommen Sie der universellen Energie näher. Selbst grauer Alltag wird durch das Bewußtsein mit dieser Energie verbunden und spürbar angenehmer. Sollten Sie ab und an Stress ausgesetzt sein, so werden Sie auch diesen besser ertragen können, und es wird Ihnen leichter fallen, mit dem Puls Ihrer spirituellen Führung in Verbindung zu bleiben.

Nehmen Sie sich selbst ernst, zahlen Sie Ihre Miete und teilen Sie Ihre Erfahrungen anderen Gleichgesinnten mit, auf diese Weise schaffen Sie sich eine solide Basis, auf die Sie in Zeiten des Zweifels zurückgreifen können. Jede selbstgewonnene Einsicht und jede Verbindung mit anderen an innerem Wachstum interessierten Menschen ist ein Schritt auf dem Weg zu einem höheren Level. Jede Veränderung macht die darauffolgende weniger schwierig und schmerzhaft.

Zelluläres Bewußtsein

Was hat ein Philodendron mit einem Becher Joghurt gemein? Das 1973 erschienene Buch *Das geheime Leben der Pflanzen* faszinierte seine Leser auf der ganzen Welt mit Beweisen für die außergewöhnlichen Kräfte und Fähigkeiten von Pflanzen. Zu diesen Fähigkeiten gehört unter anderem, daß Pflanzen in der Lage sind wahrzunehmen, was Menschen denken, und dies sogar aus mehreren Kilometern Entfernung (zu diesem Thema werden wir gleich kommen). Obwohl die Suche nach der Ursubstanz des Lebens seit den alten Griechen im Gange ist, wurde die Existenz unsichtbarer, intelligent kommunizierender Energie erstmals in den sechziger Jahren durch die Bioenergetik nachgewiesen.

An jenem schicksalhaften Tag im Jahre 1966 saß der amerikanische Forscher Cleve Backster vor einem Lügendetektor und machte sich zum eigenen Vergnügen daran, sein Galvanometer an die in seinem Büro befindliche Philodendronpflanze anzuschließen. Um eine mögliche Reaktion der Pflanze zu testen, beschloß er, ihre Blätter in seinen Topf mit heißem Kaffee zu tauchen. Da er keine Reaktion registrierte, dachte er sich eine ernstere Bedrohung für die Pflanze aus. Sobald er den Gedanken gefaßt hatte, eines der Blätter mit einem brennenden Streichholz zu mißhandeln, begann das Galvanometer wie wild auszuschlagen. Diese Reaktion führte zu Hunderten von weiteren Experimenten, die schließlich den Beweis dafür lieferten, daß Pflanzen »denken«.

Gewöhnlich befinden sich Pflanzen in Einklang miteinander und scheinen die Bewegungen von Menschen und Tieren in ihrer unmittelbaren Umgebung auf zellulärem Niveau zu registrieren. Als einer der am Projekt beteiligten Forscher eine von zwei Pflanzen mutwillig zerstörte, war die überlebende Pflanze z. B. einwandfrei in der Lage, den Übeltäter unter sechs anderen Menschen auszumachen. In einer Demonstration, die verdeutlichte, daß Pflanzen zur Entdeckung noch subtilerer Gewaltakte in der Lage sind, reagierte das Versuchsobjekt sogar, als einer der Forscher in seiner Gegenwart den Inhalt eines Bechers mit Joghurt verzehrte. Während er ein wenig Konfitüre in seinen Becher rührte, wurden durch das darin enthaltene Konservierungsmittel einige der lebenden Joghurtbazillen abgetötet. Dieses Sterben auf zellulärer Ebene wurde von der Pflanze registriert.[1]

Seitdem hat eine Reihe ernsthafter Untersuchungen die Brücke zwischen herkömmlicher Wissenschaft und Metaphysik geschlagen. In den siebziger Jahren arbeitete der Chemiker Marcel Vogel ausführlich an Experimenten mit Pflanzen, die bewiesen, daß Pflanzen über die Fähigkeit verfügen, menschliche Gedanken und Gefühle zu registrieren. In einer seiner Vorlesungen stellte er fest:

> »Der Mensch ist in der Lage, mit pflanzlichem Leben zu kommunizieren, und tut dies auch bereits. Bei Pflanzen handelt es sich um ... extrem sensible Meßinstrumente für menschliche Emotionen. Sie geben eine für den Menschen nutzbrin-

gende Energie ab, und der Mensch ist in der Lage, diese Energie als Kraftzufuhr auf der Gefühlsebene zu empfinden! Sie speist sich in unser eigenes Kraftfeld, welches wiederum Energie zurück an die Pflanze sendet ... Die nordamerikanischen Indianer waren sich des Vorhandenseins dieser Kräfte bewußt. Bei Bedarf zogen sie sich in die Wälder zurück und lehnten sich mit ausgestreckten Armen an den Stamm einer Kiefer, um sich auf diese Weise mit der Energie der Pflanze aufzuladen.«[2]

Offenbar existiert die Fähigkeit, sich zu erinnern und zu empfinden – die Fähigkeit wahrzunehmen –, sogar auf molekularer Ebene, wie Experimente von Backster und dem Zytologen Dr. Howard Miller auf Zellulärebene zeigten:

»Spermazellen beweisen eine erstaunliche Intelligenz insofern, daß sie scheinbar in der Lage sind, ihren Spender zu identifizieren und auf seine körperliche Anwesenheit zu reagieren, während sie gleichzeitig anwesende andere Männer ignorieren. Diese Beobachtung legte nahe, daß bis hinunter auf das unterste Zellniveau eine Form totaler Erinnerung existiert ... Die Fähigkeit, zu empfinden, macht selbst vor dem zellulären Bereich nicht halt, sie könnte sich sogar bis auf Molekularebene fortsetzen, ja, selbst bis auf die atomare und die subatomare Ebene. Unter Umständen muß alles, was wir bisher als Hirnverbranntheiten betrachtet haben, reevaluiert werden.«[3]

Auch wenn uns diese Kleinstverbindungen nicht bewußt sind, so beginnen wir doch zu realisieren, daß wir Teil einer größeren Intelligenz als der menschlichen sind. Leben, der ewige Fluß lebendiger Energie, ist das Produkt unserer Intention und unserer Aufmerksamkeit und ist durch die auf unserer zellulären DNA gespeicherte Information dazu bestimmt, unsere Bedürfnisse zu erfüllen. Mit erwachendem Bewußtsein aktivieren wir unser Feld und ziehen zu gegebener Zeit an, was wir zum Leben benötigen.

Der Rhythmus der eigenen Entwicklung

Im Verlauf des Romans stellt unser Held häufiger Fragen oder macht Kommentare, weil er den Inhalt der Erkenntnisse und die damit verbundenen Implikationen scheinbar nicht versteht. Möglicherweise geht es Ihnen, selbst nach mehrmaligem Lesen der *Prophezeiungen von Celestine*, ähnlich. Vielleicht möchten auch Sie die Erkenntnisse so schnell wie möglich verstehen und benutzen, um danach mit Ihrem Leben fortzufahren. Anstatt jedoch zu versuchen, den Inhalt der Erkenntnisse zu verfestigen, zu vereinfachen oder sich mit der Aufregung, die sie bei Ihnen verursachen, zu beschäftigen, sollten Sie akzeptieren, daß Sie beim Kennenlernen und bei der Integration dieser Ideen und Erkenntnisse in Ihr Leben einem eigenen inneren Rhythmus unterworfen sind, an den Sie sich halten sollten.

In der Dritten Erkenntnis wird zum Beispiel davon gesprochen, daß wir lernen werden, die bisher unsichtbaren Energiefelder von Pflanzen und Menschen mit bloßem Auge zu sehen. Einige von uns sind dazu bereits in der Lage, andere werden sie in der nächsten Zukunft zu sehen bekommen. Für einige wird dies einfacher sein als für andere. Das wichtigste an der Dritten Erkenntnis ist jedoch die Akzeptanz des Bestehens universeller Energie.

In seinem Buch »Das Abenteuer der Selbstentdeckung« schreibt Stanislav Grof:

>»Holotrope Bewußtseinszustände versetzen den Betrachter häufig in die Lage, verschiedenfarbige, andere Menschen umgebende Energiefelder wahrzunehmen, die den traditionellen Beschreibungen der Auren entsprechen. Oftmals gehen mit diesen Wahrnehmungen spontane und sehr genaue Erkenntnisse über den Gesundheitszustand der betreffenden Person einher. Ich selbst habe Phänomene dieser Art nicht nur bei Menschen, die sich in außergewöhnlichen Bewußtseinszuständen befanden, beobachtet, sondern ebenfalls bei Medien, die in der Lage waren, ihre Fähigkeit zur Wahrnehmung von Auren im Alltagsleben einzusetzen. Die außergewöhnlichen Leistungen des Mediums Jack Schwartz, der aus den Auren seiner Klienten sowohl ihre Krankheitsgeschich-

te ablesen wie auch ihren augenblicklichen Gesundheitszustand diagnostizieren kann, sind von renommierten Medizinern mehrere Male überprüft und bestätigt worden.«[4]

Es spielt keine Rolle, ob Sie die Energie mit den Augen oder auf andere Weise wahrnehmen. Einige Leute interpretieren Energie als eine Art inneres Wissen und drücken es vielleicht mit Worten aus wie: »Ich spüre, daß von diesem Baum eine besondere Kraft ausgeht. Ich spüre, wie seine Wurzeln nach dem Erdmittelpunkt greifen. Ich spüre seine Weisheit und sein hohes Alter.« Oder »Ich empfinde diesen Baum als einen Segen, Schutz und einen Lehrer.« Jemand mit einer höheren Empfänglichkeit für Geräusche sagt vielleicht: »Ich liebe das Knarren der Äste, und ich höre, wie das Flüstern der Blätter mich aufmuntert.«

Machen Sie sich keine Sorgen, falls Sie nicht in der Lage sein sollten, die Energiefelder in der Natur wahrzunehmen. Eines unserer Gruppenmitglieder sagte zu diesem Thema: »Bei der Dritten Erkenntnis angelangt, legte ich das Buch aus den Händen und ging hinunter ins Erdgeschoß, um meine Katze zu betrachten. Ich finde das Tier so schön, daß ich fest überzeugt davon war, seine Energie sehen zu können. Doch so sehr ich mich auch darauf konzentrierte, ich konnte einfach kein Energiefeld entdecken.« Setzen Sie Ihre Experimente fort, so lange Sie wollen, aber denken Sie nicht, Sie würden keine Fort-

> »... der Körper strahlt mehrere unterschiedliche Energieformen ab, von denen jede mit den Instrumenten der westlichen Wissenschaft meßbar ist. Jeder einzelne Körper ist von einer Aura umgeben – Hitzestrahlen, wenn Sie so wollen; diese Hitze kann unter Umständen von einer empfindlichen Hand bereits mehrere Zentimeter vom Körper entfernt wahrgenommen werden. Durch den Gebrauch von hitzeempfindlichen Meßgeräten und Infrarotsensoren erhöht sich dieser Abstand beträchtlich ... Wir existieren in Form sich miteinander verbindender Energiefelder ... und besitzen mannigfaltige Möglichkeiten, um die Energie eines anderen Menschen, auch aus der Entfernung, wahrzunehmen.«[5]
>
> George Leonard,
> *The Ultimate Athlete*

schritte machen, nur weil Sie nicht imstande sind, Energie zu sehen.

Das Herz erwacht mit der Zeit. Damit Ihre Erkenntnisse sich zur Weisheit verdichten können, bedürfen sie vor allem eines fruchtbaren Bodens, in dem sie Wurzeln schlagen und tieferen Halt finden können.

Der fruchtbare Boden

Ein ruhiges Gemüt und ein besonnener Verstand bilden hierfür einen guten Ausgangspunkt. In den *Prophezeiungen von Celestine* bietet die Schönheit der Viciente Lodge einen Zufluchtsort, an dem sich unser Held mit neuer Energie auftanken kann. In dieser für ihn förderlichen Umgebung gelingt es ihm, einigen ihm unterbreiteten Vorschlägen zur Sichtung der Energie nachzugehen, indem er sich auf die Schönheit einer alten Eiche konzentriert. In einem sich mit hoher Geschwindigkeit auf der Stadtautobahn fortbewegenden Wagen wäre diese Aufgabe mit großer Wahrscheinlichkeit schwieriger zu bewältigen gewesen. Sind unsere Intentionen klar, selbst wenn es sich dabei nicht um spirituelle Belange handeln sollte, werden unsere Erwartungen von den Resultaten gewöhnlich weit übertroffen. Wenn Sie die Erkenntnisse des Romans auf Ihr eigenes Leben anwenden wollen, so fragen Sie sich: »Wie kann ich meinen Kontakt zur Schönheit der Natur vertiefen?«

Tägliche, Ihrem inneren Wachstum förderliche Schritte und Angewohnheiten liefern einen fruchtbaren Boden, in dem Ihre Spiritualität Wurzeln schlagen kann. Paradoxerweise gibt es Zeiten, in denen der höchste Grad der Fruchtbarkeit in Form von Auseinandersetzungen und Herausforderungen in unser Leben tritt, Zeiten, in denen unsere frisch gekeimten Ideen auf ihre Stärke geprüft werden. Oder, wie ein Beobachter es so treffend formulierte: »Ich wollte immer nur die Blüte in den Händen halten, ohne der Pflanze Zeit zu lassen, Wurzeln zu schlagen.« Wenn Sie ein wachsendes Bedürfnis nach spiritueller Erfüllung verspüren, so fragen Sie sich, ob Sie jeden Tag genug für sich und die Erfüllung dieses Wunsches tun.

Ihre Energie trifft jeden

In Indien gibt es einen Glauben, nach dem das ganze Dorf die Früchte einer heiligen Person ernten darf. Dr. Patrick Tribble aus Albany in Kalifornien berichtet, wie er die Wirkung der Energie eines Menschen auf andere beobachtete:

»Durch einige glückliche Umstände durfte ich die Bekanntschaft der Malerin Elizabeth Brunner machen, die unter anderem auch eine langjährige Freundin von Gandhi und Nehru war. Ich besuchte die Dame in ihrem Haus, als sie bereits über achtzig Jahre alt war, und stellte mit Erstaunen fest, daß sich ihre Aura ungefähr einhundertzwanzig Meter über ihren Körper hinaus erstreckte. Ich beobachtete das Eintreffen mehrerer Besucher und wie jeder von ihnen in Gegenwart der alten Dame automatisch freundlicher und liebevoller zu werden schien – dies schloß sogar ein paar bekanntermaßen gierige Typen ein. Derartig stark war ihre Hingabe an Gott.«

Viele von Ihnen haben bei der Lektüre der *Prophezeiungen von Celestine* einen starken Energieschub erfahren. Vielleicht sind Ihnen die Erkenntnisse aus dem Buch sogar bekannt vorgekommen. Allein das Auftauchen dieser Resonanz beweist, daß Sie sich bereits auf eine innere Veränderung vorbereitet haben. Vergessen Sie nicht, daß es einige Zeit dauern kann, bis diese Erkenntnisse in einen bereits bestehenden Lebensrahmen integriert sind, und verlieren Sie unterwegs nicht die Geduld.

Sollten Sie den Wunsch verspüren, durch Ihre Arbeit oder Ihr Dasein einen weiterreichenden Beitrag zum Wohlergehen anderer beizusteuern, so senden Sie bereits durch diesen Vorsatz eine Hilfsbereitschaft aus, die das Wachstum neuartiger Gedanken fördert. Ihr Beitrag besteht darin, sich selbst so weit wie möglich zu realisieren. Sie sind ein Energie abgebendes, strahlendes Wesen. Stellen Sie sich die Frage: »Mag und respektiere ich, wer ich bin?«

Energiefelder

In der ersten Hälfte dieses Jahrhunderts tauchten Photographien einer mysteriösen Lumineszenz auf, die von Blättern und unbeweglichen Objekten ausging; ein Abbild der menschlichen Fingerspitzen lieferte uns schließlich den optischen Beweis für etwas, was von Mystikern seit jeher als Aura bezeichnet wurde. Die nach ihren Erfindern, einem russischen Paar, benannte Kirlian-Photographie lieferte nach Meinung vieler ein ausgezeichnetes Abbild des menschlichen Energiefeldes. Während der siebziger Jahre führte die Untersuchung eines führenden Kristallexperten, William A. Tiller von der Universität in Stanford, zu der spekulativen Behauptung, daß »die Quelle der energetischen, aus einem Blatt oder einer menschlichen Fingerspitze austretenden Strahlungen etwas ist, was *vor der eigentlichen Manifestation der festen Materie bereits präsent war* ... hierbei kann es sich um eine andersartige Form der Materie handeln, die ein holographisches, kohärentes, energetisches Muster eines Blattes liefert, welches als Kraftfeld zum eigentlichen Aufbau und zur Übertragung von Materie in dieses physikalische Netzwerk dient.«[6]

> »In über siebzehnhundert Experimenten ist demonstriert worden, daß die DNA in lebendigen Zellen durch Energieübermittlung in Form von Licht mit anderen Zellen in ihrer Nähe zu kommunizieren imstande ist. Diese Tatsache legt nahe, daß Zellen unabhängig von ihrer Biochemie und unabhängig von ihrer Zugehörigkeit zu Organsystemen, wie Kreislauf, Nervensystem oder Immunsystem, in der Lage sind, miteinander zu kommunizieren.«[7]
>
> Leonard Laskow,
> *Healing With Love*

Mit dem Ende der letzten Dekade des zwanzigsten Jahrhunderts setzt sich die Suche nach Beweisen für das Unaussprechliche fort. Obwohl die Mehrzahl dieser esoterischen Forschungsprojekte für die meisten Leser an der Peripherie ihres Alltages angesiedelt sein dürfte, ist es durchaus möglich, daß die dort gemachten Entdeckungen uns durch das kollektive Unterbewußtsein erreichen (unser System der Telekommunikation), gerade so, als würden wir Botschaften auf einem Anrufbeantworter empfangen. Diese unterbewußten Verschiebungen in unserem Weltverständnis bereiten den fruchtbaren Boden, in dem die Erkenntnisse aus dem Manuskript ihre Wurzeln schlagen können.

Die Energie reagiert auf unsere Erwartungen

Informationen scheinen die Eigenschaft zu haben, uns genau dann zu erreichen, wenn wir sie brauchen. Genauer gesagt, besteht Information aus einem ständig fließenden Strom, und unsere Intention setzt jeweils einen Selektionsprozeß in Gang, der sich dann als relevant für unsere Bedürfnisse erweist.

Haben wir eine höhere, feinstoffliche Schwingung erreicht, gelangen Informationen gewöhnlich in immer kürzer werdenden Abständen zu uns. Nutzen wir unsere Talente und Fähigkeiten mit der richtigen Intention, so tauchen vermehrt Angebote auf.

Sollten Sie im Augenblick keinen derartigen Informationsschwall verspüren, so verlagern Sie Ihre Intention darauf, daß Ihnen der Weg zurück auf Ihren Pfad gezeigt wird. Achten Sie an diesem Tag besonders auf das Eintreffen und Auftreten von Menschen und Informationen, die mit Ihrer Intention in Zusammenhang stehen könnten. Die Aufnahmefähigkeit für das Auftauchen eines Phänomens zu erhöhen, erhöht ebenfalls die ohnehin vorhandene Tendenz des Phänomens, sich zu manifestieren.

Erinnern Sie sich an eine Unternehmung oder ein Projekt, an dem Sie wirklich Spaß hatten? Haben Sie dabei einen Flow-Zustand erfahren? Wie kam damals eins zum anderen? Haben Freunde Ihnen zunächst Bücher und Fakten oder Informationen aus anderen Quellen zukommen lassen? Gewöhnlich manifestieren Dinge sich durch eine Kombination von bewußter Absicht und unbewußter Anziehung.

Nehmen wir einmal an, Sie hätten sich entschieden, auf Ihrem Balkon oder Ihrer Terrasse einen Garten anzulegen und wollten sich deshalb einige Topfpflanzen anschaffen. Sie erinnern sich daran, daß eine Ihrer Freundinnen einen »grünen Daumen« hat, und bitten sie dabei um ihre Hilfe. Ihre Bekannte begeistert sich ebenfalls für das Vorhaben, und allmählich bekommen Sie ein Konzept davon, wie der Garten aussehen soll. Ihre Erwartungshaltung wächst. Während Sie mit dem Wagen durch Ihre Nachbarschaft fahren, nehmen Sie die Pflanzen in Ihrer näheren Umgegend, vielleicht zum ersten Mal, bewußt wahr. Die Pflanzen scheinen förmlich »aktiviert« worden zu sein. Versteckt in einer Ecke, entdecken Sie in einer Fachhandlung für Setzlinge plötzlich einen Satz spanischer Keramiktöpfe. Vor einem Monat noch hätten Sie vermutlich nicht einmal die Fachhandlung wahrgenommen – ihr Verstand hatte für diese Wahrnehmung noch keine Notwendigkeit postuliert. Seltsamerweise ziehen kurz darauf Ihre Nachbarn um und hinterlassen Ihnen den Kräutergarten. Zu Ihrem Geburtstag bekommen Sie zwei Geranien und einen Limonenbaum. Und kurz darauf, vielleicht anläßlich eines besonders schönen Sonnenunterganges, werden Sie sich umschauen und feststellen, daß der Traum von einem blühenden Garten auf Ihrem Balkon Wirklichkeit geworden ist.

Ihr Leben in diesem Augenblick ist ein vollständiges Abbild Ihrer gegenwärtigen Gedanken, Ihrer Denkweise und der Reaktionen Ihrer Vergangenheit.

Suchen Sie im Tagesablauf nach Informationen

Wir können nicht voraussagen, wann und in welcher Form wir Informationen von der universellen Energie erhalten werden. Eine unserer Bekannten erhielt nach sechs Monaten Dienst als Krankenhausärztin die Nachricht, daß sie mit der Leitung der Psychiatrischen Abteilung beauftragt werden sollte. Man hatte sie bei der Beförderung einem Kollegen vorgezogen, und für einen Moment wurde sie von schweren Zweifeln geplagt, ob sie überhaupt in der Lage sein würde, die neue Verantwortung zu übernehmen. In diesem Augenblick rief ein ehemaliger Kollege von ihrer vorherigen Arbeitsstelle an und verwickelte sie in eine freundliche Unterhaltung. »Ich habe Ihnen nie gesagt, wie sehr wir Ihre Mitarbeit bei der Schaffung unseres neuen Programmes während des letzten Jahres geschätzt haben. Durch Ihre Anwesenheit haben Sie einen völlig neuen Wind in den Laden gebracht. Sie fehlen uns!«

Die Ärztin hätte den Anruf als Routinefall ablegen oder aber ihn als Zeichen dafür werten können, daß sie sich auf dem rechten Weg befand und sich keine Sorgen zu machen brauchte.

Tragen Sie versuchsweise ihr Tagebuch für drei volle Tage bei sich und schreiben Sie alle wichtigen Botschaften und Erkenntnisse auf, die Sie aus alltäglichen persönlichen Begegnungen mit Menschen oder Telefongesprächen gewinnen. Die dabei zutage tretenden Muster könnten Sie in großes Erstaunen versetzen.

Vorsicht vor Energielöchern

Auch wenn Sie bereits gelernt haben, besonderen Wert auf das Positive in Ihrem Leben zu legen oder sich bereits einer positiveren Ausdrucksweise bedienen, so kann es immer wieder zum Auftreten von Energielöchern kommen, die Ihnen bei der Weiterentwicklung zunächst hinderlich scheinen. Ärger, Furcht, Ressentiments, Unnahbarkeit, Skeptizismus und Opferverhalten, gar nicht zu reden von gewöhnlichen Erschöpfungszuständen, bilden für die meisten von uns feste Bestandteile des Alltags. Besonders wenn Sie gerade im Begriff stehen, ein Bewußtsein über die höhere Bedeutung Ihres Lebens zu gewinnen, kann es verstärkt zum Auftreten und intensiven Erleben dieser Zustände kommen.

Im Lauf des Romans stürzt unser Held einige Male in diese sogenannten Energielöcher, er ist verwirrt, hat Entscheidungsschwierigkeiten oder reagiert auf seine Umwelt mit Furcht, innerer Unruhe und Mißtrauen; alles Zeichen für ein Absinken der Energie. Fast jeder Mensch macht diese Phasen durch. Was können wir in solchen Fällen tun?

Nehmen Sie Verbindung mit Ihrer augenblicklichen Energie auf

Bemerken Sie ein Absinken Ihres Energiehaushaltes, so nehmen Sie als erstes Kontakt mit Ihrem Körper auf, um herauszufinden, was genau Sie eigentlich fühlen. Oftmals hilft es, diese Gefühle in Ihrem Tagebuch niederzuschreiben. Eine unserer Mitarbeiterinnen erzählte uns folgende Geschichte: »Neulich wurde ich bei der Arbeit von einem starken Anfall innerer Unruhe überwältigt, ohne daß ich die Ursache dafür herausgefunden hätte. Ich war für eine Kollegin eingesprungen und konnte mich deshalb nicht so ohne weiteres einfach von ihrem Schreibtisch entfernen. Mein Tagebuch befand sich in der Schublade meines eigenen Schreibtisches, deshalb machte ich meine Notizen auf der Rückseite eines Briefumschlages. Ich merkte schließlich, daß meine Unruhe eine Reaktion auf die Furcht davor war, mit der Fernsprechanlage auf dem Tisch meiner Kollegin nicht klarzukommen. Ich fürchtete mich davor, die Anlage nicht richtig bedienen zu können, sollten mehr als zwei Anrufe auf einmal eingehen. Die tiefere Angst hinter diesem Anfall lag darin, daß ich die Arbeitsstelle neu angetreten hatte und fürchtete, einen Fehler zu machen, durch den ich die Arbeit wieder verlieren würde. Ich betete darum, daß die Telefone nicht alle auf einmal klingeln würden, und mein Gebet wurde erhört! Es scheint, als ob in letzter Zeit selbst meine kleinsten Gebete erhört werden.«

Atmen Sie tief und ruhig weiter

Oftmals genügt es, sich zur Beruhigung einige Minuten auf den eigenen Atem zu konzentrieren.

Sollten Sie sich sehr erschöpft fühlen, so setzen Sie sich ruhig hin und stellen Sie sich vor, daß ein dickes Kabel vom unteren Ende Ihrer Wirbelsäule bis tief in die Erde reicht. Stellen Sie sich vor, wie Sie durch diese Verbindung die kraftvolle Energie der Erde in sich ziehen, bis hinauf in Ihren Brustkorb. Dann stellen Sie sich vor, wie sich Ihr Schädel öffnet, um einem silbernen Verbindungskabel den Weg in den Himmel zu ermöglichen. Lassen Sie durch dieses Kabel heilsame und erfrischende Energie in Ihren Brustkorb strömen und diese sich mit der Energie der Erde verbinden. Bereits kurze Zeit später sollte sich eine Veränderung in Ihrem Energiehaushalt bemerkbar machen.

Bei anderen Gelegenheiten, zum Beispiel im Verlauf eines hitzigen Wortgefechtes, werden Sie nicht wissen, wohin mit Ihrem Energieüberschuß. Wollen Sie sich beruhigen, so können Sie einen separaten Raum oder einen neutralen Ort aufsuchen und sich dort mit geschlossenen Augen eine Weile niederlassen. Wieder könnte die Visualisierung des vom Ende Ihrer Wirbelsäule in die Erde führenden Kabels von Nutzen sein, diesmal, um überschüssige Energie in die Erde abzuleiten.

Die Meister östlicher Weisheitslehren haben die Fähigkeit, Energie durch Atmen zu gewinnen, perfektioniert, und es gibt zahlreiche ausgezeichnete Bücher über uralte Techniken wie Pranayama und Qui Gong. Vielleicht sollten Sie sich in einer dieser Techniken üben. Beachten Sie dazu auch unsere Literaturliste am Ende des Kapitels.

Ein fünf- oder zehnminütiger Spaziergang kann im Fall des Energiemangels wie auch bei Energieüberschuß wahre Wunder wirken.

Bringen Sie Licht hinzu

Eine einfache Übung, mit deren Hilfe Sie sich selbst Energie zuführen oder ein Problem lösen können, besteht in der Vorstellung, sich mit Licht zu umgeben. Diese Methode ist besonders wirksam, wenn Sie keine Aufmerksamkeit auf sich ziehen wollen. Schließen Sie Ihre Augen (oder halten Sie Ihre Handballen gegen die geschlossenen Augenlider). Stellen Sie sich vor, wie ein großer Lichtschwall sich über Ihren Körper ergießt und Sie einhüllt. Genießen Sie dieses innere Sonnenbad. Fühlen Sie, wie warm und strahlend dieses Licht ist. Stellen Sie sich vor, daß der gesamte Raum von diesem Licht erfüllt wird. Lassen Sie dieses Bild für einige Minuten wirken und stärker werden. Führen Sie dieses Experiment für die Dauer einer Woche mehrere Male am Tag durch und achten Sie auf Veränderungen bei sich und den Menschen in Ihrem Umfeld. Auch sie bekommen etwas von dem Licht und der Energie ab, ob sie es wissen oder nicht!

Zusammenfassung der Dritten Erkenntnis

Die Dritte Erkenntnis beschreibt das Universum als ein Feld sich ständig verändernder Energie. Wir können die Gegenstände in unserer Umgebung nicht länger als bloße materielle Objekte wahrnehmen. Die jüngsten Erkenntnisse der Physik und ihre Synthese mit östlichen Weisheitslehren erschließt uns das Universum als riesiges Energiefeld, eine Quantenwelt, in der alle Phänomene miteinander verbunden sind und aufeinander reagieren. Durch die Weisheit der östlichen Religionen wissen wir, daß der Mensch Zugang zu dieser universellen Energie hat. Wir sind in der Lage, sie durch Gedanken und Intention nach außen zu projizieren und dadurch die eigene Realität ebenso wie die anderer zu beeinflussen.

Zur weiteren Lektüre empfohlen:

Fritjof Capra: *The Tao of Physics: An Exploration of the Parallels between Modern Physics and Eastern Mysticism.* 1991
Michlo Kaku: *Hyperspace.* 1994
Paul Devereux: *Secrets of Ancient and Sacred Places: The World's Mysterious Heritage.* 1992
The Findhorn Garden: A Journey Into the Holiest Lands. 1976
Sarah Osmen: *Sacred Places: A Journey Into the Holiest Lands.* 1991
Courtney Milne: *The Sacred Earth.* 1991

Einzelstudium zur Dritten Erkenntnis

Erhöhen Sie Ihre Bereitschaft, Schönheit wahrzunehmen

In den nächsten ein oder zwei Monaten sollten Sie sich vornehmen, einen Park, eine Kirche, einen Tempel oder ein Museum aufzusuchen (besonders zu Zeiten, wo diese Orte nur spärlich besucht und deshalb ruhig sind). Was für Gefühle haben Sie an diesen Orten?

Reservieren Sie einen Abend in der Woche für einen beschaulichen Spaziergang durch einen besonders schönen Teil Ihrer Nachbarschaft. Setzen Sie den Abend in dieser Stimmung und ohne den Fernseher einzuschalten fort. Fühlen Sie sich am darauffolgenden Tag anders als sonst? Vergleichen Sie Ihre Energie mit der, die Sie verspüren, wenn Sie sich in einem Supermarkt oder an einer Tankstelle aufhalten!

Machen Sie es sich zur Angewohnheit, sich einmal am Tag mit etwas Schönem in der Natur zu verbinden. Betrachten Sie z. B. eine Blume aus unmittelbarer Nähe.

Verbinden Sie sich mit der Energie der Natur

Wie lange ist es her, seit Sie sich das letzte Mal in einem Wald oder einem öffentlichen Park aufgehalten haben? Möglicherweise leben Sie in der Nähe eines Flusses, eines Sees oder des Meeres, nehmen sich aber nie die Zeit, diese Orte auch aufzusuchen. Treffen Sie eine feste Verabredung mit der Natur, um sich dort aufzutanken.

In der Natur angekommen, können Sie das Experiment aus dem Roman versuchen. Lassen Sie sich an einem schönen Ort in bequemer Stellung nieder und richten Sie Ihre Aufmerksamkeit auf die Schönheit eines außergewöhnlich geformten Baumes oder einer besonderen Pflanze. Erscheint Ihnen eine Pflanze schöner als die andere?

Die beste Zeit, um das scheinende Lichtband um einen Baum oder eine Pflanze herum wahrzunehmen, ist die Morgendämmerung oder die Zeit unmittelbar vor Sonnenuntergang. Lassen Sie Ihren Blick ein wenig verschwimmen, während Sie ihn auf die Konturen der Pflanze gerichtet halten.

Bleiben Sie ruhig sitzen und erfassen Sie das lebendige Wesen vor Ihren Augen in all seiner Pracht. Atmen Sie die Schönheit ein und füllen Sie Ihren Körper damit an. Lassen Sie Ihren Körper mit dem Anblick dieser Schönheit wachsen. Stellen Sie sich vor, daß Sie mit der Pflanze verbunden sind. Spüren Sie ihre Lebensenergie. Fahren Sie fort, die Energie der Pflanze zu absorbieren und lassen Sie Ihren Blick verschwommen, bis Sie ein bläuliches Lichtband erkennen. Sollte es nicht auftauchen, tun Sie für einen Augenblick so, als würden Sie es tatsächlich sehen können.

Betrachten Sie die Energie in Ihren Händen

Mit Hilfe des folgenden Experimentes können Sie versuchen, das Energiefeld Ihrer eigenen Hände sichtbar zu machen. Begeben Sie sich dazu in eine bequeme Position, von der aus Sie den blauen Himmel sehen können. Führen Sie die Spitzen Ihrer Zeigefinger zusammen. Behalten Sie den blauen Himmel als Hintergrund im Blickfeld. Jetzt entfernen Sie die Fingerspitzen etwa einen Zentimeter voneinander und betrachten den entstandenen Raum dazwischen. Lassen Sie Ihren Blick ein wenig verschwimmen und bewegen Sie die Fingerspitzen dann abwechselnd näher zusammen und wieder auseinander. Schauen Sie auf den Abstand zwischen Ihren Fingern. Lassen Sie Ihre Fingerspitzen leicht verschwimmen. Sie sollten jetzt in der Lage sein, zwischen Ihren Fingerspitzen feine rauch- oder nebelartige Fäden wahrzunehmen.

Sie können auch Ihre Handflächen oder Ihre Unterarme nahe zusammenbringen und das Auftauchen der Energiestreifen zwischen den beiden Teilen Ihres Körpers beobachten.

Wie Sie die Energie von Menschen oder Pflanzen sehen können

Es ist einfacher, Energiefelder zu sehen, wenn Sie die Einzelheiten einer Form oder eines Gesichtes vor Ihren Augen verschwimmen lassen. Befinden Sie sich in einem Gebäude, dämpfen Sie das Licht und plazieren Sie die Person oder das Objekt vor einen hellerleuchteten oder tiefschwarzen Hintergrund. Betrachten Sie die Umrisse eines Freundes gegen den Himmel und versuchen Sie, das schimmernde Lichtband um seinen Körper zu erkennen. Auf jeden Fall sollten Sie die Augen zukneifen, um Ihre Sicht ein wenig unscharf werden zu lassen.

Fühlen Sie die Energie in Ihren Händen

Reiben Sie für die Dauer von ein bis zwei Minuten Ihre Handflächen fest gegeneinander und halten Sie die Hände dann in leichter Krümmung zusammen, bis Sie ein leichtes Kribbeln in dem Raum dazwischen verspüren. Verändern Sie allmählich den Abstand zwischen Ihren Handflächen. Stellen Sie sich vor, daß Sie zwischen Ihren Händen einen strahlenden Lichtball halten würden. Spüren Sie seine Präsenz und seine Dichte, während Sie ihn langsam zwischen Ihren Händen bewegen. Sie können diesen Ball jetzt durch reine Konzentration an jede Stelle Ihres Körpers legen und sich dort Energie zuführen, die Ihnen z. B. bei einer Heilung behilflich sein kann.

Energiezufuhr in den eigenen vier Wänden

Sind Sie mit den unterschiedlichen energetischen Vorgängen in Ihrem Körper erst einmal ein wenig besser vertraut, so werden Sie zunehmend darangehen, Ihre Energie zum richtigen Zeitpunkt auf die richtige Weise anzuheben. Das muß weder kompliziert sein noch etwas kosten. Leben Sie im Augenblick, nicht in der Vergangenheit oder der Zukunft, und schon hebt sich Ihr Energielevel. Die wichtigste Zutat bei der Erhöhung Ihres Energiehaushaltes ist ein ausgeprägtes Bewußtsein des jeweiligen Augenblicks. Versuchen Sie es zur Hebung des Energiehaushaltes außerdem mit folgenden Vorschlägen:

- Atmen Sie bewußt in alle Teile Ihres Körpers ein.
- Machen Sie fünfzehn Minuten lang Yoga-Dehnübungen.
- Hören Sie Ihr Lieblingsband mit Naturgeräuschen oder Trommelmusik.
- Genießen Sie die Schönheit eines frischen Blumenstraußes.
- Arbeiten Sie im Garten.
- Genießen Sie eine besonders schöne Aussicht in Ihrer Nachbarschaft.

- Meditieren Sie, um Ihr Gemüt zu beruhigen, und nehmen Sie dann ein Bad in Ihrem inneren Licht.
- Tanzen Sie.

Energiezufuhr am Arbeitsplatz

- Konzentrieren Sie sich. Stellen Sie sich vor, daß Sie mit der Energie aus Erde und Himmel verbunden sind. Nehmen Sie ein Bad in Ihrem inneren Licht.
- Bewahren Sie persönliche Gegenstände wie Photos, positive Bestätigungen oder Zitate aus spirituellen Quellen in Ihrem Schreibtisch auf.
- Machen Sie es sich zur Angewohnheit, nach dem Mittagessen spazierenzugehen. Lenken Sie Ihre Aufmerksamkeit dabei auf das Schöne in Ihrer Umgebung und auf die Menschen darin.
- Machen Sie alle paar Stunden einige Streckübungen.
- Wässern Sie in aller Ruhe eine Pflanze und lauschen Sie dabei auf das Plätschern des Wassers.
- Sorgen Sie dafür, daß sich auf Ihrem Schreibtisch immer frische Blumen befinden, und lassen Sie ihre Schönheit für die Dauer von einigen Minuten auf sich wirken.
- Spielen Sie, wenn möglich, ein Band mit Naturgeräuschen in Ihrem Büro ab.

> »Wenn es darum geht, liebevolle Energie zu übermitteln, kann nichts schiefgehen ... in den feinstofflichen Bereichen ist Intention gleichbedeutend mit Aktion.«[8]
>
> Leonard Laskow
> *Healing With Love*

Arbeitsgruppe zur Dritten Erkenntnis

Session 6

Dauer: 2 Stunden 30 Minuten

Zweck: Festzustellen, wie die anderen Gruppenmitglieder die Dritte Erkenntnis verstanden haben, sowie Erfahrung im Umgang mit der Energie zu sammeln.

Anmerkung: Sorgen Sie dafür, daß jemand aus der Gruppe einen schönen Gegenstand mitbringt – einen Blumenstrauß oder eine kleine Topfpflanze, eine Schale mit Früchten oder andere Naturgegenstände, die von besonderem Interesse sein könnten.

Einleitung

Geben Sie den Gruppenmitgliedern ein paar Minuten, um eventuell gewonnene Einsichten, aufgetretene Fügungen oder von der letzten Zusammenkunft Offengebliebenes zu besprechen. Achten Sie dabei darauf, daß hauptsächlich im Zusammenhang mit den Erkenntnissen aus dem Buch gesprochen wird.

Übung 1: Die Diskussion der Dritten Erkenntnis

Dauer: 30 Minuten

Zweck: Herauszufinden, was wir von der Dritten Erkenntnis halten und wie die anderen Gruppenmitglieder sie verstehen.

Anweisungen: Lassen Sie eines der Gruppenmitglieder die Zusammenfassung der Dritten Erkenntnis bis zum Abschnitt über zelluläres Bewußtsein auf Seite 363 ff. vorlesen und bedienen Sie sich im Anschluß daran folgender Diskussionsvorschläge:

– Was ist den Gruppenmitgliedern beim Lesen der Dritten Erkenntnis im Roman aufgefallen?
– Wie viele der Anwesenden stehen dieser Idee kritisch gegenüber? Weshalb? Wie viele hatten keine Probleme mit diesem Kapitel?
– Haben einzelne Gruppenmitglieder bereits Energie gesehen? Wie ist es dazu gekommen?
– Haben einige der Gruppenmitglieder diese Energiefelder bereits als Kinder wahrgenommen?
– Welche Methoden verwenden einzelne Gruppenmitglieder zur Anhebung ihrer Energie daheim? Bei der Arbeit?
– Welche der Anwesenden unternehmen regelmäßig Spaziergänge in der freien Natur?

– Welche Bücher über die Natur der Energie und den Umgang
  mit Energie sind unter den Gruppenmitgliedern bekannt?

Sobald die Diskussion abgeschlossen erscheint, schreiten Sie
zur nächsten Übung fort.

Anmerkung: Die Wirksamkeit der folgenden Übung kann
durch einen geeigneten musikalischen Hintergrund oder ein
Band mit Naturgeräuschen wie Vogelstimmen oder Meeresrau-
schen noch verstärkt werden.

Übung 2: Die Erhöhung der Bereitschaft, Schönheit wahr- zunehmen

Dauer: 5–10 Minuten zur Beobachtung, 10 Minuten Tagebuch-
eintrag und 20 Minuten Austausch und Diskussion.

Zweck: a) Öffnung für die Schönheit der Dinge unmittelbar vor
unseren Augen; b) sich mit der Schönheit zu verbinden und unser Bewußtsein auf eine höhere Ebene zu befördern und somit
unsere Verbindung zu einer spirituellen Energieform zu verstärken; c) die Verstärkung der Fähigkeit, Energie zu sehen; d)
festzustellen, auf welche Weise wir unsere eigenen Qualitäten
auf Objekte projizieren.

Anweisungen:

Schritt 1: Wählen Sie eines der mitgebrachten Objekte aus und
            plazieren Sie es im Raum so, daß jeder es sehen
            kann.

Schritt 2: Ein oder eine Freiwillige/r leitet die folgende Medi-
            tation für die Gruppe an, indem er oder sie die fol-
            genden Schritte laut vorliest. Beginnen Sie mit der
            kurzen Entspannungsmeditation auf Seite 354, um
            die Energie der Gruppe zu sammeln.

Schritt 3: Nach erfolgter Entspannungsmeditation wenden Sie
            Ihre Aufmerksamkeit langsam dem von Ihnen aus-
            gewählten Objekt zu.

Schritt 4: Machen Sie sich die Schönheit seiner Form, die In-
            tensität seiner Farben, das Licht auf seiner Oberflä-
            che und die besonderen Qualitäten des Gegenstan-

des bewußt. Was genau macht diesen Gegenstand einzigartig?

Schritt 5: Nehmen Sie die Essenz des Objektes vollständig in sich auf. Absorbieren Sie die herausragendsten Qualitäten des Gegenstandes, so als wären Sie buchstäblich in der Lage, diese einzuatmen.

Schritt 6: Betrachten Sie auch minutiöse Details und beachten Sie dabei, wie jedes von ihnen zur Gesamterscheinung des Gegenstandes beiträgt. Schauen Sie sich jetzt das Objekt in Gänze an und nehmen Sie es in seiner vollen Pracht zur Kenntnis, selbst wenn es sich dabei nur um einen kleinen oder scheinbar unbedeutenden Gegenstand handelt. Wechseln Sie zwischen detaillierter Betrachtung und einem Blick auf die Gesamterscheinung. Versuchen Sie sodann, sich das Objekt als großen, den ganzen Raum vor Ihnen erfüllenden Gegenstand vorzustellen. Lassen Sie es danach wieder auf normale Größe schrumpfen.

Schritt 7: Lassen Sie Ihren Blick leicht verschwimmen und versuchen Sie, den Schein um den Gegenstand herum wahrzunehmen. Gelingt es Ihnen, irgendeine von dem Objekt ausgehende Strahlung wahrzunehmen?

Schritt 8: Fragen Sie sich schließlich: »In welcher Weise entspreche ich diesem Gegenstand?«

Schritt 9: Nachdem Sie den Gegenstand einige Minuten lang betrachtet haben, wird Ihnen das Absinken Ihrer Energie mitteilen, daß Sie die Betrachtung beendet haben. Schreiben Sie die wichtigsten Dinge, die Ihnen an dem Objekt aufgefallen sind, nieder. Beantworten Sie ebenfalls die Frage: »In welcher Weise entspreche ich diesem Gegenstand?«

Schritt 10: Jedes Gruppenmitglied sollte Gelegenheit bekommen, seine Beobachtungen und Gefühle mitzuteilen und niederzuschreiben. *Achten Sie darauf, daß die wahrgenommene Schönheit eines Objektes den inneren Qualitäten des- oder derjenigen entspricht, dem es bei der Betrachtung als besonders schön auffällt.*

Übung 3: Ein bewußtes Eßerlebnis

Dauer: Ungefähr 5 Minuten zum Verzehren der Orange und 10 Minuten, um das Erlebnis mit den anderen zu teilen.

Zweck: Sich bewußt zu machen, daß das Verzehren von Nahrung mehr bedeutet, als die bloße Zuführung von Nährstoffen. Wieder zu erfahren, was die einfachen Dinge im Leben bedeuten und wie sie Ihr Leben bereichern können.

Anweisungen:
–   Verteilen Sie an jedes Gruppenmitglied eine Orange.
–   Essen Sie Ihre Orange und achten Sie dabei besonders auf den Geruch, den Geschmack, die Beschaffenheit der Frucht, ihre Energie und das Geräusch beim Verzehren der Orange. Nehmen Sie die Energie der Frucht auf.
–   Was haben Sie durch diese Erfahrung gelernt?

Übung 4: Gegenseitige Wertschätzung

Dauer: Ungefähr 10 Minuten

Zweck: Die Schönheit und Energie eines anderen Menschen zu erkennen.

Anweisungen: Für diese Übung sollten Sie einen ruhigen musikalischen Hintergrund wählen und die Beleuchtung im Raum dämpfen. Die Gruppenmitglieder setzen sich zu Paaren geordnet einander gegenüber, so daß sich wenigstens einer der beiden vor einem dunklen Hintergrund befindet. Schweigen Sie während des gesamten nun folgenden Vorgangs. Nach sieben oder acht Minuten sollte jemand ein vorher vereinbartes Zeichen geben, damit sich die Paare in Ruhe voneinander trennen können.

Schritt 1:   Konzentrieren Sie sich auf die Einzigartigkeit Ihres Gegenübers. Erfassen Sie die Einzigartigkeit und Schönheit seines Wesens.
Schritt 2:   Visualisieren Sie, daß Sie Licht an Ihr Gegenüber sen-

den und ihn oder sie in einem warmen, hellen und energetisierenden Glanz baden.

Schritt 3: Konzentrieren Sie sich auf die hervorstechenden Eigenschaften Ihres Gegenübers und fahren Sie dabei fort, ihn oder sie als schönes und strahlendes Lebewesen zu erfahren.

Schritt 4: Trennen Sie sich nach vier oder fünf Minuten allmählich von der Beschäftigung mit der anderen Person und danken Sie einander.

Schritt 5: Bitten Sie die Anwesenden darum zu beschreiben, was jeder im Verlauf der vorangegangenen Übung für Erfahrungen gemacht hat.

Abschluß:

Anfragen nach Hilfe. Übersendung liebevoller Energie an alle Anwesenden.

Weitere Studien: Gruppenmitglieder, die ihr Vermögen zur Wahrnehmung pflanzlicher Energie oder der Energie bei Menschen verfeinern wollen, sollten noch einmal das Einzelstudium zur Dritten Erkenntnis vornehmen.

Wie man sich den Inhalt der Dritten Erkenntnis zunutze machen kann:

- Verbringen Sie in der kommenden Woche Zeit in der freien Natur.
- Üben Sie sich darin, sich mindestens einmal in der Woche auf einen Baum oder eine Pflanze zu konzentrieren, und stellen Sie sich ein um die Pflanze befindliches Lichterband vor.
- Versuchen Sie, Ihre unmittelbare Umgebung durch kleine Veränderungen zu verschönern.
- Achten Sie während des Tages auf Energieverlagerungen und machen Sie sich mindestens einmal täglich bewußt daran, Energie aufzubauen.
- Üben Sie sich darin, die Schönheit in Ihren Freunden, Ihrer Familie und Ihren Mitarbeitern zu sehen.

KAPITEL 4

Der Kampf um Macht

*Nachdem sie die traumhafte Abgeschiedenheit der Viciente Lodge
hinter sich gelassen haben, setzen unser Held und Wil ihre Reise
in die höher gelegenen Bergregionen der Anden fort. »Halte die
Augen offen«, sagt Wil, »ab jetzt werden verstärkt Fügungen auftreten.« Wie auf Absprache machen die beiden zur Nacht Rast
und werden Zeugen einer brisanten Familienszene am Eßtisch
ihrer Gastgeber. Gerade als unser Abenteurer sich mit der Idee
vertraut macht, daß zwischen Menschen Energie fließt, treffen Wil
und er auf einen Psychologen, der sich auf zwischenmenschliche
Konflikte spezialisiert hat. Unser Held hat Gelegenheit, die Bewegung der Energie am eigenen Leib zu erfahren, als er sich abwechselnd von Marjorie bezaubern und von Jensen, einem Ar-
chäologen, der ebenfalls Jagd auf das Manuskript macht,
verhören läßt. Je weiter er sich in den Einflußbereich von Jensen
begibt, desto stärker läßt sich unser Held verwirren und wird
schließlich immer ratloser, was seine nächsten Schritte angeht.
Gerade noch rechtzeitig tritt Wil auf den Plan, um ihn zur Fortsetzung der Suche nach den restlichen Erkenntnissen zu bewegen.*

Die Vierte Erkenntnis

Die Vierte Erkenntnis lehrt, daß Menschen miteinander im
Wettstreit um Energie stehen und daß diese Tatsache Einfluß
auf jede zwischenmenschliche Begegnung hat. Am besten können wir uns die Natur dieses Wettstreits verdeutlichen, indem
wir unsere und die Interaktionen anderer beobachten und dadurch die Natur des menschlichen Konfliktes verstehen lernen.

388

Je stärker wir uns dieser zwischenmenschlichen Dynamik bewußt werden, desto deutlicher erkennen wir, daß auf diese Weise gewonnene Energie gewöhnlich nicht lange vorhält. Allmählich gelangen wir zu der Realisation, daß die wahre Energie aus einer universellen Quelle stammt. Es besteht keinerlei Notwendigkeit, sich durch eine andere Person Energie zu verschaffen.

Mit zunehmendem Bewußtsein darüber, wie *wir* versuchen, andere zu kontrollieren, zu unterminieren, zu übervorteilen und ihnen zu gefallen, beginnen wir ebenfalls damit, dieses Verhalten abzubauen.

> »Das Bedürfnis zu kontrollieren und die geradezu suchterregende Suche nach Dominanz ist eine universelle Suche, die darauf zielt, von der inneren Leere abzulenken. Wegen ihres Umfanges und weil sie die Grundlage für jede Form schädlicher Abhängigkeit darstellt, hat sie sich mit Recht die Bezeichnung Haupt-Sucht erworben.«[1]
> Philip Kavanaugh, M.D., *Magnificent Addiction*

Der Kampf um Macht

Unser Kampf um Macht beginnt, sobald wir mit lautstarkem Geschrei unseren Eintritt in diese Welt ankündigen.

Unser angeborener Überlebensinstinkt wird von psychologischen und spirituellen Bedürfnissen nach Sicherheit, Intimität, finanziellem Wohlergehen, einem Zugehörigkeitsgefühl, Anerkennung und dem Wunsch nach Kontrolle über unser eigenes Leben begleitet. Der Versuch, diese Bedürfnisse zu balancieren, liegt auf dem Grund all unserer Unternehmungen in der äußeren Welt. Bleibt eines dieser Bedürfnisse unbefriedigt, so setzen wir gewöhnlich alles daran, um es zu befriedigen.

Frühe Kindheit

Das Bedürfnis, »Kontrolle ausüben zu müssen«, um Energie zu erhalten, entstammt unserer frühesten Kindheit. Als Kinder sind wir, nur um zu überleben, auf die Fürsorge Erwachsener angewiesen, und so entwickelt jedes Kind seine eigenen Methoden, um Energie aus dem System Familie an sich zu ziehen. Genügend Liebe zu erhalten, um sich sicher zu fühlen, und genügend Anerkennung zu finden, um eine Identität zu entwickeln, ist für unsere Entwicklung von herausragender Bedeutung. Anne Frank, die mit starker Einsicht in die Strukturen ihrer Familie schrieb, drückt in ihrem Buch »Das Tagebuch der Anne Frank« ihre Gefühle über das Machtgleichgewicht zwischen sich, ihrer Schwester Margot und ihrem Vater folgendermaßen aus:

> »Bei Vater ist es anders. Wenn er Margot als Beispiel hinstellt, ihre Handlungen billigt, sie lobt und streichelt, dann zehrt etwas an meinen Eingeweiden, denn ich verehre meinen Vater. Er ist es, zu dem ich aufschaue. Ich liebe niemanden in der ganzen Welt außer ihm. Er bemerkt nicht, daß er Margot anders behandelt als mich. Zwar ist Margot das hübscheste, liebste, schönste Mädchen der Welt. Aber trotzdem glaube ich, daß ich auch ein Recht habe, ernst genommen zu werden. Ich war immer nur das schwarze Schaf der Familie. Für alles mußte ich doppelt bezahlen, erst dadurch, daß ich geschimpft wurde, und dann nochmals dadurch, daß meine Gefühle verletzt waren. Mit dieser offensichtlichen Bevorzugung bin ich nicht mehr einverstanden. Ich will etwas von Vater, das er mir nicht geben kann ... Ich möchte nur wirklich von ihm geliebt werden: nicht nur als sein Kind, sondern meinetwegen – als Anne.«[2]

Annes Worte sprechen zu allen, die jemals Geschwisterneid, Konkurrenz und das Fehlschlagen des Bemühens, einem geliebten Menschen zu gefallen, sowie das Gefühl, für andere unsichtbar zu sein, erlebt haben. Die vernichtenden Überreste kindlichen Schmerzes aus Herabwürdigungen, Mißhandlungen, Vernachlässigung, Furcht, Verlassensein und Schuld sind die Geburtsplätze unseres Kampfes um Einfluß und Kontrolle. Dieser Schmerz gehört mit zu unserem Gepäck, wenn wir mit ausgewachsenen Körpern und mit Diplomen und Zeugnissen versehen zu Erwachsenen werden, und diese frühen Erfahrungen sind es letztlich, die unsere persönliche Art der Energiebeschaffung und -regulierung bestimmen (diese »Kontroll-Dramen« werden wir in Kapitel 6 noch ausführlicher diskutieren).

Leben ist ein Austausch von Energie

Wie die Dritte und die Vierte Erkenntnis uns verdeutlichen, ist der Austausch von Energie so konstant und allgegenwärtig, daß wir ihn gewöhnlich kaum wahrnehmen – es sei denn, unsere Energie sinkt spürbar ab oder steigt deutlich an. Dr. Eric Berne beschrieb in den sechziger Jahren einen derartigen Energieaustausch auf brillante Weise und stellte den Vorgang in den Zusammenhang eines Systems namens Transaktionale Analyse.

Durch die Analyse zwischenmenschlicher Transaktionen gelang es Berne und anderen festzustellen, wie wir um Aufmerksamkeit wetteifern. In der Terminologie der Transaktionalen Analyse werden diese Aufmerksamkeitseinheiten als »Strokes« – Streicheleinheiten – bezeichnet. Diese positive Aufmerksamkeit hilft uns dabei festzustellen, ob mit uns alles in Ordnung ist, was wir wert sind und was für eine Bedeutung wir für andere Menschen haben. So wie wir unsere Muttersprache erlernen, erlernen wir ebenfalls die Sprache sozialer Interaktion. Durch sie sind wir in der Lage Energie zu empfangen und zu verteilen, ohne uns allzusehr mit der Ausführung dieses Vorganges beschäftigen zu müssen, und gewöhnlich behalten wir unsere einmal für effektiv befundene Technik unser ganzes Leben lang bei. Berne schrieb dazu:

>»Die grundlegenden Positionen werden sehr früh eingenommen und festgelegt, in der Zeit vom zweiten bis zum siebten Lebensjahr ... es ist nicht weiter schwierig, von der individuellen Position einer Person auf den Verlauf ihrer Kindheit

zu schließen. Solange nicht etwas oder jemand Einfluß auf diese Position nimmt, verbringt der Mensch den Rest seines Leben damit, diese Position zu festigen und Situationen abzuwehren, die diese Position bedrohen: indem er versucht, sie sich vom Leibe zu halten, bestimmte Elemente abzuwehren oder sie so zu manipulieren, daß es ihm möglich ist, sie von Bedrohungen in Rechtfertigungen zu transformieren.«[3]

Wenn wir den Kampf um Aufmerksamkeit verlieren

In frühester Kindheit stehen uns jedoch nur sehr spärliche Maßnahmen zur Verfügung, um jene unerfreulichen Folgen zu bekämpfen, die sich gewöhnlich einstellen, wenn wir ignoriert, lächerlich gemacht oder kritisiert werden. Mit zunehmendem Wachstum beginnt die Summe dieser negativen Begegnungen, die Bewertung unseres Selbst und unsere Erwartungshaltung gegenüber der Außenwelt zu beeinflussen. Wir empfinden ein Defizit und ein natürliches Verlangen, dieses Defizit durch Energie von anderen Menschen auszugleichen.

Vermutlich haben Sie sich selbst schon einmal in einer Gruppe von Menschen befunden, in der die Konversation sich zu immer neuen Höhen aufzuschaukeln schien. Sie haben Ihrerseits den ganzen Abend damit verbracht, eine günstige Gelegenheit abzupassen, um sich an der Unterhaltung zu beteiligen und eine Ihrer Geschichten beizusteuern, als die Unterhaltung mit einem Mal verebbte. Gerade als Ihnen die ersten Worte Ihrer Geschichte von den Lippen kommen, lebt die Unterhaltung jedoch mit einem Mal wieder auf, gerade so, als würden Sie überhaupt nicht existieren ... Wenden Sie sich bei solchen Gelegenheiten an Ihren Nachbarn und versuchen Ihren verunglückten Start zu vertuschen? In diesem Fall haben Sie Energie verloren. Und um sie wiederzugewinnen, mußten Sie jemand anderen in Ihren Verlust einbinden und dessen Aufmerksamkeit von der Unterhaltung am Tisch abziehen. Ist Ihnen aufgefallen, wie sich der Blick dieser Person in dieser Situation völlig auf Sie konzentrierte, oder wie derjenige seinen Blick wieder in die Runde schweifen ließ, um festzustellen, ob das Gespräch innerhalb der Gruppe nicht doch von größerem Interesse für ihn sein könnte? Wie haben Sie sich gefühlt, als das Interesse Ihres Nachbarn sich wieder dem Gespräch der Gruppe zuwandte und Sie somit insgesamt zweimal ignoriert wurden, zuerst von der Gruppe und dann von der Person an Ihrer Seite? Was geschah mit Ihrer Energie, als Sie bemerkten, daß Ihnen niemand zuhörte? Aller

> »Der Individualisierungs-prozeß setzt ein, sobald wir damit beginnen, nach Antworten in uns zu suchen, wenn wir damit aufhören, andere für unsere Gefühle verantwortlich zu machen und anfangen, unsere Emotionen und Intuitionen als unsere Lehrer zu akzeptieren.«[4]
> Philip Kavanaugh,
> *Magnificent Addiction*

Wahrscheinlichkeit nach fühlten Sie sich herabgesetzt, möglicherweise sogar unsichtbar. Vielleicht bestätigte Sie dieser Vorgang darin, Ihre ohnehin unnahbare und ruhige Grundhaltung zu verstärken, oder aber Sie reagierten auf aggressive und fordernde Weise, bis man Sie endlich zur Kenntnis nahm. Je nachdem wie es zu dieser Zeit um Ihr Selbstwertgefühl bestellt war, haben Sie das Ereignis entweder beiläufig abgetan, sich selbst für Ihren Mangel an Durchsetzungsvermögen kritisiert oder andere für ihr geringes Maß an Sensibilität verantwortlich gemacht.

Indem wir uns bewußt machen, auf welche Weise wir uns herabsetzen, beginnen wir auch, damit Verantwortung für unsere Rolle in diesem negativen Energieaustausch zu übernehmen.

Ego-Zustände

Wie wir anhand der Sechsten Erkenntnis sehen werden, sind derartig gefestigte Ego-Positionen verantwortlich für einen sich immer wiederholenden dramatischen Ablauf in unserem Leben, den wir als Kontroll-Drama bezeichnen. Die Positionen, in denen wir feststecken, können im wesentlichen auf drei wichtige Verhaltensformen zurückgeführt werden. Diese Verhaltensformen werden in Bernes Bestseller *Games People Play* als Eltern-Ego, Kinder-Ego und das Erwachsenen-Ego beschrieben. Das Eltern-Ego entspricht den Kontroll-Dramen des aggressiven Einschüchterers und Vernehmungsbeamten. Das Kinder-Ego entspricht den passiveren Kontrolldramen: Das »arme Ich« und »Das Unnahbare Ich«. Der Zustand eines Erwachsenen, dessen Bewußtsein bereits mit seinem höheren Selbst in Verbindung steht, korrespondiert mit einem höheren Zustand synchronen Wachstums. Anhand dieser unterschiedlichen Ego-Stadien läßt sich leicht erkennen, wie komplex unsere Interaktionen sein können.

Das Eltern-Ego

Nach Bernes Beschreibung besteht das Eltern-Ego im wesentlichen aus Verhaltensweisen und Wertvorstellungen, die bei den eigenen Eltern oder bei anderen Erwachsenen beobachtet und von ihnen übernommen wurden. Jemand, der von dieser Position aus kommuniziert, klingt kritisch, vorurteilsvoll, starrköpfig, selbstgerecht oder übermäßig beschützend und hilfsbereit. In dieser Position braucht man das Gefühl, in Kontrolle zu sein, und versucht daher, andere zu kontrollieren.

Im Verlauf eines Machtkampfes bemerken Sie möglicherweise, daß Ihr Eltern-Ego sehr damit beschäftigt ist nachzuweisen, daß Ihr Gegenüber sich im Unrecht befindet. Ihr Verhalten ähnelt unter Umständen stark dem Verhalten Ihrer eigenen Eltern oder spiegelt deren Wertvorstellungen wider. Befinden Sie sich zum Beispiel im Machtkampf mit Ihrem Ehepartner, und ihr Eltern-Ego ist aktiv, hören Sie sich plötzlich Dinge sagen wie: »Da haben wir's ja wieder! Jedes Mal läßt du die Schranktür offen. Weshalb kannst du nicht ein wenig Ordnung halten?« Vielleicht winden Sie sich innerlich sogar dabei und denken, »O Gott, ich klinge genau wie mein Vater!« Der Gebrauch von Worten wie ›immer‹ oder ›niemals‹ sollte Sie darauf aufmerksam machen, daß Sie dabei sind, Muster der Vergangenheit auf Ihre Gegenwart anzuwenden. Sobald Sie merken, daß Sie sich über die Verstöße anderer aufzuregen beginnen, sollten Sie es in Betracht ziehen, einen Schritt zurückzutreten und zu beobachten, was währenddessen mit Ihnen geschieht. Müssen Sie kontrollieren, um Energie zu gewinnen?

Das Kinder-Ego

Berne definiert das Kinder-Ego als den vertrauten Teil in uns, der so fühlt, wie wir uns als Säuglinge oder Kleinkinder fühlten. Unsere Manipulationen in diesem Stadium rühren aus einem Empfinden der Schwäche, der Schuld oder der Verantwortungslosigkeit. In dieser Position will das Ego genau das, was es will, und zwar augenblicklich, geht jedoch dabei immer davon aus, daß das eigene Bedürfnis von anderen erfüllt werden muß und daß andere für das eigene Wohlergehen verantwortlich sind.

Das Erwachsenen-Ego

Die dritte Position in der Transaktions-Analyse wird als das Erwachsenen-Ego bezeichnet. Nutzen wir unsere Fähigkeiten, um Informationen aus einer Vielzahl von Quellen zu beziehen, ziehen wir unterschiedliche Möglichkeiten in Betracht und treffen wir Entscheidungen auf der Basis gültiger Informationen, so sprechen wir von einem funktionierenden Erwachsenen-Ego. Wir halten uns im Hier und Jetzt auf. Wir sind uns unserer Gefühle bewußt und wissen, daß wir im Leben Optionen haben. Basierend auf den für uns verfügbaren Informationen sind wir bereit, bestimmte Risiken einzugehen. Wir sind in der Lage, in Betracht zu ziehen, was andere zu unseren Vorhaben zu sagen haben, vertrauen jedoch auf unser eigenes

> »... der sicherste Weg sich verrückt zu machen, besteht darin, sich in die Angelegenheiten anderer einzumischen, und der kürzeste Weg zu einem gesunden und glücklichen Leben besteht darin, sich um seine eigenen Dinge zu kümmern.«[5]
>
> Melody Beattie,
> *Codependent No More*

Urteilsvermögen, wenn es um die endgültige Entscheidung geht. Wir sind durchaus in der Lage, von unserer Meinung abweichende Ansichten zur Kenntnis zu nehmen, ohne uns dadurch bedroht zu fühlen oder in eine Meinungsstarre zu verfallen, in der wir das Gefühl haben, als würden wir entweder gewinnen oder verlieren. Wir haben Verbindung mit unseren Gefühlen, drücken uns so akkurat wie möglich aus und wissen, daß uns mehr enthüllt werden wird, wenn wir offener für den Ausgang von Ereignissen sind. Diese Position des Erwachsenen zeugt von der Bereitschaft des Egos, Intuition und eine innere Wegführung als maßgebliche Fakultäten anzuerkennen.

Machtkämpfe und Ego-Zustände

Irrationale Machtkämpfe scheinen immer dann aufzutauchen, wenn wir der Ansicht sind, durch die Manipulationen anderer an Energie zu verlieren und uns dagegen zur Wehr setzen zu müssen, um die Kontrolle über unsere Situation zu behalten.

Um uns von unserem Kontrollbedürfnis zu befreien, ist es am sinnvollsten, sich auf die eigenen Gefühle zu konzentrieren, sobald wir uns gefangen oder von tiefer Unruhe befallen fühlen. Es ist nicht notwendig, die andere Person zu analysieren oder zu verändern. Wir brauchen uns lediglich zu fragen: »Was fühle ich jetzt, in diesem Augenblick? Was benötige ich in diesem Augenblick?« Haben Sie Ihr Selbst und Ihre intuitiven Gefühle einmal kontaktiert, so haben Sie auch Kontakt mit dem Erwachsenen-Ego aufgenommen – Sie können es sich jetzt leisten, anderer Meinung zu sein, und müssen nicht unbedingt gewinnen. Auf diese Weise verlagern Sie Ihre Aufmerksamkeit darauf, sich mit der universellen Energiequelle zu verbinden.

Machen Sie sich Ihre täglichen Interaktionen bewußt und achten Sie darauf, ob Sie von der Position der Eltern, des Kindes oder der des Erwachsenen aus mit anderen Menschen kommunizieren.

Achten Sie auf den Austausch von Energie in Ihrem Freundes- und Bekanntenkreis sowie an Ihrem Arbeitsplatz. Wie authentisch verhalten Sie sich? Gibt es Menschen, in deren Gegenwart

Sie Ihre Energie blockieren? In wessen Gegenwart halten Sie sich am häufigsten in der Position des Erwachsenen-Egos auf?

Zwischenmenschliche Spiele

Werden bestimmte Muster häufiger wiederholt, so können sie als zwischenmenschliche Spiele bezeichnet werden. Die Variationsmöglichkeiten in diesem Ringen um Aufmerksamkeit sind nahezu unerschöpflich. Selbst ohne tiefgehende Analyse der Spielregeln, dieses in der Vierten Erkenntnis beschriebenen Tauziehens um Energie, wissen wir, daß wir es im Rahmen unserer Familien, Freunde und Mitarbeiter bereits erlebt haben. Wir brauchen nur auf die Bezeichnungen der einzelnen Typen zu hören. Ein klassisches Spiel des Typus »Vernehmungsbeamter« heißt zum Beispiel »Weshalb machst du nicht – Ja – Aber.« Bei diesem Spiel hört die »Ja–Aber«-Persönlichkeit zu, befindet aber jeden Vorschlag des Gegenübers für mangelhaft und bindet Energie an sich, indem sie jeden Lösungsvorschlag für das von ihr gestellte Problem von sich weist. Hat die »Ja–Aber«-Persönlichkeit den Problemlöser um jede mögliche Lösung befragt, so hat sie die Option, sich entweder an jemand anderen zu wenden oder das gleiche Spiel zu einem späteren Zeitpunkt und anhand eines anderen Problems fortzuführen.

Ein weiteres Spiel, diesmal vom »armen Ich« gesteuert, wird von Berne als »Sieh mal, wie sehr ich mich angestrengt habe«-Spiel bezeichnet. Es hat seinen Ursprung in der Position des Kinder-Egos und verstärkt Hilflosigkeit sowie Mangel an Zurechnungsfähigkeit. Die betreffende Person bindet Energie an sich, indem sie gerade genug an Scheinaktivitäten liefert, um von ihren Mitmenschen – zum Beispiel in einer Arbeitssituation – nicht völlig abgeschrieben zu werden.

»Nur wegen dir« heißt ein Spiel, das unter Eheleuten, Teenagern, Süchtigen und im Beruf gespielt werden kann. Dieses Spiel hat die Eigenschaft, den Energiefluß auf besonders exquisite Weise zu kontrollieren, da bestimmte Personen durch Konfrontation mit ihrer angeblichen Schuld dazu veranlaßt werden, Energie zu senden. An der Wurzel dieses Energieaustausches steht die panische Angst vor dem Einlassen auf ein Risiko oder vor einer grundlegenden Veränderung der herrschenden Zustände, die durch die Vorschiebung der anderen Person verschleiert werden soll. Gloria, eine sechsundfünfzigjährige Hausfrau, machte zum Beispiel die schlechte Gesundheit ihres Ehemannes dafür verantwortlich, daß sie zu Hause bleiben mußte. In Wirklichkeit hatte sie eine fundamentale Angst davor, sich auf dem Arbeitsmarkt behaupten zu müssen.

Wenn uns Menschen ihre Energie und Kraft freiwillig zur Verfügung stellen

In den *Prophezeiungen von Celestine* trifft unser Held unverhoffterdinge wieder auf Marjorie, eine der Forscherinnen, die er an der Viciente Lodge kennengelernt hat. Während er sich mit ihr in einem Café unterhält, fällt ihm auf, wie mühelos und fließend die Konversation zwischen ihnen beiden verläuft. Die Energie, die sie ihm zukommen läßt, gibt ihm das Gefühl zu expandieren, und bald fühlt er sich lebendig und erfrischt. Die Schilderung dieser Begegnung dient dazu, uns zu verdeutlichen, wie in dieser Entwicklungsstufe des Helden Energie zwischen zwei Menschen fließt. Später wird unser Held vor der Entwicklung suchthafter Beziehungen gewarnt, in denen nicht beide Partner in ihrem Selbst ruhen und in der Lage sind, die Energie des anderen anzunehmen, ohne sich davon abhängig zu machen.

Hinter dem Machtkampf

Ein Bewußtsein darüber zu gewinnen, wie wir mit anderen im Wettstreit um Energie stehen, ist ein erster Schritt zur Rückgewinnung unserer Kraft. Sobald wir aufhören, danach zu trachten, uns bei anderen Menschen mit Energie zu versorgen, und statt dessen nach innen, auf unsere eigene Verbindung mit der universellen Energiequelle schauen, stellt sich auch die natürliche Balance allmählich wieder ein.

Der Abschied vom Bedürfnis, kontrollieren zu müssen

Während wir dieses Kapitel verfaßten, sprachen wir zufällig den Schauspieler Noah Wyle, der eine Woche vor dem Interview für eine Pilotsendung aus der Werkstatt Steven Spielbergs unter Vertrag genommen worden war. Noah hatte eben die Lektüre der *Prophezeiungen von Celestine* beendet und teilte uns mit, wie er gelernt hatte, sein Kontrollbedürfnis loszulassen.

»Normalerweise bin ich mir während einer Vorsprechprobe schmerzhaft darüber bewußt, wie sehr mein Energiehaushalt von anderen Leuten beeinflußt wird. Jede unfreundliche Bemerkung, selbst ein zweideutiger Blick, reicht gewöhnlich aus, um mich völlig aus der Fassung zu bringen. Auch ich bin in diesen Situationen permanent damit beschäftigt, andere zu beurteilen – die anderen Schauspieler, die Leute von der Besetzungsagentur, und vor allem mich selbst.« Noah berichtete, daß es dieses Mal anders gewesen sei.

»Ich hatte gerade *Die Prophezeiungen von Celestine* gelesen und mir vorgenommen, die Situation einmal grundlegend anders anzugehen. Normalerweise versuche ich mein Selbstvertrauen und meinen Mut so gut es geht aufzubauen, was sich jedes Mal forciert und sogar ein bißchen angsterregend anfühlt – gerade so, als würde ich tief im Herzen an mir selbst zweifeln. Deshalb beschloß ich diesmal, mich ohne jede Agenda in die Situation zu begeben und einfach zuzuschauen, was sich dort entwickeln würde. Ich war fest entschlossen, mir weder durch gute noch durch schlechte Vorkommnisse meinen entspannten und friedfertigen Zustand verderben zu lassen und Spaß bei der Sache zu haben.« Wir fragten Noah, ob er sich schon immer für metaphysische oder spirituelle Ideen und Gedanken interessiert hätte.

»Kein bißchen. Ich war ein totaler Skeptiker, bis mir jemand das Buch zu lesen gab. Danach veränderte sich meine gesamte Einstellung darüber, wie ich mich während einer Vorsprechprobe zu verhalten habe.« Wie genau hat das funktioniert?

»Zunächst einmal habe ich mich außerordentlich offen gefühlt. Ich habe die Dinge auf mich zukommen lassen und sie wie ein Geheimnis betrachtet, das sich direkt vor meinen Augen entfaltete – nicht wie irgendein verzagtes Unterfangen, das zwangsläufig zu einer Enttäuschung führen muß. Trotzdem war ich entschlossen, mein Bestes zu geben, und tatsächlich war besagte Vorsprechprobe eine der besten in meiner bisherigen Karriere. Noch bevor ich wieder zu Hause angekommen war, hatte ich die Rolle bekommen.«

Noah sagte weiterhin: »Ich erlebte den gesamten Vorgang aus einer anderen Perspektive, weil ich mich zum ersten Mal nicht von anderen beurteilt fühlte. Ich hatte das Gefühl, meine innere Geschlossenheit übertrüge sich auch auf die anderen Anwesenden. Mir wurde klar, daß ich alles zurückerhalte, was ich aussende. Ich bin jetzt in der Lage, meinen Blickwinkel leichter zu verändern, indem ich mich zum Beispiel auf einen Baum am Wegesrand konzentriere. Gelingt es mir, die Schönheit des Baumes zu erkennen, ist es mir gewöhnlich auch möglich, den Rest meiner Umgebung zu würdigen, was augenblicklich zu einer positiveren Gesamthaltung führt.«

Haben wir einmal damit aufgehört, Kontrolle als Mittel zur Erreichung unserer Ziele einzusetzen, findet eine mirakulöse Wandlung in unserem Leben statt. Der universellen Kraft die Leitung zu überlassen ist gleichbedeutend damit, dem Geheimnis Einzug in unser Leben zu gewähren und sich wieder wahrhaft lebendig zu fühlen. Obwohl nicht jeder Widerstand und jeder Kampf notwendigerweise einen »schlechten« Beigeschmack haben müssen, da diese Situationen uns Auskunft darüber geben, was in unserem Leben der Änderung bedarf, so gibt es doch eine interessantere und aufregendere Weise zu leben, als permanenten Konflikt.

Eine der führenden Autorinnen, die sich mit Metaphysik und Transformation befaßt, ist Shakti Gawain. In ihrem Buch *Living In the Light* beschreibt sie ihre eigene Transformation.

»Irgendwann verlor ich das Interesse daran, mein Leben kontrollieren zu müssen. Ich übte mich darin, mein Schicksal dem Universum zu übergeben und herauszufinden, was ›es‹ von mir verlangte. So entdeckte ich, daß wir auf lange Sicht gar nicht so weit auseinanderlagen. Das Universum scheint zu wollen, daß ich bekomme, was ich will, allerdings scheint es besser zu wissen, wie es imstande ist, mich an den entsprechenden Punkt zu führen. Durch diese Hingabe veränderten sich die Schwerpunkte in meinem Leben. Anstatt herauszufinden, was ich will, mir Ziele zu setzen und zu kontrollieren, was mit mir geschieht, begann ich, mich darum zu kümmern, was meine Intuition mir eingab, und danach zu handeln – selbst wenn ich nicht immer wußte, warum ich etwas tat. Ich hatte das Gefühl loszulassen, meine Kontrolle aufzugeben und einer höheren Kraft zu gestatten, die Führung zu übernehmen.«[6]

Die Kernaussage der Vierten Erkenntnis besteht darin, uns zu verdeutlichen, daß unser Bedürfnis, den Energiefluß in der Interaktion mit anderen Menschen zu kontrollieren, aus dem Verlangen nach psychologischer Erhöhung stammt. Sind Sie sich dieser Tendenz im Umgang mit anderen einmal bewußt geworden, kann es sein, daß Sie in Ihrem Kommunikationsverhalten etwas ändern wollen. Es liegt in der menschlichen Natur, etwas »tun« zu müssen. Am wichtigsten für Ihre persönliche Entwicklung ist es, Ihr Bewußtsein über die Beziehung zwischen sich und dem Universum zu erhöhen. Sollten Sie in Ihrem Leben radikale Veränderungen erwarten oder damit rechnen, urplötzlich nur noch harmonische Beziehungen zu unterhalten, sich statt dessen jedoch immer wieder dabei erwischen, wie Sie mit anderen um Energie wetteifern, so werfen Sie die Flinte nicht gleich ins Korn. Dies heißt nämlich nicht, daß Sie nicht kapieren, was gefordert ist. Was immer Sie wissen müssen, wird Ihnen auch zum richtigen Zeitpunkt präsentiert werden. Frustriert Sie Ihr scheinbar langsames Vorankommen, so trösten Sie sich damit, daß alle neuen Erkenntnisse ihre Zeit brauchen, um von Ihnen in Ihr System von Glaubens- und Wertvorstellungen integriert zu werden.

Zusammenfassung der Vierten Erkenntnis

Die Vierte Erkenntnis macht uns bewußt, daß Menschen häufig dazu neigen, sich von ihrer inneren Verbindung mit der mystischen Energie abzuschneiden. Als Resultat davon fühlen wir uns geschwächt und verunsichert und versuchen, uns Energie von anderen Menschen zu beschaffen, indem wir sie manipulieren oder ihre Aufmerksamkeit auf uns lenken. Gelingt dies, spüren wir einen Energieschub, der uns stärkt, das Gegenüber jedoch schwächt. Oft wehren andere sich gegen diesen Energieraub, und es kommt zu einem Machtkampf. Jeder Konflikt auf der Welt entstammt ursprünglich diesem Wettstreit um menschliche Energie.

Zur weiteren Lektüre empfohlen:

Eric Berne: *Games People Play.* 1964
Blaine Justice: *Who Gets Sick?* 1988
Stanislav and Christina Grof: *Spiritual Emergency: When Personal Transformation Becomes a Crisis.* 1989
R. D. Laing: *The Politics of Experience.* 1983
Carolyn Foster: *The Family Patterns Workbook.* 1993
Terence T. Gorski: *Getting Love Right: Learning the Choices of Healthy Intimacy.* 1993
Carol Lee Flinders: *Eduring Grace.* 1993
Paramahansa Yogananda: *Autobiography of A Yogi.* 1993
Charles Tart: *Altered States of Consciousness.* 1992

Einzelstudium zur Vierten Erkenntnis

Die folgenden Übungen dienen zur weiteren Erhöhung Ihrer Wahrnehmungsfähigkeit. Während Sie die Übungen in diesem Buch vornehmen, werden sich Ihre Schwingungen zunehmend verfeinern, und Sie werden exakt jene Situationen anziehen, die es Ihnen am besten ermöglichen zu lernen. Wann immer Sie an einer der Übungen aus diesem Buch arbeiten, sollten Sie darauf achtgeben, was sich in den darauffolgenden zweiundsiebzig Stunden in Ihrem Leben abspielt. Es könnte sein, daß Sie so auf eine einmalige Möglichkeit stoßen, ein Muster zu erkennen, das Sie schon seit langem verändern wollten.

Übung 1: Entdeckung selbstgeschaffener Hindernisse

Zweck: Herauszufinden, ob Sie sich unnötige Schwierigkeiten bereiten, um Energie von anderen zu gewinnen.

Anweisungen: Wenn Sie das nächste Mal auf eine Situation stoßen, die Ihnen wie ein Machtkampf erscheint, achten Sie darauf, wie Sie Ihren Standpunkt rechtfertigen oder ob Sie einer Lösung des Konfliktes im Wege stehen. Beantworten Sie die untenstehenden Fragen in Ihrem Tagebuch.

Sie können außerdem einen Freund oder eine Freundin darum bitten, Ihnen bei der folgenden Übung behilflich zu sein, indem er oder sie die jeweiligen Fragen stellt, ohne jedoch auf Ihre Antworten zu reagieren, bis Sie alle Fragen beantwortet haben. Ihr Gegenüber sollte kurze Notizen zu Ihren Antworten, entweder in Ihrem Tagebuch oder auf einem extra Blatt Papier, machen. Sollten Sie Resonanz auf Ihre Antworten wünschen, bitten Sie Ihr Gegenüber, das Wichtigste daran zusammenzufassen.

Die Entdeckung selbstgeschaffener Hindernisse

1. Begeben Sie sich mental in eine Situation, die Sie als Machtkampf empfinden
a) Beschreiben Sie mit wenigen Worten die Situation.
b) Was sind Ihre Gefühle in dieser Situation?
c) Was versuchen Sie zu erreichen?
d) Wie würden Sie sich in dieser Situation gern fühlen?
e) Was sind Ihre dringendsten Bedürfnisse in dieser Situation?
f) Interagieren Sie von einer Position des Eltern- oder Kinder-Egos?
g) Haben Sie sich in eine scheinbar ausweglose Situation manövriert?

2. Selbstgerechtigkeit
a) In welcher Weise haben Sie Ihr Gegenüber abgestempelt und was tun Sie dazu, Ihre Vorurteile ihm gegenüber zu bestätigen?

3. Schwarzweißmalerei

a) Limitieren Sie Ihre Möglichkeiten, indem Sie auf einen bestimmten Ausgang des Geschehens hinarbeiten? Nennen Sie drei alternative Möglichkeiten für einen Ausgang der Situation.

4. Konzentration auf Ihre Furcht

a) Wovor haben Sie am meisten Angst?

5. Das Projizieren eigener Probleme auf das Gegenüber

a) Zeigt Ihnen der vorliegende Konflikt etwas, was Ihnen vorher nicht bewußt war?

b) Interpretieren Sie die Handlungen Ihres Gegenübers durch den Filter Ihrer eigenen Ängste?

c) Reflektiert Ihr Gegenüber einen Teil Ihres eigenen uneingestandenen Ärgers, Hasses, sexueller Regungen oder Vorurteile?

6. Perfektionismus oder Verwirrung als Entschuldigung, sich nicht bewegen zu müssen

a) Sind Sie unwillens voranzuschreiten, bevor nicht alles »perfekt« ist, oder weil Sie noch nicht »perfekt« sind?

b) Geben Sie vor, verwirrt zu sein, anstatt zu erkennen und zuzugeben, was Sie wirklich wollen oder in Angriff nehmen müssen?

7. Konzentration auf den Kampf anstatt auf die Lösung

a) Investieren Sie Energie in diesen Machtkampf, anstatt Verantwortung für sich zu übernehmen und »vor Ihrer eigenen Tür zu kehren«?

8. Konzentration auf Probleme, um Energie an sich zu binden

a) Konzentrieren Sie sich auf dieses Problem, um sich der Illusion hingeben zu können, wenigstens eine Sache in Ihrem Leben unterstände Ihrer Kontrolle?

b) Was haben Sie davon, sich ohne Unterlaß auf dieses Problem zu konzentrieren?

9. Wenn untergründige Angst Ihr Leben bestimmt

a) Was kann für Sie schlimmstenfalls aus dieser Situation hervorgehen?

b) Was wäre noch schlimmer als a?

c) Was fürchten Sie noch mehr als b?

d) Sind Ihre schlimmsten Befürchtungen in dieser Situation realistisch?

e) Komplettieren Sie folgende Aussage: »Die Situation wird von meiner Angst vor (siehe unter c) … bestimmt.«

10. Die Umwandlung selbstgeschaffener Hindernisse

a) Was wollen Sie von Ihrem Gegenüber, könnten es sich jedoch selbst beschaffen?

b) Was könnten Sie anders machen?

c) Wie könnte Ihnen das Universum bei der Auflösung dieser Situation behilflich sein?

Übung 2: Sechs Vorsätze, die Ihnen dabei behilflich sein werden, mit der universellen Energie in Verbindung zu bleiben.

Zweck: Die folgende Liste von Vorsätzen kann Ihnen dabei behilflich sein, die Erkenntnisse der *Prophezeiungen von Celestine* in Ihre Beziehungen zu integrieren.

Anweisungen: Machen Sie sich mit den folgenden Konzepten vertraut und rufen Sie sie sich so oft wie möglich am Tag ins Gedächtnis. Unter Umständen kann es hilfreich sein, die sechs Punkte auf einer Karteikarte zu notieren und für ein paar Wochen auf Ihrem Schreibtisch aufzubewahren. Achten Sie verstärkt darauf, was sich in Ihren Beziehungen zu anderen Menschen verändert. Tragen Sie eventuell auftretende Veränderungen in Ihrem Leben in Ihr Tagebuch ein.

Ich erhöhe meine Aufmerksamkeit der Energie gegenüber.
Einer der besten Wege, Ihr Kontrollbedürfnis zu transformieren, besteht darin, sich mehrere Male am Tag selbst zu überprüfen. Üben Sie sich darin, den Energiefluß innerhalb Ihres Körpers zu beobachten: Wie fühlt sich Ihr Magen an? Bei welcher Gelegenheit beginnt Ihr Nacken zu schmerzen?

Machen Sie sich die Energie bewußt, die zwischen Ihnen und anderen fließt. Bei welchen Gelegenheiten fühlen Sie sich ausgelaugt? Wann fühlen Sie sich erfrischt und gestärkt?

Ich habe eine starke innere Verbindung mit meinem höheren Selbst.
Nehmen Sie sich Zeit, sich mit Ihrem höheren Selbst zu verbinden. Dies hilft Ihnen und anderen. Gestatten Sie sich alle paar Stunden eine Pause und schließen Sie dabei die Augen. Verbinden Sie sich im Geist mit einem Bild aus der Natur oder einem liebevollen Energieaustausch, an dem Sie kürzlich teilhatten. Fühlen Sie, wie sich dieses Gefühl wieder in Ihrem Körper ausbreitet. Fühlen Sie, wie Sie sich dabei zu vergrößern scheinen.

Meine besten Entscheidungen treffe ich, wenn ich mit meiner inneren Weisheit in Verbindung stehe.
Versuchen Sie, keine Entscheidungen zu treffen, solange Sie sich müde, hungrig und ärgerlich fühlen oder unter Zeitdruck stehen.

Habe ich mich einmal für etwas entschieden, dann setze ich die Entscheidung auch in die Tat um.
Haben Sie sich einmal für etwas entschieden und lassen Sie dann Zeit verstreichen, ohne auch nur einen kleinen Schritt in die neue Richtung zu setzen, so können Sie sehr leicht deprimiert werden oder an Energie verlieren. Ihre Entscheidungen in die Tat umzusetzen, verleiht Ihnen Kraft für den nächsten Schritt.

Leiden Sie unter Energiemangel und fällen aus dieser Disposition heraus Entscheidungen, so kann es sein, daß Ihnen dabei wichtige Fügungen entgehen. Erinnern Sie sich daran, was Wil unserem Helden in der Vierten Erkenntnis sagte: »Halte die Augen auf und achte auf alles, was um dich herum geschieht.«

Ich werde mir Zeit nehmen, über wichtige Entscheidungen nachzudenken.
Sind Sie erst einmal in einen Machtkampf verwickelt, ist es nicht mehr ganz so einfach, eine Entscheidung zu treffen, die Sie spä-

ter nicht bereuen werden. Fühlen Sie sich zu etwas gedrängt, überrumpelt oder aus irgendeinem Grund in Ihrer Freiheit beschnitten, so nehmen Sie sich unbedingt die notwendige Zeit, um sich wieder auf Ihren ursprünglichen Ausgangspunkt zu besinnen. Halten Sie ein »Rettungsstatement« bereit, für den Fall, daß Sie sich aus einer Situation zurückziehen wollen, in der Sie sich unter Druck gesetzt fühlen. Pamela, eine Buchhalterin, die sich gerade selbständig gemacht hatte, sagte z.B: »Ich würde Ihnen wirklich gern behilflich sein. Geben Sie mir einen Augenblick Zeit, um herauszufinden, wie wir da am besten vorgehen können.« Oder: »Klingt interessant. Ich werde Sie in dieser Angelegenheit umgehend zurückrufen.« Halten Sie sich an Ihre Statements.

Ich vertraue darauf, daß mein Werdegang mich zu einer höheren Entwicklungsstufe führt.
Jedesmal wenn Sie sich gestärkt fühlen, befinden Sie sich in einer feineren Schwingung. Bestätigen Sie sich jeden auch noch so kleinen Schritt, den Sie erfolgreich in diese Richtung unternehmen. Auf diesem neuen Level werden Sie das Gefühl haben, sich Ihrer Bestimmung zu nähern, und dieses Gefühl wird weitere Fügungen in Ihr Leben bringen.

Übung 3: Neue Verhaltensformen

Zweck: Ihre Energie zu fokussieren und gleichzeitig fließen zu lassen.

Anweisungen:
a) Wählen Sie eine der folgenden Verhaltensmöglichkeiten. Beschreiben Sie in Ihrem Tagebuch, wie Sie sie auf ein Problem in Ihrem gegenwärtigen Leben anwenden.
b) Oder wählen Sie eine der folgenden Verhaltensmöglichkeiten und üben Sie sich für die Dauer einer Woche darin. Spüren Sie einen Energiezuwachs? Fühlen Sie sich offener? Eröffnen sich neue Möglichkeiten?

Verhaltensmuster, die Ihnen dabei helfen werden, Ihre Energie zu fokussieren und im Fluß zu halten:

- Halten Sie sich nur im Moment auf.
- Bleiben Sie in Ihrem Selbst – seien Sie authentisch.
- Hören Sie auf Ihre Gefühle.
- Hören Sie aufmerksam zu – verschaffen Sie sich Gewißheit, wenn Ihnen etwas unklar ist.
- Bleiben Sie in der Position des Erwachsenen-Egos.
- Konzentrieren Sie sich darauf, wie Sie sich fühlen wollen.
- Sagen Sie die Wahrheit.
- Fixieren Sie sich nicht ausschließlich auf eine Lösungsmöglichkeit.
- Geben Sie dem Geheimnis Zeit, sich zu entfalten.
- Bleiben Sie offen.

> »Eine Veränderung tritt nicht dadurch ein, daß wir uns selbst dazu zwingen, uns zu verändern, sondern indem wir uns bewußt machen, was nicht funktioniert.«[7]
>
> Shakti Gawain,
> *Leben im Licht*

Ihr Leben auf der Erde hat einen Sinn, der Ihnen nach und nach enthüllt werden wird. Behalten Sie die Fragen, die Sie augenblicklich am meisten beschäftigen, im Vordergrund Ihres Bewußtseins. Wenn Sie nicht mehr weiterwissen, bitten Sie das Universum um Klärung.

Meditation zur Verbindung mit der inneren Weisheit

Stufe 1: Setzen oder legen Sie sich in einer bequemen Stellung nieder, so daß Sie für die Dauer von 15 bis 20 Minuten nicht gestört werden können. Konzentrieren Sie sich ganz auf Ihren Atem und atmen Sie einige Male tief ein. Erlauben Sie Ihrem Körper, sich zu entspannen, und lassen Sie Ihren Verstand zur Ruhe kommen. Lassen Sie jeden aufkommenden Gedanken wieder ziehen. Lassen Sie alle Gedanken ruhig kommen und wieder gehen, ohne an ihnen festzuhalten.

Stufe 2:   Wenden Sie Ihre Aufmerksamkeit nun dem Zentrum Ihres Seins zu – wo immer sich dieses Ihrer Annahme nach befinden mag. Stellen Sie sich vor, daß Ihre innere Weisheit an diesem Ort ruht. An diesen tiefen und ruhigen Ort können Sie nun jede Frage oder Angelegenheit bringen, über die Sie gerne mehr erfahren würden. Befragen Sie Ihre innere Weisheit: »Was muß ich hier tun? Was kann ich aus dieser Situation lernen?« Hören Sie darauf, was Ihnen Ihre Intuition rät. Merken Sie sich eventuell auftretende Suggestionen, die auf eine spätere Handlung hindeuten könnten. Sobald Sie den Eindruck haben, die Meditation sei abgeschlossen, ist sie beendet.

Stufe 3:   Handeln Sie Ihrer Intuition entsprechend. Wenn Sie sich auf der richtigen Fährte befinden, werden Sie sich lebendiger fühlen, und Türen werden sich für Sie öffnen. Fügungen können vermehrt auftreten.

Arbeitsgruppe zur Vierten Erkenntnis

Session 7

Dauer: 2 Stunden 30 Minuten

Zweck: Studium der Vierten Erkenntnis und Klärung der Frage, wie wir um Energie streiten.

Einleitung

Dauer: 10 bis 15 Minuten

Anweisung: Eröffnen Sie die Session, indem jeder kurz über eventuelle Fügungen oder Einsichten berichtet, die ihm in der vergangenen Woche gekommen sind.

Übung 1: Diskussion der Vierten Erkenntnis

Dauer: Ungefähr 30 bis 40 Minuten oder bis die Gruppe entscheidet, sich der nächsten Übung zuzuwenden. Bestehen ausreichend Interesse und Energie, so kann dieses Thema für den größten Teil des restlichen Abends weiterbearbeitet werden.

Zweck: a) Festzustellen, inwieweit die einzelnen Gruppenmitglieder ein Verständnis dafür besitzen, wie sie im Alltag um Energie wetteifern; b) jedem Gruppenmitglied die Möglichkeit zu geben, sich über Energieverlust oder verwirrende Lebenssituationen zu äußern.

Anweisungen: Lassen Sie jemanden die Zusammenfassung der Vierten Erkenntnis auf Seite 406 f. bis zur Überschrift »Frühe Kindheit« laut vorlesen. Sprechen Sie über die unterschiedlichen Auffassungen, die zu dieser Erkenntnis bestehen, und suchen Sie in der jüngsten Vergangenheit der Gruppe nach interessanten Beispielen für einen Energieaustausch. Sobald die Gruppe fortschreiten will, ist die Übung beendet.

Übung 2: Die Diskussion der Haltung in der Familie

Dauer: Ungefähr 15 Minuten pro Person jedes Paares/Partners, 15 Minuten für die Besprechung in der Gruppe. Insgesamt 45 Minuten.

Zweck: Aufzeigen der unterschiedlichen Dynamiken innerhalb der Familie und zu erkennen, auf welche Weise Menschen versuchen Energie und Aufmerksamkeit zu erlangen.

Anweisungen:
– Suchen Sie sich einen Partner und stellen Sie ihm oder ihr in den nächsten fünfzehn Minuten drei oder vier (falls Zeit ist, auch mehr) der folgenden Fragen:
– Wer waren die Mitglieder Ihrer Familie?
– Nennen Sie das »Motto« Ihrer Familie (z. B. »jeder für sich«, oder »vorsichtig in die Zukunft« oder »traue keinem Fremden« etc.)

- Wer war das Oberhaupt Ihrer Familie?
- Was haben Sie als Kind über Ihre Familie gedacht?
- Was haben Sie von den in Ihrer Familie vertretenden Werten gehalten?
- Inwiefern reflektiert Ihr heutiges Leben diese Werte?
- Inwiefern reflektiert Ihr heutiges Leben diese Werte nicht?
- Mußten Sie um Ihre Individualität kämpfen? Wenn ja, wie?
- Was hat Ihrer Familie am besten an Ihnen gefallen? Weswegen sind Sie gewöhnlich in Schwierigkeiten geraten?

Nach einer halben Stunde treffen Sie wieder in der Gruppe zusammen. Freiwillige können ihre Erfahrungen mitteilen.

Übung 3: Meditation zur Verbindung mit der inneren Weisheit

Dauer: Ungefähr 15 bis 20 Minuten, je nachdem, wieviel Zeit noch verbleibt. Sollte nicht mehr genügend Zeit für diese Übung sein, so schlagen Sie vor, daß die Gruppenmitglieder die entsprechende Individualstudie gleichen Titels daheim vornehmen.

Anweisungen:
- Lassen Sie jemanden die Anleitungen zur Meditation in der Individualstudie vorlesen. Die restliche Gruppe soll sich entspannen.
- Planen Sie genügend Zeit ein, damit die Gruppenmitglieder sich nach erfolgter Meditation über ihre Erfahrungen austauschen können.

Abschluß:

Anfragen nach Hilfe. Übermittlung liebevoller Energie.

Für die folgende Session:
Lesen Sie die Anweisungen zum Einzelstudium in diesem Kapitel und wählen Sie eine der Verhaltensweisen zur Übung aus. Teilen Sie Ihre Erfahrungen und Resultate während des nächsten Treffens den anderen mit.

Arbeitsgruppe zur Vierten Erkenntnis

Session 8

Dauer: 2 Stunden 30 Minuten

Zweck: Vertiefung der Vierten Erkenntnis.

Einleitung

Eröffnen Sie die Session, indem jeder der Anwesenden kurz berichtet, wie er oder sie sich im Augenblick fühlt, und indem jeder die wichtigsten Ereignisse der vergangenen Woche mitteilt, sofern sie sich auf die Vierte Erkenntnis beziehen.

Besprechen der Hausaufgaben

Möglicherweise wollen einige der Gruppenmitglieder darüber sprechen, was sie von der Anwendung der neuen Verhaltensmuster aus dem Einzelstudium gelernt haben. Durch den Austausch von Einsichten, Fügungen und persönlichen Geschichten hebt sich der Energielevel der Gruppe. Die Wirkung auf den einzelnen verstärkt sich. Sollte für die vorangegangene Woche eine Hausaufgabe vereinbart worden sein, so sprechen Sie über den Verlauf der Woche. Dies hilft den Gruppenmitgliedern dabei, sich zu verdeutlichen, wie wichtig es ist, möglichst offen und aufmerksam zu bleiben.

Übung 1: Meditation zur Transformation von Machtkämpfen.

Dauer: Ungefähr 20 bis 30 Minuten für die Meditation und 30 Minuten für die Diskussion. Lassen Sie sich bei dieser Übung unbedingt soviel Zeit, wie Sie benötigen.

Zweck: Sich Klarheit über eine ganz bestimmte Situation innerhalb Ihres Lebens zu verschaffen und mit der Heilung daran zu beginnen.

Anweisungen:
- Setzen Sie sich bequem hin, und schließen Sie die Augen.
- Lassen Sie die folgenden Schritte von einem Freiwilligen vorlesen.
- Atmen Sie ein paar Mal tief ein und konzentrieren Sie sich darauf, Ihre Energie ins Zentrum Ihres Seins zu bringen.

Nach einer kurzen Zeit der Entspannung beginnen Sie damit, langsam die folgenden Fragen zu stellen. Lassen Sie den Gruppenmitgliedern ausreichend Zeit, um sie in Stille während ihrer Mediation beantworten zu können:
- Vergegenwärtigen Sie sich ein Problem, das Sie mit einem anderen Menschen haben.
- Wie haben Sie sich das letzte Mal anläßlich einer Unterhaltung mit der betreffenden Person gefühlt oder wenn Sie mit ihr Probleme hatten?
- Worum geht es Ihnen bei diesem Problem hauptsächlich?
- Was wollen Sie?
- Wie würden Sie sich gern in dieser Angelegenheit oder der betreffenden Person gegenüber fühlen?
- In welcher Weise ähneln Sie dieser Person?
- Was stört Sie am meisten an ihr oder ihm?
- Inwiefern haben Sie ähnliche Wesenszüge?
- Mit welcher Wahrheit halten Sie hinter dem Berg?
- Wann haben Sie von der Position des Eltern-Egos aus mit der betreffenden Person gesprochen?
- Bei welcher Gelegenheit haben Sie sich der betreffenden Person gegenüber wie ein Kind gefühlt?
- Stellen Sie sich vor, wie Sie mit der betreffenden Person aus der Perspektive eines Erwachsenen kommunizieren. Was würden Sie gerne sagen?
- Bitten Sie Ihre innere Weisheit um ein Symbol, das die Bedeutung dieser Situation für Sie repräsentiert – dabei kann es sich um ein Bild, ein Wort, eine Farbe, ein Gefühl handeln –, es spielt keine Rolle, was es ist.
- Befragen Sie Ihre innere Weisheit danach, welchen kleinen Schritt Sie zur Lösung des Problems unternehmen könnten.
- Stellen Sie sich vor, daß Sie den Schritt unternommen haben. Wie fühlen Sie sich jetzt?
- Stellen Sie sich jetzt einen Lichtball vor, der im Zentrum

Ihres Seins ruht. Erlauben Sie ihm, sich sanft in Ihnen auszudehnen. Fühlen Sie, wie sein Strahlen zunimmt und wie
er jeden Teil Ihres Körpers erfüllt. Stellen Sie sich vor, daß
dieses Licht sogar die Zellen Ihres Körpers erfüllt.
– Senden Sie dieses Licht jetzt zu jener Person. Bitten Sie das
  Licht darum, die Situation zu neutralisieren und zu heilen.
– Bitten Sie das Licht darum, Sie zu beleben und Ihnen Klar-
  heit zu verschaffen.
– Fühlen Sie, daß Sie bereit sind, die Kontrolle über den Aus-
  gang dieser Situation aufzugeben. Erinnern Sie sich daran,
  daß Sie dabei sind, ein Geheimnis zu entdecken.
– Haben Sie Ihre Meditation abgeschlossen, wenden Sie Ihre
  Aufmerksamkeit wieder der Versammlung zu.
– Tragen Sie jede Information, die für Sie von Bedeutung ist, in
  Ihr Tagebuch ein.

Räumen Sie jedem Freiwilligen genügend Zeit ein, über seine
Erfahrungen während der Meditation zu sprechen, und legen
Sie dabei besonderen Wert auf die aufgetauchten Symbole. Resonanz anderer auf ein aufgetauchtes Symbol sollte erst dann
erfolgen, wenn die betreffende Person sich selbst über ihr Symbol und seine mögliche Bedeutung geäußert hat.

Übung 2: Ein Profil Ihrer Stärken

Zweck: Ein ganzer Mensch zu werden – Ihre Stärken und einzigartigen Qualitäten zu würdigen.

Dauer: 10 Minuten, um die Antworten niederzuschreiben; 10
Minuten pro Person, um das Gegenüber zu beschreiben, und 10
Minuten, um die Erfahrungen mit der Gruppe zu teilen. Insge-
samt 30 oder 40 Minuten.

Anweisungen:
Schreiben Sie folgendes nieder:
– Ihre drei herausragendsten Eigenschaften
– Ihre drei herausragendsten geistigen Fähigkeiten
– Ihre drei erfolgreichsten finanziellen Unternehmungen
– Ihre drei ungewöhnlichsten Charaktereigenschaften

- Drei Ihrer menschlichsten Stärken
- Drei Ihrer sozialen Stärken
- Drei Ihrer geschäftlichen Stärken
- Ihre drei Hauptinteressen
- Was ist Ihre wertvollste Eigenschaft?

Wählen Sie einen Partner und lesen Sie sich die Liste gegenseitig vor.

Bewahren Sie die Liste an einem gut sichtbaren Ort auf.

Für die folgende Session:
- Üben Sie sich in den neuen Verhaltensformen, die unter der Individualstudie aufgelistet sind.
- Lesen Sie das Romankapitel »Die Botschaft der Mystiker« sowie das folgende Kapitel in diesem Handbuch.
- Jemand sollte für das nächste Treffen ein Aufnahmegerät und meditative Musik mitbringen.

Abschluß:

Anfragen nach Hilfe. Übermittlung liebevoller Energie.

KAPITEL 5

Die Botschaft der Mystiker

Im fünften Kapitel stoßen unser Abenteurer und Marjorie auf große Gefahr; ihr Leben wird von Kräften außerhalb ihrer Kontrollmöglichkeiten bedroht. An einer Wegkreuzung, an der die beiden sich zufällig getroffen haben, beginnen peruanische Soldaten plötzlich damit, Jensens Gefolgsleute zu inhaftieren oder zu töten. Unser Mann muß hilflos zusehen, wie Marjorie gefangengenommen wird, und befindet sich kurze Zeit später selbst auf der Flucht vor den Soldaten. Mit dem Blut eines anderen Flüchtlings bespritzt, hastet er in Todesangst in die Berge. Überzeugt, innerhalb der nächsten Stunden sterben zu müssen, ergibt er sich seinem Schicksal und betritt die Welt eines neuen, erweiterten Bewußtseins, nachdem sein Ego sich der Energie seines höheren Selbst öffnete. Unser Held beobachtet, wie seine Verfolger aus scheinbar unerklärlichen Gründen von ihm ablassen. Auf dem höchsten Wipfel fühlt er sich mit einemmal eins mit allem – als seien die Erde, die Sonne und der Himmel Teile seines eigenen Körpers. Er hat eine Vision, in deren Verlauf er die gesamte Schöpfungsgeschichte rekapituliert: Materie verwandelt sich in immer komplexere Formen und schafft so die exakten Lebensbedingungen, die von jedem von uns als Individuum zum Auftauchen und Überleben benötigt wurden und werden. Die nächste Begegnung unseres Helden führt ihn zu Vater Sanchez, einem freundlichen Priester, der zu einem Verbündeten in seiner weiteren Entwicklung wird.

Die Fünfte Erkenntnis

Immer mehr Menschen werden in nächster Zeit transzendentale Zustände erfahren. Die Fünfte Erkenntnis ermuntert uns, die Ausmaße des Universums und unsere unleugbare Einheit damit aus erster Hand zu erfahren. Auf diese Weise gestatten wir uns nicht nur einen großen Quantensprung im Verständnis der Natur der Dinge, sondern sogar einen kurzen Blick in die Zukunft. In transzendentalen Zuständen werden Zeit, Raum und die Naturgesetze umgangen und für gewöhnlich unaussprechlicher Frieden, Liebe sowie ein Gefühl wahrer Heimat empfunden. Das Universum versorgt uns mit allem, was wir benötigen – solange wir dafür offen und empfänglich bleiben. Bis zu diesem Jahrhundert hat sich die menschliche Evolution – unsere physische Präsenz, die Entwicklung unserer Fähigkeiten und unseres technischen Fortschrittes, die Strukturen menschlicher Gesellschaften und unsere verlängerte Lebensdauer – ohne unser Bewußtsein entfaltet.

Die enorme und profunde Veränderung, die das zwanzigste Jahrhundert mit sich brachte, besteht vor allem darin, daß die menschliche Evolution sich von nun an *bewußt* vollziehen wird.

Die Fünfte Erkenntnis sagt voraus, daß während dieser Zeit zunehmend mehr Leute ungewöhnliche Bewußtseinszustände erfahren werden – nicht nur einige Eingeweihte und Praktizierende esoterischer Traditionen. Wir geben uns nicht länger mit dem Gerede über diese Zustände zufrieden, sondern wollen sie jetzt auch am eigenen Leib erfahren.

Kreativität statt Kontrolle. Unsere Intuition verbindet uns mit der universellen Quelle, durch sie werden wir lernen, unser Leben von einem kreativen und kontrollfreien Punkt aus zu gestalten. Die Fünfte Erkenntnis behebt das in der Vierten Erkenntnis beschriebene und durch den Kampf um Energie entstandene Dilemma. Je mehr Menschen durch spirituelle Energie miteinander verbunden sind, desto weniger werden Einzelpersonen und Gesellschaften um Macht oder Energie zu kämpfen haben. Diese Verlagerung wird zunächst in Intervallen eingeleitet und erst allmählich zu einer neuen Form menschlicher Existenz werden.

Aufgabe und Hingabe sind die Schlüssel zum Einklang mit

dem Universum. Im Falle unseres Abenteurers wird dieser Einklang durch einen extremen Angstzustand, die Gewißheit, daß er sterben muß, herbeigeführt. Er hat seine Kontrolle aufgegeben und ist willens zu akzeptieren, was ihm als nächstes präsentiert werden wird.

Seine gesamte bisherige Reise kulminiert zu diesem Zeitpunkt im Tod seines alten Bewußtseins und einer Wiedergeburt in ein Leben voller neuer Möglichkeiten.

Die Fünfte Erkenntnis ermutigt den Leser, sich im Erwerb dieses Bewußtseins zu üben, ohne auf göttliche Intervention oder eine Lebenskrise zu warten. Unsere Aufgabe besteht darin, uns allmählich zu öffnen und auf diese Weise unsere Reise zum Zustand der endgültigen Vereinigung anzutreten. Deshalb wird dem Leser empfohlen, sich »bewußt mit Energie aufzuladen, denn nur diese Energie erzeugt die Fügungen, und diese helfen uns dabei, unser neues Bewußtsein auf eine dauerhafte Basis zu stellen.«[1]

Die Erhöhung der Schwingung

Indem wir uns öffnen, unseren Sinn für das Schöne entwickeln und uns darauf konzentrieren, uns mit Energie aufzuladen, gelingt es, unsere Verbindung mit der Energiequelle zu stabilisieren. Mit den Worten von Vater Sanchez:

> »Denk einmal darüber nach: Wenn sich in unserem Leben ein besonderer Glücksfall ereignet, etwas, das unser Leben vorwärtstreibt, dann verwirklichen wir uns gewissermaßen und bekommen dabei ein Gefühl dafür, in welche Richtung uns das Schicksal führt. An diesem Punkt hat sich die Energie, die für das Auftauchen der Fügung verantwortlich ist, in uns gefestigt. Sicher, wir werden den Kontakt wieder verlieren, weil wir es unterwegs mit der Angst zu tun bekommen, doch dieser neu erreichte Energielevel wird von nun an unsere neue Grenze darstellen, zu der wir immer wieder einen einfacheren Zugang finden. Wir sind zu einem neuen Menschen geworden und existieren auf einer höheren energetischen Ebene, einer Ebene höherer Schwingungen.«[2]

Wie unser Held bereits anhand der Dritten Erkenntnis bemerkte, hilft uns die Verbindung mit der kraftvollen Energie urwüchsiger Natur dabei, den Übergang zu dieser Ebene höherer Schwingungen zu vollziehen. Einige Orte in der Natur, zum Beispiel alte Wälder, sind für dieses Vorhaben geeigneter als andere, abhängig davon, wie sehr sich unsere eigene Energie-»Form« mit der Energie des jeweiligen Ortes verträgt.

Der Abstieg

Die Fünfte Erkenntnis zeigt uns das Potential, das in der Verbindung mit der Quelle steckt, ebenso wie die Gründe dafür, daß wir nicht ständig mit der Quelle in Verbindung bleiben können.

Eine zentrale Aussage der Fünften Erkenntnis wird uns anhand des Abstiegs unseres Helden vom Berggipfel verdeutlicht. Symbolisch betrachtet, betritt er nun wieder die Welt der Konflikte – Gewehre, patrouillierende Soldaten und zwischenmenschliche Beziehungen, die auf dem Wettstreit um Energie beruhen (als die beiden sich verlieben, erweist Marjorie sich in dieser Angelegenheit als seine Lehrerin). Wie ein Grünschnabel hat unser Held darauf zu achten, in diesem neuartigen Energiefluß den Kopf über Wasser zu behalten. Andere drohen, ihn um seine Energie zu bringen, und lösen Selbstzweifel bei ihm aus.

Eins mit dem Universum

Nehmen Sie die Einzelheiten des Erlebnisses auf der Bergspitze einmal etwas genauer in Augenschein: »Ich fühlte mich auf sehr euphorische Weise mit allen Dingen verbunden, ein Gefühl vollkommener Sicherheit und starken Vertrauens. Meine Müdigkeit war plötzlich wie weggeblasen.«[3]

»Das Wichtigste ist nicht, viel zu denken, sondern viel zu lieben und deshalb so zu handeln, daß die Liebe angeregt wird.«[5]
St. Teresa von Avila,
Interior Castle

419

Auf der Suche nach der treffendsten Beschreibung seiner Gefühle findet unser Held folgende Worte: »Man könnte sagen, daß ich Liebe für alles empfunden habe, was mich umgab.« Sein verzücktes Empfinden entspricht den ekstatischen Zuständen vieler christlicher Mystiker und den Schilderungen einiger Nahtoderfahrungen: »Mir wurde deutlich, daß dieses Licht Teil aller lebendigen Wesen war und alle lebendigen Wesen gleichzeitig Teil dieses Lichtes sein mußten. Ich wußte, daß es allmächtig war und für unendliche göttliche Liebe stand.«[4]

> »Die notwendige Voraussetzung für Frieden und ein freudvolles Dasein besteht in der Erkenntnis, daß Frieden und Freude erhältlich sind.«[8]
> Thich Nhat Hanh,
> *Present Moment*
> *Wonderful Moment*

Das Akzeptieren universeller Liebe

Als er beginnt, seine Gefühle von der Bergspitze wieder zu rekapitulieren, indem er sich auf die Schönheit eines in der Nähe stehenden Baumes konzentriert, fühlt unser Held sich mit einem Mal verwirrt. Er beschwert sich bei einem Priester, der ihm behilflich ist. »Liebe passiert einfach, ich kann mich nicht dazu zwingen, etwas zu lieben.«[6]

Der Priester verdeutlicht ihm die Rolle der Liebe bei seiner inneren Entwicklung. »Das brauchen Sie nicht«, antwortet er ihm. »*Lassen Sie die Liebe einfach zu.*«[7]

Der Priester führt aus, daß es sich hierzu als hilfreich erweisen kann, an vergangene Momente empfundener Liebe anzuschließen und sich zu bemühen, diese Liebe erneut zu empfinden.

Daraufhin versucht unser Held es erneut, und während er die einzigartige Form und die Schönheit der ihn umgebenden Bäume bewundert, empfindet er schließlich ein wachsendes Gefühl der Liebe. Obwohl ursprünglich ein Baum im Zentrum seiner Aufmerksamkeit stand, gelingt es ihm, ein umfassendes Gefühl der Liebe zu kreieren.

Während er sich auf die Schönheit des Baumes konzentriert,

erkennt der Priester am Wachsen seines Energiefeldes, daß es ihm gelingt, die Energie anzunehmen. Bis hierher hat unser Held gelernt, sich zu öffnen, sich mit seiner Umwelt zu verbinden, seinen Sinn für das Schöne zu entwickeln und sich mit Energie aufzutanken.

Führen Sie sich noch einmal die Dynamik des Vorganges vor Augen: Unser Held *zwingt* sich nicht zu lieben, noch stellt er dieses Gefühl *künstlich* her. Seine Liebe fließt nicht von ihm aus in den Baum – auch wenn wir gewöhnlich der Ansicht sind, Liebe werde in uns erzeugt und dann auf ein Objekt außerhalb von uns projiziert. Durch die Fünfte Erkenntnis lernen wir, daß wir uns öffnen müssen, um Liebe und Energie empfangen zu können. Nur so sind wir in der Lage, Fügungen zu erkennen und andere Gaben aus der universellen Quelle anzunehmen.

Die Verbindung mit der Energie in kleinen Schritten

Sobald unser Held beginnt, sich dafür zu verurteilen, daß er scheinbar nicht in der Lage ist, die Erfahrung von der Bergspitze zu wiederholen, beginnt seine Energie rapide abzusinken. Der Priester weist ihn darauf hin, daß er die verlorene Verbindung in kleinen Schritten wieder herstellen muß.

Unser Held läßt seine Zweifel und Selbstzweifel fahren, und es gelingt ihm, sich wieder ein wenig zu öffnen. Die natürliche

Schönheit des Baumes vor seinen Augen erlaubt es ihm, sein Bewußtsein noch ein wenig weiter zu öffnen. So wächst seine Bewunderung für die Einzigartigkeit der Pflanze, bis es ihm schließlich gelingt, eine vollständige Öffnung herbeizuführen und sich mit Energie anzufüllen, die wiederum *zurück in den Baum fließt*. Oder, mit den Worten des Priesters: »Sobald Sie auf die Ebene gelangen, auf der Sie Liebe empfinden, sind Sie auch in der Lage, diese Liebe aus eigenem Antrieb zurückzusenden.«[9]

Zusammenfassend läßt sich festhalten, daß der Zustand eines erweiterten Bewußtseins sich oftmals dann aufzulösen beginnt, wenn wir mit Menschen auf einer gewöhnlichen Bewußtseinsstufe interagieren oder wieder in die Welt des Wettstreits um Energie eintreten. Doch selbst wenn wir wieder in unser »alltägliches« Bewußtsein zurückfallen, hat die mystische Erfahrung unsere Vorstellungen von der Beschränkung unserer Möglichkeiten ein für alle Male relativiert. Wir wissen jetzt, daß für uns noch eine andere Existenzform möglich ist, solange wir willens sind, uns um die Wiederherstellung dieses Bewußtseinszustandes zu bemühen.

Können Sie sich an einen Augenblick erinnern, in dem Sie sich offen und lebendig fühlten, oder voller Bewunderung für ein Naturschauspiel oder eine besonders schöne Aussicht waren? Haben Sie jemals das Gefühl der Zeitlosigkeit gehabt und eine Verbindung mit der Erde gespürt? Wie lange ist es her, seitdem Sie derartige Erfahrungen gemacht haben? Was hält Sie davon ab? Sollte Ihre Antwort auf diese Frage lauten, daß Zeitmangel und die Notwendigkeiten des Alltags dafür verantwortlich sind, Sie von einer Kontaktaufnahme mit der Natur abzuhalten, so lesen Sie, was Pater Sanchez im folgenden dazu zu sagen hat.

Sich dem Einfluß der Liebe zu öffnen, bedeutet, sich dem Leben zu öffnen

»Ausreichend Energie zu generieren, um den Zustand der Liebe aufrechtzuerhalten, würde der Welt bestimmt nicht schaden, doch in erster Linie hilft es dem einzelnen. Dies ist die hedonistischste Tat, die wir vollbringen können.«[11] Sanchez weist darauf hin, daß wir unsere Vorstellung von Liebe als etwas, das wir aktiv unternehmen, um die Welt zu einem besseren Ort zu machen, überdenken müssen. Die eigentliche Aufgabe der Evolution ist vollbracht, sobald wir uns mit der höheren Energie des Universums verbunden haben. In diesem Zustand befinden wir uns in erhöhter Schwingung und sind eher in der Lage, unseren Zweck im Leben zu erkennen und zu erfüllen. Gemeinsam mit anderen, auf der gleichen Entwicklungsstufe befindlichen Menschen, werden wir dadurch automatisch einen Beitrag zur Änderung der Welt liefern.

Jeder von uns leistet einen Beitrag zur Evolution, indem er sich abwechselnd mit Energie auftankt und sich von Fügungen angeleitet weiterbewegt, sich erneut auftankt und wieder weiterbewegt.

Begegnungen mit der Evolution

Seit den sechziger Jahren ist das Interesse an paranormalen Zuständen und Begebenheiten sprunghaft angestiegen. Wie die Fünfte Erkenntnis voraussagte, hat es einen enormen Zuwachs an Literatur über Phänomene wie übersinnliche Fähigkeiten, Vorleben, Nahtoderfahrungen, Trennungen der Seele vom Körper sowie mystische Erfahrungen als Folge spiritueller Praktiken gegeben. Mehr als je zuvor sind Menschen bereit, ihre persönlichen Erfahrungen aus den Begegnungen mit unsichtbaren und mysteriösen Kräften anderer Menschen mitzuteilen. Sogar die Filmindustrie schleust mittlerweile einige Produkte zum Thema Wiedergeburt, Geister sowie spirituelle Prüfung und Tod in den kommerziellen Kulturstrom.

Überraschenderweise bietet selbst der Leistungssport einen fruchtbaren Boden für das Auftauchen außergewöhnlicher Bewußtseinszustände. In seinem überaus faszinierenden Buch *The Psychic Sides of Sport* gibt uns Esalen-Institut-Gründer Michael Murphy zusammen mit Rhea A. White Gelegenheit, einige der erstaunlichsten Geschichten über veränderte Bewußtseinszustände direkt aus dem Mund von bekannten Athleten und Abenteurern zu erfahren. Bereits das Inhaltsverzeichnis

> »Beschleunigtes Wachstum ist gleichbedeutend mit einer neuen und tieferen Verbindung zu Ihrem höheren Selbst. Dies kann bisweilen zum Auftauchen alter bis dahin zurückgehaltener Muster führen. Machen Sie auf keinen Fall äußere Umstände für Ihren Zustand verantwortlich; schauen Sie nach innen und fragen Sie sich, welches Muster oder welche überkommenen Ansichten Ihnen bei dieser Gelegenheit vor Augen geführt werden. Bitten Sie Ihr höheres Selbst um Auskunft darüber, wie Sie sich von diesem Muster befreien können.«[12]
>
> Sanaya Roman,
> *Spiritual Growth*

liest sich wie eine Beschreibung des Abenteuers unseres Romanhelden: mysteriöses Wohlbefinden, Frieden, Loslösung, Schwerelosigkeit, Ekstase, Aufenthalt im Augenblick, instinktive Aktionen, veränderte Wahrnehmung von Größe, Raum und Zeit und die Aktivierung außergewöhnlicher Energiereserven. Da die Welt intuitiver, spiritueller Wahrnehmungen in unserer Kultur allzuoft sträflich vernachlässigt und an die Peripherie gedrängt wird, ist es von großer Wichtigkeit zu begreifen, daß Bewußtseinsveränderungen in allen Lebensbereichen auftreten.

Im Folgenden werden Sie die Schilderungen einiger Athleten lesen, die die gleichen Empfindungen beschreiben, wie sie spirituelle Adepten und unser Held auf der Bergspitze erfahren haben.

Ekstase – Höhepunkt und Fundament

Im Kapitel zur Fünften Erkenntnis wird der ekstatische Zustand unseres Helden auf dem Berggipfel zu einem Fundament für die Wiederherstellung seiner Verbindung mit der universellen Energiequelle.

Außergewöhnliche Zustände können jedoch auch im alltäglichen Leben auftreten. Leistungshochs beim Sport bilden zum Beispiel einen guten Ausgangspunkt für Ihre Energetisierung. Haben Sie beschlossen, eine Ebene höherer Energie aufzusuchen, können Sie sich daran erinnern, wie Sie diesen Zustand während der Ausübung einer sportlichen Tätigkeit empfunden haben. Benutzen Sie dieses Gefühl, um sich nach und nach – wie von dem Priester im Roman beschrieben – wieder mit der Energie in Verbindung zu setzen.

Murphy zitiert in seinem Buch den Quarterback Francis Tarkenton, der angibt, Football nur aus einem einzigen Grund gespielt zu haben: »In meinem ganzen Leben läßt sich nichts mit der Ekstase vergleichen, die ich aus dem Football bezogen habe.«[13]

Skiläufer berichten von »magischen und perfekten Augenblicken, in denen alles zu stimmen scheint und nur noch Ekstase darüber besteht, was ich gerade tue. Die Skier, das Skifahren und der Skifahrer verschmelzen zu einer Einheit«. Bergsteiger haben scheinbar von Natur aus eine erhöhte Empfänglichkeit für Spirituelles: »Die einfachsten Aufstiege erfüllten mich mit innigster Freude. Für mich stellten die Berge eine Art magisches Königreich dar, in dem ich, beinahe wie durch Zauberhand, meine glücklichsten Momente erlebte.«[14]

Der Bericht der erfolgreichen Besteigung der Annapurna durch Maurice Herzog (unter Mitwirkung von Pierre Lachenal) zeigt erstaunliche Parallelen zum Erlebnis unseres Helden: »Ich kam mir vor, als würde ich in etwas gänzlich Neues und Außergewöhnliches abtauchen, und unterlag dabei den seltsamsten und lebhaftesten Eindrücken; nie zuvor hatte ich die Bergwelt auf derartige Weise wahrgenommen. Irgend etwas an der Art, wie ich Lachenal und die Dinge um uns herum sah, war unnatürlich ... meine Erschöpfung war verschwunden, als wäre die Schwerkraft aufgehoben. Diese beinahe transparente Landschaft, die Quintessenz der Reinheit – dies waren nicht die Berge, die ich bisher immer gesehen hatte: Vor meinen Augen lagen die Berge meiner Träume.«[15]

Schnelle und rhythmische Bewegungen, zwei Schlüssel zur Herbeiführung ekstatischer Zustände, lassen sich ebenfalls beim Jogging, Reiten, Surfen oder Drachenfliegen finden. Ekstatische Zustände werden außerdem durch Tanzen bis zum Einsetzen von Trance, Chanting und Trommeln innerhalb schamanistischer Zeremonien herbeigeführt sowie in einigen Praktiken östlicher Religionen wie denen der Sufis.

Schwerelosigkeit

Das Empfinden, zu schweben und den eigenen Körper zu verlassen, bildet ebenso einen Teil mystischer Erfahrungen wie auch einen Teil athletischer Hochleistungen. Insbesondere Langstreckenläufer berichten von einem Punkt, an dem sie zu schweben oder zu fliegen meinen. Ein befreundeter Langstreckenläufer berichtete, nachdem er 600 Meilen zurückgelegt hatte: »Ich fühlte mich schwerelos und meinte durch den Raum zu reisen und nur noch auf Wolken zu treten.«[16]

Lange bevor die Bevölkerung der westlichen Hemisphäre dazu überging, Nikeschuhe und Schweißbänder zu tragen und sich auf Marathonläufe vorzubereiten, unterzogen tibetische Mönche sich einer besonderen Meditation namens *lung-gom-pa*, die zu einem unwahrscheinlichem Durchhaltevermögen und geradezu unglaublichen Laufgeschwindigkeiten führt. Nach jahrelangen Unterweisungen in den Mysterien tritt bei den Mönchen ein veränderter Bewußtseinszustand ein, der es ihnen ermöglicht, für die Dauer mehrer Tage und Nächte ununterbrochen durch unwegsames Bergterrain zu rennen.

Im Gegensatz zu den Marathonläufern, die für ihre Rennen körperlich trainieren, bereiten sich die *lung-gom-pa*-Mönche jedoch auf diese Form des Trance-Rennens vor, indem sie sich in Meditationswürfel begeben, die hinter ihnen versiegelt werden. Für die Dauer von Monaten und manchmal Jahren leben sie dort in Stille, *ohne jedes körperliche Training*. Lediglich durch eine etwa fünfundzwanzig mal zweiundzwanzig Zentimeter große Öffnung erhalten sie unregelmäßig gespendete Nahrung. Man sagt, daß der Körper eines Mönches auf diese Weise nach mehreren Jahren leicht und durchlässig genug wird, um *seinen Würfel durch diese Öffnung verlassen zu können*.

Hingabe

Mystische Erfahrungen befreien uns von unserer Kontrollbesessenheit. Die Einheit von Gemüt/Verstand, Körper und Geist liegt in der Hingabe oder Selbstaufgabe. In seinem Buch *The Joy Of Sports* schreibt Michael Novak:

»Es gibt beim Sport einen Punkt der Einheit zwischen Selbst und Welt, eine Art Mittäterschaft und magnetische Paarung, eine Harmonie, die von Verstand und Willenskraft niemals bewerkstelligt werden kann … Der Impetus des Instinktes ist flinker, subtiler, tiefgreifender, akkurater und steht in direkterer Verbindung mit der Realität als der Verstand. Diese Entdeckung war schlichtweg atemberaubend.«[17]

Durch diese Berichte von Athleten wird unsere kollektive Evolution weiter beschleunigt und erweitert. Die Basketballspielerin Patsy Neal erfaßt den Inhalt der Fünften Erkenntnis in ihrem Buch *Sport and Identity*, wo sie 1972 schrieb: »Es gibt beim Sport Momente, die so glorreich sind, daß sie alles an menschlicher Erwartung übertreffen, vor allem weil sie über die körperlichen und emotionalen Fähigkeiten des einzelnen hinausgehen. Etwas Unerklärliches übernimmt die Führung und haucht dem bekannten und vertrauten Leben einen neuen Atem ein. Der Sportler befindet sich an der Schwelle zum Wunder … etwas, was nicht durch die Kraft des Willens kreiert werden kann … man könnte es als Gnade bezeichnen, oder Gottvertrauen … oder eine Tat Gottes. Das Unmögliche wird möglich … die Athletin wächst über sich hinaus; sie transzendiert ihren normalen Zustand. Sie berührt ein Stück des Himmels und wird zur Empfängerin einer Kraft aus unbekannter Quelle … auf diese Weise scheint die Spielleistung zu einem heiligen Akt zu werden, in dessen Verlauf sich ein spirituelles Erwachen ereignet. Das Individuum wird völlig von der Aktion eingenommen, die Sportlerin schwebt durch die Performance und bezieht Kräfte, derer sie sich vorher nie bewußt war.«[18]

Die Verbindung mit dem Osten

Einen der Hauptbeiträge zum spirituellen Erwachen des Westens verdanken wir jenen, die durch Zen-Meditation, Hatha Yoga, Kampfsportarten, Akupunktur und andere Heilmethoden östliche Weisheit erfuhren und weitergaben. Genau wie die Fünfte Erkenntnis vorhersagte, haben diese Informationen über

die bestehende Verbindung von Geist und Körper einen wesentlichen Beitrag zu unserem erweiterten Weltverständnis geleistet. Selbst cineastische Karate- und Kung-Fu-Streifen dienten
letztlich dazu, die im Westen vorherrschende Auffassung von
einer Trennung zwischen Geist und Körper aufzuheben.

Durch die philosophischen und religiösen Schulen des
Ostens, die die Einheit von Körper und Geist in den Vordergrund stellen, gewinnen wir Zugang zu einem unbegrenzten
Reservoir universeller Energie (mit so unterschiedlichen Namen wie Chi, Ki oder Paran). Disziplin und Intention ermöglichen jedem Interessierten Zugang zu diesem Reservoir.

Evolutionäre Kraftquellen

Während seines spirituellen Erwachens auf dem Berggipfel er-
fährt unser Held einen Energiestoß, der ihm die Wirbelsäule
hinauffährt. Diese dem Menschen angeborene und uns allen zur
Verfügung stehende Energie wird in der indischen Tradition
Kundalini genannt und durch eine zusammengerollte Schlange
an der Basis des Rückgrats symbolisiert – sie gilt als die reinste
Form kreativer Energie und ist die bewegende Kraft hinter der
Evolution. Erwacht diese Energie, so bewegt sie sich an der Wirbelsäule hinauf und aktiviert die anderen Energiezentren des
Körpers. Dadurch werden unterschiedlichste emotionale und
körperliche Empfindungen ausgelöst.

Carl G. Jung, der viele unterschiedliche Formen von Mysti-
zismus studierte, war der Ansicht, daß es Tausende von Jahren
dauern würde, bis die Realisierung der Existenz dieser Energie
in der westlichen Hemisphäre einen deutlich sichtbaren Raum
einnehmen würde. Der Psychologe Stanislav Grof dagegen sagt
dazu: »Die fortlaufende Entwicklung zeigt, daß diese Einschätzung falsch war. Welchem Umstand auch immer es zuzuschrei-
ben ist – ob der Entwicklungsbeschleunigung, der Popularität
und raschen Verbreitung verschiedener spiritueller Praktiken,
der immer bedrohlicher werdenden globalen Krise oder der förderlichen Wirkung psychedelischer Drogen –, es ist ganz offensichtlich, daß Tausende von Menschen im Westen heutzutage

unverkennbare Anzeichen für das Erwachen der Kundalini-Energie an den Tag legen.«[19]

Die Verbindung zwischen dem östlichen Einklang mit der universellen Energie (dem Sein) und der westlichen Fähigkeit, aufgrund neugewonnener Informationen zu handeln (dem Tun), stellt einen Hauptaspekt der Entwicklung in Richtung eines ganzheitlichen Menschen dar. Der Einklang von Gedanke und Handlung befördert uns auf eine neue Ebene der menschlichen Evolution.

Dimensionen des Bewußtseins

Das Abenteuer unseres Helden auf dem Berg ist Teil einer ganzen Gruppe transzendentaler Erlebnisse, die vom Verschmelzen räumlicher Grenzen mit anderen Menschen, Pflanzen oder unorganischen Stoffen bis zum Durchbrechen der Beschränkungen von linearer Zeit und linearem Raum reichen.

In den sechziger Jahren wurde die Evolution unseres Bewußtseins durch weitreichende soziale Unruhen und Umwälzungen gefördert. Da sich der Westen bis dahin weit von jedem »heiligen« Aspekt des Lebens entfernt hatte, generierte das plötzlich auflebende Interesse an alternativen Lebensweisen und persönlicher Freiheit ein Klima fortwährender Enthüllungen und Brüche mit traditionellen Verhaltensweisen und sorgte für nicht eben wenig sozialen Unfrieden. Durch psychedelische Drogen ermöglichte Reisen in andere Dimensionen des Bewußtseins ließen allerdings häufig einen stabilisierenden, ritualisierten und spiritualisierten Zusammenhang vermissen, der in anderen Kulturen mit der Einnahme derartiger Substanzen einher-

> »Die neuen Schamanen sind nicht einsam, auch wenn sie sich nicht in menschlicher Gesellschaft befinden. Sie haben begriffen, daß wir niemals wirklich isoliert sein können. Ein Wort unter sibirischen Schamanen lautet: ›Alles was ist, ist am Leben!‹ Überall wo sie sich aufhalten, sind sie von Leben, von Familie umgeben.«[20]
>
> Michael Harner,
> *The Way of the Shaman*

geht.

Die Suche nach der transzendentalen Erfahrung ist einer der mächtigsten Instinkte der menschlichen Psyche. Wie die Fünfte Erkenntnis enthüllt, hat der Wunsch nach der direkten Berührung mit dieser Erfahrung in der zweiten Hälfte unseres Jahrhunderts verstärkt zugenommen. Wissenschaftler entwickelten unterdessen alternative, drogenfreie Praktiken, die durch den Gebrauch von Atemtechnik, Musik und Körperarbeit in der Lage sind, transpersonale Heilungen zu evozieren. Einer der Studenten der Grofschen holotropen Therapie (einer von Grof entwickelten Atemtechnik) klingt beinahe wie unser Held, wenn er von seinen Erfahrungen berichtet:

»Es stand außer Zweifel, daß ich selbst die Erde war – ein lebender Organismus –, ein intelligentes Wesen, das sich um Selbstverständnis bemühte, um die Entwicklung einer höheren Bewußtseinsebene kämpfte und versuchte, mit anderen kosmischen Wesen in Verbindung zu treten ... In meinem Körper konnte ich die Verletzungen, die mir die Industrie durch Tagebau, Verstädterung, toxischen und radioaktiven Müll sowie Luft- und Wasserverschmutzung zufügte, spüren. Das seltsamste an dieser Erfahrung bestand jedoch darin, daß ich mir bestimmter Rituale verschiedener Urvölker bewußt wurde und sie für mich als sehr heilsam empfand ... Während dieser Erfahrung war ich vollkommen davon überzeugt, daß die Ausübung von bestimmten Ritualen wichtig für das Wohlergehen der Erde ist.«[21]

Transpersonale Erfahrungen wie diese addieren zu dem wachsenden Bewußtsein über unseren evolutionären Scheideweg. Je mehr diese außergewöhnlichen Bewußtseinszustände Teil unseres kollektiven Werte- und Glaubenssystems werden, desto mehr helfen sie auch dabei, die menschliche Kultur zu transformieren.

Werkzeuge für die Transformation

Die Erforschung des Selbst durch Meditation und regressive Hypnotherapie, das Studium der Parapsychologie sowie außerkörperlicher Zustände und Nahtoderfahrungen sind uns beim Verständnis mystischer Erfahrungen behilflich. Gleichzeitig erfahren wir ein zunehmendes Interesse an schamanistischen Methoden. Unter den Urvölkern galten außerordentliche Bewußtseinszustände schon immer als eine am eigenen Leib erfahrbare Verbindung mit dem Kosmos, in deren Verlauf Führung und Anleitung erfahrbar wurden. Vertreter der westlichen Hemisphäre, die diese Lehren studieren und mit Eingeborenen arbeiten, helfen durch ihre Arbeit, diese Traditionen und ihre Lehren am Leben zu erhalten. Auf dem Gebiet der Psychospiritualität arbeitende Wissenschaftler sind der Ansicht, daß eine weitere Explosion der Erkenntnisse auf diesem Gebiet unmittelbar bevorsteht.

Bewußte Evolution

Die gleichzeitige Verfügbarkeit uralter Techniken und psychotherapeutischer Arbeitsmethoden liefert uns ausreichende Werkzeuge, um selbständig an unserer persönlichen Evolution zu arbeiten.

Einer nach dem anderen müssen wir die Limitation des westlichen Denkrahmens durchbrechen, der außergewöhnliche Bewußtseinszustände als etwas Bizarres oder sogar Pathologisches ansieht. Jeder, der sich auf diesen Pfad begibt und seine Erfahrungen dort mitteilt, macht es für andere einfacher, sich ebenfalls auf den Weg zu begeben. Grof schreibt dazu: »Es gibt zahlreiche Hinweise darauf, daß der transzendente Impuls die wichtigste und mächtigste Kraft im Menschen ist. Die systematische Leugnung und Verdrängung der Spiritualität, die für die modernen westlichen Gesellschaften so charakteristisch ist, kann sich als kritischer Faktor erweisen, der zu Entfremdung, Existenzangst und psychopathologischen Symptomen bei einzelnen Menschen und in der gesamten Gesellschaft ... beiträgt.

Deshalb ist das in letzter Zeit angestiegene Interesse an verschiedenen Methoden der Selbsterforschung, die dazu geeignet sind, unmittelbare spirituelle Erfahrungen zu vermitteln, ein ermutigender Trend und als Entwicklung von potentiell großer Bedeutung.«[22]

> »Seele und Verstand verloren augenblicklich ihre Fesseln und begannen zu verströmen ... das Bewußtsein meiner Identität war nicht länger eng und begrenzt, sondern mit mich umlaufenden Atomen verbunden ... mit blühender Pracht begann etwas in mir Städte einzuhüllen, Kontinente, die Erde, Solar- und Stellarsysteme ...«[23]
>
> Paramahansa Yogananda, *Autobiography of A Yogi*

Spontane Erleuchtung

Während manche Leute mit der Suche nach einem höheren Bewußtsein Jahre verbringen und auf diesem Weg mit einer Vielzahl spiritueller Praktiken experimentieren, erfahren andere Menschen eine vollständig spontane Verbindung mit dem Göttlichen. Die Psychotherapeutin Donna Hale erzählte folgende Geschichte: »Vor ungefähr achtzehn Jahren bereitete ich mich auf meinen Universitätsabschluß vor und merkte, wie ich mich nach mehreren Stunden geistiger Anstrengung vollkommen erschöpft fühlte. Ich ging hinaus in den Garten, um zu ›meditieren‹. Als ich mich setzte, wurde ich mir der Schönheit der mich umgebenden Blumen bewußt. Ihre schlichte Schönheit und ihre farbliche Intensität standen in krassem Gegensatz zu den von mir studierten Texten. Da ich damals noch keine genaue Vorstellung davon hatte, wie man meditiert, schloß ich einfach die Augen und blieb still sitzen. Augenblicklich spürte ich, wie etwas Klares und Friedliches scheinbar über mir ausgegossen wurde. Ich spürte einen enormen Auftrieb, der mich bis zu einem Punkt der Ekstase führte. Als ich meine Augen nach wenigen Minuten wieder öffnete, existierte keine Trennung mehr zwischen mir und den Dingen in meinem Leben. Ich war mir sicher, daß alles genauso war, wie es sein sollte, und daß ich mit allen Aspekten meines Lebens in Verbindung stand. Ich meinte, alles zu wissen. Dieses Bewußtsein währte ungefähr dreißig Minuten und veränderte sich, als ich mich wieder meinen Studien zuwandte.« Hale erinnerte sich, daß sie den Eindruck hatte, eine Tür habe sich geöffnet und ihr erlaubt, den Stoff, aus dem Bewußtsein gefertigt ist, zu berühren. »Ich habe seitdem immer wieder die Berührung damit gesucht.«

Das Öffnen der Tür

Viele von uns fragen sich: »Wie kann ich erfahren, was meine Aufgabe in diesem Leben ist? Wie kann ich etwas Bedeutsames beitragen?« Oftmals werden diese Fragen im Zusammenhang mit dem beruflichen Fortkommen gestellt. Und während viele dieser Menschen Berufe auf dem Gebiet alternativer Heil- und Lehrtätigkeiten suchen und es durchaus wichtig ist zu realisieren, daß dieser Planet »gerettet« werden muß, so ist es doch am angebrachtesten, wenn jeder an seiner eigenen spirituellen Entwicklung und an seinem eigenen Bewußtsein arbeitet. Ein Berufswechsel kann sich dabei als weitaus weniger wichtige Maßnahme herausstellen, als der Versuch, spirituelles Bewußtsein in die augenblickliche Tätigkeit zu tragen. Der gegenwärtige Arbeitsplatz kann unter Umständen den perfekten Ort für erste Kontaktversuche mit der inneren Quelle unserer Kraft darstellen. Zeit an heiligen Stätten zu verbringen, zu meditieren, Yoga, Atemübungen, Massagen, Tanz- und Bewegungsklassen,

> »Vergessen Sie niemals, daß Sie ›mehr sind als Ihr physischer Körper‹. Mit diesen Worten werden alle irdischen Aktivitäten in die richtige Perspektive gerückt. Die Agonie wird tolerierbar, ekstatische Zustände greifen tiefer. Alltägliche Ängste verpuffen ... es gibt vielleicht noch Ausrutscher, doch Sie können nicht mehr verlieren; die Erfahrung Mensch zu sein, haben Sie bereits gehabt.«[24]
> Robert A. Monroe,
> *Ultimate Journey*

sowie sich mit Schönheit und Energie zu umgeben, könnte sich bei der Klärung Ihrer persönlichen Mission als wichtiger erweisen.

Keimerfahrungen

In seinem zweiten Buch *Heading Towards Omega: In Search of the Meaning of the Near-Death Experience,* entwickelt der Autor Kenneth Ring eine mit der Fünften Erkenntnis übereinstimmende Hypothese. Er untersucht die Langzeitwirkungen von Nahtoderfahrungen und kommt dabei zu dem Schluß, daß diese Erfahrungen der Transformation des kollektiven Bewußtseins auf unserem Planeten dienen.

Ring ist der Ansicht, daß Nahtoderfahrungen (NTE) bei den Betroffenen zu einem tieferen spirituellen Verständnis und schließlich Wachstum führen.

Es ist erstaunlich, wie sehr die unterschiedlichen Berichte über derartige Erfahrungen einander gleichen und wie stark sie in jedem einzelnen Fall zu einem größeren Verständnis der Leben/Tod-Problematik im Leben der Betroffenen geführt haben. Im Verlauf einer solchen Krise wird sich der Betreffende gewöhnlich der Sterblichkeit des eigenen Körpers bewußt und tritt darauf in ein unbeschreibliches Licht der Glückseligkeit und der Liebe ein. Das Phänomen der NTE ist auf mehreren Ebenen von großer Bedeutung. Zum einen ist sie die persönliche Erfahrung des eigenen Todes in Form einer ekstatischen Begegnung mit liebevollen Lichtwesen und eine mögliche Wiedervereinigung mit bereits Verschiedenen. Bei diesem geradezu entzückenden Aspekt der NTE handelt es sich um ein beruhigendes und befreiendes Phänomen, welches mittlerweile gut dokumentiert ist.

Auf einer weiteren Ebene dient die NTE als Beitrag zur Beschleunigung der Evolution. Rings Hypothese besagt, daß die Nahtoderfahrung das Entstehen eines neuen Bewußtseins katalysiert. Als Beispiel hierfür erwähnt Ring den Bericht eines jungen Mannes, der im Anschluß an eine Operation für zwei bis drei Minuten klinisch tot war. Sein Fall ist typisch für derartige

Erfahrungen: »In meinem Bewußtsein gab es keinen ›Nah‹tod –
mein Tod war gekommen. Ich tauchte in Licht, Wärme, Frieden, Sicherheit und Helligkeit ... und bewegte mich sofort auf
ein wunderschönes helles Licht zu. Der Zustand ist schwierig
zu beschreiben, eigentlich unmöglich ... man wird zu etwas, das
wiederum zu einem selbst wird. Am besten könnte ich es mit
den Worten: ›Ich war Frieden und Liebe‹ umschreiben. Ich war
das Licht, es war Teil von mir. Man weiß alles – und alles schien
zum Teil meiner eigenen Existenz geworden zu sein – es war
wunderschön. Es war die Ewigkeit. Mir schien, als sei ich immer dort gewesen und werde immer dort sein, und daß meine
Existenz auf der Erde nur ein kurzes Zwischenspiel ist.«[25]

Eine Frau, die während der Geburt ihres zweiten Kindes beinahe gestorben wäre, berichtete: »... Ich stand mit einem Mal in
dichtem Dunst und wußte sofort, daß ich gestorben war, und
ich war froh darüber, gestorben und doch am Leben zu sein. Es
ist mir unmöglich zu beschreiben, was genau ich fühlte, aber
ich empfand unendliche Dankbarkeit dafür, immer noch zu existieren ... ich wußte, daß alles im Universum seine Richtigkeit
hat, daß der große Plan perfekt war. Was immer auch passierte,
Kriege, Hungersnöte ... es hatte alles seine Richtigkeit.«[26]

Etwas später beschreibt sie das Treffen mit einem ihr unbekannten Wesen, das sich mit ihr unterhält. Sie sagte: »Ich weiß,
was passiert ist. Ich weiß, daß ich gestorben bin.« Und es antwortete. »Ja, aber deine Zeit ist noch nicht gekommen, deshalb
wirst du nicht hierbleiben.« Worauf ich zu ihm sagte: »Hier ist
alles so wunderschön, alles so perfekt, was ist mit meinen Sünden?« Und es erwiderte: »Es gibt keine Sünden. Jedenfalls nicht
im herkömmlichen Sinn, wie ihr es euch auf der Erde vorstellt.
Das einzige, was hier wichtig ist, ist deine Weise zu denken.«[27]
Sie fragte das Wesen danach, wie das Leben funktioniere, und
erinnerte sich daran, daß es ihr in zwei oder drei Sätzen darüber Auskunft erteilte. Leider erinnerte sie sich nicht an den
Inhalt der Sätze.

Ein Teil der Nahtoderfahrung besteht aus einer Bestandsauf-
nahme des bisherigen Lebens, die für gewöhnlich einen starken Eindruck auf den Überlebenden hinterläßt und für Veränderungen in seinem Bewußtsein sorgt. Ein Mann berichtete
»... mir wurde deutlich, daß sich jeder Mensch auf der Erde be-

findet, um etwas zu lernen und zu realisieren. Zum Beispiel anderen gegenüber mehr Liebe zum Ausdruck zu bringen. Das wichtigste im Leben sind die Beziehungen zu anderen Menschen und die Liebe und nicht materielle Angelegenheiten ... jene kleinen Dinge, die einem oft gar nicht auffallen, werden vom Bewußtsein aufgezeichnet und sind in Wirklichkeit von größter Wichtigkeit.«[28]

Diese Berichte zeugen vom Beginn eines neuen spirituellen Bewußtseins, das allmählich auch im alltäglichen Leben der Betroffenen sichtbar werden wird. Was die Evolution des Bewußtseins angeht, befinden sich diese Menschen eindeutig an vorderster Front. Ein anderer Mann erinnerte sich weniger an detaillierte Vorkommnisse als an einen emotionalen Zustand, der ihm vollkommen neu war ... »Mit eigenen Augen sah ich, wie der Kern dieses Gefühles Einfluß auf mein Leben nahm und wie mein Leben wiederum andere Menschen beeinflußte. Ein Gefühl unendlicher Liebe, das mich zu diesem Zeitpunkt umgab, diente mir als Vergleichsmöglichkeit gegenüber meinen sonstigen Empfindungen, und ich merkte, daß ich in meinem bisherigen Leben schlechte Arbeit geleistet hatte. Gott! Das meine ich wirklich. Wenn man einmal erfährt, wieviel Liebe wir anderen zu geben haben, so hat dies zunächst einmal eine vernichtende Wirkung. Sechs Jahre sind jetzt seit meiner Nahtoderfahrung vergangen, und ich bin immer noch nicht darüber hinweg.«[29]

> »Ich halte Gott jetzt für eine ungeheure Quelle der Energie, den Nukleus von etwas Riesigem. Wir alle sind Atome, die um diesen Nukleus kreisen. Ich denke, daß Gott in jedem von uns ist und wir Gott sind ...«[31]
> Sonja,
> *Heading Towards Omega*

Ein weiterer Bericht beschäftigt sich ausführlich mit dem wahren Wesen der menschlichen Natur. »Mir wurde klar, daß Bewußtsein Leben bedeutet. Im Laufe unseres Lebens erfahren wir einiges an Höhen und Tiefen, doch dieses Bewußtsein stellt eine Konstante hinter unserer Persönlichkeit dar und wird nach unserem Tod bestehen bleiben. Ich weiß jetzt, daß der Sinn des Lebens nichts mit meinem Ego zu tun hat; es hat seinen eigenen Sinn.«[30]

Dauerndes Blühen

Ring befragte über einhundertundfünfzig Überlebende von Nahtoderfahrungen und schloß daraus, daß eine der Hauptcharakteristiken dieser Erfahrungen in einer zunehmenden Beschäftigung mit spirituellen Dingen bestand, die nicht unbedingt religiöser Natur im traditionellen Sinn waren. Die Betreffenden schienen davon überzeugt, daß das Leben nach dem Ableben des Körpers weitergeht, und fühlten eine starke innere Verbindung zu Gott.

Das Ausschlaggebende bei einem derartigen spirituellen Erwachen besteht nicht allein in der Erfahrung eines Zustandes unverminderter Glückseligkeit, wichtiger ist noch, daß die Erfahrung als aktiv ordnendes Prinzip in die Evolution des Betreffenden eingreift. Diese Zustände kennzeichnen die Geburt einer inneren Instanz, die, durch Intuition gesteuert, beim Austausch von Energie behilflich ist. Die Langzeitwirkungen von Nahtoderfahrungen und anderen mystischen Erfahrungen äußern sich oftmals in erhöhter hellseherischer Sensibilität und dem vermehrten Auftreten von Fügungen.

> »Was Ihr getrunken habt«, erklärte Saint Germain, »stammt direkt aus der Quelle der universellen Energie und ist so rein und belebend wie das Leben selbst, es ist, um genau zu sein, Leben – omnipräsentes Leben –, denn es existiert überall um uns herum. Es unterliegt unserer bewußten Kontrolle und Leitung, willentlich und dienstbereit, solange wir genügend lieben, denn alles im Universum gehorcht dem Gebot der Liebe. Was ich mir wünsche, manifestiert sich, solange ich in Liebe gebiete.«[32]
> Godfre Ray King, *Unveiled Mysteries*

Tore zu einem höheren Bewußtsein

Ein höheres Bewußtsein ist das Erkennungsmerkmal einer mystischen Reise und nicht immer das Resultat einer spirituellen Disziplin oder einer Meditationspraxis. Wie wir bereits erfahren haben, kann es auch durch die Erfahrung der Nähe des Todes sowie das Erleben persönlicher Traumata oder durch einen bloßen Augenblick tieferer Einsicht in das Selbst gewonnen werden. Typisch für diesen Zustand sind:

a) der Anblick eines atemberaubenden Lichtes begleitet von starkem Glücksempfinden;
b) das Gefühl bedingungsloser Geborgenheit und Liebe;
c) ekstatische Wahrnehmungen;
d) ein Gefühl der Leichtigkeit und Unbeschwertheit;
e) ein intuitives Verständnis davon, wie das Universum funktioniert;
f) der Verlust jeglicher Furcht vor dem Tod und die Erkenntnis, daß das Leben ein endloses Kontinuum darstellt.

Bei dem erfolgreichen Bemühen um eine direkte Verbindung zur Quelle dieser Energie ist das wichtigste Merkmal ein ständiges Gefühl der Liebe (die nicht auf ein Objekt oder eine Person gerichtet ist) sowie eine Verbindung mit Ihrer inneren Weisheit. Sind Sie wahrhaftig mit der Quelle verbunden, so spüren Sie Liebe – ist dem nicht so, stehen Sie auch nicht mit Ihrer Quelle in Verbindung.

Der Wandel unseres Bewußtseins

Die Veränderungen im Leben derer, die mystischen Erfahrungen ausgesetzt waren, lassen sich wie folgt zusammenfassen:

a) ein Gefühl der Verbundenheit mit einer höheren Kraft;
b) Verlagerung des Interesses an der Anhäufung materieller Dinge;
c) höhere Wertschätzung von Schönheit und anderen Menschen;
d) verstärkte Fähigkeiten und der Wunsch zu lernen;
e) verstärkte sensorische Fähigkeiten;
f) Bewußtsein vom Vorhandensein einer Mission;
g) geringe oder keine Befangenheit;
h) die Fähigkeit, andere zu inspirieren.

Zusammenfassung der Fünften Erkenntnis

Die Fünfte Erkenntnis beschreibt das Erleben der inneren Verbindung mit der göttlichen Kraft. Indem wir diese Kraft in unserem Inneren auffinden und erforschen, treten wir mit einem mystischen Erlebensbereich in Verbindung. Bei unserer Suche nach diesem veränderten Bewußtseinszustand unterscheiden wir zwischen der intellektuellen Beschreibung dieses Zustandes und dem Zustand selbst. Um diese Unterscheidung zu treffen und festzustellen, ob wir wahrhaftig mit dieser Quelle verbunden sind, gibt es gewisse Kriterien. Spüren Sie zum Beispiel, daß Ihr Körper sich leichter anfühlt? Ist Ihr Gang leicht und unbeschwert? Sind Ihre Sinne geschärft und lebendig, nehmen Sie verstärkt die Intensität von Farben, Gerüchen, Geschmack, Geräuschen wahr, und hat sich Ihr Sinn fürs Schöne verstärkt? Haben Sie den Eindruck, eins mit Ihrer Umwelt zu sein, fühlen Sie sich geborgen und aufgehoben? Und vor allen anderen Dingen: Ist Ihr Bewußtsein reine Liebe? Gemeint ist damit nicht die Liebe für etwas oder jemanden, sondern ein konstantes Gefühl, das alles andere in Ihrem Leben überstrahlt. Wir wollen ab jetzt nicht länger nur über mystisches Bewußtsein sprechen, sondern den Mut finden, diese Verbindung mit dem Göttlichen auch wirklich zu suchen. In dieser Verbindung mit der absoluten Energie löst sich jeglicher Konflikt, und wir benötigen keine Energie mehr von anderen Menschen.

Zur weiteren Lektüre empfohlen:

Marilyn Ferguson: *The Auquarian Conspiracy: Personal and Social Transformation in the 1980's.* 1980
Lama Anagarika Govinda: *Foundations of Tibetan Mysticism.* 1987
S. Abhayananda: *History of Mysticism.* 1987
Steven Foster/Meredith Little: *The Book Of the Vision Quest: Personal Transformation in the Wilderness.* 1988
Stuart Olson: *Cultivating the Ch'i: The Secrets of Energy and Vitality.* 1988
Brian Swimme und Thomas Berry: *The Universe Story: A Celebration of the Unfolding of the Cosmos.* 1992

Richard M. Bucke: *Cosmic Consciousness.* 1991
Allan Watts: *The Way of Zen.* 1965
Raymond Moody, Jr.: *Life After Life.* 1975
Theodore Roszak: *Person/Planet.* 1978
Peter Russell: *The Global Brain: Speculation on the Evolutionary Leap to Planetary Consciousness.* 1982
D. T. Suzuki: *Mysticism: Christian and Buddhist.* 1982

Einzelstudium zur Fünften Erkenntnis

Morgendliche Intention

Nehmen Sie sich jeden Morgen, bevor Sie das Bett verlassen, einige Minuten Zeit, um Ihr inneres Zentrum zu finden. Postulieren Sie Ihre Absicht für den kommenden Tag entweder laut oder leise für sich. Etwa: »Heute werde ich Freude bei der Arbeit haben und etwas Neues lernen.« Oder »Heute werde ich im Augenblick leben und mich dafür öffnen, was das Universum mir mitzuteilen hat.«

Visualisieren Sie mit geschlossenen Augen einen Lichtball in der Mitte Ihrer Stirn und lassen Sie ihn sich auf Ihren gesamten Körper und schließlich Ihre ganze Welt ausdehnen. Senden Sie dieses Licht in alle Bereiche Ihres Lebens und spüren Sie, daß Sie am Leben sind und Ihr Leben einen Sinn und einen Zweck hat.

Morgengeräusche

Sollten Sie allein leben, so können Sie diese Übung ohne Umstände nach dem Aufstehen machen. Sollten Sie einen oder mehrere Wohngenossen haben, machen Sie die folgende Übung unter der Dusche:

Beginnen Sie gleich nach dem Aufwachen damit, daß Sie jedem aus ihrer Kehle kommenden Geräusch freien Lauf lassen. Zunächst können diese Klänge »häßlich« oder gutural klingen, lassen Sie sich jedoch davon nicht abschrecken, sondern konzentrieren Sie sich auf das An- und Abschwellen der Töne. Allmählich werden die Geräusche klarer und stärker werden.

Halten Sie diesen Status für eine Weile. Achten Sie darauf, ob sich Ihr Tagesablauf nach dieser Übung verändert.

Atemübung

Vergessen Sie nicht, daß Sie Teil eines Universums sind, das aus reiner Energie besteht. Diese Energie steht Ihnen zu jedem Zeitpunkt, selbst während eines wichtigen Treffens, unmittelbar zur Verfügung, solange es Ihnen gelingt, offenzubleiben.

Achten Sie im Tagesverlauf so oft wie möglich auf die Signale Ihres Körpers und nutzen Sie jede Gelegenheit, um bewußt ein- und auszuatmen. Atmen Sie tief ein und füllen Sie Ihren ganzen Körper mit frischer Luft. Stellen Sie sich vor, was für einen heilenden und energetisierenden Einfluß dieser Luftaustausch auf Ihre Lungen und Ihren Blutkreislauf hat. Stellen Sie sich vor, daß Sie die Energie des ganzen Universums in Ihren Körper aufnehmen. Fühlen Sie, wie Sie sich für diese Erfahrung zu öffnen beginnen und sich Ihre Wahrnehmung erweitert. Egal was passiert, bewußtes Ein- und Ausatmen wird Ihnen immer dabei helfen, Ihr inneres Zentrum zu finden.

Abendübung

Wenn Sie abends von der Arbeit nach Hause kommen, so nehmen Sie sich fünf oder zehn Minuten Zeit, um rhythmische Musik, Chanting oder andere Musik ohne Gesang zu hören, die stimulierend und gleichzeitig entspannungsfördernd auf Sie wirkt. Bewegen Sie sich zu dieser Musik und lassen Sie die Anspannungen des Tages aus Ihrem Körper weichen. Wenn Sie genügend Zeit haben, machen Sie ein paar Dehnübungen. Das ist das beste Mittel für den Abbau von Spannungen und ein sicherer Weg, um Sie für den Rest des Abends mit Energie zu versorgen. Beginnen Sie mit den Übungen an je einem Tag pro Woche, und fügen Sie je nach Bedarf weitere Tage hinzu.

Nachtübung

Bevor Sie einschlafen, sollten Sie Ihre Aufmerksamkeit auf Ihr inneres Zentrum richten. Beglückwünschen Sie sich innerlich zu jedem auch noch so klein scheinenden Erfolg, den Sie während des Tages errungen haben, und verleihen Sie Ihrer Dankbarkeit darüber Ausdruck. Sollten Sie weiterer Klarheit oder der Hilfe bedürfen, bitten Sie um Hilfe durch Ihre Träume. Diese Übung sollten Sie jeden Abend vornehmen.

Weitere Übungen:
– Sollten Sie an besonderen Atemtechniken interessiert sein, die Ihnen unter anderem dabei behilflich sind, sich zu stärken, zu säubern und den Alterungsprozeß aufzuhalten, so stehen Ihnen eine ganze Bibliothek guter Bücher sowie viele ausgezeichnete Lehrer zur Auswahl, die sich mit Pranayama und Qui Gong beschäftigen. Schauen Sie in Ihrer Tageszeitung nach, ob bei Ihnen am Ort Yoga- oder Meditationsklassen angeboten werden. Besuchen Sie eine gute oder einschlägige Buchhandlung und stöbern Sie durch die Abteilung mit metaphysischer und östlicher Philosophie.

Arbeitsgruppe zur Fünften Erkenntnis

Session 9

Dauer: 2 Stunden 30 Minuten

Zweck: Meinungsaustausch über die Fünfte Erkenntnis und Diskussion der unterschiedlichen Methoden, Energie zu sammeln.

Vorbereitung: Eines der Gruppenmitglieder sollte einen Kassettenrecorder und eine Auswahl von Trommelmusik, Chanting, ethnischer Musik, Naturgeräuschen oder meditativer Musik zum Treffen mitbringen. Fordern Sie einzelne Gruppenmitglieder auf, ihre Lieblingsstücke vorzuspielen.

Einleitung:

Bitten Sie einen oder eine Freiwillige darum, die Zusammenfassung der Fünften Erkenntnis auf den Seiten 414 ff. bis zum

442

Abschnitt »Die Erhöhung der Schwingung« laut vorzulesen. Wie verstehen die einzelnen Gruppenmitglieder die darin enthaltenen Informationen? Teilen Sie Ihre Ansichten den anderen Anwesenden mit.

Übung 1: Meditation auf einer Bergspitze

Dauer: Ungefähr 15 bis 20 Minuten für die Meditation und 20 bis 30 Minuten für die Diskussion bzw. so lange, bis die Gruppe sich einem anderen Thema zuwenden will.

Zweck: Die Erreichung einer höheren feinstofflichen Schwingung – wie in der Fünften Erkenntnis beschrieben.

Anweisungen: Ein Freiwilliger sollte die folgende Meditation anleiten.

Bitten Sie die Anwesenden darum, es sich bequem zu machen, und dämpfen Sie das Licht so, daß es nicht vollkommen dunkel ist. Legen Sie eines der mitgebrachten Bänder, vorzugsweise eines mit langsamer, meditativer Musik oder Naturgeräuschen ein und lesen Sie die folgenden Anweisungen laut vor:

1. Schließen Sie die Augen und werden Sie sich der Anwesenheit Ihres Körpers bewußt.
2. Lesen Sie die Entspannungsmeditation auf Seite 354 f. laut vor und gehen Sie dann zu Punkt 3 über.
3. Stellen Sie sich vor, daß Sie sich auf einer Bergspitze befinden. Schauen Sie sich um (lassen Sie zwei oder drei Minuten für die Visualisierung verstreichen) ... Was sind Ihre Gefühle dort oben auf dem Gipfel? ... Wie warm ist es dort? ... Was für ein Geruch liegt in der Luft? ... Lassen Sie Ihren Blick jetzt auf den entferntesten Horizont wandern ... spüren Sie, daß die Erde rund ist ... fühlen Sie den Raum ... stellen Sie sich die Erde als einen lebendigen, atmenden Organismus vor, der Ihnen ganz ähnlich ist ... geben Sie sich nun dem Eindruck hin, sich in den Raum zu erheben und in einem Raum zu schweben, der sich in alle Richtungen gleichermaßen erstreckt ... fühlen Sie, daß dieses Schweben durch Ihre innere Unbeschwertheit möglich gemacht wird ... stellen Sie sich vor, daß Sie mit Wasserstoff gefüllt

und in der Lage sind, gerade eben über der Erdoberfläche schweben zu können ... bemerken Sie außerdem, daß Sie sich in perfekter und athletischer Körperverfassung befinden ... spüren Sie Ihre Koordinationsfähigkeit und ihre Schwerelosigkeit ... jede Einzelheit, die Sie von der Bergspitze aus wahrnehmen, ist auch ein Teil von Ihnen ... lassen Sie Ihre Gedanken jetzt zurück in die Tage Ihrer Kindheit wandern ... und noch weiter zurück, bis in die Bauchhöhle Ihrer Mutter ... sehen Sie sich als Teil einer Kette von Lebewesen, die seit Anbeginn der menschlichen Rasse existieren ... stellen Sie sich diese Kette von Lebewesen als einen vor Leben vibrierenden Energiestrang vor ... Sie sind ein Teil dieser vibrierenden·Energiekette ... stellen Sie sich vor, daß dieser Strang vibrierender Energie mit der Energie des gesamten Universums in Verbindung steht ... fühlen Sie, wie diese Energie sich in Ihrem Körper ausbreitet und sich zu unerwarteten, fügungshaften Ereignissen verdichtet ... jetzt bringen Sie Ihr Bewußtsein wieder zurück auf die Bergkuppe ... bringen Sie Ihr Bewußtsein allmählich wieder ins Zentrum Ihres Körpers, Ihres Seins ... bereiten Sie sich darauf vor, Ihr Bewußtsein wieder zurück in die Realität zu bringen ... atmen Sie einige Male tief durch ... und wenn Sie soweit sind, dann bringen Sie Ihr Bewußtsein zurück in den Raum und öffnen die Augen.

4. Geben Sie den Gruppenmitgliedern Zeit, um die Glieder zu strecken und sich wieder an den Alltag zu gewöhnen. Bitten Sie sodann Freiwillige darum, ihre aus der Meditation gewonnenen Gefühle, Bilder oder Informationen den anderen mitzuteilen.

Übung 2: Das Anheben der Energie

Dauer: Spielen Sie vier oder fünf unterschiedliche Musikstücke für die Dauer von etwa 2 bis 3 Minuten an. Seien Sie dabei flexibel und richten Sie sich nach der Energie der Gruppe und danach, wie die Gruppenmitglieder auf die Musik reagieren.

Zweck: Herauszufinden, inwieweit unterschiedliche Klänge Einfluß auf den Körper haben können.

Vorbereitung: Halten Sie einige unterschiedliche Musikstile bereit, die Sie für jeweils zwei bis drei Minuten anspielen. Wählen Sie schnelle und langsame Musik ohne Text (ausgenommen Chanting). Trommelmusik, Orgel, klassische Gitarre, ethnische Musik oder New-Age-Musik eignen sich ebenfalls hervorragend.

Anweisungen:
– Lassen Sie die Beleuchtung stark gedämpft.
– Erheben Sie sich und schließen Sie Ihre Augen.
– Bewegen Sie Ihren Körper zu der Musik. Achten Sie auf die unterschiedlichen Auswirkungen der Musik auf Ihren Körper.
– Nachdem Sie sich zu jedem Musikstück bewegt haben, teilen Sie der Gruppe Ihre Eindrücke darüber mit.

Weitere Studien:
– Wenn Sie Lust haben, können Sie einen weiteren Termin für die Fortführung oder Wiederholung der obigen Übung vereinbaren und eine Diskussion über Literatur, die sich mit außergewöhnlichen Bewußtseinszuständen beschäftigt, daran anschließen.
– Laden Sie jemanden zu Ihren Treffen ein, der Menschen in einer spirituellen Praktik unterrichtet, die für die Mehrzahl der Gruppenmitglieder von Interesse ist, z. B. Yoga, Meditation, Aikido, Tai Chi oder Qui Gong.

Abschluß:

Anfragen nach Hilfe. Übermittlung liebevoller Energie an die Gruppenteilnehmer.

Für die folgende Session:
Lesen Sie bis zum nächsten Treffen das folgende Kapitel 6.

KAPITEL 6

Die Klärung der Vergangenheit – unsere Herkunft und Kontroll-Dramen

Während unser Held seine Reise in Begleitung von Vater Sanchez über die schmalen, gewundenen Bergpfade der Anden fortsetzt, hat er genügend Zeit, sich darüber Gedanken zu machen, wie er versucht, Energie an sich zu binden, indem er sich unnahbar gibt. Seine Begegnung mit zwei Menschen auf der Straße, denen er sich nicht zu erkennen gibt – wodurch ihm eine wertvolle Information zur Fortsetzung seines Weges verloren geht –, steht in direktem Zusammenhang mit diesem Verhaltensmuster. Niedergeschlagen erkundigt er sich bei seinem Mentor nach dem nächsten Schritt und erfährt, daß er den Sinn seines Lebens entdecken und die Lösung seiner Lebensaufgabe beschleunigen kann, indem er sich sowohl die Errungenschaften wie auch die Fehlleistungen und die Philosophie seiner Eltern verdeutlicht – Voraussetzung ist jedoch, daß er damit aufhört, sein Kontroll-Drama wieder und wieder zu inszenieren. Passenderweise trifft er inmitten der Ruinen von Machu Picchu auf Vater Carl, einen Priester, der ihm bei der Klärung seiner Vergangenheit behilflich ist. Unser Held beginnt zu begreifen, daß er sein ganzes Leben lang an einer Fragestellung gearbeitet hat, die sich bereits in seiner frühesten Kindheit formte.

Die Sechste Erkenntnis

Die Sechste Erkenntnis zeigte uns, daß jeder Mensch das nächste Glied einer Entwicklungskette ist, deren jeweils letzte Glieder die Eltern des Betreffenden sind. Indem wir anerkennen, was unsere Eltern geleistet haben und was nicht, findet sich automatisch ein höherer Grund für unsere Anwesenheit auf diesem Planeten. Sobald wir erkennen, was sie uns wirklich vermacht und was sie uns zur Weiterbearbeitung hinterlassen haben, erhalten wir ein deutlicheres Bild von unserem eigentlichen Wesen und von unserer Aufgabe auf dieser Welt.

Doch weshalb fühlen wir uns trotzdem unerfüllt und nicht völlig verwirklicht? Die Sechste Erkenntnis lehrt, daß wir unsere eigene Entwicklung hemmen, indem wir versuchen, durch einen als Kontroll-Drama bezeichneten Prozeß Energie an uns zu binden. Sobald dies geschieht, unterbrechen wir augenblicklich das Fortschreiten unserer Entwicklung und verwenden ein altes Muster, das wir seit der Kindheit zur Kontrolle unserer Umwelt benutzen, anstatt der Synchronizität zu gestatten, uns vorwärtszubewegen.

Im wesentlichen gibt es zwei aggressive und zwei passive Wege, um Energie zu kontrollieren, unterschiedliche Muster, die wir während unserer Kindheit gelernt haben. Indem wir unser spezifisches Kontroll-Drama identifizieren, beginnen wir auch damit, uns von diesen beschränkenden Verhaltensweisen zu lösen. Sind wir uns erst einmal darüber bewußt, auf welche Weise wir den Energieflow stoppen – der uns ja eigentlich zur Erfüllung unserer Lebensaufgabe leiten soll –, so beginnen wir auch mit dem Erkennen unseres wahren Selbst.

Zurück in die Vergangenheit

Im übertragenen Sinn hat unser Held bis zu diesem Punkt der Geschichte seine Reise mit verbundenen Augen unternommen. Er suchte Antworten, wußte jedoch nicht genau, was seine Fragen sind. Er fühlt sich abwechselnd ruhelos, aufgeregt, verwirrt, defensiv, erschöpft, euphorisch und fasziniert. Er hat keine Idee davon, in welche Richtung er sich eigentlich bewegt, und versteht gleichzeitig nicht, weshalb er dort noch nicht angekommen ist. Klingt das vertraut?

Bisher hat unser Held aus der Ersten Erkenntnis gelernt, daß die ihm begegnenden Fügungen eine tiefere Bedeutung haben und dazu geeignet sind, ihm zu verdeutlichen, daß etwas Mysteriöses in sein Leben eingetreten ist. Aus der Zweiten Erkenntnis erfuhr er, daß es sich bei seinem Bewußtsein um eine historisch signifikante Entität handelt – unser Held möchte Teil dieses spirituellen Erwachens sein. Die Dritte Erkenntnis führt ihn zu der Einsicht, daß eine unsichtbare, auf seine Denkweise reagierende Energie existiert. Aus der Vierten Erkenntnis lernt er, daß er und andere sich verwickeln, indem sie versuchen, Energie voneinander zu stehlen, und sich als Folge davon erschöpft und unzufrieden fühlen. Die Fünfte Erkenntnis taucht auf, als unser Held auf einem Berggipfel eine spontane Verbindung mit der universellen Energie eingeht. Als er wieder in die gewohnte alltägliche Welt herabsteigt, ist er bereit, eine aktive Rolle in der synchronistischen Entfaltung seines eigenen Schicksals zu übernehmen.

An diesem Punkt seiner Reise angekommen, weiß er, daß er sich bewußt mit der universellen Quelle verbinden kann, und er beginnt damit, sein Leben auf einer neuen Bewußtseinsstufe zu etablieren. Er ist bereit, die Frage seines Lebens zu stellen und seine Kontrollsucht aufzugeben.

Das Erbe der Eltern

Unser Held befindet sich nun an einem Punkt, von dem aus er überblicken kann, welches Erbe seine Eltern ihm hinterlassen haben. Ihm wird mitgeteilt, daß er seine wahre spirituelle Identität erfahren wird, sobald er lernt, sein gesamtes Leben als eine einheitliche, lange Geschichte zu begreifen. Er muß die Ereignisse seines Lebens, von der Geburt bis zur Gegenwart, nach ihrer höheren Bedeutung untersuchen und sich die Frage stellen: »Weshalb wurde ich ausgerechnet in meine Familie geboren?« Vater Carl drückt es wie folgt aus: »Jeder von uns muß in seine Kindheit und zu den Ereignissen in seiner Familie zurückkehren und sich darüber klarwerden, was dort geschehen ist. Sind wir uns einmal unseres Kontroll-Dramas bewußt, können wir uns um die höhere Wahrheit unserer Familie kümmern … die unser Leben mit Energie erfüllt, denn die Wahrheit verrät uns, wer wir sind, auf welchem Weg wir gehen und was wir tun.«[1]

Die Einrichtung der Bühne in früher Kindheit

Ein Beispiel dafür, wie sehr bestimmte Familieneinflüsse für die Entwicklung einer Person verantwortlich sind, bietet das Leben des Schriftstellers und Nobelpreisträgers Albert Camus. Bis kurz vor seinem Tod, durch einen Autounfall im Jahr 1960, arbeitete er an einem Roman, der größtenteils autobiographischer Natur war. Dieses erst vor kurzem veröffentlichte Werk beschreibt Camus' frühe Kindheit als einen Lebensabschnitt, der im wesentlichen durch den Verlust seines im Ersten Weltkrieg gefallenen Vaters dominiert wurde.

Camus wuchs in einem weitgehend unkommunikativen Haushalt unter der Obhut seiner Mutter und seines Onkels auf, die beide Analphabeten und zudem fast völlig taub waren. Aus dieser Situation heraus schuf Camus ein Werk, das sich vordringlich mit der Entfremdung des Menschen beschäftigte und dessen stilistische Mittel sich wohl am besten mit den Worten schonungslos nüchtern bezeichnen lassen. Selbst die Titel seiner Romane »Der Fremde«, »Die Pest« und »Der Fall« lassen auf die Perspektive des Außenseiters schließen. Ein Feind jeglicher Ideologie, die sich Menschen zu Untertanen machte, wandte Camus sich gegen die damals unter Intellektuellen populäre linksgerichtete Ideologie und Philosophie. In seiner Ansprache zur Entgegennahme des Nobelpreises sprach Camus von einem tobenden, rebellierenden Drang danach, »für die Sprachlosen zu sprechen«. Es war Camus gelungen, die schwierigen Erfahrungen seiner frühen Kindheit in eine künstlerische Betrachtung über Entfremdung zu transformieren und einer ganzen Gesellschaft mitzuteilen.

Fallstudie

Ein weiteres Beispiel dafür, wie parentale Einflüsse einen fruchtbaren Boden für die Entwicklung des Kindes schaffen, stammt aus dem Leben von Penney Peirce, einer Intuitiv-Trainerin und Lebensberaterin, die uns das Erbe ihrer Eltern mitteilte. Peirce ist der Ansicht, daß sie bereits durch ihre Geburt einen Zweck erfüllte und sich ihre Eltern selbst gewählt hat, da nur diese dazu in der Lage gewesen seien, die geeigneten Konditionen für eine Manifestation ihrer Lebensaufgabe zu liefern.

»Beide Eltern hatten das Kleinstadtleben hinter sich gelassen und anschließend das ganze Land bereist. Mein Großvater war von Beruf Priester, mein Vater hatte sich den spirituellen Aspekten des Lebens dagegen weitgehend verschlossen. Er war ein brillanter Ingenieur und später dann Management-Consultant, doch machte er sich nie einen bedeutenden Namen und erwarb keinen Titel, was ihm eigentlich hätte ein leichtes sein müssen. Er war ein guter Organisator und stand für Stabilität und Struktur, war jedoch ebenfalls ein frustrierter Philosoph. Meine Mutter war ebenfalls hochintelligent und wurde Architektin und Bildhauerin. Sie repräsentierte den künstlerischen Aspekt in unserer Familie, war allerdings gleichzeitig auch eine unerfüllte Schriftstellerin. Beide steckten voller Ambitionen und wollten etwas Bleibendes schaffen. Häufiges Umziehen in meiner Jugend sorgte dafür, daß ich frühzeitig mit allen möglichen Lebenssituationen konfrontiert wurde – Stadtleben, Landleben sowie Begegnungen mit unterschiedlichen Rassen machten mich zu einem regelrechten Synthesizer multi-kultureller und multi-dimensionaler Ansichten. Ich habe mir schließlich den von meinem Vater abgelehnten spirituellen Lebensaspekt angeeignet und berate gegenwärtig Geschäftsleute über eben diesen Aspekt bei ihrer Arbeit. Meine Schwester verfolgte eine akademische Laufbahn – etwas, was beide Eltern nicht erreicht haben, und sie hat mittlerweile promoviert. Als nächstes werde ich mein Buch über die Bedeutung der Intuition fertigstellen.«

Fallstudie
Jemand, der die Sechste Erkenntnis studiert hatte, beschrieb die Einflüsse seiner Eltern folgendermaßen: »Um die Ereignisse meiner frühen Kindheit aufzuarbeiten, habe ich viel Zeit in Therapie verbracht, bin aber jetzt zum ersten Mal in der Lage, meinen Eltern gegenüber Mitgefühl zu empfinden und sie als wirkliche Menschen wahrzunehmen. Bis dahin war es mir nicht gelungen, ihre Lebensgeschichten als etwas für mich Wertvolles zu betrachten. Mit einem Mal erkannte ich jedoch, wie ähnlich ich ihnen bin, besonders meinem Vater, den ich schärfstens zu kritisieren pflegte. Ich bin von Beruf Buchhalter und leite außerdem ein Aufklärungsprogramm für Alkoholiker. Mein

Traum ist es, ein Aufklärungsvideo über die Alkohol- und Drogenproblematik zu produzieren. Ich dachte immer, mein Vater sei mit einem goldenen Löffel im Mund zur Welt gekommen, doch wurde er aus dem Militär als Major verabschiedet und endete schließlich als Hausmeister. Ich erinnere mich daran, wie ich als Kind meine Mutter weinend vor dem Bügelbrett habe stehen sehen. Sie war eine intelligente und fähige Frau, allerdings hundertprozentig frustriert und voller Angst.

Ich bin mir darüber im klaren, daß ich es mir kaum leisten kann, mein Projekt nicht zu beenden. Die Frustration meiner Mutter zu sehen verdeutlicht mir, wie hoch der Preis dafür wäre, es nicht zu versuchen. Es wäre das Eingeständnis meines Versagens. Ich lerne gerade, daß ich meine Freiheit behalten und trotzdem verantwortlich handeln kann. Wenn ich Verantwortung übernehme, dann deshalb, weil es ein angenehmes Gefühl ist, und nicht etwa deshalb, weil ich andern damit gefallen will. Die Übungen aus der Sechsten Erkenntnis zu absolvieren, hat mein Urteil über meine Eltern revidiert, und, was noch viel wichtiger ist, ich bin bereit, meine Ängste zu überwinden und neue Risiken einzugehen.«

Fallstudie
Larry L. ist ein kalifornischer Geschäftsmann, der seinen eigenen Getränkebetrieb aufgemacht hat. Als gebürtiger Texaner hatte Larry einige Schwierigkeiten mit dem Konzept von Fügungen und der Aufgabe seiner Kontrollsucht: »Ich stand dem Konzept des Erbes der Eltern mit ziemlich gemischten Gefühlen gegenüber, weil ich bereits eine Menge Therapie über mich habe ergehen lassen und eigentlich der Ansicht war, meine Kindheit ausreichend aufgearbeitet zu haben. Die Absolvierung dieser Übung sorgte jedoch für eine grundlegende Veränderung in meinem Leben. Ich konzentrierte mich darauf, die guten Absichten hinter dem Einfluß meiner Eltern zu erkennen, und fühlte, daß meine Eltern die mir am verwandtesten Geister sind und daß sie mich auf mein Leben vorbereitet haben. Sie sind liebesfähige und erfolgreiche Menschen, allerdings fest entschlossen, jeden Aspekt ihres Lebens unter Kontrolle zu halten. Die Lektion, die ich von ihnen mit auf den Weg bekam, läßt sich mit den Worten: ›Du mußt lernen, dich unter Kontrolle zu be-

kommen!‹ zusammenfassen. Selbstverständlich habe ich mein ganzes Leben damit verbracht, mich außer Rand und Band aufzuführen. Ich bin jetzt der Überzeugung, daß ich dieses Extrembeispiel von Furcht und Kontrolle brauchte, um mich dem Universum leichter

> Einatmend beruhige ich
> meinen Körper
> Ausatmend kann ich lächeln.
> Im Augenblick weilend
> weiß ich, daß er
> wunderbar ist!«[2]
> Thich Nhat Hanh

anvertrauen zu können. In meiner Kindheit hielt ich sogar die Natur für etwas Furchterregendes. Ich fühlte mich in der U-Bahn wohler als im Wald. Ich sehe jetzt, daß es sich bei meinen sogenannten Entscheidungen im Leben in Wirklichkeit um Reaktionen auf meine Herkunft handelte.

Ich war immer stolz auf meine skeptische und pessimistische Art und Weise, die Dinge zu betrachten, deshalb stellt dieser schmale Silberstreifen am Horizont meiner Kindheit bereits eine einschneidende Veränderung in meinem jetzigen Leben dar. Ich habe jetzt viel mehr Mitgefühl für meine Eltern, es ist, als sei etwas in mir geheilt worden, von dessen Existenz ich bis dahin noch nicht einmal gewußt habe.

Ich habe einige Arbeit an meiner Lebensproblematik absolviert und bin zu dem Entschluß gekommen, daß ich hier etwas zu erledigen habe, was noch niemand zuvor getan hat. Ich gehe davon aus, daß diese Information über Vertrauen das nächste fehlende Teil in meinem Puzzle ist.«

Interne Verschiebungen

In allen drei Fallstudien hat eine Verschiebung der Wahrnehmung stattgefunden. Alle drei Personen waren in der Lage, ihre Geschichte auf eine Weise zu betrachten, die es ihnen erlaubte, sich damit in positive Verbindung zu setzen. Ihre Berichte beweisen, daß interne Paradigmenwechsel möglich sind, und durch individuelle Veränderungen in der Betrachtungsweise der Welt verändert sich schließlich die Weltsicht einer ganzen Kultur.

Lebensfrage

Unserem Helden wird im Verlauf des Romans erzählt: »Sie sind hier, weil sich hier der Schlüssel zu Ihrer Weiterentwicklung befindet. Ihr ganzes Leben war nur ein langer vorbereitender Weg, der Sie direkt auf diesen Augenblick hingeführt hat.«[4] Genau wie unser Held, sind auch Sie jetzt bereit, sich bewußt weiterzuentwickeln. Legen Sie das Buch jetzt für einen Augenblick aus der Hand und denken Sie darüber nach, was diese Aussage für Sie persönlich bedeutet.

Erinnern Sie sich daran, wie Sie auf die *Prophezeiungen von Celestine* und auf andere Bücher über inneres Wachstum oder mit spirituellen Inhalten gestoßen sind. Können Sie erkennen, daß Ihr gesamtes Leben Sie auf diesen Moment, auf das Lesen dieser Seite vorbereitet hat? All Ihre Erfolge, Interessen, Frustrationen und Wachstumsphasen dienten nur dazu, Sie auf diesen Augenblick vorzubereiten, in dem Sie die Erkenntnisse erforschen.

> »... [Buddha] hat uns gelehrt, daß soziale Institutionen mit und durch uns entstehen. Sie sind keine von unserem Innenleben unabhängigen Strukturen oder Leinwände, vor denen sich unsere Privatdramen abspielen oder vor denen wir unsere Tugenden und unser Mitleid zur Schau stellen ... Als institutionalisierte Formen unserer eigenen Ignoranz, unserer Ängste und unserer Gier, gewinnen sie ihre eigene Dynamik. Das Ego und die Gesellschaft stellen nicht nur gleichermaßen Realitäten dar, sondern bedingen einander.«[5]
>
> Joanna Macy,
> *World as Lover,*
> *World as Self*

In dem nun folgenden Einzelstudium werden Sie Gelegenheit erhalten, den Einfluß Ihrer Eltern genau in Augenschein zu nehmen. Nachdem Sie verstanden haben, wie sehr Sie vom Leben Ihrer Eltern beeinflußt wurden, fahren Sie mit der in Kapitel 2 begonnenen Analyse Ihres eigenen Lebens und der Anfertigung Ihrer persönlichen Zeitspur fort. Das Studium Ihrer Eltern und ihres Einflusses auf Sie und Ihr Leben sowie das Studium Ihrer eigenen Geschichte sollen Ihnen bei der Enthüllung Ihrer Lebensproblematik behilflich sein.

Was sind Kontroll-Dramen?

Die Vierte Erkenntnis zeigte uns, daß Menschen miteinander um Energie wetteifern, weil sie durch die Energie des anderen einen psychologischen Aufschwung erfahren. Deshalb sind wir gewöhnlich der Ansicht, Aufmerksamkeit, Liebe, Anerkennung, Unterstützung – allesamt Energieformen – von anderen Menschen erhalten zu müssen. Ausgehend von den Interaktionen, die wir als Kinder mit unseren Eltern hatten, verfügen wir über mehr oder weniger perfektionierte Methoden, mit deren Hilfe wir Energie in unsere Richtung lenken.

Der erste Schritt auf dem Weg zu einem bewußten Umgang mit diesem Verhalten besteht darin, daß wir uns über unsere Muster der Vergangenheit, unsere Ängste, die Fehlinformationen sowie unsere Kontrollversuche gegenüber einem ungehinderten Energiefluß klarwerden. Bereits sehr frühzeitig und unbewußt haben wir damit begonnen, uns an unsere Umgebung zu gewöhnen und anzupassen. Die Art und Weise, wie unsere Eltern uns behandelten und wie wir uns in ihrer Gegenwart fühlten, bildete die Teststrecke für die Verhaltensmuster, die wir zur Lenkung von Energie auf unsere Person adaptierten oder entwickelten.

In den *Prophezeiungen von Celestine* erfahren wir: »In die eigene Vergangenheit zurückzukehren, zurück zu den Anfängen des Familienlebens ... Die Anfänge zu sehen, heißt auch, unsere Kontrollmechanismen verstehen zu lernen. Erinnere dich, daß die meisten unserer Familienmitglieder selbst Kontroll-Dramen entwickelt haben, um die Energie von uns Kindern abzuziehen. Deshalb haben wir überhaupt damit begonnen, Kontroll-Dramen zu entwickeln. Es war unsere einzige Chance, Energie zurückzugewinnen, und alle unsere Dramen stehen grundsätzlich in Bezug zu den Familienmitgliedern. Gelingt es uns jedoch,

> »Während ihrer Schwangerschaft spielte meine Mutter beinahe ohne Unterlaß Klavier ... Ich habe nicht die leiseste Idee, wie mein Leben verlaufen wäre, wenn meine Eltern meinen Wunsch, Musik zu studieren, nicht unterstützt hätten.«[5]
> Glenn Gould, Pianist

die energetische Dynamik unserer jeweiligen Familie zu erkennen, können wir hinter diese Kontrollstrategien schauen und einen Blick auf die wirklichen Abläufe werfen.«[6]

Im Manuskript ist von vier Hauptmöglichkeiten der Energiemanipulation die Rede, die in engem Zusammenhang miteinander stehen. Manche Menschen benutzen mehr als nur einen Weg, um Energie auf sich zu lenken, doch die meisten von uns haben ein vorherrschendes Kontroll-Drama, das sich bereits in der frühen Kindheit etabliert hat und häufig wiederholt wird.

Die unterschiedlichen Kontroll-Dramen

Der Einschüchterer

Diese Personen binden Aufmerksamkeit und damit Energie durch die Hilfe von Lautstärke, physischer Kraft, Drohungen sowie unvorhersehbaren Temperamentsausbrüchen an sich. Einschüchterer dominieren, indem sie ihr Gegenüber mit der ständigen Drohung eines verletzenden Kommentars, ihres Zornes und, in extremen Fällen, Wutausbrüchen in Schach halten. Der Einschüchterer steht immer im Mittelpunkt. In seiner Gegenwart fühlen Sie sich verängstigt oder unruhig.

Die Spannbreite des Verhaltens dieser Egozentriker reicht vom bloßen Herumkommandieren, unentwegtem Reden, autoritärem Verhalten, Unflexibilität und fortwährendem Sarkasmus bis hin zur Anwendung körperlicher Gewalt. Der Typus des Einschüchterers ist vermutlich am deutlichsten von der Zufuhr universeller Energie abgeschnitten. Anfänglich zieht er Menschen durch eine Aura der Macht in seinen Wirkungskreis.

Jedes der vier Kontroll-Dramen kreiert eine spezifische Dynamik, die auch als »Ergänzungs-Drama« bezeichnet wird. Das Ergänzungs-Drama des Einschüchterers besteht hauptsächlich im Drama des »Armen Ich« – eine energetisch extrem passive Dynamik. Das Arme Ich ist der Meinung, durch den Einschüchterer in furchterregendem Ausmaße seiner Energie beraubt zu werden und bemüht sich deshalb, diesen bedrohlich erscheinenden Energiefluß durch das Einnehmen einer sich krüm-

menden, hilflosen Attitüde zu stoppen: »Schau mal, was du mir
angetan hast. Tu mir nicht weh, ich bin zu schwach.« Das Arme
Ich versucht, dem Einschüchterer Schuld einzuflößen, damit er
seine Angriffe einstellt und sich der Flowzustand für das Arme
Ich wieder einstellt. Die andere Möglichkeit für ein Ergänzungs-
drama wäre ein Gegen-Einschüchterer. Dieses Drama ist häufig dann zu beobachten, wenn das Arme-Ich-Verhalten keine
Wirkung zeigt oder, mit noch höherer Wahrscheinlichkeit,
wenn die andere Person ebenfalls als aggressiv zu bezeichnen
ist und sich gegen den Einschüchterer zur Wehr setzt. Wenn es
sich bei einem Ihrer Elternteile um einen Einschüchterer gehandelt haben sollte, so ist die Wahrscheinlichkeit groß, daß es
sich bei einem seiner Elternteile ebenfalls entweder um einen
Einschüchterer oder ein Armes Ich gehandelt hat.

Der Vernehmungsbeamte

Obwohl körperlich weniger bedrohlich, sind diese Personen
doch in der Lage, Willen und Geist durch ständiges Hinterfragen aller Aktivitäten und Motivationen zu zerbrechen. Als feind-
seliger Kritiker sucht der Vernehmungsbeamte andauernd nach
einer Gelegenheit, um zu beweisen, daß andere unrecht haben.
Je mehr diese Menschen an unseren Fehlern und Unzulänglich-
keiten herumnörgeln, desto mehr Beachtung kommt ihnen zu,
bis ihr Gegenüber schließlich auf jede ihrer Bewegungen reagiert. Während Sie damit beschäftigt sind, sich dem Vernehm-
mungsbeamten gegenüber zu beweisen oder ihm Rede und Antwort zu stehen, erhält er Ihre Energie. Vermutlich wird alles,
was Sie sagen, irgendwann gegen Sie verwandt werden, und Sie
werden den Eindruck nicht los, unter permanenter Überwa-
chung zu stehen.
  Überwachsam, reicht ihr Verhaltensspektrum von zynisch,
skeptisch, sarkastisch, stichelnd, perfektionistisch, selbstgerecht
bis bösartig-manipulativ. Anfänglich scheinen sie durch ihren
Witz, unschlagbare Logik, Faktenwissen und Intellekt zu bestechen.
  Vernehmungsbeamte als Eltern sorgen für unnahbare Kinder, manchmal auch für Arme Ichs. Beide trachten danach, dem
Bohren des Vernehmungsbeamten zu entkommen. Unnahbare

wollen sich dem Zwang, antworten zu müssen und der ständig stichelnden Kritik entziehen (und damit dem Verlust ihrer Energie).

Der Unnahbare

Diese Personen sind in ihrer eigenen inneren Welt der ungelösten Konflikte, Ängste und Selbstzweifel gefangen. Unterbewußt sind sie der Ansicht, daß, wenn sie mysteriös oder über den Dingen stehend erscheinen, andere sie aus dieser Position erlösen werden. Oftmals einsam, sind sie auf Distanz bedacht, da sie fürchten, einen fremden Willen aufgedrängt zu bekommen oder in ihren Entscheidungen hinterfragt zu werden (so wie es die elterlichen Vernehmungsbeamten getan haben). Sie sind der Ansicht, alles selbst erledigen zu müssen, und bitten nicht um Hilfe. Sie beanspruchen viel »Freiraum« und vermeiden es oft, bindende Zugeständnisse zu machen. Als Kindern wurde ihnen häufig der Wunsch nach Unabhängigkeit und die Würdigung ihrer eigenen Identität verweigert.

Sie neigen dazu, sich auf der Seite des Armen Ichs anzusiedeln und realisieren oftmals nicht, daß ihre eigene Unnahbarkeit der Grund für die Unerfülltheit ihrer Wünsche (d. h. Geld, Liebe, Selbstwertgefühl) und für ihre Gefühle der Stagnation und Verwirrung ist. Ihre Hauptprobleme sehen sie häufig in der Abwesenheit von Dingen (Geld, Freunde, soziale Kontakte, Bildung).

Das Spektrum ihres Verhaltens reicht von desinteressiert, unzugänglich bis zu nicht hilfsbereit, herablassend, abweisend, widerspenstig und heimtückisch.

Erfahren im Umgang mit Distanz als Verteidigungswaffe, neigen sie dazu, ihre eigene Energie mit Begründungen wie »Ich bin anders als andere«, »Niemand versteht, was ich wirklich will«, »Ich bin verwirrt«, »Ich mache bei diesen Spielen nicht mit«, »Wenn ich nur … hätte« abzuschneiden. Während sie alles und jeden zu Tode analysieren, gehen ihnen die besten Gelegenheiten durch die Lappen. Tauchen Konflikte oder gar Konfrontationen am Horizont auf, so wird der Unnahbare unverbindlich und verschwindet buchstäblich (versteckt sich hinter dem Anrufbeantworter oder hält Verabredungen nicht ein). Zu

Beginn wirken diese Personen durch ihre mysteriöse und verschlossene Art anziehend und interessant.

Unnahbare kreieren gewöhnlich Vernehmungsbeamte, können sich aber auch mit Einschüchterern und Armen Ichs auf ein Drama einlassen.

Das Arme Ich oder Opfer

Diese Personen meinen, unter Kräftemangel zu leiden, der es ihnen unmöglich macht, die Herausforderungen der Welt aktiv anzugehen. Deshalb versuchen sie durch das Erregen von Mitleid, Energie in ihre Richtung zu lenken. Häufig schweigend, ähneln sie dem Unnahbaren, doch stellt das Arme Ich für gewöhnlich sicher, daß sein Schweigen nicht sang- und klanglos untergeht.

Als eingeschworener Pessimist zieht das Arme Ich mit besorgtem Gesichtsausdruck, lautem Seufzen, Zittern, Weinen, In-die-Ferne-Gestarre, zögerlichen Antworten und dem Wiedererzählen wehmütig erinnerter Träume und Lebenskrisen die Aufmerksamkeit anderer auf sich. Arme Ichs lieben es, anderen den Vortritt zu lassen und sich den Wünschen anderer zu fügen. Ihre Lieblingsworte lauten: »Ja, aber …«

Anfänglich bestechen die Armen Ichs durch Verletzlichkeit und Hilfsbedürftigkeit. Sie sind allerdings nicht an wirklichen Lösungen ihrer Probleme interessiert, denn dadurch würden sie die Quelle ihrer Energie verlieren. Sie neigen ebenfalls dazu, sich übermäßig entgegenkommend zu verhalten, was schließlich dazu führt, daß sie sich ausgenutzt fühlen und wieder ihre »Armes-Ich«-Methode zur Energiegewinnung zur Anwendung bringen können. Leisten sie Hilfe, so verfügen sie nur selten über die Fähigkeit, Grenzen zu setzen, sie sind defensiv, entschuldigend, geschwätzig und versuchen die Probleme anderer zu lösen. Sie lassen sich z. B. durch ihre Attraktivität oder das Gewähren sexueller Gefälligkeiten zu Objekten machen, beschweren sich anschließend jedoch darüber, daß man sie ausgenützt hätte.

Die Armen Ichs bestärken ihre Opferrolle, indem sie sich Partner suchen, von denen sie bedroht werden. In extremen Fällen häuslicher Gewaltanwendung involviert ein Einschüchterer das Arme Ich in zunehmend gewalttätiger werdende Episo-

den körperlichen und geistigen Mißbrauchs, bis die Zustände
schließlich untragbar werden. Nach dem Erreichen dieses Hö-
hepunktes zieht der Einschüchterer sich zurück und entschuldigt sich, wodurch er Energie an das Arme Ich leitet und es von
neuem in den Zirkel lockt.

Referenztabelle: Positionen der Kontroll-Dramen

Aggressiv

Einschüchterer

Äußeres Verhalten	Innerer Kampf
Leugnen, Weigerung zuzuhören	Angst, kontrolliert zu werden.
Ärger	Angst, nicht genug zu bekommen.
Ich bekomme es, egal wie.	Jemand kommt mir zuvor.
Arroganz	Niemand beachtet mich.
Erst ich.	Niemand kümmert sich um mich.
Kontrolle	Ich muß es allein schaffen.
Wut	Keiner hat sich je um mich gekümmert.
Gewalt	Ich bin tot.

Wirkung beim anderen	**Ergänzendes Drama**
Furcht	Armes Ich: »Tu mir nicht weh. Ich tu dir ja auch nichts.«
Ärger	Einschüchterer: »Du kannst mir nicht weh tun. Ich wehre mich.«
Rachsüchtig	Vernehmungsbeamter: »Du bist nicht so mächtig wie du vorgibst zu sein. Wo liegen deine Schwächen?«
Verneinend	Unnahbarer: »Ich werde dich nicht konfrontieren.«

Vernehmungsbeamter

Äußeres Verhalten	Innerer Kampf
Wer glaubt du eigentlich zu sein?	Mangelnde Anerkennung als Kind.
Wohin gehst du?	Die Leute lassen mich allein zurück, und ich habe Angst.
Warum hast du nicht ...?	Ich brauche einen Beweis deiner Liebe.
Warum machst du nicht ...?	Du wirst mich verlassen.
Ich habe dir gesagt, daß ...	Du brauchst mich. Ich brauche dich.

Wirkung beim anderen	**Ergänzendes Drama**
Gefühl, überwacht zu werden	Unnahbarer: »Du hast keine Ahnung, was ich denke.«
Verneinend	Unnahbarer: »Du bist mächtiger als ich. Du bist mehr als ich.«
Falsch	Märtyrer/Armes Ich: »Irgendwann wirst du meinen wahren Wert erkennen.«

Passiv

Unnahbarer

Äußeres Verhalten	Innerer Kampf
Ich bin noch nicht soweit.	Ich weiß nicht, ob ich überleben kann.
Ich brauche mehr (Geld, Bildung, Zeit).	Ich traue mir selbst nicht, ich habeAngst.
Ich weiß nicht, ich bin mir nicht sicher. Vielleicht. Ich gebe dir Bescheid.	Ich stolpere in eine Falle, aus der ich nicht mehr herauskomme. Ich bin mir über meine Gefühle nicht im klaren.

Äußeres Verhalten	Innerer Kampf
Wirkung beim anderen	**Ergänzendes Drama**
Verunsicherung	Vernehmungsbeamter: »Bist du mir böse?«
Verdächtigung	Vernehmungsbeamter: »Was habe ich jetzt wieder falsch gemacht?«

Armes Ich

Ich bin müde.	Ich tue so viel, doch niemand nimmt mich zur Kenntnis.
So bin ich nun einmal.	Ich kenne keinen anderen Weg, um an Energie zu gelangen.
Ich versuche mein Bestes.	Wenn ich mich verändere, liebst du mich nicht mehr.
Mir geht's gut.	Ich bin dir egal.
Ich mache das schon.	Du brauchst mich. Ich brauche dich.
Mach dir keine Sorgen um mich	Ich brauche Anerkennung.

Wirkung beim anderen	**Ergänzendes Drama**
Schuldig	Einschüchterer: »Du willst mich kontrollieren.« Vernehmungsbeamter: »Du denkst nur an dich.«

Zu Beginn ist es oftmals einfacher, diese Dramen bei anderen Personen zu beobachten. Eine Frau, die erst kürzlich die *Prophezeiungen von Celestine* gelesen hatte, berichtete folgende Geschichte: »Eine Mutter kam mit ihrer neunjährigen Tochter in ein Schuhgeschäft. Das gelangweilte kleine Mädchen fragte in einem fort: ›Mutti, Mutti. Welche Farbe haben die Schuhe, die du kaufen willst?‹ Die mit dem Absuchen der Schuhregale beschäftigte Mutter schenkte dem Kind jedoch keine Beachtung. Das Kind stellte die Frage daraufhin in einem immer weinerlicher werdenden Tonfall, auf den die Mutter ebenfalls nicht rea-

gierte. Früher hätte ich das kleine Mädchen nur als Plage betrachtet, jetzt, nachdem ich weiß, was ein Kontroll-Drama ist,
wäre ich beinahe zu der Mutter gegangen und hätte ihr gesagt,
daß sie durch ihre Unnahbarkeit einen kleinen Vernehmungsbeamten heranzüchtet.«

Die Basis von Kontroll-Dramen ist Angst

Jeder der oben erwähnten Kontroll-Mechanismen beruht auf
der ursprünglichen Furcht, daß wir ohne die Verbindung zu unseren Eltern nicht überlebensfähig sind. Tatsächlich sind unsere Eltern die Basis für unser Überleben, und wenn wir als Kinder Energie benötigten, um uns sicher zu fühlen, benutzten wir
eines der Kontroll-Dramen, von dem wir wußten, daß es funktioniert.

Mit dem Wissen darüber, daß eine uns allen zugängliche universelle Energiequelle existiert, brauchen wir uns nun nicht länger mit unseren alten Kontroll- und Überlebensmustern zu identifizieren. Diese auf Angst basierenden Dramen zu transformieren, indem wir uns mit unserer inneren Quelle verbinden, ist
gleichbedeutend damit, auf einer höheren feinstofflichen Ebene
zu vibrieren. Werden diese Kontroll-Dramen ausreichend erhellt, so können sie in positive Attribute umgewandelt werden.

Eine einunddreißigjährige alleinstehende Mutter, die als
Empfangsdame arbeitet, möchte mehr aus ihrem Leben machen. Sie hat einen Traum, den sie sich verwirklichen möchte,
und Ihre Frage dazu lautet: Wie kann ich mich finanziell unabhängig machen? Im Verlauf ihrer Eltern-Analyse stieß sie auf
folgende Familiengrundsätze, die von beiden Elternteilen geprägt wurden:

- »Manchmal mußt du auch Dinge gegen deinen Willen tun.«
- »Ausleben kannst du dich später.«
- »Sei in deinem Leben auf Tragödien vorbereitet.«
- »Ein Menschenleben reicht nicht aus, um alles zu tun.«
- »Wer rastet, der rostet.«
- »Es ist alles gut so, wie es ist, verändere bloß nichts.«

Bei ihren Eltern handelte es sich um hart arbeitende Menschen mit den besten Absichten, die jedoch weder Leidenschaft noch Freude in ihrem Leben hatten. Als sie versuchte, sich finanziell auf eigene Beine zu stellen und ortsunabhängig zu machen, bemerkte sie, daß ihre Familiengrundsätze sie an der Erfüllung ihres Traumes hinderten. Obwohl sie wußte, daß es wichtig sein kann, planvoll vorzugehen, erkannte sie am Beispiel ihrer Eltern, daß übermäßige Vorsicht nicht zu einem erfüllten Leben führt. Ihr fiel außerdem auf, daß sie besonders dazu neigte, den letzten der Grundsätze für sich zu wiederholen, sobald sie daran dachte, ihre augenblickliche Arbeit aufzugeben. Zusätzlich dazu lebte sie in einer ständigen Wartehaltung (»Ausleben kannst du dich später«) auf die Auszahlung eines gerichtlichen Vergleiches. So reflektierte ihr Leben auf subtile Weise die frühen Glaubenssätze ihrer Eltern.

Beantworten Sie die folgenden Fragen für sich:
– Wovor hatte Ihre Mutter Angst? Welches Verhalten hat sie dabei zur Schau gestellt?
– Wovor hatte Ihr Vater Angst? Welches Verhalten stellte er dabei zur Schau?
– Wovor haben Sie Angst? Wie verhalten Sie sich? Gibt es in Ihrem Verhalten Ähnlichkeiten mit dem ihrer Eltern?

Die Transformation von Kontroll-Dramen

Haben wir einmal unser inneres Zentrum gefunden, werden uns auch unsere Kontroll-Dramen bewußt, und wir erhalten die Möglichkeit, unsere alten Gewohnheiten in positive und stärkende Bestandteile unseres Lebens zu verwandeln:

Einschüchterer/Führungspersönlichkeit. Sobald der Einschüchterer mit seiner wahren Energiequelle in Verbindung tritt, gewinnt er zunehmend Selbstvertrauen, welches ihm Führungsqualitäten verleiht. Bestimmt, ohne dominant zu sein, selbstbewußt, aber nicht arrogant, fällt es ihm leichter, Herausforderungen anzunehmen und zu genießen, sowie die Mitarbeit von anderen zu gewinnen.

Ein sechzigjähriger Management-Consultant und ehemaliger Fabrikbesitzer beschreibt sich selbst als ehemaligen »Schweinehund auf Rädern«, der fast keinen Streit verlor und sich seiner Illusion von Macht über andere von ganzem Herzen hingab. Bankrott und Scheidung erwiesen sich für ihn als gleichermaßen erniedrigend und führten ihm vor Augen, wie sehr sein Leben aus dem Gleichgewicht geraten war. Heute arbeitet er als Ausbilder von Führungskräften und hilft ihnen dabei, ihre wahre Quelle zu finden und ihre Entscheidungen dementsprechend zu fällen. Kontaktaufnahme mit seinen Gefühlen und daraus gewonnene Integrität beim Umgang mit sich und anderen befreite den Mann aus seinem selbstauferlegten Exil.

Vernehmungsbeamter/Berater. Ein transformierter Vernehmungsbeamter läßt seine Neugier und sein Interesse meistens in eine Forschungstätigkeit einfließen. Unterstützt durch seine weiterentwickelten Talente zur zwischenmenschlichen Kommunikation ist es ihm so ein leichtes, zum Lehrer, Lebensberater oder Anwalt zu werden.

Eine fünfundvierzigjährige Frau und ehemaliges Mitglied im leitenden Management eines internationalen Finanzunternehmens war vor allem für ihren unfehlbaren analytischen Verstand und ihr Gespür für das Auffinden von Fehlerquellen im Recherchenbereich bekannt. Die Tatsache, daß sie dort von allen respektiert wurde, reichte allerdings nicht aus, um ihre emotionale Leere zu füllen, die sich so sehr verstärkte, bis die Frau durch die Inhaltslosigkeit ihres Lebens so überwältigt wurde, daß sie körperlich schwer erkrankte. Ihre Krankheit zwang sie dazu, ihr bisheriges Leben zu überdenken, und sie begann ein Psychologiestudium. Mittlerweile führt sie ihre eigene Praxis.

Unnahbarer/Freier Denker. Haben sie sich einmal der Notwendigkeit entledigt, unbedingt Außenseiter sein zu müssen, so gelingt es den Unnahbaren oft, Kontakt mit ihrer Intuition aufzunehmen und Weisheit sowie Kreativität in ihr Lebenswerk zu integrieren. Häufig werden sie zu Priestern, üben Heilberufe aus oder werden Künstler.

Ein ehemaliger Priester, der sich buchstäblich hinter seiner Kanzel versteckte, unterzog sich durch einen Berufswechsel zum Hochschullehrer einer grundlegenden Wandlung. Obwohl er sich anfangs noch als »Prediger« verstand und damit für eine starke Trennung zwischen sich und seiner Gemeinde sorgte, schockierten ihn einige vernichtende Kritiken von seiten der Gemeindemitglieder und vermenschlichten ihn derartig, daß er seine strengen und ihn von anderen Menschen isolierenden Glaubensgrundsätze nicht länger aufrechterhalten konnte.

Armes Ich/Reformator. Sobald das Arme Ich wahre Zuwendung und Einheit erfahren hat, gelingt es ihm meist, in seiner eigenen Kraftquelle Ruhe zu finden und zu einem mitfühlenden Reformator oder Sozialarbeiter zu werden bzw. einen Heilberuf auszuüben.

Ein Inzestopfer, das im Alter von fünfzehn vergeblich versucht hatte, sich das Leben zu nehmen, verbrachte Jahre in therapeutischer Behandlung, um herauszufinden, was der Grund für ihre Depressionen war. Nach einigen Beziehungen mit Einschüchterern, Arbeitslosigkeit und Konfrontation mit der Tatsache, daß ihr Bruder AIDS hatte, blieb ihr nichts anderes übrig, als sich einem umfassenderen Verständnis ihres Schicksals zu unterwerfen. Ihre darauf folgende innere Genesung verlieh ihr die Fähigkeit, anderen bei der Suche nach in ihrem Schmerz verborgenen Wahrheit behilflich zu sein.

In den meisten Fällen wurde die Transformation dieser Menschen durch eine Erfahrung katalysiert, die auf den ersten Blick wie ein negatives Ereignis aussieht – Scheidung, Konkurs oder Krankheit. Schmerz, Desillusionierung, Erniedrigung, Isolation und ein Gefühl des Versagens sind essentielle Elemente in der Einleitung dieses Heilprozesses, da die betreffenden Personen dadurch willens wurden, *Verantwortung für die Notwendigkeit ihres eigenen Lernprozesses zu übernehmen.*

Die Analyse der Kontroll-Dramen

Eine der häufigsten Fragen meiner Leser lautet: »Was kann ich tun, um aus meinem Kontroll-Drama auszusteigen? Was sind die ersten Schritte?«

Machen Sie sich Ihr eigenes Verhalten bewußt. Der erste Schritt auf dem Weg zur Brechung Ihres Musters besteht in der Bewußtmachung des Kontroll-Dramas, das Sie als Kind gelernt haben. Lesen Sie sich die oben aufgeführten Beschreibungen der jeweiligen Dramen noch einmal durch und fangen Sie an, auf Ihr eigenes Verhalten zu achten – insbesondere dann, wenn Sie unter Streß stehen oder unruhig werden.

Sind Sie streitlustig, ungeduldig, engstirnig, ärgerlich oder bedrohen und dominieren Sie andere Menschen? (Einschüchterer)

Verdächtigen Sie andere oder haben Sie den Eindruck, daß Sie nicht genügend Aufmerksamkeit von anderen erhalten? Sticheln Sie häufig, machen Sie anderen Vorwürfe oder verhören Sie andere Menschen? (Vernehmungsbeamter)

Wahren Sie Distanz und spielen schwer-zu-kriegen, gehen Sie Situationen aus dem Weg, in denen Sie etwas von sich zu erkennen geben müßten – aus Angst, man könnte sie dafür verurteilen? (Unnahbarer)

Beschweren Sie sich häufig und konzentrieren Sie sich auf bestimmte Probleme in der Hoffnung, andere werden zu ihrer Rettung herbeieilen? (Armes Ich)

Machen Sie sich bewußt, welchen Typus Sie anziehen. Hören Sie auf damit, ergänzende Dramen zu liefern. Achten Sie darauf, wie Sie im Alltag interagieren, und seien Sie willens, sich gegebenenfalls aus dem Spiel zurückzuziehen.

Haben Sie zum Beispiel verstärkt Begegnungen mit Einschüchterern? Wenn ja, so kommen Sie sich vermutlich schwach oder machtlos vor. Es könnte sein, daß Sie versuchen,

»Die Bereitschaft, uns hinzugeben und an unseren Entwicklungsprozeß zu glauben, hilft uns dabei, den Willen unseres Egos abzulösen und gestattet dem Unterbewußten, die Führung zu übernehmen. Danach erst wird der Gedanke an eine höhere Kraft für uns akzeptabel. Wir verlagern unsere Aufmerksamkeit von einer Veränderung unseres Suchtverhaltens und fangen an zu verstehen, daß es sich beim Leben um einen fortschreitenden Prozeß handelt.«[7]

The Twelve Steps A Way Out: A Working Guide for Adult Children of Alcoholic & Other Dysfunctional Families

Energie von Ihren Gegenspielern zu erhalten, indem Sie sich selbst als Einschüchterer aufführen (weil Sie an einen Energiemangel glauben und deshalb der Ansicht sind, mit anderen um Energie wetteifern zu müssen). Fühlen Sie sich als Opfer Ihrer Handlungen, so könnte Ihre Reaktion darin liegen, daß Sie versuchen, Ihre Machtlosigkeit zu rechtfertigen, anstatt Verantwortung für Ihr eigenes Leben zu übernehmen. Werden Sie bedroht oder eingeschüchtert, fragen Sie sich am besten, an welchen Punkten Ihres Lebens Sie mit den eigenen Gefühlen von Wut und Ungerechtigkeit in Verbindung treten sollten. Auf welche Weise können Sie Ihr *eigenes* Leben in die Hand nehmen? Achten Sie auf defensive Aussagen aus Ihrem Mund, die darauf schließen lassen, daß Sie sich in den Status des Armen Ichs geflüchtet haben, um so Energie von anderen zu erhalten. Ein einundvierzigjähriger Klient von uns sagte: »Immer wenn ich meine Mutter (ein Einschüchterer-Typ) anrufe, eröffne ich die Unterhaltung mit der Schilderung eines mir widerfahrenen Mißgeschickes – sei es nun ein Malheur mit dem Wagen oder ein Geldproblem. Unterbewußt möchte ich ihr mitteilen, daß ich immer noch nicht ohne ihre Hilfe auskomme. Sobald ich etwas Gutes über mich sage, kritisiert sie mich, um mich auf diese Weise ›an meinem Platz zu halten‹.«

Stehen die Armen Ichs bei Ihnen Schlange, um ihre traurigen Geschichten bei Ihnen loszuwerden? Möglicherweise haben Sie selbst mittlerweile damit begonnen, mehr Verantwortung für sich zu übernehmen und werden jetzt daran erinnert, nicht wieder andere verantwortlich zu machen. Vielleicht sind Sie auch unsicher, deprimiert oder haben Angst, stehen jedoch mit diesen Gefühlen zur Zeit nicht in Verbindung. In diesem Fall haben Sie die Gefühle Ihres Armen Ichs nach außen projiziert. Es könnte sein, daß Sie sich Ihren Rat an ein befreundetes Armes Ich selbst zu Herzen nehmen sollten.

Spielt ein Vernehmungsbeamter in Ihrem Leben eine vordringliche Rolle? Dann verbergen Sie möglicherweise Ihre Gefühle und sagen zumindest in einem Bereich Ihres Lebens nicht die ganze Wahrheit. Fragen Sie sich selbst, ob Sie Energie von der betreffenden Person abziehen. Möchten Sie ihm oder ihr auf diesem Wege etwas mitteilen, was Sie nicht direkt ansprechen wollen? Kommen Sie sich ungenügend vor, versuchen aber so

zu erscheinen, als hätten Sie alles fest im Griff? Wie haben Sie
Ihre Verbindung zur universellen Quelle verloren?

Verhält sich Ihnen gegenüber jemand unnahbar, schwer zu
erreichen, auf Distanz bedacht oder geheimniskrämerisch?
Wünschen Sie sich ständigen Kontakt mit dieser Person und
möchten Sie am liebsten jeden ihrer Gedanken kennen, jede Bewegung verfolgen und jedes ihrer Motive erfahren? Vielleicht
tun Sie jener Person genau das an, was ihr als Kind durch einen
Elternteil widerfahren ist – sie oder er wurde ständig befragt
und überwacht. Vielleicht muß die betreffende Person sich so
geheimniskrämerisch verhalten, um sich nicht in die Enge getrieben oder unter Handlungszwang zu fühlen.

- Rufen Sie sich ins Gedächtnis, daß Ihre Reaktionen aus den
  Unsicherheitsgefühlen Ihrer Kindheit resultieren und dort
  tiefe Wurzeln haben.
- Nehmen Sie Verbindung mit Ihrem Körper auf. Achten Sie
  darauf, ob Sie unter Kritik oder Befragung dazu neigen, sich
  zu versteifen. Steifheit, Kälte und Angstgefühle bestätigen den
  Verdacht, daß Sie sich im Wettstreit um Energie befinden und
  Ihr inneres Zentrum verloren haben.

Die Benennung des Dramas

In den *Prophezeiungen von Celestine* erklärt Julia dem Helden:
»Letztlich sind alle Dramen nur verdeckte Bemühungen, an
Energie zu gelangen ... solche Versuche funktionieren nicht
mehr, sobald man sie zur Sprache oder ins Bewußtsein der
jeweiligen Person bringt ... die Wahrheit wird sich in einem
Gespräch schließlich immer durchsetzen. Danach muß dein
Gegenüber aufrichtiger und ehrlicher sein.«[8]

Die Benennung des Dramas fördert den wahren Kern einer
Begegnung ans Tageslicht. Ein Drama zu benennen bedeutet
nicht unbedingt, daß jeder seine Begegnungen stillschweigend
analysiert und permanent in der Lage ist zu sagen, ob er einen
Vernehmungsbeamten vor sich hat, er sich gerade unnahbar
gibt oder in einem fort mit psychologischen Erklärungen aufzuwarten. Das Drama zu benennen bedeutet zu erkennen, *ob*

ein Kampf um Energie im Gange ist und ob man sich z. B. über-
rumpelt, festgefahren, unter Druck gesetzt oder machtlos fühlt.
Es bedeutet ebenfalls, die Wahrheit Ihrer eigenen Gefühle nicht
zu verlassen und die notwendigen Schritte zu unternehmen, um
sich aus einer derartigen Situation zu entwirren. Werden Sie
wachsam, wenn Sie sich dabei ertappen, daß Sie jemanden zu
überzeugen versuchen, wenn Sie sich verteidigen und sich bedroht oder schuldig fühlen, weil jemand Sie für seine Probleme
verantwortlich macht. Fühlen Sie sich festgefahren, gefühlskalt
und verwirrt, so befinden Sie sich in einem Machtkampf. Sich
diese Tatsache bewußt zu machen, reicht meistens aus, um
anschließend eine Entscheidung darüber zu treffen, ob Sie
den Kampf um Energie fortsetzen oder der Situation eine andere Dynamik geben wollen.

Vergessen Sie allerdings nicht, daß die Benennung des Dramas sich schwieriger gestalten kann, wenn die Situation emotional aufgeladen oder Angst mit im Spiel ist. Wichtig ist, die
Wahrheit an den Tag zu bringen. Projizieren Sie auf jeden Fall
Liebe und Verständnis auf die andere Person und vertrauen Sie
darauf, daß Ihre innere Stimme Ihnen raten wird, wann es angebracht ist zu sprechen. Experimentieren Sie mit unterschiedliche Herangehensweisen.

In Gegenwart eines Einschüchterers:
– »Weshalb bist du so verärgert?«
– »Mir scheint, als möchtest du, daß ich Angst vor dir habe.«

In Gegenwart eines Vernehmungsbeamten:
– »Ich mag dich, aber in deiner Gegenwart fühle ich mich kritisiert.«
– »Gibt es außer dem eben angesprochenen Thema noch etwas anderes, was dich stört?«

In Gegenwart von Unnahbaren:
– »Ich habe den Eindruck, daß du dich von mir zurückziehst
und auf Distanz bedacht bist. Wie fühlst du dich?«

In Gegenwart von Armen Ichs:
– »Ich habe den Eindruck, daß du mich für die negativen Umstände in deinem Leben verantwortlich machst.«

– »Vielleicht beabsichtigst du es nicht, aber ich habe das Gefühl, daß du versuchst, mir Schuldgefühle einzuflößen.«

Machen Sie sich nichts daraus, wenn Sie am Anfang unbeholfen klingen. Sie sind im Begriff, ein altes Muster zu verändern, das Sie durch ihr ganzes bisheriges Leben begleitet hat, und es kann durchaus sein, daß Sie mit dieser Energie anfänglich nicht allzu geschickt umgehen. Oftmals ist der offensichtliche Gegenstand einer Auseinandersetzung nicht der wirkliche Grund für den Streit. Suchen Sie nach der Wahrheit hinter dem Offensichtlichen.

Schauen Sie hinter die Dramen, auf die wirklichen Personen. Bleiben Sie in Kontakt mit Ihrer eigenen inneren Quelle und vergessen Sie nicht, der anderen Person soviel Energie wie möglich zukommen zu lassen. Wie wir aus der Ersten Erkenntnis wissen, hat jede Person, die uns begegnet, eine Botschaft für uns, und wir haben eine für sie. In einem aussichtslosen Kampf um Energie entgeht uns die Botschaft. Deshalb sollten Sie sich bemühen, die Person nach der Benennung des Dramas ohne vorgefaßte Meinungen oder Urteile wahrzunehmen und ihr freiwillig Energie zu überlassen, damit sie wiederum in der Lage ist, Energie aufzunehmen und an Sie abzugeben.

Achten Sie auf Indizien, die auf die wirklichen Vorgänge in Menschen schließen lassen. In der Hitze des Gefechtes rief ein Einschüchterer zum Beispiel: »Ich habe die Nase voll von diesen Leuten. Ich bin es satt, herumgeschubst zu werden. Seit meiner Kindheit werde ich herumgestoßen.« Diese Worte halfen der anderen Person, die gerade dabei war, in den Modus des Armen Ich zu schlüpfen, zu erkennen, daß die Probleme ihres Gegenübers eigentlich nichts mit ihr zu tun hatten, sondern älteren Ursprunges waren und weitaus tiefer reichten. Im folgenden Gesprächsverlauf gelang es ihr deshalb, vertraulicher und mitfühlender mit ihrem Gegenüber umzugehen. Da sie ihn recht gut kannte, gelang es ihr außerdem, Parallelen zwischen ihrer beider Kindheit zu ziehen.

Reflexionen in Ihrem Spiegel. Haben Sie einmal verstanden, in welches Kontroll-Drama Sie involviert sind, so betrachten Sie sich und die andere Person so objektiv wie möglich. Wie ähnelt die andere Person Ihren Eltern? Reagieren Sie manchmal so, wie Sie als Kleinkind reagiert haben? Es kann hilfreich sein, Ihre Begegnungen und Ihre Gefühle dabei niederzuschreiben. Gestatten Sie sich, etwas aus jeder Situation zu lernen, und vermeiden Sie es, den Lauf der Dinge permanent zu bewerten und zu beurteilen.

Was uns an anderen stört, ist gewöhnlich genau das, worauf wir bei uns selbst schauen müssen; meistens sind wir jedoch nicht bereit, dies zu tun. Mit dem Finger auf andere zu zeigen, bedeutet andere zu beschämen, anstatt sie zu verstehen. Ein Organisations- und Entwicklungsberater sagte uns: »Ich war völlig frustriert, weil einer der Führungskräfte einige Angestellte der Dummheit bezichtigte, anstatt zu begreifen, daß die fragliche Situation aus einem Kommunikationsmangel entstanden war. Dann fiel mir auf, daß ich mit einem meiner Kollegen genau das gleiche machte – im stillen nannte ich ihn einen Idioten und scherte mich keinen Deut um den Hintergrund der ganzen Sache.« Mit dem Finger auf andere zu zeigen hilft nicht bei der Suche nach der Wahrheit. So verlieren alle Beteiligten an Energie, und als Resultat werden die Probleme immer ungelöst bleiben.

Stellen Sie sich folgende Fragen:
- Was können Sie aus Ihrem augenblicklichen Kontroll-Drama lernen?
- Neigen Sie dazu, Dinge persönlich zu nehmen, selbst wenn es dabei gar nicht um Sie geht?
- Versuchen Sie, sich die Schwächen anderer zunutze zu machen?

Seien Sie willens, sich aus einer Situation zurückzuziehen, sobald Sie den Eindruck gewinnen, sich festgefahren zu haben. Zum Beispiel neigen Arme Ichs dazu, sich an ihr Drama zu binden, indem sie dauernd bemüht sind, ihren Einschüchterern oder Vernehmungsbeamten etwas zu erklären, sie zu überzeugen oder sich vor ihnen zu verteidigen. Sollte dies bei Ihnen der Fall sein, so achten Sie einmal darauf, wieviel Zeit Ihres Lebens Sie damit verbringen, Ihr Gegenüber obsessiv von etwas zu überzeugen. Sobald Sie Ihre Notwendigkeit, durch diese überkommenen Methoden Energie an sich zu binden, aufgeben, werden Sie auch in der Lage sein, der Versuchung, andere zu überzeugen, zu widerstehen.

Einschüchterer sind süchtig nach dem Adrenalinstoß, den sie nach der Überrumpelung eines anderen oder nach einer gewonnenen Auseinandersetzung empfinden. Sollten Sie zu den Einschüchterern gehören, so fragen Sie sich, was Sie sich am meisten wünschen. Müssen Sie es auf diese Weise erlangen? Treffen Sie eine bewußte Entscheidung, flexibler und offener zu sein; hören Sie auf damit, alles kontrollieren zu wollen. Eine Zusammenarbeit mit anderen könnte weitaus überzeugendere Resultate liefern als die Lösung, die Sie sich vorgestellt hatten.

Vernehmungsbeamte sind in der Illusion ihrer Selbstgerechtigkeit verhaftet. Sollten Sie zu diesen Menschen gehören, so versuchen Sie, die Situation von einem anderen Blickwinkel aus zu sehen. Was könnten Sie daraus lernen? Seien Sie willens, über Ihre wirklichen Gefühle zu sprechen, und unternehmen Sie selbst etwas, um Energie für sich zu gewinnen, anstatt jemanden zu verfolgen, der sich Ihnen entzieht.

Unnahbare versuchen ihre Ängste, Selbstzweifel und Verwirrung zu verbergen. Sollte dies bei Ihnen der Fall sein, so scheuen Sie sich nicht länger, andere um Hilfe zu bitten. Geben Sie zu, daß nicht alles so läuft, wie es könnte. Welche Form der Unterstützung benötigen Sie in Ihrer gegenwärtigen Position? Seien Sie willens, auf andere zuzugehen. Andere Menschen zu verlassen ist in Ihrem Fall ein Weg der Schwäche.

Fallstudie

Als Jane, eine Haus- und Grundstücksmaklerin, in den *Prophezeiungen von Celestine* zum ersten Mal etwas über Kontroll-Dramen las, beschloß sie, ihre eigenen Verhaltensweisen zu ändern. Unmittelbar darauf zogen ihre Absicht und ihre Determination Gelegenheiten an, die ihr die Möglichkeiten gaben, ihre alten Muster zu durchbrechen. Innerhalb weniger Monate hatte sie zwei Begegnungen mit zwei ausgesprochen schwierigen Menschen, die sie beide an ihre dominante Mutter erinnerten. Ihr wurde immer deutlicher, daß sie versuchte, ihre Energie als selbstgerechtes Armes Ich zu gewinnen. Sie erkannte ebenfalls, daß diese Begegnungen ihr die Möglichkeit boten, sich von ihren alten Gewohnheiten zu befreien.

Im Verlauf einer für sie problematischen Begegnung fand sie sich in einer scheinbar ausweglosen Situation einem extrem bedrohlich scheinenden Kunden gegenüber, der sich weigerte, mit ihr über den Preis seines Hauses zu verhandeln. Obendrein wurde der Mann zunehmend streitlustiger, weil ihm der Verkauf nicht zügig genug vonstatten ging. Janes erste Reaktion bestand darin, sich zu verteidigen und dem Kunden zu erklären, wie hart sie an dem Verkauf arbeitete (Armes Ich). Dadurch verschlimmerte sich die Situation. Bald konzentrierte sie sich nur noch darauf, wie sie ihr Gegenüber widerlegen und beweisen konnte, daß sie sich im Recht befand.

Zu diesem Zeitpunkt hatte Jane ihr Ziel – den Verkauf des Hauses – völlig aus den Augen verloren. Sie war in ihr Kindheitsmuster verfallen, nach welchem sie jedesmal, wenn sie sich durch jemanden mit einer dominierenden Persönlichkeit (wie die ihrer Mutter) kritisiert fühlte, ihr Armes Ich kreierte, um durch Rechtfertigungen an Energie zu gelangen.

Zunächst machte Jane sich Notizen darüber, wie erschöpft sie sich fühlte, und verwendete bald jeden Tag mehr Zeit darauf, ihre eigene Energie zu vermehren und zu stärken.

Zweitens erinnerte sie sich daran, daß der Weg aus einem Kontroll-Drama in der Benennung des Dramas besteht, sowie darin, es ans Licht zu bringen. Entschlossen, ihre neue Verhaltensweise auszuprobieren, rief sie ihren Klienten an. Sie blieb in Verbindung mit ihren Gefühlen und erklärte ihm, daß sie nicht wußte, was sie als nächstes tun sollte, da sie sich und ihre Entscheidungen kritisiert sah. Sie erklärte ihm, daß sie ihr Bestes getan hatte, um das Haus zum geforderten Preis zu verkaufen, und verstand, daß er in seiner Forderung nicht nachgeben wollte. Die Tatsache, daß sie ihre Probleme offen auf den Tisch legte, schaffte ein Fundament, um andere Optionen für eine mögliche Fortsetzung der Zusammenarbeit zu diskutieren.

Sie gab zu, daß es ihr Schwierigkeiten bereitete, unter dem Beschuß seiner Vernehmungen einen klaren Kopf zu behalten und nicht in ihr Armes Ich zu verfallen, um sein Drama als Einschüchterer/Vernehmungsbeamter zu ergänzen. »Verstandesmäßig war mir klar, daß er unter einem starken Druck stand und sein Haus verkaufen mußte, und ebenso, daß er bemüht war, Kontrolle auszuüben. Trotzdem schien ich in seiner Gegenwart buchstäblich einzufrieren. Meine größte Sorge bestand darin, daß es an meinem Verhalten lag, ob sich das Haus verkaufte oder nicht. Ich dachte, es ging darum, ob ich etwas ›richtig‹ machte oder nicht. Ich hörte damit auf, mich für die Nichtlösung seiner ›Probleme‹ verantwortlich zu machen, und mir wurde klar, daß er auf diese Weise eine Lebensproblematik bearbeitete, die kaum etwas mit mir zu tun hatte. Was für eine Erleichterung.« Ihr Lösungsversuch seiner Probleme und ihr Versuch, ihn dadurch zu »retten«, war die direkte Erfüllung einer Rolle, die sie in ihrer Kindheit gespielt hatte, als sie sich um ihre unzurechnungsfähige Mutter kümmern mußte. In unserem Fall ließ sie das Bedürfnis, eine Situation, die sich außerhalb ihrer Kontrolle befand, zu kontrollieren, los und realisierte, daß ihre Karriere nicht allein vom Verkauf dieses Hauses abhing. Als Folge davon begann sie, sich vom Ausgang der Verhandlungen zu emanzipieren.

Was wir von unseren Dramen lernen können

Anhand von Janes Beispiel lassen sich die in Kontroll-Dramen wirkenden Grundsätze bestens nachverfolgen.

Beziehungen zu den Eltern spiegeln sich in anderen Beziehungen wieder. Die Reflexion der Beziehung zu ihren Eltern gab Jane Gelegenheit, sich über die in ihrem Leben ständig wiederholenden, alten Dramen Klarheit zu verschaffen. »Ich hatte das Erbe meiner Eltern zwar analysiert, doch erschien es mir ziemlich belanglos, bis ich anfing, das eigentliche Kontroll-Drama mit meinem Klienten durchzuspielen. Nachdem ich begriffen hatte, welcher Dynamik ich als Armes Ich folgte, verstand ich auch, wie meine Mutter auf mich wirkte. Zurückblickend kann ich sagen, daß sie eine ausgezeichnete Trainerin für meine spätere Maklertätigkeit war!«

Jede Situation birgt eine Botschaft. Durch ihre erhöhte Aufmerksamkeit war Jane bereit, eine für sie aktuelle Frage über den Einfluß ihrer Eltern auf ihr Leben zu klären. Durch eine Synchronizität traf Jane auf einen Kunden, der eine perfekte Spiegelung ihrer Glaubenssätze und ihres Urteils über sich selbst darstellte.

Der Körper gibt Hinweise. Jane erkannte, daß es wichtig ist, auf das Auftauchen von Intuitionen sowie auf körperliches Unbehagen zu achten. Drei Hinweise ihres Körpers ließen darauf schließen, daß sie dabei war, in ein reaktives Verhaltensmuster zu verfallen. Je mehr sie lernt, ihren eigenen Eindrücken zu vertrauen, desto früher wird sie in der Lage sein, ihr reaktives Verhalten zu stoppen.

Sie sagte die Wahrheit und hat überlebt. Ihr wurde klar, daß sie ihr Unbehagen zunächst sich selbst und dann auf angemessene Weise ihrem Gegenüber mitteilen mußte, obwohl sie nicht genau wußte, mit welchen Worten. Konfrontationen auszuhalten will ebenso gelernt sein, wie freundliches Feedback zu geben, beides ist notwendig, wenn wir nicht länger verdeckt agieren wollen.

Sie hat um Hilfe gebeten. Sie realisierte, daß sie die Situation nicht unbedingt allein auszustehen hatte. Indem sie den Sachverhalt offen zur Sprache brachte und bei ihrer inneren Wahrheit blieb, hatte sie die Möglichkeit, die andere Person in die Lösung des Problems miteinzubeziehen. Sie merkte außerdem, daß sie ausschließlich für sich selbst verantwortlich ist. Es liegt nicht an ihr, alle Antworten zu einer Frage zu liefern.

Sie nahm einen erweiterten Blickwinkel ein. Nachdem Jane das Erbe ihrer Eltern anylysiert hatte, gewann sie weitere Einsichten. Sie sagte: »Einige meiner Wahrnehmungen waren so tief vergraben, daß ich einige Zeit brauchte, um überhaupt etwas zu erkennen.«

Fortschritt statt Perfektion

Das Leben ist eine Reise und kein Endresultat, und es ist wichtig, uns und andere so zu akzeptieren, wie wir sind. Auch wenn wir andere nicht mögen und uns ihr Verhalten mißfällt, geht es im Leben letztlich darum, Erfahrungen zu machen und uns selbst in eine liebende Verbindung mit anderen zu bringen. Schuldzuweisungen, Verurteilungen sowie unseren Fortschritt oder unser Stadium der Erleuchtung mit dem anderer Menschen zu vergleichen ist wenig hilfreich. Behalten Sie das in Erinnerung und verlieren Sie Ihren Humor nicht, während Sie daran arbeiten, ihr Kontroll-Drama loszuwerden. Wann immer Sie dazu Gelegenheit haben, sollten Sie versuchen, in Ihrem Inneren einen Zustand friedlicher Ganzheit herzustellen.

Haben Sie Nachsicht mit sich

Während Sie daran arbeiten, sich Ihre Kontroll-Dramen bewußt zu machen, vergessen Sie bitte nicht, daß die so gewonnenen Informationen Werkzeuge für Ihre Transformation sind und keine Waffen, die Sie zur »Erleuchtung« anderer oder um sich selbst zu frustrieren benutzen sollten. Seien Sie nachsichtig mit sich, wenn Sie diesen Prozeß beginnen. Vergessen Sie nicht, daß es immer einfacher ist, die Dramen bei anderen zu erkennen. Fühlen Sie sich wütend, selbstgerecht, verschlossen, deprimiert oder isoliert, dann haben Sie sich den Luxus gestattet, auf Ihre alte Weise nach Lösungen und nach Energie zu suchen.

> Das Bewußtsein ist ein Spiegel, der die vier Elemente spiegelt.
> Schönheit ist ein Herz, das Liebe bringt und einen offenen Verstand.[9]
> Thich Nhat Hanh,
> *Present Moment*
> *Wonderful Moment*

Wenn Sie wirklich das Gefühl haben, Ihr Herz habe sich geöffnet und Sie in der Lage sind, Ihren jeweiligen Lebensumständen mit Frieden und Gelassenheit entgegenzusehen, dann sind Sie mit Ihrer eigenen Energie verbunden. Sollten Ihnen Zweifel kommen, so atmen Sie durch, suchen Sie nach dem Humor innerhalb des Geschehenen und unternehmen Sie etwas, um Ihr Energielevel anzuheben.

Zusammenfassung der Sechsten Erkenntnis

Die Sechste Erkenntnis beschäftigt sich mit dem Verlust unserer inneren Verbindung zur göttlichen Quelle. Geschieht dies, so versuchen wir uns oftmals zu retten, indem wir unbewußt darangehen, andere manipulativ um ihre Energie zu bringen. Diese Manipulationen sind gewöhnlich entweder passiver oder aggressiver Natur. Am passivsten ist dabei das auch als »Armes Ich« bekannte Opfer: Es stellt sämtliche Ereignisse in einen negativen Kontext, sucht Hilfe bei anderen und beschreibt Ereignisse vor allem mit der Absicht, anderen Schuld zu suggerieren (um sie auf diese Weise zur Abgabe von Aufmerksamkeit und Energie zu zwingen).

Weniger passiv ist die Distanzierung von anderen oder die Strategie des »Unnahbaren«: Ausweichende Antworten und lose Zusagen bringen andere Menschen dazu, ihn zu verfolgen, um ihn zu verstehen. Bemühen andere sich auf diese Weise herauszubekommen, was er im Schilde führen könnte, so gewinnt er Aufmerksamkeit und somit Energie.

Aggressiver als diese beiden Typen ist der Kritiker oder »Vernehmungsbeamte«: Er ist vor allem damit beschäftigt, Fehler im Verhalten anderer aufzufinden. Ertappt er die anderen bei einem Fehler, so werden sie unsicher, übervorsichtig und machen sich Sorgen darüber, was andere von ihnen halten. Ständig beobachten andere ihn aus den Augenwinkeln und lassen ihm auf diese Weise Aufmerksamkeit und Energie zukommen. Am aggressivsten ist der »Einschüchterer«-Typus: unberechenbar, explosiv, gefährlich und streitlustig. Ständig verfolgen andere diesen Typus mit ihrer Aufmerksamkeit und lassen ihm so Energie zukommen.

Da wir dazu neigen, diese Manipulationen mit jedem Menschen, der uns begegnet, zu wiederholen und unser Leben um diese Energie-Krücken herum zu strukturieren, kann man sie als Kontroll-Dramen begreifen – sich wiederholende Muster, die immer wieder die gleichen Lebenssituationen produzieren. Werden wir uns dieser Kontroll-Dramen bewußt und erkennen, in welchen Situationen wir uns ihrer bedienen, wird es auch einfacher, mit unserer inneren Energie in Verbindung zu bleiben. Eine Analyse der frühen Kindheit verdeutlicht, woher unsere Kontroll-Dramen stammen; ist der Grund für die Entstehung der Dramen einmal bearbeitet und vergeben, können wir auch den tieferen Grund für unsere Anwesenheit in unserer Familie erkennen. Anhand der Stärken unserer Eltern und aus bestimmten von ihnen unerledigt gelassenen Wachstumsfragen können wir unsere Lebensfrage sowie unsere Aufgabe oder »Mission« auf dieser Welt ableiten.

Zur weiteren Lektüre empfohlen:

Zusätzlich zu den ausgezeichneten Büchern im Quellenverzeichnis dieses Buches möchten wir Ihnen noch folgende Bücher empfehlen:

Ken Wilber: *The Spectrum of Consciousness.* 1977

Stephen Wolinsky: *Quantum Consciousness.* 1993.

Eric Berne und Claude M. Steiner: *Beyond Games and Scripts.* 1981

Marsha Sinetar: *Do What You Love and the Money Will Follow.* 1989

Melody Beattie: *Codependent No More: How to Stop Controlling Others and Start Caring for Yourself.* 1987

Joan Borysenko: *Fire in the Soul: A New Psychology of Spiritual Optimism.* 1993

Einzelstudium zur Sechsten Erkenntnis

Das Erbe der Eltern

Zweck: Ziel dieser Übung ist es, ein Profil der Errungenschaften, Eigenschaften, Anschauungen, Schwächen und der unerledigt gebliebenen Angelegenheiten unserer Eltern zu erstellen, so wie *Sie* diese Dinge während Ihrer Kindheit wahrgenommen haben. Gelingt es Ihnen, die höhere Bedeutung im Leben Ihrer Eltern aufzufinden, so werden Sie es einfacher haben zu verstehen, in welchem Maße das Leben Ihrer Eltern Sie auf Ihre Lebensaufgabe vorbereitete. Am besten nähern Sie sich dieser Übung, indem Sie annehmen, daß hinter den Umständen Ihrer frühen Entwicklung eine positive Intention stand.

Anweisungen: Unternehmen Sie die folgende Übung, wenn Sie ein oder zwei Stunden völlige Ruhe haben.

Lesen Sie die folgenden Fragen durch und schreiben Sie die

Antworten in Ihr Tagebuch. Beantworten Sie die Fragen vom Standpunkt Ihrer frühen Kindheit aus.

A. Die Beobachtung des männlichen Lehrers (Ihr Vater)

Ihre Idee davon, wie maskuline Energie sich verhält, haben Sie von Ihrem Vater oder anderen signifikanten männlichen Rollenmodellen bezogen. Die Rolle des Vaters besteht darin, uns mit unserer Kraft und unseren Führungsfähigkeiten in Verbindung zu bringen. Zweck einer Vaterschaft ist, das Kind zu einem selbständigen Wesen auszubilden. Durch die männliche Seite unserer Natur sind wir in der Lage, unsere Ziele in die Tat umzusetzen.

Hatten Sie zu Ihrem Vater ein schlechtes oder gestörtes Verhältnis, so ist es möglich, daß Sie in Ihrem Leben Schwierigkeiten mit Autoritätspersonen wie auch mit Ihrer Identitätsfindung haben. In beiden Fällen haben Sie die Ihnen innewohnende Kraft und Macht nicht vollständig angenommen.

Leistungen bei der Arbeit
1. Was für einer Tätigkeit ging Ihr Vater nach, als Sie klein waren?
2. War er stolz auf das, was er tat?
3. Wodurch hat er sich dabei hervorgetan?

Positiver Selbstausdruck
4. Listen Sie die Worte auf, die Ihren Vater am besten positiv beschreiben (z. B. intelligent, abenteuerlustig, liebevoll, etc.).
5. Welche zwei Worte geben seine Persönlichkeit am treffendsten wieder?
6. Was war einzigartig an ihm?

Negativer Selbstausdruck
7. Listen Sie die Worte auf, die die negativen Eigenschaften Ihres Vaters beschreiben (z. B. kritisch, herrisch, voreingenommen, etc.).
8. Wodurch wurde sein negatives Verhalten ausgelöst?
9. Welche zwei Worte geben seine schlimmsten Eigenschaften am treffendsten wieder?

Die Kindheit des Vaters

10. Beschreiben Sie so gut es geht die Kindheit Ihres Vaters.
11. War er glücklich? Vernachlässigt? Mußte er von früher Kindheit an arbeiten? War er arm? Reich?
12. Welche Kontroll-Dramen verwandten seine Eltern Ihrer Meinung nach?
13. Wie hat seine Kindheit die Entscheidungen in seinem späteren Leben beeinflußt?

Die Philosophie des Vaters

14. Was war ihm am wichtigsten?
15. Welche Aussage oder welches Kredo kennzeichnet die Lebensphilosophie Ihres Vaters am treffendsten?

Fehlende Elemente

16. Listen Sie auf, was Ihrer Meinung nach im Leben Ihres Vaters fehlte.
17. Was hätte er mit seinem Leben gemacht, wenn er mehr Zeit, Geld oder Bildung gehabt hätte?

B. Energieanalyse des Maskulinen

Mit welchen Worten läßt sich die Haltung Ihres Vaters Ihnen gegenüber am besten beschreiben? Sollten es verschiedene Haltungsweisen sein, notieren Sie sie als prozentuale Anteile: (z. B. Armes Ich 60%; Unnahbar 40%):

- *Einschüchterer:* Kurz vor dem Explodieren; bedrohlich; erteilte Befehle; unflexibel; ärgerlich; egoistisch; verbreitete Angst.
- *Vernehmungsbeamter:* Forschte nach, was Sie taten; kritisch; unterminierend; stichelnd; unfehlbar logisch; sarkastisch; überwachend.
- *Unnahbarer:* Wahrte Abstand; beschäftigt; oftmals abwesend; nicht sonderlich interessiert an Ihrem Leben; unzugänglich; geheimniskrämerisch; in Zeitnot.
- *Armes Ich/Opfer:* Sah meistens nur das Negative; suchte förmlich nach Problemen; sprach dauernd davon, zuviel zu tun zu haben oder müde zu sein; machte Sie für seine ungelösten Probleme verantwortlich.

C. Ihre Reaktion auf das Maskuline

Wie reagierten Sie, wenn Ihr Vater sich innerhalb seines Kontroll-Dramas befand?

Wählen Sie eines jener Dramen, das am besten Ihre Reaktion als Kind beschreibt, oder geben Sie die prozentualen Anteile an, wenn es sich dabei um mehrere Dramen handeln sollte.

– *Einschüchterer:* Haben Sie sich gegen Ihren Vater behauptet und ihm gegenüber eine rebellische oder unnachgiebige Position eingenommen?
– *Vernehmungsbeamter:* Versuchten Sie, durch Fragen seine Aufmerksamkeit zu gewinnen? Versuchten Sie zu beweisen, daß Sie schlauer als er waren, oder Schwachstellen in seiner Argumentation zu finden?
– *Unnahbarer:* Haben Sie sich in sich selbst oder Ihr Zimmer zurückgezogen und sind dort Ihren eigenen Dingen nachgegangen? Haben Sie sich oft außerhalb des Elternhauses aufgehalten? Haben Sie Ihre wahren Gefühle verborgen?
– *Armes Ich/Opfer:* Haben Sie Ihrem Vater signalisiert, daß Sie Hilfe, Geld, Unterstützung und Aufmerksamkeit von ihm brauchten, indem Sie ihm gegenüber den Schwerpunkt auf Ihre Schwierigkeiten legten, um seine Aufmerksamkeit zu gewinnen?

D. Analyse dessen, was Sie von Ihrem maskulinen Lehrer gelernt haben

Wie mein Vater

Ihre Beobachtungen zum Leben Ihres Vaters können sowohl als positive wie auch als negative Glaubenssätze in Ihnen weiterbestehen.
1. Vollenden Sie den folgenden Satz mit positiven Aspekten, die Sie von Ihrem Vater erhalten haben: Wie mein Vater, so bin auch ich …
2. Vollenden Sie den folgenden Satz mit negativen Aspekten, die Sie von Ihrem Vater erhalten haben: Wie mein Vater, so bin auch ich …

3. Von Vater habe ich gelernt, daß ich, um Erfolg zu haben, folgendes tun sollte:
   a)
   b)
   c)

Diese Glaubenssätze und Wertvorstellungen haben viele Ihrer Entscheidungen im Leben entweder positiv oder negativ beeinflußt.

Auf eigene Art wachsen
4. Nach Betrachtung des Lebens meines Vaters möchte ich mehr
   a)
   b)
   c)
5. Wofür sind Sie Ihrem Vater dankbar?
6. Was würden Sie Ihrem Vater verzeihen?
7. Was von den Dingen, die Ihrem Vater fehlten, haben Sie beschlossen, für sich zu entwickeln?
   a)
   b)
   c)

Was Ihrem Vater im Leben fehlte, sind möglicherweise Dinge, an denen Sie bereits arbeiten oder die Sie für sich entwickeln möchten. Es ist sehr wahrscheinlich, daß diese Elemente Ihre Entscheidungen im Berufsleben, in Fragen des Lebensstils, in Beziehungen und in Ihrem Verhalten gegenüber Kindern sowie in spirituellen Fragen geprägt haben.

A. Die Beobachtung des weiblichen Lehrers (Ihre Mutter)

Ihre Ansichten darüber, wie weibliche Energie funktioniert, haben Sie von Ihrer Mutter oder einem anderen signifikanten weiblichen Rollenmodell erhalten. Weibliche Energie ist verantwortlich für die Kreation Ihrer Zielvorstellungen und zeigt Ihnen, was in Ihrem Leben Herz und Bedeutung für Sie hat. Die Rolle des Weiblichen in unserem Leben besteht in der Lieferung eines Kommunikationsmodells mit anderen Menschen.

Gewöhnlich, wenn auch nicht notwendigerweise, ist es unsere Mutter, die uns mit unseren Fähigkeiten zu heilen, zu trösten und andere Menschen zu unterstützen, in Verbindung bringt. Hatten Sie zu Ihrer Mutter kein gutes Verhältnis, haben Sie vermutlich Probleme mit intimen Verhältnissen. Ein Gefühl der Deprivation in bezug auf Ihre Mutter kann Verhaltensweisen wie übermäßiges Geldausgeben oder mangelnde Einkünfte zur Folge habe.

Leistungen bei der Arbeit
1. Welchen Aktivitäten ging Ihre Mutter nach, als Sie klein waren?
2. Erfüllten ihre Aktivitäten sie?
3. Wie hat sie sich dabei hervorgetan?

Positiver Selbstausdruck
4. Führen Sie die Worte auf, die Ihre Mutter am besten positiv beschreiben (z. B. intelligent, kreativ, liebevoll, etc.).
5. Welche zwei Worte geben ihre Persönlichkeit am treffendsten wieder?
6. Was war einzigartig an ihr?

Negativer Selbstausdruck
7. Führen Sie die Worte auf, die die negativen Eigenschaften Ihrer Mutter beschreiben (z. B. streng, unsicher, voreingenommen, etc.).
8. Wodurch wurde ihr negatives Verhalten ausgelöst?
9. Welche zwei Worte geben ihre schlimmsten Eigenschaften am treffendsten wieder?

Die Kindheit der Mutter
10. Beschreiben Sie so gut es geht die Kindheit Ihrer Mutter.
11. War sie glücklich? Vernachlässigt? Mußte sie von früher Kindheit an arbeiten? War sie arm? Reich? Beschützt? Ambitioniert?
12. Welche Kontroll-Dramen verwandten ihre Eltern Ihrer Meinung nach?
13. Wie hat ihre Kindheit die Entscheidungen in ihrem späteren Leben beeinflußt?

Die Philosophie der Mutter
14. Was war ihr am wichtigsten?
15. Welche Aussage oder welches Kredo kennzeichnet die Lebensphilosophie Ihrer Mutter am treffendsten?

Fehlende Elemente
16. Listen Sie auf, was Ihrer Meinung nach im Leben Ihrer Mutter fehlte.
17. Was hätte sie mit ihrem Leben gemacht, wenn sie mehr Zeit, Geld oder Bildung gehabt hätte?

B. Energieanalyse des Femininen

Mit welchen Worten läßt sich die Haltung Ihrer Mutter Ihnen gegenüber am besten beschreiben? Sollten es verschiedene Haltungsweisen sein, notieren Sie sie als Prozente: (z. B. Armes Ich 60%; Unnahbar 40%):

- *Einschüchterer:* Kurz vor dem Explodieren; bedrohlich; streng; erteilte Befehle; unflexibel; ärgerlich; egoistisch; verbreitete Angst.
- *Vernehmungsbeamter:* Forschte nach, was Sie taten; kritisch; unterminierend; stichelnd; unfehlbar logisch; sarkastisch; überwachend.
- *Unnahbarer:* Wahrte Abstand; beschäftigt; oftmals abwesend; nicht sonderlich interessiert an Ihrem Leben; unzugänglich; geheimniskrämerisch; in Zeitnot.
- *Armes Ich/Opfer:* Sah meistens nur das Negative; suchte förmlich nach Problemen; sprach dauernd davon, zuviel zu tun zu haben oder müde zu sein; machte Sie für ihre ungelösten Probleme verantwortlich.

C. Ihre Reaktion auf das Feminine

Wie reagierten Sie, wenn Ihre Mutter sich innerhalb ihres Kontroll-Damas befand?
   Wählen Sie eines jener Dramen, das am besten Ihre Reaktion als Kind beschreibt, oder geben Sie, für den Fall, daß es sich um mehrere Dramen handeln sollte, die prozentualen Anteile an.

- *Einschüchterer:* Haben Sie sich gegen Ihre Mutter behauptet und ihr gegenüber eine rebellische oder unnachgiebige Position eingenommen?
- *Vernehmungsbeamter:* Versuchten Sie durch dauerndes Fragen ihre Aufmerksamkeit zu gewinnen? Versuchten Sie zu beweisen, daß Sie schlauer waren als ihre Mutter, oder Schwachstellen in ihrer Argumentation zu finden?
- *Unnahbarer:* Haben Sie sich in sich selbst oder in Ihr Zimmer zurückgezogen und sind dort Ihren eigenen Dingen nachgegangen? Haben Sie sich oft außerhalb des Elternhauses aufgehalten? Haben Sie Ihre wahren Gefühle verborgen?
- *Armes Ich/Opfer:* Haben Sie Ihrer Mutter signalisiert, daß Sie Hilfe, Geld, Unterstützung und Aufmerksamkeit von ihr brauchten, indem Sie ihr gegenüber den Schwerpunkt auf Ihre Schwierigkeiten legten, um ihre Aufmerksamkeit zu gewinnen?

D. Analyse dessen, was Sie von Ihrem femininen Lehrer gelernt haben

Wie meine Mutter

Ihre Beobachtungen zum Leben Ihrer Mutter können sowohl als positive wie als negative Glaubenssätze in Ihnen weiterbestehen.

1. Vollenden Sie den folgenden Satz mit positiven Aspekten, die Sie von Ihrer Mutter erhalten haben: Wie meine Mutter, so bin auch ich …
2. Vollenden Sie den folgenden Satz mit negativen Aspekten, die Sie von Ihrer Mutter erhalten haben: Wie meine Mutter, so bin auch ich …
3. Von Mutter habe ich gelernt, daß ich, um Erfolg zu haben, folgendes tun sollte:
   a)
   b)
   c)

Diese Glaubenssätze und Wertvorstellungen haben viele Ihrer Entscheidungen im Leben entweder positiv oder negativ beeinflußt.

4. Nach Betrachtung des Lebens meiner Mutter möchte ich mehr
   a)
   b)
   c)
5. Wofür sind Sie Ihrer Mutter dankbar?
6. Was würden Sie Ihrer Mutter verzeihen?
7. Was von den Dingen, die Ihrer Mutter fehlten, haben Sie beschlossen, für sich zu entwickeln?
   a)
   b)
   c)

Was Ihrer Mutter im Leben fehlte, sind möglicherweise Dinge, an denen Sie bereits arbeiten oder die Sie für sich entwickeln möchten. Es ist sehr wahrscheinlich, daß diese Elemente Ihre Entscheidungen im Berufsleben, in Fragen des Lebensstils in Beziehungen und in Ihrem Verhalten gegenüber Kindern sowie in spirituellen Fragen geprägt haben.

Zusammenfügung

Als Produkt von zwei parentalen Linien wird es auf Ihrem Lebensweg unter anderem darum gehen, positive und negative Aspekte aufzuarbeiten, die sich während Ihrer Kindheit und frühen Jugend in Ihnen geformt haben.

Sie haben jetzt Gelegenheit, die Dinge, die Sie im Verlauf der bisherigen Analyse erfahren haben, noch einmal herauszukristallisieren.

VATER	MUTTER
Persönliches Kredo	Persönliches Kredo
Wertvorstellungen	Wertvorstellungen
Haupterrungenschaft	Haupterrungenschaft
Enttäuschung	Enttäuschung
Fehlende Elemente	Fehlende Elemente

VATER	MUTTER
Wie er mich verletzte – und was ich daraus gelernt habe	Wie sie mich verletzte – und was ich daraus gelernt habe
Wie er mich inspiriert hat	Wie sie mich inspiriert hat
Sein Geschenk an mich	Ihr Geschenk an mich

Vollenden Sie folgende Aussagen:
1. Die positive Intention hinter meiner frühen Kindheit und dem Einfluß meiner Eltern bestand darin, daß ...
2. Nach Berücksichtigung der Lebensläufe meiner Eltern (und möglicherweise Großeltern) erkenne ich jetzt, daß ihre Leben mich darauf vorbereitet haben, ...
3. Meine Lebensfrage steht im Zusammenhang ...

Klarstellung der Intention
Ich entwickle mich entsprechend den Bedürfnissen meiner Seele und integriere dabei alles, was ich von meiner Kindheit bis heute gelernt habe, in mein Leben.

Der Bezug frühester Einflüsse auf Ihre persönliche Zeitspur

Beantworten Sie auf jeden Fall Frage 3 über die Lebensaufgabe, die Sie von Ihren Eltern erhalten haben. Wenn Sie sich in diesem Punkt nicht völlig klar sein sollten, so schreiben Sie Ihre Vermutung nieder und beantworten Sie dann die folgenden Fragen in Ihrem Tagebuch:

– Wenn Sie leben könnten, wie Sie wollten, wie würde das aussehen? Beschreiben Sie Ihr Leben mit einigen Sätzen.
– Gehen Sie noch einmal durch die Liste mit den Wendepunkten in Ihrem Leben auf Seite 344. Welche Interessen, Aktivitäten, Jobs und Beziehungen auf Ihrer Zeitspur (Kapitel 2) weisen darauf hin, daß Sie die ganze Zeit an Ihrer Lebensfrage gearbeitet haben?
– An welchem Punkt Ihrer Reise befinden Sie sich zur Zeit?
– Was gefällt Ihnen an Ihrem Leben am besten?
– Was würden Sie an Ihrem Leben am liebsten ändern?
– Inwieweit haben Ihre Kontroll-Dramen Ihr Leben beeinflußt?

- Haben Sie Ihre höhere Intuition um Hinweise darauf gebeten, wie Sie ein erfüllteres Leben leben können?
- Auf welche Weise halten Sie Verbindung mit dem Gefühl von Liebe und friedlicher Einheit?
- Welche Fügungen sind in letzter Zeit aufgetreten?

Schlüsselpersonen in Ihrem Leben

Nennen Sie die Namen der wichtigsten Personen in Ihrem Leben auf der linken Seite der folgenden Tabelle. Kreuzen Sie die Energieform an, die Ihnen von diesen Menschen am häufigsten präsentiert wird. Was haben Sie von jedem dieser Menschen gelernt?

Name: Armes Ich/Reformer
         Unnahbarer/Lehrer
         Vernehmungsbeamter/Berater
         Einschüchterer/Führungsperson

Arbeitsgruppe zur Sechsten Erkenntnis

Session 10

Dauer: 15 bis 20 Minuten

Zweck: Diese Übung gestattet den Gruppenmitgliedern, das Erbe ihrer Eltern und ihre jeweiligen Kontroll-Dramen innerhalb der Gruppe zu diskutieren.

Vorbereitung: Jeder bringt den komplettierten Überblick über das Erbe der Eltern (aus dem Einzelstudium) mit.

Anweisungen:
Schritt 1: Lesen Sie das Kapitel über die Sechste Erkenntnis auf Seite 446 ff. bis zum Abschnitt über Albert Camus laut vor.
Schritt 2: Teilen Sie Ihre Ansichten über die Sechste Erkennt-

nis der Gruppe mit. Folgende Fragen eigenen sich
gut, um eine anschließende Diskussion einzuleiten:

- Wie viele in der Gruppe meinen zu wissen, was ihr Kontroll-
Drama ist? (Handzeichen)
- Wie viele davon sind Einschüchterer, Vernehmungsbeamte,
Unnahbare oder Arme Ichs? (Handzeichen)
- Wem ist es gelungen, durch die Beschäftigung mit seiner frü-
hen Kindheit auf seine zentrale Lebensfrage zu stoßen?

Übung 1: Einen Sinn in den Ereignissen und Einflüssen der frühen Kindheit finden

Dauer: Entscheiden Sie selbst, wieviel Zeit sie den Lebensgeschichten der einzelnen Gruppenmitglieder und wieviel Zeit
Sie der Diskussion innerhalb der gesamten Gruppe widmen
wollen.

Zweck: Diese Übung gibt jedem der Anwesenden die Chance,
seine Kindheitseinflüsse mit anderen zu besprechen und somit
weitere Einsichten in seine zentrale Lebensfrage zu gewinnen.

Anweisungen:
Besteht Ihre Gruppe aus vier bis acht Mitgliedern, so arbeiten
Sie als eine Gruppe. Ist die Gruppe größer, kann es sich als sinn-
voll erweisen, sie für die Dauer der Diskussion in Zweier- oder
Vierereinheiten aufzuteilen und die Erfahrungen gegen Ende
mit der gesamten Gruppe zu besprechen.

Schritt 1: Sprechen Sie in den Einzelgruppen über die positiven Einflüsse, die Ihre Eltern auf Sie hatten, und auf
welche Weise Ihr Schicksal dadurch geprägt wurde.
Sie können direkt aus Ihren Eintragungen unter »Zu-
sammenfügung« vorlesen.

Schritt 2: Nach den Gesprächen in den Einzelgruppen finden
Sie sich wieder in der Hauptgruppe zusammen. Bitten Sie Freiwillige darum, ihre Erfahrungen – und
was sie dort möglicherweise gelernt haben – mit den
anderen Anwesenden zu teilen.

- Üben Sie sich darin, dem jeweils Sprechenden Ihre ungeteilte Aufmerksamkeit zukommen zu lassen.

- Teilen Sie Ihre Erkenntnisse und Einsichten den anderen mit, wenn Sie es für angebracht halten.

Abschluß:

Anfragen nach Hilfe. Übermittlung liebevoller Energie.

Für die folgende Session:
- Lesen Sie als Vorbereitung auf das nächste Treffen Kapitel 7.
- Jemand bringt rhythmische Musik und ein Abspielgerät mit sowie ausreichend unbeschriebenes Papier für alle Gruppenmitglieder.

KAPITEL 7

Der Energiefluß tritt ein

In diesem Kapitel wird unser Held darin unterwiesen, seine Energie auf einem höheren Level zu halten, um sich auf diese Weise am Evolutionsfluß zu beteiligen und die für seine Entscheidungen wichtigen Informationen zu erhalten. Als er vor der Frage steht, wohin er als nächstes gehen soll, wird er davor gewarnt, nicht in sein Drama des Unnahbaren zurückzufallen, und gleichzeitig ermutigt, mit dem allem zugrunde liegenden Gefühl der Liebe in Verbindung zu bleiben. Er beginnt, empfänglich für Gedanken und Bilder zu werden, die just dann auftauchen, als er sich einsam und verloren fühlt. Seine wesentliche Frage besteht darin, wie er Marjorie wiederfinden soll und wie er die Suche nach den restlichen Erkenntnissen heil und sicher überstehen kann. Obwohl er an einer Wegkreuzung auf seine Intuition vertraut, wird er gefangengenommen. Was auf den ersten Blick aussieht wie eine Katastrophe, erweist sich jedoch als Chance, die den Schlüssel zu einigen seiner wichtigsten Fragen birgt. Ein junger indianischer Mithäftling ist ihm dabei behilflich, die in Träumen und Intuitionen enthaltenen Botschaften zu verstehen.

Die Siebte Erkenntnis

Durch die Siebte Erkenntnis erfahren wir, daß sich unsere Entwicklung bei vollem Bewußtsein vollziehen kann. Genauso wie der Mensch einer körperlichen Entwicklung unterworfen ist, entwickelt er sich auch psychologisch und spirituell. Die Siebte Erkenntnis verdeutlicht, wie wir diesen Prozeß unterstützen können, in dem wir aktiv am Fluß der Energie teilhaben. Vater Sanchez erklärt unserem Helden, daß der erste Schritt dazu in der Erhöhung der eigenen Energie besteht, der zweite darin, sich an die grundlegende Lebensfrage zu erinnern, und der dritte darin, auf im Augenblick anliegende, kleinere Fragen zu achten. Indem wir unseren Gedanken, unseren Tagträumen und unseren Träumen Beachtung schenken, stoßen wir auf Botschaften, die uns bei der Auffindung unserer Fragen helfen sowie bei der Entscheidung dessen, was es als nächstes zu tun gilt.

Der Aufbau von Energie

Vater Sanchez erteilt unserem Helden klare Anweisungen darüber, wie er seine Energie auf einem maximalen Level halten kann. Bei täglicher Anwendung wird diese Methode auch Ihnen zur zweiten Natur werden. Besonders wichtig ist es, Energie aufzubauen, wenn Sie sich verängstigt, verwirrt oder überwältigt fühlen. Handeln Sie Ihre Gefühle jedoch auf keinen Fall oberflächlich ab. Es kann sein, daß Sie eine Zeit der Niedergeschlagenheit durchleben müssen, um Geschehenes zu integrieren und zu akzeptieren. Sobald Sie dies getan haben, verlagern Sie Ihre Aufmerksamkeit von den negativen Gefühlen und beginnen mit der Ausführung der folgenden Schritte:

- Konzentrieren Sie sich auf ein schönes Objekt in Ihrer Umgebung.
- Erinnern Sie sich daran, wie die Dinge aussehen, wenn Sie energiegeladen sind.
- Suchen Sie nach Schönheit, einzigartigen Formen und Farben und einem Energiefeld, das Gegenstände und Pflanzen umgibt.
- Atmen Sie tief und bewußt durch und atmen Sie erst nach fünf Sekunden wieder aus.
- Atmen Sie die Schönheit Ihrer Umgebung so lange ein, bis Sie sich unbeschwerter fühlen.
- Stellen Sie sich vor, daß jeder Atemzug Sie wie einen Ballon anfüllt.
- Spüren Sie die aus Ihrem Atmen resultierende Leichtigkeit und den Zufluß von Energie.

- Überprüfen Sie, ob hinter Ihren Handlungen ein grundlegendes Gefühl der Liebe steht.
- Stellen Sie sich vor, daß Ihr Körper von einem vibrierenden Lichtkranz umgeben ist.
- Visualisieren Sie sich als strahlendes Wesen, das universelle Energie ein- und ausatmet.
- Nehmen Sie den Standpunkt des Beobachters ein und vergessen Sie nicht, daß nichts ohne Grund geschieht.
- Achten Sie darauf, ob Ihre Gedanken andere Gefühle auslösen, wenn Sie sich in erhöhter feinstofflicher Schwingung befinden. Innerhalb eines Kontroll-Dramas kreisen die Gedanken um den Konflikt. Stehen Sie jedoch in Verbindung mit einer höheren Energie, so sind Sie offen für den Ausgang der Dinge.
- Wann immer Sie die Notwendigkeit dazu verspüren, sollten Sie sich Zeit nehmen, um Ihre Verbindung zur Energie wieder zu etablieren. »Hast du diesen Zustand einmal erreicht, kann nichts und niemand dir mehr Energie abziehen, als du imstande bist zu ersetzen. Um genau zu sein, schafft die Energie, die du abgibst, eine Art Strömung, die dafür sorgt, daß du ebensoviel Energie wieder aufnimmst.«[1]

Die richtige Frage

Im Verlauf seiner Reise gerät unser Held wiederholt an einen Punkt, an dem er nicht mehr weiß, was er als nächstes tun soll. Gewöhnlich tritt an diesem Punkt jemand in sein Leben, der ihm Fragen stellt wie: »Weshalb bist du hier? Was willst du wissen? Was ist deine Frage?« Dies verleiht ihm wieder inneres Gleichgewicht und hilft ihm dabei, sich auf seine wesentlichen Lebensfragen zu konzentrieren. Kurze Zeit später tauchen Botschaften für ihn auf. Als er zum Beispiel im Gefängnis sitzt, fragt sein Zellengenosse Pablo ihn: »Woran hast du gerade gedacht? Was geht gerade in deinem Leben vor?«

Bei einer dieser Gelegenheiten erklärt ihm Vater Sanchez, daß wir nur dann keinen Hinweis erhalten, wenn die von uns gestellte Frage nicht Teil der Evolution ist. Er sagt: »Du mußt verstehen, daß es im Leben nicht um Antworten geht. Es geht darum, die aktuellen Fragen zu erkennen. Hast du die richtige Frage erkannt, folgt auch immer die Antwort.«[2] Die Frage kann sich auf einen konkreten Vorfall in der Außenwelt beziehen, wie die Frage unseres Helden nach dem Aufenthaltsort von Marjorie und Wil, oder sie kann abstrakter Natur sein: »Weshalb haben die Priester etwas gegen das Manuskript?«

> Gefühle kommen und gehen wie Wolken im Wind.
> Atmen mit Bewußtsein ist mein Anker.[3]
> Thich Nhat Hanh

Die Botschaften hinter Ihren Gefühlen

Achten Sie aufmerksam auf die Botschaften, die Sie durch eine Fügung erhalten können. Üben Sie sich darin, sie nach Bedeutungen zu untersuchen. Welche Ihrer Ideen werden dadurch miteinander verbunden? Weshalb erreicht Sie die Botschaft gerade zu diesem Zeitpunkt? Welches positive Resultat könnte sie enthalten, selbst wenn es sich dabei um eine Enttäuschung zu handeln scheint? Welche Handlung könnte folgen?

Ein sehr bekannter New Yorker Konzertpianist erhielt ein Angebot aus Europa. Obwohl es sich um eine lukrative Offerte handelte, war er sich nicht sicher, ob er annehmen sollte oder nicht. Er bewegte die Frage für eine Weile in seinem Kopf herum und begab sich schließlich zum Postamt, wo er von einem Mann bedient wurde, der zufällig aus dem gleichen Land stammte, aus dem er das Angebot erhalten hatte. Er erwähnte diese Zufälligkeit gegenüber dem Postbeamten, der darauf erwiderte: »Sie sollten dort sein, wo Ihre Freunde sind.« Dieser Kommentar schlug eine relevante Saite in dem Musiker an, und er realisierte, daß er sich in New York am wohlsten fühlte und nicht nach Europa umsiedeln wollte.

Wann es zu handeln gilt

Wenn Sie entschieden haben, daß eine Intuition aus der Quelle der universellen Intelligenz stammt, können Sie sich entscheiden zu handeln. Tut sie das nicht, so laufen Sie Gefahr, daß Ihre Handlung keine Früchte trägt. In ihrem Buch *Spiritual Growth* sagt Sanaya Roman:

> »Handeln Sie nur dann, wenn Sie sich offen, positiv und empfangsbereit fühlen. Dann stimmt Ihre Handlung mit dem Höheren Willen überein. Um positive Resultate zu erzielen, werden Sie weniger Mühe aufzuwenden haben. Wenn Sie zum Beispiel Ihre Energiearbeit mit dem Ziel gemacht haben, ein bestimmtes Resultat zu schaffen, könnte es sein, daß Sie den Drang verspüren, jemanden anzurufen. Bevor Sie den Hörer abnehmen und zu wählen beginnen, warten Sie einen Augenblick schweigend und stellen sich vor, wie Sie anrufen. Ruft diese Vorstellung ein warmherziges, gutes und offenes Gefühl in Ihnen hervor, so tätigen Sie den Anruf. Spüren Sie Widerstände oder wie Ihr Energiehaushalt absackt, oder tauchen andere negative Gefühle bei diesem Gedanken auf, so verschieben Sie den Anruf auf einen späteren Zeitpunkt.«[4]

Tun Sie, was Ihnen Freude macht

Ihre geheimsten Träume, Wünsche und Ziele sind Teil Ihrer Lebensfrage, die Sie im Laufe dieses Lebens lösen werden. Manchmal legen wir unsere Träume und Phantasien zur Seite, als handele es sich bei ihnen um verlockende, jedoch unmöglich zu verwirklichende Wunschvorstellungen. Vielleicht meinen wir, in Wirklichkeit kein Anrecht auf ein derartig gutes Leben zu haben.

Genau wie der Held in unserem Buch haben Sie bereits Ihren Weg zu den Erkenntnissen gefunden. Ihr Wunsch, sich aus dieser Welt der Konformität herauszuheben, steht in *enger Verbindung mit Ihren Talenten und den Ereignissen, die bis zum heutigen Tag einen Einfluß auf Ihr Leben hatten.* Je mehr Sie sich für die Bedeutung der Ihnen begegnenden Fügungen öffnen, desto einfacher werden Sie es finden, die richtigen Handlungen aufzugreifen.

Carol Roghair, eine persönliche Beraterin aus Mill Valley, Kalifornien, berichtete folgende Geschichte: »Ich nahm gerade ein Bad in den Warmwasserquellen im Norden Kaliforniens, als ich zufällig hörte, wie eine Frau über die *Prophezeiungen von Celestine* und *The Right Use of Will* redete. Wir kamen ins Gespräch und gelangten zu dem Schluß, daß jeder von uns eine Botschaft für den anderen haben müßte. Ich erwähnte, daß ich schon immer ein Interesse daran gehabt hätte, anderen Menschen bei ihrer Selbstverwirklichung behilflich zu sein. Als sie mir erklärte, daß dies ihr Beruf sei, kamen mir

»Offenbarungen können einfacher oder komplexer Natur sein. Gewöhnlich bringen sie ein besonderes Gefühl mit sich; einige Menschen bekommen Gänsehaut, Kitzeln oder andere körperliche Empfindungen. Manchmal gibt es keine körperlichen Sensationen, sondern eine Art mentales ›Klick‹, als sei soeben etwas an seinen Platz gefallen. Offenbarungen können auf mehrere Arten empfangen werden – sie können in Form von Erkenntnissen im Verstand auftauchen, sie können das Resultat einer Channelingsession sein oder vom Lesen eines Buches bzw. vom bloßen Zuhören kommen.«[5]

Sanaya Roman,
Spiritual Growth

Tränen, und ich bekam eine Gänsehaut. Ich hatte den Eindruck, eine starke Bewegung in meinem Inneren wahrzunehmen, und bemerkte erneut, wie wichtig mir mein Anliegen schon seit meiner Jugend war. Aus irgendeinem Grund hatte ich angenommen, eine derartige Aufgabe nicht meistern zu können. Bei meiner täglichen Meditation machte sich ebenfalls eine Veränderung bemerkbar. Ich fühle mich jetzt tiefer verbunden, weiß aber nicht genau, weshalb. Es ist kaum wahrnehmbar, und doch fühle ich mich lebendiger.«

Vergessen Sie nicht, daß jeder Augenblick eine Gelegenheit bietet, um sich in der Gegenwart aufzuhalten, selbst wenn das bedeutet, durch körperlichen oder emotionalen Schmerz gehen zu müssen. So sehr wir uns auch abrackern, um zur Erleuchtung zu gelangen, wir werden immer wieder auf unsere menschlichsten Eigenschaften und Schwächen zurückgeworfen, um in ihnen auf unsere wahre Natur und unsere wahre Lebendigkeit zu stoßen. In seinem Buch *The Care of The Soul* schreibt Thomas Moore:

> »Das ›Ziel‹ auf dem Pfad der Seele ist, die Existenz zu fühlen, nicht die Widrigkeiten und Unsicherheiten des Leben zu meistern, sondern das Leben aus erster Hand zu erfahren, im Zusammenhang mit der restlichen Welt zu existieren ... Was es im Augenblick zu tun gilt, ist dort zu sein, wo Sie sich gerade aufhalten, und manchmal im hellen Licht des vollen Bewußtseins daraufzuschauen und ein anderes Mal behaglich in die tiefen Schatten des Mysteriösen und Unbekannten zurückzutreten ... Vermutlich ist der Ausdruck von einem Pfad der Seele nicht ganz zutreffend. Es handelt sich dabei eher um eine Bewegung des Wanderns und Mäanderns.«[6]

Der Unterschied zwischen impulsiven Wünschen und Intuition

Sie sind jetzt dabei, zwischen jenen Signalen und Botschaften zu unterscheiden, die ihre Wurzeln in Ihrer eigenen Unsicherheit haben, und jenen, die von Ihrem höheren Selbst stammen. Mit wachsendem Bewußtsein und zunehmendem Einklang mit Ihrem inneren Zentrum werden Sie lernen, zwischen impulsiven Wünschen und intuitivem Wissen zu unterscheiden. Beides kann verlockend wirken. Am Anfang sind Sie sich vielleicht nicht sicher, was was ist. Ärgern Sie sich deshalb nicht, wenn Sie das eine mit dem anderen verwechseln. Eine der wichtigsten Faustregeln besteht darin, nicht aus einem plötzlichen inneren Drang heraus zu handeln. Der Autorin Nancy Rosanoff zufolge ist der Unterschied zwischen Impuls und Intuition folgender: »Ein Impuls fühlt sich an, als müsse ihm augenblicklich Folge geleistet werden; zögern Sie, so verfliegt die Gelegenheit. Ein Impuls setzt uns unter Handlungszwang. Handeln wir dementsprechend, fühlen wir uns hinterher leer und unbefriedigt. Unsere Probleme sind nicht gelöst. Wie das

Wort schon nahelegt, handelt es sich bei einem Impuls um einen starken Ausbruch von Energie, dem allerdings kaum etwas folgt.«[7]

Gewöhnlich entfaltet sich inneres Wissen allmählich, mit der Zeit, und beginnt beinahe unmerklich damit, unsere Richtung zu ändern. Obwohl intuitive Gedanken ebenso verlockend erscheinen können wie impulsive, lassen sie einem jedoch immer genügend Zeit, sich zu besinnen. Rosanoff spricht von dem Universellen Gesetz der Drei:

»Kommt mir ein Gedanke dreimal in den Sinn, so sehe ich dies als Anlaß zu handeln. Intuitionen sind insistent und beständig. Was wichtig ist, vergessen wir nicht, gewöhnlich kehrt es zu uns zurück und verschafft sich Beachtung ... Mehrere meiner Schüler sind Börsenmakler, die das Gesetz der Drei sogar unter höchsten Anspannungen anwenden. In ihrem Geschäft müssen sie sich schnell entscheiden. Sie sind in der Lage, sich innerhalb weniger Minuten von einem Gedanken zu trennen und abzuwarten, ob er zu ihnen zurückkehrt. Taucht der Gedanke sofort wieder auf, lassen sie ihn erneut gehen. Auf diese Weise haben sie gelernt, zwischen einer Panikreaktion und Intuition zu unterscheiden. Gewöhnlich macht sich ihre Intuition direkt vor einem Umschwung an der Börse bemerkbar. Panik dagegen meldet sich, wenn der Wechsel bereits vollzogen ist.«[8]

> Aufmerksamkeit vor Wirksamkeit, Sanftes Fließen eher als hohe Geschwindigkeit.[9]
>
> Kazuaki Tanahashi,
> *Brush Mind*

Je mehr wir uns unserem inneren Zentrum widmen, desto häufiger bemerken wir Unterschiede in den verschiedenen Botschaften, die uns zum einen aus unserem Intellekt und zum anderen aus unserer Intuition erreichen:

Intellektgesteuerte Botschaften können u. a.
- auf Mangelgefühlen, Furcht sowie Schuld beruhen
- auf Schutzdenken beruhen
- verlockend wirken, jedoch keine Zeit zur Reflexion lassen

- vorschnelle Antworten sein, die Ihren Energiefluß unterbrechen
- erste unreflektierte Gedanken sein
- einer verzweifelten Not entstammen

Intuitionsgesteuerte Botschaften
- sind liebevoll und beruhigend
- sind beständig
- sind ermutigend und positiv
- verlangen gewöhnlich keine unmittelbaren Handlungen
- verlangen nur selten radikale Veränderungen, die ohne kleinere, allmählich Veränderung herbeiführende Schritte auftreten.

Der Umgang mit inneren Angstbildern

Der Held in unserem Roman erkundigt sich: »Aber was ist mit den negativen Gedanken? Der Furcht davor, daß etwas Schreckliches geschehen wird, jemand, der uns nahesteht, verletzt werden könnte oder wir nicht erreichen, was wir uns vorgenommen haben?«[10]

Darauf antwortet Pablo ihm: »Die Siebte Erkenntnis sagt, daß Bilder der Angst bei ihrem Auftauchen angehalten und durch etwas Positives ersetzt werden. Daraufhin wird es bald so gut wie keine negativen Bilder oder Gedanken mehr geben. Du wirst nur mehr Ahnungen von positiven Ereignissen haben. Sollten negative Bilder auftauchen, dann rät das Manuskript, sie unbedingt ernstzunehmen, sie jedoch nicht weiterzuverfolgen. Wenn du zum Beispiel ein Bild davon hast, wie du in einem Lastwagen verunglückst, und jemand bietet dir an, in seinem Wagen mitzufahren, so lehne das Angebot ab.«[11]

Angst ist ein natürlicher Bestandteil unseres Lebens und ein Verbündeter, wenn es darum geht, eine Gefahr zu erkennen und ihr aus dem Weg zu gehen. Die Rolle der Angst und ihre Funktion in unserem Leben zu verstehen kann für unser Selbstverständnis von großer Bedeutung sein. Angst, zusammen mit ihren beiden Derivaten Besorgnis und Rastlosigkeit, steht unserer

Entwicklung so lange im Wege, wie wir diese Empfindungen bestimmen lassen, auf welche Weise wir neue Informationen und Verhaltensmöglichkeiten einzustufen haben. Angst entfernt uns aus der Gegenwart, indem sie uns mit Erinnerungen an Vergangenes oder Zukünftiges oder mit im Augenblick irrelevanten Problemen belästigt. Die Siebte Erkenntnis rät uns dazu, den negativen Denkvorgang zu verändern, indem wir unsere Angstbilder durch andere Bilder ersetzen. Es ist auf jeden Fall wichtig, sich mit Angst auseinanderzusetzen, anstatt sie zu ignorieren oder ihr Vorhandensein zu leugnen.

Haben Sie jedoch die in ihrer Angst verborgene Botschaft einmal verstanden, dann üben Sie sich darin, diese negativen Gedanken zu verabschieden und sich einen positiven Ausgang vorzustellen. John, der für seine Lizenz als Bauunternehmer paukte, hatte z. B. große Angst vor der ihm bevorstehenden Prüfung. Er erinnerte sich an seine Zeit auf der Oberschule und seine damaligen Schwierigkeiten bei der Mathematikprüfung. Auf der anderen Seite motivierte ihn der Gedanke daran, bald als selbständiger Unternehmer arbeiten zu können, und er war fest entschlossen, sich so gut wie möglich auf seine Prüfung vorzubereiten. Dieser Entschluß veranlaßte ihn, nach einer neuen Möglichkeit im Umgang mit seiner Angst zu suchen. Jeden Tag reservierte er sich ein paar Minuten, um sich vor der Arbeit an seinem Examen zu entspannen. Er stellte sich vor, wie seine Lizenz mit der Post eintraf und wie stolz er dann sein würde. Packte ihn die Angst vor dem Versagen, erinnerte er sich daran, wie sein Vater die Talente und Fähigkeiten seines Sohnes regelmäßig heruntergespielt hatte und daß er jetzt ein fähiger Mann in der Erwachsenenwelt war, der darauf brannte, im Leben und im Beruf voranzukommen. »Die Menschheit braucht qualitativ gute und schöne Häuser, um darin zu leben, und du wirst sie ihnen verschaffen«, sagte er sich. Diese Übung half ihm dabei, nicht zu verzagen, und er bestand sein Examen.

Achten Sie darauf, in welchen Situationen Sie dazu neigen, furchtsam zu werden. Achten Sie darauf, bei welchen Tätigkeiten Ihre Energie absinkt. Dies könnte zum Beispiel der Fall sein, wenn Sie sich mit jemandem über Ihre tragische Vergangenheit unterhalten oder sich über den Alltag oder Ihre Zukunftsängste beschweren.

Mit Angst und Zweifeln umgehen

Mit zunehmender Fähigkeit, Energie wahrzunehmen, werden Sie ebenfalls in der Lage sein, zwischen selbstzerstörerischen Ängsten und tatsächlichen Gefahrenzeichen zu unterscheiden.

Möglicherweise werden Sie anfänglich nicht allzuviel Vertrauen in die von Ihnen empfangenen Informationen haben. In diesem Fall bitten Sie um präzisere Angaben.

Achten Sie darauf, ob Ihre Ängste möglicherweise etwas mit Ihrem Kontroll-Drama zu tun haben. Haben Sie zum Beispiel gelernt, als »Armes Ich« Energie an sich zu binden, so kann es sein, daß Sie unbewußt nach Schwierigkeiten suchen, um so in diesem Drama verharren zu können. Sind Ihre Ängste, überrannt zu werden, der Grund dafür, weshalb Sie als Unnahbarer andere Menschen nicht um Hilfe bitten? Ist Ihre Angst, als Einschüchterer nicht ernstgenommen zu werden, verantwortlich dafür, daß Sie nach Widerständen suchen, wo es keine gibt? Fürchten Sie als Vernehmungsbeamter, daß Sie von allen verlassen werden, wenn Sie sie nicht andauernd überwachen?

Die Botschaft in der Angst finden

- Erkennen Sie die Angst als solche an.
- Lassen Sie Ihre Angst aufsteigen und wehren Sie sich nicht dagegen. Ein Schweregefühl ist gewöhnlich ein Indikator für Angst und Sorge. Rufen Sie sich diese Gefühle ins Bewußtsein. Bitten Sie um Hilfe.
- Schreiben Sie auf, wovor genau Sie Angst haben.
- Treten Sie mit Ihrer Angst in einen Dialog und finden Sie heraus, welche Botschaft Ihre Angst für Sie hat. Ist Ihre Angst realistisch?
- Achten Sie darauf, wie parallel zu Ihren Ängsten negative Gedanken zu Ihrem Wesen und Ihrer Person auftauchen: »Alles ist im Eimer. Ich bin erledigt. Ich wünschte, das hätte ich nie im Leben getan. Ich bin so lahm. Ich bin so dumm.« Ein negativer innerer Dialog (»Selbstgespräch«) kehrt in Form von

negativen Gefühlen und Ängsten sowie als negativer Ausgang zu Ihnen zurück.

- Übertreiben Sie Ihre Ängste. Gelingt es Ihnen, Humor darin zu finden?
- In welchen Bereichen Ihres Lebens finden Sie sich ungenügend?

Das Loslassen der Angst

- Konzentrieren Sie sich für einige Minuten nur auf Ihren Atem.
- Werden Sie so ruhig wie nur irgend möglich. Verbringen Sie ein paar Minuten ohne Gesellschaft.
- Hören Sie auf nachzudenken, und entspannen Sie Ihren Verstand.
- Bitten Sie jetzt um jede mögliche Form der Unterstützung.
- Senden Sie Liebe aus. Umgeben Sie sich und andere mit Licht.
- Wenn Angst und Zweifel aufsteigen, so lassen Sie sie ins Licht weitergehen.
- Konzentrieren Sie sich darauf, was Sie wollen. Visualisieren Sie den von Ihnen gewünschten Ausgang.
- Erinnern Sie sich selbst daran, daß Sie immer verschiedene Optionen zur Auswahl haben und eine Wahl treffen können.
- Wenn Sie sich wieder etwas beruhigt haben, erinnern Sie sich an die leisen Signale, die Sie empfangen haben, kurz bevor die Angst mit aller Macht einsetzte. Erinnern Sie sich, daß überall nützliche Botschaften für Sie verborgen sind.
- Spüren Sie Angst, so verlagern Sie Ihre Aufmerksamkeit auf die Erfüllung Ihrer höchsten Aufgabe. Stellen Sie sich selbst in einer optimalen Situation, umgeben von Ihren Freunden, vor.

Kontrolle aufgeben

> Das größte Hindernis bei der Problembewältigung ist, daß wir annehmen, es handele sich bei Problemen um etwas in unserer Außenwelt. In Wahrheit ist jedes Problem eine Manifestation unseres Bewußtseinszustandes in der Außenwelt. Ist unser Bewußtsein klar und friedlich, verschwindet das Problem.[12]
>
> Arnold Patent,
> *You Can Have It All*

Solange Sie sich bemühen, darum kämpfen und sich überarbeiten, um zum Ziel zu kommen, folgen Sie nicht dem Energiefluß des Universums. Beginnen Sie damit, sich jedesmal, wenn Sie verwirrt sind, zu fragen: »Weshalb befinde ich mich gerade jetzt in dieser Situation?« und »Was passiert in diesem Augenblick in meinem Leben?« Verbringen Sie Zeit allein und in Ruhe. Was geschieht, wenn Sie die Kontrolle und Ihre Sorgen aufgeben?

Ein Geschäftsmann, der Jahre damit zugebracht hatte, ein Softwareprogramm zu entwickeln, verlagerte seinen Standort, weil er mit seinem Geschäft am alten Standort keinen Erfolg hatte. Zusätzlich tauchten Probleme mit seinen Angestellten auf, und das Marketing seines Produktes machte ebenfalls keinerlei Fortschritte. Wieder wechselte er mit seinem Geschäft den Standort, und nach einigen Monaten erneuter unterschiedlichster Rückschläge fragte er sich schließlich: »Weshalb bin ich hier? Ist dieses Geschäft wirklich mein Lebenszweck?«

Tief in seinem Herzen wußte er, daß er das Geschäft nur unterhielt, um ausreichend Geld zum Schreiben eines Buches zu beschaffen. So schmerzlich es für ihn war, zuzugeben, daß die Schwierigkeiten der letzten beiden Jahre ihn nicht zum Ziel geführt hatten, entschied er sich trotzdem, das Geschäft aufzugeben. Die darauffolgende Erleichterung war so stark, daß er sein Buch innerhalb der folgenden drei Monate beendete. In diesem Fall hatte er sich zu sehr auf sein Vorhaben fokussiert und war darüber aus dem Energiefluß geraten.

Manchmal verlangt Überwindung von Hindernissen Ausdauer, wenn Sie jedoch das Gefühl haben, eine längst verlorene Schlacht zu führen, so ist etwas nicht in Ordnung. Geben Sie Ihre Beschäftigung auf, besonders wenn Sie der Ansicht sind, keine andere Wahl zu haben. Fühlen Sie sich eingekesselt und hilflos, so befinden Sie sich aller Wahrscheinlichkeit nach in einem inneren Konflikt, der sich auch in Ihrer Außenwelt manifestiert hat. Lassen Sie los. Bitten Sie um Hilfe. Seien Sie willens, für einige Zeit nichts zu unternehmen, seien Sie willens zuzugeben, daß Sie *im Augenblick nicht wissen, was die richtige Antwort ist.* Das beste ist jetzt, zuzuschauen und sich mit dem Schönen in Ihrer Umgebung zu verbinden, damit Sie für das Auftauchen von Fügungen und neuen Erkenntnissen bereit sind.

Was ist der fehlende Teil im Puzzle Ihres Lebens?

Sich im Energiefluß zu befinden bedeutet, alles für den im Leben notwendigen nächsten Schritt zu erhalten. Nachdem Ihnen eine Gelegenheit präsentiert wird, müssen Sie die Arbeit verrichten. In Verbindung mit Ihren Hoffnungen, Träumen und Bedürfnissen zu bleiben hilft Ihnen bei deren Verwirklichung. Judith O'Connor, eine Hypnotherapeutin in Richmond, Kalifornien, berichtete von folgendem Erlebnis:

»Obwohl ich dies sonst selten tue, nahm ich an einem Abendseminar teil, und eine der letzten Personen, mit denen ich an jenem Abend sprach, war eine Frau, die mich um meine Visitenkarte bat. Wir tauschten unsere Adressen und Telefonnummern aus, und zu meinem Erstaunen sah ich, daß sie von Beruf Augenärztin war. Aus irgendeinem Grund erzählte ich ihr, wie sehr es mich frustrierte, daß ich während der letzten fünfzehn Jahre nicht imstande gewesen war, ohne Schwierigkeiten zu lesen. Sie hielt mein Problem für heilbar und sagte, daß sie auf Fälle wie den meinen spezialisiert sei. Ich hatte den Eindruck, das Abendseminar nur besucht zu haben, um die Ärztin kennenzulernen. Später fiel mir auf, daß ihre Visitenkarte genau wie die meine als Kennzeichen ein Auge trug.

Meine Unfähigkeit, mich zu konzentrieren und zu lesen, war nicht nur hinderlich, sondern war mir sogar peinlich. Nachdem ich eine Weile mit der Ärztin gearbeitet hatte, stellte sich heraus, daß mein linkes Auge nicht funktionierte, weil es nicht ordentlich mit meinem Gehirn verbunden war, und daß dadurch die Funktionen der rechten Gehirnhälfte herabgesetzt wurden. Die folgende Heilung schien mir wie der fehlende Teil im Puzzle meines Lebens.«

Was bereitet Ihnen im Augenblick die größten Probleme? Seien Sie bei Ihren Angaben so spezifisch wie möglich. Formulieren Sie eine Frage, die dazu geeignet ist, Ihnen bei der Lösung dieses Problemes behilflich zu sein. Stellen Sie diese Frage in den Vordergrund Ihres Bewußtseins und öffnen Sie sich für das Auftauchen eines spontanen Zeichens oder einer Botschaft.

Die Rechtsanwältin Jean Price Lewis hat zwei erwachsene Töchter und eine gutgehende Kanzlei in Marine County, Kalifornien. Sie besuchte ein Wochenendseminar bei Gary H. Craig, einem Performance-Berater. Der stellte ihr die Frage: »Was würden Sie tun, wenn Sie wüßten, daß Sie nicht versagen könnten?« »Diese Frage eröffnete mir mit einem Mal ein ganzes Reich neuer Möglichkeiten, über die ich zuvor nicht einmal nachgedacht hatte«, erzählte sie uns. »Ich fertigte eine Liste an, nach der ich Architektin, Staatssekretärin, Besitzerin einer Südseeinsel, Seniorenmodel, erfolgreiche Erfinderin, Besitzerin und Pilotin meines eigenen Flugzeuges und Weltreisende werden, sowie gute Plätze bei der Oscarverleihung haben wollte!« Wie geht es ihr jetzt nach Anfertigung der Liste? »Ich denke, daß diese Liste eine Art unterbewußter Speisekarte war. Erst nachdem ich die *Prophezeiungen von Celestine* gelesen hatte, fielen mir mehr und mehr seltsame Fügungen auf, die als Resultat meiner Liste aufzutauchen schienen. So begegnete ich zum Beispiel einem Fluglehrer, und kurz darauf hatte ein anderer Bekannter ein Flugzeug zu verkaufen. Ich bin mir noch nicht sicher, ob ich mir wirklich schon jetzt eines kaufen möchte, aber die Liste scheint definitiv über ein Eigenleben zu verfügen.«

Traumstudie

Zu träumen bedeutet, auf der Innenseite, ohne die Beschränkungen von Zeit und Raum zu leben. Wie könnten wir dieser multidimensionalen, metamorphen inneren Realität zwischen zwei Buchdeckeln, geschweige denn auf einigen Seiten Rechnung tragen? Meistens erinnern wir uns beim Aufstehen kaum an die erstaunliche Nachtreise und an die Orte, an denen wir nie waren, Menschen, die vielleicht tatsächlich irgendwo existieren, uns freundlich gesonnen sind oder nicht und die nicht immer diejenigen sind, die sie vorgeben zu sein. Ab und an werden wir von tiefreichenden Gefühlen des Wunders, der Freude und verzehrender Liebe heimgesucht oder von unglaublicher Angst und anormalen Verlustgefühlen. Es ist uns unmöglich vorauszusagen, was in der uns bevorstehenden Nacht für uns anliegt. Ähnlich wie die Synchronizität kann dieser nächtliche Karneval der Bilder uns etwas über unser Leben mitteilen, wenn wir nur gründlich genug hinschauen.

Normalerweise analysieren wir unsere Träume nicht, es sei denn, die Botschaft ist so deutlich oder ungewöhnlich, daß wir den Traum nicht wieder vergessen können. Die Siebte Erkenntnis lehrt uns, daß unsere Gedanken, Tag- und Nachtträume uns bei dem intuitiven Erfassen unseres Weges helfen können und uns fehlende Informationen über unser Leben zu liefern imstande sind.

Träume als Botschafter

In der Erkenntnis wird gesagt, daß wir unsere Träume mit unserer Lebensgeschichte vergleichen sollen. Lassen Sie uns deshalb die augenblickliche Situation unseres Helden noch einmal betrachten und dabei in Augenschein nehmen, auf welche Weise sein Traum ein Ausdruck seiner momentanen Situation ist.

- Er suchte nach Antworten über das Manuskript.
- Er kam sich verloren vor.
- Er befand sich im Gefängnis und wurde trotz größter Mühe gefangengenommen.
- Er meinte, seine einzige Option bestände darin, jemanden darum zu bitten, ihn heimfliegen zu lassen.
- Er setzte sich gegen seine Verhaftung zur Wehr.

Im Traum:
- Er suchte im tiefsten Wald nach einem Schlüssel (seine Suche nach Antworten über das Manuskript; der Wald ist ein Symbol für Peru, Spiritualität und dafür, sich verloren vorzukommen).
- Er hatte sich verirrt und bat um Führung.
- Im Verlaufe eines Gewitterregens (ein Akt der Natur und von ihm ebenso unkontrollierbar wie die Tatsache seiner Verhaftung) wird er in eine tiefe Schlucht und in einen Fluß gespült, der in die falsche Richtung fließt und ihn zu vernichten droht (er war der Ansicht, gefangengenommen worden zu sein, weil er die falsche Straße gewählt hatte).
- All seine Anstrengungen, die Klippen zu umsteuern, schlagen fehl, es gibt keinen Ausweg mehr für ihn (er befindet sich im Gefängnis).
- Er merkt, daß der Fluß, gegen dessen Strömung er sich zur Wehr gesetzt hatte, aus dem Wald heraus fließt und ihn an einen wunderschönen Strand befördert, an dem er auf den gesuchten Schlüssel stößt (er begreift, daß alles, was er wissen muß, genau zur richtigen Zeit und am richtigen Ort war – in diesem Fall im Gefängnis).

Jetzt stellt Pablo ihm glücklicherweise die kritische Frage: »Wenn du den Traum noch einmal träumen könntest, was würdest du darin anders machen?« Worauf er antwortet: »Ich würde nicht mehr gegen das Wasser ankämpfen, obwohl es so aussah, als würde ich ertrinken. Diesmal wüßte ich es besser.«[13]

An dieser Stelle sollte vermerkt werden, daß sich unser Held nach dem Vergleich des Traumes mit seinem tatsächlichen Leben in freudiger Erregung befindet, ein sicheres Zeichen dafür, daß er mit der wahren Bedeutung seines Traumes in Verbindung getreten ist. Anstatt lediglich die einzelnen Bestandteile seines Traumes zu analysieren, vergleicht er sie mit den tatsächlichen Vorkommnissen in seinem Leben. Pablo ist ihm dabei behilflich und schlägt vor, von vorn zu beginnen und das Fortschreiten der Ereignisse zu beobachten, bevor sie sich dem Ende des Traumes zuwenden. Der Leser kann diese Methode übrigens selbst daheim anwenden, wenn er das nächste Mal erwacht und sich an einen Traum oder einen Teil davon erinnert. Genauere Angaben für diesen Traumvergleich finden Sie beim Einzelstudium ab Seite 509.

Fallstudie

Während wir dieses Kapitel schrieben, wurde uns folgender Traum mitgeteilt, der sich später erfüllte. Christy Roberts aus Kansas City hatte am 4. April 1993 folgenden Traum: »Im Frühjahr 1993 wurde ich arbeitslos und versuchte eine neue Anstellung als Werbefrau in der Musikindustrie zu erhalten, als ich folgenden Traum hatte: Ich sah vier Delphine in einem Tank schwimmen, der dem in Marine World ähnelte, und sagte zu ihnen: ›Hey Jungs, kommt und küßt mich.‹ Einer nach dem anderen kam angeschwommen und küßte mich auf den Mund. Dann sah ich innerhalb des Traumes das Datum 19. Mai und dachte: ›Was kann das zu bedeuten haben? 19. Mai – aber in welchem Jahr?‹ Einige Tage nach diesem Traum wurde ich zufällig zu einer Abschiedsfeier bei der A&M-Schallplattenfirma eingeladen. Man munkelte, daß die dort verabschiedete Person nicht ersetzt werden sollte, intern hörte ich jedoch, daß Vorstellungsgespräche geführt wurden, woraufhin ich mich bewarb. Ich wurde schließlich von vier Personen interviewt und erhielt den Job am 19. Mai. Erst ein Jahr später fand ich heraus, daß der Firmengründer, Jerry Moss, sich sehr für die Rettung der Delphine eingesetzt hat und unter anderem dafür gesorgt hatte, daß zahlreiche Thunfischhersteller Warnaufkleber auf ihren Dosen anbrachten.«

Seit diesem Ereignis hat Roberts ihren Träumen vermehrt Aufmerksamkeit zukommen lassen und berichtete, daß ein weiterer Traum sie ein Jahr später mit einer wichtigen Information über ihr Verhalten in einer wichtigen Beziehung versorgt habe.

Fallstudie 2

Robert K., Besitzer von fünf Automobilniederlassungen in der Gegend von Fort Worth, erinnerte sich an einen Traum, den er in der Nacht vor dem Kauf seiner ersten Niederlassung hatte.

»Ich hatte eben meine Arbeit für eine Ladenkette niedergelegt und überlegte, ob ich mich selbständig machen sollte. Mein

Vater und ich beschlossen, gemeinsam nach Texas zu reisen, um dort ein Geschäft in Augenschein zu nehmen, an dessen Aufbau ich vor einigen Jahren beteiligt war. In der Nacht davor träumte ich, daß er und ich über den Geschäftsabschluß sprachen und dabei auf die Veranda meines Elternhauses traten. Ein paar Blocks die Straße hinab sah ich, daß man die alte Kirche, die sonst dort gestanden hatte, durch einen Wal-Mart-Supermarkt ersetzt hatte. Ich dachte mir bei dem Traum nichts weiter, bis wir das Geschäft in Fort Worth besuchten und sich dort an genau der gleichen Stelle, an der ich in meinem Traum die Kirche gesehen hatte, ein neuer Wal-Mart befand. Ich war durch diese Fügung derartig erstaunt, daß ich sie als sicheres Zeichen dafür deutete, mein eigenes Geschäft zu eröffnen.«

In diesem Fall wurden in Roberts Traum parallele Motive verwandt (das Gespräch mit seinem Vater und die identischen Standorte der Supermärkte), um ihn in seiner Entscheidung zu bestätigen.

Checkliste für den Eintritt in den Energiefluß der Evolution
Um die Energie auf einem möglichst hohen Level zu halten, sollten Sie
- offen sein und sich der Liebe nicht verschließen.
- Schönheit genießen, um dadurch Energie zu gewinnen.
- so oft wie nötig Pause machen, um Energie zu gewinnen.
- sich so oft wie möglich in einem Zustand der Liebe aufhalten.

Die Bitte um Antwort
- Halten Sie sich im Jetzt und Hier auf.
- Erinnern Sie sich an Ihre wesentliche *Lebensfrage* (abgeleitet von Ihren Eltern).
- Formulieren Sie Ihre *gegenwärtigen* Fragen.
- Behalten Sie diese Fragen im Vordergrund Ihres Bewußtseins. Achten Sie auf Ihre Gedanken und Träume.

Wachsam bleiben
- Beziehen Sie die Position des Beobachters, während Sie zuschauen, wie sich das Geheimnis vor Ihren Augen entfaltet (dies hilft Ihnen dabei, Ihre Kontrollsucht zu beenden).

- Achten Sie darauf, ob schimmernde oder besonders farbenprächtige Gegenstände Ihnen als Signale bei Entscheidungen behilflich sind.
- Achten Sie ebenfalls auf Gedanken und Ahnungen (bei ihnen handelt es sich um dringend benötigte Informationen).
- Vergleichen Sie Ihre Träume mit Ihrer augenblicklichen Situation und stellen Sie fest, was sie Ihnen enthüllen.
- Sollten Sie die Ihnen zukommende Information nicht verstehen oder scheinbar keine erhalten, so sorgen Sie dafür, daß Sie die richtige Frage stellen. Stellen Sie eine neue Frage.

Stellen Sie die Fügungen auf die Probe
- Achten Sie darauf, ob das Auftauchen von Fügungen Ihren Energiehaushalt anhebt.
- Was genau ruft Ihnen die Fügung ins Bewußtsein?
- Sollten Sie mit der betreffenden Person in Zukunft weiterarbeiten?
- Wenn Sie eine Ahnung wegen etwas haben sollten oder ein Gedanke immer wieder auftaucht, so machen Sie sich auf das Auftauchen der nächsten Fügung oder Botschaft bereit. Für gewöhnlich hat sie direkt etwas mit Ihrer Ahnung oder Ihrem Gedanken zu tun.

Senden Sie Energie an andere
- Schenken Sie denen, die Sie persönlich treffen, Ihre volle Aufmerksamkeit und Energie, denn diese Menschen haben eine Botschaft für Sie und umgekehrt.
- Erinnern Sie sich daran, daß Sie zur Energiegewinnung nicht in Ihr Kontroll-Drama verfallen müssen.
- Erinnern Sie sich daran, daß Ihre Energie einen Sog bildet, sobald Sie sie freiwillig an andere abgeben, und daß Sie einen rückwirkenden Energiezufluß erfahren werden.

Zusammenfassung der Siebten Erkenntnis

Die Siebte Erkenntnis lehrt uns, daß Fügungen zur Erfüllung unserer Mission und Lebensfrage geführt haben. Wir wachsen, indem wir lernen, die kleineren Fragestellungen des Lebens zu verstehen und für uns zu beantworten. Sie stammen direkt von unserer Lebensfrage ab. Haben wir einmal die richtige Frage gestellt, so erscheinen uns oftmals auf mysteriöse Weise auch die Antworten. Jede Synchronizität, egal wie aufschlußreich, läßt uns stets mit einer weiteren wichtigen Frage zurück, so daß unser Leben und unser spiritueller Pfad sich durch eine Kette von Fragen und Antworten fortsetzt. Synchronistische Antworten können aus vielen unterschiedlichen Quellen stammen: Träume, Tagträume, Intuitionen und, vielleicht am häufigsten, von anderen Menschen, die sich inspiriert fühlen, uns eine Botschaft zu überbringen.

Zur weiteren Lektüre empfohlen:

Sanaya Roman: *Personal Power through Awareness.* 1986
James MacRitchie: *Chi Kung: Cultivating Personal Energy.* 1993
Richard Bach: *Illusions: The Adventures of A Reluctant Messiah.* 1977
Dan Millman: *The Way of the Peaceful Warrior.* 1984
Melody Beattie: *Codependent No More: Beyond Codependency.* 1989
Eric Berne: *What Do You Say After You Say Hello?* 1984
Ira Progoff: *At a Journal Workshop: Writing to Access the Power of the Unconscious and Evoke Creative Potential.* 1992

Einzelstudium zur Siebten Erkenntnis

Informationssammlung zur Fällung von Entscheidungen

Sollten Sie das nächste Mal vor einer Entscheidung wegen Ihrer Karriere, Ihrer Wohnungssituation, der Familie, persönlichem

Wachstum oder Ihrer Beziehung stehen, so könnten sich folgende Punkte als hilfreich erweisen:

1. Gehen Sie noch einmal Ihre Checkliste zur Förderung des Energieflusses durch.
2. Formulieren Sie Ihre gegenwärtige Frage und schreiben Sie sie auf einer Karteikarte nieder. Bewahren Sie die Karte in Ihrer Tasche oder Handtasche auf. Schauen Sie während des Tages darauf.
3. Bitten Sie um die Übermittlung von Botschaften.
4. Verhalten Sie sich in den zweiundsiebzig Stunden nach dem Aufschreiben der Fragen besonders aufmerksam.
5. Vermerken Sie jede Botschaft und jedes ungewöhnliche Ereignis in Ihrem Tagebuch.
6. Achten Sie darauf, wenn Ihnen Gegenstände förmlich ins Gesicht springen, und darauf, wenn Dinge über einen besonderen Glanz oder eine besondere Leuchtkraft zu verfügen scheinen.
7. Üben Sie sich darin, Ihren Körper und Ihre Muskeln bei jeder Gelegenheit zu entspannen.
8. Senden Sie den Menschen, denen Sie begegnen oder mit denen Sie am Telephon sprechen, Energie.
9. Seien Sie willens, Ihre Fragen anderen Menschen mitzuteilen, sobald Ihnen Ihre Intuition dazu rät.
10. Achten Sie auf Ihre Gedanken und halten Sie sich an einmal getroffene Entscheidungen.
11. Sollten Sie sich überwältigt oder verwirrt fühlen, so hören Sie auf, über Ihre Probleme zu grübeln. Die richtige Frage lautet: »Was kann ich konkret in diesem Moment tun?«

Versuchsläufe bzw. Frage und Antwort – Lernen Sie, die Zeichen zu lesen

Sie können auch eine Versuchsentscheidung fällen und abwarten, welche Resonanz Sie darauf erhalten. Haben Sie zum Beispiel vor, die Arbeitsstelle zu wechseln, so erzählen Sie Ihren Freunden und Familienmitgliedern davon. Achten Sie darauf, was dann passiert. Werden Sie in Ihrer Entscheidung unterstützt? Läuft Ihr Leben einfacher? Taucht plötzlich etwas mit dieser Entscheidung in unmittelbarem Zusammenhang Stehendes in der Post auf? Erhalten Sie kleine Bestätigungen für die Richtigkeit Ihrer Entscheidung? Oder werden Sie plötzlich zum Opfer kleinerer »Unglücke«, stoßen Sie sich den großen Zeh, bekommen Strafzettel, verlieren Ihre Brieftasche, werden krank oder erfahren andere widrige Umstände, die auf ein »Nein« schließen lassen?

Ein gutes Beispiel dafür, wie synchronistische Zeichen auf ein bedeutendes Ereignis hindeuten können, stammt von einer Frau, die ihren eigenen Vertrieb für kosmetische Artikel hat. »Kurz vor meinem ersten Treffen mit einem wichtigen Kunden hörte ich mir daheim *Tristan und Isolde* an. Als ich im Haus meiner Klientin eintraf, spielte dort dieselbe Oper.«

Verleihen Sie den Ereignissen allerdings keine größere Bedeutung, als ihnen in Wirklichkeit zukommt. Synchronizität hat die Eigenschaft, uns augenblicklich mit innerem Wissen zu versehen. Verschwenden Sie keine Zeit und Energie darauf, jedem noch so kleinen Ereignis eine Bedeutung abzuringen. Wenn Sie wirklich eine Botschaft erhalten sollen, wird diese Ihnen erneut mitgeteilt werden. Wichtiger ist es, im Augenblick zu leben.

Zweckgerichtete Handlung

Mit vermehrter Integration der Erkenntnisse wird auch Ihre Spiritualität wachsen. Mit zunehmendem Bewußtsein wird es Ihnen zur zweiten Natur werden, einen umfassenderen Blick auf die Vorgänge und Ereignisse Ihres Lebens zu werfen. Die folgenden Fragen können Sie sich zu jedem Zeitpunkt Ihrer Entwicklung stellen:

- Welche Bedeutung oder Botschaft könnte sich noch hinter dieser Begebenheit verbergen?
- In welchem größeren Zusammenhang steht sie?
- Auf welche Weise helfe ich anderen?
- Lädt mich meine augenblickliche Tätigkeit mit Energie auf?

– Wie wichtig ist die Tätigkeit, der ich im Augenblick nachgehe, wirklich?

Je häufiger Sie sich auf diese reflektierende Art Informationen verschaffen, desto mehr werden Sie über den eigentlichen Sinn Ihres Lebens erfahren. Es könnte sich herausstellen, daß der Grund für Ihre Anwesenheit auf der Erde durch das Schild an Ihrer Bürotür nur unzureichend gekennzeichnet ist.

Dankbarkeit und Anerkennung

Sollten Sie einen kreativen Durchbruch erfahren, so zollen Sie sich für Ihren Anteil daran Anerkennung. Je mehr Sie an sich selbst als ganzes, einheitliches und kreatives Wesen glauben, desto eher werden Sie den Eindruck haben, der Erfüllung Ihrer Lebensaufgabe nachzugehen.

Dankbarkeit für die kleinen und großen Geschenke zu zeigen, die Ihnen jeder Tag bringt, hilft Ihnen dabei, in der Gegenwart zu leben und pessimistische Gedanken sowie alte Sorgen durch positive Gedanken zu ersetzen.

Vergebung

Wenn Sie sich einmal wirklich festgefahren fühlen oder in einen Machtkampf verstrickt sind, so treten Sie einen Schritt vom Geschehen zurück und versuchen Sie, das Gesamtbild ins Auge zu fassen.

Fragen Sie sich: Bin ich willens, den Beteiligten, inklusive mir, zu vergeben?

Nachdem Sie einmal entschieden haben zu vergeben, wird Ihnen auch klarwerden, wem Sie wie vergeben können.

Es endlich richtig machen

Manchmal meinen wir, daß eine einzige, umfassende Antwort oder das Erreichen eines einzigen, großen Zieles wahre Wunder bewirken und wir endlich am Ende unseres Weges ankommen werden. Trennen Sie sich von dieser Vorstellung – öffnen Sie sich statt dessen für die wundersamen wie auch die wunderbaren Dinge Ihres Lebens und lernen Sie, sich zu lieben und zu akzeptieren, wie Sie gerade sind – selbst wenn Sie nie eine der Übungen in diesem Buch absolviert haben, keinen Ihrer Träume analysiert oder je ein Tagebuch geführt haben!

Den Standpunkt des Beobachters einnehmen

Vergessen Sie nicht, daß Tagträume und Gedanken die Eigenschaft haben, uns anzuleiten. Gewöhnen Sie sich an, nach dem »Warum« zu fragen, sobald ein Gedanke auftaucht. Weshalb taucht ausgerechnet dieser Gedanke gerade jetzt auf? In welchem Zusammenhang steht er mit meiner augenblicklich vordringlichen Frage? *Den Standpunkt des Beobachters einzunehmen, befreit uns vom Zwang, alles und jeden kontrollieren zu müssen, und sichert uns einen Platz im Energiefluß der Evolution.*

Das Anziehen von Botschaften

Sobald wir auf eine Antwort bestehen oder uns unnahbar verhalten, kreieren wir einen Wettstreit zwischen uns und anderen, der andere an der Übermittlung einer Botschaft hindert. Um ungehinderten Zugang zu Botschaften zu erhalten, sollten Sie offen für Dinge sein, die im Augenblick passieren »wollen«. Ereignet sich eine Fügung, so fragen Sie sich anschließend: Was hat sich gerade eben zugetragen? In welchem Zusammenhang steht dieses Ereignis mit meiner augenblicklichen Frage? Sollte ich etwas daran näher in Augenschein nehmen?

Arbeit mit dem Silberstreifen

Das Auftreten eines Mißgeschickes bedeutet nicht zwangsläufig, daß wir aus dem Energiefluß geraten sind. Denken Sie bloß nicht, daß innerhalb des Energieflusses alles immer zum besten steht. Jedoch haben alle Ereignisse eine Ursache. Um im Energiefluß zu bleiben, ist es notwendig, auch jene Ereignisse genau in Augenschein zu nehmen, die uns auf den ersten Blick negativ erscheinen. Rückschläge, Enttäuschungen, Frustrationen, selbst Strafzettel können eine wichtige Botschaft beinhalten. Jedesmal, wenn Sie solch einer nervtötenden Situation ausgesetzt sind, sollten Sie sich die Zeit nehmen, Ihre Gedanken und Emotionen in Ihr Tagebuch einzutragen. Spielen Sie mit möglichen Silberstreifen am Horizont. Fragen Sie sich:

- Wie könnte dieser Verlust hilfreich für mich sein?
- In welchem Zusammenhang steht dieser Rückschlag mit meiner Lebensfrage?
- Kann ich die Situation auch von einem anderen Standpunkt aus betrachten?
- Worin besteht der positive Aspekt dieser Situation?
- Was möchte ich wirklich erreichen?

Sollten Sie völlig feststecken, so suchen Sie einen Freund auf und gehen Sie mit ihm noch einmal durch den Fragebogen mit selbstauferlegten Hindernissen auf Seite 401 ff. Lassen Sie sich ein paar neue Möglichkeiten einfallen – selbst wenn diese auf den ersten Blick lächerlich erscheinen mögen! *Brainstorming* hilft Ihnen dabei, die Angst zu lösen, und aktiviert Ihren Humor.

Traumarbeit

Stehen schwierige Entscheidungen an, so bemühen Sie sich vor dem Einschlafen um einen klärenden Traum. Um Ihr Unterbewußtsein zu einer Antwort zu ermutigen, halten Sie Tagebuch und Stift neben dem Bett bereit, um eventuelle aus Ihren Träumen resultierende Informationen aufzuzeichnen. Untersuchungen haben außerdem bewiesen, daß tägliche Meditation Ihnen bei der Erinnerung von Träumen behilflich sein kann.[14] Die im folgenden aufgeführte Methode zur Arbeit mit Träumen kann sich als nützlich erweisen – fühlen Sie sich jedoch frei, sie nach Belieben zu variieren. Die folgenden Fragen sollten Sie in Ihrem Tagebuch beantworten:

Vergleich von Traum und Leben

1. Was sind die Hauptbestandteile des Traumes?
2. Welche Einzelheiten sind bedeutungsvoll? Weshalb?
3. Betiteln Sie den Traum mit einem einzigen Satz.
4. Betiteln Sie den Traum mit einem einzigen Wort.
5. Was ereignete sich am Anfang des Traumes?
6. Welche Handlungen wurden unternommen?
7. Wer war in dem Traum anwesend?
8. Wären die im Traum anwesenden Personen Teile Ihrer selbst, was würden sie Ihnen zu sagen haben?
9. Wie ist die Grundstimmung Ihres Traumes?
10. Auf welche Weise fügt sich dieser Traum in Ihr augenblickliches Leben?
11. Könnte der Traum Ihnen etwas über Ihr Leben zu sagen haben, was Sie sonst möglicherweise übersehen würden?
12. Wie geht der Traum aus?
13. Wenn Sie den Traum in Ihrem wirklichen Leben leben würden, was würden Sie anders machen?

Oftmals erhalten wir durch Träume die gleichen Botschaften über einen längeren Zeitraum. Ähnlich den Intuitionen, sind auch Träume in ihrem Auftreten hartnäckig und beständig. Sollten Sie unter Streß stehen oder zusätzliche Informationen benötigen, so machen Sie es sich zur Angewohnheit, die Titel Ihrer Träume separat von den obigen Fragen auf eine Extraseite zu schreiben. Allein die Titel könnten Ihnen schon einen Hinweis auf das Bewußtsein geben, das dabei ist, sich hier Bahn zu brechen. Ein Beispiel:

Michael McCore arbeitet in der Computerbranche und ist gleichzeitig Romanautor. Durch einen Traum erhielt er kürzlich einen neuen Energieschub, der es ihm ermöglichte, seine Tätigkeit als Schriftsteller fortzusetzen. Dabei ging er wie folgt vor:

»Ich träumte, einen flatternden Kolibri in meinen Händen zu halten, der sich in ein flauschiges Tier verwandelte. In diesem Traum befand sich außerdem noch eine Frau, die mir Rat erteilte. Nach dem Erwachen war ich voller Hoffnung und fühlte mich freudig erregt.« Soweit seine Notizen.

1. Was sind die Hauptbestandteile seines Traumes? »Der Kolibri, das Tier, die Verwandlung und die Frau.«
2. Welche Einzelheiten scheinen bedeutungsvoll? Und weshalb? »Der Kolibri, weil ich ihn in einem meiner Romane als Symbol für die Schönheit des Tages verwandt habe. In letzter Zeit sind mir tatsächlich vermehrt Kolibris aufgefallen.«
3. Der Inhalt des Traumes in einem einzigen Satz? »Ich fing einen Kolibri.«
4. Der Inhalt des Traumes zusammengefaßt in einem einzigen Wort? »Kolibri.«
5. Was ereignete sich am Anfang des Traumes? »Ich hielt einen zwischen meinen hohlen Händen flatternden Vogel.«
6. Welche Handlungen wurden unternommen? »Der Vogel verwandelte sich in ein flauschiges Tier.«
7. Wer war in dem Traum anwesend? »Ich, der Kolibri, ein flauschiges Tier, das mich an die Tribbles aus Raumschiff Enterprise erinnerte (ein Symbol zigfacher Vermehrung), sowie eine Frau, die mir Rat erteilte.«
8. Wären die im Traum anwesenden Personen Teile Ihrer selbst, was würden sie Ihnen zu sagen haben? »Daß eine Frau mir bei dieser Transformation behilflich ist; daß es mir durch meine Schriftstellerei gelungen ist, den Kolibri zu fangen; daß ich daran arbeite, meinen Erfolg in der Außenwelt zu manifestieren (das flauschige Tier), um meine Kunst in die Welt zu bringen.«
9. Wie ist die Grundstimmung Ihres Traumes? »Hoffnungsfroh, energiegeladen.«
10. Auf welche Weise fügt der Traum sich in Ihr augenblickliches Leben? »Ich habe meinen ersten Roman beendet und muß mich jetzt um seine Veröffentlichung kümmern. Ein Punkt, an dem ich schon länger feststecke. Ich könnte sagen, daß ich meiner ›inneren Frau‹ oder weiblichen Muse gefolgt bin, obwohl meine Karriere zu jener Zeit starke Anforderungen an mich stellte, und daß ich mit meiner Arbeit ein lebendiges Symbol meines Geistes geschaffen habe (den Vogel), welches offensichtlich abheben wird.«
11. Könnte der Traum Ihnen etwas über Ihr Leben zu sagen haben, was Sie sonst möglicherweise übersehen würden? »Daß

ich möglicherweise in der Lage bin, mit meiner Schriftstellerei Geld zu verdienen.«

12. Wie geht der Traum aus? »Erfolg beim Schreiben.«

13. Wenn Sie den Traum in Ihrem wirklichen Leben leben würden, was würden Sie anders machen? »Alles scheint so zu sein, wie es sein soll.«

Arbeitsgruppe zur Siebten Erkenntnis

Session 11

Dauer: 2 Stunden 30 Minuten

Zweck: Diskussion der Siebten Erkenntnis und Einübung der in diesem Kapitel beschriebenen Konzepte.

Vorbereitung: Rhythmische Musik und ein Abspielgerät sowie ausreichend unbeschriebenes Papier für jedes Gruppenmitglied.

Anfang: Zum Beginn des Treffens kann jeder kurz seinen augenblicklichen Gefühlen Ausdruck verleihen. An dieser kurzen Einleitung sollte jedes Gruppenmitglied teilhaben.

Übung 1: Anhebung der Energie

Dauer: Ungefähr 5 bis 10 Minuten

Anweisung: Entscheiden Sie sich zur Hebung der Energie entweder für die Meditation auf der Bergspitze auf Seite 441 f. oder hören Sie zehn Minuten Musik und bewegen Sie sich dazu auf der Stelle.

Übung 2: Allgemeine Diskussion der Siebten Erkennntnis

Dauer: Jeder der Anwesenden äußert kurz seine Einstellung zur Siebten Erkenntnis. Ist der Diskussionsstoff erschöpft, gehen Sie zur nächsten Übung über.

Anweisungen: Beginnen Sie damit, daß jemand die Kurzzusammenfassung der Siebten Erkenntnis von Seite 489 f. und die Checkliste zum Energiefluß am Ende dieses Kapitels vorliest. Vergessen Sie nicht, 1. fokussiert zu bleiben; 2. den jeweils Sprechenden Ihre volle Aufmerksamkeit zu widmen; 3. zu sprechen, wenn die Energie es gebietet. Die folgenden Fragen können bei der Eröffnung der Diskussion hilfreich sein:

– Was ist nach Meinung der Gruppenmitglieder das Besondere an der Erkenntnis?
– Hat in letzter Zeit jemand ein Flow-Erlebnis gehabt?
– Wenn jemand sich vom Flow abgeschnitten fühlt, so soll er nach einer Intention oder einem »Silberstreifen« innerhalb dieser Erfahrung suchen. Sind Sie wirklich abgeschnitten, oder erhalten Sie gerade ein weiteres Teil zu ihrem Lebenspuzzle?
– Haben die Erkenntnisse bei den Anwesenden für Veränderungen gesorgt?
– Sind irgendwelche interessanten neuen Fügungen oder Träume aufgetreten? (Seien Sie in Ihren Beschreibungen kurz und präzise!) Wenn Sie den Traum eines der Mitglieder zum Thema des Gespräches machen wollen, dann halten Sie sich an den entsprechenden Teil beim Einzelstudium, der sich mit dem Vergleich von Traum und Leben beschäftigt.

Übung 3: Ein Spiel mit der Intuition[15]

Dauer: 15 Minuten pro Person und ungefähr 20 Minuten für die Diskussion innerhalb der Gruppe.

Zweck: Sich im Loslassen und der Aufgabe von Kontrolle zu üben; indem wir den mit unseren persönlichen Fragen in Verbindung stehenden Emotionen erlauben, an die Oberfläche zu dringen, verbinden wir uns mit unserer Intuition.

Anweisungen:
– Lesen Sie vor Beginn der Übung die folgenden Anweisungen vor, damit jeder weiß, worum es in dieser Übung geht. Limitieren Sie die Zeit auf 15 Minuten pro Person.

- *Schreiben Sie eine Frage auf.* Verteilen Sie Papier an die Anwesenden und bitten Sie jeden darum, eine Frage niederzuschreiben, diese aber niemandem zu zeigen. Die Frage sollte eine für die betreffende Person dringliche Angelegenheit behandeln, etwa wie: »Was kann ich tun, um die Beziehung zu meinem Ehemann zu verbessern?« Oder »Wie finde ich am besten einen neuen Arbeitsplatz?« Oder »Soll ich das Haus neu streichen oder es so verkaufen, wie es ist?« **Niemand außer Ihnen sollte diese Frage zu Gesicht bekommen.**
- *Wählen Sie einen Partner.* Folgen Sie dabei Ihrer Intuition.
- *Öffnen Sie sich für eine Botschaft.* Einer der beiden Partner (der Befragte) hält das Papier mit der Frage zusammengefaltet in der Hand und konzentriert sich für einige Minuten. Dabei gestattet er allen Gedanken, Gefühlen und Empfindungen aufzutauchen, ohne sie mit dem Verstand oder dem Körper zu zensieren.
- *Geben Sie anderen Resonanz.* Lassen Sie den Frager augenblicklich wissen, welche Empfindungen und Eindrücke Ihnen kommen, selbst wenn Ihnen diese bedeutungslos erscheinen.
- *Machen Sie sich Notizen.* Derjenige, der die Informationen bekommt, kann sich Notizen machen, die ihm bei einer späteren Auswertung behilflich sein können. Der Frager kann auf die Botschaften antworten, wenn ihm danach ist.
- Jede Information wird mit dem Ziel erteilt, im Frager *ein inneres Wissen zu fördern.* Da der Befragte nicht einmal den Inhalt der Frage kennt, kann er nichts falsch oder richtig machen.
- *Verhalten Sie sich spielerisch.* Machen Sie aus dieser Übung ein Spiel, bei dem Sie sich amüsieren und gute Laune behalten.
- *Sprechen Sie leise.* Stören Sie die anderen nicht.
- Nach fünfzehn Minuten sollten sich die Partner auf ein vorher vereinbartes Signal hin abwechseln.
- Im Anschluß versammeln Sie sich wieder in der großen Gruppe und tauschen Ihre Eindrücke und Erfahrungen aus.

Abschluß:

Anfragen nach Hilfe. Übermittlung liebevoller Energie.

Für die folgende Session:
Als Vorbereitung auf das nächste Treffen sollte das folgende Kapitel gelesen werden.

KAPITEL 8

Die interpersonelle Ethik: Eine neue Perspektive für Beziehungen

Im Verlauf dieses Kapitels gelingt es unserem Helden, Marjorie wiederzufinden und mit ihr in ein Haus zu flüchten, wo sie auf Karla treffen, die die beiden scheinbar schon erwartet hat. Während Karla damit beschäftigt ist, unsere beiden Abenteurer in Sicherheit zu bringen, erläutert sie ihnen die Achte Erkenntnis. Wurde dem Leser anhand der Siebten Erkenntnis noch verdeutlicht, wie er durch die Beachtung äußerer und innerer Botschaften mit dem Energiefluß in Kontakt kommen kann, so zeigt uns die Achte, wie wir diesen Fluß beschleunigen können, indem wir anderen Menschen – Kindern, Liebhabern, Freunden und Fremden – gegenüber eine neue Verhaltensweise an den Tag legen.

Unser Held lernt, wie er die Antworten auf seine augenblicklichen Lebensfragen von jenen erfahren kann, die seinen Weg kreuzen. Außerdem wird ihm zum ersten Mal die geheimnisvolle Macht bewußt, die Marjorie über sein Leben zu haben scheint, und er sieht, daß diese Macht imstande ist, seine Evolution zu stoppen.

Die Achte Erkenntnis

Das Manuskript sagte voraus, daß der Lauf der Evolution sich beschleunigen wird, da mehr und mehr Menschen sich der Energie bedienen, um mit anderen in Kontakt zu treten und Beziehungen zu anderen Menschen zu pflegen. Da uns Fügungen gewöhnlich in Gestalt anderer Menschen entgegentreten, weist die Achte Erkenntnis noch einmal ausdrücklich darauf hin, auf welche Weise wir die Intensität und Häufigkeit der Begegnungen mit anderen verstärken können, damit die in diesen Begeg-

nungen enthaltenen Informationen für beide Seiten einfacher
zugänglich werden. Während wir lernen, bewußtere Beziehungen zu unterhalten, wird unsere persönliche Entwicklung sowie die der folgenden Generation sich beschleunigen, weil wir
zu funktionstüchtigeren und vollständigeren Menschen geworden sind. In der Achten Erkenntnis werden mehrere Bezie-
hungsformen erwähnt, dazu gehören romantische, Kind/Eltern-
Beziehungen und die Dynamiken innerhalb von Gruppen.
Einige der wichtigsten Aussagen der Erkenntnis zum Thema
Beziehungen sind:

- Indem wir unsere Energie freiwillig auf andere projizieren,
  können wir uns gegenseitig beim Geben und Empfangen von
  Botschaften behilflich sein. Auf diese Weise vermeiden wir
  den in der Vierten Erkenntnis beschriebenen Streit um Energie.
- Jeder Mensch, der uns begegnet, hat eine Botschaft für uns.
- Mit zunehmender spiritueller Entwicklung werden sich bewußt Gruppen bilden, innerhalb derer wir unser Bewußtsein
  sowie unsere feinstoffliche Schwingung erhöhen und vermehrten Zugang zu Weisheit und Heilungsmöglichkeiten finden.
- Romantische Liebe hemmt unsere Entwicklung, solange sie
  als Ersatz für unsere Verbindung mit der universellen Energie mißbraucht wird.
- Die Wurzeln unserer Sucht nach romantischen Beziehungen
  liegen in der nichterfolgten oder unvollständigen Integration
  unseres gegengeschlechtlichen Elternteiles.
- Platonische Beziehungen mit dem anderen Geschlecht können uns bei der Integration dieser Energie helfen, zu kompletten Personen zu werden.
- Ein vollständiger Kreis – eine komplette Person mit integrier-
  ter dominanter und rezeptiver Energie – zu werden, gestattet
  uns, universelle Energie zu empfangen, Energie, die es uns
  schließlich gestattet, die Kontrolle über unsere Partner aufzugeben.
- Es ist von großer Wichtigkeit, sich die benötigte Zeit zu nehmen, um die Verbindung mit der universellen Energie herzustellen.

- Wir werden lernen müssen, unseren co-abhängigen Umgang mit anderen zu erkennen und umzuformen.
- Die spirituelle Evolution verlangt, daß wir unsere Kinder zu kompletten Personen heranwachsen lassen, indem wir ihnen konstante Liebe und Aufmerksamkeit schenken und auf diese Weise dabei helfen, eine eigenständige Verbindung mit der universellen Energie zu etablieren.

Wie wir einander bei unserer Entwicklung behilflich sein können

Sich gegenseitig beim Erreichen der Bestimmung behilflich zu sein, wird als die Fähigkeit beschrieben, in den uns gegenübertretenden Menschen mehr zu sehen als nur gewöhnliche Personen. Die Erkenntnis rät, uns auf die einzigartige Schönheit jedes uns begegnenden Menschen zu achten und so den tiefen Reichtum seines Wesens zu erkennen. Dadurch projizieren wir unsere Energie auf andere, und die betreffende Person wird durch diese Energiezufuhr in der Lage sein, ihr höheres Selbst zu erfahren. Durch die erhöhte feinstoffliche Schwingung wird unser Gegenüber vermehrt Klarheit über sich erhalten und einfacher imstande sein, seine Wahrheit anderen mitzuteilen. Auf diese Weise werden zwischen beiden Beteiligten Botschaften ausgetauscht, die beiden bei ihrer Entwicklung behilflich sind.

Im Roman wird unserem Helden mitgeteilt: »Nehmen [andere Menschen] deine Energie auf, erleichtert ihnen das, die Wahrheit zu erkennen. Diese Wahrheit können sie dann an dich weitergeben.«[1] Dieser gegenseitige Energieaustausch ist allerdings nur so lange möglich, wie es keine versteckten Absichten oder einen bereits geplanten Ausgang für das Ende der Begegnung der beiden Personen gibt.

Am besten ist es, diesen Vorgang anhand eigener Erfahrungen zu erlernen. Es gibt keine Regeln dafür, wie Begegnungen zu verlaufen haben oder auf welche Weise sie schließlich Früchte tragen. Sowie Sie sich angewöhnen, die in Ihrem Leben auftauchenden Menschen wertzuschätzen, werden Sie auch auf Veränderungen in Ihren zwischenmenschlichen Beziehungen und Ihrem Leben stoßen.

Jeder, der uns begegnet, hat eine Botschaft für uns

Im Manuskript wird behauptet, daß es keine zufälligen Begegnungen gibt. Jeder Mensch tritt aus einem besonderen Grund in unser Leben und hat uns etwas zu sagen. Es ist lebenswichtig für uns, aufmerksam zu bleiben und die Leute zu erkennen, mit denen wir in Verbindung treten sollten. Wir haben bereits gelernt, wie wichtig es ist, unser Energielevel anzuheben und unsere Lebensfrage im Auge zu behalten. Nur so kann es uns gelingen, die für unsere Evolution notwendigen Fügungen anzuziehen.

Das Manuskript rät uns, besonders auf spontanen Augenkontakt zu achten und auf das Gefühl, jemand Bekanntem zu begegnen. Erinnert uns eine Person an jemanden, so sollte dies ein Anlaß sein, den Grund für die Begegnung herauszufinden. Wie kann die betreffende Person uns bei der Klärung unserer augenblicklichen Fragen behilflich sein?

Führen wir mit jemandem, der unseren Weg gekreuzt hat, eine Unterhaltung und stoßen dabei nicht auf eine für unsere Fragen relevante Antwort, so heißt dies allerdings nicht, daß keine Antwort vorhanden war, sondern lediglich, daß wir zu dem gegebenen Zeitpunkt nicht in der Lage waren, sie zu erkennen. Treten wiederholt Begegnungen mit ein und derselben Person auf, so müssen wir ebenfalls den Grund dafür herausfinden.

> »Doch das Göttliche, das er in sich selbst sieht, sieht er ebenso in anderen und als Geist, der allem gleichermaßen innewohnt. Deshalb ist die wachsende innere Einheit mit anderen eine Notwendigkeit seines Seins und die perfekte Einheit gleichzeitig Zeichen und Bedingung für ein perfektes Leben.«[2]
>
> Sri Aurobindo
> *The Essential Aurobindo*

Während uns die in scheinbar zufälligen Begegnungen verborgenen Gelegenheiten bewußt werden, müssen wir uns gleichzeitig darin üben, Kontroll-Dramen zu vermeiden, um nicht durch Machtkämpfe am Erkennen der für uns bestimmten Botschaften gehindert zu werden. Nachdem wir gelernt haben, ein Drama zu erkennen und anzusprechen und vermehrt in der Gegenwart zu leben, werden wir immer weniger dazu neigen, ergänzende Kontroll-Dramen zu liefern. Indem wir der hinter dem Drama existierenden Person freiwillig so viel Energie wie möglich zukommen lassen, verstärken wir die Wahrscheinlichkeit, bedeutsame Botschaften zu erhalten.

Bewußte Gruppen

Mit zunehmender spiritueller Entwicklung werden wir dazu übergehen, Gruppen von Gleichgesinnten zu bilden. Einige von Ihnen tun dies bereits, indem sie in Gruppen an den Erkenntnissen arbeiten.

Hat jedes Mitglied einer Gruppe den Vorsatz, die anderen Mitglieder spirituell zu ermutigen, so können sich erstaunliche Dinge ereignen. Gemeinsame Arbeit erhöht die feinstoffliche Schwingung aller Beteiligten. Weisheit und heilende Kräfte werden verstärkt, da wir durch die Gruppe zu mehr werden, als zur bloßen Summe der versammelten Individuen.

Der Schlüssel zur Gruppenarbeit liegt darin, nicht befangen zu werden. Deshalb ist es wichtig, daß jedes Mitglied über eine klare, von Kontroll-Dramen freie Energie verfügt.

Es ist wichtig, daß sich die Gruppenmitglieder im Augenblick aufhalten und bereit sind, ihrem Drang, sich mitzuteilen, nachzugeben. Während der Zeit, in der Sie nicht sprechen, sollte Ihre Energie an denjenigen fließen, der gerade spricht oder sprechen will. Innerhalb einer bewußten Gruppe ist jedes Mitglied zu unterschiedlichen Zeitpunkten im Besitz eines Teiles der Wahrheit und weiß intuitiv, wann es an der Zeit ist, sie auszusprechen. Ideen werden zu gegebener Zeit eintreffen. Sie müssen weder auf ihr Eintreffen warten noch müssen Sie sich anstrengen, Ideen zu produzieren.

Besteht das Gruppenziel darin, sich gegenseitig spirituell zu ermutigen, vermeidet die Gruppe meistens automatisch die überkommenen Formen zwischenmenschlichen Verhaltens: Die Mitglieder haben es nicht länger nötig, brillant zu klingen und sich auf ihre eigenen Gedanken zu konzentrieren, anstatt aktiv zuzuhören. Niemand braucht verlegen zu sein oder zu versuchen, die Gruppe zu kontrollieren. Statt dessen verfügen die Mitglieder über eine geschärfte Intuition und eine klarere Vision von sich selbst.

Die Verwendung von Gruppenenergie. Eine Gruppe, die es sich zum Ziel gesetzt hat, in ihren Mitgliedern das höhere Selbst zu fördern und anzusprechen, kann es zu außergewöhnlich hoher Kreativität und erstaunlichen Resultaten bringen. Jeder kann jedes beliebige Problem in den Gruppenzusammenhang einbringen und es dort zur Lösung oder Heilung unterbreiten. *Je genauer Sie Ihr Problem zu formulieren imstande sind, desto größer ist die Chance, daß Sie relevante Informationen erhalten werden.* Ein Mann, der seit fünfzehn Jahren von seiner Prostata geplagt wurde, stellte die Frage: »Was muß ich über die Heilung meiner Prostata wissen?« Die Mitglieder seiner Gruppe, die sich vorher kurz durch eine Meditation zentriert und auf sein Anliegen und seine Person konzentriert hatten, kamen mit folgenden Botschaften: »Du hast dich immer extrem um deine intellektuellen Fähigkeiten gekümmert. Dein Schmerz ist ein Zeichen deines Körpers, ihn zu akzeptieren und zu nützen und dich nicht nur auf deinen Verstand zu verlassen.« »Du hast dir nie gestattet, deinem Ärger außerhalb deiner Familie Ausdruck zu verleihen.« Und »Du hast dich von deinen Gefühlen, insbesondere von deiner Wut abgeschnitten und banalisiert alles durch deinen Sarkasmus.« Danach übermittelte ihm die Gruppe ihre vereinte heilende Energie zur freien Verfügung. Es sollte an dieser Stelle noch einmal darauf hingewiesen werden, daß Energie, wenn sie den höchsten Nutzen haben soll, immer als Geschenk übermittelt werden muß und nicht an einen spezifischen Zweck gebunden sein darf.

Ermuntern Sie die Mitglieder Ihrer Gruppe dazu, ihre jeweiligen Fragen und Probleme möglichst detailliert zum Ausdruck zu bringen. Begreifen Sie Schmerz als ein Licht, das auf in

Ihrem Körper feststeckende Energie hindeutet und Ihnen eine Geschichte zu erzählen hat.

Selbstverständlich wollen wir damit nicht sagen, daß Ihre Gruppenarbeit Ersatz für qualifizierte medizinische Hilfe sein kann. Die oben beschriebene Methode kann jedoch den Heilungsprozeß verstärken und zusätzlich erhellende Informationen liefern.

Es existiert mehr Literatur und Forschungsmaterial über die Heilung durch Fokussierung und die Wirksamkeit von Gebeten, als in diesem Kapitel behandelt werden kann. Michael Murphy, *The Future of The Body*, Deepak Chopra, *Quantum Healing*, Leonard Laskow, *Holoenergetic Healing*, Richard Gerber, *Vibrational Medicine*, und Carl und Stephanie Simonton, *Getting Well Again*, sind nur einige Autoren und Werke, die dabei geholfen haben, diese Ideen in das Interesse der Öffentlichkeit zu rücken.

Probleme innerhalb von Gruppen. Vergessen Sie nicht, daß jede Gruppe aus einer Kombination von Menschen mit unterschiedlichen Neigungen zu Kontroll-Dramen besteht. Befinden sich Einschüchterer oder Arme Ichs in der Gruppe, die versuchen, die Energie der Gruppe an sich zu binden, wird die Energie gebrochen. Was tun? Selbst wenn die Gruppe einen Leiter hat, ist es für jedes Mitglied von großer Wichtigkeit, in Kontakt mit den eigenen Gefühlen zu bleiben. Redet jemand endlos lange oder bringt immer wieder Persönliches zu einem unpassenden Zeitpunkt in das Gespräch ein, so müssen die anderen bereit sein, denjenigen auf möglichst liebevolle Art darauf hinzuweisen, daß die Energie der Gruppe nicht mehr zu fließen scheint. Am vordringlichsten ist es, die Energie der Gruppe am Fließen zu halten, damit Botschaften ausgetauscht werden können. Erkundigen Sie sich bei den anderen Gruppenmitgliedern, ob die Energie sich weiter in die eine oder in eine andere Richtung bewegen sollte. Halten Sie die Situation so offen wie möglich, und achten Sie besonders auf eine im »Problem« verborgene Botschaft. Personen mit einem Unnahbaren-Drama neigen dazu, in Gruppensituationen nicht zu sprechen. Die Arbeit in der Gruppe könnte deshalb eine gute Gelegenheit darstellen, um dieses Muster zu brechen und den eigenen Gedanken Ausdruck zu verleihen.

Wird jemand von der Gruppe nicht akzeptiert, neigen die anderen Gruppenmitglieder dazu, sich auf die negativen, die Gruppe irritierenden Eigenschaften dieser Person zu konzentrieren. Anstatt die tiefere Schönheit des Betreffenden zu erkennen – wodurch er eine Energiezufuhr erfahren würde –, wird ihm Energie entzogen und durch die Identifikation mit seinen negativen Eigenschaften wird er verletzt. Sollte die betreffende Person eine besondere Eigenschaft oder ein besonders auffälliges Verhalten an den Tag legen, wie z. B. erhöhte Kritik gegenüber anderen, so befindet sie sich in der Gruppe, um die anderen auf den gleichen Zug in sich aufmerksam zu machen. Jeder Mensch trägt eine Botschaft für uns. Ist die Gruppe imstande, in Anwesenheit der betreffenden Person und auf mitfühlende Weise über die anliegende Problematik zu sprechen, ist dies eine Wachstumschance für alle Beteiligten. Sollte die betreffende Person jedoch fortfahren, den Energielevel der Gruppe abzusenken, kann die Gruppe ihn oder sie bitten, den Kreis zu verlassen.

Die Sucht nach der Energie aus romantischer Liebe

Bis zu diesem Punkt hat unser Held im Roman seine Fähigkeit, sich zu entwickeln, beständig zu steigern vermocht. Da er seine Verbindung zur universellen Energiequelle jedoch noch nicht vollständig stabilisiert hat, versucht er schließlich, sich Energie vom anderen Geschlecht – in diesem Fall Marjorie – zu holen. Er durchlebt unterschiedliche Stadien eines erweiterten Energiehaushaltes: »Ein leidenschaftliches Schaudern erfüllt meinen Körper.« »Immer wenn Sie sich in meiner Nähe aufhielt, spürte ich, wie in mir eine Veränderung stattfand und ich mich energetischer fühlte.« »Mein Körper schien förmlich zu pulsieren.« »In ihrer Gegenwart und wenn sie mich berührte, schien ich über eine unglaubliche Menge von Energie zu verfügen.«

Wann haben Sie das letzte Mal derartige Gefühle gehabt?

Durch die Achte Erkenntnis werden wir daran erinnert, daß jeder von uns seine eigene Evolution behindern kann, indem er versucht, sich Energie durch eine andere Person statt durch die eigene Verbindung mit dem Göttlichen zu verschaffen. Verlieben wir uns, so fühlen wir uns z. B. aufgeladen, und mit einem Mal erscheinen uns alle Dinge als besonders – die Farben sind heller, wir fühlen uns intelligenter und attraktiver, das Leben scheint wieder vielversprechend. Um mehr von dieser leichten Energie zu besitzen und die Verbindung zu dem Gefühl nicht zu verlieren, beschließen wir, die magische Person, die dieses Gefühl ausgelöst hat, zu einem Bestandteil unseres Lebens zu machen. Limitieren wir unsere Energiezufuhr jedoch auf die betreffende Person, so unterbrechen wir die Verbindung mit der universellen Quelle und erwarten von der anderen Person die Befriedigung unserer Energiebedürfnisse. Früher oder später werden die beiden Partner durch diese Forderungen erschöpft: Der alte Energiewettstreit beginnt von neuem. Wie hungrige Kinder verlangen wir, daß unsere Bedürfnisse befriedigt werden. Wir identifizieren die andere Person fälschlich als Wurzel unseres Problems und benutzen Kontroll-Dramen, um an ihre Energie zu gelangen. Vorurteilsvoll und schuldzuweisend gelangen wir schließlich zu der Ansicht, die falsche Person gewählt zu haben. Hätten wir nur einen besseren Partner gefunden, der unsere Bedürfnisse von sich aus erkennt und befriedigt, so würden auch unsere Probleme nicht existieren.

Wurzeln der magischen Romanze in der Kindheit

Gewöhnlich identifiziert sich ein Kind leichter mit der Energie des eigenen Geschlechtes, da diese für das Kind leichter zu integrieren ist. Ein junges Mädchen wird auf die femininen Qualitäten seiner Mutter ansprechen und sich instinktiv zu seinem Vater hingezogen fühlen, um so eine Entsprechung seines eigenen Geschlechtes zu finden und dadurch zu einem einheitlichen Wesen zu reifen. Dieser Prozeß verschafft dem kleinen Mädchen ein euphorisches Gefühl der Komplettheit. Umgekehrtes gilt für ein Kind mit maskulinen Geschlechtsmerkmalen.

Die Tochter erfährt ihren Vater zunächst als magisches, omnipotentes Wesen. Sie ist der Ansicht, seine Energie existiere außerhalb ihres Wesens, deshalb trachtet sie danach, ihn zu besitzen und diese wundervolle Energie zu dirigieren. Wächst sie heran, so wird sie mit Hilfe ihres Vaters lernen, diese kindliche Sichtweise hinter sich zu lassen und schließlich in der Lage sein, ihn inklusive all seiner Beschränkungen und Fähigkeiten wahrzunehmen. Durch ein wahrhaftiges Erkennen seiner Person wird es ihr schließlich möglich, diese Energie in sich selbst aufzufinden. In einer idealen Welt würde das Kind die Aufmerksamkeit und Energie beider Eltern erhalten, woraus es folgern könnte, daß ihm immer genügend Energie zur Verfügung steht und daß das Kind es somit nicht nötig hat, Kontroll-Dramen zu entwickeln. Die Erfahrung, zu jedem Zeitpunkt über ausreichend Energie zu verfügen, verleiht einem Kind das Gefühl, autark und für das eigene Leben verantwortlich zu sein. Durch diese Erfahrung fällt es dem Kind leichter, von der elterlichen Energiezufuhr zu der Versorgung aus der universellen Quelle überzugehen. Wie wir jedoch wissen, sind viele Familien nicht immer in der Lage, ausreichend Energie für die Kinder zur Verfügung zu stellen. In diesem Fall haben die Kinder keine andere Wahl, als um emotionale Energie zu konkurrieren. Wird ein Kind weiterhin vernachlässigt oder kritisiert, verstärkt sich die Erfahrung des Energiemangels ebenso wie der Kampf um Aufmerksamkeit und die Anwendung von Kontroll-Dramen.

Hat eine Tochter zum Beispiel einen häufig abwesenden oder einschüchternden Vater, wird es ihr kaum gelingen, ihre männliche Seite vollständig zu integrieren und diesen wichtigen psychologischen Prozeß bei der Menschwerdung abzuschließen. Fälschlicherweise wird sie annehmen, daß sie männliche Energie nur erhalten kann, indem sie sich diese sexuell zu eigen macht. So wird dieses fehlende Stück ihrer Persönlichkeit zum Magneten für eine suchthafte oder co-abhängige Beziehung zu Männern.

Das passende Gegenstück. In seinem Buch *Getting The Love You Want: A Guide for Couples* beschreibt der Psychologe Harville Hendrix die Suche nach dem idealen Partner als Suche nach einer bestimmten Mischung von Wesenszügen und Charaktermerkmalen, die er »Imago« nennt. Er behauptet, daß jeder von uns nach einer bekannten Mischung positiver und negativer Charakteristiken sucht, die denen unserer Bezugspersonen als Kinder entsprechen. Jede signifikante Einzelheit, wie man sich an uns wandte, wie wir berührt und belehrt wurden, sowie alle physischen, emotionalen und mentalen Eigenschaften unserer Eltern sind in unserem Gehirn gespeichert. Unweigerlich sind wir von denen angezogen, die diesem frühen, unterbewußten Bild entsprechen.

Hendrix behauptet weiterhin:

»... egal was die bewußten Intentionen sein mögen, die meisten Menschen werden von jenen angezogen, die die positiven und die negativen Züge ihrer Bezugspersonen tragen, typischerweise kommen dabei die negativen Wesenszüge verstärkt zur Geltung.«[3]

Die Verbindung zum Überleben. Interessanterweise sind die uns zugefügten Wunden und negativen Erfahrungen in unserem Bewußtsein am tiefsten verankert. Da dieses in unserer Kindheit zusammengesetzte Muster zu einem Zeitpunkt entstand, als wir ausschließlich auf unsere Eltern angewiesen waren, sind alle positiven und negativen Wesenszüge unweigerlich mit der Frage unseres Überlebens verbunden. Deshalb sind wir in jenem Augenblick, in dem wir einer für uns unwiderstehlichen Person begegnen, die unserem inneren Bild entspricht, auch der Ansicht, unser Leben hänge von dieser Person ab.

Die Leere füllen. Doch sind wir von einem Menschen nicht nur deshalb angezogen, weil er einer Bezugsperson aus unserer Kindheit entspricht, sondern auch, weil wir versuchen, die Leere zu füllen, die das Elternteil des jeweils anderen Geschlechtes in uns hinterlassen hat. Unser Drang danach, den fehlenden, aber notwendigen Teil unseres Selbst wiederzugewinnen, nährt diese suchthafte Beziehung. Nicht genug damit, daß wir die komplementäre sexuelle Hälfte aus der Kindheit suchen, wir neigen auch dazu, die uns fehlenden Wesenszüge in anderen Menschen anzuziehen. Jemand, der zum Beispiel übervorsichtig und methodisch durchs Leben geht, kann sich von einem entscheidungsfreudigen und wettbewerbstüchtigen Menschen, der gern etwas riskiert, in den

Bann schlagen lassen, weil er glaubt, so neue Optionen für die eigene Handlungsweise und Unterstützung bei Veränderungen zu erhalten. *Statt seine eigenen Fähigkeiten zu entwickeln, hängt er sich an jemand anderen an.* Hendrix zufolge beginnen Menschen eine Beziehung »... mit der unbewußten Annahme, daß unser zukünftiger Partner ein Ersatzelternteil wird, der uns für all die Entbehrungen unserer Kindheit entschädigt. Alles, was uns zur Heilung dieser Wunden fehlt, so meinen wir, ist eine enge, dauerhafte Beziehung.«[4]

Das Heilen der Wunden. Es ist kein großes Geheimnis, daß romantische Liebe ihre Wurzeln nicht im logischen Denken hat. Wäre dem so, würden wir nach Partnern suchen, die unseren Eltern möglichst unähnlich sind und uns somit für den uns zugefügten Schaden entschädigen könnten. Allerdings handelt es sich bei dem Drang nach Energiezufuhr und danach, zu einem vollständigen Menschen zu werden, nicht um eine bewußt getroffene Wahl, sondern vielmehr um ein unbewußtes Bedürfnis. Betrachten wir diesen Drang als einen Versuch, unsere alten Wunden zu heilen, ergibt unsere Anziehung vielleicht einen tieferen Sinn. Hendrix schreibt:

»Der Teil unseres Hirns, der die Suche nach einem Partner dirigiert, ist nicht unser logisches und geordnet denkendes, neues Gehirn, sondern ein kurzsichtiges, auf die Vergangenheit beschränktes, altes Hirn, das versucht, die Konditionen unserer Kindheit wiederherzustellen, um sie bei dieser Gelegenheit zu korrigieren. Da wir genügend Zuwendung erfahren, um unser Überleben zu gewährleisten, nicht aber genügend, um befriedigt zu sein, versucht unser Hirn, an den Tatort unserer ursprünglichen Frustration zurückzukehren und den nicht zufriedenstellenden Vorgang zufriedenstellend ein für alle Mal zu beenden.«[5]

Platonische Beziehungen

Für den Fall, daß wir keine positiven Kindheitserfahrungen und Interaktionen mit gesunden Rollenmodellen hatten, schlägt die Achte Erkenntnis vor, daß wir unsere Beziehung zum anderen Geschlecht stärken, indem wir bewußt platonische Beziehungen eingehen. Ein Mitglied des anderen Geschlechtes kennenzulernen und herauszufinden, wie es denkt, hilft bei der Menschwerdung. Am besten funktioniert dies mit jemandem, der bereit ist, sich selbst in aller Ehrlichkeit zu zeigen, und der sich seiner eigenen Evolution bewußt ist. Auf diese Weise können wir unsere eigenen Projektionen darüber, was das andere Geschlecht sei, abbauen.

> »Je mehr Zeit zwischen zwei Beziehungen vergeht, desto ausgehungerter werden Sie nach Intimität. Je mehr Sie nach intimen Begegnungen trachten, desto anfälliger werden Sie für den Typus, der imstande ist, den Wunsch nach einer intimen Begegnung in Ihnen auszulösen.«[6]
> Terence T. Gorski,
> *Getting Love Right*

Die Entwicklung platonischer Beziehungen ist für Alleinstehende meistens weniger schwierig als für diejenigen, die sich gerade in einer festen Bindung befinden. Es ist von größter Wichtigkeit, daß Sie jede platonische Freundschaft mit Ihrem Ehepartner oder Lebensgefährten besprechen. In manchen Fällen wird die Arbeit mit dem Partner an der bereits bestehenden Beziehung den Vorrang haben müssen. Sollten Kommunikationsprobleme auftauchen, kann es sich für beide Partner als hilfreich erweisen, einen professionellen Eheberater aufzusuchen.

Haben Sie in Ihrem Leben zufriedenstellende Freundschaften mit Vertretern des anderen Geschlechtes? Oder sind Sie möglicherweise der Ansicht, diese seien weniger wichtig, weil sie nicht zu sexuellen Kontakten führen? Sind Ihre platonischen Freundschaften auf die Freunde Ihres Partners beschränkt?

Das Manuskript schlägt vor, daß wir der romantischen Versuchung zunächst widerstehen und die andere Person erst einmal ohne die sexuelle Komponente kennenlernen. Dadurch verlieren wir uns nicht so leicht im anderen, und es wird eher möglich, eine dauerhafte Beziehung zu schaffen.

Der vollendete Kreis

Anhand der Achten Erkenntnis erfahren wir ebenfalls, daß wir selbst allein in der Lage sein müssen, uns wohlzufühlen, ja selbst Euphorie zu empfinden. Durch die Fünfte Erkenntnis wissen wir bereits, wie unser Held sich fühlte, als er sich auf der Bergspitze mit der universellen Energie verband. Gelingt es uns, bewußt und aus eigener Kraft in Verbindung mit der universellen Energie zu treten,

> »Bin ich allein, kann ich die Blumen wirklich sehen. Ich kann mich ihnen widmen und spüre ihre Anwesenheit.«[7]
>
> May Sarton, *Journal of a Solitude*

so ist die Vereinigung von männlicher und weiblicher Energie erreicht. Wir sind durch uns selbst zu einem kompletten Kreis geworden.

Wie fühlen Sie sich, wenn Sie allein sind? Was unternehmen Sie gewöhnlich, wenn Sie allein sind? Regenerieren Sie sich allein oder in Gesellschaft anderer? Wann haben Sie sich zum letzten Mal allein wirklich glücklich gefühlt?

Die Stabilisierung unserer Verbindung mit dem inneren Zentrum

Während der spirituellen Entwicklung wird uns automatisch die Energie des anderen Geschlechtes zugänglich. Allerdings müssen wir während dieser Zeit vorsichtig sein. Der Integrationsprozeß braucht Zeit, und taucht jemand auf, der diese Energie direkt anbietet, so kann es sein, daß wir unsere Aufmerksamkeit auf diese Person verlagern und wieder von unserem Zentrum abgeschnitten werden – wir verfallen in regressives Kontroll-Verhalten. Ist die Verbindung zu unserem inneren Zentrum einmal stabilisiert, geraten wir nicht mehr so leicht in Gefahr, die Verbindung zu unserer wirklichen Energiequelle aufzugeben.

Haben Sie schon einmal für längere Zeit allein gelebt? Für wie lange? Haben Sie eine Methode, die es Ihnen erlaubt, in Ihrem inneren Zentrum zu bleiben? Menschen, die nähen, malen, schreiben, basteln, trainieren oder meditieren, wissen bereits, wie erholend und erfrischend allein verbrachte Zeit sein kann.

»Wenn man einen Menschen liebt, so liebt man ihn nicht die ganze Zeit auf die gleiche Weise ... Wir haben so wenig Vertrauen in die Gezeiten unseres Lebens, unserer Liebe und unserer Beziehungen ... die einzige wirkliche Sicherheit liegt darin, jemanden nicht besitzen zu wollen, nichts zu verlangen oder zu erwarten, ja nicht einmal zu erhoffen.«[8]
Anne Morrow Lindbergh,
Gift From The Sea

Die Stabilisierung der Verbindung erfordert Offenheit für Ihre innere Stimme und Ihre wahren Gefühle, sie steht in engem Zusammenhang mit Ihrem Selbstwertgefühl, Ihrer Selbstakzeptanz und dem Loslassen konstant negativer Gedankenmuster. Stabilisiert zu sein bedeutet, Kontroll-Dramen zu erkennen, bevor Sie sich darin verstricken, und nicht zu erwarten, daß jemand anders sich um Sie kümmert.

Was ist Co-Abhängigkeit?

Auf Kontrollverhalten und unbewußt ausagierten Trieben und Bedürfnissen beruhende Beziehungen stellen das Thema der Achten Erkenntnis dar. Um Personen zu beschreiben, die mit Alkoholikern lebten oder Beziehungen zu Alkoholikern unterhielten, tauchte in den siebziger Jahren das Wort co-abhängig auf. Damit waren Personen gemeint, die versuchten, einer zunehmend unkontrollierbar werdenden Situation Herr zu werden. Seitdem hat sich die Bedeutung des Wortes auf eine größere Gruppe menschlicher Beziehungen ausgedehnt, und wir können heute zu Recht behaupten, daß unsere gesamte Gesellschaft am Rande der Co-Abhängigkeit steht.

Viele fragen sich: »Wie erkenne ich, ob ich co-abhängig bin? Vielleicht mache ich mir lediglich Sorgen um jemanden oder möchte ihm helfen?«

Co-abhängiges Verhalten. Eines der Hauptmerkmale von Co-Abhängigkeit besteht darin, daß die betroffene Person größeres Gewicht auf die Handlungen und Gefühle anderer legt als auf die eigenen und das Bedürfnis hat, alle in ihrem unmittelbaren Umfeld auftretenden Umstände kontrollieren zu müssen. Sind die Gedanken einer Person durch die Aktionen anderer besetzt, so befindet sie sich nicht im Zentrum ihres eigenen Wachstums. Ist Ihr Energielevel abhängig von den Worten oder Handlungen anderer, so kann es sein, daß Sie co-abhängig sind. Sind Sie der Ansicht, alles in Ihrer unmittelbaren Umgebung überwachen zu müssen, damit ein reibungsloses Funktionieren gewährleistet ist, so könnte es ebenfalls sein, daß Sie co-abhängig sind.

Sowie Sie anfangen, um Kontrolle zu kämpfen, gestatten Sie den Synchronizitäten nicht länger, Ihnen bei Ihrer Entwicklung behilflich zu sein. Eine der von uns zu diesem Thema befragten Frauen erklärte:»Mein Ehemann war von Anfang an der leichtlebigere und hatte nie Zeit für die Erledigung alltäglicher Besorgungen und Haushaltspflichten. Ich war immer der Ansicht, es obliege mir, diese kleinen ›unbedeutenden‹ Dinge zu erledigen, damit er dadurch nicht behindert würde. Es gab Zeiten, da meinte ich, mich nicht einmal mit meinen Freunden treffen zu können, weil er erwartete, daß ich daheim war, wenn er von der Arbeit zurückkehrte. Rückblickend erkenne ich jetzt, daß ich durch meine Handlungen verhindern wollte, daß er mich verläßt, und deshalb mein eigenes Leben praktisch aufgab. Ich wartete darauf, daß er eines Tages endlich zur Ruhe kommen würde, aber der Tag ist nie gekommen.«

Ein Mann, der fünf Jahre mit einer Frau zusammengelebt hatte, berichtete:»Ich war geradezu besessen von ihr und mußte genau wissen, was sie wann tat und wann genau sie nach Hause kommen würde. Ich konnte nicht ausstehen, daß sie die Abendschule besuchte, und habe sie regelrecht zur Schnecke gemacht, als sie zusätzlich auch noch Wochenendseminare belegte. War sie nicht bei mir, so fühlte ich mich einsam und verlassen, doch gab ich das nicht zu. Statt dessen gab ich ihr die Schuld an allem – bloß weil sie ihr Leben lebte.«

Eine Fünfundfünfzigjährige erklärte zu diesem Thema: »Meine Mutter nannte mich ihre beste Freundin, und von meinem siebten Lebensjahr an habe ich mich um sie gekümmert. Sie war launisch und trank sich jede Nacht in den Schlaf. Erst als sie endlich eingeschlafen war, fühlte ich mich frei genug, ein Buch zu lesen oder eine Freundin anzurufen. Selbst als ich in einer anderen Stadt die Universität besuchte, rief ich jeden Tag bei ihr an und machte mir später große Sorgen, da sich ihr Gesundheitszustand verschlechterte. Ich heiratete schließlich einen Mann, der ihr in fast allen Verhaltensweisen ähnelte, und hatte somit zwei Sorgenkinder. Mein ganzes Leben bin ich das Gefühl nicht losgeworden, daß mir jemand im Nacken sitzt. Ich wartete und wartete, damit mein Leben endlich beginnen möge. Der Gedanke, frei zu sein und tun und lassen zu können, was ich will, erscheint mir nun beinahe bedrohlich. Seit einem Jahr befinde ich mich in therapeutischer Behandlung, und in letzter Zeit deuten einige seltsame Zufälle darauf hin, daß ich meinen eigenen Haustierpflegeservice eröffnen sollte – was ich schon immer vorhatte.«

Anzeichen für Co-Abhängigkeit. Die oben erwähnten Geschichten illustrieren die Hauptelemente von Beziehungen, die aus dem Gleichgewicht geraten sind:

- Der Fokus liegt hauptsächlich auf den Handlungen des Partners.
- Es wird Energie vom Partner benötigt.
- Kontrollverhalten ist ein wesentlicher Teil der Beziehung.
- Das Leben des Co-Abhängigen scheint festgefahren.
- Der oder die Co-Abhängige hat die eigenen Ziele aus den Augen verloren.
- Die Beziehung verfügt über eine starre Rollenverteilung und ebenso starre Erwartungshaltungen.
- Häufig treten als Folge der Beziehung Erschöpfungszustände auf.

In der Achten Erkenntnis wird sehr deutlich gemacht, daß es zum Fortschreiten unserer Entwicklung notwendig ist, unsere

Co-Abhängigkeiten zu erkennen und unsere Beziehung zu den betreffenden Personen zu verändern. Für weitere Informationen darüber, wie Sie Co-Abhängigkeit erkennen und innerhalb Ihrer Beziehungen bearbeiten können, lesen Sie bitte das Einzelstudium am Ende dieses Kapitels.

Echte romantische Liebe

Wie fühlt es sich an, wenn wir bereit für eine Liebesbeziehung sind? Wie in der Erkenntnis bereits erwähnt, gibt es keine Hoffnung auf eine Beziehung, die nicht früher oder später zu einem Machtkampf ausartet, solange wir unsere psychologische Grundarbeit nicht geleistet haben und unsere spirituelle Verbindung nicht gefestigt ist. Es wird um vieles einfacher für Sie sein, eine funktionierende Beziehung zu unterhalten, wenn Sie

– in der Lage sind, allein und glücklich leben zu können.
– nicht versuchen, sich an anderen Menschen aufzutanken.
– keine Notwendigkeit verspüren, die Handlungen Ihres Partners zu kontrollieren.
– wissen, wie Sie in Ihrer eigenen Energie ruhen können.
– sich über Ihre wahren Gefühle im klaren befinden.
– imstande sind, ohne Beschuldigungen und Manipulationen zu kommunizieren.
– nicht in Ihr Kontroll-Drama verfallen.
– imstande sind, sich von den Problemen Ihres Partners zu dissoziieren.

> »... der sicherste Weg, sich verrückt zu machen, besteht darin, sich in die Angelegenheiten anderer einzumischen, und der schnellste Weg, gesund und glücklich zu werden, besteht darin, sich um seine eigenen Sachen zu kümmern.«[9]
>
> Melody Beattie,
> *Codependent No More*

– für die aus den Fügungen resultierenden Botschaften empfänglich sind.
– sich beim Geben wie beim Nehmen gleichermaßen wohl fühlen können.

– in der Lage sind, an der Erreichung Ihrer eigenen Zielsetzungen zu arbeiten.

Eltern

»Mensch, ich finde meinen Farbkasten wirklich dufte.« Ein Sechsjähriger.
»Und ich finde deine Schweinerei auf dem Tisch wirklich dufte. Mach, daß du auf dein Zimmer kommst, und bleib dort, bis ich es dir sage.« Mutter.

Das Bedürfnis nach bedingungslos erhältlicher Energie. In der Achten Erkenntnis wird betont, daß Kinder als Endpunkte der Evolution bedingungslos erhältliche Energie benötigen, um sich ungehindert entwickeln zu können. Es obliegt den Erwachsenen, Kinder körperlich, gefühlsmäßig und geistig zu ernähren. Wie die Erkenntnis weiterhin zeigt, führt das Abziehen kindlicher Energie während der Korrektur ihrcs Verhaltens zum Entstehen von Kontroll-Dramen. Um zu erfolgreichen Erwachsenen zu werden, brauchen Kinder Interaktionen mit Menschen, die sich selbst auf einem höheren Niveau des Erwachsenseins befinden. Kinder lernen nur dann, Vertrauen in die Welt und ihren eigenen Platz darin zu entwickeln, wenn mit ihnen ehrlich umgegangen wird und sie, entsprechend ihrem Entwicklungsstand, an Unterhaltungen und Entscheidungen beteiligt werden.

> »Eine gute Beziehung weist alle Eigenschaften eines Tanzes auf und basiert auf einigen der gleichen Grundregeln. Die Partner brauchen sich nicht aneinander festzuhalten, da sie sich beide freiwillig im gleichen Muster bewegen, froh, leichtfüßig und frei ... sich zu halten, hieße den Tanz in der Bewegung einzufrieren, um seine sich immerzu verändernde Schönheit zu überprüfen ... die Tanzenden wissen, daß sie Partner sind, die sich im gleichen Rhythmus wiegen und gemeinsam ein Muster kreieren, von dem sie auf kaum merkliche Weise gestützt werden.«[10]
> Anne Morrow Lindbergh, *Gift From the Sea*

Die Probleme der Kinder unserer Zeit sind eine direkte Folge tiefgreifender Veränderungen im elterlichen Verhalten. Innerhalb der letzten sechs Jahrzehnte hat die zunehmende Verstädterung unserer Gesellschaft den Prozeß des Heranwachsens vollständig verändert. Bis in die dreißiger Jahre unseres Jahrhunderts hinein wurden Kinder vorwiegend in Familien mit einem breiten Altersspektrum erzogen – es gab Onkel, Tanten, Kusinen, Eltern und Großeltern, die bis zu drei bis vier Stunden täglich in Gesellschaft der Kinder verbrachten. Ungefähr siebzig Prozent der Kinder wuchsen auf dem Land heran, arbeiteten gemeinsam mit ihren Eltern und nahmen an den täglich anstehenden Entscheidungen teil. Heutzutage ist die Interaktion zwischen Eltern und Kindern auf kurze Zeiträume beschränkt, innerhalb derer vorwiegend Aufgaben zugeteilt oder ein negativer und beschuldigender Dialog geführt wird: »Wo kommst du her? Weshalb hast du deine Hausaufgaben nicht erledigt? Räum deine Kleider weg.« In vielen Fällen erfährt das Kind nicht nur keine bedingungslose Liebe oder Akzeptanz, sondern darf sich bestenfalls noch mit den entnervten Eltern um Aufmerksamkeit balgen.

In ihrem Buch *Raising Self-Reliant Children in a Self-Indulgent World* legen die Autoren H. Stephen Glenn und Jane Nelsen eine der Wurzeln unseres augenblicklichen Dilemmas bloß: »Jüngste Forschungen haben ergeben, daß die Basis für die Entwicklung von ethischen und moralischen Werten, kritischem Verstand, verantwortungsvollem Erwachsensein sowie Aufnahmefähigkeit durch Diskurs und Zusammenarbeit gelegt wird. Der Mangel an Diskurs zwischen entwickelten und weniger entwickelten Menschen bedroht den auf Nähe, Vertrauen, Menschenwürde und Respekt beruhenden Zusammenhalt unserer Gesellschaft.«[11]

Selbst-Wert. Nicht nur, daß Kinder oftmals mit der Arbeit ihrer Eltern um Aufmerksamkeit konkurrieren, durch einen Mangel an sinnvoller Beschäftigung wird ihr Selbstwertgefühl noch weiter in Frage gestellt. Früher erfüllten Jungen wie Mädchen sinnvolle Aufgaben, die der gesamten Familie zugute kamen. Gartenarbeit, Tierpflege, Kochen, Hüten der Geschwister und Heueinfahren waren ernstzunehmende Aufgaben, deren Nichterfüllung ebenso ernstzunehmende Konsequenzen für die Familie hatte. Die Erfüllung dieser Aufgaben sorgte automatisch für Kompetenz und Durchhaltevermögen.

Heutzutage werden Kinder häufig passiv erzogen und haben wenig oder gar keine Möglichkeit, ihre Identität und ihre Talente zu finden, bevor sie in eine zunehmend spezialisiertere und technisiertere Gesellschaft entlassen werden. Durch Fernsehen, Kinofilme und Videospiele nehmen sie nur noch als Beobachter und Unterhaltungskonsumenten am Leben teil, deren Vorstellungen von Problembewältigung durch überlebensgroße Heldenfiguren geprägt werden, die sich, angetrieben von Arroganz, Gewalttätigkeit und Magie, durchs Leben schlagen.

Innerhalb der Großfamilie verfügten Kinder über bessere Gelegenheit, das andere Geschlecht kennenzulernen und beide Seiten ihres Wesens zu integrieren. Ohne diese Optionen wenden sich viele Kinder von ihren Eltern ab und ihren Altersgenossen zu, in deren Gesellschaft sie sich wichtig und energetisiert fühlen. Leider ist es ihnen unmöglich, von anderen Kindern zu lernen, was Erwachsensein bedeutet.

Oft scheint es, als ob sich die Gründe für Jugendkriminalität, Gewalt und geistigen Verfall auf beinahe mysteriöse Weise unserem Zugriff entziehen. Wären wir willens, die notwendige Zeit und Energie in unsere Kinder zu investieren und ihre Entwicklung zu ganzheitlichen menschlichen Wesen zu fördern, so würden wir schnell imstande sein, dieses gesellschaftliche Unbehagen zu lindern. Wir müssen unseren eigenen spirituellen Werdegang mit unseren Kindern teilen und ihnen unser Weltverständnis verständlich machen. Danach können wir sie ihrem eigenen Pfad überlassen. Selbst wenn sie manchmal zu scheinbar extremem Verhalten neigen, müssen wir darauf vertrauen, daß sie ihr eigenes Gleichgewicht und ihre eigenen Wertvorstellungen finden werden.

Im Manuskript werden wir noch einmal daran erinnert, daß wir im Begriff sind, eine neue spirituelle Generation in die Welt zu setzen, und unser Bewußtsein über die spirituellen Aspekte der Elternschaft stärken müssen. Es ist wichtig, dabei nicht zu vergessen, daß jedes Kind seine eigenen Lebensaufgaben mit in diese Welt bringt. Kinder werden nicht geboren, um durch die Einflüsse ihrer Eltern geformt zu werden.

Heutzutage Kinder zu haben, bedeutet die in unserer eigenen Kindheit vermißten Lebensaspekte beizusteuern. Je mehr wir über die Arbeit mit Energie lernen und die Wirkungskraft der Fügungen zu akzeptieren bereit sind, desto schneller werden auch unsere Nachkommen diese Erkenntnisse verstehen, weil wir ihnen als Rollenmodell dienen können. Eine Mutter um die Vierzig berichtete dazu: »Ich habe mich seit den sechziger Jahren mit metaphysischen Dingen befaßt, und innerhalb unserer Familie wurde immer über die unterschiedlichen mit diesem Gebiet verbundenen Ideen gesprochen – besonders über positives Denken und Synchronizität. Mußte die Familie umziehen, so erstellten wir jedesmal eine Liste mit unseren Vorstellungen von unserem neuen Haus. Neulich rief mich mein zwanzigjähriger Sohn an und jubilierte über seine soeben bezogene neue Wohnung. Ich teilte seine Freude und erkundigte mich dann, wie er die Wohnung gefunden hatte. ›Ich habe einfach eine Liste gemacht‹, sagte er, ›und alles bekommen, was darauf stand, sogar die Katzentür.‹«

Den Ausbildern Glenn und Nelsen zufolge gibt es sieben signifikante Faktoren, die für das Heranwachsen erfolgreicher, produktiver und fähiger Kinder ausschlaggebend sind.[12]

Diese Attribute bestehen sowohl aus den *Fähigkeiten* wie auch den *Wahrnehmungen* eines Kindes.

Charakteristische Aussagen prächtig gedeihender Kinder

1. »Ich bin fähig.«
2. »Ich bin in der Lage, Bedeutendes beizusteuern und werde wirklich gebraucht.«
3. »Ich kann beeinflussen, was mit mir geschieht.«
4. »Meine Gefühle sind wichtig, und ich werde aus meinen Fehlern lernen. Ich verfüge über Selbstkontrolle und Selbstdisziplin.«
5. »Ich bin in der Lage, Freundschaften zu schließen. Ich weiß, wie ich mich ausdrücken, zuhören, mitarbeiten, mit anderen teilen und meinen Standpunkt vertreten kann.«

6. »Andere können mir mir rechnen, und ich sage die Wahrheit. Es kann sein, daß ich meinen Willen nicht durchsetze, doch wenn es notwendig ist, kann ich mich anpassen.«

7. »Ich versuche meine Probleme selbst zu lösen, aber wenn ich Hilfe brauche, bitte ich darum.«

Mit einer derartigen Selbsteinschätzung verfügt Ihr Kind über einen enormen Vorteil – es weiß, daß es ungeachtet aller äußeren Umstände die Kraft besitzt, anstehende Probleme auf kreative Weise zu lösen. Wenn Kinder ernsthaft der Ansicht sind, im Leben eine Wahl zu haben, lernen zu können, was sie wissen müssen, und ihr Leben selbst in die Hand nehmen, so werden sie auf ganz natürliche Weise in der Lage sein, sich mit dem Fluß der universellen Energie zu verbinden. Sobald sie merken, wie der Fluß der Energie in Zusammenhang mit ihren Absichten steht, werden sie vermehrt Fügungen anziehen und lernen, ihre Entscheidungen nach energetischen Gesichtspunkten zu treffen. Dies wird es ihnen entschieden leichter machen, ihre Lebensaufgabe zu finden und zu lösen.

Was Erwachsene heutzutage für Kinder tun können

Es ist nicht nötig, auf einen besonderen Tag zu warten, an dem wir mit diesem neuen Verhalten unseren Kindern gegenüber beginnen. Die folgenden Vorschläge richten sich insbesondere an Eltern, können jedoch von jedem befolgt werden. Sollten Sie selbst keine Kinder haben, so haben Sie sicher Freunde oder Verwandte mit Kindern.

Helfen Sie Kindern dabei, zu kompletten Erwachsenen zu werden

– Seien Sie für die Kinder da. Schaffen Sie sich nur die Anzahl Kinder an, die Sie auch konstant mit persönlicher Qualitätszeit versorgen können. Vergessen Sie nicht, daß Ihre Aufgabe darin besteht, den Kindern ausreichend Energie zur Verfügung zu stellen, damit diese als Erwachsene in der Lage sind, den Übergang zu ganzheitlichen Wesen vollziehen zu können.

– Behandeln Sie diese kleinen Menschen als spirituelle Wesen, die eine Berufung zu erfüllen haben. Sie können ihnen beim Start behilflich sein, auf keinen Fall aber ihre Berufung kontrollieren.

– Zollen Sie ihnen Respekt. Adressieren Sie sie als menschliche Wesen mit einem höheren Selbst. »Hallo, Molly. Sieht so aus, als amüsiertest du dich. Wie geht's?«

– Erkennen Sie an, daß Kinder bestimmte Rechte haben: Das Recht, die Wahrheit zu erfahren, das Recht darauf, daß sich jemand um sie kümmert, daß man ihnen beibringt, was es heißt, ein Erwachsener zu sein.

– Bestehen Sie auf der Einhaltung von Verhaltensregeln, die im Interesse des Kindes, seiner Gesundheit und seiner Sicherheit sind. »Im Auto immer anschnallen.«

– Wenn Sie Kinder beaufsichtigen, so setzen Sie klare Grenzen. »Sollte irgend etwas Unerwartetes passieren, so ruft mich sofort an, ganz gleich, was es ist.«

– Machen Sie Ihren Standpunkt ganz klar. Zum Beispiel: »Ich denke, es ist wichtig, sich daran zu erinnern, daß andere Menschen ein Recht darauf haben zu leben, wie sie wollen, auch wenn sie anders als wir leben.«

– Kümmern Sie sich um die individuellen Bedürfnisse der Kinder. Vergessen Sie nicht, daß jedes von ihnen seine eigenen Aufgaben zu lösen hat. Obwohl Eltern den bei weitem größten Einfluß auf ein Kind darstellen, ist es nicht der einzige. Eine Mutter berichtete: »Die Kindergärtnerin von meinem Vierjährigen meint, mein Sohn braucht eine Sonderbehandlung, weil er verschlossen wirkt und nicht ohne weiteres mit anderen Kindern kommuniziert. Er ist noch verschlossener, als ich es in seinem Alter war. Meine Eltern haben mich unentwegt dazu gedrängt, mehr zu lachen und mehr nach außen zu gehen. Diesen Kreislauf möchte ich jedoch auf keinen Fall fortsetzen.«

– Lassen Sie Ihr Kind an Ihrem eigenen spirituellen Werdegang teilhaben, soweit dies dem Alter des Kindes angemes-

sen erscheint. »Mutti braucht jetzt fünfzehn Minuten Ruhe. Ich muß mich mit geschlossenen Augen hinsetzen und ein wenig entspannen.«
- Erklären Sie Ihre Handlungen, soweit es dem Alter der Kinder angemessen erscheint. Ein Beispiel: »Wir ziehen bald in eine andere Stadt um. Schauen wir mal auf der Landkarte, wo sie liegt und was wir dort in der Umgebung finden werden.«
- Seien Sie bereit, Ihre eigene Auffassung von Realität zu modifizieren – seien Sie bereit, von Ihren Kindern zu lernen.
- Diskutieren Sie Familienangelegenheiten oder Probleme, die alle angehen, in Anwesenheit der Kinder. Schwierigkeiten für sich zu behalten beraubt Ihre Kinder der Wahrheit über die tatsächlichen Vorgänge und schließt sie von der Problemlösung aus. Eine derartige, an das Alter des Kindes angepaßte Diskussion, sollte jegliches »Armes Ich«-Verhalten vermeiden. Ein Beispiel: »Ich weiß, daß du neue Schuhe möchtest, wir haben im Augenblick aber nicht genügend Geld, weil wir es für den Haushalt brauchen. Wir können ja mal gemeinsam überlegen, auf welche Weise wir Geld für Schuhe sparen können, und sehen, wie lange das dauern würde. Was für Schuhe hast du dir denn ausgesucht?« Beziehen Sie Kinder in die Entscheidungen ein und geben Sie ihnen die Möglichkeit, an den Lösungen teilzuhaben.
- Betrauen Sie Kinder im Haushalt mit sinnvollen Aufgaben. Nehmen Sie ihnen nicht alle Arbeit ab. Untersuchungen haben ergeben, daß Kinder, die wichtige Aufgaben erfolgreich auszuführen imstande sind, gesünder sind und sich schneller entwickeln als andere Kinder.
- Greifen Sie nicht vorschnell ein. Kinder sind weitaus fähiger, als wir gemeinhin annehmen. Geben Sie Kindern Gelegenheit, aus ihren Fehlern zu lernen, ohne daß sie sich dabei dumm oder wertlos vorkommen müssen. Ermutigen Sie Ihre Kinder, eine Situation zu hinterfragen, zu realisieren, wie sie sich fühlten, was sie daraus gelernt haben und was sie das nächste Mal anders machen würden. Kritische Bemerkungen entziehen nur Energie. Stellen Sie klar, daß es im Leben unter anderem darum geht, Risiken einzugehen, und daß deshalb auch einiges schiefgehen wird. Erfahrung ist oft ein

besserer Lehrer als autoritäre Erklärungen von seiten der Eltern.

– Vergessen Sie nicht, daß Menschen sich nur in einem der Entwicklung förderlichen Umfeld vorwärtsbewegen können. Jemanden lächerlich zu machen, ihn zu erniedrigen und körperlich zu bestrafen sind keine geeigneten Methoden zur Erziehung von Kindern.

> »Jeden Tag werden in den Vereinigten Staaten 270 000 Schußwaffen von Schülern mit in die Schule gebracht; 1 200 000 Schlüsselkinder kehren täglich in Häuser zurück, in denen sich Schußwaffen befinden.«[14]
> *Children's Defense Fund; American Psychological Association*

– Seien Sie offen für die Sichtweise Ihres Kindes. Hören Sie aufmerksam zu. Setzen Sie nicht einfach voraus, daß Sie schon wüßten, worum es geht.
– Fördern Sie Humor, der nicht auf der Herabsetzung anderer beruht.
– Ermutigen und loben Sie Ihr Kind so oft wie möglich. »Du bist wirklich zuverlässig. Ich finde es großartig, daß du jeden Morgen pünktlich in die Schule gehst und dir auch noch selbst das Mittagessen zubereitest.«
– Vergessen Sie nicht, daß Ihre Kinder Ihre eigenen Probleme und Sorgen spiegeln, achten Sie darauf, ob das Verhalten Ihrer Kinder Ihnen etwas über Ihren eigenen Zustand mitteilt.
– Am wichtigsten ist es jedoch, den eigenen sowie den Kindern anderer wirklich zuzuhören, sie ernst zu nehmen und ihren Wert als Menschen schätzen zu lernen.

Die Schaffung von Elternhilfsgruppen

Der Mensch ist von jeher ein Stammeswesen, das sich zum Überleben in Gemeinschaften organisierte. Das Manuskript sagt voraus, daß unsere Entwicklung schneller vonstatten gehen wird, sobald wir uns mit Geistesverwandten, »die gewöhnlich die gleichen Interessen haben«, verbinden.[13] In den letzten Jahrzehnten hat sich das Modell der Kleinfamilie als zunehmend unpraktikabler erwiesen, und diese Tatsache hat in vielen Fällen zur Vereinzelung und Vereinsamung der Menschen geführt. Um sich wieder von der noch kleineren Familie der alleinerziehenden Eltern zu entfernen, scheint es notwendig, daß wir uns neue Gruppen wie elterliche Nachbarschaftshilfe und Elterngruppen schaffen, die uns dabei behilflich sind, die Erziehung unserer Kinder in die Hand zu nehmen.

Wie gut kennen Sie Ihre Nachbarn? Andere Eltern? Auf welche Weise könnten Sie Unterstützung für sich und Ihre Kinder erhalten und diese anderen gewähren? Wie verhalten Sie sich gegenüber den Kindern in Ihrer Nachbarschaft und Ihrer Familie?

Zusammenfassung der Achten Erkenntnis

Durch die Achte Erkenntnis erfahren wir, daß die meisten synchronistischen Ereignisse unseres Lebens durch andere Menschen an uns herangetragen werden, sowie daß eine neue spirituelle Ethik im Umgang mit anderen Menschen diese Synchronizität noch verstärkt. Da wir nicht mehr miteinander um Energie wetteifern, sondern mit unserer inneren Energiequelle in Verbindung bleiben und uns auf die Schönheit im Gesicht eines anderen konzentrieren, gelingt es uns auch, das höhere Prinzip in unserem Gegenüber anzuerkennen. Dies wiederum hilft der anderen Person dabei, in Kontakt mit ihrem höheren Selbst zu treten, und erhöht die Wahrscheinlichkeit, daß sie eine für uns bestimmte und in diesem Augenblick wichtige Botschaft enthüllt. Anderen Energie zuteil werden zu lassen, ist besonders wichtig innerhalb von Gruppen, in denen einzelne, intuitiv das Wort ergreifende Sprecher die Energiezufuhr aller Anwesenden erfahren. Ebenso wichtig ist die neue Ethik im Umgang mit Kindern. Auch in ihnen sollten wir immer das höhere Selbst adressieren und sie dementsprechend integer behandeln. Innerhalb romantischer Beziehungen muß besonders darauf geachtet werden, daß unsere Verbindung zu der inneren Quelle nicht durch euphorische Liebesgefühle ersetzt wird. Diese Gefühle haben gewöhnlich die Eigenschaft, zu Machtkämpfen zu degenerieren, da beide Partner süchtig nach der Energie des anderen geworden sind.

Zur weiteren Lektüre empfohlen:

Carol Adrienne: *Numerologie der Jahrtausendwende.* 1998
Carol Adrienne: *Numerologie für Eltern.* 1998
John Gray: *Men Are From Mars, Women Are From Venus.* 1992
Gay Hendricks, Ph. D., & Kathlyn Hendricks, Ph. D.: *Conscious Loving: The Journey to Co-Commitment.* 1990
Institut Neotischer Wissenschaften in Zusammenarbeit mit William Poole: *The Heart of Healing.* 1993
Walter Kaufman und S. G. Smith: *I & Thou.* 1978
Gerald Jampolsky: *Love Is Letting Go of Fear.* 1984
Larry Dossey: *Healing Words: The Power of Prayer and the Practice of Medicine.* 1993
Erich Fromm: *Die Kunst des Liebens.* 1996
Ram Dass und Paul Gorman: *How Can I Help?* 1985

Einzelstudium zur Achten Erkenntnis

Ein neuer Umgang mit Menschen

Sie können sich die Aussagen der Achten Erkenntnis augenblicklich zunutze machen, indem Sie die folgenden Punkte als Richtlinien für Ihren zukünftigen Umgang mit sich selbst und mit anderen Menschen verwenden:

Energieaufbau

– Beginnen Sie den Tag mit dem Vorsatz, offen für Botschaften zu sein.
– Finden Sie Ihre eigene Mitte, bevor Sie am Morgen das Haus verlassen, und konzentrieren Sie sich dazu fünf bis zehn Minuten auf Ihren Atem. Stellen Sie sich für ein bis zwei Minu-

ten vor, daß Sie von Licht erfüllt sind und Teil eines Kreises bilden, durch welchen ein ständiger Energiestrom fließt. Verbinden Sie sich während des restlichen Tages so häufig wie möglich mit der Schönheit in Ihrer Umgebung.

Energieaufbau bei anderen

- In der Begegnung und im Gespräch mit anderen Menschen sollten Sie hinter die Alltagsfassade Ihres Gegenübers schauen und versuchen, seine spirituelle Essenz und Schönheit zu erkennen.
- Konzentrieren Sie sich auf die einzigartigen Qualitäten in Ihrem Gegenüber.
- Schenken Sie ihm oder ihr Ihre ungeteilte Aufmerksamkeit.
- Projizieren Sie Energie auf den Sprecher.
- Vergessen Sie nicht, daß das höhere Selbst Ihres Gegenübers eine Botschaft für Sie hat und Sie bei der Übermittlung behilflich sein können, indem Sie Energie projizieren.

Das Erhalten von Botschaften

- Achten Sie auf innere Fragen oder Bemerkungen, die Sie in bezug auf andere stellen oder machen wollen ... Dies könnte zu einem wichtigen Informationsaustausch führen.
- Wenn Sie sich in der Gegenwart eines Menschen wohl und energetisiert fühlen, haben Sie aller Wahrscheinlichkeit nach eine wichtige Verbindung zu der Person.
- Fühlen Sie sich erschöpft und ausgelaugt, überdenken Sie die Beziehung in ihrer jetzigen Form. Lesen Sie noch einmal den Abschnitt über Co-Abhängigkeit.
- Achten Sie auf Ihre Gedanken nach einer Unterhaltung.
- Welche Veränderungen tauchen innerhalb Ihrer Beziehungen auf, wenn Sie die obigen Regeln beachten?

– Benutzt jemand Einschüchterungstaktiken im Umgang mit
  Ihnen, so brechen Sie den Umgang ab, sobald Sie sich bedroht fühlen. Unter diesen Umständen haben Sie kaum eine
  Chance, eine wahrhaftige Botschaft zu erfahren. Wenn es
  angemessen erscheint, können Sie Ihr Gegenüber fragen,
  weshalb er so ärgerlich ist, und ihn wissen lassen, daß er
  Sie ängstigt. Widmen Sie ihm oder ihr Ihre volle Aufmerksamkeit und suchen Sie auch hier nach der Schönheit hinter der Fassade. Gehen Sie nicht davon aus, daß Sie der Person in irgendeiner Weise behilflich sein müßten, sondern
  lassen Sie sich von Ihrer Intuition zur richtigen Handlung
  anleiten.

– Sobald jemand in das Drama des »Armen Ich« verfällt, erkennen Sie mit vollem Mitgefühl an, daß Ihr Gegenüber es
  scheinbar nicht gerade leicht zu haben scheint. Verleihen Sie
  Ihrem Gefühl darüber Ausdruck, daß Sie für die Situation
  eines anderen verantwortlich gemacht werden. Es ist nicht
  Ihre Aufgabe, die Probleme anderer zu lösen. Fragen Sie Ihr
  Gegenüber, was er oder sie für notwendig hält, um die Situation zu klären. Helfen Sie ihm oder ihr dabei, Antworten mit
  den *ihm oder ihr* zur Verfügung stehenden Mitteln zu finden.
  Weigern Sie sich, die Unterhaltung fortzuführen, wenn Ihre
  Energie dabei den Bach hinab geht!

– Sollte Sie jemand verhören, lassen Sie den oder diejenige
  wissen, daß Sie sich überwacht und kritisiert fühlen und es
  unter diesen Umständen schwierig für Sie ist, eine Unterhaltung zu führen. Erklären Sie, daß Sie die Unterhaltung fortsetzen wollen – nachdem sich der Ton oder etwas anderes
  an der Interaktion geändert hat. Vergessen Sie nicht, daß Ihr
  Gegenüber aufgrund eines tief verwurzelten Musters agiert
  und vermutlich meint, durch Ihr Verhalten Kontrolle entzogen zu bekommen. Falls Sie die Unterhaltung unter anderen
  Umständen fortsetzen wollen, so tun Sie das. Wenn nicht,
  verschieben Sie die Unterhaltung auf einen späteren Termin.

– Verhält sich jemand Ihnen gegenüber unnahbar, so wird es
  Ihnen nicht viel helfen, den Betreffenden zu verhören, um

an Ihre Botschaft zu gelangen! Sie können Ihr Gegenüber jedoch wissen lassen, daß Sie ein Gespräch für wichtig halten (wenn es Ihnen das ist), Sie jedoch den Eindruck haben, daß Ihnen der oder die Betreffende aus dem Weg geht. Verstehen Sie, daß die betreffende Person auf ihre unnahbare Weise Energie an sich binden möchte und daß Sie, wenn Sie mit Ihrer inneren Quelle in Verbindung stehen, vermutlich in der Lage sein werden, eine Unterhaltung in Gang zu bringen und zu unterhalten. Falls nicht, müssen Sie die Unterhaltung gegebenenfalls auf einen späteren Zeitpunkt vertagen.

Bewußte Gruppen

Bereits bestehende Gruppen. Jeder, der mit den in der Achten Erkenntnis beschriebenen Techniken vertraut ist, wird in der Lage sein, sie in seine bestehende Gruppenpraxis zu integrieren. Es spielt dabei keine Rolle, ob es sich um Elterngruppen, Männeroder Frauengruppen, Hausbesitzerversammlungen, Buchclubs oder sonstige Treffen handelt – wenn Sie es für richtig halten, können Sie auch, ohne diese Ideen zu propagieren, damit beginnen, Energie zu senden und zu empfangen. Vertrauen Sie auf Ihre Intuition, wenn es darum geht herauszufinden, ob Sie mit einem Gruppenleiter über die Anwendung dieser neuen Ideen sprechen wollen. Jede Veränderung sollte sich so organisch wie möglich ergeben.

Neue Gruppen. Sollten Sie Ihre eigene Gruppe ins Leben rufen wollen, um sich in den Erkenntnissen aus dem achten Kapitel zu stärken, so lassen Sie Ihre Intuition sowie die auftretenden Fügungen dafür sorgen, die richtige Gruppe zusammenzustellen. Es gibt dabei kein vorgeschriebenes Format, doch kann es sich als hilfreich erweisen, einen festen Termin auszumachen, damit die Gruppenmitglieder sich auf die Treffen einrichten können. Sie können sich z. B. jedesmal in der Wohnung eines anderen Gruppenmitgliedes treffen und zu Beginn fünfzehn Minuten gemeinsam meditieren, um sich auf das Anheben der Energie zu konzentrieren, danach kann jeder der Anwesenden das Wort ergreifen und seine Probleme vortragen. Die anderen können durch Brainstorming bei der Lösung behilflich sein.

Romantische Beziehungen

Nach der Lektüre der Erkenntnisse werden Sie romantische Beziehungen in einem anderen Licht betrachten. Sollten Sie sich gerade verliebt haben oder kurz davor stehen, so vergessen Sie nicht, daß Sie den Kontakt mit Ihrer eigenen inneren Quelle nicht aufgeben dürfen. Genießen Sie den wunderbaren Austausch von Energie und lassen Sie Ihren Liebhaber wissen, daß Sie vorhaben, eine bewußtere Beziehung aufzubauen, als es bisher bei Ihnen der Fall war. Sobald Machtkämpfe auftreten, bleiben Sie in Verbindung mit Ihren eigenen Gefühlen und seien Sie willens, diesen in liebevoller Weise Ausdruck zu verleihen. Wenn Sie es mit der betreffenden Person ernst meinen, so zögern Sie nicht, persönliche Beratung zu suchen, um Ihre Schwierigkeiten so frühzeitig wie möglich zu behandeln. Achten Sie auf Botschaften und Fügungen, die Sie auf die nächsten notwendigen Schritte hinweisen könnten.

Platonische Beziehungen

Öffnen Sie sich für tiefere platonische Beziehungen. Verbringen Sie Zeit mit einem Mitglied des anderen Geschlechts und kultivieren Sie Freundschaften. Unternehmen Sie Ausflüge in die Natur, wo Sie Frieden und Schönheit miteinander teilen können. Sprechen Sie über Ihre Kindheitserfahrungen. Wenn Sie ein Tagebuch führen, so beschreiben Sie Ihre Gefühle der betreffenden Person gegenüber, zeichnen Sie die Botschaften auf, die Sie von Ihren Freunden erhalten haben und was Sie daran überrascht hat.

Warnzeichen für Co-Abhängigkeit

Besonders zu Anfang Ihrer Entwicklung werden Sie dauernd darauf achten müssen, wo Sie Ihren Schwerpunkt setzen, um den Kontakt zu Ihrem inneren Zentrum nicht zu verlieren. Fragen Sie sich:
– Denke ich dauernd an eine andere Person?

- Beziehe ich erhöhtes Selbstwertgefühl aus der Tatsache, daß ich Probleme anderer löse?
- Ziehe ich bedürftige Menschen an?
- Ändere ich häufig meine Pläne?
- Vergewissere ich mich häufig der Tätigkeiten anderer?
- Veranlaßt mich das Verhalten anderer dazu, eine bestimmte Situation an mich zu reißen und das Verhalten anderer wieder »gutzumachen«?
- Fühle ich mich für die Handlungen anderer verantwortlich?
- Befinde ich mich in einem Machtkampf?
- Bin ich deprimiert, wenn ich allein bin, oder vermeide ich es, Zeit allein zu verbringen?
- Bin ich in der Lage, meine eigenen Ziele zu verfolgen?
- Tue ich meine Intuitionen und die in meinem Leben auftretenden Fügungen als unwichtig ab, weil ich mich in einer Beziehung befinde und den Status quo nicht gefährden möchte?

Wenn es um die Transformation eines Menschen geht, gibt es keine allgemeingültigen und keine einfachen Ratschläge. Wenn Sie den Eindruck haben, Ihre Beziehung zu einem Elternteil, Kind, Partner oder Freund dominiere Ihr Leben, so können Sie jederzeit und unabhängig davon, wie lange Ihre Beziehung bereits dauert, Veränderungen daran vornehmen. Einige dieser Veränderungen könnten darin bestehen,

- daß Sie einige der in diesem Ratgeber erwähnten Bücher über Beziehungen lesen.
- daß Sie Ihre Probleme nicht unter den Tisch kehren, sondern mit Ihren Gefühlen wie Verzweiflung, Furcht, Ärger und Ressentiments in Verbindung bleiben.
- daß Sie es in Betracht ziehen, Zeit allein zu verbringen, um sich selbst kennenzulernen. Wenn Sie bereits lange Zeit verheiratet sind, könnte dies allerdings zu einem heiklen Punkt in Ihrer Ehe werden. Oft hat sich einer der beiden Partner bereits in Einzelaktivitäten zurückgezogen, um sich vom jeweiligen Partner zu distanzieren. Da es sich bei der Co-Abhängigkeit um eine äußerst komplexe Angelegenheit handelt, ist es am besten, sich deswegen mit einem qualifizierten Therapeuten in Verbindung zu setzen.

- daß Sie sich darin üben, Ihre Energie voneinander zu trennen. Dies bedeutet nicht, daß Sie sich nicht mehr um einander kümmern oder einander nicht mehr lieben, Sie müssen sich jedoch zumindest für eine Weile unabhängig von Ihrem Partner empfinden. Vergessen Sie nicht, daß Sie nicht in der Lage sind, die Probleme Ihres Partners zu lösen oder dessen Leben zu leben.
- daß Sie sich darin üben, die in diesem Buch beschriebenen Aufgaben zur Anhebung Ihres Energiehaushaltes zu praktizieren.
- daß Sie auf jede Fügung achten, die Ihr neues Selbstverständnis unterstützt.
- daß Sie sich Ziele setzen. Fangen Sie klein an.

Die Co-Abhängigkeit zu beenden beginnt mit ihrem Erkennen und dem Willen, sich über alte Limitationen hinwegzusetzen. Derartig tiefsitzende Muster zu brechen, geschieht allerdings am besten mit Hilfe eines qualifizierten Therapeuten oder Eheberaters. Zusätzliche Hilfe gibt es durch die auf dem Programm der Anonymen Alkoholiker beruhende Selbsthilfegruppen für Angehörige von Alkoholikern.

Der Umgang mit Kindern

Liebe und Respekt sind im Umgang mit Kindern ebenso wichtig, wie sie als gleichberechtigte Menschen zu behandeln und ihnen die Wahrheit zu sagen. Sollten Sie selbst keine Kinder haben, fragen Sie sich, ob Sie Spaß daran hätten, Zeit mit Kindern zu verbringen. Bestimmt gibt es in Ihrem Bekanntenkreis Freunde, die gern für ein Wochenende verreisen würden und ihre Kinder in guten Händen wissen möchten. Erkundigen Sie sich außerdem nach Organisationen, die Freiwillige zur Kinderpflege oder Betreuung akzeptieren.

Arbeitsgruppe zur Achten Erkenntnis

Session 12

Dauer: 2 Stunden 30 Minuten

Zweck: Die unterschiedlichen Aspekte der Achten Erkenntnis zu diskutieren und sich in der Anwendung der Gruppentechniken zu üben.

Anfang: Zu Beginn des Treffens sollte jeder der Anwesenden kurz seinen augenblickliches Zustand beschreiben.

Übung 1: Hebung der Energie

Dauer: 5 bis 10 Minuten

Anweisungen: Die Mehrheit sollte entscheiden, welche Übungen zur Anhebung der Energie ausgeführt werden: Die Meditation von der Bergspitze auf Seite 441 f. oder zehn Minuten Tanz auf der Stelle zu rhythmischer Musik.

Übung 2: Allgemeine Diskussion der Achten Erkenntnis

Dauer: Die verbleibende Zeit. Da es zur Achten Erkenntnis reichlich Diskussionsmaterial gibt, können Sie bei Interesse auch mehrere Treffen unter diesen thematischen Schwerpunkt stellen.

Zweck: Die Mitglieder sollten Gelegenheit bekommen, ihre Auffassungen über die Achte Erkenntnis auszutauschen und sich außerdem darin üben, *innerhalb einer Gruppe bewußt zu interagieren.*
- Lesen Sie den Abschnitt zur Achten Erkenntnis auf den Seiten 521 ff.
- Sprechen Sie, wenn Sie sich dazu inspiriert fühlen, und projizieren Sie Energie, wenn andere das Wort ergreifen.
- Im Verlauf dieser Session sollten Sie mit der Anwendung aller Erkenntnisse beginnen und dadurch eine starke und kohäsive

Gruppe bilden. Es wird deshalb notwendig sein, besonders darauf zu achten, was geschieht, wenn jemand die Gruppe dominieren will und der Energiefluß innerhalb der Gruppe blockiert wird. Verleihen Sie Ihrer Meinung darüber, wie es dazu gekommen ist, auf freundliche Weise Ausdruck, wenn Ihnen Ihre Intuition dazu rät. Sollte es zu einer Energieblockade kommen, so klären Sie innerhalb der Gruppe, wie es dazu gekommen ist. Zum Beispiel benutzte eine der Anwesenden in unserer Gruppe permanent ihr Armes Ich, um ihre privaten Probleme mit ihrem Patenkind in aller Breite vorzutragen. Ihre Selbstbezichtigungen und die leidensvolle Darstellung ihrer übertriebenen Schuldgefühle waren eindeutige Versuche, Mitleid und Ratschläge von den anderen Anwesenden zu erhalten. Eines der Gruppenmitglieder sagte: »Entschuldige, Vera, aber ich kann mich kaum darauf konzentrieren, was du sagst. Ich weiß, daß diese Situation sehr unangenehm für dich ist, aber ich würde gerne alle Anwesenden um ihre Meinung zu diesem Thema bitten und das Thema dann wechseln.« Einmal an die Öffentlichkeit gebracht, löste sich das Drama der Frau auf. In diesem Fall jedoch war das Bedürfnis der Frau nach Energie nicht so einfach zu stillen, und sie schmollte während des gesamten restlichen Treffens. Vergessen Sie deshalb nicht, daß andere Menschen auf ihrem spirituellen Weg ihrem eigenen Rhythmus folgen müssen.

– Sie werden innerhalb Ihrer Gruppe auf unterschiedliche Formen der Interaktion stoßen. Achten Sie möglichst darauf, anstehende Probleme offen auf den Tisch zu legen und mitfühlend sowie freundlich darüber zu sprechen. Etablieren Sie innerhalb Ihrer Gruppe feste Grenzen.

– Betrachten Sie alle innerhalb der Gruppe auftretenden Themen und Probleme als für Sie relevant.

– Ihre Gruppe wird Ähnlichkeit mit anderen Beziehungen in Ihrem Leben aufweisen und sogar einige alte Angelegenheiten aus Ihrer Kindheit wieder an den Tag bringen – so kann es zum Beispiel vorkommen, daß jemand aus der Gruppe die Energie eines Ihrer Elternteile trägt. Verärgerung über jemanden in der Gruppe kann ein Spiegel für die eigene Unzufriedenheit mit sich auf dem gleichen Gebiet sein.

Diskussion der Achten Erkenntnis

Besteht Ihre Gruppe aus mehr als zehn Mitgliedern, so teilen Sie sich in kleinere Gruppen zu zwei oder vier Personen auf und diskutieren Sie die für Sie vordringlichen Themen:
- Auf welche Weise sind romantische Beziehungen hinderlich für Ihre Entwicklung?
- Wie entwickle ich platonische Beziehungen? Einzelne Mitglieder können sich bei dieser Gelegenheit zu einem gemeinsamen »Abenteuer« verabreden.
- Was genau ist Co-Abhängigkeit? In welchen Bereichen bin ich co-abhängig?
- Auf welche Weise arbeite ich daran, ein ganzheitlicher Mensch zu werden, und daran, männliche und weibliche Energie zu integrieren?
- Wie kann ich mehr Bewußtsein an meinen Arbeitsplatz bringen?
- Augenblickliche Konflikte oder Probleme mit Eltern oder Kindern.

Vergessen Sie nicht, daß jeder in der Gruppe eine Botschaft für Sie hat. Unterstützen Sie die Gruppenmitglieder dabei, ihr höheres Selbst zu finden und ihnen so bei der Übermittlung einer für Sie bestimmten Botschaft behilflich zu sein. Welche für Sie relevanten und in bezug zu Ihren augenblicklichen Lebensproblematiken stehende Informationen haben Sie erhalten?

Die Gründung eines Heilkreises

Sollten Sie im Rahmen der obigen Session nicht genügend Zeit für die Arbeit mit einem Heilkreis finden, so vereinbaren Sie dafür einen Extratermin. Heilkreise können aus Ihrer Studiengruppe erwachsen und zu wertvollen und festen Bestandteilen Ihres Lebens werden.

Am wirkungsvollsten ist ein Heilkreis, wenn er nicht mehr als zwanzig und nicht weniger als vier Mitglieder zählt. Lassen Sie jeden der Anwesenden die folgenden Anweisungen lesen, und beginnen Sie danach mit der Meditation.

- Zentrieren Sie sich durch eine fünfminütige schweigende Meditation. Manchmal ist es einfacher, Intuitionen mit geschlossenen Augen zu empfangen.
- Bestätigen Sie, daß jede so gewonnene Information im Dienst des Wachstums der betreffenden Person steht.
- Wer sich inspiriert fühlt, beginnt zu sprechen.
- Tragen Sie Ihr Anliegen so detailliert vor, wie Sie mögen. Je mehr Details Sie mitteilen, desto tiefer wird der folgende Diskurs innerhalb der Gruppe sein.
- Die Anwesenden konzentrieren sich auf den jeweiligen Sprecher und warten dann auf eine Inspiration, um selbst das Wort zu ergreifen und ihre Anliegen vorzutragen.

Ist der intuitive Fluß von sich aus verebbt, senden Sie an die betreffende Person neutrale und heilende Energie. Wird um die Heilung eines körperlichen Gebrechens oder einer Krankheit gebeten, so visualisieren Sie den fraglichen Körperteil des Betreffenden und senden Sie Licht dorthin.

Ist dieser Vorgang beendet, ergreift der nächste das Wort.

Abschluß:

Anfragen nach Hilfe. Liebevolle Übermittlung von Energie.

Für die folgende Session:
- Lesen Sie das Kapitel über die Neunte Erkennntnis.
- *Freiwillig:* Verabreden Sie sich zu platonischen Abenteuern. Verbringen Sie Zeit mit Kindern von Bekannten, oder finden Sie heraus, wie Sie dies am besten tun können. Tragen Sie alle in dieser Session erhaltenen Botschaften in Ihr Tagebuch ein. Untersuchen Sie eventuell aufgetretene Fügungen.

KAPITEL 9

Das Auftauchen einer Kultur

Im letzten Kapitel der Prophezeiungen von Celestine *wird die Neunte Erkenntnis des alten Manuskriptes in den Ruinen der Tempelanlage von Celestine gefunden und fällt in die Hände des unnachgiebigen Kardinals Sebastian. Für kurze Zeit wird unser Held mit Dobson, Phil und Vater Sanchez wiedervereint und mit dem Inhalt der Neunten Erkenntnis vertraut gemacht. Dort wird beschrieben, wie sich die menschliche Kultur im Verlauf des nächsten Jahrtausends aufgrund einer bewußt herbeigeführten Evolution verändern wird. Die Spannung steigt, da das wichtige Dokument kurz vor seiner Zerstörung steht und unser Held sowie Vater Sanchez schließlich auf den Kardinal stoßen. Es gelingt Sanchez nicht, Sebastian von der wahren Qualität des Manuskriptes zu überzeugen. Kurze Zeit später stoßen die beiden inmitten der Ruinen von Celestine auf Julia und Wil, und es gelingt der Gruppe, ihre feinstofflichen Schwingungen so weit anzuheben, daß sie für einen Kader peruanischer Soldaten unsichtbar werden. Außer Wil bekommen es jedoch schließlich alle mit der Angst zu tun, verlieren die höhere Schwingung und werden gefangengenommen. Obwohl die beiden Abenteurer wieder freikommen, wird unser Held kurz darauf erneut verhaftet und bleibt im Gefängnis, wo er schließlich ein letztes Mal auf Vater Carl trifft, der ihn dazu drängt, die Botschaft des Manuskriptes in seinem Land zu verbreiten, da die letzte Kopie der Schrift nun anscheinend zerstört ist. In diesem Augenblick wird unser Held freigelassen. Er erhält einen Flugschein zurück in die Vereinigten Staaten, jedoch mit der Auflage, nie wieder Fuß auf peruanischen Boden zu setzen.*

Die Neunte Erkenntnis

Sie umreißt in groben Zügen die Entwicklung der menschlichen Rasse über den Zeitraum der nächsten tausend Jahre – eine Vision, die auf der Voraussetzung beruht, daß sich die acht Erkenntnisse mittelbar zu einer bewußten Lebensweise verdichtet haben. Die Aufgabe der Neunten Erkenntnis besteht darin, uns auf unserem Pfad zu spiritueller Evolution verstärkt Vertrauen und Kraft zu spenden.

Durch die Neunte Erkenntnis wird noch einmal bestärkt, daß unsere Entwicklung in engem Zusammenhang mit unserem Sinn für das Schöne steht sowie der Entwicklung unserer Fähigkeit, Energie wahrzunehmen. Je weiter unsere Entwicklung fortschreitet, desto mehr werden uns eine erweiterte Wahrnehmungsfähigkeit und die erhöhte feinstoffliche Schwingung unserer physischen Präsenz es gestatten, die Grenze zu einer Welt zwischen unserer körperlichen Welt und jener unsichtbaren, aus der wir stammen und in die wir nach dem Tod unseres Körpers zurückkehren, zu überschreiten. Die Neunte Erkenntnis inspiriert uns für den Fall, daß uns auf unserem Weg dorthin Zweifel kommen oder wir unseren Fortschritt aus den Augen verlieren. Sie bestätigt, daß wir uns auf den Tag zubewegen, an dem wir Zugang zu einem feinstofflichen Refugium haben werden, das bereits im Jetzt und Hier existiert.

Wie wir dorthin gelangen. Durch das Beachten aller acht Erkenntnisse wird sich unser Leben in der Zukunft verändern. Die Erste Erkenntnis demonstrierte, daß *das Universum uns auf mysteriöse Weise mit fügungshaften Gelegenheiten konfrontiert, die dazu dienen, uns unserer Bestimmung zuzuführen.* Die Zweite Erkenntnis erlaubt es uns, in die Vergangenheit zu schauen und zu erkennen, daß *wir uns kollektiv unserer essentiell spirituellen Natur bewußt werden.* Die Dritte Erkenntnis zeigt uns, daß *das Universum aus purer Energie besteht, die auf unsere Intentionen reagiert.* Die Vierte Erkenntnis demonstrierte, daß Menschen *irrtümlich der Ansicht sind, miteinander um Energie wetteifern zu müssen,* ein Vorgang, der zu einem Gefühl von Mangel, zu Wettbewerb und Kampf führt. In der Fünften Erkenntnis wird beschrieben, wie sich *die mystische Verbindung mit der universellen Energie anfühlt und wie sie unsere Lebensperspektive erweitert* und uns ein unbeschwertes Lebensgefühl, Überschwang sowie das Gefühl bedingungsloser Sicherheit vermittelt. Die Sechste Erkenntnis hilft uns bei der Befreiung von unseren Kontroll-Dramen sowie dabei, unsere augenblickliche Lebensthematik zu entdecken, indem wir das Erbe unserer Eltern analysieren und *uns unserer Herkunft bewußt werden.* Die Siebte Erkenntnis zeigt uns, wie wir durch das *Stellen der richtigen Fragen und die Annahme von Intuitionen Antworten erhalten,* die uns zu unserem wahren Selbst führen. Die Achte Erkenntnis zeigt uns, wie wir das Geheimnis nähren und Antworten erhalten, indem wir *in anderen das Beste hervorbringen.* Sind die Erkenntnisse einmal im menschlichen Bewußtsein verankert, verspürt der oder die Betreffende vor allem eine erhöhte Aufmerksamkeit und Erwartungshaltung, die beide typisch dafür sind, daß sich jemand seiner wahren Bestimmung nähert. Die Neun Erkenntnisse verbinden uns wieder mit dem Mysterium unseres Lebens.

Wo wir im nächsten Jahrtausend stehen werden

Durch die Integration der Erkenntnisse in unser alltägliches Leben wird unsere Kultur in Zukunft durch eine spirituelle Verbindung definiert und sich dadurch rapide transformieren. Zu den Höhepunkten der in der Neunten Erkenntnis präsentierten kulturellen Evolution gehören unter anderem:

Die erste große Verschiebung

- Die erste grundlegende Veränderung unseres Denkens besteht in unserem neuerwachten Verständnis darüber, daß wir uns auf der Erde befinden, um uns spirituell zu entwickeln und zu verstehen, was die *Veränderungen unserer feinstofflichen Schwingungen zu bedeuten haben.*
- Unsere *Wahrheitssuche* wird uns zu einem neuen Leben führen.

- Sobald die kritische Masse derer erreicht ist, die die Erkenntnisse verstehen, *wird die Aufklärung auf globaler Ebene stattfinden.*
- Es wird eine Periode intensiver *Innenschau* geben.
- Wir haben bereits damit begonnen, die *Schönheit und den wahren Wert unserer Welt* zu begreifen. Unser Verständnis ihrer spirituellen Essenz wird wachsen und dazu führen, daß wir Wälder, Seen, Flüsse und heilige Stätten schützen.
- *Wirtschaftliche Tätigkeiten,* die geeignet sind, unsere Natur und unsere Schätze zu bedrohen, werden nicht länger geduldet.

Die Entfaltung unserer Bestimmung

- Unsere Sehnsucht nach einem *erfüllten und sinnvollen* Leben findet durch die Begegnung mit Fügungen und Intuitionen ihre Erfüllung.
- Um jede neue Erkenntnis wirklich zu verstehen, *verlangsamen wir unser Tempo* und achten auf jede bedeutende Begegnung in unserem Leben.
- Jedesmal wenn wir jemandem begegnen, *tauschen wir unsere Fragen aus* und erhalten neuen Rat und Einsichten.
- Sobald wir durch unsere Intuition erfahren haben, wer wir wirklich sind, werden wir damit beginnen, *Beschäftigungen aufzugeben und unsere Berufe zu wechseln,* um unserem inneren Wachstum Priorität einzuräumen. Es kann sein, daß Menschen im Laufe eines Lebens vielen unterschiedlichen Beschäftigungen nachgehen werden.
- *Natürliche Lösungen für soziale und ökologische Probleme* werden im gleiche Maße auftreten, wie das Individuum seiner eigentlichen Bestimmung entgegensteuert.

Leben auf der Erde

- Nachdem wir es nicht mehr nötig haben, uns die Natur untertan zu machen, werden wir die *natürlichen Energiequellen* in Gebirgen, Wüsten, Wäldern, Seen und Flüssen zu schätzen lernen. Im Verlauf der nächsten fünfhundert Jahre werden wir immer mehr Wälder wachsen und altern lassen und immer größere Flächen unter Naturschutz stellen.

- Jeder einzelne wird so nahe wie möglich an einer heiligen Stätte wohnen wie auch in Reichweite eines städtischen Zentrums *grüner Technologie,* von wo aus wir mit lebensnotwendigen Gütern wie Nahrung, Kleidung und Verkehrsmitteln versorgt werden.
- Gärten werden sorgfältig kultiviert, *um Pflanzen mit Energie zu versorgen.*
- *Angeleitet durch unsere Intuition,* wird jeder wissen, was wann zu tun ist, und seine Aktionen werden sich mit denen anderer ergänzen.

Die nächste große Verschiebung

- Im nächsten Jahrtausend werden wir die *Überbevölkerung freiwillig einschränken.*
- Mit zunehmendem Verständnis der universellen Dynamik werden wir auch verstehen lernen, daß es sich bei dem Akt des Gebens um einen für jeden Menschen auf der Welt förderlichen Vorgang handelt. Wir werden verstehen, *daß es sich bei Geld nur um eine weitere Form von Energie handelt.* Wir wissen, daß durch vermehrtes Geben ein leerer Raum entsteht, der von außen wieder gefüllt wird, genauso wie die freiwillige Energieprojektion auf andere zu einem Überfluß an Energie führt. Je mehr Menschen sich an dieser spirituellen Ökonomie beteiligen, desto näher kommen wir der bevorstehenden großen Verschiebung im nächsten Millennium. Eventuell werden wir auf Geld als Währung verzichten können.
- Durch die *automatisierte Herstellung von Gebrauchsgütern* werden alle Bedürfnisse ohne Austausch von Zahlungsmitteln und ohne daß es dabei zu Ausschweifungen oder Faulheit kommt, vollständig befriedigt.
- Haben wir *unsere Furcht vor Mangel und unsere Kontrollsucht einmal losgelassen,* werden wir auch in der Lage sein, an andere zu verteilen, die Umwelt zu retten, die Armen zu versorgen und den Planeten zu demokratisieren.

- Durch die Automatisierung wird der einzelne über *mehr Freizeit verfügen* und die Möglichkeit haben, sich neuen Aufgabenfeldern zuzuwenden. Die Arbeitszeit wird weiter herabgesetzt werden. Zwei oder drei Menschen werden sich einen Arbeitsplatz teilen.
- Da es weder Besitz- noch Kontrollsucht gibt, wird niemand mehr *excessiv konsumieren,* um sein Sicherheitsbedürfnis zu befriedigen.
- Je bereitwilliger wir Energie aufnehmen, desto *schneller wird sich unser Evolutionsvorgang abwickeln,* und unsere feinstofflichen Schwingungen werden sich anheben.

Die Evolution einer spirituellen Doktrin

- *Unsere gesamte Evolution wird auf spirituellen Prinzipien beruhen,* doch wird sich unsere Auffassung von Religion ändern müssen, um der Evolution des Individuums Rechnung tragen zu können.
- Bis heute haben sich alle Religionen damit befaßt, die Verbindung zwischen der Menschheit und einer höheren Kraft zu finden. Alle Religionen sprechen von *einer Wahrnehmung Gottes im Inneren,* eine Wahrnehmung, die uns erfüllt und uns zu mehr macht, als wir vor dieser Wahrnehmung zu sein schienen.
- Als die einzelnen Religionen mit der Erklärung der Religion beauftragte Führer abstellten, korrumpierten die Religionen zu Unternehmen, anstatt den Menschen zu zeigen, auf welche Weise sie *diesen Weg in sich selbst* finden können.
- In der Neunten Erkenntnis wird erwähnt, daß ein einzelnes Individuum in der Lage ist, sich direkt mit der göttlichen Energiequelle zu verbinden, und so zum stehenden Beispiel für die Möglichkeit dieser Verbindung wird. Christus war so jemand und öffnete sich so sehr, daß die Energie ihm ermöglichte, auf einer Wasseroberfläche zu gehen. *Er transzendierte den körperlichen* Tod und war der erste Mensch, der den Bereich der physikalischen Welt öffentlich in den spirituellen Bereich ausdehnte.
- Wir sind in der Lage, *uns mit der gleichen Quelle zu verbinden* wie er und den gleichen Weg zu gehen.

- Während die Menschen ihre Schwingungen erhöhen und schließlich zu einer immer feiner werdenden, rein geistigen Ebene gelangen, werden *ganze Gruppen von Menschen unsichtbar* für jene werden, die sich auf einer grobstofflicheren Ebene befinden. Für diese wird es so aussehen, als hätten sich die anderen einfach in Luft aufgelöst, die unsichtbare Gruppe befindet sich jedoch noch an ihrem Platz, allerdings in einer leichteren und geistigeren Form.
- Unsere Fähigkeit, die Frequenz der Schwingung so zu erhöhen, daß wir unsichtbar werden, bedeutet, *daß wir die Grenze zwischen diesem Leben und der anderen Welt, aus der wir stammen und in die wir nach dem Sterben unseres Körpers zurückkehren, überqueren.*
- *Den Himmel auf Erden* zu erreichen (die Frequenz der Schwingung zu erhöhen) ist der Zweck der menschlichen Existenz und ihrer Geschichte.

Was für einen evolutionären Sprung spricht

Unser augenblickliches Bewußtsein und unsere gegenwärtige Existenz sind Teil einer Brücke in die Zukunft. Teil unserer Aufgabe als Brücke besteht darin, jene Fähigkeiten und Kapazitäten des menschlichen Körpers zu re-examinieren, die er bereits unter Beweis gestellt hat, sowie uns für eine Beschleunigung der folgenden Entwicklung bereitzuhalten. Der moderne Unglaube in alle nichtphysikalischen Aspekte des Lebens hat unsere Betrachtungsweise und unsere Entwicklung transzendentaler Kapazitäten limitiert und behindert.

Gegen Ende seines Buches *Die Zukunft des Körpers* hat Michael Murphy einige Synopsen eines breiten Spektrums menschlicher Fähigkeiten zusammengestellt. Abgesehen von den bereits dokumentierten Fällen, ist Murphy der Ansicht, daß Menschen über eine große Anzahl paranormaler Fähigkeiten verfügen, die, einmal von vielen Individuen entwickelt, eine neue Lebensform auf diesem Planeten schaffen und unser bekanntes Leben transzendieren werden. Dieser Gedanke steht ebenfalls im Zentrum von evolutionären Visionären wie Pierre

Teilhard de Chardin und Sri Aurobindo, um nur zwei der bekanntesten zu nennen. Murphy rückt zwei epochale Ereignisse in den Mittelpunkt unserer Aufmerksamkeit, die beide geeignet sind, die urzeitliche Entstehung organischer Materie zu transzendieren. Eines davon ist das Auftauchen von Leben auf diesem Planeten überhaupt. Das zweite ist die Geburt der Menschheit mit ihren psychosozialen Charakteristiken. Er schreibt dazu:

>»Anorganische Materie, Tier- und Pflanzenarten, wie auch die menschliche Natur existieren in drei unterschiedlichen Formen, von denen jede nach ihren eigenen Prinzipien organisiert ist. Diese drei Formen bilden eine Evolutionstriade, innerhalb derer sich die ersten beiden Elemente bereits transzendiert haben – anorganische Materie produzierte Leben, und aus der animalischen Form gingen menschliche Wesen hervor ... jede dieser Formen produzierte eine neu organisierte Form physischer und spiritueller Existenz.«[1]

Basierend auf ausführlich dokumentierten Belegen für die transformativen Fähigkeiten der menschlichen Rasse sowie den Evolutionstherorien von G. Ledyard Stebbins, folgerte Murphy, daß eine neue Existenzform augenblicklich im Begriff ist, sich auf der Erde zu manifestieren.

Zwölf Attribute, die eine evolutionäre Veränderung bei Menschen anzeigen

Murphy zufolge gibt es zwölf unterschiedliche menschliche Eigenschaften, die für das Auftauchen dieser neuen Entwicklungsstufe charakteristisch sind:

1. Außergewöhnliche Wahrnehmungsfähigkeiten, einschließlich der Wahrnehmung außergewöhnlicher Schönheit in alltäglichen und vertrauten Gegenständen, Hellsichtigkeit und Kontakt mit Wesenheiten und Ereignissen, die für die gewöhnlichen Sinne nicht zugänglich sind.
2. Außergewöhnliches somatisches Bewußtsein und Selbstkontrolle.

3. Außergewöhnliche Kommunikationsfähigkeiten.
4. Superbe Vitalität.
5. Außergewöhnliche Bewegungsfähigkeiten.
6. Außergewöhnliche Fähigkeiten zur Veränderung der Umwelt.
7. Freude am Selbst aus dem Selbst.
8. Intellektuelle Ideen werden tout ensemble (mit einem Mal) verstanden.
9. Außergewöhnliche Willenskraft.
10. Gleichzeitige Transzendierung und Erfüllung des gewöhnlichen Begriffes vom Selbst und Enthüllung einer fundamentalen Einheit mit anderen.
11. Liebe aus einem Gefühl fundamentaler Einheit.
12. Veränderungen im Körperbau, inneren Zuständen sowie Vorgänge und Prozesse, welche oben beschriebene Fähigkeiten und Erlebnisse unterstützen.[2]

Zahlreiche Menschen haben diese Zustände und Fähigkeiten bereits im alltäglichen Leben erfahren, oftmals unfreiwillig und ausgelöst durch persönliche Lebenskrisen. Dem Manuskript zufolge wird eine wachsende Anzahl von Menschen in der Lage sein, diese außergewöhnlichen Zustände willentlich herbeizuführen, wodurch die menschliche Lebensform sich drastisch verändern wird – insbesondere durch das Überwinden bestimmter Verhaltensmuster, wie Konflikt- und Kontrollsucht, aber auch durch Selbstbeherrschung. Seit geraumer Zeit bereits wächst die Gruppe spiritueller Adepten mit metanormalen Fähigkeiten, die sie durch Anwendung von Meditation, Schamanismus, östliche Kampfsportarten, Bewegungs- und Atemtechniken und andere Formen der Selbsterforschung erreicht haben.

Wüstenmystiker, Heilige und Schamanen

Seit biblischen Zeiten wird uns ein faszinierendes Repertoire menschlicher Fähigkeiten und Möglichkeiten geschildert, das von den Heilwundern des Jesus von Nazareth bis zu seinem Wiederauftauchen nach der Kreuzigung und den Erscheinungen anderer religiöser Figuren nach seinem Tode reicht: die Stigmata christlicher Mystiker, ihre leuchtenden Auren, jahrelanges Hungern, das Absondern von heiligen Aromen und Heilflüssigkeiten, Berichte von Telekinese oder der Fähigkeit, Gegenstände zu bewegen, ohne sie zu berühren. In zahlreichen Lebensgeschichten von Zen-Meistern, Sufis, Yogis und Schamanen sind Berichte von Prophezeiungen, Telepathie und Hellsichtigkeit verbürgt.

In den sechziger Jahren ging der Anthropologe Carlos Castaneda daran, anhand der Lehren des Schamanen Don Juan die Grenzen der Wahrnehmung unserer materiellen Welt zu erkunden. Berichte von schamanistischen Reisen in die Unterwelt, Heilungen, Weissagungen und Veränderungen von physikalischen Formen zwangen uns dazu, die scheinbar endlosen Möglichkeiten menschlicher Existenz näher in Augenschein zu nehmen. Wiederholt haben Ethnologen von Schamanen berichtet, die rituelle Operationen am eigenen Körper vornehmen – ohne sichtbare Anzeichen von Schmerz oder Vernarbung. Doch wird die wahre Natur dieser uralten Heilmethoden erst hinter diesen Phänomenen sichtbar.

Das wachsende Interesse am Schamanismus korrespondiert mit einer Voraussage des Manuskriptes, derzufolge der menschliche Hunger nach persönlicher Erfahrung außergewöhnlicher Bewußtseinszustände sowie der Wunsch, sich selbst aus der göttlichen Quelle zu versorgen, ein wesentliches Geburtsmerkmal der menschlichen Rasse darstellen. Schamanismus bedeutet die direkte Erfahrung einer spirituellen Kommunikation mit der Erde und verbindet den Menschen mit der Weisheit der Natur. Der Ethnologe Michael Harner, eine der führenden Kapazitäten auf dem Gebiet des Schamanismus, führt dazu aus: »Einige seit ewigen Zeiten in schamanistischen Zusammenhängen verwandte Techniken, wie Bewußtseinsveränderungen, Streß-Reduzierung,Visualisierungen, positives Denken und Zuhilfenahme übersinnlicher oder außergewöhnlicher Heilquellen, haben mittlerweile starke Verbreitung, besonders in der Anwendung holistischer Heilmethoden gefunden.«[3] In seinem Buch *The Way of The Shaman* beschreibt Harner schamanistische Heilmethoden, die von jedem Interessierten erlernt werden können und somit nicht länger einigen auserwählten Eingeweihten vorbehalten sind. Durch die direkte Erfahrung von Wissen lernt der Betreffende, persönliche Kraft zu generieren und sich durch Anwendung des Willens zwischen verschiedenen Bewußtseinszuständen hin- und herzubewegen. Derlei uralte, auf der ganzen Welt verbreitete spirituelle Praktiken könnten sich bei der Wiederherstellung des Naturgleichgewichtes als außerordentlich hilfreich erweisen.

Erstaunlicherweise tauchen verblüffend ähnliche Phänomene in vollkommen unterschiedlichen Disziplinen auf. Zum Beispiel haben katholische Heilige, tibetische Lamas sowie Eskimoschamanen in eiskaltem Meerwasser oder Temperaturen weit unter dem Gefrierpunkt gleichermaßen die Fähigkeit bewiesen, hohe Körpertemperaturen zu generieren. Taoistische Meister sowie die Adepten unterschiedlicher indischer Religionen sind vor Augenzeugen senkrecht in die Höhe gefahren oder in der Lage, frei über dem Boden zu schweben – wiewohl es bisher keine wissenschaftlichen Aufzeichnungen über diese Schwebezustände gibt. Heilige der Hindureligion haben, in katatonischen Zuständen, lange Zeit unter der Erde begraben überlebt. Die physischen Körper anderer religiöser Figuren wie Yogananda Paramahansa und die Leichname vieler katholischer Heiliger sind nach ihrem Ableben weder verrottet noch zerfallen. Einige Meister sind zur gleichen Zeit an zwei verschiedenen Orten gesichtet worden (Bi-Location). Telepathische Kommunikation mit australischen Eingeborenen und Amazonas-Indianern, die keine Sprache außer ihrer eigenen beherrschten, sind gleichzeitig von mehreren englischsprachigen Forschern berichtet worden.[4, 5]

In der Vergangenheit hat die katholische Kirche im Rahmen der Heiligsprechung außergewöhnliche Sorgfalt auf die Untersuchung und Dokumentation metanormaler Fähigkeiten und Ereignisse bei ihren Glaubensangehörigen verwandt. Seit Beginn dieses Jahrhunderts existieren außerdem umfangreiche wissenschaftliche Untersuchungen über körperliche Auswirkungen von spirituellen Praktiken, metanormalen Fähigkeiten und Zuständen. Eine umfangreiche Untersuchung derartiger Studien ist an dieser Stelle leider nicht möglich, für die Interessierten gibt es jedoch kein besseres Nachschlagewerk als *Die Zukunft des Körpers* von Michael Murphy sowie die darin enthaltenen Quellen- und Literaturangaben. Die dort vorgestellten und weiterverfolgten Fakten, Philosophien und Theorien stimmen mit der Aussage des Manuskriptes überein, daß wir von einer Kraft jenseits unseres gewöhnlichen Seins beeinflußt und energetisiert werden und daß unsere intuitiven Fähigkeiten »eine Zukunft projizieren, in der der Mensch möglicherweise zu einer ausgesprochen außergewöhnlichen Lebensform auf dieser Erde werden wird«.[6]

Supergeist und das spirituelle Zeitalter

Eine der Hauptfiguren bei der Verschmelzung östlicher und westlicher Methoden und Prinzipien, der politische Aktivist und spirituelle Führer Sri Aurobindo, beweist ein umfassendes Verständnis der Spannbreite menschlicher Evolution: »Der Mensch ist ein in der Wandlung begriffenes Wesen; keinesfalls handelt es sich bei ihm um ein Endprodukt ... Der Mensch selbst ist kaum mehr als ein ambitioniertes Nichts.«[7]

Er beschreibt den psychospirituellen Aufstieg der Menschheit als den sich erweiternden Ausdruck eines sich immer reichhaltiger, feiner und komplexer entfaltenden göttlichen Funkens. Aurobindo ist der Ansicht, daß die evolutionäre Entwicklung von Natur aus angelegt ist und sich durch einzelne Geister entfaltet, die das latente und unbewußte kollektive Denken in Bewußtsein verwandeln und dadurch neue Formen psychologischer und sozialer Organisation schaffen. Nach seinem Verständnis ist das Individuum ganz eindeutig ein Werkzeug des Geistes. »Alle weitgreifenden Veränderungen finden ihren Niederschlag zunächst in Geist und Seele eines einzigen oder einer begrenzten Zahl von Individuen.«[8]

Die erste Bedingung für ein Fortschreiten der Entwicklung besteht in einer Bereitschaft des kollektiven Gemütes – oder, um es mit den Worten des Manuskriptes auszudrücken – dem Erreichen einer kritischen Masse von Menschen, die sich von einer höheren Kraft leiten lassen und dies in ihrem Leben auch zum Ausdruck bringen. Aurobindo spricht vom Herzen der Menschheit als »... von Aspirationen gerührt«, genauso wie das

572

Manuskript in der Ersten Erkenntnis die innere Unruhe und Rastlosigkeit der Menschen beschreibt. Das erste »essentielle Zeichen besteht in der subjektiven Idee von Leben – dem Verständnis der Seele, dem höheren Selbst, seinen Kräften, seinen Möglichkeiten, seinem Wachstum, seinem Ausdruck und der Schaffung einer wahrhaftigen, schönen und unterstützenden Umwelt dafür ...«[9] Die wachsende Anwendung dieser subjektiven oder nach innen gerichteten Weltsicht wird nach Aurobindo, wie auch dem Manuskript zufolge, zu vermehrten wissenschaftlichen Entdeckungen führen, anhand derer die »Trennung zwischen Seele und Materie weiter aufgehoben wird«.[10] Bei seiner Vorstellung von einem Supergeist handelt es sich nicht um ein trockenes, lineares Konzept, sondern um »bisher ungeahnte, über den Verstand oder sein Fassungsvermögen weit hinausgehende Verstandesleistungen und Lebenskräfte, die in der Lage sind, die Menschheit von den Limitationen durch Zeit, Entfernung und des physischen Körpers zu befreien.« Er hielt diese Entwicklung bereits in den fünfziger Jahren für in nicht allzu weite Ferne gerückt und erkannte in diesem Fortschreiten psychischer und spiritueller Herrschaft eine »tiefgreifende Revolution, die sich durch das ganze Spektrum menschlicher Existenz ziehen wird«.[11] Aurobindo war ebenfalls davon überzeugt, daß der Verstand weit hinter dem immerwährenden, originalen Bewußtsein zurückstehe.

Im gleichen Maße, in dem die Menschheit sich nicht mehr auf ihr Ego verläßt, beginnen wir mit der Heranbildung einer spirituellen Gesellschaft. Aurobindo zufolge »würde sich eine spiritualisierte Gesellschaft verhalten wie ihre spirituellen Mitglieder, nicht als eine Ansammlung von Egos, sondern als Bewußtsein, nicht als kollektives Ego, sondern als kollektive Seele«.[12] Der vordringliche Aspekt in Kunst, Wissenschaft, Ethik, Wirtschaft, Politik und Erziehung bestände dann in der Auffindung des göttlichen Selbst. Aurobindo lehrt uns, daß der wichtigste Schritt in unserer Evolution darin besteht, den »Ort unserer inneren Wahrheit« zu lokalisieren, uns auf die Tatsache ihrer Gegenwart zu konzentrieren und sie auf diese Weise zu einer Tatsache in unserem Leben zu machen. Um unsere wirkliche Mission auf diesem Planeten zu verstehen, müssen wir bereit sein, alles zu eliminieren, was im Widerspruch zu unserer inneren Wahrheit steht. Nichts davon wird von außen – durch Autoritäten oder Fremdbestimmung – an uns herangetragen, obwohl Selbstdisziplin für unser Fortschreiten in dieser Angelegenheit einen essentiellen Faktor darstellt.

Dieses Zeitalter der Spiritualität begriff Aurobindo als wachsende innere Freiheit des einzelnen und paradoxerweise auch als gleichzeitig zunehmende innere Einheit mit anderen Menschen. Aurobindos politische und spirituelle, aus einer positiven Vermischung westlicher und indischer Werte resultierende Philosophie, ist das Resultat seiner eigenen spirituellen Erfahrungen. Die in seinem Leben eine zentrale Rolle einnehmende Zusammenarbeit mit Mira Richard, einer französischen Künstlerin und spirituellen Sucherin, aus der später die »Mutter« wurde, erweiterte seine Philosophie noch um einiges. Die gemeinsame Arbeit der beiden kulminierte später in der Etablierung einer undogmatischen, spirituellen Gemeinschaft, die bewußtseinsverändernd an der menschlichen Evolution arbeitete. Obwohl derartige Abenteuer gewöhnlich mit einer Vielzahl von Fallen und Stolperstricken versehen sind, stellte die Zielsetzung einer bewußten Lebensführung doch auf jeden Fall eine mutige Pionierleistung dar.

Eine neue Form der Menschlichkeit

Ungefähr zur gleichen Zeit, zu der Aurobindo seine Evolutionsphilosophie entwickelte, formulierte der Jesuitenpater und Paläontologe Pierre Teilhard de Chardin seine eigene Evolutionsthese. In seiner ergiebigen Arbeit *The Phenomenon of Man* untersucht er die verschiedenen Strata herkömmlicher physikalischer Beweise, gelangt jedoch zu dem Schluß, daß es sich bei evolutionären Phänomenen um Prozesse handelt, die durch die alleinige Betrachtung ihrer Herkunft niemals völlig zu verstehen sein werden. Am ehesten noch sind sie zu begreifen, wenn wir ihre Richtung und ihre Potentiale in Betracht ziehen. Dem Philosophen Julian Huxley zufolge, der wesentlich an der Bekanntmachung des wissenschaftlichen Mystikers Pierre Teilhard beteiligt war, zeigte sich dieser »zutiefst darum bemüht, eine globale Vereinigung menschlichen Bewußtseins zu etablieren, um die Voraussetzungen für einen wirklichen Fortschritt der Menschheit zu schaffen ...«[13] Pierre Teilhard theoretisierte über die Entwicklung des menschlichen Bewußtseins, indem er sich die Oberfläche der irdischen Sphäre als organisiertes Netzwerk vorstellte, in dem Ideen einander begegnen und dadurch ein hohes Niveau psycho-sozialer Energie generierten. Er war der Ansicht, daß die Menschheit sich zu einer solitären psychosozialen Einheit mit kollektivem Gedankenpool, der wie ein gemeinsamer Kopf funktionierte, entwickelte und auf diese Weise einen neuen evolutionären Weg beschreiten würde. In Huxleys Einleitung zu *The Phenomenon of Man* unterstreicht er Pierre Teilhards Schlußfolgerung: »... wir sollten eine inter-denkende Menschheit als eine neue Form von Organismus begreifen, dessen Aufgabe darin besteht, neue Möglichkeiten fortschrittlichen Lebens auf diesem Planeten zu erkennen und zu verwirklichen.«[14] Die Bedingungen für diesen Fortschritt menschlicher Erfüllung bestehen in »globaler Einheit der menschlichen, noetischen Organisation oder ihres Bewußtseins mit einem hohen Grad von Variationen innerhalb dieser Einheit; Liebe, guter Wille und totale Kooperation; persönliche Integration und interne Harmonie; sowie zunehmendes Wissen«.[15] Leben »... kann sich seiner Beschaffenheit nach nicht fortsetzen, wenn es nicht immer im höheren Prinzip aufgeht.«[16]

Was wir über andere Dimensionen lernen

Das Manuskript sagt voraus, daß gegen Ende des zwanzigsten Jahrhunderts ein neues Verständnis eines traditionell als mystisch beschriebenen Bewußtseins einsetzen würde. Im fünften Kapitel erwähnten wir einige veränderte Bewußtseinszustände, deren Auftauchen sowohl von Athleten als auch von spirituellen Adepten beschrieben wurden. Aus diesen Zuständen erhöhten Bewußtseins heraus wurden außergewöhnliche Leistungen und Einsichten möglich. Murphy berichtet von metanormalen Begebenheiten, die »(1) durch Ausübung einer intensiven Disziplin ausgelöst werden; (2) eine neue Art zu funktionieren (eine neue Dimension) involvieren; und (3) fokussierte Hingabe erfordern.«[17]

Seit der Antike ist der Gedanke an ein Leben nach dem Tod fester Bestandteil der menschlichen Kultur. Expertenuntersuchungen im Bereich der Nahtoderfahrungen und im Umgang mit außerkörperlichen Erfahrungen haben ergeben, daß menschliches Bewußtsein den physischen Tod überdauert, was verstärkt darauf schließen läßt, daß wir in der Lage sind, auch ohne unseren Körper zu existieren.

Die Fünfte Erkenntnis deutet an, daß das Erreichen eines erweiterten Bewußtseins für jedermann erhältlich sein wird. Pioniere auf diesem Gebiet wie Robert Monroe, Gründer des Monroe Instituts in Virginia, haben die Fähigkeit der Erkundung nicht-körperlicher Dimensionen augenscheinlich bereits entwickelt. Über einen Zeitraum von mehreren Monaten verließ Monroe 1958, damals ein erfolgreicher Geschäftsmann, bei vollem Bewußtsein, jedoch unfreiwillig seinen Körper. Zunächst befürchtete er, geistig oder körperlich erkrankt zu sein. Die fortwährende Erfahrung unterschiedlicher außerkörperlicher Aktivitäten überzeugten ihn jedoch schließlich davon, daß Bewußtsein als ein Kontinuum existiert und die Essenz unseres Seins darstellt – der menschliche Körper ist nur ein Vehikel für unser Selbst, während es in der irdischen Dimension lebt und lernt. Monroe ging schließlich daran, seine detaillierten Erfahrungen und Methoden in empirisch nachprüfbare Data umzusetzen, und veröffentliche insgesamt drei Bücher zu diesem Thema.

In seinem letzten Werk *Ultimate Journey* berichtet er, daß »der zweite Körper« der Außerkörpererfahrung »Bestandteil eines anderen Energiesystems sei, welches sich mit dem irdischen Lebenssystem vermischt, jedoch phasenverschoben ist«.[18] Diese Form der Existenz befindet sich jenseits der Beschränkungen von Zeit und Raum. In diesem anderem System kreieren die Gedanken einer Person augenblicklich Aktionen, wohingegen unsere Gedanken länger brauchen, um sich in der dichten Atmosphäre physikalischer Materie manifestieren zu können. Nach Voraussage des Manuskriptes werden wir zu Beginn des 21. Jahrhunderts bereits damit begonnen haben, Methoden zu entwickeln, mit deren Hilfe andere Dimensionen greifbar und für uns zugänglich gemacht werden können. Diese neue Form wissenschaftlicher Entdeckung bietet praktisch grenzenlose Abenteuer und ein gänzlich neues Verständnis von der Natur und dem Zweck menschlichen Lebens – obwohl die meisten Menschen gegenwärtig lediglich dazu imstande sind, Ausschnitte dieser anderen Ebenen, die sich in direktem Bezug zu bereits existierenden, irdischen Konzepten befinden, zu verstehen. Vermehrt auftretende Berichte von aus diesen Dimensionen zurückkehrenden Menschen beschleunigen die evolutionäre Entwicklung. Wie das Manuskript in der Ersten Erkenntnis bereits darlegte, wird unser Leben eine bisher völlig ungeahnte Form annehmen, sobald die kritische Masse derer, die wissen, daß wir mehr sind als unsere Körper, erreicht ist.

Monroe vertritt in seinem Buch die Ansicht, daß Bewußtsein ein Kontinuum darstelle, welches nicht nur allein aus dem menschlichen Körper stammt, sondern »... ein Spektrum umfaßt, das sich scheinbar endlos über Zeit und Raum hinaus in andere Energiesysteme erstreckt. Es setzt sich ebenfalls nach ›unten‹ in die Bereiche tierischen und menschlichen Lebens, bis hinab auf ein subatomares Level fort. Das alltägliche, aktive, menschliche Bewußtsein stellt dabei lediglich ein kleines Segment dieses bewußten Kontinuums dar«.[19]

Nach diesen und ähnlichen Informationen, die Monroe und andere während ihrer Außerkörpererfahrungen gewonnen haben, handelt es sich beim menschlichen Leben um eine außerordentlich kostbare Zeitspanne, welche dem Bewußtsein dazu dient, Erfahrungen zu machen, die es ausschließlich in der Form eines menschlichen Körpers gewinnen kann. Monroe schreibt: »Alles was wir lernen, egal wie unbedeutend oder klein es auch erscheinen mag, ist Dort – jenseits von Zeit und Raum – von immenser Bedeutung. Dies ist nur dann vollkommen zu verstehen, wenn wir jemandem begegnen, der den Prozeß des irdischen Lebenssystem bereits absolviert hat und im Dort residiert. Dann verstehen wir endlich, daß die menschliche Erfahrung und Möglichkeit zu lernen jeden Preis wert ist.«[20] Im menschlichen Körper lernen wir Energie zu lenken, Entscheidungen zu fällen, Liebe zu erfahren und andere zu lieben – sogar zu lachen. Durch die Ausbildung unserer analytischen, linken Gehirnhälfte vermehren und vertiefen wir die Evolution des Wissens und sind so imstande, die aus der rechten Gehirnhälfte stammenden Inspirationen in die Welt zu bringen.

Denken wir nur an die außerordentlichen Veränderungen, die sich innerhalb eines Jahrhunderts auf dem Gebiet der Verkehrsmittel – von der Entwicklung des Pferdewagens zur interplanetaren Raumfahrt – ergeben haben. Was können wir erst von der Entwicklung unserer paranormalen Fähigkeiten erwarten? Wie weit können wir innerhalb unseres Bewußtseins reisen?

Forschungen in anderen Dimensionen scheinen zu bestätigen, daß wir auf der Suche nach der Erfüllung des Selbst einen Kreislauf verschiedener Leben absolvieren. Deshalb haben wir in den meisten Fällen einen Lebenszweck, ein Ziel oder eine Mission zu erfüllen. Es kann sein, daß wir dabei von einer ganzen Anzahl unterschiedlicher Einflüsse aus unseren vergangenen (und zukünftigen) Leben geleitet werden, die uns als Intuitionen, Fügungen oder kleine Wunder erscheinen. Gewöhnlicherweise verfügt der Mensch nur über ein sehr vages Bewußtsein, was seine Talente, Fähigkeiten und Vorlieben angeht, und kommt nur selten auf die Idee, daß sie etwas mit seinen Vorleben zu tun haben könnten.

So befremdlich diese Ideen manchen von Ihnen erscheinen mögen, so können sie sehr wohl Teil eines evolutionären Potentials sein, auf das die Menschheit bei Bedarf zurückgreifen kann. Wieviel mehr könnte von uns erreicht werden, wenn wir direkten Zugang zu den tieferen Erfahrungsschichten des menschlichen Bewußtseins hätten? Genau wie Menschen mit Nahtoderfahrungen berichteten Monroe, seine Kollegen und seine Schüler, daß ihre Forschungen in außergewöhnlichen Bewußtseinszuständen ihre Wahrnehmung und ihr Selbstverständnis veränderten sowie den Rahmen ihrer Glaubensvorstellung gesprengt hätten. Direkte Kommunikation mit anderen Ebenen menschlicher Existenz stellt einen neu-

»Macht euch nicht die Mühe, diese Lieder niederzuschreiben. Und wenn eines eurer Instrumente zerbricht,
so bedeutet es nichts.
Wir sind an einem Ort, wo alles Musik ist.«
Rumi, Sufi-Poet aus dem 13. Jahrhundert

en Grenzbereich menschlicher Entwicklung dar – ebenso wie die Kommunikation mit außerirdischen Welten – und wird sich in der Zukunft fortsetzen. Je stärker wir unsere Aufmerksamkeit den Prinzipien des höheren Bewußtseins zuwenden, desto reichhaltiger wird der Nährboden, auf dem wir alle wachsen.

In seinem Buch *Heading Towards Omega* zitiert der Autor Kenneth Ring aus einer Rede von John White, die dieser 1980 in Chicago hielt. White ist einer der Hauptfürsprecher für das Auftauchen einer neuen Lebensform auf diesem Planeten:

> »Homo noeticus lautet die Bezeichnung, die ich dieser neuentstehenden menschlichen Form geben möchte. ›Noetik‹ bedeutet in diesem Fall die Lehre vom Bewußtsein, und die Beschäftigung mit diesem Bewußtsein ist eines der primären Merkmale dieser neuen Spezies. Durch ihr verstärktes Bewußtsein und Selbstverständnis gestattet sie den traditionell vorgeschriebenen Formen, Kontrollmechanismen und Institutionen der Gesellschaft nicht länger, als Grenzen ihrer Entwicklung zu fungieren. Ihre Psychologie basiert auf dem Ausdruck von Gefühlen, nicht auf deren Unterdrückung. Anstatt konkurrierend und aggressiv, sind ihre Mitglieder kooperativ und liebevoll. Ihre Logik ist mehrschichtig/integriert/simultan, nicht linear/in einer Reihe/entweder-oder. Ihr Verständnis von Identität ist umfassend-kollektiv, nicht isoliert-individuell …«[21]

Seit der Antike hat die Menschheit Zugriff auf die tieferen Schichten unseres Bewußtseins gesucht, um mit ihrer Hilfe zu heilen, weiszusagen, verstorbene Angehörige zu kontaktieren und nach dem Sinn des Lebens zu forschen. Obwohl sich unsere Kultur mehr und mehr für Erforschung aller Bereiche des Universums einsetzt, hatten auch die Menschen der Antike ihre Techniken, um spirituelle Verbindungen herzustellen und zu untersuchen. Eine dieser Techniken mit dem Namen »Spiegelschau« wird von Raymond Moody, Arzt und Autor, der mehrere Bücher zum Thema Nahtoderfahrungen geschrieben hat, erklärt. Untersuchungen über die spirituellen Praktiken der alten Griechen, ihre Methoden der Weissagung sowie visionäre Begegnungen mit Verstorbenen führten zu seinem jüngsten Werk

Reunions. Seine auf diesen antiken Techniken beruhenden kontemporären Methoden können sowohl Trauernden eine große Hilfe bei der Bewältigung ihres Schmerzes sein, wie auch beim Verstehen eines über das Bestehen des Körpers hinausgehenden Bewußtseins helfen. Die Popularität und zunehmende öffentliche Akzeptanz einschlägiger Untersuchungen und der Bücher von Murphy, Monroe und Moody sowie die zahlreicher anderer, scheinen uns ebenfalls auf das Herannahen einer neuen evolutionären Schwelle hinzudeuten.

Wann, wo, warum und wie erreichen wir den Himmel auf Erden?

Die Neunte Erkenntnis erinnert noch einmal daran, daß wir leben, um den Himmel auf Erden zu erreichen. Nehmen wir den Zustand unseres Planeten jedoch in näheren Augenschein, scheint diese Vorstellung eher ins Reich der Phantasie zu gehören, ein Reich, hinter dem Krankheit, Verbrechen, Armut, Krieg und Verzweiflung auf uns lauern – eine Verzweiflung, die die Tiefen-Ökologin Joanna Macy in ihrem Buch *World as Lover, World as Self*, wie folgt beschreibt:»Wir werden mit Signalen der Verzweiflung bombardiert – Umweltzerstörung, Zusammenbruch des sozialen Gefüges und unkontrolliertes

> Kommt zu mir,
> Magische Geister,
> Kommt ihr nicht,
> Komme ich zu euch.
> Erwacht, erwacht,
> Magische Geister,
> Zu euch bin ich gekommen,
> Erhebt euch nun
> aus eurem Schlaf.[23]
> Peri und Wharton,
> *Sucking Doctor –*
> *Second Night*

nukleares Wachstum. Wie nicht anders zu erwarten, fühlen wir uns verzweifelt … verwunderlich ist jedoch das Ausmaß, in dem wir versuchen, diese Verzweiflung vor uns und vor anderen zu verbergen.«[22] Nach Macys Auffassung führen unsere religiösen und sozialen Tabus in bezug auf den »Verlust unseres Urvertrauens« sowie die Furcht vor dem Aussterben der menschlichen Spezie zu einer psychischen Abstumpfung. In diesem Zustand psychischer Lähmung filtert unsere Wahrnehmung nur noch negative Informationen aus, wodurch wir unsere Fähigkeit verlieren, Probleme kreativ zu adressieren.

Da Verzweiflung, Furcht und Leugnung individuelle Probleme darstellen, besteht ein Teil der evolutionären Arbeit für jeden einzelnen darin, sich die eigenen Emotionen in bezug auf soziale Probleme zu verdeutlichen und mit ihnen zu arbeiten. Genauso wie wir schließlich in der Lage sind, mit der eingefrorenen Energie der Kontroll-Dramen zu operieren, können wir unsere Gefühle der Mutlosigkeit, Unterlegenheit oder Hoffnungslosigkeit wahrnehmen und akzeptieren und die so freigewordene Energie zur Lösung planetarer Probleme nützen.

Von den Systemen der Natur lernen

In einer im April 1994 gehaltenen Rede definierte Fritjof Capra, der Autor von *The Tao of Physics*, die Hauptherausforderung unseres Zeitalters: Die Schaffung und Erhaltung einander bedingender und unterstützender menschlicher Gemeinschaften – grundlegende Lebensmuster, die ihre Vorbilder in den Gesetzen der Natur und den acht Prinzipien einander unterstützender Systeme haben und anhand derer wir ein Bild unserer Zukunft entwerfen können.

Natürliche Ökosysteme existieren in Netzform, Netzwerke von miteinander verbundenen, in mehrere Richtungen strebenden, non-linearen Elementen. Diese Systeme sind zyklisch und regulieren sich von selbst durch Resonanzschleifen. Diese Resonanzschleifen sind verantwortlich für die Lernvorgänge innerhalb des Systems. (Berühren wir zum Beispiele mit der Hand eine Flamme, so führt dies zu Verbrennungen – ein kreativer und unserem Wachstum dienlicher Lernprozeß.) Demnach bedürfen wir keiner externen Autorität, die uns auf unsere Fehler aufmerksam macht, sondern können uns durch direkte Erfahrungen selbst organisieren. Capra übernimmt den Standpunkt des Systems:»Sobald wir verstanden haben, daß Leben Vernetzung bedeutet, begreifen wir auch, daß Selbst-Organisation das Hauptmerkmal jeglicher Lebensform ist.«[24] Dies stellt einen neuen Operationsmodus für unsere Kultur dar, die ihre Führung seit dem Mittelalter bekanntlich von einem Triumvirat aus Religion, Politik und Wissenschaft abhängig gemacht hat.

Das ungehinderte Funktionieren eines sich selbst stützenden Systems hängt von der Kooperation und Partnerschaft seiner Mitglieder ab. Ein zyklischer Fluß ist nach Capras Auffassung von weitaus größerer Wichtigkeit als Darwins Begriff von den konkurrierenden Arten. Im Ökosystem der Zukunft bevölkern verschiedene Wesen die gleiche ökologische Nische und sind zum Überleben aufeinander angewiesen. Der Energiefluß stellt sich ein, sobald der Mensch an seine eigene Energiequelle gelangt ist und seine Beziehung dazu stabilisiert hat – dadurch werden wir dann auch in der Lage sein, Energie ohne Einschränkung an andere weitergeben zu können.

Zwei weitere Voraussetzungen für das erfolgreiche Funktionieren einer derartigen Gemeinschaft sind Flexibilität und Diversität. Jedes Lebenssystem ist einer konstanten Veränderung unterworfen. Um sein Überleben zu gewährleisten, muß das System in der Lage sein, auf Veränderungen reagieren zu können. Je mannigfaltiger sich die Varianten eines Systems gestalten, desto größer sind auch seine Überlebenschancen. Die Erste Erkenntnis erinnert uns an die natürliche Rolle, die die Fügungen bei der Herstellung der Diversität spielen. Intuitive, innere Führung stellt ein Synonym für Flexibilität und Energiefluß dar.

Das letzte Prinzip ist das der Co-Evolution. Um eine der oben beschriebenen Gemeinschaften aufrechtzuerhalten, ist es notwendig, daß »sie durch ein Zusammenspiel von neuer Schöpfung und gegenseitiger Adaptation co-evolviert. Diese, Neuland erschließende, Kreativität ist eine der vordringlichen Eigenschaften alles Lebendigen ...«[25] Als kreative und intuitive (und nicht durch Furcht oder Verzweiflung paralysierte) Wesen

Auf dem Schnabel des Kolibris lebt ein winziges Insekt, nicht viel größer als der Punkt am Ende dieses Satzes. Nähert sich der Kolibri einer Blüte, die den richtigen Geruch absondert, so läuft dieses Insekt (mit außerordentlich hoher Geschwindigkeit) an das Ende des Schnabels und springt von dort in die Blüte, den Vogel dabei wie einen Privatjet benützend.

> »Da die Evolution von Mensch und Tier gleichermaßen die Eigenschaft hat, sich auf Abwegen fortzusetzen, anstatt linear fortzuschreiten, ist mit großer Wahrscheinlichkeit anzunehmen, daß auch in der Domäne des Metanormalen Höhen und Tiefen der Entwicklung auftauchen werden. Die Entscheidung, unsere höheren Aspekte zu entwickeln, liegt allein in unseren und nicht etwa in Gottes Händen ... Es wird keine weitere Entwicklung des menschlichen Potentials geben, solange wir nicht an seiner Realisation arbeiten.«[27]
>
> Michael Murphy,
> *Die Zukunft des Körpers*

sind wir bereits bestens damit vertraut, neue Lösungsvorschläge durch intuitives Vorgehen herbeizuführen.

Die acht Prinzipien der Ökologie, die beim Entwurf einer derartigen Gesellschaft verwandt werden, lauten: Wechselseitige Abhängigkeit, Selbsterhaltung, ökologische Zyklen, Energiefluß, Partnerschaft, Flexibilität, Diversität und Co-Evolution.

In seinem Buch *The Ecology of Commerce* erklärt der Ökologie-Experte Paul Hawken, daß die Existenz von Leben auf diesem Planten weitgehend davon abhängig ist, inwieweit wir lernen werden, mit Konfusion, Ignoranz und Abscheu umzugehen, die häufig dann auftreten, wenn wir des tatsächlich an unserer Umwelt entstandenen Schadens gewahr werden. Wie schon Macy, so ist auch er der Ansicht, daß die Einführung ökologischer Prinzipien von ebenso großer Wichtigkeit ist wie eine damit verbundene Demokratisierung ökologischer Entscheidungsprozesse. »Die vordringliche Frage in unseren Kommunen und Betrieben besteht darin, ob die Menschheit bei der Restauration des Planeten mithilft oder durch pure Ignoranz zum Aussterben verdammt ist.«[26]

Restaurative Wirtschaft. Das Manuskript erinnert uns daran, daß spirituelles Bewußtsein gleichbedeutend damit ist, die Verbindung alles Lebendigen miteinander wahrzunehmen und die Schönheit seiner Existenz zu erkennen – was uns unmittelbar zu der für uns anstehenden Aufgabe führt: Harmonie mit unserer natürlichen Umgebung herbeizuführen, sich nach ihren Gesetzen zu richten und unser Leben nach ihnen einzurichten. Eine neue Form der Führung taucht auf. Um das in der Neun-

ten Erkenntnis gegebene Versprechen einzulösen, müssen wir
unseren ausbeuterischen Raubbau an den Ressourcen der Erde
durch eine restorative Wirtschaft ersetzen. Hawkens:

>In wenigen Worten läßt sich die restaurative Wirtschaft wie
folgt beschreiben: Stellen wir uns eine florierende Geschäftswelt vor, die so intelligent entworfen und konstruiert wurde,
daß sie in jedem Aspekt die Natur imitiert, eine Symbiose von
Geschäft, Kunde und Ökologie ... Wollen wir effektiv mit unseren Leben umgehen, so müssen wir in nächster Zukunft
darangehen, Techniken und Programme zu entwickeln und
auch zur Anwendung zu bringen – einfach zu verwendende
und zu verstehende Werkzeuge, die sich nahtlos in die Landschaft der menschlichen Natur einfügen lassen.«[28]

Nach Hawken ist die ursprüngliche Natur des Geschäftlichen
nicht unbedingt ausbeuterisch und destruktiv. Mit Annäherung
an das neue Millennium kann und muß sich die Industrie den
wandelnden Verhältnissen auf diesem Planeten anpassen. Er
schreibt:

>Ironischerweise braucht die Industrie unseren Segen. Keine
andere Instanz auf der Welt ist kraftvoll genug, um die notwendigen Veränderungen einzuleiten und durchzuführen ...
die Industrie stellt das Problem dar und muß an der Lösung
beteiligt werden. Sobald wir darangehen, mit ihrer Hilfe die
Bedürfnisse der Welt zu befriedigen, wird sie sogar noch
wichtiger werden ... Obwohl Kommerz in seiner schlimmsten Ausprägung und im Vergleich mit der Schönheit und
Komplexität der natürlichen Welt nichts weiter zu sein
scheint als ein schmutziger Scherbenhaufen, sind die Ideen
und der größte Teil der zur Umgestaltung unserer Geschäftswelt benötigten Technologien bereits vorhanden. Was fehlt,
ist der kollektive Wille, sie anzuwenden.«[29]

Ein zunehmender Trend besteht in der Anwendung spiritueller und ökologischer Prinzipien auf den Handel. Peter M. Senge, der Autor von *The Fifth Discipline*, ist der Ansicht, daß die
herkömmliche Geschäftswelt unter Fragmentation (Mangel an

Resonanz und holistischem Denken), Wettbewerb (der Eckstein kapitalistischer Trennung) und Reaktion (unflexibel und unkreativ) leidet. Dr. Senge, Direktor des Zentrums für Organisatorisches Lernen an der MIT Sloan Management Schule, konzentriert sich vor allem auf die Dezentralisierung von Führungspositionen, um allen Beteiligten eine Möglichkeit zu geben, produktiv an der Erreichung eines gemeinsamen Zieles mitzuwirken. In einem kürzlich erschienenen Artikel behaupten Senge und sein Co-Autor Fred Kaufman, daß die Veränderungen im Geschäftsleben weit über die betroffenen Industrien hinausreichen und »daß sich Verständnis und Verhalten unserer gesamten Kultur grundlegend verändern werden.«[30] Die Autoren erklären weiterhin, daß sich ohne persönliche Transformation nichts wirklich verändern kann, und sind der Auffassung, daß sich die Unternehmensstrukturen ändern müssen, um Kreativität und Lernerfahrungen in einem sicheren Environment zu fördern. »Sobald Menschen auf dieses Weise miteinander kommunizieren, kreieren sie ein einheitlich ausgerichtetes Energiefeld, das in der Lage ist, immense Kräfte zur Schaffung einer neuen Qualität im Bereich der Kommunikation und zur Umsetzung neuer Ideen in die Welt zu bringen.«[31]

Neue Geschäftswelt: Um diese neue Vision in die Tat umzusetzen, müssen die Menschen bereit sein, sich dieser Aufgabe voll und ganz zu widmen. Nach Senge stützt sich eine derartig lernbereite Organisation auf drei Hauptpfeiler: 1. transzendenten menschlichen Wertvorstellungen wie Liebe, Wunder, Bescheidenheit und Mitgefühl (Anklänge an die Fünfte Erkenntnis); 2. Regeln zur generativen Konversation und koordinierten Handlung (Anklänge an die Interpersonelle Ethik der Achten Erkenntnis); und 3. einer Kapazität mit und innerhalb des Lebensflusses als System zu agieren (offen für Fügungen, im Flow befindlich).

Indem wir unsere funktionsgestörten und kurzsichtigen Methoden durch obengenannte Prinzipien ersetzen, bewegen wir uns auf die in der Neunten Erkenntnis angesprochene Automation zu. Demnach können wir alle in unserer Zivilisation bestehenden Bedürfnisse befriedigen, indem wir natürliche und reine Energie verwenden und die Haltbarkeit unserer Gebrauchsartikel erhöhen. In einiger Zeit werden alle Menschen zu gleichen Teilen Anteile an den automatisierten Industrien besitzen und auf diese Weise ihr Einkommen erhalten, ohne daß eine repressive zentrale Autorität dazwischengeschaltet ist. Der Fokus des menschlichen Lebens wird darauf gerichtet sein, unsere spirituelle Evolution durch Einwirkung der Synchronizität herbeizuführen. Spirituelle, auf unserer inneren Führung beruhende Prinzipien werden dabei das Aufkommen von chaotischen Zuständen verhindern.

Möglicherweise wird im Laufe des nächsten Jahrtausends sogar diese grüne Technologie noch durch unsere eigenen Fähigkeiten ersetzt werden. Vielleicht werden wir keine technischen Apparaturen mehr benötigen, um Essen zu produzieren, zu heilen, zu reisen oder zu kommunizieren. Wir werden lernen, das von uns Benötigte zu manifestieren.

Der Zehnte – eine neue Betrachtungsweise des Gebens

Schließlich und endlich wird es keinen Bedarf für eine Währung mehr geben. Bereits jetzt, zum Ende des zwanzigsten Jahrhun-

> »Liebe ist es, die den Mörtel liefert,
> und Liebe war es, die diese Steine schuf.
> Und Liebe baute diese Bühne,
> Obwohl es scheint, als wären wir allein.«[32]
> David Wilcox, aus seinem Lied
> *Show The Way*

derts, sind unsere Möglichkeiten nicht weit davon entfernt, unsere Welt so weit zu automatisieren, daß wir für unseren Lebensunterhalt nicht mehr selbst arbeiten müssen.

Das Manuskript sagt voraus, daß wir für unsere Einsichten und unseren Wert als menschliche Wesen bezahlt werden. Klassen, Status, Macht oder Eigentum werden keine motivierenden Faktoren oder Anzeichen für Erfolg mehr darstellen. In einer entwickelten Kultur werden wir denen geben, die uns mit spiritueller Inspiration versorgen. Das Konzept des Zehnten bedeutet traditionell, daß wir ein Zehntel unseres Einkommens einer etablierten Institution wie einer Kirche oder einer wohltätigen Einrichtung geben. Mit zunehmender Wertschätzung der synchronistischen Entfaltung unserer Leben werden wir auch dazu übergehen, den Zehnten an jene zu geben, die uns Energie, Ideen und Möglichkeiten aufzeigen und zukommen lassen. Der Zehnte wird zu einer handfesten Form des Energieaustausches und zu einem Ausdruck unserer Wertschätzung für andere.

Lernen für die Zukunft

Damit die Zukunft sich nach den Voraussagen des Manuskriptes entfalten kann, müssen wir die folgende Generation in einem reichhaltigeren und dem Lernen zuträglicheren Environment aufziehen, damit es ihre Mitglieder leichter haben, sich im Energiefluß aufzuhalten.

Die gleichen Prinzipien, die für Fragen der menschlichen Gemeinschaft Gültigkeit besitzen, haben ebenfalls einen Platz in Erziehungs- und Bildungsfragen. Gerade während der Übergangsjahre wird es eine Vielzahl von Theorien und Programmen geben, die die Notwendigkeit zur Heranbildung bewußter Kinder herausheben. Eines dieser Modelle wird zur Zeit am von Fritjof Capra gegründeten Elmwood Institut in Berkeley, Kalifornien, entwickelt. Es nennt sich »eco-literacy« (Ökoalphabetismus) und verwendet die gleichen acht Prinzipien, die auch selbstorganisierende und selbsterhaltende Systeme verwenden.[33]

Wechselseitige Abhängigkeit: »In einer auf innerem Wachstum beruhenden Gemeinschaft sind Lehrer, Schüler, Administratoren, Eltern, Geschäftsleute und Gemeindemitglieder durch ein Netzwerk persönlicher und Arbeitsbeziehungen miteinander verbunden.«

Selbsterhaltung: »Lehrer verstehen die Langzeitwirkung, die sie auf ihre Schüler haben.«

Ökologische Zirkel: »Jeder ist gleichzeitig Lehrer und Schüler.«

Energiefluß: »Auf innerem Wachstum beruhende Gemeinden

sind offene Kommunen mit fluktuierender Population. Jeder findet innerhalb des Systems seine eigenen Nischen.«

Partnerschaft: »Alle Mitglieder arbeiten gemeinschaftlich. Dies bedeutet Demokratie und erhöhte Macht des einzelnen, da jede Rolle von großer Wichtigkeit für den Fortbestand der Gemeinde ist.«

Flexibilität: »Es existieren dynamisch fließende Veränderungen. Der tägliche Terminkalender ist flexibel, jedesmal wenn eine Änderung im Programm erforderlich ist, wird ein neues, dem Lernen förderliches Umfeld dafür geschaffen.«

Diversität: »Schüler und Studenten werden ermutigt, unterschiedliche Lernmethoden auszuprobieren ... kulturelle Vielfalt ist außerordentlich wichtig für eine wahre Gemeinschaft.«

Co-Evolution: »Mit zunehmender Partnerschaft von Geschäfts- und kommunalen Gruppierungen sowie Eltern und Schulen werden alle Beteiligten sich gemeinsam und zeitgleich entwickeln (co-evolvieren).«

Kritische Masse und morphogenetische Felder

Die zentrale Hypothese in Kenneth Rings Buch *Heading Towards Omega*, das sich mit Nahtoderfahrungen befaßt, kann durch die Aussage zusammengefaßt werden, daß die aus Nahtoderfahrungen resultierenden spirituellen Transformationen eine generelle evolutionäre Strömung darstellen. Wie, so fragt er jedoch, kann diese Bewußtseinsveränderung rechtzeitig genug herbeigeführt werden, um unseren Planeten vor dem Untergang zu bewahren? Er bietet eine Theorie an, die viel mit der bereits in der Ersten Erkenntnis erwähnten Idee vom Erreichen einer kritischen Masse zu tun hat.

Seine Theorie basiert auf den Werken von Rupert Sheldrake, einem englischen Biologen, dessen Buch *A New Sciene of Life: The Hypothesis of Formative Creation* 1981 veröffentlicht wurde und immer noch heiß umstritten ist. Nach Sheldrakes Ansicht »sind die charakteristischen Formen und das Verhalten von physikalischen, chemischen und biologischen Systemen durch unsichtbare organisierte Felder bestimmt, die von ihm *morpho-*

genetische Felder genannt werden. Diese Felder transzendieren Raum und Zeit, verfügen aller Wahrscheinlichkeit nach über keine Masse ... und erfahren selbstverständlich von den Schulwissenschaftlern keinerlei Anerkennung«.[34]

Eine von vielen wissenschaftlichen Anomalien, die sich durch diese merkwürdige Behauptung erklären ließe, besteht in einem im Jahre 1920 vom Harvard-Psychologen William McDougall durchgeführten Experiment. McDougall trainierte Ratten in einem Wasserlabyrinth und züchtete seinen Bestand über mehrere Generationen hinweg selbst. Er stellte fest, daß die letzte Generation von Versuchstieren das Labyrinth etwa zehnmal so schnell durchschwamm wie seine erste Gruppe. Noch viel unerklärlicher und erstaunlicher war die Tatsache, daß Forscher in anderen Ländern bei ihren Anfängergruppen das gleiche Entwicklungsniveau feststellten wie bei den höchstentwickelten Exemplaren von McDougall! Nach Sheldrakes Theorie haben die Ratten »ein morphogenetisches Feld für dieses Verhalten etabliert. Dieses Feld ›leitete‹ das Verhalten der nachfolgenden Ratten durch einen Vorgang ... morphischer Schwingung, der eine Beschleunigung des Lernvorgangs ermöglichte«.[35] Ring wendet diese Theorie auf die menschliche Evolution an und zitiert den Wissenschaftsautoren Peter Russell, dessen Kommentare die Implikationen des Manuskriptes von *Celestine* stark beeinflußt haben: »Wendet man Sheldrakes Theorie auf die Entwicklung höherer Bewußtseinsstufen an, so läßt sich voraussagen, daß das morphogenetische Feld für ein höheres Bewußtsein im gleichen Maße wächst, wie einzelne Individuen ihr eigenes Bewußtsein erhöhen oder erweitern und es für andere einfacher wird, sich in die gleiche Richtung zu bewegen. Die Gesellschaft gewinnt an Impulsen – in Richtung Erleuchtung. Da die Wachstumsrate nichts mit den Errungenschaften der vorangegangenen Generationen zu tun hat, könnten wir in eine Phase super-exponentiellen Wachstums eintreten. Dies wiederum könnte zu einer Kettenreaktion führen, innerhalb derer jeder mit einem Mal eine Wandlung zu einem höheren Bewußtsein erfährt.«[36]

Zusammenfassung der Neunten Erkenntnis

Durch die Neunte Erkenntnis erfahren wir, wie die Evolution sich entwickeln wird, wenn wir die anderen acht Erkenntnisse als Lebensgrundlagen verwenden. Mit zunehmender Synchronizität erreichen wir ein immer höheres Niveau feinstofflicher Schwingung. Während wir auf unsere wahre Mission zusteuern, werden sich Berufe und Neigungen verlagern, bis wir endlich bei der Tätigkeit angekommen sind, die uns am meisten zusagt. Für viele wird diese darin bestehen, die Herstellung von Grundnahrungsmitteln, Gebrauchsgütern und Dienstleistungen zu automatisieren: Nahrungsmittel (abgesehen von denen, die wir persönlich anbauen), Wohnung, Kleidung, Verkehrsmittel, Medien und Erholung. Diese Automation wird aller Wahrscheinlichkeit nach sanktioniert werden, da die meisten Menschen andere Lebensaufgaben gefunden haben. Der freie Zugang zu diesen Gütern wird nicht mißbraucht, da wir gleichzeitig den Ansprüchen unseres inneren Wachstums folgen und nur dann etwas konsumieren, wenn wir es auch wirklich benötigen.

Der Zehnte wird für den Lebensunterhalt derer sorgen, die uns mit spirituellen Erkenntnissen versorgen, und sie von rigiden Arbeitszusammenhängen befreien. Schließlich und endlich werden wir keine Währung mehr benötigen, da frei erhältliche Energie und dauerhafte Konsumgüter eine totale Automation gestatten. Mit dem Fortschreiten der Evolution werden unsere feinstofflichen Schwingungen durch die Synchronizität bis zu einem Punkt gesteigert, an dem es uns möglich ist, in die Dimension des Lebens nach dem Tod unserer Körper einzutreten und diese Dimension mit unserer eigenen zu verschmelzen und somit den Kreislauf von Leben und Tod zu beenden.

Zur weiteren Lektüre empfohlen:

Danieli Quinn: *Ishmael.* 1993
Matthew Fox: *Coming of the Cosmic Christ.* 1988
Fritjof Capra: *The Turning Point.* 1992
Paramahansa Yogananda: *Autobiography of a Yogi.* 1946
Eileen Freeman: *Touched by Angels.* 1993
Jose Arguelles: *The Mayan Factor: Path beyond Technology.* 1987

Bard T. Spalding: *Life and Teachings of the Masters of the Far East.* 1964
Bruce L. Cathie: *Energy Grid: Harmonic Six Hundred Ninety-five and the Pulse of the Universe.* 1990
Willis Harman und John Hormann: *Creative Work: The Constructive Role of Business in a Transforming Society.* 1990
Institute of Evolutionary Research: *The Mind of the Cells: Or Willed Mutation of Our Species.* 1992
Dannion Brinkley/Paul Perry: *Saved by the Light.* 1994

Einzelstudium zur Neunten Erkenntnis

Leben Sie die acht Erkenntnisse. Sie selbst sind Teil einer Evolutionsbeschleunigung. Wie viele andere werden auch Sie möglicherweise durch diese Zukunftsvision angesteckt und wollen jetzt und hier mit dabei sein. Der Schlüssel dazu besteht darin, sich *jetzt im Augenblick aufzuhalten* (um Ram Dass, einen spirituellen Lehrer und Autoren zu zitieren), sowie darin, die acht Erkenntnisse im alltäglichen Leben zur Anwendung zu bringen.

An Ihrem Arbeitsplatz und in Ihrem Umfeld werden Sie für Ihre inneren Veränderungen sowohl auf Skepsis, Angst und Widerstand stoßen wie auf Unterstützung und Zustimmung. Wichtig ist, die Augen für die Fügungen offenzuhalten und von innen heraus zu agieren. Achten Sie außerdem darauf, in Konfliktsituationen unbedingt die Wahrheit zu sagen und Ihre Energie durch den Kontakt mit der Natur und schönen Dingen aufrechtzuerhalten.

Offen für neue Möglichkeiten

Hören Sie nicht auf zu wachsen. Ein besonderer Schwerpunkt des Manuskriptes liegt auf der Energie – sie zur Kenntnis zu nehmen, sie zu erhalten, auf sie zu hören und sie vor allem aufzubauen. Achten Sie darauf, zu welcher Energie Sie sich hingezogen fühlen. Viele werden ihren Beruf wechseln wollen oder zumindest ihr Wissen auf anderen Gebieten vertiefen. Zu keiner Zeit haben sich so viele neuartige Fenster der Weisheit für uns geöffnet. In fast jedem Berufsfeld ist es mittlerweile möglich, mit Energie zu arbeiten. So könnte die Heilung der Zukunft zum Beispiel auf Schwingungsveränderungen beruhen, die durch Klang, Licht und Bewegung sowie Visualisierungen und die Anwendung schamanistischer Methoden erreicht werden. Ernährung und Agrarkultur sind durch Arbeit mit Energieübertragung ebenso beeinflußt worden wie die biologischen und ökologischen Disziplinen. Die Psychologie ist dabei, ihre Parameter zu erweitern, und zieht Hypnose sowie die Möglichkeit vergangener Leben in Betracht, um tiefliegende Erfahrungen zutage zu bringen. In Erziehungsfragen gibt es mittlerweile zahlreiche Ansätze, die sich damit befassen, Kindern dabei zu helfen, an ihre Energie zu gelangen, ihr Schicksal zu erkennen und zum bewußten Teil des Evolutionsprozesses zu werden. Die Gestaltung von Arbeitsplätzen und privaten Häusern unterliegt einem starken Wandel, Erkenntnisse der Farbenpsychologie, Ergonomie und sogar Feng Shui, das uralte chinesische System vom Verständnis räumlicher Energiedynamiken, werden auf beide Bereiche angewandt. Spirituelle Gruppen und Gemeinschaften, Hilfegruppen für Süchtige und Kranke sowie die Wiederbelebung sinnvoller religiöser Zusammenkünfte bieten allesamt Gelegenheit, Teil dieses Evolutionsnetzes zu werden. Kampfsportarten, Tanz und Bewegungsklassen dienen dem Wohlbefinden und dem Zugang zu Ihrer eigenen Kraft. Lassen Sie Ihre Intuition Ihnen den Weg zeigen und folgen Sie ihr.

Benutzen Sie Ihre Imagination, um neue Möglichkeiten zu schaffen

Der persönliche Weg. Was würden Sie lieber tun? Oft fühlen wir uns ruhelos und wissen nicht, was wir wirklich möchten. Nach dem Lesen des letzten Kapitels können Sie vielleicht selbst ein paar Ideen über Ihre persönliche Zukunft formulieren. Beschreiben Sie in Ihrem Tagebuch ein für Sie ideales Leben. *Denken Sie dabei in großen Maßstäben!*

Benutzen Sie die folgenden Fragen, um sich ein neues Lebensmodell auszumalen:

- In Gesellschaft welcher Menschen sehen Sie sich? Künstler? Musiker? Geschäftsleute? Heilkundler? In welchem familiären Rahmen befinden Sie sich?
- Welcher Beschäftigung möchten Sie nachgehen? Möchten Sie etwas Abenteuerliches unternehmen? Einem Lehrberuf nachgehen? Einem Heilberuf? In der Werbung arbeiten?
- Wie weit sind Sie von diesem Leben entfernt? Wie könnte ein erster Schritt in diese Richtung aussehen?
- Wo möchten Sie leben? In einer großen Stadt? Europa? Vereinigte Staaten? In den Bergen oder der Wüste?

Zwei ausgezeichnete Bücher können Ihnen bei der Erkundung Ihrer neuen Optionen behilflich sein: Barbara Sher: *Wishcraft.* 1979, und Julia Cameron: *The Artist's Way.* 1992.

Verändern Sie Ihre Perspektive

Sollten Sie den starken Wunsch verspüren, Ihrem Leben mehr Bedeutung und Tiefe zu verleihen, so werfen Sie einen Blick auf die folgenden Punkte, die Robert Monroe nach seinen außerkörperlichen Erfahrungen niederschrieb.[37]

- Seien Sie sich darüber im klaren, daß Sie mehr sind als Ihr Körper.
- Erinnern Sie sich daran, daß Sie gekommen sind, um bestimmte Dinge zu erledigen, lassen Sie sich von der Notwendigkeit, überleben zu müssen, jedoch nicht in die Verzweiflung treiben. Ihr ultimatives Ziel liegt nicht im physischen Überleben.
- Begreifen Sie, daß Sie sich aus freien Stücken auf der Erde aufhalten. Sobald Sie genügend gelernt haben, dürfen Sie gehen.
- Begreifen Sie die Welt als das, was sie in Wirklichkeit ist – ein Ort zum Lernen.
- Bestimmen und genießen Sie Ihr Leben so ausgiebig wie möglich, werden Sie jedoch nicht abhängig von dieser Erfahrung.

Während Sie diese Vorstellungen in Ihr Denken integrieren, sollten Sie auf Veränderungen innerhalb Ihrer persönlichen Zielsetzungen und bei Ihren Interaktionen mit anderen achten.

Arbeitsgruppe zur Neunten Erkenntnis

Session 13

Dauer: 2 Stunden 30 Minuten

Zweck: Diskussion der Neunten Erkenntnis.

Einleitung: Freiwillige sollten laut das Kapitel über die Neunte Erkenntnis auf den Seiten 560–564 bis zum Abschnitt »Was für einen evolutionären Sprung spricht« vorlesen.

Anweisungen: Ergreifen Sie das Wort, sobald Sie sich dazu inspiriert fühlen, und lassen Sie jenen, die sprechen, Ihre volle Energie und Aufmerksamkeit zukommen. Die folgenden Fragen eignen sich bestens, um eine Diskussion in Gang zu bringen:

- Inwiefern hat sich Ihre Weltsicht geändert, seit Sie von den Erkenntnissen gehört haben?
- Inwieweit hat sich Ihr Verhalten verändert, seit Sie die *Prophezeiungen von Celestine* gelesen oder die Arbeit an diesem Handbuch begonnen haben?
- Welcher Aspekt der in der Neunten Erkenntnis geschilderten Zukunft scheint Ihnen am attraktivsten?
- Wie können Sie Ihrer Meinung nach am besten zu dieser beschleunigten Evolution beitragen?
- Welche Themen tauchen auf, wenn Sie mit Ihrer Familie und Ihren Freunden über die Erkenntnisse sprechen?
- Welche Intuitionen sind Ihnen im Zusammenhang mit den Erkenntnissen und der Neunten Erkenntnis im besonderen gekommen?
- Wie würden Sie sich mit Kindern über diese Konzepte unterhalten?

– Was ist für Sie die tiefste Wahrheit, die Sie in den *Prophezeiungen von Celestine* erfahren haben?

Übung 1: Im Bereich der Möglichkeiten

Dauer: 1 Stunde

Zweck: Ihre Imagination zu stärken und die Grenzen Ihres Wissens über sich selbst zu erweitern.

Anweisungen:

Schritt 1: Verbringen Sie fünfzehn Minuten damit, ein imaginäres Leben aufzuzeichnen – jede Alternative zu Ihrem jetzigen Leben sollte darin Ausdruck finden. Legen Sie sich bei dieser Übung auf keinen Fall Beschränkungen auf!

Schritt 2: Wählen Sie jetzt einen Partner und beschreiben Sie sich gegenseitig Ihre imaginären Biographien. (Jeder ungefähr fünfzehn Minuten.)

Schritt 3: Kehren Sie in die Gruppe zurück und teilen Sie Ihre Erlebnisse den anderen mit – wenn Ihnen danach zumute ist.

Schritt 4: Sollte sich Ihr imaginäres Leben mit dem eines anderen Teilnehmers decken, sollten Sie nach möglichen Botschaften innerhalb dieser Fügung suchen!

Übung 2: Ein Gespräch über Ökologie

Dauer: Verwenden Sie die restliche Zeit.

Zweck: Ein wenig der Furcht, Hoffnungslosigkeit oder Verzweiflung zu transzendieren, die wir wegen der Umweltprobleme in uns tragen.

Anweisungen: Die folgenden Fragen können eine gute Diskussionsgrundlage darstellen.

– Was bereitet Ihnen unter den Problemen auf diesem Planeten am meisten Angst?

- Was bereitet Ihnen an der Zukunft am meisten Sorge?
- Welche Gefühle haben Sie bezüglich Ihrer Kinder und deren Zukunft?
- Die Gruppe sollte eine Prioritätenliste mit vordringlich in Angriff zu nehmenden Problemen erstellen.
- Wie werden Sie persönlich mit dem Streß durch die Nachrichten von Ölkatastrophen, Ozonlöchern, Giftmüll, Armut und Überbevölkerung fertig?
- Wie tragen Sie selbst zu einem oder mehreren dieser Probleme bei?
- Welche Bücher zu diesem Thema haben Sie inspiriert?
- Sind Sie willens, weitere Bücher und Artikel zu diesem Thema zu lesen und bei weiteren Treffen Informationen darüber mit den Gruppenmitgliedern auszutauschen?

Abschluß:

Anfragen nach Hilfe. Übermittlung liebevoller Energie.

Für weitere Sessions:
Für den Fall, daß Ihre Gruppe sich auch weiterhin treffen möchte, könnten die Teilnehmer damit beginnen, die in diesem Buch aufgeführten Zitate zu lesen und die darin enthaltenen Ideen zu diskutieren. Ihre Gruppe ist auf jeden Fall ein geeigneter Ort für Brainstorming und heilsame Begegnungen mit anderen Menschen.

> »Nun ist die Bühne angerichtet. Fühlen Sie, wie das Herz in Ihrer Brust schlägt. Das Leben ist noch nicht vorüber.«
> David Wilcox, aus seinem Lied *Show The Way*[38]

Danksagung

Zunächst möchten wir all jenen danken, die *Die Prophezeiungen von Celestine* gelesen und an ihre Freunde weitergegeben haben. Ohne Ihren Enthusiasmus und Ihre Bereitschaft, mehr zu erfahren, wäre das vorliegende Buch niemals zustande gekommen.

Besonderer Dank gebührt Candice Fuhrman dafür, daß sie die Autoren zusammengebracht und das gemeinsame Projekt initiierte. Ebenfalls möchten wir Joann Davis für ihre Unterstützung, ihren Rat und ihre Arbeit als Lektorin an diesem Buch danken.

Weiterer Dank geht an Penney Peirce und Ellen Looyen, die beide zur gleichen Zeit darauf bestanden haben, daß Carol Adrienne die *Prophezeiungen von Celestine* lesen solle. Wir möchten bei dieser Gelegenheit noch einmal allen danken, die Zeit, Energie und Ideen in unsere Workshops in Sausalito und Mt. Shasta, Kalifornien, investierten: Im besonderen gilt dies für Donna Hale, Larry Leigon, Donna Stoneham, Paula Pagano, Annie Rohrbach, Bob Harlow und all die anderen, deren Geschichten zu diesem Buch beigetragen haben.

Dank gebührt außerdem allen Autoren und Denkern, die unsere Arbeit beeinflußt und zur Entwicklung des menschlichen Bewußtseins beigetragen haben.

Quellen und Literaturangaben

Kapitel 1

1   C. G. Jung aus Collected Works, Vol. 14, S. 464.
2   Alan Vaughn aus Incredible Coincidence, The Baffling World of Synchronicity. 1979. New York. S. 162.

Kapitel 2

1   Michael Murphy. Die Zukunft des Körpers. 1992.
2   Philip Novak, Buddhist-Christian Studies; East-West Religions Project; 1984. S 64 f.
3   C. G. Jung. Dreams. 1974. Princeton, New Jersey. S. 36.
4   Deepak Chopra. Ageless Body, Timeless Mind. 1993. New York. S. 4.
5   Chopra. Ebenda. S. 22.
6   Chopra. Ebenda. S. 4 f.

Kapitel 3

1   Peter Tompkins und Christopher Bird. Das geheime Leben der Pflanzen. 1973.
2   Tompkins/Bird. Ebenda. S. 38.
3   Tompkins/Bird. Ebenda. S. 27.
4   Stanislav Grof. The Adventure of Self-Discovery. 1988. Albany, S. 111.
5   Georg Leonard. The Ultimate Athlete. 1990. Berkeley. S. 62–63.
6   Tompkins/Bird, Das geheime Leben der Pflanzen. S. 223.
7   Leonard Laskow, Healing With Love: A Breakthrough Mind/Body Medical Program for Healing Yourself and Others. 1992. New York. S. 35.
8   Laskow. Ebenda. S. 70.

Kapitel 4

1 Philip R. Kavanaugh. Magnificent Addictions: Discovering Addiction as Gateway to Healing. 1992. Lower Lake. S. 115.
2 Anne Frank. Das Tagebuch der Anne Frank. 1952
3 Eric Berne. Games People Play: The Basic Handbook Of Transactional Analysis. 1964. New York. S. 46.
4 Kavanaugh. Ebenda. S. 187.
5 Melody Beattie. Codependent No More: How to Stop Controlling Others and Start Caring for Yourself. 1987. San Francisco. S. 103.
6 Shakti Gawain. Leben im Licht. 1989. München.
7 Gawain. Ebenda. S. 29.

Zur weiteren Lektüre empfohlen:
Carolyn Foster. The Family Patterns Workbook. 1993. New York.
Terence T. Gorski. Getting Love Right: Learning the Choices of Healthy Intimacy. 1993 New York.

Kapitel 5

1 James Redfield. Das Buch von Celestine. 2000. München. S. 151
2 Ebenda. S. 151f.
3 Ebenda. S. 133.
4 Kenneth Ring. Heading Toward Omega: In Search of the Meaning of the Near-Death Experience. 1984. New York. S. 66.
5 Carol Lee Flinders. Enduring Grace: Living Portraits of Seven Women Mystics. 1993. S. F. S. 155.
6 Redfield. S. 141.
7 Redfield. S. 141.
8 Thich Nhat Hanh. Present Moment Wonderful Moment: Mindfulness Verses for Daily Living. 1990. Berkeley. S. 30.
9 Redfield. Ebenda. S. 143.
10 Sanaya Roman. Spiritual Growth. S. 113.
11 Redfield. S. 147.

12 Roman. 1989. S. 114.
13 Michael Murphy und Rhea A. White. The Psychic Side of Sports. 1978 Reading. S. 21.
14 Ebenda. S. 78.
15 Maurice Herzog. Annapurna. 1952. New York. S. 132.
16 Murphy und White. 1978. S. 20.
17 Micheal Novak. The Joy of Sports. 1976. New York. S. 164.
18 Patsy Neal. Sport and Identity. 1972. Philadelphia. S 166–167.
19 Stanislav Grof. The Adventure of Self Discovery. 1988. Albany. S 113.
20 Michael Harner. The Way of The Shaman. 1990. S. XV.
21 Grof. Ebenda. S. 67.
22 Grof. Ebenda. S. 326.
23 Paramahansa Yogananda. Autobiography of A Yogi. 1946. S. 166–167.
24 Robert A. Monroe. Ultimate Journey. 1994. New York. S. 88–89.
25 Ring. 1984. S. 54.
26 Ebenda. S. 61–62.
27 Ebenda. S. 62.
28 Ebenda. S. 69.
29 Ebenda. S. 71.
30 Ebenda. S. 75.
31 Ebenda. S. 151.
32 Godfre Ray King. Unveiled Mysteries. 1982. Schaumburg. S. 3–4.

Kapitel 6

1 James Redfield. Das Buch von Celestine. 2000. München. S. 165.
2 Thich Nhat Hanh. Present Moment Wonderful Moment. 1990. Berkeley. S. 32.
3 Joanna Macy. World as Lover, World as Self. 1991. Berkeley. S. 96.
4 Redfield. S. 180.
5 Glenn Gould nach: Thirty-two Films About Glenn Gould. Regie Franç. Girard. 1994.

6 Redfield. Ebenda. S. 158.
7 The Twelve Steps: A Way Out: A Working Guide for Adult Children of Alcoholic & Other Dysfunctional Families. 1987. San Diego. S. 13.
8 Redfield. Ebenda. S. 245.
9 Thich Nhat Hanh. Ebenda. S. 6.

Kapitel 7

1 James Redfield. Das Buch von Celestine. 2000. München. S. 190.
2 Redfield. 2000. S. 189.
3 Thich Nhat Hanh. Present Moment Wonderful Moment. 1990. Berkeley. S. 29.
4 Sanaya Roman. Spiritual Growth: Being Your Higher Self. 1987. Tiburon. S. 53.
5 Roman. Ebenda. S. 42.
6 Thomas Moore. The Care of the Soul. 1992. New York. S. 260.
7 Nancy Rosanoff. Intuition Workout. A Practical Guide to Discovering and Developing Your Inner Knowing. 1988. Boulder Creek. S. 121.
8 Ebenda. S. 122.
9 Kazuaki Tanahashi. Brush Mind. 1990. Berkeley. S. 138.
10 Redfield. 2000. S. 205.
11 Redfield. Ebenda. S. 205.
12 Arnold Patent. You Can Have It All. 1984. New York. S. 143.
13 Redfield. 2000. S. 201.
14 Michael Murphy. Die Zukunft des Körpers. 1992.
15 Eine Version dieses Spiels kann bei Rosanoff gefunden werden. 1988. S. 135.

Kapitel 8

1 Redfield. Das Buch von Celestine. 2000. München. S. 212.
2 Robert A. Mcdermott. Hrsg. The Essential Aurobindo. 1987. Hudson. S. 205.

3 Harville Hendrix, Dr., Getting The Love You Want: A Guide for Couples. 1990. New York. S. 35.
4 Ebenda. S. 82.
5 Ebenda. S. 36.
6 Terence T. Gorski. Getting Love Right: Learning the Choices of Healthy Intimacy. 1993. New York. S. 141.
7 May Sarton. Journal of a Solitude. 1973. New York. S. 11.
8 Anne Morrow Lindbergh. Gift From the Sea. 1955. New York. S. 108.
9 Melody Beattie. Codependent No More. 1987. New York. S. 103.
10 Lindbergh. Ebenda. S. 104.
11 Stephen H. Glenn und Jane Nelsen. Raising Self-Reliant Children in a Self-Indulgent World. 1989. Rocklin. S. 29.
12 Ebenda. S. 50.
13 Redfield. 2000. S. 248.
14 Rick DelVecchio. »Generation of Rage«. San Francisco Chronicle, 11. Mai, 1994.

Kapitel 9

1 Michael Murphy. Die Zukunft des Körpers. 1992.
2 Ebenda.
3 Michael Harner. The Way of the Shaman. 1990. New York. S. XII
4 Petru Popescu. Amazon Beaming. 1991. New York.
5 Marlo Morgan. Mutant Message from Downunder. 1994. New York.
6 Murphy. Ebenda.
7 Robert McDermott. The Essential Aurobindo. 1987. Hudson. S. 64.
8 McDermott. Ebenda. S. 192.
9 McDermott. Ebenda. S. 194.
10 Ebenda. S. 195.
11 Ebenda. S. 198.
12 Ebenda. S. 200.
13 Pierre Teilhard de Chardin. The Phenomenon of Man. 1959. New York. S. 15.

14 Ebenda. S. 20.
15 Ebenda. S. 27.
16 Ebenda. S. 232.
17 Murphy. Ebenda.
18 Robert A. Monroe. Ultimate Journey. 1994. New York. S. 13.
19 Ebenda. S. 100.
20 Ebenda. S. 84.
21 Kenneth Ring. Heading Toward Omega. 1985. New York. S. 256.
22 Joanna Macy. World as Lover, World as Self. 1991. Berkeley. S. 15.
23 David Peri und Robert Wharton, Sucking Doctor – Second Night: Comments by Doctor, Patient and Singers. Unpubliziertes Manuskript. Zitiert aus: The Shaman's Way von Michael Harner. 1990. S. 117.
24 Fritjof Capra. Rede, April 23–24, 1994, Walker Creek School District in Marin County, Kalifornien.
25 Capra. Ebenda.
26 Paul Hawken. The Ecology of Commerce: A Declaration of Sustainability. 1994. New York. S. 203.
27 Michael Murphy. 199. Ebenda.
28 Hawken. Ebenda. S. 15.
29 Hawken. Ebenda. S. 17.
30 Peter Senge und Fred Kaufman. »Communities of Commitment: The Heart of Learning Organizations«.
31 Ebenda. S. 16.
32 David Wilcox. Big Horizon. »Love Will Show The Way.« A&M Records, Los Angeles.
33 The Elmwood Institute. »Principles of Ecology – Principles of Education.« 1994. Berkeley.
34 Ring. Ebenda. S. 261.
35 Ebenda. S. 262.
36 Ebenda. S. 263.
37 Monroe. Ebenda. S. 88–89.
38 David Wilcox. Ebenda.

Über die Autoren

James Redfield war 15 Jahre als Therapeut tätig. Aus dieser Arbeit entstand sein Bestseller *Die Prophezeiungen von Celestine.* Er lebt mit seiner Frau Salle in Florida.

Carol Adrienne, M.A., arbeitet als Intuitiv-Beraterin, Autorin und Lehrerin auf dem Gebiet der Persönlichkeitsentwicklung. Sie ist die Autorin von *Erkenntnis und Zufall, Numerologie der Jahrtausendwende* und *Numerologie für Eltern.* Ihre Praxis befindet sich in Richmond, Kalifornien. Sie veranstaltet ebenfalls Workshops für jene, die bereit sind, Veränderungen in Beruf und Beziehungen vorzunehmen.

Kontaktadresse: Carol Adrienne
6331 Fairmount Ave
Suite 422
El Cerrito, CA 94530, USA
Fax: (001) 510/528 22 95
e-mail: cadrienne@spiral-path.com

An unsere Leser

Wenn Sie selbst Erfahrungen und/oder Erlebnisse mit Celestine hatten oder an Veranstaltungen und Gruppen interessiert sind, wenden Sie sich bitte an

Celestine Förderverein e.V.
Lornsenstraße 80
D-22869 Schenefeld
Tel.:   040/53 05 17 71
Fax: 040/53 05 17 73
e-mail: Fleckenstein-Celestine.-ev@t.online.de
Internet: www.celestine-ev.de

HEYNE BÜCHER

Von der Kraft des Mondes

Anna-Maria Bauer
**Das Heyne-
Mondjahrbuch 2000**
Natürlich leben im
Rhythmus der Natur
08/5296

Anna-Maria Bauer
**Der Heyne-
Mondkalender 2000**
48/42

Diana Brueton
Der Mond
19/563

Johanna Paungger
Thomas Poppe
Vom richtigen Zeitpunkt
Die Anwendung des Mond-
kalenders im täglichen Leben
08/5263

Christina Zacker
Die Monddiät
Schlank und schön im
Einklang mit dem Mondjahr
08/5036

Christina Zacker
Mondphasen
Der Einfluß des Mondes auf
den Lebensrhythmus der Frau
08/5047

Christina Zacker
**Das persönliche
Mondhoroskop**
Mondphasen und
Tierkreiszeichen
08/5155

08/5263

HEYNE-TASCHENBÜCHER